U0857208

福建省炎黄文化研究会
闽文化系列研究

畲族文化述论

SHEZU WENHUA SHULUN

郭志超　著

中国社会科学出版社

图书在版编目(CIP)数据

畲族文化述论/郭志超著.—北京:中国社会科学出版社,2009.12
ISBN 978-7-5004-8431-8

Ⅰ.①畲… Ⅱ.①郭… Ⅲ.①畲族—民族文化—研究—福建省
Ⅳ.①K288.3

中国版本图书馆CIP数据核字(2009)第233623号

责任编辑 冯 斌
责任校对 王兰馨
封面设计 部落艺族
技术编辑 李 建

出版发行	中国社会科学出版社		
社 址	北京鼓楼西大街甲158号	邮 编	100720
电 话	010—84029450(邮购)		
网 址	http://www.csspw.cn		
经 销	新华书店		
印 刷	北京君升印刷有限公司	装 订	广增装订厂
版 次	2009年12月第1版	印 次	2009年12月第1次印刷
开 本	710×1000 1/16		
印 张	33	插 页	2
字 数	442千字		
定 价	50.00元		

闽文化系列研究编委会名单

总　序

何少川

多元一体的中华民族文化，是由众多各具特色的地域文化构成的。地域文化呈现着中华民族文化博大精深的共性，又以它们各自鲜明的个性，使中华民族文化更加异彩纷呈，璀璨夺目。就以汉族地区的文化来说，费孝通先生曾指出，汉族地区经济文化古今一贯的特点，就是“基本的同一性和不同地域特色相辅相成”。

闽文化正是这样一个体现着中华文化精神，又具有鲜明八闽山海特色的地域文化。

福建别称“闽”，位于祖国大陆东南沿海。东临台湾海峡，西枕武夷山脉；三面与浙、赣、粤依山为邻，一面与台湾隔海相望。山海兼备的特殊地缘和丰富而复杂的历史环境，塑造了灿烂多彩的闽文化。

上古时期，闽地的原住民，是南方土著百越族的一支闽越族。首见于先秦古籍的“闽”和“七闽”之称，当泛指这些闽地土著。这些“善舟船”的闽越人所创造的闽越文化，接受了汉文化的影响，也同诸越文化产生交融，在距今两千多年前的闽越国时期发展到辉煌的顶点。闽越文化是闽文化的源头之一，对闽文化的底层产生重要影响。

随着汉晋以降，特别是唐宋时期，北方汉人以多种形式，大量地向偏安东南一隅的闽地迁徙，汉人和汉化的闽越人成为主要居民。闽文化承袭中原文化，并在汉越文化交融的基础上迅速发展起来。

唐以后闽地渐次开发。唐设福建经略使，史上首见“福建”之称。迄至宋代，曾被视为瘴疠、蛮夷之地的福建，其社会经济已进入国内最发达地区的行列，闽文化也出现了前所未有的发展态势。在人文、科技等众多领域，蔡襄、朱熹、郑樵等名人辈出；闽学集濂、洛、关三学之大成，把儒学推向极致，成为中国封建社会后期占主导地位的意识形态。

南宋设一府五州二军，八个二级政区的格局相沿至明代，因而史称“八闽”。元代设置福建行省，为福建称省之始。随着宋元时期海外交通、贸易的发展，闽文化以新的气度，与来自阿拉伯、波斯、印度和欧洲各地文化不断交会、碰撞。这种中外文化的交会与碰撞，在近代又集中出现一次，闽文化表现出更为成熟的开放、兼容的气度，并造就了严复等一批放眼看世界的先驱。闽文化在形成期，经历了北方移民汉文化与闽越土著文化的交融，在后来的发展中，又经历了两次汉文化与海外异质文化的集中交会、碰撞，这些都对闽文化的发展和文化个性的形成，产生深刻的影响。

大规模移民所产生的文化播迁、文化交融，是闽文化发展中一个不可忽视的问题。它不仅表现在北方南迁移民所带来的决定性影响，而且表现在明清时期福建向东、向南的大量跨海移民，闽文化随之播迁台湾，并辐射东南亚华族社会，福建因此同台湾和东南亚各地有了深厚的历史文化渊源。

由于历史上的移民迁徙、汉越融合、经济发展、对外交往和自然环境等诸多原因，闽文化在形成发展中，逐渐出现了内部次区域性的相对差异。这种相对差异，表现为汉民族中形成不同民系，或称族群，在方言、习俗以及社会心理、人文性格等方面都各具特点。事实上，地域文化内部的次区域性相对差异是普遍存在的，只是闽文化的情况较为复杂。毗邻的广东，汉族有广府、潮汕、客家三个民系，而总人口比广东少一半的福建，则至少有五个汉民系。需要强调的是，这些次区域民系文化并不是相互隔绝的，相互的文化交融、互动一直在进行中。更重要的是，这是闽文化总体一致中的相对差异，差异没有使次区域文化脱离闽文化体系，反而是丰富了闽文化的内涵，使其元素、形态更加缤纷多彩，闽文化在中华文化中，也更显出其独具一格的地域色彩。

福建的闽文化研究素有传统。最早的研究，可上溯至20世纪二三十年代。1926年厦门大学顾颉刚等人的“风俗调查会”，1930年福建协和大学（福建师范大学前身）的“福建文化研究会”及其创办的《福建文化》季刊，开启了福建地域文化研究之先河。

福建的闽文化研究形成热潮，则是在改革开放以后的新的历史时期。从20世纪80年代后期到90年代，闽文化研究新作不断，成果迭出。当时出版的专著，除单本著作外，辑为丛书的有“福建文化丛书”、“福建思想文化史丛书”和“客家文化丛书”等。其时，改革开放在东南沿海形成大潮，台湾海峡两岸关系正在发生变化，福建面临着新的机遇。就文化和社会经济的互动关系而言，这时期的闽文化热，可以看做是此时福建社会经济与文化互动的一种结果。福建经济的发展，为地域文化的发展提供了坚实的物质基础；地域文化的繁荣，为地方经济的发展注入了新的精神力量，创造了良好的软环境。“闽学”热、“闽南文化”热、“客家文化”热和“妈祖文化”热的出现，都是典型的例子。就文化自身的发展规律来看，文化自觉的出现和不断的探究，也是文化得以发展的内在动因。“闽文化”是怎样一种文化，怎样的“一方水土”，育出怎样的“一方人”？福建的经济发展中有哪些文化因素？这是人们在社会经济变革中，对文化的一种必然追问。所以，福建90年代以来的地域文化热，有其深刻的原因。

进入21世纪，闽文化研究队伍进一步扩大，青年学者迅速成长，研究领域不断拓展，研究在向新的层面深化。福建省炎黄文化研究会基于推动闽文化研究和普及地域文化知识，为发展地方社会经济文化服务的目的，自2001年起，连续数年组织了八场全省性闽文化系列学术研讨会，前后参加研讨会的有省内外包括台湾地区的学者、文化工作者五百多人次，出版了“八闽文化研究丛书”论文集7部11册。2004年又设立“闽文化系列研究”课题，力图在福建省学界已有研究基础上，对闽文化作进一步的综合性、整体性研究。现在付梓的“闽文化系列研究”套书，即为此项课题的研究成果。

本系列研究除对闽文化作全面的综合性的专论外，还对五个次区域民系文化和一个少数民族文化分别进行整体性的研究。我们期望这种把区域文化事象视为相互联系的有机系统的综合性、整体性研究，对闽文化研究的进一步深入会有所推进，对地域文化知识的普及也有所裨益。令人高兴的是，2007年6月，福建经文化部批准设立了国家级“闽南文化生态保护实验区”，这是福建地域文化发展史上的一件大事，正在促进新一轮的福建地域文化研究热潮的到来。

闽文化是一个历史文化概念，也是一个当代文化概念。如何把传统和现代结合起来，传承优秀的中华传统文化，构建具有现代文明的闽文化，既是个实践问题，也是个理论课题。相信在新的历史时期里，在闽文化的再出发中，无论实践或者理论，我们都会有新的更多的创获。

2008年秋

目　　录

导　论

据2000年人口统计，全国畲族人口共计709592人，分布在闽、浙、赣、粤、皖、黔、湘、鄂八个省区。其中，以闽东为主要聚居地的福建畲族人口有375193人，占畲族总人口的53%；以浙南为主要聚居地的浙江畲族人口有170993人，占畲族总人口的24%。一个人口未过百万、分布八个省区的畲族，历经千年，仍然保持强烈的民族认同感和凝聚力，这是一个令人瞩目的民族文化现象。以口传和文本方式，以祖图、祖杖为独特形态，畲族的盘瓠传说对民族认同起着至关重要的作用。甚至，在1953年开始进行民族识别时，盘瓠传说及其表现形式还成为畲族识别的重要依据。在宗族等社会组织、传统生计方式、岁时节日、人生礼仪、妇女服饰、歌舞艺术、民间信仰等文化形态，盘瓠传说及其信仰也贯穿于其中。

《中国的民族识别》一书指出：20世纪50年代对畲族进行民族识别时，畲族既没有共同地域也没有共同经济，语言除了接近客家话的畲话外，还有苗瑶语族苗语支的语言，“但他们始终保持对始祖盘瓠的信仰，这个信仰贯穿在祖图、族谱、祖杖、传说、山歌、服饰、习俗、祭祀等方面，在畲族文化中占有重要的地位，对于维系民族内部凝聚力和加强民族自我意识起着重要的作用，保持着自己的文化特点和民族意识”。[①] 以盘瓠信仰为核心的“表现于共同文化上的共同心理素质”起着维护畲族发展的作用，成为维系民族文

① 黄光学、施联朱主编：《中国民族识别》，民族出版社1995年版，第133页。

化界限的决定性力量。这一民族自我意识的纽带，构成畲族文化最根本的特征。[①]

盘瓠信仰是畲族文化的核心，也是畲族民族认同的主要依据。中华畲族宫是20世纪90年代兴建的纪念传说中的畲族始祖盘瓠即忠勇王的仿汉代建筑，是畲族的历史记忆和民族文化的集中体现。大门前有一柱参天的巨型龙头祖杖，大门两侧是石雕麒麟，一进门是太极祭坛。沿石阶而上，依次是祭祀平台、忠勇王殿。整个建筑群古朴庄严。目前，以畲族文化博物馆为中华畲族宫的续建工程已经竣工，展品陈列在即。以盘瓠传说要素为主导，以民族历史、文化和实物展示为主体内容的中华畲族宫，成为畲族文化荟萃的殿堂。中华畲族宫所鸣奏的畲族文化的主旋律和丰富的交响，引导着本书撰写的基本思路。

一　盘瓠传说在畲族文化中的核心地位

当代族群理论指出，维系族群的首要因素是祖先认同的族裔源流意识，或称“（文化观念的）生物上的延续性”。[②] 盘瓠传说是畲族认同的核心标志，并延伸出凤凰山祖地认同。畲族分散于南方八个省区，却极具民族凝聚力，盘瓠传说正是凝聚力的核心。

盘瓠信仰对于畲族维系本族的传统文化具有极其重要的作用。施联朱指出：“畲族的盘瓠传说以拟人化的手法，把盘瓠描绘成为神奇、机智、勇敢、英勇杀敌的民族英雄，尊称为‘忠勇王’，推崇为畲族的始祖。这个传说，不是普通的寓言、神话和故事，而是具有神圣意义的民族起源的信仰，不但家喻户晓，口口相传，而且把这个信仰贯穿到他们的头饰、服饰、舞蹈以及宗教仪式中，这正是畲族原始氏族图腾崇拜的反映。”[③] 潘宏立认为：“建立在图腾信

---

① 参见黄光学、施联朱主编《中国民族识别》，民族出版社1995年版，第137页。

② 弗里德里克·巴斯：《族群和边界》，高崇译，载《广西民族学院学报》1999年第1期。

③ 施联朱：《畲族风俗志》，中央民族学院出版社1989年版，第162页。

仰之上的盘瓠传说，其功能早已超越了一般图腾所具有的作用，它除了包含图腾在人们共同体中所具有的自识性、内聚性外，更构成了强有力地维系本民族的精神纽带。”“总之，畲族盘瓠传说是原始图腾崇拜在新的历史条件下的发展，是畲族特殊的历史文化过程产生的结果，其重要功能在于保护本族及其文化的生存发展。”①

盘瓠信仰渗透到畲族文化的各个方面。蓝炯熹指出：“盘瓠传说在畲族家族信仰和家族文化中的能量是巨大的，盘瓠传说与畲族民族的发展史有着千丝万缕的联系。”“几乎畲族重要的家族行动多有盘瓠信仰的痕迹。在畲族传统文化中，盘瓠传说是抹煞不了的。”② 李健民强调了盘瓠传说所内蕴的忠勇精神对畲族民族性格的塑造作用。③

隋唐以前，畲族先民在迁徙中就从包含苗瑶先民的盘瓠蛮中分流而出，并最显著地传承着盘瓠崇拜。最早谈及畲族盘瓠传说的汉族文献是宋代刘克庄《漳州谕畲》，他说：“余读诸畲款状，有自称盘护孙者。”④

盘瓠是有共同渊源的畲族、瑶族、苗族的图腾崇拜。“图腾”源于北美印第安语词，后成为文化人类学的术语，含有“虚拟亲属”和“群体标志”这两层意思。被当作图腾加以崇拜的有动物、植物和自然现象，以动物居多。原始人认为某图腾与本氏族、部落有着亲缘关系，将它们当作保护神，并将之作为氏族、部落的标志。在社会文化变迁中，某种图腾会泛化和演变为民族的图腾。畲族学者蓝炯熹认为：“以现存的家族资料为佐证，盘瓠传说作为图腾信仰的解说，是可信的。”⑤

盘瓠既是畲族传说中的始祖，也是畲族先民远古图腾崇拜的象

---

① 潘宏立：《试论畲族的图腾崇拜》，载《人类学研究》1985 年试刊号。

② 蓝炯熹：《畲民家族文化》，福建人民出版社 2002 年版，第 26 页。

③ 李健民：《畲族文化简说》，宁德市民族中学 2005 年编印，第 53 页。

④ （宋）刘克庄：《漳州谕畲》，载《后村先生大全集》卷 93，四部丛刊本。

⑤ 蓝炯熹：《畲民家族文化》，福建人民出版社 2002 年版，第 26 页。

征。盘瓠崇拜是图腾崇拜与祖先崇拜的结合。伴随着历史传说歌谣《高皇歌》（《盘瓠王歌》）的传唱、祖图的传承和祭祖仪式的举行，以及各种民俗的沿袭，盘瓠传说一脉相承。

畲族的祖先祭拜与盘瓠崇拜紧密结合的祭祖，主要体现在家祭、族祭和醮名祭。清代方志抄录了吟咏畲民生活的诗句，其中的“九族推尊缘祭祖”，反映以盘瓠崇拜为核心的祭祖是畲族最重要的精神生活。

畲民家家户户都有一个象征历代祖先的香炉，在流离迁徙过程中，其他用品能弃，惟香炉不能丢。定居后，要在住房中堂安放祖先香炉，并贴上红纸墨书的“榜词”，或详或略，[①] 最详细的是：“本家奣奉堂上高辛皇氏敕封忠勇王汝南郡（蓝姓写汝南郡，雷姓写冯翊郡，钟姓写颍川郡）长生香火祖师历代合炉祖宗之位”，这种“香火榜”榜文显示畲族家户所祭的祖先统属在盘瓠（忠勇王）的名号下，反映家庭的祖先崇拜与盘瓠崇拜不可分离的关系。

畲族祭祖强调私密性，一般在祠堂或公厅举行。祠堂里，祖先牌位的中央是一最大的祖牌，即盘瓠祖妣及其子媳的牌位，如果是蓝姓，牌位上写着：“龙凤高辛帝祖敕赐驸马盘瓠妣萧氏蓝光辉妣夏氏之位”。祭祖时，请本族“法师”设坛，悬挂祖图，开启族谱。中堂竖立有图腾标志的“祖杖”（也叫“盘瓠杖”，用树根或树木雕成，头为龙首）。由有威望的老人或族长讲述族源和始祖盘瓠王一生的功绩，接着唱《盘瓠王歌》。有些同一宗族的诸宗支还组织祭祖祭祀圈，依时举行迎祖活动。迎祖中，镶黑边的白布墨书“清道”旗前导，其后是墨书“代天征番招有功为驸马”的旗幡高扬，接着是“原序”和“敕书”墨书布旗各一面。原序陈述始祖盘瓠王一生的传奇故事和免差徭的敕赐，敕书列举祖先从一世至三十六世的官衔和姓名。

---

① 略写的“香火榜”或为：“某某堂（蓝姓汝南堂，雷姓冯翊堂，钟姓颍川堂）历代远近宗亲香位”。

畲族传统的成丁礼叫“醮名祭”，也有祭祖内容。醮名祭也称为“传法入录”、“传师学师”和“奏名传法”等。醮名祭多于冬季，在做醮名祭者的家中举行。届时，要把“游祖”挑回家。“游祖”是两只竹箱，内藏祖图香炉，以及龙角、龙刀、铃钟等，还有藏着祖杖的红布袋。祭祖时，祖图挂于中堂，设供桌祭祀，祖杖靠在案桌旁，并按姓氏、辈分、排行、年龄的不同，排列数目不等的香炉。本族法师通过念唱、跳舞的形式，把盘瓠王历尽艰辛往闾山、茅山学师的传说情节反映出来。醮名祭主要包含下面三个方面的仪式内容：(1) 在学师之前，学师的“弟子”要依次祝拜天地、祖师爷（所请的神明），表示本人已具备学师的条件，申请学师的有关文牒（其中有接神、三拜、参牒），并举行取得法名的仪式；(2) 设坛传师，在法坛上主持师公把头冠、衣衫、剑刀、号角、笏板、锣、鼓等传授给学师的“弟子”，举行洗坛、置坛、坐坛、传渡、折坊、坐筵等仪式；(3) 学师坐龙坛，法师模拟畲族始祖为了生存和抵御外侮，历尽艰辛，越过险峻的九重山、五岳山等，深受长途跋涉之苦，最终回家。最后，给成丁祭祖者取一法名，用红布条把法名及学师时间写明，系于祖杖，作为举行过成丁祭祖的标志。

在粤东，成年男人须通过“招兵”宗教仪式取得法名，才具有成丁的社会地位。“招兵”是重大宗教民俗活动，“招兵”即以仪式演绎盘瓠征番杀燕王，得龙王差遣六丁六甲神兵相助的神话传说。

畲族最重要的历史歌谣《高皇歌》，颂扬始祖盘瓠传奇的一生，忆述盘瓠子孙的生活和迁徙。畲族舞蹈与盘瓠信仰关系甚密，经过发掘和编排，整理出：祭祖舞（祠堂祭祖上供时半蹲式舞步）、龙头舞和迎龙伞舞（纪念盘瓠征番凯旋为驸马）、迎祖舞、独脚舞、铃刀舞和行罡舞（迎祖游行回祠堂后继续祭祖时出现）、安祖舞（传师学师和做功德）、传师学师舞（体验盘瓠艰辛经历）、猎捕舞（原为踏步舞，祭祖时出现）。

盘瓠传说折射出历史，并影响着畲族赋役制度和生计方式。《敕赐开山公据》（或称《抚徭券牒》）曰：“楚平王奉天承运出敕：

大隋五年五月十五日，给会稽山七贤洞《抚徭券牒》，付盘瓠子孙……永免杂役，抚乐自安。代代不纳钱粮，……只望青山之中，刀耕火种，……陛下敕赐‘御书铁券’与盘瓠子孙，……永免差役，不纳钱粮，永为乐也。”① 在畲族谱牒中，即使没有标明是《开山公据》，上述内容常见于谱牒的序言中。在传统社会里，《开山公据》产生了重要的心理影响。这种影响在经济上表现为官府对畲民的税役征缴上有所优惠（非制度性的灵活处理），以及畲民“只望青山”行刀耕火种的农作习惯。

畲族游耕不定，封建政府难以使其缴税服役，这固然是畲族长期得以“免差徭役，不纳钱粮”的原因，但《开山公据》所提供的免税不役的理由仍然起到一定的作用。有些地方政府和官员则甚至在畲民入籍后，听取畲民有关《抚徭券牒》中的朝廷特许，免除或减轻畲民的差徭。乾隆年间福宁府霞浦县正堂注意到“高辛皇帝敕居山颠，自食其力，不派差徭，历代相沿，由来已久”，即“永禁各都乡保滥派畲民差徭”。② 仙游县博物馆所藏的一方清雍正五年（1727）碑刻载：“畲民原无一定住籍散□，自食其力。沐历代洪恩，载入流烟册内，概免一切差徭。如福州各属畲民现有勒石优免。独兴属（兴化）□例动欺孤丁单姓，诸色杂差丛集，畲民是以疾于奔命。……幸蒙本县主正堂加一级萧，照例具详并饬示禁在案”。③

游耕、迁徙是畲族历史画廊的主要图景，明嘉靖《惠州府志》云：“徭（指畲——引者注）本盘瓠种……椎髻跣足，随山散处，刀耕火种，采实猎毛，食尽一山则他徙。”④ 这种游耕迁徙方式归根结底是由社会生产力决定的，也与歧视少数民族的封建制度有关。

① 《重建盘瓠祠铁书》，见《畲族社会历史调查》，福建人民出版社 1986 年版，第 254 页。

② 《福宁府石碑文》，载福安县田螺园《冯翊雷氏宗谱》，清光绪三十二年（1906 年），转引自蓝炯熹《畲民家族文化》，福建人民出版社 2002 年版，第 343 页。

③ 转引自蓝炯熹《畲民族文化》，福建人民出版社 2002 年版，第 344 页。

④ 嘉靖《惠州府志》卷 14《外志》。

在大汉族主义和民族压迫制度下，畲民不能同汉民平等地开发和拥有土地，“每每彼所开垦之地，垦熟即被汉人地主所夺，不敢与较，乃他徙，故峭壁之巅，平常攀越维艰者，畲客皆开辟之，然每每刀耕火耨之所得，未成卒岁，则掘草药，种茯苓以自活”。① 在无力反抗又无法承受的进退维谷中，畲族被迫向深山密林迁移。闽、浙、赣、皖的山区为保留这种原始的生产实践提供了自然条件。不过，民族歧视和民族压迫只是畲族游耕迁徙的一个原因，习惯也是一种制约这种游耕迁徙方式的文化力量，并且习惯受着文化意识的制约。“只望青山之中，刀耕火种，……永免差役，不纳钱粮”② 的祖先遗训正是权威的话语，引导着集体意识，成为精神文化中的核心力量。“刀耕火种”兼狩猎，辅之以采薪，这是游耕中的畲族传统的基本生计。与这种生计方式并存的便是迁徙，其结果导致畲族“大分散、小聚居”分布格局的形成。

畲族的“家—家族—宗族—民族”的群体结构，统摄在盘瓠信仰里。对于流散四方的畲族，在祖地凤凰山建有始祖祠，是畲族想象的精神家园。这种梦想久而久之转化为历史记忆。畲民从凤凰山迁往各地，几乎再也没有回归故里，也没有所谓的盘瓠王祠的“重建”。实际上，此祠没有建过，谈何“重建”？民间文书所说的“重建”是对精神家园中始祖之祠的符号建构。“重建”不是完成时而是将来时，或是虚拟语态。文化是如此神奇，虚拟的文化精神图式产生了强大的精神凝聚作用，并成为社会实践的引领。零散四方的畲族，所建起的祠堂都统属在凤凰山祖地祖祠的神圣符号之下。距离越远，这个统摄感就越强烈，畲民祠堂的忠勇王神位在浙江有较高的出现率。《景宁畲族自治县畲族志》记道：“在畲家的祠堂和家谱中都有针对盘瓠写的对联：‘功建前朝帝喾高辛亲敕授，名垂后

① 胡先啸：《浙江温州处州间土民畲客述略》，《科学》第7卷第3期，1923年，第281页。

② 《重建盘瓠祠铁书》，载《畲族社会历史调查》，福建人民出版社1986年版，第255页。

裔皇子王孙免差徭’。”① 这一联文在闽东、浙南的畲族祠堂、畲家厅堂十分普见。畲民祭礼、婚礼上也常张贴这一联文，以表追远念祖之意。

蓝炯熹指出：“畲民的家族话语的逻辑是建立在‘民族—家族—家庭’的法则上的。”② 也可以说，由宗族认同连接着以始祖盘瓠为统摄的民族认同，是畲族祠堂的文化逻辑。

在畲民的精神世界里，本民族就是一个大宗族。所谓的凤凰山“盘瓠祠”就是盘、蓝、雷、钟四姓的大宗祠或总祠。“盘蓝雷钟一家亲”，在畲民的传统观念中，根深蒂固。闽东福安范坑乡洋坑村《汝南蓝氏宗谱》说：“顾我盘蓝雷钟四姓大宗祠肇基于广东凤凰山，与南京一脉相连，建祠之地即吾祖旧址也。”祠内四姓之祖“并列封牌位”。③ 虽然广东潮州凤凰山实际上未有总祠，但“总祠”早已构建在各地畲民的精神世界。各地诸畲民祠堂都是属于凤凰山总祠的支祠。从畲民称始祖盘瓠为“太公”，也可以体会到异姓畲民有着同宗的血缘亲情，这也是异姓畲民宗族可以共祠的文化依据。凤凰山、盘瓠、总祠，成为各地各姓畲民文化亲和力和认同记忆话语的关键词。畲谚云：“山哈山哈，不是共房就是叔伯”，④ 显示出“家族—宗族—民族”这种畲族层级认同的文化图像。以同宗共祖的记忆，并转化为宗祠具象，较之繁复的认同理论，畲族认同的文化实践是那么明快、有效。正是这种认同逻辑，使畲族星散四方却凝聚一体。

共同祖先的确认是族群认同的主要基石，清末创建于闽东霞浦县的山民会馆，设置了传说中的始祖灵位（“敕赐盘瓠忠勇王神位”），依时祭祀，各地畲族宗姓代表性祖先也附祀于神龛中的盘瓠

① 雷先根主编：《景宁畲族自治县畲族志》，景宁畲族自治县民族事务委员会 1991 年编印，第 41 页。

② 蓝炯熹：《畲民家族文化》，福建人民出版社 2002 年版，第 6 页。

③ 《汝南蓝氏宗谱》，修于清光绪七年（1881 年）。

④ “山哈山哈，不是共房就是叔伯”，这里的“叔伯”指与本房支并列的其他同祖房支，广义上也指同姓甚至异姓的畲民。

灵位，俨然是宗祠。可以说，想象的凤凰山盘瓠祠（附祀盘、蓝、雷、钟四姓祖）在山民会馆的前落正厅成为现实。诸姓毕集的祭祖，是山民会馆的要事。每年清明、中秋多有举祭，而春节必有大祭。民国九年（1920）是山民会馆迁入新址的第一个春节祭祖，盛况空前，霞浦西乡、南乡、东乡、附城区，以及福安、宁德、福鼎、寿宁、罗源、连江、闽侯、泰顺、平阳、云和、景宁等县均派人参加，祭祀活动连日分批举行，由各县董事和各地族长轮流主持，祭祀活动延续十余日。祭祖程序是：张挂祖图，树立祖杖，开启宗谱，安放神主（各自带来的本宗代表性的祖先牌位，祭毕留置龛内），摆上供品，奉献香烛，宣读祭文，跪叩礼拜。有的还唱祭祀歌、跳祭祀舞。祭祀后，各处祭拜者相继将写着“某处某氏裔孙叩拜”的红布条，系于祖杖。[①] 畲民“传法录入”将写着法名的红布条系于祖杖，表示“入录”者成为盘瓠集团的正式成员。各地诸宗族的代表也采用这种“传法入录”形式，标示本宗族群体“入录”盘瓠集团。这是将传统祭仪转化为加入会馆的仪式，说明传统文化在民族层面上凝聚群体的重要作用，也彰显始祖认同在民族认同的根基作用具有强盛的生命力。

当代社会经济在发生日新月异变化的同时，传统文化也在迅速流失。具有保存价值的传统文化就是文化遗产。这些文化遗产给现实的社会文化的持续发展提供必要的资源，也给现存的社会群体提供一种与先辈们相连续的感觉，对民族的生命力、创造力和凝聚力有着极为重要的意义。文化遗产的渊源，甚至可以远溯远古社会。在现代人的眼光里，远溯至原始社会观念形态的文化遗产似荒诞不经，但它们却是民族先民童年时代的话语，是民族文化的源头。在华夏族的传说里，炎帝“牛首人身”，商人之祖是“天命玄鸟，降而生商”。传说既有文化隐义又有历史影子。

① 俞郁田：《福宁山民会馆调查报告》，载施联朱、雷文先主编《畲族历史与文化》，中央民族大学出版社 1995 年版，第 378—379 页。

盘瓠传说是畲族虽长期散居却经千年仍一体的最核心的民族凝聚力之所在。恰恰在这一最珍贵的畲族文化遗产的问题上，存在一些争议。2007 年 12 月在畲族文化工作会议上，宁德市人大常委会主任钟雷兴指出："要尊重畲族的历史，要理性解读盘瓠传说。"诚然，唯有以科学求真的精神和尊重历史的态度，方能从盘瓠传说中解读出正确和丰富的信息，保护好畲族这一重要的文化遗产。社会经济要可持续发展，文化亦然。

盘瓠传说最早见载的文献是东汉应劭《风俗通义》，此后，三国鱼豢《魏略》，晋代郭璞对《山海经》的注释，晋代干宝《晋纪》、《搜神记》，南朝范晔《后汉书》，或略或详引述盘瓠传说。据文字实证，畲族历史上，不是用口传而是用记载的盘瓠传说，至晚始于南宋。南宋刘克庄《漳州谕畲》叙道："余读诸畲款状，有自称盘护孙者。"[①] 畲族的民间文书《开山公据》与瑶族的《过山榜》近同，这说明畲、瑶在分流以前就有这份文献，出现的时代应相当久远。而明清时期的畲族族谱的卷首或详或略，大多都有类似《开山公据》内容的陈述。畲族将盘瓠传说用《祖图》这种连环画形式来展示祖先来源和历史，这在中国南方少数民族中独一无二。即使与畲同源、也有盘瓠传说的瑶、苗民族，亦无祖图。

以盘瓠传说为载体的追根敬祖文化意识，是畲族在千年以来主要分布于东南数省、虽散却聚的主要原因。在封建时代，民族歧视赋予图腾崇拜和祖先崇拜结合的盘瓠以污名意味的内容。将"犬"与神圣的盘瓠联系起来，成为闽东、浙南畲族，尤其是浙南畲族的一大忌讳。这也是畲族文化研究的困境和困惑。其实，视犬为畲族先民的图腾，是一个历史的原发性误解。这个误解滥觞于东汉应劭的《风俗通义》。

二　将犬视为盘瓠原型是汉族文人记述的错误

盘瓠传说发祥于武陵蛮。东汉应劭最早记述盘瓠传说，误将盘

---

① （宋）刘克庄：《后村先生大全集》卷 93《漳州谕畲》，四部丛刊本。

瓠的形象说成是“犬”。目前能看到的畲族最早的文献是《开山公据》（或称《抚傜券牒》），在《开山公据》中，盘瓠的原型是“龙犬”，“龙犬”非犬，是对水獭这种在水如龙、在陆如犬的神秘动物的通俗表达。可见，盘瓠原型在汉族话语系统与畲族话语系统是不同的。在闽东、浙南文献中除了保存“龙犬”之名外，还出现“龙犬”的演变形态“龙麒”。“龙麒”仍保留“龙犬”的基质，在祖图绘画表现上更具审美感。有些学者将“龙麒”视为“犬”向“龙”的转化，仍是囿于古代汉族文献的误述。

（一）盘瓠传说源流

盘瓠既是畲族传说中的始祖，也是畲族遗存的古代图腾崇拜的象征。盘瓠传说经历沧桑岁月，依然鲜活在各地的畲族社区。伴随着《高皇歌》的传唱和《祖图》的传承，以及祭祖仪式的举行，盘瓠传说经久不衰。长期在浙南工作的畲族研究学者王克旺，曾亲临畲族的祭祖活动，感受到“畲族对祖先神盘瓠是至为虔诚的”①。

尽管盘瓠传说有少许地方化差异，但基本内容相当一致，说的是五帝时期，黄帝之曾孙帝喾高辛发榜征天下英雄以征犯边之寇，盘瓠揭榜应征，获胜凯旋，与三公主成婚，后住入深山，繁衍后代。

东汉应劭《风俗通义》，此书30卷，至宋仅存10卷，盘瓠传说部分在所佚之卷里，但为《后汉书》、《搜神记》等所保存。转述应劭《风俗通义》的盘瓠传说，最早是三国鱼豢《魏略》。《魏略》原书已佚，片断文字见《后汉书》李贤注引：“高辛氏有老妇，居王室，得耳疾，排之，得物大如茧。妇人盛瓠中，覆之以盘，俄顷化为犬，其文五色，因名槃瓠。”② 此后，两晋之际的郭璞注释《山海经·海内北经》提到：“昔槃瓠杀戎王，高辛以美女妻之，不可为训，乃浮之会稽东海中，得地三百里封之，生男为狗，生女为美

---

① 王克旺：《论畲族图腾文化的个性特征》，载施联朱、雷文先主编《畲族历史与文化》，中央民族大学出版社1995年版，第353页。

② 《后汉书》卷86《南蛮传》，李贤注引，中华书局1965年版，第2830页。

人，是为狗封之国也。”① 《山海经》的“犬封国”在西北，② 但郭璞以其所知的“会稽东海中”的“狗封之国”来做附注，从而透露了东南沿海也有“犬封国”。他又在《玄中记》中写道：“高辛氏有美女未嫁，犬戎为乱，帝曰：有讨之者，妻以美女，封三百户。……盘护，三月而杀犬戎之首来。帝以为不可训民，乃妻以美女，流之会稽东南二万一千里，得海中土，方三千里而封之。”③ 稍后于郭璞的晋人干宝，在《晋纪》中说：“武陵、长沙、庐江郡夷，槃瓠之后也。杂处五溪之内，槃瓠凭山险阻，每每常为害。糅杂鱼肉，扣槽而号，以祭槃瓠。俗称‘赤髀横裙’，即其子孙。”④ 关于盘瓠后裔分布的范围，干宝《搜神记》除了提到“武陵、长沙、庐江郡”外，还增加了“梁、汉、巴、蜀”。⑤ 从干宝《晋纪》在谈起“武陵、长沙、庐江郡夷，槃瓠之后”，接着说“杂处五溪之内”，可知“五溪”是其发祥地。南朝范晔以《风俗通义》为蓝本，删去一些枝叶，将盘瓠传说写入《后汉书》。

晋代干宝《搜神记》的盘瓠传说，采录自《风俗通义》。《搜神记》录有：

> 高辛氏，有老妇人居于王宫，得耳疾历时。医为挑治，出顶虫，大如茧。妇人去后，置以瓠蓠，复之于盘，俄顷顶虫乃化为犬，其文五色，因名“盘瓠”，遂畜之。时戎吴强盛，数侵边境。遣将征讨，不能擒胜。乃募天下，有能得戎吴将军首者，购金千斤，封邑万户，又赐以少女。后盘瓠衔得一头，将造王阙。王诊视之，即是戎吴。为之奈何？群臣皆曰：“盘瓠

① （晋）郭璞注：《山海经》卷12《海内北经》，上海古籍出版社1989年版，第94页。

② 郭郛注：《山海经注证》，中国社会科学出版社2004年版，第710页。

③ （唐）欧阳询编、汪绍楹校：《艺文类聚》卷94，上海古籍出版社1982年版，第163页。

④ 《后汉书》卷86《南蛮传》，李贤注引，中华书局1965年版，第2830页。

⑤ （晋）干宝撰、汪绍楹校注：《搜神记》卷18，中华书局1979年版，第169页。

是畜，不可官秩，又不可妻。虽有功，无施也。”少女闻之，启王曰：“大王既以我许天下矣，盘瓠衔首而来，为国除害，此天命使然，岂狗之智力哉。王者重言，伯者重信，不可以女子微躯，而负明约于天下，国之祸也。”王惧而从之。令少女从盘瓠。盘瓠将女上南山，草木茂盛，无人行迹。于是女解去衣裳，为仆竖之结，著独力之衣，随盘瓠升山入谷，至于石室之中。帝悲思之，遣往视觅，天辄风雨，岭震云晦，往者莫至。盖经三年，产六男六女。盘瓠死后，自相配偶，因为夫妇。织绩木皮，染以草实，好五色衣服，制裁皆有尾形。后母归，以语王，王遣使迎诸男女，天不复雨。衣服褊裢，语言侏离，饮食蹲踞，好山恶都。王顺其意，赐以名山广泽，号曰“蛮夷”。蛮夷者，外痴内黠，安土重旧，以其受易气于天命，故待以不常之律。田作贾贩，无关繻符传、租税之赋。有邑君长，皆赐印绶；冠用獭皮，取其游食于水。今即梁、汉、巴、蜀、武陵、长沙、庐江郡夷是也。用糁杂鱼肉，扣槽而号，以祭盘瓠，其俗至今。故世称：“赤髀横裙，盘瓠子孙。”①

《后汉书·南蛮传》采录《风俗通义》，并做了一些缩略：

昔高辛氏有犬戎之寇，帝患其侵暴，而征战不克。乃访募天下，有能得犬戎之将吴将军头者，购黄金千镒，邑万家，又妻以少女。时帝有畜狗，其毛五彩，名曰槃瓠。下令之后，槃瓠遂衔人头造阙下，群臣怪而诊之，乃吴将军首也。帝大喜，而计槃瓠不可妻之以女，又无封爵之道，议欲有报而未知所宜。女闻之，以为帝皇下令，不可违信，因请行。帝不得已，乃以女配槃瓠。槃瓠得女，负而走入南山，止石室中。所处险绝，人迹不至。于是女解去衣裳，为仆竖之结，著独

① （晋）干宝撰、汪绍楹校注：《搜神记》卷18，中华书局1985年版，第168页。

力之衣。帝悲思之，遣使寻求，辄遇风雨震晦，使者不能进。经三年，生子一十二人，六男六女。盘瓠死后，因自相夫妻。织绩木皮，染以草实，好五色衣服，制裁皆有尾形。其母后归，以状白帝，于是使迎致诸子。衣裳斑斓，语言侏离，好入山壑，不乐平旷。帝顺其意，赐以名山广泽。其后滋蔓，号曰'蛮夷'，外痴内黠，安土重旧。以先父有功，母帝之女，田作贾贩，无关梁符传、租税之赋。有邑君长，皆赐印绶，冠以獭皮。名渠帅曰精夫，相呼曰姎徒。今长沙、五陵蛮是也。①

唐人李贤在《后汉书·南蛮传》文后注云："已上并见《风俗通（义）》也"。可见，《后汉书·南蛮传》的这段文字出于《风俗通义》。

《搜神记》采录自《风俗通义》，所录比较完整，个别文字是作者采自他书的表述。唐人李贤的注云："干宝《晋纪》曰：'武陵、长沙、庐江郡夷，盘瓠之后也，杂处五溪之内。盘瓠凭山阻险，每每常为害。糅杂鱼肉，扣槽而号，以祭盘瓠。俗称'赤髀横裙'，即其子孙。"其中，"每每常为害"是汉族统治阶级对"盘瓠之后"的侵扰所引起的反抗。《搜神记》的"用糁杂鱼肉，扣槽而号，以祭盘瓠，其俗至今。故世称：'赤髀横裙，盘瓠子孙'"。这段文字内容也见于《晋纪》，并非小说家言，而是写实史笔。宋代范成大《桂海虞衡志》记载了他对广西瑶人习俗的考察，其中有："岁首，祭盘瓠。杂糅鱼肉酒饭于木槽，扣槽群号为礼。"② 由此可知，《风俗通义》所述的"糅杂鱼肉，扣槽而号，以祭盘瓠"的习俗，在宋代广西的瑶人中仍完整保留。《桂海虞衡志》的点校者孔凡礼指出："《桂海虞衡志》除了有高度的历史价值外，还有很高的科学价值，

① 《后汉书》卷86《南蛮传》，中华书局1965年版，第2829页。

② （宋）范成大撰、孔凡礼点校：《范成大笔记六种·桂海虞衡志》，中华书局2004年版，第142页。

而且后者更突出。"[①] 清人屈大均《广东新语》记载，广东连山"傜"呼其"渠帅"为"精夫"。[②] 这些说明《风俗通义》所述的有关盘瓠信仰的习俗确实，有的堪称精确。

《后汉书·南蛮传》因是史书，采录有所节制，除了几处省略和缩写，其余与《搜神记》几乎别无二致。省略的是这些神话细节和解释性文字：(1)《搜神记》云："高辛氏，有老妇人居于王宫，得耳疾历时。医为挑治，出顶虫，大如茧。妇人去后，置以瓠蓠，复之于盘，俄顷顶虫乃化为犬，其文五色，因名'盘瓠'，遂畜之。"《后汉书》则以"时帝有畜狗，其毛五彩，名曰槃瓠"加以略述。(2)《搜神记》云："后盘瓠衔得一头，将造王阙。王诊视之，即是戎吴。为之奈何？群臣皆曰：'盘瓠是畜，不可官秩，又不可妻。虽有功，无施也。'少女闻之，启王曰：'大王既以我许天下矣。盘瓠衔首而来，为国除害，此天命使然，岂狗之智力哉。王者重言，伯者重信，不可以女子微躯，而负明约于天下，国之祸也。'王惧而从之。令少女从盘瓠"。《后汉书》则略写为："槃瓠遂衔人头造阙下，群臣怪而诊之，乃吴将军首也。帝大喜，而计槃瓠不可妻之以女，又无封爵之道，议欲有报而未知所宜。女闻之，以为帝皇下令，不可违信，因请行。帝不得已，乃以女配槃瓠。"(3)《搜神记》云："有邑君长，皆赐印绶，冠用獭皮，取其游食于水。"《后汉书》则略写为："有邑君长，皆赐印绶；冠用獭皮"。《风俗通义》原有的"名渠帅曰精夫，相呼曰姎徒"，《搜神记》省略，《后汉书》却不省。通过以上两文的比照，并从唐人李贤注《后汉书·南蛮传》所说的盘瓠传说乃"见《风俗通（义）》"，可知《搜神记》的盘瓠传说几乎是移植自《风俗通义》。因此，就盘瓠传说而言，基本上可将《搜神记》视为《风俗通义》的原本，将《后汉书·南蛮传》视为《风俗通义》的简本。

---

① （宋）范成大撰、孔凡礼点校：《范成大笔记六种·桂海虞衡志》，中华书局 2004 年版，第 73 页。

② （清）屈大均：《广东新语》卷 7《人语》，中华书局 1985 年版，第 238 页。

湖南西北部的五溪流域是盘瓠传说的原生地。古代五溪流域的土著族是“五溪蛮”或称“武陵蛮”。《后汉书·南蛮传》在叙述盘瓠传说后，指出信奉盘瓠传说的“蛮夷”是“今长沙、五陵蛮是也”。“长沙蛮”是“武陵蛮”在地域上的流布扩展。南朝时，武陵、长沙两郡仍是“盘瓠蛮”分布的主要地区。不过，早在汉晋时期，信奉这一传说的“盘瓠蛮”已迁徙分布到更广泛的地区，故《搜神记》说：“今即梁、汉、巴、蜀、武陵、长沙、庐江郡夷是也。”

（二）盘瓠形态辨正

盘瓠的图腾原型非“犬”，而是在水如龙、在陆如小豹的神秘动物，据特征分析应是水獭。

《风俗通》、《魏略》、《搜神记》和《后汉书》，都确指“盘瓠”是“五色”之“犬”。在记载畲族的汉族文献中，也都说“盘瓠”是“犬”。明嘉靖《惠州府志》载：“徭（指畲——引者注）本盘瓠种，……椎髻跣足，随山散处，……自信为狗王后，家有画像，犬首人服，岁时祝祭。其姓为盘、蓝、雷、钟，自相婚姻。”① 视“盘瓠”为“犬”是汉族的传统话语。

然而，在畲族的话语中，“盘瓠”不是“犬”。畲族最早的文献是《抚徭券牒》，也叫《开山公据》。在《抚徭券牒》中，盘瓠的原型是“龙犬”。“龙犬”这种神秘动物并非“犬”。与畲族《抚徭券牒》内容基本相同的《过山榜》，也是称盘瓠的原型为“龙犬”。由于畲族的汉文和绘画水平有限，绘制祖图多请汉人。汉人依照自己的话语习惯，将盘瓠绘为犬状。文字说明也混入“狗”字。即便混入“狗”字的祖图，畲族话语习惯的“龙犬”仍有所保留。在过海时，盘瓠的形象是龙。汉族话语系统的盘瓠形态，通过汉族画师渗入畲族民间文献，这就是在广东畲族祖图的图形和文字说明中“狗”与“龙犬”并存的原因。朱洪、李筱文拍摄的粤东畲族的数

---

① 嘉靖《惠州府志》卷14《外志·徭蛋》。

件《祖图》中，盘瓠是犬形，但称“龙犬”；封为驸马后，盘瓠称为“狗王”。绘于道光二十一年的潮安县凤南镇山梨村雷氏《祖图》，盘瓠在征“番”立功前后为犬形，在罩于金钟六天后，变为犬首人身而与三公主成婚，此后到凤凰山落籍打猎直至被山羊牴死，仍是犬首人身。唯有第七图“番王醉在床，龙狗咬断番王头”，“龙狗收番王头过海”时，“龙狗”化为游海之龙。紧接的第八图“军兵迎接，见帝，帝大喜，帝招婿”，化龙过海的盘瓠又返犬的原形。第九图“狗王化身”，有“狗王迎亲”情景。第十图“狗王分天地”；第十一图“狗王学法，茅山脱头作法”；第十二图“狗王出殡”。马建钊拍摄的潮安县文祠镇李工坑村雷氏《祖图》，第五图是“龙犬咬断番王头”，第六图是“变龙过海”，第七图是“龙犬迎妇”，第八图是“公主行嫁”，第九图是“太极分天地，赐子姓名，茅山学法”，第十图是“狗王升仙”。朱洪、李筱文拍摄的绘于民国二十九年（1940）潮州市湘桥区意溪镇雷厝山村雷氏《祖图》，第三图“龙犬见番王”；第四图“龙犬（犬形）过海，龙犬见番王”；第五图“番王醉酒，番兵追赶，龙犬（龙形）收番王头过海”；第六图“龙犬咬断番王头奏见（犬形），新（辛）帝大喜，新（辛）帝招婿，龙犬变身（犬首人形，接下几图同）”；第七图“狗王迎亲”；第八图“狗王带子见王，新（辛）帝见后大喜赐姓”；第九图“狗王入山打猎”；第十图“狗王出殡”。[①] 这些祖图出现于汉化程度较高的粤东潮州畲族，这是汉族话语中盘瓠形貌对畲族祖图的混入。

“年代—区域”理论指出：某一文化现象，越是靠近文化区边缘，其年代越早，或者说，越能保留较早的文化特质。在闽东、浙南畲族中，盘瓠的原型是“龙麒”（或写作“龙期”）。“龙麒”在海是龙，在陆是麒麟。“龙麒”是“龙犬”的次生形态，而不是

① 朱洪、李筱文：《广东畲族古籍资料汇编》封内图版页，中山大学出版社 2001 年版。

“犬”的次生形态。有的学者提出由“犬”演变为“龙麒”，这是以汉族话语中的盘瓠原型“犬”为原生形态，并不是畲族话语中的盘瓠原生形态。由于闽东、浙南的畲族祖图一般也是请汉族画师绘制，因而也会有“犬”形的少量出现，但在文字说明中，没有“犬”字的出现。总之，保留较多传统文化的闽东、浙南的畲族，其盘瓠原形保留着“龙犬”的基质，尽管演变为“龙麒”。

作为图腾和图腾遗存，本无可忌讳。然而，在民族歧视的封建社会，在汉族封建文人主导的汉族话语系统中，畲族的图腾崇拜遗存被赋予歧视内容。尽管在新社会，中国共产党在全国范围内，倡导和实施民族平等政策，但旧社会观念形态的残余还有着其文化惯性。对于盘瓠传说的地方化差异，畲族学者蓝炯熹做出这样的解释：“时至今日，对盘瓠传说仍然持两种态度。在闽东、浙南、浙西南的广阔山区，是目前畲族人口最多、分布最广泛、民族特点最明显的地区，在封建时代，这个地区的民族歧视较严重，畲族的心理创伤较重，他们对盘瓠传说最敏感。……在闽南、闽西、闽中，（畲民）对原初态的盘瓠较不忌讳。”①

值得注意的是，闽东，特别是浙南一些畲民对非本民族者谈起盘瓠传说有抵触情绪。雷先根《也谈畲族盘瓠图腾信仰》等文反映了这种情绪。他认为：“盘瓠神化传说”“实是”汉人“所杜撰”。②说盘瓠为“犬”乃汉人所杜撰是精辟的，但说盘瓠传说为汉人杜撰，就难以解释为什么畲、瑶、苗诸族都流传盘瓠传说。尽管雷先根有独到见解，但由他一人编写的《景宁畲族自治县畲族志》还是客观地介绍到盘瓠传说。该志说：“在畲家的祠堂里、家谱中都有这一针对盘瓠写的对联：‘功建前朝帝喾高辛亲敕授，名垂后裔皇子王孙免差徭。’”该志在介绍葬俗时说：“据畲族群众传说以及祖图介绍，畲族始祖盘瓠是用铁链捆着棺材吊在七贤洞里的，这是悬

① 蓝炯熹：《畲民家族文化》，福建人民出版社 2002 年版，第 29—30 页。

② 雷先根：《也谈畲族盘瓠图腾信仰》，载施联朱、雷文先主编《畲族历史与文化》，中央民族大学出版社 1995 年版，第 349 页。

棺葬法。"[1]

如果我们来回顾民国时期浙南畲民对族称的感受，或许容易理解为什么一些畲民对汉族话语中的"盘瓠"有反感。浮云《畲客风俗》一书说："畲客见官长，自称曰畲民。而土人皆呼其为畲客，或称为客家人，或称为畲客人。然对面相呼，讳称'畲'字，并讳称'客'字。必曰'尔边人'，而畲客始悦。人呼畲妇为'畲客婆'，见面相呼则呼'阿嫂'。"[2] "畲"字本无不良含义，故畲民"见官长，自称曰畲民"。而汉民对畲民的称呼则不能用"畲"，原因是汉民的话语系统中的"畲"字含有歧视、轻蔑之意。同样，汉族话语系统中因视盘瓠为"犬"而使盘瓠也有不良的含义。这指的是新中国成立前的情况。不过，习惯不会完全烟消云散，历史也不会完全失忆。雷先根《也谈畲族盘瓠图腾信仰》所反映的对盘瓠的抵触态度，关键在于盘瓠为"犬"的谬指。如果盘瓠非犬，那么对盘瓠的污名化就可以荡涤。

对于传说中的盘瓠，畲族民间的历史记忆值得引起高度注意。笔者曾到浙江景宁畲族自治县调查，畲族耆老告诉笔者："盘瓠是龙麒，在水是龙，在陆是豹。"民间的历史记忆有其经久特点，值得重视，也值得尊重。

将"犬"视为畲族先民的图腾，是一个严重误会。这个误会滥觞于东汉应劭的《风俗通义》。应劭，汝南人，官至泰山郡太守，他博学多识，其编撰《风俗通义》乃采录群书，或录其所闻。其祖曾任武陵太守，其父也任过武陵太守，应劭编写《风俗通义》的盘瓠传说很可能采用其父、祖的笔录或口传。高辛氏所征战的北方的犬戎是崇拜犬的族群。《说文·犬部》说："狄，北狄，本犬种。"《中国通史》在叙述传说中的三皇五帝时代，指出"犬戎族"以犬

---

① 雷先根主编：《景宁畲族自治县畲族志》，景宁畲族自治县民委编印，1991年，第41、109页。

② （清）浮云：《畲客风俗》，光绪三十一年（1905）石印本，第24页。

为图腾。[①] 传说："北狗国，人身狗首，……生男为狗，女为人，自相婚嫁。"[②] 会不会是应劭将盘瓠所征讨的"犬戎"的图腾故事误植于"盘瓠"呢？有这可能。宋人罗泌《路史》就指出"盘瓠……非狗犬"！曰："所谓盘瓠者，非欤曰非也。何以言之，予稽夏后氏之书知之也。伯益经云卞明生白犬，是为蛮人之祖。卞明，黄帝氏之曾孙也。白犬者，乃其子之名，盖若后世之乌彪、犬子、豹奴、虎豘云者，非狗犬也。……应劭书遂以高辛氏之犬曰槃瓠，妻帝之女。"[③] 罗泌所考的"白犬"系黄帝曾孙卞明之子的名字。而据当代学者所考，"白犬"是北方"犬戎"之祖，非南方"蛮人之祖"。[④]

宋人罗泌的指谬颇有眼力，就是《风俗通义》所述的有关盘瓠的文字也说明盘瓠非犬。转录《风俗通义》的晋代干宝《搜神记》云："盘瓠死后，自相配偶，因为夫妇。织绩木皮，染以草实，好五色衣服，制裁皆有尾形。……田作贾贩，无关繻符传、租税之赋。有邑君长，皆赐印绶；冠用獭皮，取其游食于水。……用糁杂鱼肉，扣槽而号，以祭盘瓠，其俗至今。"其中，"盘瓠……蛮夷者，……冠用獭皮，[⑤] 取其游食于水。……用糁杂鱼肉，扣槽而号，以祭盘瓠"，这段文字长期被忽略了。事死如事生，盘瓠殁后所享，正是生前所好。"糁"即饭粒，水獭之类喜食"糁"所杂的"鱼肉"，此非犬之所食。"盘瓠蛮"酋长以所冠作为图腾象征，故有"冠用獭皮，取其游食于水"的描述。上述："槃瓠之后……杂处五溪之内……糅杂鱼肉，扣槽而号，以祭槃瓠，其俗至今"，其中的"其俗至今"，应是采录《风俗通义》原文后作者的添加语，说明古俗在当时尚存。当然，也可能是照抄原文。

总之，盘瓠的图腾形态不是犬而很可能是水獭这种入水如

---

① 范文澜：《中国通史》，人民出版社 1978 年第 5 版，第 4 页。

② 郭郛注：《山海经注证》，中国社会科学出版社 2004 年版，第 711 页。

③ （宋）罗泌：《路史・发挥二・论盘瓠之妄》，北京图书馆出版社 2003 年影印本。

④ 范文澜：《中国通史》，人民出版社 1978 年第 5 版，第 14 页。

⑤ 《后汉书》卷 86《南蛮传》也说："……冠以獭皮。名渠帅曰精夫，相呼曰姎徒。今长沙五陵蛮是也。"

“龙”、上陆似“小豹子”的神秘动物，这与闽东、浙南畲族关于盘瓠传说的历史记忆是吻合的。在清代，闽东有的地方的畲族称盘瓠为“麒豹”或“麟豹”。罗源等地流传的盘瓠王歌的地方版本称《麟豹王歌》，也称《祖宗歌》。①

（三）盘瓠在畲族传承中的两个形态

1. 受汉文化糟粕影响的盘瓠形态

封建中央王朝和中原人对周边少数民族的认识是随着王朝的开疆拓土和人口向周边的迁徙而增多的。大抵说来，以中原为中心，这种认识的半径的延长与时间成正比，就是逐渐扩展。并且，这种认识与半径长度成反比，就是对于越远的风物、族群，认识越模糊。秦朝将蛮族地区置于统一的中央王朝管辖之下。从西汉起，中原地区与蛮族地区交往逐步频繁。汉武帝平南越、通西南夷，对南方蛮族多次用兵，特别是东汉光武帝派重兵深入武陵蛮地区，从而使中原人对蛮族的生活及其习俗才有某些了解，但有关了解也夹杂着误解。将盘瓠形象说成是“犬”，就是一个突出的误解。

尽管应劭《风俗通义》误识盘瓠原形，但仍保留“盘瓠……蛮夷者……冠用獭皮，取其游食于水。……用糁杂鱼肉，扣槽而号，以祭盘瓠”这些不容易误解的事物外在面貌的记载。但其“犬”说，一旦以讹传讹，遂可能弄假成真乃至成为常识，特别被转录于《后汉书》这种权威史籍，影响力便非同凡响。任何时代，统治阶级不仅掌握着物质资料的生产，而且控制着精神资料的生产。《后汉书·南蛮传》的盘瓠传说经久地进行权威传播，甚至渗入“盘瓠蛮”的文化。由于以汉字为书写形式的文化教育的落后，畲、瑶、苗诸族的文献多请汉人书写，这是汉族观念文化对畲、瑶、苗诸族文化进行不知不觉改造的一个重要途径。

由于以汉字为书写形式的文化教育的落后，畲、瑶、苗诸族的

① 雷恒春主编：《福州市畲族志》，海潮摄影艺术出版社2004年版，第19页。

文献多请汉民编写，以《后汉书》所说的“（帝之）畜狗”，也成为畲、瑶、苗关于盘瓠形态的依据。以“犬”作为盘瓠形态就这样逐步在某些地区或某种程度在畲、瑶、苗民族中流传下来。清代《峒溪纤志》云：“苗人，盘瓠之种落也。”① 至今，在不少苗族地区仍流传着“神母犬父”的传说，把盘瓠视为自己的始祖，椎牛或杀猪祭祖，即祭盘瓠。② 清人屈大均《广东新语》载：“（曲江瑶）七月望日，祀其先祖狗头王。”③ 明嘉靖《惠州府志》载：“傜（指畲——引者注）本盘瓠种……椎髻跣足，随山散处，……自信为狗王后，家有画像，犬首人服，岁时祝祭。”④ 民国《丰顺县志》记载：“（畲民）有祖遗匹绫画像一幅，长三尺许，图其祖人身狗头像。……盖千百年古画也。止于岁之元日，横挂老屋厅堂中，翌早辄收藏，不欲为外人所见。”⑤ 后两部志书秉持汉族的习惯话语，但也透露了汉族文人画师将其盘瓠话语渗入畲族祖图的绘制。

粤东、闽西南畲族祖图出现的所谓的“狗王”，并不是盘瓠的原形，而是汉族话语影响下的“龙犬”形象的异化。朱洪、李筱文编辑的《广东畲族古籍资料汇编——图腾文化及其他》一书中，潮州市湘桥区意溪镇雷厝山村雷氏《祖图》，前面六幅图的文字说明盘瓠还是“龙犬”，此后就写作“狗王”。⑥ 广东丰顺县潭山镇凤坪村蓝氏《盘瓠王开山公据图》云：“楚平王奉天承运王敕，大隋五年五月十五日，给会稽山七贤洞抚傜券牃，付盘匏（瓠）子孙……高辛皇帝宫中，刘家老妇耳患一疾，医者取出一物。物中有蚕茧，以瓠取一载将盘覆定，须臾化为一犬，狗头，身一百二十四斑点花

① （清）陆次云：《峒溪纤志》上，中华书局1985年版，第1页。

② 岑秀文：《苗族》，民族出版社2000年版，第113页。

③ （清）屈大均：《广东新语》卷7《人语》，中华书局1985年版，第237页。

④ 嘉靖《惠州府志》卷14《外志·傜蛋》。

⑤ 民国《丰顺县志》卷16《风俗》。

⑥ 朱洪、李筱文：《广东畲族古籍资料汇编——图腾文化及其他》封内图版页，中山大学出版社2001年版。

色，因名盘匏（瓠）”。[1] 这件开山公据与赣东北铅山县太源、贵溪县樟坪畲族社区发现的《重建盘瓠祠铁书》中的《敕赐开山公据》（见下述）内容基本相同，但年代明显较晚。赣东北《重建盘瓠祠铁书》中的《敕赐开山公据》与瑶族《评皇券牒》（或写作《平王券牒》）中的盘瓠皆为“龙犬”，而广东丰顺县蓝氏《盘瓠王开山公据图》的盘瓠写作“犬”。后者正是盘瓠原形的汉化。造成这种汉化的原因是肇始于《风俗通义》的民族歧视或文化误解的大汉族观念，通过汉族士人为畲族书写和绘画而悄然混入畲族文化的结果。

2. 保留原始特质的盘瓠形态的传承

“盘瓠……蛮夷者……冠用獭皮，取其游食于水。……用糁杂鱼肉，扣槽而号，以祭盘瓠”，《风俗通义》这段透露盘瓠原形的信息被遮掩在所谓“犬图腾”这一假象后。然而，与“龙犬”并存的“獭”的信息并没有全然烟消云散，2003 年 11 月，福建省炎黄文化研究会在宁德召开“畲族文化学术研讨会”，来自浙江丽水的畲族学者雷阵鸣在大会发言时，就指出：盘瓠的原形不是犬，而是类似“小豹子”那样的神秘动物。

东汉《风俗通义》所记载的“扣槽而号，以祭盘瓠”的风俗仍经久流传。宋人范成大曾多次深入瑶区，所撰《桂海虞衡志》记下广西瑶人保存这一古老习俗：“岁首祭盘瓠，杂糅鱼肉酒饭于木槽，扣槽群号为礼。”[2] 汪毅夫曾告诉笔者，2002 年他在三明清水畲族乡调研时，畲族巫师破例让他看祭祖活动，其中竟有“扣槽而号”的仪式。“用糁杂鱼肉，扣槽而号，以祭盘瓠”这一古老习俗，在闽东、浙南等地的畲族社区早已演变为以乌米饭祭祖。乌米饭的做法是：采集乌稔树叶，捣碎后用布包好放入锅里，加水熬成黑汁，放

① 朱洪、李筱文：《广东畲族古籍资料汇编——图腾文化及其他》，中山大学出版社 2001 年版，第 5—6 页。

② （宋）范成大撰、孔凡礼点校：《范成大笔记六种・桂海虞衡志》，中华书局 2002 年版，第 142 页。

入糯米，蒸成乌饭。“相传盘瓠王喜吃此饭。”[①] 乌米饭是“糁杂鱼肉”这一原生祭品的次生形态。

不少学者误认为畲族图腾原为“犬”，后演变为“龙犬”。民国时在浙江调查过畲族的凌纯声说：“（畲民）讳言其祖为犬，而改称龙犬，祖杖雕刻作龙头。”[②] 宋兆麟说：“畲族的狗图腾起源十分悠久。”[③] 何星亮对畲族的盘瓠图腾形象向龙的演变，提出这样的阐释：“畲族曾崇奉犬图腾。在较早的传说中，图腾始祖盘瓠形象是犬或犬首人身。由于客观的历史原因，汉文化的影响不断深入畲族地区，畲族长期保留的图腾信仰必然会与汉族对‘狗’的鄙视观念发生矛盾。于是，畲族在接受汉文化观念的过程中，自觉或不自觉地修改盘瓠祖先形象。”他将此称之为“龙形化”。[④] 将由犬而龙视为盘瓠形态的演变，误在采用汉族文献中盘瓠原形为“犬”的谬说。其实，作为盘瓠形态特质之一的“龙”早已有之，只是在清代更加突出而已。

只要追溯畲、瑶的盘瓠传说，甚至远溯“盘瓠蛮”的盘瓠信仰，就可以了解：盘瓠的原生形态是能在水中畅游的“龙犬”这种神秘动物。在赣东北铅山县发现的《重建盘瓠祠铁书》中的《敕赐开山公据》，其可溯年代较早（详见下述）。该文中有：“……旨敕招烈士，收伏者分国共治，及赐第三宫女为妻。众臣不敢奉令，惟有盘瓠，游来殿前……七日不食。帝问何意不食？群臣奏明，奉敕出朝。盘瓠口称：‘我去必然收伏番王。’群臣口呼‘万岁’。有云：‘汝能助国安邦，便将朕第三宫女赐为妻。’盘瓠游至殿前……即辞而去。飞过海洋，七日七夜，随波逐浪，直至燕王殿前，会集百僚欢乐饮宴，迄王沉醉，被盘瓠口咬断燕王头，复奔回本国，呈上皇帝，龙颜

---

① 施联朱：《畲族》，民族出版社 1988 年版，第 110 页。

② 凌纯声：《畲民图腾文化的研究》，原载《中研院历史语言研究所集刊》第 16 本（1947 年），收入《中国边疆民族与环太平洋文化》，（台北）经联出版事业公司 1979 年版，第 302 页。

③ 宋兆麟：《巫与民间信仰》，中国华侨出版公司 1990 年版，第 90 页。

④ 何星亮：《中国图腾文化》，中国社会科学出版社 1992 年版，第 385 页。

大悦。”[①] 所引，写到盘瓠的动态是“游（至殿前）”，这并不是两处连续的笔误，而是准确地描述盘瓠原生形态这种神秘动物的行为特征。而“飞（过海洋）”，则是形容迅速的神话语言。盘瓠的“龙犬”之谓稳定地传承下来。民国时在浙江做调查的凌纯声撰文指出：“据畲民的口传说：‘他们的祖先是龙犬，名叫盘瓠。’”他所见到的丽水山根《蓝氏宗谱》，谱内盘瓠亦称“龙犬”。[②]

畲族盘瓠传说的盘瓠是“龙犬”。其盘瓠传说：“在上古时，高辛皇后耳痛三年，后太医从她的耳中挑出一条形似蚕的小虫，育于盘中，忽而变成龙犬，毫光显现，遍体锦绣”，“育于盘中”的盘瓠显形的是“龙犬”。“龙犬”非“犬”。与畲族有同源关系的瑶族，其盘瓠传说曰：“远古时，评王当政。皇后娘娘忽染耳疾，名医从其耳中挑出一条似蚕金虫，盛在瓠中，加盖盘子。忽而，盘瓠中虫变成周身锦绣、五色斑斓的龙犬，人们名之曰盘瓠。”[③] 畲族与瑶族从同一个“盘瓠蛮”族群开始分流的时间至晚是在隋唐以前，就算唐宋有大量瑶人加入畲族及其先民，畲、瑶的基本分离乃至隔离，也不会迟于宋。因此，隋唐以前，至迟是宋以前，畲瑶的盘瓠形态是“龙犬”。甚至可以推断，在应劭编撰《风俗通义》时及此前，“盘瓠蛮”的盘瓠形象就是“游食于水”的“龙犬”。自《风俗通义》以后，汉族文献从不称盘瓠为“龙犬”，除非转引畲、瑶所言。

“盘瓠……蛮夷者……冠用獭皮，取其游食于水。……用糁杂鱼肉，扣槽而号，以祭盘瓠”，享祭“糁杂鱼肉”的盘瓠怎么可能是“犬”？如前所引，畲族的古代文献《开山公据》在描写盘瓠宫殿前的动作是“游”。“冠用獭皮，取其游食于水”正是图腾崇拜的象征形式，与“犬”何干？将“游食于水”、喜食“鱼肉”的“龙

---

① 《重建盘瓠祠铁书》，载《畲族社会历史调查》，福建人民出版社 1985 年版，第 254 页。

② 凌纯声：《畲民图腾文化的研究》，原载《中研院历史语言研究所集刊》第 16 本（1947 年），收入《中国边疆民族与环太平洋文化》，（台北）经联出版事业公司 1979 年版，第 279、293 页。

③ 吴永章：《畲族与苗瑶比较研究》，福建人民出版社 2002 年版，第 7 页。

犬”这样的神秘动物简化为“犬”，是大汉族主义意识的产物。汉代，甚至先秦，“犬”之喻有卑微之义，例如：臣子以“犬马”示卑微于君主；社会生活中，以“犬彘”（狗和猪）喻卑贱之人。以“犬”旁的字词辱称少数民族，早在先秦时期就已有之，诸如“狄”、“玁狁”等。秦汉以后，沿用成习。明清更盛。甚至在误以为客家人是少数民族之时，写“客”字还要加上反犬旁。可见，最早将盘瓠说成是“畜犬”、“畜狗”，是出于蔑视的心理。这应不是应劭，而可能是与“武陵蛮”有接触的汉人的说法。当然，也有可能是应劭之误或其曾任武陵郡守的父、祖之误传。

以动植物，甚至自然现象来作为氏族、部落乃至民族的图腾，是古代社会的普遍现象。如果依此而忽略汉族文献对畲族先民古代图腾的误指，忽略在汉族话语系统中特定的侮辱之义，那就是汉文化本位的“本本主义”。对于盘瓠图腾形态的正本清源，不仅是学术研究的纠谬，也是对封建社会对畲族的辱称及其当代残余的荡涤。

然而，不能因为有盘瓠图腾的“犬”称之谬误，就认为盘瓠传说是空穴来风。如果“武陵蛮”没有这一传说，作为其后裔的畲、瑶、苗诸族不会因为汉族文献有此记载，就轻易加以采信。自古以来，没有任何一个族群会轻易听信其他族群所言而人云亦云来认祖。早在应劭未写盘瓠传说之前，住在五溪之“蛮”，就“糁杂鱼肉，扣槽而号，以祭盘瓠”了。畲、瑶、苗诸族那么虔诚地崇拜盘瓠，传承盘瓠传说，说明盘瓠崇拜和盘瓠传说是畲、瑶、苗先民的原生文化。

在古代瑶族的文献中，盘瓠也称为“龙犬”。瑶族文书《过山榜》几乎都有盘瓠传说的内容。据《瑶族〈过山榜〉选编》[1] 所收集的数十件载有盘瓠传说的文书中，唯有明中期以后的一件（内提到“正德”年）提到盘瓠派下某代李姓祖先称“狗王”外，其他一律称盘瓠为“龙犬”，文书内容显示所修或重修的年代有隋、唐、宋、明、

① 《瑶族〈过山榜〉选编》，湖南人民出版社 1984 年版。

清。这说明，与畲族有同源关系的瑶族，在其最重要的民间文书《过山榜》中，作为盘瓠形态的“龙犬”一直稳定地传承着。

在苗族，与犬形盘瓠的传承并存的还有始祖是“龙人”的创生传说。[①] 在畲族《高皇歌》中有两处以“龙人”与“龙期”并称盘瓠。[②] 基于畲瑶苗同源说，畲族《高皇歌》中的“龙人”是畲族久远历史记忆的遗存。

畲族的盘瓠图腾形态的传承，与瑶族盘瓠的“龙犬”形态传承相同。在赣东北铅山县太源、贵溪县樟坪畲族社区发现的《重建盘瓠祠铁书》中的《敕赐开山公据》（又称《抚徭券牒》），与瑶族的“过山榜”这类文书中的《评皇券牒》尤其相似。铅山县太源、贵溪县樟坪畲族，系明中期从闽西汀州一带迁来，新中国成立前被侮称为“野人”。[③]《敕赐开山公据》开篇说：“楚平王奉天承运出敕。大隋五年五月十五日，给会稽山七贤洞《抚徭券牒》”，文中“楚平王”与“大隋”的时间混置，是在文书重修时出现的错误。“楚平王”暗示给予盘瓠子孙优免的敕赐最早出现于先秦时期的楚国，“大隋”应是重新颁发敕书的朝代。尽管《敕赐开山公据》声称是“大隋五年”颁发，但文中出现“乾元二年”和“开宝十三年”，“乾元”是中唐肃宗的一个年号，“开宝”是北宋赵匡胤的一个年号，“开宝”年一共八年（968—975），尽管“开宝十三年”有误，但可以说明这份文书修订的下限在北宋初。南宋末年刘克庄到漳州从事对畲民的招抚事务，他阅读了“诸畲款状，有自称盘护孙者”等事。他应阅得《敕赐开山公据》或涉及《敕赐开山公据》的有关内容，才会叹曰：“畲民不悦（役），畲田不税，其来久矣。”[④]

《敕赐开山公据》的盘瓠传说同瑶族《评皇券牒》一样，称盘瓠为“龙犬”。至晚到隋唐之际，畲瑶已经基本分流，畲族的《抚

---

① 伍新福、龙伯亚：《苗族史》，四川人民出版社 1992 年版，第 59 页。

② 《畲族社会历史调查》，福建人民出版社 1986 年版，第 365 页。

③ 《畲族社会历史调查》，福建人民出版社 1986 年版，第 252 页。

④ （宋）刘克庄：《漳州谕畲》，载《后村先生大全集》卷 93，四部丛刊本。

徭券牒》的年代可溯至隋唐以前，这意味着隋唐以前畲族及其先民的《抚徭券牒》或类似《抚徭券牒》的文书中，盘瓠的形态是“龙犬”。因此，许多学者将粤东明代犬形盘瓠设定为早型，将清代闽东、浙南的“龙麒”视为早型“犬”形的“龙”化，属误。当然，清代畲族文献出现的“龙麒”是“龙犬”新的表现形态。

文化从文化区中心的传播而形成的区域文化的开始发生年代，犹如石击水形成涟漪，中心逐层向外展开，越外面的漪环，发生的时间越早。也就是说，在同一个文化区的共时状态中，边缘的文化要比中心的文化在时间上来得早。这种文化的空间差异缘于文化传播的时序差异。借助这一理论说明，可以解释为什么在闽东、浙南、赣东北的有关盘瓠传说的盘瓠形态比以粤东为祖地的闽粤赣交界地区这一畲族原住区的盘瓠形态更具有早期的历史文化特质。

清代闽东、浙南的盘瓠形态“龙麒”（或别写为“龙期”），是在“龙犬”基础上的添加性演化。晚清，是闽东、浙南畲族盘瓠形态继续演变的时期，例如：闽东、浙南一些畲族民间文书所陈述的从“耳卵”变成“龙犬”之前，还加上“由东海苍龙出世”、“娄星降凡”或“星宿（亢金龙）降化”的引句；有的干脆陈述为“娄星降凡来人耳，为龙”，不提“耳卵”和“龙犬”。盘瓠立功还受封为“忠勇王”；有些族谱还出现木刻印刷的“盘瓠忠勇王”的画像。民国浙南畲族中流传出现的石印本《盘瓠世考》叙述盘瓠故事，干脆连“耳卵”、“龙犬”或“龙”皆不提，只以“天星下降于高辛帝后，变生于耳”一语带过。这些反映了盘瓠形象的变化并不是纯粹的变异，而是为了排拒民族文化歧视，在盘瓠原生形态的基础上进行形象的再塑造。

总之，晋代干宝《搜神记》的盘瓠传说采自东汉应劭《风俗通义》。[①] 而南朝范晔《后汉书·南蛮传》的盘瓠传说也采自东汉应劭

---

① 东汉人应劭编撰的《风俗通义》亦称《风俗通》，范晔撰《后汉书》、裴松之注《三国志》，即称《风俗通》。

《风俗通义》，但在“冠以獭皮”后略去这些文字：“取其游食于水。今即梁、汉、巴、蜀、武陵、长沙、庐江郡夷是也。用糁杂鱼肉，扣槽而号，以祭盘瓠，其俗至今。”“盘瓠……蛮夷者……冠用獭皮，取其游食于水……用糁杂鱼肉，扣槽而号，以祭盘瓠”，这些被《后汉书》省略的文字，在以往的研究被忽略了。事死如事生，盘瓠身后所享，正是生前所好。“糁”即饭粒，喜食“糁杂鱼肉”。“盘瓠蛮”酋长以所冠作为图腾象征，故有“冠用獭皮，取其游食于水”的描述。从“其俗至今”的表述，可见这些记述是当时人说当时事，比较准确可靠。可见，水獭应是盘瓠图腾的原初形态。闽东有的畲民将盘瓠王称为“麟豹王”。浙江畲族《高皇歌》里，盘瓠是“像龙像豹麒麟样”。[①]“龙”、“豹”与盘瓠的原初形态吻合，具有重要的历史遗存信息。即使是“麒麟”，也有“龙”、“豹”的基质。盘瓠图腾特质仍然保持，并增加了审美感。

正本清源，还盘瓠的图腾原形，这是科研求真的要求，更重要的是，这使汉族传统话语系统的“犬”之隐喻对畲族神话传说的污染得以荡涤。

三　以盘瓠为象征的忠勇的民族性格

（一）忠勇是传统民族性格的集中体现

盘瓠传说在畲民族内部是畲族文化一以贯之的核心或基点，对畲族的民族认同和民族凝聚力产生重要的作用。盘瓠是畲族传说中的文化英雄，其忠勇精神成为畲族性格的集中体现。[②] 盘瓠传说这一英雄主义的史诗，长期以来成为畲族人民汲取民族自信心和自豪感的不竭源泉。

---

① 《浙江省少数民族志》，方志出版社 1999 年版，第 61 页。

② “一部畲族的发展史，可以说就是充满忠勇精神的编年史。‘忠’就是忠诚，忠于畲族，忠于华夏，忠于祖国，忠于人民；‘勇’就是勇敢，勇于吃苦，勇于拼搏，勇于胜利。在‘忠勇’的大旗下，历史铸就了千年山哈勤劳勇敢、刚烈正直、淳朴和静、团结友善的民族性格。”此见李建民编著《畲族文化简说》，宁（德）新出内书第 40 号，第 58 页。

清代畲族民间文献里，盘瓠王又称为“忠勇王”。犬戎犯边，唯有盘瓠揭榜应征，取犬戎番王首级，消除边患。忠勇，是盘瓠最本质的人格特征，也是历史上畲族的民族传统性格。李健民《畲族文化简说》精辟指出“忠勇王”引领着畲族人民文化性格的发展方向，他说：“源于畲民观念中的民族始祖忠勇王的精神是畲民引为自豪的人生取向，‘忠’和‘勇’在他们的内心深处有着永恒的人格魅力，并且成为畲族民族性格的基本因子。”① 神话传说就是文化，文化一旦产生，就会参与社会历史的实践。畲族人民的斗争实践，不断赋予“忠勇”形象以愈加丰富的内容。

唐代以后，畲族史的一条主线是反抗封建压迫和剥削的历史。不畏强暴、敢于斗争，是饱受封建压迫和剥削的畲族的鲜明性格和频繁实践。这种民族精神宛如从封建统治的铁幕后喷薄而出的霞光。宋末元初以后数十年间，畲族人民反抗蒙元贵族的武装斗争是畲族史上最英勇的历史篇章。南宋末年，文天祥、张世杰组织力量抗元。景炎元年（1276）元军攻陷临安，宋臣陆秀夫、张世杰拥南宋末帝入闽。景炎二年（1277）陈吊眼和许夫人领导的畲军配合张世杰攻打有降元异心的蒲寿庚所镇守的泉州城。这一年，闽南与粤东交界一带的畲民奋起抗元。祥兴元年（1278）闽北爆发了以黄华为首的畲汉人民抗元起义。1279 年南宋灭亡后，闽南畲民陈吊眼领导的畲汉起义军仍坚持抗元斗争达三年之久。直至元代末期，畲族人民的反抗烈火也没有熄灭。这些反抗斗争有：从宋末延续至 1284 年的黄华领导的畲汉抗元武装斗争；1288—1290 年畲民钟明亮领导的有十万之众的畲汉抗元武装斗争；1337 年畲民钟大明、汉民石昆山领导的畲汉起义；1337 年南胜县畲民黄二使、李志甫领导的畲民起义；1338 年畲民李志甫再次领导畲民起义；1351 年南胜县畲汉人民起义；1359 年畲民陈角车、李国祥领导畲汉人民起义。在闽粤的抗元斗争中，畲族人民是主力，“畲军”的战斗力令元军胆寒。畲

① 李健民：《畲族文化简说》，宁（德）新出（2005）内书第 40 号，第 53 页。

族人民这种百折不挠、威武不屈的战斗力和意志力，震撼人心，永垂青史。

历史上，畲族人民反抗封建统治阶级的阶级压迫和民族压迫表现出大无畏的斗争精神。畲族传统性格的勇，陶冶和表现于生产斗争中。清人杨澜《临汀汇考》说畲民“依林而居，能忍饥行斗，登险如平地”，并引长汀杨濬的畲民诗云：“姜薯薮豆种山椒，叉木诛茅各打寮。夜半风腥呼野菜，强弓毒矢竞相邀。”① 即使是妇女，吃苦耐劳不逊于男。民国时，有关浙南丽水畲民的调查报告说：“多数妇女，均专事农作，其体力甚强，虽在娠孕之中，肩百斤，行数十里，不以为苦，攀山越岭，如履平地。不论男女老幼，无坐食者。”②

（二）刚柔相济的忠勇性格

畲族人民豁达率真，突出地表现在柔美的山歌里。因为豁达率真，畲族人民团结亲睦蔚成温馨祥和的社会风气。这种豁达率真的心性与和谐的氛围，使其忠勇性格兼有刚柔相济的品质。

在“依山结庐，务耕作，无寒暑，俱衣麻”的艰苦生活中，畲族妇女仍然“戴布冠，缀石珠”。③ “薪担压肩走风雨，复髻[illegible]缀石珠。”④ 艰苦中未忘审美，这表现出一个民族英勇坚韧的游刃有余，表现出一个民族刚柔相济的优美格调。

在劳动强度极大、物质生活十分匮乏的情况下，畲族男女老少依然歌声不断。民歌在畲族中称为“歌言”，即以歌代言，可见歌唱是何等普遍。畲歌豁达率真，一如涧水清冽，让人感受到《诗经》那般“思无邪”的境界。率真的畲歌缘于率真的民性，民国时在丽水调查的沈作乾说：“畲民的性情，最好一个‘真’字，他们

① （清）杨澜：《临汀汇考》卷3《风俗考·畲民附》，光绪四年刊本。

② 沈作乾：《畲民调查记》，载《东方杂志》第21卷第7号，1924年，第58页。

③ 同治《云和县志》卷15《风俗·畲民》。

④ 光绪《处州府志》卷30《艺文志下·诗篇》。

无论对什么事，多能表现出他们纯洁的天真。”① 反之，复杂混浊的性格易使人的心境处于焦躁郁忿之中，这种心态成为社会的分离力量和一触即发的燃点。

率真淳厚的性格易使人的心境处于和谐状态，并营造着社会的和谐氛围。这种内在与外在的和谐，使阳刚之气平添柔韧。清初亲历畲族社区的范绍质，记畲民“无阋墙御侮之事，其性愿悫，其风朴陋”。“阋墙御侮”指的是家庭或家族兄弟失和而发生纷争和争斗，“无阋墙御侮之事”说明畲民社会很和谐。畲民性格确系范氏所说的“性愿（谨慎善良——引者注）悫（诚实——引者注）”。1929年在浙南敕木山畲村调查的德国学者史图博注意到畲村的和谐，他说：“我们在畲民那里逗留期间，对于他们的性格得到一个极好的印象。他们总是非常好客、亲切、有礼貌，我们从来没有听到过争吵，他们既不纠缠不休，也不好奇，也不唯利是图”，“是一个和平的、谦虚的民族。他们从事艰苦的劳动，过着极端简朴的生活”。② 1933年何子星《畲民问题》介绍畲民遵循的道德观念：互助、合群、俭朴、忠厚、信义、谦让、忍耐、和平、勤劳、刻苦。③ 1934年《平阳畲民调查》说：“畲民平日相处，亲爱异常，无论蓝、雷、钟、李均亲如骨肉，不拘熟识与否，相爱若家人。”④ 正是民族、社群和宗族内部的团结亲睦，使群体精力免于无谓的消耗，这是畲族平时忠信谦忍，故而蓄锐能勇的文化秘密。

（三）忠勇精神在新民主主义革命时期的升华

在新民主主义革命时期，闽西、赣南、粤东、闽东、浙南等地的畲族人民积极参加中国共产党领导的武装斗争。畲族是较早参加

---

① 沈作乾：《畲民调查记》，《东方杂志》第21卷第7号，1924年，第64页。

② 史图博、李化民：《敕木山畲民调查记》，中南民族学院民族研究所1984年编印，第33页。

③ 何子星：《畲民问题》，载《东方杂志》第30卷第13号，1933年，第63页。

④ 许蟠云、范翰芬、王虞辅：《平阳畲民调查》，载《浙江省少数民族志》，方志出版社1999年版，第681页。

中国共产党革命斗争的少数民族，畲族人民忠勇的民族性格，在中国共产党的领导下获得新的升华。①

畲族人民紧跟共产党、忠于革命、英勇顽强、不怕牺牲。② 畲族人民具有光荣的革命传统，他们同汉族人民一起，在中国共产党领导下，进行长期艰巨而又曲折的革命斗争中，结成了深厚的革命革命感情和战斗友谊。许多畲族地区都是革命根据地，在第二次国内革命战争时期，闽东畲族聚居的2346个自然村中，有70%的村庄是属苏区或红军游击队活动区。闽东畲族曾流传一首革命歌谣："敢做木头不怕钉，敢做笊篱不怕淋。火烧黄茅心不死，杀头也要干革命。"当年在闽东打游击的叶飞同志有着刻骨铭心的体验，他发自肺腑地说："在三年游击战争最艰苦的年代，畲族群众对革命的贡献是很大的。他们具有两大特点：第一，最保守秘密，对党很忠诚；第二，最团结，在最困难的1935—1937年，对党支持最大，我们在山上依靠畲族群众掩护，才能坚持。"在历次革命战争中，闽东畲族烈士有479名。③ 在浙南，在历次革命战争中畲族烈士有145名。④ 上杭是闽西革命根据地的重要县份，畲族革命烈士有438人，绝大多数牺牲于1929—1934年。⑤

在中华多元一体格局中的汉族，正是不断吸纳少数民族及其文化，从而保持强盛的生命力。这种生命力对中国共产党领导的革命斗争有着非凡的意义。客家人是客家先民融合了部分畲族及其先民而形成的汉族民系。畲族的忠勇和极度吃苦耐劳的民族性格也融入客家民性中。中央苏区建立在赣南、闽西这一客家聚居地，中央红军的兵源主要来自客家。从苏区人民对共产党及其领导的革命事业的忠诚、拥护和支持，从中央红军在反围剿、特别在长征中英勇卓

① 李建民《畲族文化简说》，福建省宁德市民族中学1995年编印，第64页。

② 蒋炳钊：《畲族史稿》，厦门大学出版社1988年版，第203—228页。

③ 施联朱：《畲族》，民族出版社1988年版，第35页。

④ 《浙江省少数民族志》，方志出版社1999年版，第183页。

⑤ 《上杭县畲族志》，第107—147页。

绝的浴血奋战，可以感受到畲族忠勇的精神和超强的吃苦耐劳蕴涵其中。

（四）畲族的忠勇精神与源远流长的对华夏族认同的民族心理

畲族祖图一般最前几节是盘古氏、有巢氏、神农氏、天皇氏、地皇氏。据老家在连江的蓝万清介绍，其家族祖图有："盘古圣王开天辟地、伏羲皇帝画八卦、龙马负图、神农皇帝尝百草知苦味甘咸、鲁司务（师傅）始造架屋、有熊氏始制衣服"六节。有的祖图还有"燧人氏取木造屋"一节。厦门大学人类博物馆在宁德县漈头畲村征集的一件清道光二十九年（1849）《雷氏祖图》，前八节图是："盘古帝王开分天下"、"伏羲画太仪化教"、"神农尝百草宇宙传"、"龙马负图"、"公输子"、"黄妃织机"、"黄帝有熊氏姓公孙名轩辕土德王位一百年"、"高辛皇帝"。据传说，盘古开天地，伏羲画两仪，神农尝百草，黄帝是帝喾（高辛帝）的曾祖，帝喾是尧之父，他们是创世神或华夏族的缔造者和祖先。据传，伏羲降伏了龙首马身的龙马，根据龙马身上的纹理，研究出八卦，此为龙马负图。公输子即鲁班。黄妃即黄道婆，她是纺织技术家。畲族人民将华夏族及其后的汉族的历史和传说人物列入他们所崇奉的祖图，这表明他们将本民族传说中的历史与华夏族历史连接起来。汉族历史上的能工巧匠和纺织能手受到畲族人民的敬仰，是畲族人民热衷采借汉族生产技术的体现。同姜女履大人足迹而生周人之祖、玄鸟生商等华夏族的传说一样，祖图中的高辛皇后耳出奇茧虫，忽而变成龙犬，号盘瓠。这一始祖诞生的感生说，反映了畲族及其先民与华夏族在心理上的亲密联系。而高辛帝的三公主成为传说中畲族的女性始祖，则使这种联系进一步密切了。这些蕴涵着对华夏族及其后的汉族的认同。这种关系千年传承而未止，正是与汉族形成经济共生关系和民族友好关系的畲族，表达着关于畲汉密切的民族关系的理解。

闽东霞浦县溪南镇半月里畲村，在一座清代古民居的厅堂里有一木质黑漆烫金的楹联："徭咏帝力免差徭，鹏程欲溯凤山踪。""徭"是畲族的书面语自称。"帝"即"帝喾"，传说中黄帝的曾孙高辛皇帝。[①] 据传说，畲族始祖盘瓠揭榜北征，杀番王而靖边患，高辛帝妻以三公主，恩赐盘瓠子孙免差徭。盘瓠王与三公主开基凤凰山，其后裔迁徙各处，仍心系祖地。联文浓缩了这一传说和历史。无论是高帝敕赐还是开基凤凰山，都奠定于盘瓠忠勇的功勋。盘瓠因忠勇立功而与三公主成婚，其后裔也就为"王子皇孙"。畲族及其先民很早就在心理上确立了他们与华夏族以及后来的汉民族的亲缘关系。因忠勇而亲缘，忠勇与亲缘珠联璧合。过去，闽东畲族祭祖游行时，前导的旗幡上书："代天征番招有功为驸马"；或者以镌刻"忠勇王"（旁刻"前朝敕赐"小字）的木牌为前导。在闽东、浙南，畲族祠堂普遍都有这一联文（俗称"祖公联"）："功建前朝帝喾高辛亲敕赐，名传后裔皇孙王子免差徭。"在浙南，畲族祠堂中间供奉着一个最大的神主牌，上刻："龙凤高辛祖敕赐驸马盘瓠妣萧氏之位。"这些反映着畲族对忠勇精神的崇奉和出自华夏血统的确认这一悠久的民族心理。20 世纪 80 年代在罗源重新恢复的迎祖仪仗中有"高辛世裔"木牌，[②] 这种"高辛祖"的观念依然鲜活。

在盘瓠传说中，盘瓠为高辛帝远征犬戎立功为驸马，三公主是畲族的女性始祖，这是畲族对汉族的前身华夏族以血缘关系为表征符号的认同，并随着以汉族为主体的中华民族的形成而自然延伸着对中华民族的认同。尽管传说不见得具有历史的真实，却具有意识和情感的真实。

---

① 范文澜：《中国通史》，人民出版社 1978 年第 5 版，第 19 页。

② 雷恒春主编：《福州市畲族志》，福建教育出版社 1995 年版，第 435 页。

第一章

畲族的来源和形成

畲族远源于汉代的“五溪蛮”。汉晋时期，“五溪蛮”的一支首先进入粤东。至晚在唐代又有源自“五溪蛮”的“莫徭”，由湘东南迁入闽粤赣交界地区。他们在宋代形成畲族。

第一节　汉唐时期的畲族先民

至今为止，畲族史在东南地区的开端是“七世纪初隋、唐之际”。① 畲族史在东南地区的上限显然过迟。唐早期，陈元光就与潮州的畲族先民发生过战争。一个远道迁徙而至的族群要达到相当大的人口规模，必有经久的繁衍生息。沿着由湘入粤这条路线进入闽粤赣三省交界地区的畲族先民，最早生息于潮州，而闽粤赣交界地区及其外迁的各地畲族之所以会认同潮州凤凰山为其祖地，原因在于潮州凤凰山区是畲族先民在闽粤赣交界地区的最早居住地。也就是说，畲族先民在远比“隋唐之际”早得多的时候就到了潮州凤凰山一带。晋人郭璞注《山海经》提到会稽东南海

---

① 施联朱：《关于畲族来源与迁徙》，载《施联朱民族研究文集》，民族出版社2003年版，第288页；类似的表述见《畲族简史》，民族出版社1980年版，第15页。畲族主要源自湘西武陵蛮，是畲族研究中的主流共识，而认为畲族为越裔的学者的畲族史编写，也是始于“七世纪初隋唐之际”。鉴于畲语底层有一些苗瑶语族语词的发现，而秦汉及此前的中国东南是百越地区，百越民族的语言属南岛语系的古壮侗语，反对畲与苗瑶同源于武陵蛮或盘瓠蛮为越后说，已很难支撑。主张源于粤东的南蛮土著说，实质上从属越后说，因为粤东亦为百越地。

中的“犬封国”，应是畲族先民最早的居住地，地点在粤东潮州凤凰山地区。

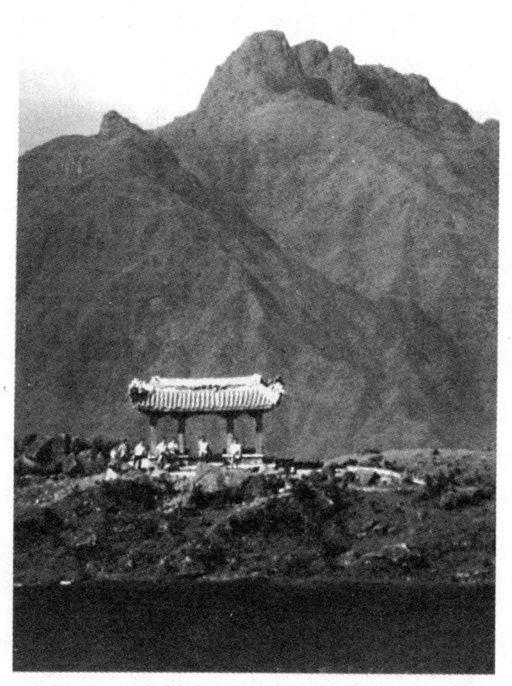

潮州凤凰山，畲族的祖地

在畲族清晰的历史记忆中，粤东潮州凤凰山是祖地。然而，在畲族历史记忆中又有诸如“南京”、“会稽山七贤洞”的密码式符号。“南京”、“会稽山七贤洞”蕴藏着更久远的历史信息。在畲族最早的古代文献《开山公据》中，始祖盘瓠立功娶高辛帝的三公主后，自愿搬到“会稽山七贤洞”，殁后“葬在七贤洞石孔中”。[①] 在瑶族的《过山榜》[②] 中，也说始祖盘瓠立功娶三公主后，住入“会

---

① 《重建盘瓠祠铁书》，见《畲族社会历史调查》，福建人民出版社 1987 年版，第 254、255 页。

② “榜”与“公据”是等义的，在瑶族《过山榜》中，也称“榜”是“券牒”、“公据”。畲族的《开山公据》也称《抚徭券牒》。

稽山七贤洞”。[①] 会稽山七贤洞是瑶族先民的发祥地，也是瑶族始祖盘瓠的葬地，地点在古楚地的湘西。在瑶族《过山榜》中，说敕赐《过山榜》的“平王”（或称“评王”）住在“南京”。[②] “会稽山七贤洞”是“南京”的属地，故“会稽山”也称“南京七宝大洞会稽山”，“会稽山七贤洞”亦即“南京会稽山七贤洞”。[③] 许多瑶族族谱记载其远祖“安居会稽山”，或记载“祖籍南京七宝洞会稽山”，或记载“在南京七宝洞会稽山安住数代”，然后“漂洋过海”。[④]

畲瑶同源，瑶之始祖亦即畲之始祖，也就是传说的盘瓠。畲族先民迁入粤东凤凰山后，凤凰山成为有了自己族群意识的畲族祖地，畲族在历史记忆的重构中，将“盘瓠蛮”发祥地——“南京会稽山七贤洞”这一远古记忆，附会于凤凰山。于是，“盘瓠蛮”发祥地暨盘瓠原葬处“南京会稽山七贤洞”，置换为“广东会稽山七贤洞”或“潮州会稽（山）凤凰山七贤洞”。这是畲族从“盘瓠蛮”独立出来后，对新祖地的象征符号再造。然而，再造中依然保存始初的历史记忆。[⑤] 浙江畲民的族谱多载有清代浙江学政雷铉（宁化畲民）所编撰的《（盘瓠）铭志》，其中说：“（盘瓠）送葬潮州会稽（山）凤凰山七贤洞石孔中……开造广东石室，地名与南京一脉相连”。[⑥] 在畲族最早的文献《抚徭券牒》中，盘瓠在潮州的开基地也是“广东会稽山七贤洞。”[⑦] 即使畲族确认了潮州会稽山的凤凰山为祖地，仍然保存着“与南京一脉相连”的追根溯源信息。以前，人们一直不理解《高皇歌》最后一句唱词“蓝雷三姓好结亲，

---

① 《瑶族〈过山榜〉选编》，湖南人民出版社1984年版，第2页。

② 同上书，第2页。

③ 同上书，第44页。

④ 转引自容观琼《人类学方法》，广西民族出版社1999年版，第182页。

⑤ 霞浦县樟坑畲村《汝南蓝氏宗谱》载：“会稽山七弦（贤）洞，即今长沙武陵。”如果可以证实确是畲民的历史记忆，则是极其珍贵的民间文献资料。

⑥ 青街章山《冯翊郡雷氏族谱》卷1，清同治六年修，转引自雷必贵《苍南畲族的源流与分布》，中国文史出版社2006年版，第9—10页。

⑦ 《畲族社会历史调查》，福建人民出版社1986年版，第254页。

都是南京一路人"[1]的"南京"，指的是何处，现在，终于豁然开朗，那是比凤凰山更早的发祥地"南京会稽山七贤洞"，"南京"是"南京会稽山七贤洞"的简称。发祥于五溪地区的瑶族，其古代文献《过山榜》将"南京会稽山七贤洞"作为发祥地，跟瑶同源的畲族，其祖地即"与南京一脉相连"的"广东会稽山七贤洞"可远溯至"南京会稽山七贤洞"。

据传，武陵的潕溪（武溪）发源地武山，为盘瓠始居地，当地有盘瓠遗迹可寻。唐人李贤注《后汉书·南蛮传》云："今辰州泸溪县西有武山。黄闵《武陵记》曰：'山高可万仞，山半有盘瓠石室，……盘瓠行迹。'"《后汉书·马援传》的唐代李贤注，引郦道元《水经注》曰："武陵有五溪，谓雄溪、樠溪、酉溪、潕溪、辰溪，悉是蛮夷所居，故谓五溪蛮。"[2]尽管武山是否确为盘瓠始居地，难以断定，但"盘瓠蛮"的发祥地"会稽山七贤洞"在湘西五溪地区是没有疑问的。

一　汉代的"盘瓠蛮"

秦朝将蛮族地区置于统一的中央王朝管辖或控制之下。从西汉起，中原地区与蛮族地区交往日益频繁。汉武帝平南越，通西南夷，对南方蛮族多次用兵，特别是东汉光武帝派重兵深入武陵蛮地区，从而使中原人对蛮族及其习俗才有了较为深入的了解。

《后汉书·南蛮传》写盘瓠后裔及其分布，说"今长沙、武陵蛮是也"。武陵郡的五溪流域是"盘瓠蛮"的原居地，而长沙郡等地则是"五溪蛮"（"武陵蛮"）的扩展地。其实东汉"长沙蛮"已经越过南岭。

东汉末，长沙郡的"盘瓠蛮"因反抗中央王朝的封建统治和军事镇压，其活动范围已扩展到岭南地区。《后汉书》载：永寿三年

---

① 《畲族社会历史调查》附录二，福建人民出版社1986年版，第368页。

② 《后汉书》卷24《马援传》，李贤注引，中华书局1965年版，第843页。

（157），“长沙蛮叛，寇益阳”。延熹三年（160）“长沙蛮寇郡界”。“荆州刺史度尚讨长沙蛮，平之。”延熹五年（162）四月，“长沙贼起，寇桂阳、苍梧”。[①] 五月，“长沙、零陵贼起，攻桂阳、苍梧、南海、交趾，交趾刺史及苍梧太守望风逃奔，二郡皆没。遣御史中丞盛脩督州郡讨之，不能克。……尚躬率部曲，广募杂种诸蛮夷，进击大破，降者万人。桂阳宿贼渠帅卜阳、潘鸿等畏尚威烈，徙入山谷，尚穷追数百里，遂入南海，破其三屯”。[②] 汉桂阳郡，南部包括今广东英德县以北德北江流域。这就是说，长沙蛮行迹已至粤北。延熹七年（164），“荆州刺史度尚击零陵、桂阳盗贼及蛮夷，大破平之”。[③] 镇压与反抗的军事斗争引起了“盘瓠蛮”的人口流动。这些资料说明：东汉“盘瓠蛮”南向的活动范围远比《晋纪》、《搜神记》、《后汉书》所指的居地范围还要广，当时“盘瓠蛮”已出现在粤北，随后在官军追击下，“遂入南海”。“遂入南海”原指的是度尚所率的汉军“穷追数百里，遂入南海，破其三屯”，而被追击的“桂阳盗贼及蛮夷”当然略早已“入南海”。

“（蛮夷）入南海”只是浮现在史书的冰山一角，还有许多事实隐没于史书的水平面之下。因此，晋代会稽东南沿海出现“盘瓠蛮”的集中地，其实也是对汉代“盘瓠蛮”南迁活动的暗示。郭璞注《山海经》提到的“犬封国”在会稽郡治的“东海中”，他在《玄中记》中进一步指出是位于“会稽东南二万一千里”。汉代会稽郡治所在今苏州。“会稽东海中”指的是中国东南沿海某地。古代文献指称沿海地区，常谓“海中”。例如，《山海经·海内南经》说：“瓯居海中，闽在海中，其西北有山。”[④] 中央王朝和中原人对周边少数民族的认识是随着王朝的开疆拓土和人口向周边的迁徙而

① 《后汉书》卷7《桓帝纪》，中华书局1965年版，第303、307、309页。

② 《后汉书》卷38《度尚传》，中华书局1965年版，第1285页。

③ 《后汉书》卷7《桓帝纪》，中华书局1965年版，第313页。

④ （晋）郭璞注：《山海经》卷10《海内南经》，华夏出版社2005年版，第178页。

增多的。大抵说来，以中原为中心，这种认识的半径的延长与时间成正比。并且，这种认识与半径长度成反比，对于越远之地的风物、族群，认识越模糊，只能概而说之。

确有会稽东南海中的“犬封国”吗？我们可以通过对汉族的文献记载和畲族的历史记忆的分析来追寻。

二　向东南迁徙的“盘瓠蛮”

非南岛语族的苗瑶语族群，在中国东南百越地区，亦即原南岛语族地区的出现，是迁徙的结果。

在古代中国东南，“自交趾至会稽七八千里，百越杂处，各有种姓”。[①] 百越地区的语言属南岛语系的古壮侗语，后来这个地区出现苗瑶语，这是汉代以后在百越民族逐渐式微的情况下，苗瑶先民集团迁入的结果。早在客家先民在唐末五代开始大量迁入闽粤赣交界地区之前，已有汉民长期生活于此，他们与当地越人发生融合，从而吸纳了古壮侗语成分，这些世居的汉民是当地最早的客家先民。[②] 这正是客家话含有古壮侗语底层词的主要原因，今畲语近乎客家话，客家话的古壮侗语底层词是畲语的古壮侗语底层词的主要来源。

文化差异是民族融合的障碍，而民族之间互补性经济的互动是突破文化壁垒而进行文化和血统融合的基本原因，而蛮、越之间的经济互补，较之蛮、汉之间，其必要性和可能性微乎其微，因此蛮、越融合，微乎其微。除了畲语含有古越语底层词，畲文化没有

---

① 《汉书》卷28下《地理志第八下》，颜师古注引臣瓒语，中华书局1962年版，第1669页。

② 这一看法源于房学嘉《客家源流探奥》（广东高等教育出版社1994年版）的见解，但房学嘉认为隋唐以前已出现客家共同体，“这个客家共同体，是南迁的中原人与闽粤赣三角地区的古越族遗民混化以后产生的共同体”（第36页）。房学嘉这一观点尽管比较冒进，但他在众说皆将客家源溯至唐末五代南下汉族进入闽粤赣交界地区的共识中，注意到晋唐时期南下汉族由微而显地陆续与当地越人的融合，这是对客家历史研究的重要贡献。

任何越文化的痕迹。近乎客家话的畲语，其古壮侗语底层词主要来自客家话（参见第八章第一节第三部分）。

关于“五溪蛮”往闽粤赣交界地区的迁徙,[①] 徐规《畲族的名称、来源和迁徙》说：“畲族是出自唐宋时代住在五岭东端的‘傜人’，而远源于汉晋时代的‘五溪蛮’”,[②] 施联朱《关于畲族的来源与迁徙》引《敕赐开山公据》中的“放行广东路上”，来说明畲族先民的南迁。他指出：“早在南朝梁之前，瑶族就在湖南零陵、衡阳一带居住。从瑶族祖先由湖南武陵郡南迁的情况，给跟瑶族同源的畲族从湖南南迁广东等地提供了一条线索”。“从湖南、广东、广西、福建等地留下‘畲’的地名，也给我们提示畲族从湖南南迁广东、福建的一些线索。”[③] 饶宗颐《畲瑶关系新证——暹罗〈傜人文书〉的〈游梅山书〉与宋代之开梅山》，运用泰国瑶人的民间文书，找到个别历史环节的证据。他说：“《畲族简史》认为‘除了槃瓠传说外，史书中找不到畲族是武陵蛮的一支或从湖南迁来的其他线索’”，其实不然。“梅山是湖南五溪蛮傜的重要根据地”，而“泰国《傜人文书》分明记载由梅山（湖南）到连州（广东）、潮州”。[④] 当然，饶宗颐讲的是五溪蛮较晚的南迁活动，不是论述畲族先民的早源问题。

谢重光找到了唐代畲族在湖南南部的衡山和广东北部连州的证据。鉴于南朝时，“莫傜”已在衡州“依山险为居”，因而唐代衡山“畲山谣”所云的“畲山儿”，“为我们提供了把武陵蛮、莫傜、畲族有机联系起来的重要环节”。他指出：“南朝和隋代，莫傜的足迹主要见于五溪和湘水流域，最远到达珠江水系北缘的洭水流域；及至唐宋，莫傜广泛分布于衡州、连州、韶州、潮州、建宁、漳州等

① 向闽粤赣交界地区的迁徙，不仅有“武陵蛮”也有“长沙蛮”等，鉴于武陵郡的五溪流域是“盘瓠蛮”的原居地，而长沙郡等地则是“武陵蛮”的扩展地，因此“武陵蛮”实际上是指发祥于武陵地区即五溪流域的“盘瓠蛮”的泛称。

② 徐规：《畲族的名称、来源和迁徙》，载《杭州大学学报》1962 年第 1 期。

③ 施联朱主编：《畲族研究论文集》，民族出版社 1987 年版，第 45—46 页。

④ 同上书，第 28 页。

地，从中不难看出五陵蛮向南又向东迁徙的态势。”“根据前述史迹推寻，有一条路线大概由五溪入洞庭湖，溯湘江而南，先后进至衡州、连州等地，再沿湟水、武溪等河流南下粤中，经由粤东而进至闽南、闽西北。”① 吴永章广泛钩稽史料，指出：“历史上，有一支‘盘瓠蛮’人，不循越（南）岭进入两粤路线，他们由衡、郴诸州向东发展，入赣南，再至闽西南、粤东，即在赣、闽、粤三省交界处，逐步形成有别瑶族的畲族族群。”② 吴氏用的是宋代史料，其实，早在唐中期，江西已有“都防御团练观察置使，兼莫徭军使”，“领洪、吉、虔、抚、袁五州”，唐末闽西发生“黄连峒蛮二万围汀州”。这些史实在谢重光《畲族与客家福佬关系史略》一书中讨畲族从湘至赣、再入闽的另一条迁徙路线时均有列举。③ 因此，吴永章所勾勒的宋代湘南—赣南—闽西南的“盘瓠蛮”迁徙路线，早在宋以前就已经出现。总之，畲族先民的迁徙路线既有由湘而粤北、粤东这一条，也有由湘而赣而闽西、粤东这一条，但畲族先民最早的迁徙路线是前一条。上述有关学者的探讨，尽管迁徙时间较晚，但有助于我们了解畲族先民的南迁。

粤东潮州一带畲族的历史要比闽西、赣南的畲族早得多。否则无法解释畲民关于粤东潮州凤凰山是他们祖地的普遍认定。明代，有许多畲族从粤东迁入赣南。明中期镇压赣南畲族的王守仁说：“其初，畲贼原系广东流来。”④ 可见，南岭东端有赣南至粤东的迁徙孔道。

以中原为中心居住区域的汉族，要清楚地了解南方族群的具体状况，特别是动态分散式的迁徙，是相当困难的，记载也滞后得

① 谢重光：《畲族与客家福佬关系史略》，福建人民出版社 2002 年版，第 33—36 页。

② 吴永章：《畲族与瑶苗比较研究》，福建人民出版社 2002 年版，第 27—29 页。

③ 谢重光：《畲族与客家福佬关系史略》，福建人民出版社 2002 年版，第 38—39 页。

④ （明）王守仁：《王阳明全集》卷 10《别录二·奏疏·立崇义县治疏》，上海古籍出版社 1992 年版，第 350 页。

多。然而，上述对畲族先民南迁的寻踪，毕竟为我们呈现了畲族先民向东南迁徙的路线。

三 畲瑶的历史渊源关系

畲族研究者普遍认为：畲族是瑶族的一支。胡先骕认为：“畲客者，实猺人[①]之一种。”[②] 德国学者史图博（H. Stubel）和李化民（主要承担翻译工作）根据畲族在族谱原自称为“傜”，以及畲与瑶“共有的家世神话”，认为：“把浙江和福建的畲民看作傜这个大家族的东北分支，那是不容置疑的。”“畲族根本不是福建和浙江的原始居民。”[③] 罗香林在其《客家研究导论》一书中提到客家迁入闽粤赣交界地区时，当地土著为畲，并猜测客、畲之间难免发生通婚。为其作序的朱希祖由此做了颇多的发挥，以致有近十页篇幅的论述畲族历史的文字。朱希祖认为：“自应劭风俗通，始以蛮为槃瓠之子孙，为犬种，范晔后汉书南蛮传因之，遂为今日两广猺人及广东、江西、福建而浙江畲蛮公共之祖，此畲为古代蛮裔之证也。”“（畲、猺）其为同种无疑”，而且“畲族，即亦猺族”。[④] 徐松石认为：“畲人即傜人”，又说：“畲傜即古代所谓山越”，甚至将畲族之源溯至越人。他说：“在广东极东部分，所谓旧越人或最初的土著，当推畲傜部族。”[⑤] 同样认为畲属瑶，但林惠祥的见解要深刻得多。他将“猺族”分为：“猺族本支”和“畲民”，也就是认为“畲民”

① “猺”乃辱称，引述保留历史原状，也就保留了史料分析的价值。此辱称之沿用系封建时代统治阶级民族歧视所使然，现代学者没必要为封建统治阶级以及受其影响者文过饰非，窜改历史。

② 胡先骕：《浙江温州、处州间土民畲客述略》，载《科学》1923年第7卷第3期。

③ 史图博、李化民：《浙江景宁敕木山畲民调查记》，中南民族学院民族研究所1984年编印，第105—106页。

④ 朱希祖：《客家研究导论》序，见罗香林《客家研究导论》，希山书藏1933年版，上海文艺出版社1992年影印本。

⑤ 徐松石：《粤江流域人民史》第十五章第一节《畲人黎人和蜑人》，中华书局1941年版。

属“猺族”，但自成一个支族。[①] 畲族是瑶族的一支这一看法相对流行，直至20世纪70年代，在台湾的原大陆学者胡耐安仍然坚持畲是“傜的亚支”。他说：“畲和傜是同族，实可说畲实傜的分支。”“畲与傜同属一支，无论就传说（狗皇歌），或就称谓（畲傜），允无疑问。”[②]

畲族曾经与瑶族同属一个族群，或者是从瑶族分离而出，这不仅是研究的结果也是畲族文献资料所保存的历史记忆。史图博、李化民当时就注意到：“（畲民）家谱中不用一般常见的‘猺’字而用了‘傜’字。”[③]

闽东、浙南畲族关于盘王碧渡海漂失的传说（参见第二章第一节第二部分），在粤东有较早的雏形。潮州市湘桥区意溪镇厝山村雷氏畲民收藏的《祖图》，有一幅的文字说明是：“一子摇舡去下海，二子坐轿出人家，三子骑龙上青山。”潮安县凤南镇山犁村雷氏畲民收藏的《祖图》与厝山村雷氏《祖图》同一幅图的文字则是：“一子坐轿出人家，二子摇船去下海，三子骑龙上青山。”这两幅图反映的是盘瓠后代在迁徙时各奔前程，但在传说画面上所指明的坐轿、摇船分别是第几子有差别。粤东畲族祖图一般是说“长子姓盘摇船去下海”。对粤东畲族很有研究的李筱文、朱洪先生也是这么确认的。[④] 在畲族口传历史中，潮州凤凰山是其历史记忆的祖居地。畲族从潮州、汀州出发的迁徙，主要是往闽南——莆仙——闽东——浙南这条路线的迁徙，在未到达福州之前，确有一条路线是搭船经过短程海路到达福州的连江。在粤东，到处都是青山绵延，畲族祖图的“摇船去下海”传说，是不是没有源于历史事实？

---

① 林惠祥：《中国民族史》第十四章《苗猺系》，商务印书馆1934年版，第221—233页。

② 胡耐安：《中国民族史》，台湾商务印书馆1974年版，第233、253页。

③ 史图博、李化民：《浙江景宁敕木山畲民调查记》，中南民族学院民族研究所1984年编印，第106页。

④ 李筱文、朱洪：《从广东省畲族〈祖图〉与瑶族〈过山榜〉的对比研究探讨其渊源关系》，载《畲族研究论文集》，民族出版社1987年版，第210页。

当我们将畲族的历史文献《抚徭券牒》与瑶族的历史文献《评皇券牒》加以链接，那么“渡海”时的涛声就会在畲族早期的历史中回响。

瑶族笃信盘瓠。瑶族支系较多，信奉盘瓠的主要是盘瑶（又叫“过山瑶”、“顶板瑶”）。盘瑶人数众多，约占瑶族总人口的一半，分布于湘南、桂东北、粤北等地。盘瑶长期以来流传一种汉文文献，叫《评皇券牒》或《过山榜》、《过山帖》、《盘古圣皇榜文》等。已经发现的瑶族《过山榜》有80余件。①《评皇券牒》皆单独成卷。《评皇券牒》有两个基本内容：一是盘瓠传说，一是评皇赐予盘瓠子孙的优待。这些优待是：“逢山过山”，“刀耕火种”，“离百姓田头三丈三尺之地，犁水不上，就是徭人所管之业”，“不纳国税”。②

畲族长期以来也流传一种汉文文献，叫《抚徭券牒》或《开山公据》。《抚徭券牒》几乎抄录于族谱，个别单独抄录。《抚徭券牒》也有两个基本内容：一是盘瓠传说，一是楚平王赐予盘瓠子孙的优待。这些优待是：“只望青山而去，遇山开产为业”，“远离庶民田圹一丈三尺之地，乃徭人火种之山”，“免差徭”。③

畲族《抚徭券牒》与瑶族《评皇券牒》基本内容雷同，尤其是内容要素，有些文字竟完全相同。《抚瑶券牒》和《评皇券牒》都是记述祖先起源、姓氏来源、祖先迁徙以及跟官府、汉民的关系，关键句都是：始祖盘瓠揭皇榜取敌首，立奇功为驸马，皇帝赐盘瓠子孙券牒；青山耕猎，永无赋役。《抚徭券牒》和《评皇券牒》历代分别有所增补，其早期抄本形成的年代下限应是隋代。这给我们暗示：隋代以前，畲、瑶曾是同一个族体。依此，隋代以前，瑶族的早期史也是畲族的早期史。

---

① 石光树：《从盘瓠神话看苗、瑶、畲三族的渊源关系》，载《畲族研究论文集》，民族出版社1987年版，第56页。

② 《瑶族〈过山榜〉选编》，湖南人民出版社1984年版，第37页。

③ 《畲族社会历史调查》，福建人民出版社1986年版，第254页。

瑶族《评皇券牒》的各种抄本所反映的其南迁始初阶段的文字，常与“海”有关。广东连山《过山榜》有：“盘王政（正）在南京十宝洞下到紫金山住居落业，又到南海佛（浮）桥头……商议要过南海……八月十五漂湖过海。”湖南蓝山、广东连山《十二姓猺（瑶）人来路祖途》有：“盘王生下六男六女，置有十二姓猺（瑶）人。八月十五日漂湖过海……”。广西临桂《评皇券牒》：“盘王手印十二姓傜人，置立过山榜……漂湖过海，刀耕火种。”湖南蓝山《过山图》有：“一十二姓猺（瑶）祖，原于南京七宝大洞会稽山，［肇］庆山分居。浮游过海，南北二京……”。湖南宁远《过山版》有：“十二姓猺（瑶）人，安在南京十宝头住居。……备十二面（只）大船，十二姓猺（瑶）人……漂游过海。游到半滩，会（遇）着狂风打落……吹上南海上岸。”① 《评皇券牒》中瑶人所过的海究竟在何处？个别抄本所指甚明。湖南蓝山《万福攸同，兰桂腾芳》说：“十二姓盘古子孙计议要到广西投生，风雨不顺，只得叩许整猪良愿，来到洞庭湖内。半截不得过湖，只见奏文：船赶漂湖过海，十二姓盘古子孙不得过海，洞庭湖就将整猪还愿，分头于是漂过湖海岸，一路来到广西平乐府。”② 最后一条材料中，“十二姓盘古子孙不得过海，洞庭湖就将整猪还愿”的标点应是：“十二姓盘古子孙不得过海洞庭湖，就将整猪还愿”。在这里，撰写者将“过海”作为一个动词用。上述的“过海”的“海”就是“湖”，这个“湖”就是“洞庭湖”。湘西五溪汇为澧水，注入洞庭湖。“五溪蛮”（“武陵蛮”）南迁必沿着河流，或沿着与河平行的谷地到达洞庭湖西北岸。

与瑶族同源于“武陵蛮”的畲族，其先民迁徙的初始当然也同瑶族先民一样，与洞庭湖打过交道。只是畲族后来以粤东凤凰山为祖地，凤凰山才成为畲族新一轮迁徙的始发地，这就使此前的迁徙

① 《瑶族〈过山榜〉选编》，湖南人民出版社 1984 年版，第 29、31、37、44、69 页。

② 《瑶族〈过山榜〉选编》，湖南人民出版社 1984 年版，第 47 页。

记忆几近烟消云散。在畲族传说的话语中和祖图的画面上，有始祖盘瓠过海智取番王首级，又化龙过海、摆脱番兵追击的图景。在这一神话的图景中，依稀交织着畲族早期在洞庭湖一带活动和迁徙的历史记忆。

由上可知，闽东、浙南畲族的盘王碧渡海漂失传说，来源于粤东畲族的“长子姓盘摇船去下海”的传说。而粤东畲族的这一传说，可以追溯到五陵蛮在南迁的初始阶段渡洞庭湖的“过海”经历。甚至还可以联想起盘瓠的“过海”经历，依稀见到畲族更早期的先民在洞庭湖一带活动的历史踪影。

闽东、浙南畲族的盘王碧渡海漂失传说确有其历史渊源。同源的畲瑶先民，在开始分道扬镳时，盘姓大多与瑶族“十二姓”的十一姓汇入同一条迁徙流。施联朱《关于畲族的来源与迁徙》指出：“畲族传说中的大哥姓盘，留在广东，而现在广东姓盘的很多是瑶族，只增城县尚有盘姓畲族几十人，瑶族中也有蓝、雷姓氏。这说明畲、瑶两族早期是在一起的，是畲、瑶同源的又一证。”① 鉴此，粤东畲族就有比“长子姓盘摇船去下海”传说更早的历史可依。明清粤东的凤凰山、莲花山和罗浮山一带的畲族曾有盘姓，现莲花山和罗浮山一带的畲族仍有盘姓，尽管人数明显比蓝、雷、钟三姓要少，因此，传说只是说“长子姓盘摇船去下海”，并没有明指“渡海”“漂失”。而明清时期，在闽东、浙南盘姓罕见，即使历史上偶然出现过，到近代也就完全消失。这样，“渡海”“漂失”说也就应畲民的困惑而生了。

盘王碧渡海传说的“漂失”情节不是随心所欲的杜撰，而是以粤东畲族“长子姓盘摇船去下海”的传说为母本，嫁接了畲族往闽东的迁徙片断。在闽东畲族的许多家谱里，畲族迁往闽东曾有渡海经历。简略而观，由闽南、莆仙北上的畲族迁入闽东主要有两条路线，一是莆仙—长乐—连江—罗源，一是莆仙—永泰—闽清—古田

---

① 施联朱主编：《畲族研究论文集》，民族出版社1987年版，第43页。

—罗源。前者到连江要渡过闽江出海口，甚至包括其北面海域；后者从闽清到古田要渡过闽江。

浙江《遂昌钟氏创修家谱志》的《行程簿》记载的迁徙路线是：广东潮州潮阳—福建漳州南靖—泉州同安—安溪—福州连江—罗源—浙江处州景宁。浙江松阳县《雷氏宗谱·雷氏始创宗谱序》记载的迁徙路线是：广东潮州揭阳—福建漳州南靖—泉州同安—兴化仙游—福州罗源—浙江处州景宁—丽水—遂昌。[①] 根据《高皇歌》中迁徙描述，这两本族谱的迁徙路线相当有代表性，与《高皇歌》中迁徙描述相吻合。《高皇歌》叙述道："赶落别处去种田，……赶落原先家连江，……古田罗源田土肥。"[②] 从连江马鼻上岸，再经罗源大坝头，而后分徙各地，这一迁徙路线常见于闽东畲族谱牒。据罗源县民委雷大树对族谱的查阅，罗源蓝姓最大的支派原住潮州，唐光启二年（886）从连江马鼻迁入，再抵罗源大坝头，分衍梨坪、黄家湾、坑头、官村、新岩头、可坂、谷洋里、官山里、后洋、角里、半樟、西兰、白岩、杨家里等畲村。[③]

盘王碧渡海漂失传说采用文学的象征手法，反映的是同源的畲、瑶先民分道扬镳的历史，也嫁接了畲族迁往闽东的有关经历。它反映了历史，但不是记载历史的事实。有的学者则认为："族谱明确记载他们（指畲族——引者注，下同）是从王氏由海路去攻打福州。王氏入闽的军事路线是经江西入福建的汀、漳。这是畲族的聚居区。那么他们乘船的地点不是广东，而应是在福建漳州沿海地区。"[④] 即使传说可以作为大致等同于记载史实的资料，乘船地点的"漳州说"也失准确。唐末王审知三兄弟随王绪入闽前后的行军路线，或说由南康入汀州、漳浦；或说由南康经赣州，由粤北转潮阳，再入闽南。进入闽南后，王审知兄弟的行军路线在记载中就很

---

① 蒋炳钊：《畲族史稿》，厦门大学出版社 1988 年版，第 90—92 页。

② 《畲族社会历史调查》，福建人民出版社 1986 年版，第 368 页。

③ 雷大树：《罗源大坝头在哪里?》，《福建民族》1998 年第 4 期。

④ 蒋炳钊：《畲族史稿》，厦门大学出版社 1988 年版，第 56 页。

一致了，那就是：南安（往沙县又折回）—泉州—福州。到了南安后，王审知的长兄王潮发动兵变，取代王绪，领军北归，到了沙县经劝说才回师取泉州。[①] 也就是说，王审知兄弟直到南安根本还没有攻取泉州、福州的打算，此前何来从漳州取海路攻福州？畲民应有助王审知兄弟的军队攻取福州。《资治通鉴》载：“（昭宗景福元年）王潮以从弟彦福为军统、弟审知为都监，将兵攻福州。民自请输米饷军，平湖洞及滨海蛮夷皆以兵船助之。”据元代胡三省注引，平湖洞在“兴化军大飞山”。[②] 兴化即莆（田）仙（游）。平湖洞的蛮夷当是畲民，滨海的蛮夷当是疍民。唐代刘禹锡指出：“闽有负海之饶，其民悍而俗鬼，居洞砦、家浮筏者，与华言不通。”[③] “平湖洞及滨海蛮夷”正是“居洞砦、家浮筏者”。莆仙的疍民直至清代尚存。[④] 历史上的畲族，除了清代闽东个别濒海的畲族从事讨小海的生计，未闻畲族有从事海上生计，也无拥有海船的可能，因而平湖洞的畲民是助以兵，而滨海的疍民是助以船。鉴此，上引文字的正确标点应是：“平湖洞及滨海蛮夷皆以兵、船助之。”如果确如族谱所说的畲民“三百六十余丁口”为“从闽王王审知为向导”，也只能是做陆路向导，与海无关。

盘姓漂失在何方？清人陈徽言《南越笔记》载：“瑶之在粤西者，多胡、侯、蓝、盘四姓。”[⑤] 吴永章指出：“瑶族历史悠久，……早在宋代，盘、唐、邓、黄已为大姓。”“畲、瑶两族具有相同的姓氏。畲族传说中的大哥盘氏，留在广东，而今日广东瑶族很多盘姓；而且，蓝、雷二姓也属瑶族大姓。”[⑥] 这些大致可以作为

---

① 参见朱维干《福建史稿》，福建人民出版社 1985 年版，第 144—145 页。

② 《资治通鉴》卷 255《唐纪七十五》，中华书局 1956 年版，第 8427 页。

③ （唐）刘禹锡：《唐故福建等州都团练观察处置使福州刺史兼御史中丞赠左散骑常侍薛公神道碑》，载《刘禹锡全集》，上海古籍出版社 1999 年版，第 20 页。

④ （清）周亮工：《闽小记》，福建人民出版社 1985 年版，第 9 页。

⑤ （清）陈徽言：《南越笔记》卷 3，转引自吴永章《畲族与瑶苗比较研究》，福建人民出版社 2002 年版，第 109 页。

⑥ 吴永章：《畲族与瑶苗比较研究》，福建人民出版社 2002 年版，第 108 页。

问题的回答。

盘王碧渡海漂失传说，远则反映畲族先民南下迁徙以及与同源的瑶族先民的分离，近则反映畲族迁往闽东的渡海经历。应当指出，盘王碧渡海漂失传说所反映的畲、瑶先民分道扬镳的历史，并不是畲族先民最早的迁移史。此前，已有一支“盘瓠蛮”先期迁居粤东。

四　凤凰山是畲族在闽粤赣交界地区的发祥地

关于畲族的迁徙，同汉族的客位记录有别，畲族的历史记忆是以潮州凤凰山为起点的。由湘入赣或由湘入粤这两条路线进入闽粤赣三省交界地区的畲族及其先民，生息于潮州地区的只是其中一部分，那么，闽粤赣交界地区的各处畲民凭什么会认同潮州凤凰山为其发祥地？只有一种解释，即：潮州凤凰山地区是畲族先民在闽粤赣交界地区最早的居住地。也就是说，最早的畲族先民在比“隋唐之际”早得多的时候，甚至是在汉晋时期就徙居潮州凤凰山一带。

（一）唐早期与唐军对抗的潮州“蛮”

隋唐之前，畲族先民就在潮州凤凰山形成聚居地。唐代早期，所谓陈元光与“啸乱”的“蛮獠”在漳州交战之事失实，然而在潮州，陈元光确实与畲族先民发生过战争。开始作战的对方既有“广寇”也有“联结”的“诸蛮”，继而的作战对象几乎皆为“蛮寇”了（详见下述）。陈元光同“复起于潮”的“蛮寇”作战，是在景云二年（711）。当然，“诸蛮”，既可释为某个蛮族的诸部，也可指称若干个蛮族。即使作后者解，“诸蛮”也应是以称为“莫徭”的“盘瓠蛮”为主。由于蓝雷两姓是畲族最普遍的姓氏，因而明代闽南有的地方“蓝雷”成为畲族的他称。[①]“蛮（族）”将领的蓝、雷之姓，显示出他们及其属下的族属。总之，与陈元光军队交战的潮

---

① （明）陈天定：《北溪纪胜》，载乾隆《龙溪县志》卷24《艺文》。

州“诸蛮”主要是潮州凤凰山区的畲族先民。

唐早期畲族先民已是人多势众，作为一个非百越土著的族群，没有经久的繁衍生息，要达到这样的人口规模是不可想象的，这使我们有理由将唐初潮州凤凰山区这个畲族大本营与晋代东南沿海的“犬封国”联系起来。

（二）凤凰山是畲族最早的发祥地

无论是畲族的历史歌谣还是祖图、谱牒等文献，所有资料都不约而同地指向凤凰山，认为此处是各地畲族的发祥地。

世代传唱的《高皇歌》叙述始祖龙期立功为驸马，有了三子一女后，不爱荣华富贵，向往青山去作田，接着唱道：“文武朝官都来送，送落凤凰大山宫，皇帝圣旨吩咐过，山场田地由你种。……凤凰山上鸟兽多，若爱食肉自去猎，开弩药箭来射死，老熊山猪鹿更多。”龙期打猎跌死后，“广东路上去安葬，孝男孝女尽成行，文武朝官来带路，金榜题名占地场。广东路上是祖坟，进出蓝雷盘子孙，京城人多难得食，送落潮州凤凰村。送落潮州凤凰村，住了潮州已多年，自种山田无税纳，种上三年便作山。……广东路上已多年，蓝雷三姓去作田，山高作田无米食，赶落别处去种田”。[①] 而后陈述的是往福建闽东的迁徙，浙南畲族版本的《高皇歌》会增补上移住闽东后再迁浙南的过程。[②]

征番立功为驸马，开基凤凰免差徭，这是《高皇歌》的主题。而往福建、浙江迁徙的写实叙事，则是在这个主题下，对分布各地的盘瓠子孙与凤凰山祖地的关系作出交代。连环画式的祖图，主题也是如此，只是在具体内容上，增加天地形成（盘古开天地）、文明教化的孕育和初起（伏羲画仪教化、神农尝百草等）的历史背景，最后以盘瓠王葬于凤凰山为结束。广东畲族祖图在末了还将三

① 《畲族社会历史调查》附录二，福建人民出版社1986年版，第368页。

② 浙江省少数民族志编委会编：《浙江少数民族志》，方志出版社1999年版，第69页。

姓子孙迁往各处诗化为骑龙上青山、摇船去下海、坐轿去人家这些分道扬镳的图景。[①] 厦门大学人类博物馆收藏的出于宁德八都漈头村的畲族祖图，是较有代表性的祖图。全幅祖图共有36幅分图，在龙期征番立功为驸马以及生子登朝取姓诸图之后的画面是：荣迁会稽山七贤洞、御赐免朝、龙驸马传授仙法、好田猎与民乐、跌落山崖、安灵建功超度亡魂、奉忠勇王灵柩卜葬于南京凤凰山、南京凤凰山忠勇王之墓、高堂大会。

以始祖神话传说为中心的歌谣传唱、敕谕文书以及祖图、谱牒，目的在于建构民族的历史记忆。作为象征的祖祠和祖墓始建或重建，与高山圣地崇拜结合在一起，正是意在营造凝聚人心的民族认同。笔者在闽东霞浦一个畲村的清代古民居看到一对楹联："傜咏不忘高帝力，鹏程欲溯凤山踪。"由此可见，凤凰山在畲族中的深入民心。会稽山是仅次于凤凰山的畲族心目中的圣山，如浙江松阳《雷氏家谱》载："前朝上祖是广东潮州底海洋（阳）县会稽山内居住。"[②] 在畲族的历史叙述中，会稽山比凤凰山更为古老。《敕赐开山公据》说："楚平王出敕……放行广东路上"；"敕赐盘瓠金精银精大夫，食邑千户，侯封一品，送入会稽山七贤洞，永为乐人"。《敕赐开山公据》是"大隋五年五月十五日，给会稽山七贤洞《抚傜券牒》"，据施联朱分析："这类文书，可能是畲族被迫南迁时统治阶级颁发给他们的命令。值得注意的大多写明'大隋'，提示我们：可能这是他们一次南迁的时间。"[③] "楚平王出敕"看似造成了与"大隋五年"的矛盾，但这恰恰蕴涵这一信息：《敕赐开山公据》的最早年代比隋代早。施联朱认为，"大隋"提示："可能这是他们一次南迁的时间"，其中的"一次"两字意味深长，因为不能

---

① 朱洪、李筱文：《广东畲族古籍资料汇编》封内图版页，中山大学出版社2001年版。

② 转引自施联朱《关于畲族的来源与迁徙》，载《施联朱民族研究文集》，民族出版社2003年版，第294页。

③ 施联朱：《关于畲族的来源与迁徙》，载《施联朱民族研究文集》，民族出版社2003年版，第293页。

说在此之前就没有南迁了。《高皇歌》唱的“文武朝官都来送，送落凤凰大山宫”，这不同于《敕赐开山公据》所写的“送入会稽山七贤洞”。不仅《敕赐开山公据》出现的年代比《高皇歌》早，就是在畲族历史话语中，“会稽山”的出现年代也比“凤凰山”早。并且，畲民对“会稽山”一名的文化认同和书面使用不仅源远而且流长。

闻名天下的会稽山在浙江，相传夏禹至苗山（或作茅山）大会诸侯，计功封爵，始名会稽，即会计之意。然而，在畲族的历史话语中，会稽山在潮州。据重建盘瓠祠的“祠图”所绘，会稽山在凤凰山一带，在原址重建的凤凰山盘瓠祠，“前至雷家坊，后至观星顶，左至会稽山，右至七贤洞”。瑶族古文献也有“会稽山”，那是他们南下之前的祖地，与浙江会稽山有别。正是畲族的记忆重构，才有两山的重叠。继而，畲族将“会稽山”作为凤凰山的山中之山。

（三）会稽东南海中的“犬封国”在凤凰山

郭璞首次指出会稽东海中有“犬封国”，他注《山海经》道：“昔槃瓠杀戎王，高辛以美女妻之，不可为训，乃浮之会稽东海中，得地三百里封之，生男为狗，生女为美人，是为狗封之国也。”后来，他在《玄中记》又一次提到犬封国，并指明其方位在“会稽东南二万一千里”。“二万一千里”是形容其远的大约数。南朝齐祖冲《述异记》说：“今南海有盘古氏墓，亘三百余里。”“南海中有盘古国，今人皆以盘古为姓。”[①] 可见，郭璞所云非独家之言。在古代中国东南沿海地区，与陈元光率领的唐军交战而出现于史籍的“蛮”在潮州，唯有潮州凤凰山地区这一畲族祖地可以与晋代的“犬封国”链接。

---

① （南朝·齐）祖冲之：《述异记》，见鲁迅《古小说钩沉》，人民文学出版社 1951 年版，第 165 页。

所谓“犬封国”的“犬”是汉族封建文人歧视性的错误冠名，但不能因此而抛弃具有历史分析价值的文献资料。“早在公元七世纪初隋、唐之际，畲族先民即已劳动、生息在闽、粤、赣三省交界地区”，[①] 主要分布在粤东以凤凰山为中心一带。唐早期，陈元光就与潮州的畲族先民发生过战争。一个远道迁徙而至的族群要达到相当大的人口规模，必有经久的繁衍生息。闽粤赣交界地区及其外迁的各地畲族之所以会认同潮州凤凰山为其祖地，原因在于潮州凤凰山区是畲族先民在闽粤赣交界地区最早的徙居地。也就是说，畲族先民在远比“隋唐之际”早得多的汉晋时期就到了潮州凤凰山。

五　唐代早期闽粤赣交界地区的畲族先民

迄今为止，畲族史学者群普遍认定的“至迟在公元七世纪初，也就是隋唐之际，畲族人民已经聚居在闽、粤、赣三省交界地区”，[②] 有两个证据：一是唐早期陈元光《请建州县表》所说的：“况兹镇地地极七闽，境连百粤，左衽居椎髻之半，可耕乃火田之余。……所事者搜狩为生。”一是陈政、陈元光父子所率唐军对漳州地区“蛮獠”（畲族）的镇压。[③] 陈元光《请建州县表》已被确证为后人伪作。[④] 而陈政、陈元光父子所率唐军在漳平“蛮”乃虚幻之史。[⑤]

东晋义熙九年（413）析东官郡之东置义安郡（后为潮州），治所在海阳县（今潮州市东北），在郡之东北始设绥安县（今云霄）。绥安县的设立，使漳州地区出现了第一个县级行政建制。绥安县在

① 施联朱：《关于畲族来源与迁徙》，载《施联朱民族研究文集》，民族出版社2003年版，第288页；类似的表述见《畲族简史》，民族出版社1980年版，第15页。

② 施联朱等：《畲族简史》，福建人民出版社1980年版，第15页。

③ 《畲族简史》，福建人民出版社1980年版，第15—16页；蒋炳钊：《畲族史稿》，厦门大学出版社1988年版，第162—165页。

④ 谢重光：《全唐文所收陈元光表文二篇系伪作考》，载《陈元光与漳州早期开发史研究》，（台北）文史哲出版社1994年版。

⑤ 郭志超：《〈平闽十八洞〉的再研究》，载《论闽南文化》，鹭江出版社2008年版，第573—576页。

梁山西南面，县治在漳江近入海口北畔。

东晋漳州地区梁山西南面出现的第一个县级行政建制绥安县，并不意味梁山东北面这一古闽越地的南隅荒无人迹。孙吴设建安郡，建安郡领九县，其中就有东安。[①] 东安县包括今南安、晋江、同安等县地区，还远及今漳浦地区。西晋将建安分为建安郡和晋安郡，晋安郡最南边的同安县管辖到漳浦地区。南朝梁天监年间（502—519）升晋安县为晋安郡，置龙溪县、兰水县（治所今南靖）。自此，梁山东北面的漳州地区开始有了县级建制。晋安郡的龙溪、兰水县与隶属潮州的绥安县，一南一北，推动着漳州地区的初步开发。

陈政率府兵由北方入闽，平定漳州地区的"蛮獠啸乱"，实际上是虚幻的历史。这种虚幻的根源在于撇开明清之前的文献而采信明清资料。根据宋代志书《方舆胜览》、《舆地纪胜》所载的碑铭，陈元光祖籍是河东，父陈政是广州鹰扬府下属军官，领兵戍守绥安（今云霄）。仪凤年间（676—678）（一说"仪凤二年"）陈政殁，随军的陈元光继父领军。陈元光打了三次仗：（1）仪凤年间陈元光随父陈政平潮州"盗"。宋《舆地纪胜》收录的"威惠庙"碑铭云："陈元光，河东人，家于漳之溪口。唐仪凤中，广之崖山盗起，潮泉皆应。王以布衣乞兵，遂平潮州。以泉之云霄为漳州，命王为左郎将守之。复以战殁，漳人哭之痛，立祠于径山。有纪功碑。"[②]（2）永隆二年（681）平潮州"盗"。宋《方舆胜览》收录的"陈侯祠"碑铭云："公姓陈，讳元光。永隆二年，盗次潮州，公击贼，降之。"[③]（3）永隆二年（681）平潮州"盗"后，潮州"蛮贼复啸聚"，陈元光率轻骑前往，战殁。宋《方舆胜览》收录的"陈侯祠"

---

① 此据《古今图书集成·职方典》卷1053《建宁府汇考·沿革考》。据《晋书·地理志》，孙吴设建安郡领七县：建安、南平、将乐、建平、东平、昭武、吴兴。

② （宋）王象之：《舆地纪胜》卷91《循州·古迹》，中华书局1992年影印本。

③ （宋）祝穆：《方舆胜览》卷13《祠墓·陈侯祠》，中华书局2003年版，第225页。

碑铭载：“永隆二年，盗次潮州，公击贼，降之。请置漳州，委公镇抚。久之，蛮贼复啸聚，公因战殁，庙食于漳。”[①] 无论是陈政还是陈元光，都是因“广之崖山盗起”引起潮州“盗”起或“盗次潮州”而平潮州。永隆年陈元光所平的潮州“盗”还包括“蛮”，所以平了潮州“盗”后，才有“久之，蛮贼复啸聚”而与潮州“蛮贼”战殁。也就是说，陈政、陈元光从来没有在漳州平“蛮獠”。宋吴舆《漳州图经序》（大中祥符四年，即1011年）概述开漳史云：“唐垂拱二年十二月九日，左玉钤卫翊府左郎将陈元光平潮州寇，奏置州县。”[②] 如果陈政、陈元光有在漳平“蛮”，吴舆概述开漳史不可能忽略。正因为陈元光平的是潮州的“盗”以及“蛮贼”，而永隆年的平潮之战是循州司马领导的岭南平乱的组成部分，循州才有抄录于《舆地纪胜》中的奉祀陈元光的祠庙及其碑记。

总之，早唐陈政、陈元光先后领军戍边于绥安故地，他们的活动范围在梁山蒲葵关以南地区，用兵的重点是潮州，所平之“蛮”在潮州不在漳州。有关平“蛮”的战争，反映了唐早期潮州“蛮”即畲族先民的人口规模，从而透露了畲族先民在潮州已有数百年的历史。

唐代，除了粤东聚居数量较多的畲族先民外，闽南、闽西，以及赣南也分布着畲族先民。

（一）闽南

唐代，比邻粤东潮州的闽南漳州地区不会没有畲族先民，只是数量较少，否则在潮州“蛮”起事抗唐时，闽南所谓的“蛮獠”不会没有动静。闽南的畲族先民，西来自粤东，北来自赣南—闽西，

---

① （宋）祝穆：《方舆胜览》卷13《祠墓·陈侯祠》，中华书局2003年版，第225页。

② 康熙《漳浦县志》卷17《艺文志上》，漳浦县政协文史委2004年编印，第577页。参见谢重光《陈元光与漳州早期开发史研究》，载《陈元光与漳州早期开发史研究》，（台北）文史哲出版社1994年版，第164页。

是两条畲族先民迁徙流的“水尾”。以上所提到的认为早唐陈政、陈元光率唐军在漳平“蛮”的著述引用的是清嘉庆《云霄厅志》,[①]而该志是集陈政、陈元光在漳州地区平“蛮”的集伪史之大成。

（二）闽西

唐中期开元二十四年（736）设立汀州。清杨澜《临汀汇考》说：“唐时初置汀州徙内地民居之，而本土之苗仍杂处其间，今汀人呼曰畲客。”[②] 唐末景福元年（892），“黄连峒蛮二万围汀州”，关于黄连峒的位置，在《资治通鉴》这条记事下，胡三省注曰：“黄连峒在汀州宁化县南，今潭飞漈即其地。”[③] 从唐末围攻宁化的“峒蛮”数量如此之多，可以推知此前宁化一带当已有数量不少的“峒蛮”，也佐证《临汀汇考》谈到的唐开元年置汀州时，已有后被称为“畲客”的“本土之苗”。

（三）赣南

据《新唐书》载，早在唐中期乾元元年（758），“置洪、吉都防御团练观察处置使，兼莫徭军使，领洪、吉、虔、抚、袁五州”。[④] 这说明几乎遍布于江西的“夷僚”或“蛮僚”主要是“莫徭”，也就是“盘瓠蛮”。[⑤] 虔州（治所今赣县）、吉州（治所今吉安）属赣南，洪、抚、袁三州所辖主要在横贯江西中部地区，赣南、赣中的“莫徭”后来都成为畲族。闽西宁化比邻赣南东边，“黄连峒”在宁化，唐末乾宁元年（894）“黄连峒蛮二万围汀州”，而这些“峒蛮”早先应是从赣南迁入。

---

① 蒋炳钊：《畲族史稿》，厦门大学出版社 1988 年版，第 162—166 页。

② （清）杨澜：《临汀汇考》卷 3《兵寇考》，光绪四年刊本。

③ 《资治通鉴》卷 259《唐纪七十五》，中华书局 2007 年版，第 3233 页。

④ 《新唐书》卷 68《方镇·表五》，中华书局 1975 年版，第 1903 页。

⑤ 参见谢重光《畲族与客家福佬关系史略》，福建人民出版社 2002 年版，第 38 页。

第二节　宋代畲族的形成

在畲族研究的著述中，对“隋唐之际”在闽粤赣交界地区出现的“蛮”、“蛮僚”多称为畲族。其实，此时这一地区的“蛮”、“蛮僚”还只是畲族先民。到了宋代，畲族作为一个单一的民族才出现。①

用人们所熟悉的四个特征来论证畲族形成是不妥的，即使在20世纪50年代识别畲族也不是采用这些标准。这四个特征就是斯大林所说的：“民族是人们在历史上形成的一个有共同语言、共同地域、共同经济生活以及表现于共同文化上的共同心理素质的稳定的共同体。”② 然而，斯大林所说的是资本主义时期的民族，他说：“封建制度消灭和资本主义发展过程同时就是人们形成为民族的过程。”③ 其中，共同经济生活不是指相同的经济生活，而是经济关联性，这种关联性只有在资本主义时期，“有了民族市场、经济中心……的时期才变成了现实”。④ 20世纪50年代识别畲族时，畲族既没有共同地域也没有共同经济，语言除了接近客家话的畲话外，还有苗瑶语族苗语支的语言，“但他们始终保持对始祖盘瓠的信仰，这个信仰贯穿在祖图、族谱、祖杖、传说、山歌、服饰、习俗、祭祀等方面，在畲族文化中占有重要的地位，对于维系民族内部凝聚力和加强民族自我意识起着重要的作用，保持着自己的文化特点和民族意识”。⑤ 实际上，当时中国的民族识别是结合中国民族的实际，灵活运用现代民族四个特征。对于散杂居的民族，其共同地域、共同语

---

① 参见谢重光《畲族与客家福佬关系史略》，福建人民出版社2002年版，第169页。

② 斯大林：《马克思主义和民族问题》，《斯大林全集》第2卷，人民出版社1953年版，第294页。

③ 同上书，第300页。

④ 同上书，第289页。

⑤ 黄光学、施联朱主编：《中国民族识别》，民族出版社1995年版，第133页。

言、共同经济生活这些特征已在民族共同体的生活中无足轻重，但长期民族历史发展形成的“表现于共同文化上的共同心理素质”，依然保持或部分保留下来，而且表现得显著、活跃和富有生命力，同一个民族的人们都会感到大家都是属于同一个人们共同体的自家人。这种心理“起着维护民族生存发展的作用，成为维系民族界限的决定性力量，是维系民族自我意识的纽带，是构成民族的最根本的特征”。①

当代族群理论认为，族群的特征是血缘上的延续性、共享的文化价值及其外化的文化形式、内部有文化交流和互动、具有自我认同和被他群识认。② 所谓的“血缘延续性”也就是有公认的祖先以及世代的延续性。由于世代的久远，血缘上的自我延续性往往是凭借历史记忆，甚至是基于文化的建构，而文化建构也会转化为历史记忆。血缘上的延续性、共享的文化价值，是自我认同和被他群识认的前提。当一个群体有了自我认同和被他群识认，族群就从自在状态转为自为状态。民族是最典型的族群，族群理论对于民族形成的认定颇有裨益。民族的自称和他称的出现、共同的文化心理，是古代民族形成的根本特征。宋代，自称为“傜人”、“山客”和被称为“輋”或“畲”的这一群体已形成单一民族。

一　自称“傜人”、“山客”：畲族形成的自我意识

光绪三十一年（1905）浙南云和人魏兰（笔名浮云）写了《畲客风俗》这本小册子，他说：“畲客见官长，自称畲民。而土人皆呼其为畲客，或称为客家人，或称为畲客人，或称为畲家人。然对面相呼，讳称畲字，并讳称客字。必曰尔边人，我边人。”“人呼畲妇为畲客婆，见面相呼，则曰阿嫂。”③ 可见，“畲客”不是畲族的

① 黄光学、施联朱主编：《中国民族识别》，民族出版社1995年版，第137页。

② 弗里德里克·巴斯：《族群和边界》，高崇译，载《广西民族学院学报》1999年第1期，第17页。

③ （清）浮云：《畲客风俗》，光绪三十一年石印本，第24页。

自称而是他称。“畲”最早是他称，后来“畲民”也成为自称。民国时敕木山蓝姓畲民族谱中，偶有“畲民”的自称。甚至在清代和清代以前的畲族文献中，就有“畲民”这一自称。[①]

1929年德国学者史图博和他的助手李化民在浙南景宁县敕木山的敕木山村调查时发现：“（畲民）家谱中不用一般常见的‘猺’字而用了‘傜’字。”[②] 他们还发现，敕木山村蓝姓畲民的族谱中记载：“原宗高祖盘蓝雷钟傜人迁会稽山内，迁出广东潮州府海洋县九都七贤洞内，移去十三都八排山下居住，凡十世余年到后唐。”[③]这就是说，畲族曾自称“傜人”。史图博、李化民当时所见的这本族谱，“是前不久才写下来的”，“历史记载直到1898年为止”。[④] 这意味着敕木山蓝姓畲民在民国初年修谱时，仍有“傜人”这一自称的历史记忆。

在闽东霞浦县溪南镇半月里畲村，在一座清代古民居的厅堂有一楹联：“傜咏帝力免差傜，鹏程欲溯凤山踪。”“傜咏”的“傜”，正是畲民的自称。1952年对福安县林岭乡廉岭畲村调查时发现：“根据他们的宗谱记载，内有‘自立傜户’之句。”[⑤] 这也是清代畲民自称“傜”的证据。

清代的“傜人”（或简称“傜”）是畲族的书面语自称，“山哈”（畲话发音，意为“山客”）是畲族的口头语自称。“山哈”这一在闽东、浙南很流行的畲族的口头语自称，在畲民的族谱中从未发现过。这也说明，畲族书面语和口头语的自称是分开的。清代畲族的书面语自称“傜人”应是过去口头语自称在文献的遗存。那么，无论是口头语还是书面语，“傜人”这一畲族的自称出现于何时？

---

① 《敕赐开山公据》云：“陛下敕赐御书铁券与盘瓠子孙，都记三姓是畲民。”见《畲族社会历史调查》，福建人民出版社1986年版，第255页。

② 《敕木山畲民调查记》，中南民族学院民族研究所1984年编印，第106页。

③ 同上书，第95页。

④ 同上书，第89页。

⑤ 陈永成主编：《福建畲族档案资料选编》，海峡文艺出版社2003年版，第36页。

典型的畲村远景，畲族是山居民族（自称“山哈”，即“山客”）

据畲族文献《敕赐开山公据》记载，“陛下敕赐御书铁券牒，……永免差役，不纳粮”，这一特许，据传最早是高辛皇帝的御赐，在隋朝时又由皇帝重新颁发：“大隋五年五月十五日给会稽山七贤洞抚傜券牒。”[①]《敕赐开山公据》也称《抚傜券牒》，这是畲族最重要的民间文献，因此《敕赐开山公据》干脆作为畲族祖先崇拜的圣物即祖图的序言。或许是因为作为祖图的序言较长，后来就出现一个缩写本《敕书》，也叫《原序》。在畲族族谱，《敕赐开山公据》即使没有全文抄载，其主要内容的文字也常出现。在《敕赐开山公据》中，畲族的自称，除了有一处写作“畲民”，其他写作“傜人”或“盘王子孙”。[②]“畲民”比“傜人”出现得较晚。在南宋末的刘克庄《漳州谕畲》中，出现“畲民”名称。尽管“畲民”始初是他称，但他称也会转为自称，正如“莫傜”是他称，后简称的“傜”也成为自称。《敕赐开山公据》中的“陛下敕赐御书

① 《敕木山畲民调查记》，中南民族学院民族研究所 1984 年编印，第 91 页。

② 《畲族社会历史调查》，福建人民出版社 1986 年版，第 254—256 页。

铁券与盘瓠子孙，都记三姓是畲民”的“畲民”,[①] 同“徭人”一样，也是自称。不过，明清以前畲族自称“畲民”可能性很小，疑是明清转抄时添加。

《敕赐开山公据》开篇说：“楚平王奉天承运出敕。大隋五年五月十五日，给会稽山七贤洞《抚徭券牒》”，文中“楚平王”与“大隋”的时间混置，是在文书重修时出现的错误。“楚平王”暗示给予盘瓠子孙优免的敕赐最早出现于先秦时期的楚国，“大隋”是重新颁发敕书的朝代。尽管《敕赐开山公据》声称是“大隋五年”颁发，但文中出现“乾元二年”和“开宝十三年”，“乾元”是中唐肃宗的一个年号，“开宝”是北宋赵匡胤的一个年号，“开宝”年号一共八年（968—975），尽管“开宝十三年”有误，但可以说明这份文书最后的基本定型在北宋初。各地发现的“开山公据”或类似的文献，均未见有比开宝年更迟的年号。南宋末年官员刘克庄到漳州从事对畲民的招抚事务，他阅读“诸畲款状，有自称盘护孙者”。他应阅得《敕赐开山公据》或有关内容，才会叹曰：“畲民不悦（役），畲田不税，其来久矣。”[②]

鉴此，《敕赐开山公据》出现的“徭人”正是宋代畲族的自称。瑶族也有“徭人”这一自称，但隋唐以后，特别是到了宋代，畲、瑶已经分流，各有其地域。畲、瑶同称只是两族同源的现象遗存，不因名同而意味实同。据畲族《开山公据》和瑶族《过山榜》，尽管至晚在宋以后畲、瑶皆自称“徭”，但畲族是“盘蓝雷钟”“（四姓）徭”，瑶族是“（十二姓）徭”。历史上畲、瑶在名称上长期不分，直至明清时期，尤其在粤东、闽西，仍然如此。在凤凰山区以西，方志对畲民只称“徭”不称“畲”。闽西方志干脆挑明：“徭名畲客。”

古代由一个民族分化为若干个民族，或由几个民族融合为一

---

① 闽东、浙南等地的《开山公据》多未见此句，疑为宋以后转抄时添加。

② （宋）刘克庄：《漳州谕畲》，载《后村先生大全集》卷93，四部丛刊本。

个民族，是诸多民族推陈出新的两种主要过程。这两种过程常常是交叉进行的。畲族形成和发展固然是多源的民族成分融合的结果，但必须在阐明多源的同时明确指出主源。“莫徭蛮”是畲族的主源。

畲瑶苗同源的历史事实已经越来越清晰，而畲瑶历史关系尤为密切。闽粤赣交界地区的畲族，同瑶族、苗族一样，主源可远溯至湖南五溪地区的“盘瓠蛮”。前述的汉代“（盘瓠蛮）入南海”，以及“会稽东南海中”的“犬封国”在潮州凤凰山一带，说明“盘瓠蛮”是粤东畲族的早源。南朝时源于“五溪蛮”的“莫徭蛮”出现在湖南中南部，部分“莫徭蛮”进入闽粤赣交界地，这就是继“盘瓠蛮”分流于粤东后，源于“盘瓠蛮”的“莫徭蛮”分流于闽粤赣交界地。分流的“莫徭蛮”成为闽粤赣交界地畲族的主源。这个主源与早源汇合，后来产生了以凤凰山为祖地和盘瓠是祖地开基始祖这一认同意识。

南朝梁时，湖南东南部的瑶族先民开始被称为“莫徭”。到了隋代，湖南和粤北均有“莫徭”，唐宋时江西广泛分布着“莫徭”。[①] 隋以后，“莫徭”也称“徭人”、“傜人”或“猺人”，“莫徭”逐渐省称为“徭”，或写作“猺”。元明以后“莫徭”名消失。畲族保存的古文献《敕赐开山公据》，或称《抚徭券牒》、《开山圣榜》等，简称《开山公据》。该文献云：“楚平王……大隋五年五月十五日，给会稽山七贤洞《抚徭券牒》”。瑶族保存的古文献《过山榜》（也称《评皇券牒》或《平皇券牒》等），内容类似《开山公据》，讲的是盘瓠征番立功为驸马，楚平王赐给盘瓠子孙免差徭和粮税的“券牒”（或称“公据”），最早提到的时间是“大隋五年五月十五日”。“券牒”还有历代盘瓠子孙所受的敕封。《开山公据》有：“一祖盘铭金紫光禄大夫，二祖盘汤南阳刺史，三祖蓝玉安定太守，四祖蓝华安定太守，五祖蓝思祖博州刺史，

---

① 吴永章：《瑶族史》，四川民族出版社1993年版，第71、90页。

六祖雷万春欧州刺史，七祖雷汝升南郡太守，八祖钟清在朝左丞相，九祖黎州太守，十祖钟高同州太守……”《过山榜》的对应部分云：“祖盘金精光禄大夫，二祖南郡刺史，三祖安定郡守吏，四祖东京郡守，五祖溥州刺史，六祖瓯州刺史，七祖汝南太平守，八祖右丞相公吏，九祖天黎州太守，十祖同州吏判使……”所封官职几乎相同。因此，可以判断畲、瑶两族先民曾共有这份“券牒”。在浙江苍南，发现的《开山公据》（或写作《开山圣榜》）也是写“大隋五年五月十五日给”，[①] 抄录于族谱的《铭志》（内容与开山公据大致相同）提到“隋五年五月十五日命雷荣等征战武陵有功，重给券牒”。[②]

如前所述，潮州凤凰山一带在早唐时的畲族先民已有相当的规模，甚至可以与陈元光率领的唐军抗衡，畲族先民迁居于此地已有较长的时间，甚至可以溯至汉晋。除了潮州这支畲族先民是来源自湘西盘瓠蛮外，隋唐以后的畲族先民几乎都是称为“莫徭”、“徭”的族群。也可以说，源自湘西而出现于潮州的“盘瓠蛮”是畲族的早源，而“莫徭”、“徭”是畲族的晚源和主源。畲族形成的成分主体是从“莫徭”或“徭”的族群分离出来的群体，因此直至清代，畲族族谱仍自称“徭人”。

在明清汉族文献中，以“畲”、“徭”混称畲族。例如：清初范绍质《猺民纪略》云：“汀东南百余里，有猺民焉，……乡人呼其名曰‘畲客’。”[③] 雍正《龙岩州志》云：“畲客即瑶人，岩属俱呼为畲客。”[④]

“徭人”是畲族的自称，也是汉族文献中的他称。这正是畲族的主体是从“莫徭”、“徭人”分离出来后仍持有的族群认同的意识

① 雷必贵：《苍南畲族的源流与分布》，中国文史出版社2006年版，第4—5页。

② 同上书，第9—10页。

③ 乾隆《汀州府志》卷41《艺文三·猺民纪略》，方志出版社2004年版，第876页。

④ 乾隆《龙岩州志》卷13《杂记志·畲客》，福建省地图出版社1987年版，第314页。

惯性。

除了“徭人”这个自称外，还有“山客”。南宋王象之《舆地纪胜》在记载梅州风物时，提到“菱禾，……此本山客輋所种”。①尽管“輋”字是他称，但“山客”应是畲族的自称。谢重光指出，“山客輋”是自称（“山客”）和他称（“輋”）的组合，“是粤省的汉人，他们用‘輋’来形容‘山客’的居住状态”。② 直至现在闽东和浙江的畲族仍自称“山哈”，“哈”是“客”的客家话发音，“山哈”即“山客”。

总之，“徭人”和“山客”的自称表明，宋代畲族已有了族群的自我意识。

二　他称“輋”、“斜”、“畲”：畲族形成的被识认

宋代既是畲族的形成期，也是畲族族称萌发之时。粤东畲族被称为“輋”的记载频见于文献，而“輋”字开始出现于南宋。王象之《舆地纪胜》在记载梅州风物时载：“菱禾，不知种之所出。自植于旱山，不假耒耜，不事灌溉，逮秋自熟，粒粒粗粝，间有糯。亦可酿，但风味差，不醇。此本山客輋所种，今居民往往取其种而莳之。”③

与“輋”字并用是“斜”，甚至“斜”字之用可能早于“輋”。畲族是一个主要居住山区的少数民族。早期畲族过着刀耕火种、移徙不定的生活，为了适应游耕农业而经常迁徙，所居是茅草竹木的简易搭盖。明嘉靖《惠州府志》载：“粤人以山林中结竹木障覆居息为輋，故称徭所止曰輋。”④“輋”实际便是“斜”（土音 qia，上

① （宋）王象之：《舆地纪胜》卷 102《广南东路·梅州·景物上》，中华书局 1992 年影印本。

② 谢重光：《畲族与客家福佬关系史略》，福建人民出版社 2002 年版，第 167 页。

③ （宋）王象之：《舆地纪胜》卷 102《广南东路·梅州·景物上》，中华书局 1992 年影印本；参见谢重光《畲族与客家福佬关系史略》，福建人民出版社 2002 年版，第 167 页。

④ 嘉靖《惠州府志》卷 15《杂志·徭蛋》。

声）的意思。为什么是“斜”呢？就是两面坡的“屋檐”接地的“竹木障覆”居式。这种居式与汉族差别殊异，这一住居文化特质成为粤东畲族的族称。因畲族山居，故族称“斜”也叫“山斜”。既然“輋”实际是“斜”的意思，那么“輋”应是从“斜”字的衍生。《宋史》所载潮州的“山斜”，时在理宗绍定年间（1228—1233），许应龙知潮州，“距州六七十里曰山斜，峒獠所聚”。[①] 地名“山斜”当是族名的转化。

“輋”和“斜”、“山輋”和“山斜”长期并用，乾隆《潮州府志》载：“距州七十里曰‘山斜峒’，獠人聚耕，不输赋税。”[②]“距州七十里”的“山斜峒”，正是在凤凰山。而闽西的畲族，被客家以其火耕即?“畲”这一文化特质称呼为“畲”，土音也是 qia，上声。20 世纪 50 年代以后，音转为 sha，仍为上声。据武平客家籍博士生钟毅锋的调查，所有含“畲”地名仍旧发音为 qia。他在武平县和老年人交谈有关当年申报畲族的问题的时候，他们对“畲族”都发音成“qia 族”，而年轻人和民族干部则发音为“sha 族”。

南宋末年的文献出现的族称“畲”、“畲人”、“畲民”，在九龙江以南的闽南地区，已经使用了相当时日而成熟固定。据南宋末刘克庄《漳州谕畲》，“在漳曰畲”，在龙溪的称为“西畲”，在漳浦的称为“南畲”。刘克庄还说：“畲民不役，畲田不税，其来久矣。”南宋咸淳四年（1268）文天祥撰《知潮州寺丞东岩先生洪公行状》，文中追述洪公天骥（字东岩）任职潮州的背景时说：“潮与漳、汀接壤，盐寇、輋民，群聚剽劫，累政。以州兵单弱，山径多蹊，不能讨。”“东岩先生洪公”即洪天骥，他于端平年间（1234—1236）任职潮州，因此潮州“輋民”被提及，不会晚于端平年。[③] 南宋王象之《舆地纪胜》辑录粤东梅州名物时说：“菱

① 《宋史》卷 419《许应龙传》；参见谢重光《畲族与客家福佬关系史略》，第 167 页。

② 乾隆《潮州府志》卷 33《宦绩》。

③ 谢重光：《畲族与客家福佬关系史略》，福建人民出版社 2002 年版，第 167 页。

禾，不知种之所自出。植干自熟，粒粒粗粝，间有糯。亦可酿酒，但风味不醇。此本山客輋所种，今居民往往取其种而莳之。”《舆地纪胜》因介绍旱稻“菱禾”而提及的“山客輋”，是最早见诸记载的畲族名称。

“山客輋”的“輋”，与南宋末刘克庄《漳州谕畲》的“畲”音同而字义有别，前者侧重于居式，后者侧重于农作。“畲”用于闽，“輋”用于粤、赣，清代以后“輋”不见载。南宋梅州的“山客輋”是“山客”与“輋”的结合。撰于康熙年间屈大均的《广东新语》说：“潮州有山輋，其种有二，曰平鬃，曰崎鬃。”① 此句抄自编纂于清初的《天下郡国利病书》，② 顾炎武编纂此书的资料采自明代和明代以前的文献。“山輋”是“山客輋”的省称。如前所述，畲族他称“山斜”出现于南宋晚期，“山斜”即“山輋”。省称是在原名使用一定时日才出现的，因此“山客輋”比理宗绍定年间（1228—1233）出现的“山斜”即“山輋”要早。事实上也是如此，提到“山客輋”的《舆地纪胜》成书于南宋嘉定、宝庆年间（1208—1227），而王象之编撰此书取材于已有的文献，因此“山客輋”的称谓早于13世纪。

追求概貌是人们认识对象的一种重要方式，事实上，历史的原貌要纷繁杂芜得多。在畲族先民（“五溪蛮”及其迁播发展的“盘瓠蛮”地域人群，诸如“长沙蛮”等）迁入闽粤赣交界地区，并在潮州凤凰山一带建立核心居住区后，继续有信奉盘瓠的人群（即史称的“蛮”、“莫徭”、“徭”）即“盘瓠蛮”一次次融入畲族先民集团，甚至在宋代畲族形成后，也仍有这种人群迁入，融进畲族。另外，还有数量甚少的土著人群（越人及其后裔）和汉族融入畲族。汉族融入畲族，已有不少实证材料，越人及其后裔融入畲族只是建立在假设上，除了当今畲语有古壮侗语底层词外，

---

① （清）屈大均：《广东新语》卷7《人语》，中华书局1985年版，第244页。

② （清）顾炎武：《天下郡国利病书》卷103《广东七》，广雅书局光绪二十六年刊本。

在其他文化元素上，至今未见一点痕迹。而且所谓畲语是近乎客家话，那也可以解释为畲语的古壮侗语词是客家先民融合越人的结果。[①] 尽管如此，我们可以在理论上接受畲族及其先民融合了越族及其后裔的假设。总之，多波迁徙的“盘瓠蛮”和多源的民族成分，促成了畲族的形成和发展。

三　广东祖地：宋代畲族形成的核心意识表现

上述谈论过“徭人”和“山客”的自称，表明宋代畲族已有了族群的自我意识。宋代畲族的族群意识远不止此，广东祖地是畲族民族心理的核心建构。唯有这一新祖地在历史记忆的确立，才足以说明畲族的民族意识已从畲瑶同源一体演变为畲、瑶分流。也就是说，畲族关于广东祖地的确立，是畲、瑶分流的分水岭。瑶族的祖地在“会稽山七贤洞”，[②] 畲族的祖地也是“会稽山七贤洞”，但是畲族的“会稽山七贤洞”是盘瓠为驸马后，“送入广东会稽山七贤洞”，[③] 也就是传说中的“七贤洞”移置到广东，具体在凤凰山。畲、瑶两族同认始祖盘瓠，但畲族特有的祖地确立，使畲族与瑶族虽有同样的始祖却有不同的祖地认同，从而有了不同的民族认同。

人们或许会对宋代畲族已使用汉字有怀疑，以致怀疑畲族在宋代拥有《开山公据》。有关史料可以消解这一怀疑。南宋末，刘克庄在接触漳州畲民后，谈起“余读诸畲款状，有自称盘护孙者”。畲民自称“盘护孙者”表明在畲、瑶最早的民间文献《开山公据》和《过山榜》，皆称始祖为“盘护”，甚至近代畲、瑶民间文献里也仍保持这一写法。隋以后，汉族在文献里从不称畲、瑶始祖为盘护，而写作盘瓠。由此也佐证刘克庄所读的“诸畲款状”至少有畲

---

① 参见房学嘉《客家源流探奥》，广东高等教育出版社1994年版，第36页。

② 《瑶族〈过山榜〉选编》，湖南人民出版社1984年版，第1页。

③ 《重建盘瓠祠铁书》中的“敕赐开山公据”文，载《畲族社会历史调查》，福建人民出版社1986年版，第254页。

民的民间文献，其中写着他们的始祖是“盘护”。这也是宋代畲族使用汉语（客家话）和汉字的证据。刘克庄《漳州谕畲》披露了“有知书和土人陷畲者”，至少知此，畲族习得汉字和拥有汉文文献就不会令人惊诧。

如前所析，《开山公据》最后的基本定型在北宋（此后在传抄过程中有个别添加，包括语词的更改）。《开山公据》内容所表述的祖地、始祖和同宗关系，是宋代畲族形成的意识表现。始祖和同宗的共认，既是血缘的延续性，也是共同文化心理的核心。

《开山公据》叙道：盘瓠征番立功为驸马，皇帝谕曰：“三公九卿会议，合送会稽山七贤洞……文武官员邓从成等即便送入广东会稽山七贤洞……亲兑三千七百户口，不使纳粮税，应上盘瓠。”盘瓠和三公主育有三男一女，长曰盘自能，次曰蓝光辉，三曰雷巨祐，女嫁钟智深。“陛下敕赐‘御书铁券’与盘瓠子孙，都记三姓是畲民，居会稽山七贤洞，永免差役，不纳粮税，永为乐也。”①

瑶族《过山榜》与畲族《开山公据》类似，但瑶族《过山榜》中的“会稽山七贤洞”即“南京七宝大洞”，② 而畲族《开山公据》中的“会稽山七贤洞”是在“广东”。《过山榜》和《开山公据》中，畲、瑶的始祖皆为盘瓠，瑶族《过山榜》中，“盘王生下六男六女，置有十二姓”，这十二姓是盘、赵、李、黄、邓、沈、冯、郑、周、胡、唐、雷。③ 而畲族则是盘、蓝、雷、钟四姓。《过山榜》与《开山公据》类似，缘于畲瑶同源。然而，当畲、瑶分道扬镳，各在自己地域独立发展后，历史记忆也发生差异。

《高皇歌》有：“当初出朝在广东，盘蓝雷钟共祖宗”，“盘蓝雷钟一宗亲，都是广东一路人”，④ 谢重光精辟指出：“这里的‘路’

---

① 《畲族社会历史调查》，福建人民出版社 1986 年版，第 254—255 页。

② 《瑶族〈过山榜〉选编》，湖南人民出版社 1984 年版，第 31 页。

③ 同上书，第 44、21 页。

④ 《浙江省少数民族志》，方志出版社 1999 年版，第 68—69 页。

不是道路的意思，而是行政区划名称。而把‘路’作为相当于后世省一级政区名称，如广南东路、京西南路等等，恰恰始于宋代，至于元代路的范围变小，且潮州不隶于广东路了。”① 这就意味着畲族关于“盘蓝雷钟一宗亲，都是广东一路人”这一表述产生于宋代，这一历史记忆和文化心理已和瑶族泾渭分明。

“都是广东一路人”的内涵是深刻而丰富的。“盘蓝雷钟在广东，出朝原来共祖宗”，说的是盘瓠征番立功为驸马，从“京城”出朝来到广东凤凰山，盘瓠打猎遇难后葬于“（会稽山）七贤洞石孔中”。② 盘瓠葬地在湘西五溪地区“会稽山七贤洞”，当畲族先民先后从“盘瓠蛮”以及“莫徭”分离出来后，他们将盘瓠开基地和葬地进行符号再造，于是盘瓠开基地和盘瓠坟就在符号构筑的神圣空间里转移到凤凰山。后来，在福建、浙江、江西畲族谱牒中，还常有《重建盘瓠祠序》（或名《盘瓠氏重建祠序》等）一文，并配有“盘瓠祠图”和“盘瓠王坟图”，甚至有将这些内容连同《敕赐开山公据》专辑为《盘瓠世考》等。《重建盘瓠祠序》陈述广东潮州府凤凰山重建盘瓠总祠。有祠则须有谱，故序文倡导修盘瓠一脉衍派之谱。《重建盘瓠祠序》后的《祠图》写道：“凤凰山原有祠址，与南京一脉相连。因世远年湮，祠宇倾圮，祖灵未妥，今族众捐资，将凤凰山旧址重建祖祠。其祠坐丑山未向，计二十四丈，横一十八丈，前至雷家坊，后至观星顶，左至会稽山，右至七贤洞，四至开俱明，以为盘蓝雷钟四族永远同处。”还有“盘瓠王坟图”。据祠图，盘瓠王坟介于盘瓠祠与会稽山之间。③

上述的盘瓠祠图和坟图，尽管应绘制于明清时期，但却是基于定型于宋代《开山公据》写明的“广东会稽山七贤洞”这一至关重

---

① 谢重光：《畲族与客家福佬关系史略》，福建人民出版社 2002 年版，第 173 页。

② 《重建盘瓠祠铁书》，见《畲族社会历史调查》，福建人民出版社 1986 年版，第 256 页。

③ 《盘瓠世考》，浙江省云和县荣清、丽水蓝周根据景宁张村旱岗村雷礼旺家藏石印本油印，1983 年。

要的盘瓠开基地和墓葬地的表述。“广东会稽山七贤洞”即后来相对比较泛称的凤凰山祖地。祖地认同实际上就是以开基地、祖坟为基质的祖先认同，于是就有了“盘蓝雷钟一宗亲，都是广东一路人”[①] 这一更加明确的族群认同表述。与湘西五溪这一“盘瓠蛮”发祥地不同的“广东会稽山七贤洞”这一新祖地的出现，是源于盘瓠蛮的新族群形成的重要标志。并且，宋代“畲”、“畬”他称的出现，取代了“蛮”、“蛮僚”、“莫徭”等泛称性的他称，表明畲瑶已经从原有的民族集团“莫徭”分离出来，表明畲族作为一个民族已清晰地被其他民族所识认，这是族群也是民族形成的另一个重要标志。鉴此，作为一个民族，畲族在宋代已经形成。

需要说明的是，在畲族《高皇歌》里，“都是广东一路人”与“都是南京一路人”[②] 是并存的，“南京”是畲族先民在畲瑶同一族体时的历史记忆。畲族服饰有历史记忆的遗存，据1956年调查，闽北南平畲族妇女，“衣服胸前有绣花，袖口有南京带，下身穿红边黑裤”。[③] 袖口的布条镶边“南京带”的“南京”，就是远古记忆的残片。

还需要说明的是，无论是溯源于五陵蛮，乃至东夷，还是溯源于越人，这些探讨的多是关于畲族的主源问题，一般并不否认畲族的形成和发展是多源的。潘光旦最早勾勒出盘瓠集团分道扬镳而成一渊多流之状，认为：往南的为瑶族、往西和西南的为苗族，往东南的为畲族。[④] 主张武陵蛮说的施联朱指出：“决不能因为畲族中可能多少包含有越人的成分或风俗习惯而得出畲族来源于山越的结论。”[⑤] 主张越族说的蒋炳钊也认为：“我们说畲族是闽、粤、赣三

---

① 《高皇歌》，载《浙江省少数民族志》，方志出版社1999年版，第69页。

② 《高皇歌》，载《畲族社会历史调查》，福建人民出版社1986年版，第368页。

③ 《中共南平县委统战部关于南平县少数民族初步调查情况报告》（1956年），载陈永成主编《福建畲族档案资料选编》，海峡文艺出版社2003年版，第85页。

④ 费孝通：《潘光旦先生关于畲族历史问题的设想》，载施联朱主编《畲族研究论文集》，民族出版社1987年版，第2页。

⑤ 施联朱：《关于畲族来源与迁徙》，载《中央民族学院学报》1983年第2期。

省交界地区古越族的后裔，并不排斥在以后历史发展过程中包括迁入这一地区的其他民族。民族间相互同化的现象在历史上是经常存在的，但这部分不是主要的。"[①] 游文良、邓晓华的比较语言学研究，佐证了畲族来源的多元说。

① 蒋炳钊：《关于畲族来源问题》，载《中央民族学院学报》1984年第3期。

第二章

畲族的迁徙与分布

迁徙贯穿着畲族及其先民两千年的历史，由“五溪蛮”而“莫徭”，由“莫徭”而畲族，正是在不断迁徙的历程中实现迁徙群体的族属变化的。在畲族形成后，迁徙并未止歇，由闽粤赣交界地区向东北方向为主流的迁徙，造就了闽东、浙南这一新的畲族大本营。此外，畲族在闽南的分布进一步北扩，也远迁到闽北、赣东北、浙北，甚至皖南。非主流的迁徙是：由粤东向珠江入海口一带的迁徙；由赣南向湖南、湖北和贵州的迁徙。迁徙促使现在人口仅70余万的畲族广布于闽、浙、粤、赣、皖以及黔、湘、鄂共八个省区。小聚居是畲族的村寨微观，大分散是畲族的宏观分布。分布很广的各地畲族文化所表现的同一性和多样性，是畲族文化突出的特点，而这正是迁移历史对畲族文化作用的结果。

第一节　畲族的迁徙

本节主要论述畲族由闽粤赣接合部的原居地向外迁徙，这种迁徙既有一些新的原因，也有此前畲族先民远来闽粤赣交界地区的迁徙惯性，因而将此前畲族迁徙作一要述，以便形成迁徙的来龙去脉。上一章论述了畲族的来源和形成，但在畲族形成之后，仍有畲族先民继续进入闽粤赣交界地区，加入到畲族群体。本章主谈畲族从原居地迁出，兼涉外地瑶族迁入畲族原居地。

一　畲族先民迁入闽粤赣交界地区

迁徙是畲族及其先民最突出的特征。正因为迁徙，湘西“五溪蛮”分流出畲族以及瑶族、苗族；正因为迁徙，畲族分布广泛。畲族迁入闽粤赣交界地不是一次完成的，而是长时期接续性的多波次。迁徙“波次”是分期考察产生的印象，事实上既有波次的涌入，更有涓滴成流的汇聚。民国时期何联奎勾勒的畲族迁徙路线是：“傜民产于湖南，先入广西，后则蔓延到广东。其一部分流布于潮州者，时人称之輋民或畲民。”“由广东分布到闽赣，后由福建分布到浙江。”“江西一隅，畲民似已绝迹。”“今赣之东南所谓棚民者，殆即畲民之遗欤?”“在闽浙两省，其族特盛。”①

畲族先民迁入闽粤赣交界地区具有突出的接续性特征，在时间上，可粗略分为隋唐以前、唐、宋三个时期。虽然畲族形成于宋代，但形成以后仍有莫傜后裔的瑶族迁入赣南和粤东，融入畲族。

（一）隋唐以前

如前所述，唐早期畲族先民首先在粤东潮州出现。从潮州“蛮”可与陈元光的唐军对抗来看，潮州畲族先民聚居的人口已具有相当的规模。如果没有经过长期的迁徙人口累积和繁衍，潮州不可能出现颇有规模的人口。鉴此，晋代中国东南沿海地带的“犬封国”应在潮州。即使没有“犬封国”的记载，根据早唐潮州“蛮”与唐军的军事对抗，并且是长时间的持续对抗这一重要事实，可以推断：在汉晋到南北朝的数百年内，潮州已成为“盘瓠蛮”一个新的聚居地。

（二）唐代

在本章第一节论述唐早期畲族在闽粤赣交界地区的分布状况时，

① 何联奎：《畲族的地理分布》，载《民族学研究集刊》第2集，1937年。

已指出唐中期“盘瓠蛮”几乎遍布江西，主要在赣南和横贯东西的赣中。这些“盘瓠蛮”皆由湖南迁入。这些“盘瓠蛮”甚至从赣南进入闽西，这应是唐末宁化数量甚多的“黄连峒蛮”出现的原因。

（三）宋代

宋代，瑶民从湖南迁入赣南和粤东，逐渐加入当地的畲族。

宋嘉定元年（1208），湖南郴州黑风峒瑶民起义，“黑风峒者，在郴、吉之间，而地属桂阳县”。① 当时，瑶民起义军也攻进赣西南地区。据载：“祸连江西吉、赣。”② 瑶民起义带动了瑶民流入赣南。吴永章指出：“湘南郴州、衡州和赣西南吉州、赣州为宋代瑶人连片聚居区。这就是后世赣西南畲人的来源。分流的结果，造成后世湖南有瑶无畲，而赣西南主要为畲区的格局。”③

那么，湘南郴州、衡州和赣西南吉州、赣州为宋代瑶人连片聚居区，这片瑶人连片聚居区到后来为什么会形成在湘为瑶、在赣为畲呢？应有此前，特别是此后移住赣南的畲族对瑶人的融合作用。在赣南，明中期正德三年（1508）以后，即发生畲汉的反抗斗争。正德十一年（1516），爆发了以上犹、大庾、南康等地的畲、瑶、汉人民大起义，其中的主力是上犹横水谢志珊为首和上犹桶冈、左溪蓝天凤为首的畲族起义军，所有的起义军一共“约有五千余徒”。④ 南赣巡抚王守仁的奏疏称：“其大贼首谢志珊、蓝天凤各又自称盘皇子孙，收有宝印画像，蛊惑群贼，悉归约束。”⑤ 所言的“盘皇子孙”即盘瓠后裔，“画像”当为畲族祖图，“画像”既能

① 佚名撰：《两朝纲目备要》卷11《宁宗纪》，（台北）海文出版社1967年影印本。

② （宋）叶适：《宝谟阁待制知隆兴府徐公墓志铭》，载《水心集》卷21，见《畲族社会历史调查》附录一，福建人民出版社1986年版，第363页。

③ 吴永章：《畲族与瑶苗比较研究》，福建人民出版社2002年版，第27页。

④ （明）王守仁撰：《王阳明全集》卷9《别录一·奏疏·攻治盗贼二策疏》，上海古籍出版社1992年版，第313—314页。

⑤ （明）王守仁撰：《王阳明全集》卷10《别录二·奏疏·横水、桶冈捷音疏》，上海古籍出版社1992年版，第342页。

“蛊惑”，说明从众系畲民。王守仁说：“其初輋贼，原系广东流入。……砍山耕活，年深日久，生长日蕃，羽翼渐多。”① 而蓝天凤等则由闽西南流入，《阳明先生行状》说：“汀漳左溪贼酋蓝天凤，与赣南上新、稳下等峒贼酋雷鸣聪、高文辉等相结，盘踞千里。”②这说明，明代有大量的畲民不仅从粤东，也从“汀（州）漳（州）”即闽西南迁入赣南。在王守仁镇压了赣南畲汉起义以后，赣南畲族很快在历史记载中消失。到了明末清初，闽西、粤东畲族随着客家的移民潮，进入赣南。黄向春《赣南畲族研究》根据赣南客家和畲族大量的谱牒资料，得出这一结论：明末清初赣南客家和畲族多从闽西、粤东迁来。③

宋代瑶族迁入粤东，加入畲族。练铭志、马建钊、朱洪《广东民族关系史》根据田野调查和文献资料，指出：广东畲族依其内部的文化差异可分为两个群体：（1）罗浮、莲花两个山区（增城、博罗、惠东和海丰等县市）为一群体；（2）凤凰山区（潮安、饶平、丰顺等县市）、九连山区（河源、龙川、和平、连平等县市）、大庾山区（始兴、南雄等县市）为另一个群体。两个群体不论是族谱所记，抑或是自称、他称，以及语言都各不相同，反映他们有不同的来源。其中，莲花山群体是在“北宋年间从湖南潭州一带几经辗转到粤东后，一直在那里生活”。④ 这就是说，莲花山区和罗浮山区的群体，是由瑶变畲，或者可能是名畲实瑶。

二 畲族由原住区向外迁徙

唐代，以潮州为祖地的闽粤赣交界地是畲族先民的聚居地区。

---

① （明）王守仁撰：《王阳明全集》卷10《别录二·奏疏·立崇义县治疏》，上海古籍出版社1992年版，第350页。

② （明）王守仁撰：《王阳明全集》卷38《世德纪·阳明先生行状》，上海古籍出版社1992年版，第1412页。

③ 黄向春：《赣南畲族研究》（硕士论文），厦门大学1996年油印本，第28页。

④ 练铭志、马建钊、朱洪：《广东民族关系史》，广东人民出版社2004年版，第651—657页。

此后畲族的迁徙大体上可以分为前后两期：唐宋元时期和明清时期。

闽东、浙南畲族的许多谱牒记有这一传说："盘、蓝、雷诸姓有三百六十丁口，为闽王王审知向导，分乘五大船由宁波渡海入闽，船在洋中遭风阻，仍靠连江马鼻登岸，盘王碧一舟被风飘，不知去向，故盘姓于今无传焉。"[①] 福鼎《蓝氏宗谱》叙道："唐光启二年，盘、蓝、雷、钟、李有三百六十余丁口，从闽王王审知为乡导官，由海来闽，至连江马鼻道登岸，时徙罗源大坝头居焉。盘王碧一船被风漂流，不知去向，故盘姓于今无传。"[②] 浙南平阳县《雷姓宗谱》与上引福鼎《蓝氏宗谱》别无二致："唐光启二年，盘、蓝、雷、钟、李有三百六十余丁口，从闽王王审知为响（向）导官，由海来闽，至连江马鼻道登岸，徙罗源大坝头居焉。盘王碧一船被风漂流，不知去向，故盘姓于今无传。"[③]

这个迁徙传说包括三个内容要点：登陆连江马鼻，迁入罗源大坝头；迁徙与为王审知做向导有关；盘姓在渡海时漂失。这个传说首先是由以迁徙地点的纪实为基础的，而后与唐末王审知由泉州攻打福州的军事行动有关的记忆连接，再以这两个内容结合的故事来解释没有或几乎没有盘姓的历史困惑。闽东、浙南未见有唐代畲族迁入的实证资料。20世纪90年代以后出版的闽东地区市、县畲族志，比较轻率地以上述传说作为畲族入闽东的证据。唐末北方光州固始的农民起义军的首领王审知及其兄，在福建很得人心。王审知兄弟建立的闽国，特别是王审知执政时期，有口皆碑。闽人修谱争相以王审知的原籍河南光州固始为祖籍，造成迄今族谱中常见的以固始为祖地之说。《资治通鉴》载："（昭宗景福元年）王潮以从弟彦福为军统、弟审知为都监，将兵攻福州。民自请输米饷军，平湖洞及滨海蛮夷皆以兵船助之。"据元代胡三

① 蒋炳钊：《畲族史稿》，厦门大学出版社1988年版，第42页。

② 转引自傅衣凌《闽俗异闻录》，载《福建文博》1984年第2期。

③ 许蟠云等：《平阳畲民调查》（1934年），转载于《浙江省少数民族志》编后的《丛录》，方志出版社1999年版，第678页。

省注引，平湖洞在“兴化军大飞山”。[①] 兴化即莆（田）仙（游）。中晚唐诗人刘禹锡说：“闽有负海之饶，居洞砦、家浮筏者，与华言不通”。[②] “居洞砦”为畲族，“家浮筏”为疍民，此为学界共识。平湖洞的蛮夷当是畲族先民，滨海的蛮夷当是疍民。古代畲族先民未闻有从事海上生计，更无拥有船的可能，因而平湖洞的畲族先民是助以“兵”，而滨海的疍民是助以“船”。鉴此，上引文字的正确标点应是：“平湖洞及滨海蛮夷皆以兵、船助之。”如果确如族谱所说的畲民为“从闽王王审知为向导”，也只能是做陆路向导。对于有道的政权，畲族及其先民历来有认同的意识。为朝廷息边患立有功为驸马的畲族传说中的始祖盘瓠，历来是畲族景慕和追随的文化英雄，并且内化为畲族的民族心理。助王审知即是这种意识的又一次实践，也是以这一历史为文化象征继续激励本民族的“忠勇”精神。然而，畲族先民助王审知“以兵”，是不是就意味着畲族先民自此就迁入闽东，还有待证实。因此，以上述传说为依据的闽东市、县畲族志中所言的早在唐末畲族就进入闽东之说，不宜采信。此外，《福安畲族志》认为“唐五代时即有（钟）彦江公于汀州上杭迁入韩阳坂五十三都钟莆坑”，[③] 但缺乏族谱资料确证，不予采信。

然而，上引《资治通鉴》所提到的“平湖洞”“蛮”（畲族先民），倒透露了莆（田）仙（游）一带已经有畲族先民。这说明，唐代畲族先民已从闽粤赣交界地区迁到莆仙地区。

宋代，闽粤赣交界地区的畲族除了少量向外迁徙外，基本上在各自区域内相对定居或缓慢移动，如浙江遂昌县井头村《钟氏宗谱》中的“行程簿”记载：自宋绍熙三年（1192）至景定二年（1261）历时70年，畲民自广东潮州府潮阳县向外迁徙，始终只

① 《资治通鉴》卷255《唐纪七十五》，中华书局1956年版，第8427页。

② （唐）刘禹锡：《唐故福建等州都团练观察处置使福州刺史兼御史中丞赠左散骑常侍薛公神道碑》，载《刘禹锡全集》，上海古籍出版社1999年版，第20页。

③ 蓝炯熹总纂：《福安市畲族志》，福建教育出版社1995年版，第6页。

局限在潮阳、饶平、海阳等县境内移动。宋元之际以后，畲族的迁移活动就频繁起来，由于连年不断的战争关系，各地畲军、畲兵的征战调动以及戍城、屯田等，造成了这个时期畲族的迁移路线错综复杂，迁移范围广泛。而迁移的路线基本上是随着当时两支畲族义军转战各地而进行的。一支是漳浦的陈吊眼，另一支是循州的钟明亮。

宋末至元代，畲族抗元斗争导致人口移徙。宋景炎二年（1277）漳浦县陈吊眼和畲妇许夫人[①]率领汀、漳“诸洞畲军”同张世杰共讨泉州蒲寿庚。遭元军镇压后，陈吊眼回师南下，于至元十七年（1280）攻下漳州，后退守闽粤交界的千壁岭，于至元十八年（1281）被诱杀。祥兴元年（1278），与闽南、粤东起义军遥相呼应的建宁府政和人黄华在闽北举起义旗，许夫人率畲军，从漳州取道闽西抵闽北，加入黄华起义军。至元二十一年（1284）黄华兵败自杀。

钟明亮于至元二十五年（1288）在广东循州领导畲、汉人民起义，规模最大，转战至福建的漳州、汀州以及江西的赣州等地，得到泉州、龙溪、汀州、南平、赣州、吉州等地畲、汉人民的响应，起义军“拥众十万，声摇数郡，江（西）、闽、广交病焉”。[②] 这支义军的行军路线是由广东的循州—漳浦—漳州—汀州—赣州。至元二十七年（1290）钟明亮兵败降元。

以上是畲汉抗元义军转战各地而移动的主要路线，这些移动纯属军事行动的性质，是否在行军转战中出现人口迁徙，这是很有可能的。抗元义军被镇压后，元朝对其所采取的善后政策是：“诏福建黄华畲军有恒产者放为民，无恒产与妻子者，编为守城军。”[③]

---

① 关于许夫人籍贯有多说。据清嘉庆蔡永廉所撰的《西山杂志·许夫人起畲兵勤王》，许夫人，陈氏，兴化军陈文龙之女，陈吊眼是许夫人族弟。依此，许夫人与陈吊眼的籍贯应同为漳浦。

② 《水云村泯稿》卷13《参政陇西公平寇碑》，见《畲族社会历史调查》附录一，福建人民出版社1986年版，第360页。

③ 《元史》卷13《世祖本纪》，中华书局1976年版，第279页。

“令于南诏（诏安——引者注）黎、畲各立屯田……及将所招陈吊眼等余党入屯，与军人相参，耕种为户，汀州屯一千五百二十五名，漳州屯一千五百一十三名。”[①] 也就是说，陈吊眼领导的“畲军”于至元十八年（1281）被歼，余部被收编，后于大德元年（1297）遣送于漳、汀二州，从事军屯。15 年后又被远调安徽亳州屯田。[②] 在安徽亳州的这些畲民后来情况不详。

明清时期，畲族迁移活动频繁，迁移路线复杂，迁移范围广泛，几近遍及闽、浙各地山区和赣、皖部分山区。这个时期畲族地区的社会经济生活相对比较安定，因此，他们的迁移主要不是军事性质的，而主要是基于畲族社会经济生活特点，即：刀耕火种，去瘠就腴，食尽一山则他徙。不过，迁徙的速度是缓慢的。迁移的方向，总趋势是自南而北，也就是说福建畲民多迁自广东，浙江畲民多迁自广东、福建，其中，浙南遂昌《钟氏家谱》中的钟大孙一家迁移记载最具典型。钟氏于明宣德间带着子孙由潮州迁漳州南靖，景泰间继迁泉州同安、安溪，天顺、成化间又北迁福州连江、罗源等县山区居住。万历、崇祯间又由福建迁至景宁、遂昌等县山村居住。迁移的路线是：广东潮州—福建南靖—同安—安溪—福州—连江—罗源—浙江景宁—遂昌。从钟氏一家迁移活动看，他们在罗源停留的时间最长，从明成化十年（1474）至万历四十三年（1615），其间经历 141 年的生息繁衍。而后，再由罗源起迁往浙江各地。[③] 浙江松阳《雷氏家谱》称：“前朝上祖居广东潮州，往后宋朝迁出八排山下居住，而后太祖迁福州府罗源县居住，太祖裔后二十二世，而明朝万历年间迁过浙江景宁居住，四五余世。康熙戊寅三十七年而迁来丽邑。”[④] 该族谱所记述的迁徙地点较略，但路线与《钟氏家谱》所述大体相同。

---

① 《元史》卷 100《兵三》，中华书局 1976 年版，第 2570 页。

② 《元史》卷 24《仁宗本纪一》，中华书局 1976 年版，第 554 页。

③ 《中国民族文化大观·畲族篇》，民族出版社 1999 年版，第 14—15 页。

④ 转引自施联朱《施联朱民族研究文集》，民族出版社 2003 年版，第 295 页。

罗源县坝头村后山山麓，畲族迁入闽东后继续北迁的要道

畲族经由闽东迁入浙江的主要流向是进入处州府（今丽水地区），路线与在丽水流传的《高皇歌》大体是吻合的。《高皇歌》唱道："广东掌了几多年……山高土瘦难作食……走落福建去作田……福建官差欺侮多，搬掌[①]景宁又云和……景宁云和来开基，官府阜老也相欺，又搬泰顺平阳掌，丽水宣平也搬去，蓝雷钟姓分遂昌，松阳也是好田场。"[②] 畲族从闽东进入浙南丽水地区，景宁是入浙后的主要集散地。到平阳是经由闽东福鼎而进入的，几乎不经由景宁转。

畲族经由闽东迁入浙江的其次流向是经由闽东进入温州府所辖的平阳、文成诸县。这几县属沿海地区，人口密度较高，因此迁入的畲族又有部分回迁闽东，并有一些向西迁入丽水地区。

总之，浙江的畲族是由广东、福建迁来的，而且遍布各地。《处州府志》云："畲民，处郡十县尤多"，[③] 山间乡村几乎"处处有畲客"。[④] 清代，那种刀耕火种，"率二三岁一徙"的"迁迁住住、徐徐而行"的游耕生活逐步成为历史。到了清代晚期，闽东、

---

① "掌"，畲话，即"住"。

② 《畲族高皇歌》，中国广播电视出版社1992年版。

③ 光绪《处州府志》卷29《艺文志中·文篇》。

④ 光绪《处州府志》卷30《艺文志下·诗篇》。

浙南以及皖南的畲族基本上停止了迁移。清代畲族，特别是闽东、浙南以及闽北畲族的社会生产力明显提高，但绝大部分畲民无地或少地，多向汉族地主佃耕，即“所耕田皆汉人业”。①

湖南、湖北的畲族是明清时期从江西迁去的；贵州称作“东家人”的畲族，据说也迁自江西。

（一）迁入闽南（九龙江以北）

畲族原住的闽粤赣交界地区，其中的“闽”指闽西和九龙江以南的漳州地区。这里陈述的畲族迁入的闽南，指九龙江以北的泉州地区。

唐早期，陈元光所率的唐军戍守于盘陀岭西侧的绥安故地（今漳州云霄），其所平之“蛮”（畲族先民）在潮州。所谓在漳州地区平“蛮獠”是明代晚期以后“历史层垒”的添加。由此可推定，唐代漳州的畲族先民数量比潮州明显少得多。到了宋代，漳州的畲族堪称人多势众。到了元初，漳州畲、汉抗元起义军竟“聚众十万”。② 据载，元朝初年，“安溪土贼张大老、方德龙啸聚畲洞”。③这是泉州畲族首次见载文献。由上引可知，宋代安溪已有畲族，当从漳州迁入。明代畲族又出现于永春。④

施联朱指出的畲族迁入闽南的路线是：

潮州—云霄—南靖—漳州—同安—安溪—永春。⑤

（二）迁入闽北

《元史》载：“至元（十六年，即1279年）诏谕漳、泉、汀、邵武等处暨八十四畲官吏军民”，可见宋代闽北邵武早已有畲族，应从

---

① 道光《建阳县志》卷2《佘民风俗》。

② 《元史》卷162《高兴传》，中华书局1976年版，第3805页。

③ 柯劭忞：《新元史》卷194《王道传》，民国天津徐氏退耕堂刊本。

④ 万历《永春县志》卷3《风俗》。

⑤ 施联朱：《关于畲族来源与迁徙》，载《施联朱民族研究文集》，民族出版社2003年版，第294—295页。

闽西、赣南迁入。元代闽北建宁（治所建瓯）黄华领导的“畲军”声势浩大，可见闽北畲族至迟在宋代已经出现。闽北建瓯靠近邵武，应从邵武迁入。据吕锡生的研究，明清建阳的畲族是从闽侯溯闽江而上，始发地是粤东，[①] 但证据不详，估计是推测。蓝雪霏在闽北调查畲歌时了解到，闽北顺昌、建瓯畲族是明清之际由闽西迁入。[②]

根据上述，以及权且采信吕锡生的意见，畲族迁入闽北的路线可能是：

闽西—赣南—闽北邵武—建宁（建瓯）。

潮州—云霄—南靖—漳州—同安—安溪—莆田—闽侯—建阳。[③]

（三）迁入赣东北

赣东北畲族居住在铅山县太源和贵溪县樟坪，太源多雷姓，樟坪多蓝姓，太源与樟坪只有一山之隔，相互通婚，来往密切。周沐照《江西畲族略史》依据谱牒资料和代际推算，认为：“赣东北畲族（从长汀）迁来时间当在明代中期。”[④] 然而，据同治《贵溪县志》卷五《武备》，明代中期、晚期的正德、嘉靖年间，赣东北一带爆发以王浩八、袁三领导的畲、汉人民起义。据此，赣东北畲族的迁入时间应远比明代中期早得多，甚至“可以追溯到宋末元初”。[⑤] 清代，又有闽西长汀和上杭，以及闽北建阳的畲民迁入。[⑥]

根据上述，并权且采信吕锡生的意见，畲族迁入赣东北的主要路线和次要路线分别是：

长汀、上杭—宁化—（赣东北）贵溪、铅山。

---

① 吕锡生：《畲族迁移考略》，载《畲族研究论文集》，民族出版社 1987 年版，第 263 页。

② 蓝雪霏：《畲族音乐》，福建人民出版社 2002 年版，第 103 页。

③ 吕锡生：《畲族迁移考略》，载《畲族研究论文集》，民族出版社 1987 年版，第 263 页。

④ 周沐照：《江西畲族略史》，载《畲族研究论文集》，民族出版社 1987 年版，第 284 页。

⑤ 施联朱：《关于畲族来源与迁徙》，载《施联朱民族研究文集》，第 296 页。

⑥ 铅山县民族宗教事务局编：《铅山畲族志》，方志出版社 1999 年版，第 84 页。

潮州—云霄—南靖—漳州—同安—安溪—莆田—闽侯—建阳—邵武—光泽—（赣东北）铅山、贵溪。[①]

（四）迁入闽东

本书所称的“闽东”包括宁德市和福州市所辖地区（闽江以北），这是着眼于文化，特别是方言区角度，而不拘泥于行政区划。最早迁入闽东福州地区是晚唐，[②] 最早迁入闽东宁德地区是北宋，[③] 大多数迁入闽东在明清。

《福州市畲族志》附录的《高皇歌》叙述道：“广东路上已多年……赶落别处去做田……赶落原先家连江。福建大利家连江，古田罗源田土壮。”这说明，闽东畲族将粤东潮州视为祖居地。《闽东畲族志》[④] 指出：“迁入闽东的畲族……其迁徙路线是沿海岸”，“（经过）闽侯、连江、罗源等县，而后进入宁德、福安、霞浦、福鼎县”；“其次是从福州闽侯方向迁往古田。再由古田县转迁屏南和宁德县”。[⑤] 即使有这条路线，也被前一条路线的前段所扩及，即：连江—罗源—古田—屏南—宁德，甚至个别有连江—永福（永泰）。由此可见，经由连江、罗源迁徙的人气之旺。

罗源八井畲民《禄房雷氏家谱》（道光十二年修）载：“原祖乃潮州府，自成化间出居兴化府涵头地方，后迁连江赤岭暂居数年，乃迁罗源小获牛洋村，清顺治间移居吕洞、灞溪、白塔尖山等处。康熙十四年，复回牛洋村。”[⑥] 罗源上土港村畲民《蓝氏族谱》（清咸丰八年）载：“汝南蓝氏始祖，住广东潮州府顺德县，迁至福建

① 吕锡生：《畲族迁移考略》，载《畲族研究论文集》，民族出版社 1987 年版，第 263 页。

② 参见《闽东畲族志》，民族出版社 2000 年版，第 30 页。

③ 蓝炯熹总纂：《福安市畲族志》，第 6 页。该志谈及钟姓迁入本地是“唐五代”，但语焉不详，不予采信。闽东畲族有一些族谱声称“唐光启二年（886 年）”因助王审知攻打福州而迁入闽东，因系传说，疑而搁置。

④ 《闽东畲族志》的“闽东”指宁德地区。

⑤ 《闽东畲族志》，民族出版社 2000 年版，第 30 页。

⑥ 转引自《福州市畲族志》，海潮摄影艺术出版社 2004 年版，第 31 页。

漳浦县德归村，传至祥永，又迁至连邑保安里东窑村。蓝祥永为一世始，字廷在，行三，生于明天顺七年七月，卒于明嘉靖三年三月，传至第九世蓝志荣，于清乾隆十年迁罗邑上土港村定居。”① 据族谱记载，罗源钟氏畲民，于明嘉靖十七年（1538）自长汀县大坪村迁至连江县真如，始祖钟永贵，种蓝草为生。明隆庆间由真如迁罗源重上里天堂山。②

根据族谱资料的初步归纳，迁往闽东的起始地，多数是粤东潮州，少数为闽西上杭、长汀，个别为江西和闽南龙溪、海澄。③ 据2000年第五次全国人口普查，闽东福州地区的罗源、连江、永泰、福清、福州晋安区的畲族蓝、雷、钟三大姓，共有畲族人口48152人，其中，雷姓19622人，占44.83%；蓝姓15771人，占36.03%；钟姓8379人，占19.14%。④ 在宁德地区，畲族三大姓的人口多寡依次也是雷、蓝、钟。据畲族迁徙的普遍情况，蓝雷钟三姓有着相互的吸引力，因此无论是迁徙中还是定居时，蓝雷钟至少总有两姓在几个邻近的畲村同时出现。

浙南畲族族谱记载中，始发地为潮州的具有较高的出现率。畲族迁入浙南主要经由闽东，而且从始发地到迁入定居地，少者百年，多者数百年，一个家族在繁衍和迁徙中，常出现谱牒所说的“分祖”现象，即分道扬镳，或既有定居下来，也有定居不下来。因此，闽东与浙南畲族来源在始发地的表现，不可能有明显差别，而是应该有趋同性。然而，据族谱资料和市、县畲族志，闽地畲族与浙江畲族的迁徙始发地有所差异，也就是潮州作为始发地，闽东畲族的出现率不如浙南。这可能是族谱编修时，一旦对始发地失忆，就采取从众方式。这种情况，浙南要比闽东多。鉴此，潮州作

---

① 转引自《福州市畲族志》，海潮摄影艺术出版社2004年版，第32页。

② 《福州市畲族志》，海潮摄影艺术出版社2004年版，第32页。

③ 参见《闽东畲族志》，第40页，《福州市畲族志》，第32页，《福安畲族志》第5、9页。

④ 《福州市畲族志》，海潮摄影艺术出版社2004年版，第36页。

为始发地的较高出现率可能偏高些。

《福安市畲族志》对畲族迁徙的始发地比较重视，所介绍的情况值得关注。据坂中和庵（和安）《钟氏宗谱》（初修于道光二十七年），钟氏是迁入福安最早的畲民，其开基福安的祖先于北宋大观四年（1110）迁入福安坂中大林村。雷姓先祖的祖籍为广东潮州普宁，从福州迁入十都官湖。福安蓝姓人口数最多的是“溪塔蓝”，其开基始祖学礼公祖籍广东潮州海阳县，其子恒麟、恒彪于明万历年间分别自宁德、寿宁迁入洋勘、溪塔。①

畲族迁入闽东始于宋代，绝大多数发生于明清。综合闽东市、县畲族志以及有关族谱资料，并参照施联朱的归纳，迁入闽东的主要路线和次要路线为：

潮州—云霄—南靖—漳州—同安—安溪—莆田—闽侯—连江—罗源—宁德—福安—霞浦—福鼎。

潮州—云霄—南靖—漳州—同安—安溪—莆田—闽侯—古田—屏南—宁德—福安—霞浦—福鼎。②

另外还有：

江西—宁德地区。③

闽西长汀、上杭—连江—罗源。④

（五）迁入浙南以及浙中、浙北

畲族迁入浙南绝大多数经由闽东，始发地多写为潮州。此外，还有少量在清代由赣南经由赣东北进入浙南西部的江山县等地。畲族由闽东迁入浙南始于北宋，绝大多数发生于明清，以明晚期为高峰期。⑤

---

① 《福安市畲族志》，福建教育出版社 1995 年版，第 5、6 页。

② 《施联朱民族研究文集》，民族出版社 2003 年版，第 294—297 页。

③ 《闽东畲族志》，民族出版社 2000 年版，第 30、35 页。

④ 《福州市畲族志》，海潮摄影艺术出版社 2004 年版，第 32 页。

⑤ 参见《浙江省少数民族志》，方志出版社 1999 年版，第 83 页。对该志所提到的唐代为畲族入浙之始，疑而搁置。

浙江丽水畲族流传的《高皇歌》叙述道："蓝雷钟姓出广东，广东原来住祖宗……住在广东已多年……走向福建是平原，兴化莆田住长久……自愿走路住连江，古田罗源好田庄……走去浙江处州管，住在景宁是北村，景宁住久人又多，思思量量过云和，云和住久过松阳，又落碧湖好田场。"① 同治《景宁县志》载："畲民，徭僮别种，盘瓠之后也。自粤而闽，以暨处之遂（昌）、云（和）、龙（泉）诸邑，皆有其人。"② 浙江松阳《雷氏家谱》载："前朝上祖是广东潮州底海洋县会稽山内居住。"《平昌蓝氏宗谱》载："我祖世居潮州，阅年六百余岁，历传数十世。"松阳《雷氏家谱》载："前朝上祖居广东潮州，往后宋朝迁出八排山下居住，而后太祖迁福建福州府罗源县居住，太祖裔后二十二世，而明朝万历年间迁过浙江处州景宁居住，四五余世康熙戊寅三十七年而迁来丽邑。"《汝南蓝氏家谱》载："世居广东……原籍罗源，洪化（应系'洪武'之误——引者注）十二年，徙居处州景宁县岭根。"③ 松阳《雷氏家谱》所载的"太祖迁福建福州府罗源县居住，太祖裔后二十二世，而明朝万历年间迁过浙江处州景宁居住"，万历年（1573—1619）取时段中点，每代以 25 年计，"太祖迁福建福州府罗源县居住"约在 1047 年，即北宋庆历年间（1041—1048 年）。北宋也是畲族入浙的上限。畲族入浙绝大多数发生于明清。

然而，《浙江省少数民族志》认为："畲族入迁浙江，以雷姓最早，始于唐永泰二年（766）"，根据是景宁县惠明寺村所存的《唐朝元皇南泉山迁居惠明寺保税开垦》。这份民间文书称："永泰二年丙午岁，雷太祖进裕公一家五人与僧昌森、子清华二人，从福建罗源县十八都苏坑境南坑，一同来到浙江处州府青田鹤溪村，住大赤

① 转引自施联朱《关于畲族来源与迁徙》，载《施联朱民族研究文集》，民族出版社 2003 年版，第 294—295 页。

② 同治《景宁县志》卷 12《风土·附畲民》。

③ 以上族谱资料转引自《施联朱民族研究文集》，民族出版社 2003 年版，第 294—295 页。

寺。"[①] 惠明寺村雷氏族谱还记载了一个故事：明万历年间进裕公等四兄弟从罗源起程不久，半路遇到从江西来闽的昌森、清华师徒二人，结伴往浙江景宁，清顺治七年，清华邀明玉公来惠明寺开基，以便相互照应。他们还有"僧雷同是一家人"的君子协定。[②] 施联朱1982年调查所发现的比较可靠的惠明寺村《雷氏宗谱序》载："我姓之源广东潮州府海洋县凤凰山，原有大祠。以后我太祖雷进明、进良、进裕、进元四兄弟等人，万历年间移来浙江处州景宁县七都包封（凤）开垦耕种田，后世散处他乡多世久远"，"万历年间，移过淤山头居住，一房分去平洋（阳），二房分去云和三都居住，四房雷明玉太祖居住在大峰不知己（几）年，到清朝顺治庚寅七年，应惠明寺僧清华之邀，迁居于此"。[③]《唐朝元皇南泉山迁居惠明寺保税开垦》嫁接了此事，只是将明万历年间改为"永泰二年丙午岁"，再加上"保税开垦"。据王道的实地追溯性的调访，该文书是在同治时惠明寺村雷姓与寺僧发生纠纷后而书写的。[④] 估计纠纷因山场田土而发，这份文书系为了保护地权而提供历史依据，故有"唐朝"之久远和"保税开垦"之强调。惠明寺村可靠的雷氏族谱资料，已足以说明"唐朝元皇南泉山迁居惠明寺"之伪。

畲族族谱所述迁徙，准确而详者罕见，而遂昌《钟氏家谱》凭借"行程簿"的记录，所述迁徙较为清晰："昔年事业，隐约微知。自后至南宋绍熙三年（1192）谅公等由广东潮阳起行……迁迁往往，徐徐而行。所幸遗有行程簿一本。便后人阅后知矣。"[⑤] 明宣德三年（1428）传至钟大孙一代，带领子孙迁入漳州南靖县；景泰元

---

① 《浙江省少数民族志》，方志出版社1999年版，第83页。

② 参见王道《走向市场：一个畲族村落的农作物种植与经济变迁》（博士论文），厦门大学2007年打印本，第40页。

③ 施联朱等：《浙江丽水地区畲族情况调查》，载《畲族社会历史调查》，福建人民出版社1986年版，第270页。

④ 参见王道《走向市场：一个畲族村落的农作物种植与经济变迁》（博士论文），2007年5月，第40页。

⑤ 遂昌《钟氏家谱·创修家谱志》，见吕锡生《畲族迁移考略》，载施联朱主编：《畲族研究论文集》，第264页。

年（1450）继迁泉州同安县；景泰八年（1457）再迁入罗源。传到钟集洪时，于“万历四十三年（1615）带子孙28口，迁至浙江景宁二都锦岱洋岭脚住”。[①] 在景宁锦岱洋住了13年后，又迁至遂昌北门外蔡村居住。[②]

畲族由闽东入浙南的族谱资料，若涉及迁徙地点，常都会提到罗源以及连江，甚至具体到罗源大坝头和连江马鼻头。除了出发地多为潮州海阳县外，罗源就是浙南畲族迁徙的一个关键地点，而连江则是作为畲族由水路登陆闽东的又一个关键地点。对于罗源和连江的强调，闽东和浙江的畲族不仅是因为历史记忆，还有文化的象征意义。值得注意的是，这一历史记忆和象征意义，浙江畲族比闽东畲族更突出。

前文叙述畲族迁入闽东的主要路线是：莆仙—闽侯—连江—罗源—宁德—福安。

浙江畲族一般由福安进入浙南边缘的泰顺一带，而后迁入浙南景宁。福安—景宁，这是畲族在闽浙的迁徙走廊，至今这一走廊地带是畲族人口最集中的地区。景宁成为畲族由闽东入浙南的主要集散地，主要因素是山川地貌。在闽浙交界地区，自西而东依次是仙霞岭、洞宫山、雁荡山，流贯福安交溪的支流东溪，在洞宫山、雁荡山之间自北而南切开一道口子，由福安到景宁正是在这切口上。景宁是畲族入浙后的关键地点，即使有沿着比较靠近海岸的由福鼎入苍南这条迁徙路线，但明弘治十三年（1499）由景宁迁云和再迁苍南的雷姓畲民，却是温州地区畲族的最早迁入者。[③] 由此可知畲族经由景宁的扇形流布的展开宽度。

---

① 遂昌《钟氏家谱·序》，见吕锡生《畲族迁移考略》，载《畲族研究论文集》，民族出版社1987年版，第265页。吕氏的族谱引文，疑有改动，兹采雷先根主编《景宁畲族自治县畲族志》中的遂昌井头坞《钟氏家谱》引文，景宁畲族自治县民族事务委员会1991年编印，第7页。

② 吕锡生：《畲族迁移考略》，载《畲族研究论文集》，民族出版社1986年版，第265页。

③ 雷必贵：《苍南畲族的源流与分布》，中国文史出版社2006年版，第347页。

畲族由闽东入浙南的次要路线，是从福鼎进入苍南，而后往平阳以及温州所辖地区。苍南黄家坑《雷氏族谱》载："由（罗源）大坝头迁福安牛头畔，而牛头畔移居福鼎牛埕下而居焉。生三子，又分三族。一族仍住牛埕下，一族移鼎邑分水关，再徙平（阳）邑[①]五十一都章山……吾祖一族迁徙平邑五十一都黄家坑。"[②]

《浙江省少数民族志》指出："入迁浙江的90支畲族，除了6支由江西迁入，其余均由福建迁入"。[③] 所谓"由福建迁入"，包括始发地为潮州。在该志所列举的12支入迁畲族中，就有7支的始发地是"广东潮州海洋县"。而所谓"由江西迁入"，始发地是赣南（会昌、瑞金、石城）和赣中（安源），迁入浙南西部的时间是清雍正年至光绪年。迁入浙江的有一支钟姓畲族原住海南岛琼州琼山县金村，元元贞三年（1297）迁居广东朝阳县，元元祐七年（1320）迁居福建连江，明洪武八年（1375）迁居浙江景宁二都油田锦岱垟岭脚。《宣平县志》载："顺治十八年，浙江巡抚朱昌祚因闽海交讧，迁海滨之民于内地，给田给牛，俾安本业，是由交趾迁琼州，由琼州迁处州，其曰盘瓠遗种者"。[④] 然而，这支钟姓畲民之迁则是发生在元代，而且不是政府组织的强制性迁居，而是自发的迁徙。编纂于清初的顾炎武《天下郡国利病书》卷104《广东八》说："畲蛮，岭海随在皆有之，以刀耕火种为名也。衣服言语渐同齐民。……近海则通番，入峒则通徭……广、惠、雷、廉，罹其毒螫"，撇去污词，提及的"雷（州）"值得注意，联系到上述的"迁入浙江的有一支钟姓畲族原住海南岛琼州琼山县金村，"就不会觉得意外。明朝"正德中，南海势家，以新会虚税影占，亡命之徒

---

① 苍南于1981年建县，此前历属平阳县。

② 转引自雷必贵《苍南畲族的源流与分布》，中国文史出版社2006年版，第83页。

③ 《浙江省少数民族志》，方志出版社1999年版，第87页。

④ 民国《宣平县志》卷4《礼俗志·风俗》。

附之，招合畲蛮，立为十里，聚众盗耕。”① 道光《广东通志》卷330《岭蛮》载：“畲蛮，岭海随在皆有之，以刀耕火种为名也。衣服言语渐同齐民。……近海则通番，入峒则通徭”，这说明在广东，畲、瑶在一些记载中还是可以分清的，因此可以排除明正德年间在珠江口新会出现的“畲蛮”可能是瑶族的怀疑。

综合有关族谱资料，并参考施联朱的归纳，畲族由粤东经闽东入浙江的主要路线和次要路线为：

潮州—云霄—南靖—漳州—同安—安溪—莆田—闽侯—连江—罗源—宁德—福安—泰顺—景宁—云和—松阳—丽水—金华—兰溪—桐庐—临安。

潮州—云霄—南靖—漳州—同安—安溪—莆田—闽侯—连江—罗源—宁德—福安—福鼎—苍南—平阳—温州。②

个别是：海南（琼州琼山县）—广东—福建连江—浙江景宁；交趾—琼州—浙江处州（治所今丽水）。

此外，还有：赣南（会昌、瑞金、石城）和赣中（安源）—浙南西部的江山等地。③ 据初步统计，经由江山等地迁入浙南的畲族有6支，占迁入浙江共90支畲族的7%。④

（六）迁入皖南

畲族迁入浙南景宁、云和、龙泉、庆元、遂昌、青田、缙云后，部分继续北上迁于浙中的武义、龙游、金华、衢县、开化、兰溪以及浙北的建德、桐庐、临安。皖南畲族就是这一迁徙流的“水尾”。

皖南畲族住在邻近浙北天目山的宁国县云梯乡。宁国畲族《蓝氏家谱》（民国三十六年树德堂铅印本）记载了这支蓝氏畲民的迁

---

① （清）顾炎武：《天下郡国利病书》卷104《广东八》，广雅书局光绪二十六年刊本。

② 《施联朱民族研究文集》，民族出版社2003年版，第294—297页。

③ 《浙江省少数民族志》，方志出版社1999年版，第91、92页。

④ 《浙江省少数民族志》，方志出版社1999年版，第87页。

徙："明正德间由丽水南乡迁云（和）县岩下。于崇祯七年迁景邑（景宁）之六都驮暮庵。（崇祯）十三年复迁温州泰顺石余坑。至乾隆七年转迁景邑二都赤木山口、吉山、清潘山、徐崇、罗坑头等处。迄同治八年始迁兰溪西乡而居焉。"① 这本族谱传自兰溪蓝氏宗祠。宁国蓝氏畲民是兰溪蓝氏的分支，当年修谱时他们分担有关费用，也曾派人参加兰溪蓝氏宗祠的祭祖。宁国的蓝姓和雷姓畲族于光绪间分别由浙江的兰溪、桐庐迁到云梯定居。②

（七）盘旋式和逆向式迁徙

有关畲族迁徙的著述，给我们一个清晰有序的迁徙图像，但这是从纷杂的历史事实中概括的一般。许多畲民的迁徙并没有明确的迁徙方向，哪里适合生产生活，就往那里去。途经数省的盘旋式迁徙和逆向式迁徙就是明证。

浙江景宁县敕木山《蓝姓族谱》记载了较详细的迁徙时间和地点："迁出广东潮州府海洋县……凡十世余年到后唐"——"（唐——括号的朝代名、区划名，系引者所加，下同）乾元六年宁州府（应误——引者注）岁稔乡高山居住"——"（唐）会昌八年九月从辛虞普城水尾居住"——"大宋元丰二年二月初八日……移（湖南）道州府无源县九江白水居住"——"元祐四年十月移去（湖南）茶陵县长砂苦竹湾九十岭居住"——"绍圣二年……移（江西）吉州府飞泉山小杨岭居住"——"南宋绍兴三年……分去吉州、普山居住"——"绍兴十年移住长乐县十都黄四山居住"——"淳熙五年移去（广东潮州）揭阳三十六都黄冈山居住"——"大元朝年间迁徙移来（福建）福州府罗源县重上里，南峄居住一祖，至南峰分出一祖。福建罗源重山里，马美居住一祖。

① 转引自施联朱、张崇根等《安徽宁国县云梯公社畲族情况调查》，载《畲族社会历史调查》，福建人民出版社 1986 年版，第 242 页。

② 施联朱、张崇根等：《安徽宁国县云梯公社畲族情况调查》，载《畲族社会历史调查》，福建人民出版社 1986 年版，第 243 页

又移本邑十八都塔底既坑居，富清、富生、富孔三位公祖移居”——“大明万历甲申十二年冬月又移过处州景宁县六都张村内，暮洋湖内”——“大清顺治丙戌三年光文公祖移上土名白沙峰，结寮居住”——“康熙甲寅十三年冬月昌林公移上古基居住，昌富、昌和二位又上赤木山下古基居住”。①

据上述，敕木山蓝姓畲民于唐代早期迁出潮州海洋（阳）县，北宋元丰二年（1079）迁入湖南道州无源县，元祐四年（1089）迁入茶陵县，绍圣二年（1095）移往江西吉州，南宋绍兴十年（1140）迁移至福建长乐县，淳熙五年（1178）又迁移至潮州揭阳，元代北上迁入罗源县，明万历迁入景宁。这就是说，敕木山蓝姓畲族祖先从潮州出发，经湘、赣、闽，又回到出发地，完成一个圆形的盘旋式迁徙，而后才北上闽东、浙南。

景宁县的包凤雷进明支族、山外钟隆熙支族、王坂雷虔山支族、大垟冈蓝法乾支族、石墟蓝世全支族的迁徙时间和地点，都有“绍兴十年移住长乐县十都黄四山居住”，与景宁县敕木山《蓝姓族谱》记载了较详细的迁徙时间和地点完全相同，此后的迁徙时间和地点略有差别，但都是罗源到景宁。② 假如迁入罗源前的迁徙时间和地点的相同，如果不是转抄而导致的一致，那么迁入景宁的这几支族人的盘旋式迁徙就有一定的典型性。

饶宗颐运用泰国瑶人的民间文书，找到“五溪蛮”与瑶、瑶与畲的历史环节的个别证据。他说：“《畲族简史》认为‘除了槃瓠传说外，史书中找不到畲族是武陵蛮的一支或从湖南迁来的其他线索’”，其实不然。“梅山是湖南五溪蛮傜的重要根据地”，而“泰国《傜人文书》分明记载由梅山（湖南）到连州（广东）、潮州”。③ 饶氏所提供的资料，反映了瑶族也有盘旋式的迁徙，也反映了历史

---

① 《敕木山畲民调查记》，中南民族学院民族研究所1984年编印，第95—96页。

② 《浙江省少数民族志》，方志出版社1999年版，第83页。

③ 饶宗颐：《畲瑶关系新证——暹罗〈傜人文书〉的〈游梅山书〉与宋代之开梅山》，载《畲族研究论文集》，民族出版社1987年版，第28页。

上畲瑶的密切关系。正如敕木山蓝姓畲民在长时间盘旋式的迁徙过程中应有部分族人留居于瑶区，后来迁到泰国的瑶民在长时间盘旋式的迁徙过程中也应有部分族人留居畲区。

畲族迁徙还有逆向式流动，最突出的是从浙南倒迁回闽东。据《闽东畲族志》，先后迁入闽东的畲族有蓝、雷、钟 3 姓，共 73 支。其中，蓝姓 25 支、雷姓 25 支、钟姓 23 支。按时间分，唐代迁入 2 支，明代迁入 30 支，清代迁入 41 支。按迁入方向，来自浙江的 26 支（回迁），江西 1 支，省内福州（侯官）6 支、罗源 25 支、连江 3 支、龙溪 1 支、上杭 6 支、武平 4 支、建宁 1 支。[①] 从浙南回迁闽东的，在迁入支数中首屈一指，主要是从沿海地带南下福鼎，进而扩散到其他县。

闽东吴、杨、李三姓畲族先祖就是由浙南迁入。这三姓迁入之祖原是汉民。吴姓的一个始祖从浙江泰顺迁入福安，娶畲妇，后裔继续与畲民联姻，遂畲化。杨姓祖籍浙江龙游，唐代徙福安，其中一个支派始祖移居福安大林，改姓钟，同化为畲族，清末民初恢复杨姓，但族属仍然是畲族。李姓的一个始祖原籍安溪，逃亡至福州汤岭，赘入畲家。[②] 闽东吴、杨、李三姓畲族先祖由浙南迁入不算回迁，但在畲族由南而北的迁徙主流中，可以纳入逆向的迁徙。

逆向迁徙既有跨省，也有跨县跨乡的。据 1958 年在宁德的调查，历史上的迁徙，有从福安南下迁入宁德，也有从宁德县北部迁到南部。[③]

还应当交代的是闽粤赣接合部原住区的畲族人口流动。潮州凤凰山畲族几乎全部向北迁徙闽东、浙南，未闻有留居本地者，今凤凰山区畲族于明清由闽西（个别由闽南）迁入。[④] 赣南畲族主要是

---

① 《闽东畲族志》，民族出版社 2000 年版，第 30 页。

② 《闽东畲族志》，民族出版社 2000 年版，第 30—45 页。

③ 陈国强等：《福建宁德县畲族情况调查》（1958 年），载《畲族社会历史调查》，福建人民出版社 1986 年版，第 94 页。

④ 广东省地方史志编委会编：《广东省志 · 少数民族志》，广东人民出版社 2000 年版，第 264 页。

明末清初由闽西和粤东迁入。[①]

三 畲族迁徙的原因

畲族“大分散、小聚居”的分布特点，是经过长期历史过程，直至明清时期才最后形成的。以下侧重解释畲族迁出闽粤赣交界地区的原因，其中的某些原因也可以解释畲族先民从湘西、湘南迁入闽粤赣交界地区的原因。

（一）传统劳动方式是畲族迁徙的根本原因

民国时何联奎就注意到，畲族迁移首先缘于“畲民随山种插”的“经济的或环境的原因”，“其次，或经历代的变乱，或受其他人为的压迫，他们便东迁西徙，随山散处。此为其人为的原因，亦可谓政治的或社会的原因”。[②] 雷弯山《原始生产力时畲族迁徙的根本原因》，对刀耕火种兼营狩猎、采薪的传统劳动方式是畲族迁徙的根本原因这一见解，做了分析和概括。他指出：“物质资料的生产方式制约着整个社会生活、政治生活和精神生活过程，畲族千年迁徙的原因只能从经济关系中寻找。”因此，刀耕火种兼营狩猎、采薪的传统劳动方式是畲族迁徙的根本原因。[③] 古代畲族这种刀耕火种的劳动方式，经常被误认为这是“尚处在原始社会末期的农耕阶段”。其实不然，原始的刀耕火种使用的是石斧，而畲族使用的是金属工具，这是根本的区别，只能说畲族的刀耕火种保留了原始农业的某些特点。

文献记载畲族经济生活特点是：“随山散处，刀耕火种，采实猎毛，食尽一山则他徙”；[④] “巢居崖处，射猎其业，耕山而食，率

① 黄向春：《赣南畲族研究》（硕士论文），厦门大学油印本，1996 年，第 14 页。

② 何联奎：《畲族的地理分布》，载《民族学研究集刊》第 2 集（1937 年），第 227 页。

③ 雷弯山：《原始生产力时畲族迁徙的根本原因》，载《丽水师专学报》1991 年第 1 期。

④ 嘉靖《惠州府志》卷 14《外志》。

二三岁一徙”。[①] 经过一段时期的种植，地力耗竭，便游耕新的山地。畲民称“火种”为“落山火”、“坐火”。二三月把林木杂草砍掉，月余，木、草干燥，点火燃烧。这样不但利于掌握火势，且枯树和表土烧得透，草木灰多。在草木灰上撒种，种子自然陷入灰里，雨过萌芽，不耘待获。第二三年，则“以刀治土”，而后播种。种山三年，地力尽，另火耕他地。[②] 迁入闽东、浙南后，除了佃耕水田，仍长期保留这种火耕方式。桐乡举人屠本仁于嘉庆十年(1805) 来处州任职，作《畲客三十韵》吟道：“从官到山乡，往往见畲客。……斫畲刀耕举，烧畲火种趾。”[③] 这里还提到一个播种细节，所谓“趾”就是：无论是第一年的火种，还是接下来年份的以刀或锄治土，用脚掌按陷灰、土，然后撒种于小凹坑里，以提高发芽率、受水量和苗根深度。这种“火田”属缺水的旱地，故种耐旱作物。由于耕作方式粗放，因而广种薄收。

畲族刀耕火种劳动方式与狩猎活动结合为耕猎经济。清代杨澜引长汀杨浚诗云：“夜半风腥呼野菜，强弩毒矢竞相邀”，[④] 描述的就是闽西畲民的狩猎生活。“野菜”成为畲民重要的肉类来源和用于交换的商品。刀耕火种和狩猎必与山林为邻，采薪是畲族为了交换而从事的重要产业，直至清末民国，依然如此。嘉庆时屠本仁看到畲妇三五成群挑柴赶往市场，吟道：“三五女负薪，鬻市两脚赤。”[⑤] 清代丽水人徐望璋作《畲妇》诗云：“衣服斑斓履苴芦，薪担压肩走风雨。”风雨无阻的负薪畲女行，说明砍柴鬻市由畲族妇女承担。

上述的火耕、狩猎和采薪，有些是在定居后保持原有生产的惯习，因而也是走走停停、时迁时住的迁徙过程中传统生产的写照。

---

① 万历《永春县志》卷3《风俗》。

② 雷弯山：《思维之光》，天津人民出版社1997年版，第57页。

③ （清）屠本仁：《畲民三十韵》，载光绪《处州府志》卷30《艺文志下·诗篇》。

④ （清）杨澜：《临汀汇考》卷3《风俗考·畲民附》，光绪四年刊本。

⑤ （清）屠本仁：《畲民三十韵》，载光绪《处州府志》卷30《艺文志下·诗篇》。

谙熟畲族历史和社会文化的雷弯山在上文对于畲族传统经济生活的择要归纳，说明了畲族的传统生产模式需要迁徙，并且通过迁徙可以维持生计。

刀耕火种，广种薄收，没有广阔的空间、资源丰富的自然条件就不能进行，迁徙就是为了获得合适的生态环境。[①] 狩猎维持肉类蛋白质的来源。由于狩猎活动翻山越岭，甚至持续数日，这使狩猎者熟悉新的宜居之处，于是狩猎又带动迁徙。

随着耕作技术的提高，随着人口密度的提高和山地的日益开发，可供迁徙式生产活动的空间逐渐缩小，畲族的游耕徙居逐渐转为定耕定居。畲族的迁徙过程也伴随着一路留居，畲族迁徙社会转型过程中，游耕徙居与定耕定居交错并存，并以后者逐渐取代前者为终结。这种游耕徙居与定耕定居交错并存，造成了畲族大分散、小聚居的分布格局。

（二）《开山公据》塑造的耕山徙居的文化图式

意识缘于社会实践，反过来，意识引导实践。当代历史学家发现，一般的历史事件的影响是短时段的，它们像海上并不持久的风浪。而文化心理对历史进程产生的影响是长时段的，它像潜形于海面下经久不息的海流。畲族的迁徙文化图式根植于其社会经济生活，但直接受文化观念的引导，这个文化观念集中表达于传承千年的《开山公据》。

《开山公据》为单件文书，后来也抄录于族谱。《重建盘瓠祠序》、《重建盘瓠祠铁书》其内容也与《开山公据》类同。《盘瓠铭志》的主要内容是盘瓠传说，但也略及游耕火种、不役不税这些与《开山公据》类似的内容。畲族祖图的序文，基本内容就是《开山公据》。畲族族谱的序文也常有《开山公据》的内容。盘瓠传说之所以重要，不仅出自对始祖的崇拜，而且是畲族开垦荒山、不役不

① 雷弯山：《思维之光》，天津人民出版社1997年版，第61页。

税、迁徙无阻等民族权益的权威依据。

从“楚平王[①]奉天承运出敕。大隋五年[②]五月十五日，给会稽山七贤洞《抚徭券牒》”的文字来看，《开山公据》流传已很久远。《开山公据》包括两个内容，一是盘瓠传说，一是游耕火种、不役不税，也就是《开山公据》里提到的“帝赐联曰：功建前朝帝喾高辛亲敕授，名垂后裔皇子王孙免差徭”。《开山公据》关于耕山徙居、不役不税这部分内容的要点是：“陛下敕赐‘御书铁券’与盘瓠子孙……永免差役，不纳粮税。……只望青山而去，遇山开产为业。……远离却庶民田圹一丈三尺之地，乃是徭人火种之山。……助耕火种。莳薯、姜、苎、芋、茄、菜六种，及时应食。任游山村，捕野禽射豕肉，给家之用，世代相承。不许与庶民争占田圹。”（参见第十三章第一节）

上述的赐给“盘瓠子孙”的“御书铁券”，形塑了畲族长时期的社会历史。畲族的火田徙居，直至清末才完全终结。

（三）封建政府的政治压迫和军事镇压迫使畲族迁徙

封建社会的政治压迫和军事镇压迫使畲族迁徙主要发生于元明。这个时期，畲民反抗斗争的频繁爆发和畲族起义军的长途转战以及失败后的流散，是造成历史上畲族零散分布各地的一个原因。

从宋末元初至元末，畲族起义军的抗元斗争此起彼伏。许多畲族起义军长途转战，如：陈吊眼义军由漳浦进击泉州，而后退守原地；黄华起义军从闽北攻入赣东北，而后折回建宁；钟明亮从粤东循州揭竿而起，转战地点包括赣南的赣州、宁都，粤东的梅州和闽

---

① 楚平王：春秋楚共王第五子，公元前528—前516年在位。楚国君臣自称是蛮夷，当时居住在长江流域。

② 大隋五年，疑为隋朝建国以后的第五年，即隋开皇五年（585）。施联朱《关于畲族来源与迁徙》（《畲族研究论文集》，第44页）说：“这类文书，可能是畲族被迫南迁时统治者颁给他们的命令。值得注意的大多写明‘大隋’，提示我们：可能这是他们一次南迁的时间。”

南的漳州。[①] 史载：“（钟明亮）声摇数郡，江（西）、闽、广交病焉。”[②] 畲族起义军在转战过程中，特别是在受挫的情况下流散而随处留居，这种情况或多或少是存在的。

明正德十一年至十三年（1516—1518），南赣巡抚王阳明对赣南以及闽西粤东畲族起义进行残酷镇压，致使数量很多的赣南畲族销声匿迹。到了清代，赣南只有兴国县志有畲民的记载。方志记载不能尽反映实际情况，但说明了赣南原住畲族人口的锐减。明末清初粤东、闽西的客家人和畲民迁入赣南。迁入闽东、浙南的畲族应有部分来自于正德时受到镇压而外迁的赣南畲族，但数量较少。据《浙江省少数民族志》的不完整统计，入迁浙江的90支畲族，有6支由江西迁入。其中，清代雍正、乾隆迁入浙江的畲族，其始发地是赣西安源和赣南会昌、瑞金和宁都石城。由于畲族迁徙一般是一处住一段时间再迁一处的“徐徐而行”，因此这些来自赣南和赣西的畲族，其开始的迁徙与明代中期赣南巡抚王阳明对畲族起义的镇压可能有关。吴永章认为，明代封建统治阶级对赣南、粤东畲民反抗活动的血腥镇压，造成畲民大量飘荡流徙。[③]

（四）封建政府对畲族的强制性移民

畲族的迁移有的是封建政府实施的强制移民。在元朝血腥的军事镇压和残暴的政治统治下，畲族起义此起彼伏，风起云涌，各地义军被镇压后，有的逃亡、有的降附，不少被迁置。例如：闽南陈吊眼领导的“畲军”于至元十八年（1281）被镇压，余部被收编，后于大德元年（1297）改遣于漳、汀二州，从事军屯。[④] 15年后被远调安徽亳州屯田。[⑤] 强制性的移民还发生于江西和海南。明代正

① 蒋炳钊：《畲族史稿》，厦门大学出版社1988年版，第177—181页。

② 《水云村泯稿》卷13《杂著·汀寇钟明亮事略》，见《畲族社会历史调查》附录一，福建人民出版社1986年版，第360页。

③ 吴永章：《畲族与瑶苗比较研究》，福建人民出版社2002年版，第30页。

④ 《元史》卷100《兵志三》，中华书局1976年版，第2570页。

⑤ 《元史》卷24《仁宗本纪一》，中华书局1976年版，第554页。

德年间，南赣巡抚王阳明的奏疏提到："其初，畲贼原系广东流来。先年奉巡抚都御史金泽行令安插于此。"① 《宣平县志》载："顺治十八年，浙江巡抚朱昌祚因闽海交讧，迁海滨之民于内地，给田给牛，俾安本业，是由交趾迁琼州，由琼州迁处州，其曰盘瓠遗种者。"② 《处州府志》也载："顺治间，迁琼海之民于浙，名畲民。而处郡十县尤多。"③

（五）封建社会的经济剥削和超经济盘剥造成畲族迁徙

封建社会的经济剥削，来自国家和地主阶级。至于没有制度依据和经济契约进行的巧取豪夺，则是超经济剥削。

元代畲族的武装斗争最为频仍，直至元末，延续的时间也最长。宋末元初，畲族的抗元斗争主要是基于民族正义的扶宋抗元和被迫的以杀止杀。然而，畲族抗元为何此起彼伏，其因在于政府经济剥削重压和官吏贪残。元至元二十六年（1289）福建闽海道按察使王恽说："黜官吏贪污不法者，凡数十人"，并进言于朝曰："福建所辖郡县五十余，连山距海，实为边徼重地。而民情轻诡，由平定以来，官吏贪残，故山寇往往啸聚，愚民因而蚁附。"④

这种超经济盘剥，早在宋代就已经很严重了。到漳州围剿和怀柔畲民的南宋官员刘克庄，了解到引起畲族反抗的原因，除了贪官榨取外，地主豪强的豪夺巧取也很严重。他说："贵家辟产，稍侵其疆；豪干诛货，稍笼其利；而官吏又征求土物蜜蜡、虎革、猿皮之类。畲人不堪，诉于郡弗省，遂怙众据险，剽掠省地。"⑤ 对于超经济剥削，除了反抗，还以避走为抵制。

在历史进程中，那些农业技术已经提高到一定程度，并且定耕

① （明）王守仁：《王阳明全集》卷10《别录二·奏疏·立崇义县治疏》，上海古籍出版社1992年版，第350页。

② 民国《宣平县志》卷4《礼俗志·风俗》。

③ 光绪《处州府志》卷29《艺文志中·文编三》。

④ 《元史》卷167《王恽传》，中华书局1976年版，第3934页。

⑤ （宋）刘克庄：《漳州谕畲》，《后村先生大全集》卷93，四部丛刊本。

定居的畲民，就同汉族农民一样成为编户齐民，缴赋服役。他们除了佃耕地主的土地，还拥有自己开垦的田园。有了田产，就要纳赋。明代弘治年间（1488—1505）闽西开始出现局部的“畲即承赋如居民”。[①] 这种情况在宋代早已个别发生。在缴纳田赋地租后不能维持生计，畲民就“贫不能存，亡徙以去”。[②]

（六）客家先民迁入与畲族迁出

如果是因行刀耕火种方式而需要游耕，那么在闽粤赣交界原居地也可以进行，不必长趋千里之遥。在唐早期，陈元光的唐军与潮州“蛮”作战，说明潮州畲族先民虽然行刀耕火种，却是在一定地域游耕，否则不可能汇聚相当数量的人口而与唐军抗衡。另者，畲族新的大本营之所以转移到闽东、浙南，缘于那里的山区开发程度较低，人口密度也较低。唐末五代以后，客家先民的移民潮涌入闽粤赣交界地区。部分畲族迁出这一地区，始于宋元，大量发生于明代。客家先民的迁入和发展与畲族的迁出有着直接的因果关系。明代是畲族迁入闽东的第一次高潮。清早期，清廷对郑成功在台湾的割据政权采取封锁政策，实行海禁、迁界，造成沿海30里内耕地荒芜。《闽东畲族志》指出：统一台湾后，“‘展界’吸引了大批畲民，由此形成第二次畲族迁入高潮”。[③] 缪品枚认为：闽东作为畲族主要居住地并非偶然。闽东山高岭峻，人口相对较少，依山濒海，物产丰富，是畲族寻找的理想开发地。这是造成畲族大量迁入闽东的重要原因。由于畲汉有经济共生关系，因此畲族迁入后的地点选择，往往是县际、乡际和村际的周边山区。[④] 李健民认为，康熙二十二年（1683）统一台湾后的复界垦荒，是造成闽东部分畲族分布于沿

---

① （清）杨澜：《临汀汇考》卷3《风俗·畲民附》，光绪四年刊本。

② 同治《景宁县志》卷12《风土·附畲民》。

③ 《闽东畲族志》，民族出版社2000年版，第30页。

④ 缪品枚：《畲族迁入闽东的两大历史契机》，载缪品枚《长溪钩沉》，中国文联出版社1999年版，第208页。

海地区的重要原因，但复界后引发的畲民向沿海的徙居，是已迁入闽东的畲族在本地区的移动，不是迁入闽东。[①]

应当指出，游耕不一定要进行长距离的迁徙，也可以在一定区域内游耕，甚至还可以在定居的环境下游耕，但这种在一定区域内的徙居游耕和定居游耕，必须有足够的空间，亦即人口密度较低。客家先民主体于唐末五代进入闽粤赣交界地区后，此后这一地区的人口剧增，山区开发日益充分，到了明代可供刀耕火种的空间日趋紧缩，畲族要么逐步转为定耕定居，要么另换地方，寻找新的天地。清代的闽西，记录畲民“火田”劳作的文字甚少，这意味着闽西畲族，或者部分已发生一定程度的客家化，或者部分迁出，当然还有少数畲族基本继续刀耕火种，但是在一定地域内的相对定居，故有“汀东南百余里有猺民焉”之言。这些“猺民”（畲族）在丧葬时，“远族皆至”。[②] 如果不是相对固定在一定地域，是不可能这样的。这是闽西畲族社会生产转型过程中的一种缓变类型。

清初闽西，缓变类型的畲族社会，已演变到相对定居乃至完全定居。清初周亮工夜登上杭城楼，吟道：“郊峒半是盘蓝雷”，[③] 透露的是县邑周边的畲民已有相对的定居，才有畲族村寨“峒”。“郊峒半是盘蓝雷”，说明上杭县城周边的畲民数量很多。康熙《武平县志》录有康熙三十七年（1698）任武平知县的赵良生所写的《象洞》诗。象洞是四面高山环绕的盆地，清初有诗曰：“象洞云回迷鸟道”，[④] 云其叠嶂之险。象洞，即象峒，“峒者，苗人散处之乡”。[⑤] 赵良生《象洞》诗云：“彩布缠腰僰女奇，红藤

---

① 李健民：《畲族文化简说》，宁德市民族中学2005年编印，第27页。

② （清）范绍质：《猺民纪略》，载乾隆《汀州府志》卷41《艺文三》，方志出版社2004年版，第876页。

③ （清）周亮工：《夜登上杭城楼有感》，载乾隆《上杭县志》卷10《艺文下》。

④ 同上。

⑤ （清）杨澜：《临汀汇考》卷1《方域考》，光绪四年刊本。

束背傜童坐。焚山烈泽年复年，深岩邃壑还依然。”① 闽西畲族后来多融入客家群体，有些则亦畲亦客，尚未完全变为客家人，这些亦畲亦客者，现在或识别为畲族，或不被识别为畲族，识别工作的随意性是很明显的。同一个大宗族，且住区相当临近，只因分属不同县份，有的宗支被识别为畲族，有的却不被识别为畲族。由于大量畲族大致在晚明至民国时逐渐融入客家群体，以至这种在明清时期数量不少的畲族转为定耕定居的社会变迁类型被忽略了，以至行刀耕火种而迁往闽东、浙南的畲族，成为当今著述中明清时期、特别是清代畲族社会的单一面貌。这种视障是明清时期以方志为主的历史文献把客家化的畲族排除出畲族视野这一错误的结果。由于历史上的这种排除，今人即使要研究这种“隐性畲族”② 的社会文化的变迁过程，因缺乏资料而颇感茫然。但特别指出这个问题，比视而不见要好得多。由于闽西、闽南“隐性畲族”的大量存在，普遍认为明清时期畲族“大本营”已从闽粤赣交界地转移到闽东、浙南这一结论，十分可疑，至少在明代不然。

（七）特种产业带动的迁徙

1. 蓝靛生产所带动的迁徙

蓝靛是明清闽、浙，尤其是闽东、浙南的一大产业。菁即蓝草，是蓝靛的原料，种菁需要许多劳力，因而引发了畲族的人口流

---

① 康熙《武平县志》卷10《艺文志》，武平县县志编纂委员会1986年整理出版，第279页。

② “隐性畲族”，是笔者2004年在福建省炎黄文化研究会和龙岩市政协联合举办的“客家文化学术研讨会”的大会发言中提出的概念，指的是有别于传统的“刀耕火种”、移徙不定而采用定耕定居的畲族，在明清方志等文献中，闽粤赣交界地区那种火耕移徙的畲族才被称为“畲傜”（“显性畲族”），已经定耕定居从而“承赋如居民”的畲族被排除于畲族范畴。这种误识根源于封建大汉族主义。在封建大汉族主义的观念中，少数民族是低汉族一等的落后群体，社会经济水平与汉族相同，便是“夷”变为“夏”，进入汉族范畴了，而不考虑这种社会经济水平与汉族相同或接近汉族的少数民族群体，其仍保留的固有文化和族群认同意识。

动。虽然记载包括畲民在内的“菁民”的资料，多注重如何对其管理而忽略“菁民”后来的留住，但“菁民”既有在原乡与种菁地作候鸟式的流动，也一定有在种菁地留居下来。

宋人朱辅《溪蛮丛笑》的“溪蛮”，指的是“盘瓠蛮”。书中说：“（溪蛮）印布入靛缸渍染。”① 用草汁染织的工艺，最早可溯至汉代，虽然原料不一定是蓝草。《后汉书·南蛮传》记载“武陵蛮”，“织绩木皮，染以草实”。古代闽粤赣地区的种菁制蓝，最初是以闽西为中心。卢美松认为这与畲族有关。②

明代闽西畲民就到浙南种菁。晚明官员熊人霖在谈起到括州（即处州，今丽水地区）的“菁民”时说：“汀之菁民，刀耕火种，艺蓝为生，编至各邑结寮而居。”“菁民者，一曰畲民，汀上杭之贫民也。每年数百为群，赤手至各邑，依寮主为活，而受其庸值。或春来冬去，或留过冬为长雇也。”③ 莆田种菁的畲民多从汀（州）、漳（州）徙来，④ 永泰插菁畲民也多来自漳（州）、泉（州）、延（平）、汀（州）。⑤ “菁民者，一曰畲民”，这种菁民亦畲民的情况在某时某地是有的，但不都是如此。“菁民”也包括不少客家人。这些种菁的客家人既有“春来冬去”也有留住者。谢重光曾到丽水一带调查，在有的汉族村落，他与老人竟能用客家话交谈。这类村落的人应是当年种菁客家的后裔。由此也可推知，种菁的畲民既有候鸟式的迁移，也有留住者。闽东也应有类似此类情况。明弘治《八闽通志》载：“蓝淀（靛），（福州府）诸县皆有，闽、侯官、

---

① 转引自吴永章《瑶族史》，四川民族出版社1993年版，第194页。

② 卢美松：《太姥传说与畲族渊源》，载《畲族文化研究》，民族出版社2007年版，第8页。

③ （明）熊人霖：《平菁寇凯旋叙》，载《南荣集》，崇祯十四年刊本，见《畲族社会历史调查》附录一，福建人民出版社1986年版，第349页。

④ （明）周华：《兴化县志》卷8《大洋巡检司碑记》，明正统间修，崇祯间刊本，1936年铅印本。

⑤ （清）周邃然：《永泰乡土志》第五课《风俗》，福建师范大学图书馆1982年据光绪末年手稿抄本。

长乐尤多。"[①] 始于明代的闽东种菁业对于畲民往闽东、浙南的迁徙起着重要的牵引作用。以往研究虽已注意到畲族迁徙与种菁的关系，但对于种菁在畲族迁徙史的地位，明显低估了。

2. 采矿采石所引起的迁徙

受雇采矿采石，这是明清畲族经济生活中的新现象，也引发了迁徙。

明中期，曾有浙江畲民受雇采矿而来到靠近闽西的永安。雍正《永安县志》载："永安忠洛乡距城六十里，崇山汇川，……淤埋剥蚀，久而异状，人视之误以为银矿也。正德癸酉，民有趋利者，诱浙之峒民拥众而来，未敢恣发。适节推郭姓者摄县事，峒民度其老而贪得，厚啖以利。"后因上级不准，"峒民……众遂宵遁"。[②] "浙之峒民"即浙江畲民，他们受人之雇，远道而来采矿。虽事未成，但反映了明中期浙江已有不少畲民，并且在跨省人口流动上很活跃的事实。当时还未有"峒民"为矿主，对县官"厚啖以利"应是雇佣"峒民"的汉族矿主。

明清时期粤东、闽西一些畲民还西徙到珠江口一带。明中期正德年间，粤东有些畲民先是在受雇在距香山不远的新会开垦。晚明时，归善、海丰、从化、香山出现畲民开采银矿。清乾隆至光绪年间，来自"闽、潮"（"潮"即潮州）的畲民在香山采石。明朝"正德中，南海势家，以新会虚税影占，亡命之徒附之，招合畲蛮，立为十里，聚众盗耕"。[③] 至晚在明末，畲民就在香山开采银矿。编纂于明末清初的顾炎武《天下郡国利病书》卷104《广东八》载："惠之归善、海丰，广之从化、香山皆有银矿，畲蛮招集恶少，投

---

① （明）黄仲昭修纂：《八闽通志》卷25《食货·福州府》，弘治三年刊本，福建人民出版社1990年版，第512页。

② （明）苏明望修、萧时中纂：《永安县志》卷9《艺文志》，方志出版社2004年版，第107页。

③ （清）顾炎武：《天下郡国利病书》卷104《广东八》，广雅书局光绪二十六年刊本。

托里胥，假为文移开矿取银，因行劫掠。”[1] 道光《广东通志》卷330《岭蛮》载：“畲蛮，岭海随在皆有之，以刀耕火种为名也。衣服言语渐同齐民。……近海则通番，入峒则通徭，凡田、矿场有利者，皆纠合为匿，以欺官府。”[2] 如同上引福建《永安县志》中的“峒民度其老而贪得，厚啖以利”，系将矿主贿官行为推给“峒民”，广东畲民采银矿，当为雇工，所述的畲民“纠合为匿，以欺官府”这些污词也是将矿主的行为推给畲民。

畲民还进入澳门离岛受雇采石。光绪《香山县乡土志》卷五载：“畲蛮，本闽潮人之逃叛者，就地垦荒，以刀耕火种为名，随处有之。自乾隆五十四年间，始有私至十字门附近之过路环，凿山取石。道光间，屯集至数千人。盖生计所营，室家所托焉。”“路环”是香山县境向南伸入大海的一个半岛，还包括近海的凼仔、路环二岛。原属香山县，清代近海二岛改属澳门。当我们了解到清代广东的部分畲族已有从事矿业生产，对《香山县乡土志》所说的“畲蛮……自乾隆五十四年间，始有私自至十字门附近之过路环，凿山取石”，就不会感到意外。畲民在澳门所在的香山县及其邻近地区活动早在明代就有了。畲民采矿，始于受雇开垦，而采石是在开银矿之后。乾隆时开始在路环岛“凿山取石”的畲民是继其先辈在香山活动的延续。

追求概貌和总趋势是人们从一般的角度来认识对象的基本方式。在这个基础上，进而从特殊的视角来拓展认识，也是为了更完整把握认识对象的重要方式。在畲族先民迁入闽粤赣交界地区，并在潮州凤凰山一带建立核心居住区后，继续有信奉盘瓠的人群（即史称的“莫徭”、“徭民”）一次次地融入畲族先民集团，甚至在宋代畲族形成后，也仍有这样的人群远徙而来，融入畲族。另外，也

---

① （清）顾炎武：《天下郡国利病书》卷104《广东八》，广雅书局光绪二十六年刊本。

② （清）阮元修，海康、陈昌齐等纂：《广东通志》卷330《岭蛮》，道光二年刊本。

有数量相对较少的其他少数民族和汉族融入畲族。这就是说，迁徙过程中多源和多波促成了畲族的形成和发展。

畲族及其先民迁入闽粤赣交界地区后，继续其迁徙的方式。这种迁徙分为两种，一种是一定地域内的短距离的游耕徙居，一种是越出一定地域的长距离的游耕徙居。长距离的游耕徙居又分为闽粤赣交界地区内的流动，以及迁出闽粤赣交界地区的流动。

第二节 畲族的分布

最早介绍畲族跨省区分布的是沈作乾，其《畲民调查记》谓：“（畲民）多散居……以（福建）旧建宁府、汀州府为最多”，“在浙江者多于雁荡以西括苍山脉的南部，即旧处州府属之丽水、松阳、遂昌、云和、龙泉、庆元、景宁。此外如衢州府属的龙游和温州府属的泰顺等处”。[①] 沈氏遗漏了闽东这一畲族最主要的居住地。由此可知，在20世纪20年代，研究者对畲族总体情况的了解还相当有限。

史图博、李化民“从上海出版的《时报》摘录了浙江省政府编的关于畲民的分布与人数的统计数字”：景宁（17402人）、宣平（4905人）、龙泉（3000人）、遂昌（6085人）、松阳（1136人）、青田（3000人）、处州（6000人）、平阳（2600人），共计44126人。他们说明：“在这个统计中没有列入缙云、云和与泰顺三个县，那里肯定有畲民。在云和县，我们在旅行中到处见到他们。”[②]

何子星《畲民问题》提到福建畲民分布的县份有20个：连江、罗源、古田、福安、仙游、永春、龙岩、龙溪、南平、顺昌、闽清、永泰、建阳、宁德、政和、寿宁、长汀、南靖、晋江、松溪。浙江畲民分布的县份有17个：景宁、云和、丽水、遂昌、松阳、龙

---

① 《畲民调查记》，载《东方杂志》第21卷第7号，1924年，第57页。

② 《浙江景宁敕木山畲民调查记》，中南民族学院民族研究所1984年编印，第17—18页。

泉、宣平、庆元、青田、泰顺、平阳、龙游、兰溪、阳溪、建德、寿昌、金华。①

何联奎《畲族的地理分布》所述的畲族人口分布，较为精详。他以明清史料结合部分调查，指出福建畲族分布的县份有 28 个，较之何子星所指，多了福鼎、霞浦、闽侯、建瓯、德化、安溪、漳平、云霄、诏安九县，少了松溪一县。他根据 1934 年调查所得，指出浙江畲族分布的县份有 19 个：泰顺、平阳、景宁、云和、丽水、松阳、遂昌、龙泉、宣平、庆元、青田、龙游、兰溪、汤溪、建德、桐庐、寿昌、金华、武义。何联奎于 1937 年发表该文时，所指的浙江畲族分布的县份有 20 个县。② 1939 年 9 月重发此文的修订稿，改为 19 县，即去掉缙云县。其实，缙云县有畲民。较之何子星所指，何联奎所列多了武义、桐庐二县。除了遂昌、龙泉、阳溪、桐庐、寿昌这五县未计外，浙江畲族人口是 92824 人。其中，景宁、云和、泰顺、丽水的畲民人口最多，建德、金华最少。③

管长墉《福建之畲民》根据福建省统计年鉴等文献资料，确指福建畲族的分布有 33 个县份，较之何联奎统计，多了屏南、华安、长泰、沙县、三元（1956 年与明溪合并为三明县）、永安、宁化、上杭、清流九县，少晋江、安溪、诏安、政和四县。他特别做了说明："晋江、安溪、长泰、漳浦、诏安、政和、松溪、崇安、浦城、连城、明溪、武平、永定、宁洋、大田等十六县，据云过去亦有发现，但无可靠之资料、故未谈及。"他以有关统计数据结合估算，认为福建畲族人口约为 20 万人。④ 如果他没高估闽南、闽西县份的畲族人口，以其掌握的闽东、闽北畲族人口数据（77217 人）来看，当时福建畲族人口应为十多万人。

---

① 何子星：《畲民问题》，《东方杂志》第 30 卷第 13 号，1933 年，第 61 页。

② 何联奎：《畲族的地理分布》，载《民族学研究集刊》第 2 集，1937 年，第 60 页。

③ 何联奎：《畲族的地理分布》，载《青年中国季刊》创刊号，1939 年。

④ 管长墉：《福建之畲民》，载《福建文化》第 1 卷第 4 期，1941 年，第 38 页。

1982 年第三次全国人口普查，全国畲族人口 368832 人，其中，福建畲族 208495 人，浙江畲族人口 147573 人，闽浙两省畲族人口占畲族总人口的 91%。粤赣皖三省的畲族人口是：广东 3206 人，江西 7420 人，安徽 1112 人，共 11738 人，占畲族总人口的 3%。少数散居其他省区的占畲族总人口的 5%。

1990 年第四次全国人口普查，全国畲族人口 634700 人，其中，福建 349052 人，浙江 173750 人，广东 26534 人，江西 77210 人，安徽 1520 人。闽浙畲族共 522800 人，占畲族总人口的 82%。江西、广东的畲族人口陡增的原因，是重新识别了许多原认为是客家的畲族，特别是江西畲族从不足 1 万人增长至近 8 万人。此后的 90 年代，又在贵州、湖南、湖北三省识别出 4.7 万人畲族人口。

2000 年第五次全国人口普查，全国畲族人口 709592 人，其中，福建畲族 375193 人（占畲族总人口的 53%），浙江畲族 170993 人（占畲族总人口的 24%），广东 28053 人，江西 77650 人，安徽 1563 人，湖南 2891 人，湖北 2523 人，贵州 41500 人，其他省区 5800 人。出现的最重要变化是 90 年代在湖北、湖南和贵州新识别了畲族人群。这样，大分散、小聚居的畲族就从原有的闽、浙、粤、赣、皖五省，变为闽、浙、粤、赣、皖、湘、鄂、黔八省。闽浙两省畲族人口共 546196 人，占畲族总人口的 77%。闽东、浙南是畲族最集中的地区，这个状况从清代、民国至今，一直是这样。

福建畲族主要分布在福安、霞浦、福鼎、宁德、古田、罗源、连江、顺昌、建阳、建瓯、宁化、永安、上杭、漳浦、龙海等 53 个县市。

浙江畲族主要分布在景宁、丽水、云和、文成、泰顺、平阳、苍南、遂昌、龙游、武义、桐庐等 29 个县市。

广东畲族主要分布在潮州、河源、增城、博罗、惠东、丰顺、南雄、乳源等 15 个县市。

江西畲族主要分布在贵溪、兴国、永丰、吉安、铅山、吉水、资溪、弋阳等 18 个县市。

安徽畲族主要分布在宁国市。

湖南畲族主要分布在桂东、汝城、炎陵等县。

湖北畲族主要分布在恩施市。

贵州畲族主要分布在麻江、凯里、福泉、都匀、贵定等县市。

第三章

社会经济发展

畲族社会经济的发展可以采用游耕迁居和定耕定居作为考察的两种指标，这两种生计方式又分别与不役不税和承担赋役相联系。考察畲族赋役的有无，也是大致显示畲族的生计方式。南宋末是畲族赋役制从无到有的起点，元明略有扩展，清代全面普及。这也意味着至此畲族全面完成了从游耕到定耕的经济转型，与当地汉族的社会经济融为一体。20 世纪 50 年代初的土地改革极大地改变了畲族人民普遍缺乏耕地的困境，生产落后的状况得到显著的改善。改革开放以后，因地制宜发展经济，多种经营和大力发展商品经济，成为畲族经济的发展战略。

第一节　唐至明清畲族原住区社会经济的发展

在闽粤赣接合部的畲族原住区，南宋末是畲族赋役制从无到有的起点，元明时期承担赋役的畲民略有增加，清代除了极个别的偏远山区畲村，畲民陆续成为承担赋役的编户齐民，这也意味着到了清末，这一地区的畲族结束了传统的游耕经济而转为定耕经济。

一　唐宋元闽粤赣交界地区畲族社会经济状况

粤东、闽西、闽南（九龙江以南）、赣南这个闽粤赣三省交界地区，是畲族原住区。唐早期，畲族已分布在此，在粤东尤多。此时，畲族在“天高皇帝远”的自由天地，“刀耕火种”，“采实猎毛”，不知赋役为何物。

不仅唐代畲族尚未为封建赋役所羁，就是宋代的大部分时期也是如此，南宋末谙熟畲情的官员刘克庄才有“畲民不悦（役），畲田不税，其来久矣”[①] 的感叹。

南宋末年出现了畲族开始承担封建赋役的个别事实。南宋景定二年（1262），漳、汀地区畲族人民掀起大规模的起义，封建政府以“会合剿捕”和“入畲招谕”的刚柔手段，诱使漳浦的“南畲三十余所酋长，各籍户口三十余家，愿为版籍民”。既入版籍，则同齐民，赋役当然要承担了。尽管在这次起义前畲区曾发生过“贵豪辟产诛货，官吏征求土物”，但是，“（汉族）贵豪辟产诛货”并非政府行为，“官吏征求土物”[②] 不是制度化的收缴赋税的举动。

元代，除了上述的南宋末年开始登录版籍的少量畲民应继续承担赋役外，元朝政府没有在制度上继前朝进一步在畲民中推广入籍和赋役制。然而，元朝政府把部分镇压收降的畲族武装收编为乡兵性质的“畲军”，这是战时特殊的强行征兵举措。仅据“福建之畲军，则皆不出戍他方者，盖乡兵也”[③] 这一记载，很容易误解为元朝政府对畲民实行兵役制。其实不然。“畲军”原是宋末元初畲族抗元武装，元军镇压福建“畲军”后，将其降部收编为本地“乡兵”，仍叫“畲军”。被收编的“畲军”有闽北和闽南两支。广东潮州“畲军”被镇压后，余部溃散，未被元军收编。[④] 闽北黄华领导的“畲军”降元后改编为乡兵，数年后又起义，至元二十年（1284）被镇压。元廷对其降部这样处理：“诏福建黄华畲军，有恒产者为民，无恒产与妻子者编为守城军。”[⑤] “有恒产”指有田产，诏“有恒产”的畲兵为民，即令这类畲民成为编图隶籍之民。不

---

① （宋）刘克庄：《后村先生大全集》卷93《漳州谕畲》，四部丛刊本。

② 同上。

③ 《元史》卷98《兵志一》，中华书局1976年版，第2509页。

④ 同上书，第2519页。

⑤ 同上书，第2509、2519页。

过，从当时畲族社会经济发展水平来看，“有恒产”的畲民为数不多。闽南陈吊眼领导的“畲军”于至元十九年（1282）被镇压，余部被收编，后于大德元年（1297）改遣于漳、汀二州，从事军屯。[①] 15年后被远调安徽亳州屯田。[②]

总之，封建国家对畲族实行赋役制度始于南宋末。元代闽南、闽北部分畲族抗元武装或被元军收编而服兵役，成为乡兵或从事军屯；为数不多的有田产者被遣送回乡，入籍纳赋。

二　明清粤东畲族社会经济状况

明清时粤东畲族分布在凤凰山（潮州境）、莲花山和罗浮山（惠州境）等山区，以刀耕火种和狩猎为生。明初开始在畲族社区设“抚傜土官”，畲民要向封建政府或“岁纳皮张”或“略输山赋”，甚至还有“稍稍听征调”。这种与汉族地区实行的赋役有明显差别的畲区赋役，对于封建政府来说，主要在于政治意义，即以示“羁縻而已”。[③] 在惠州，这种畲区赋役制度的推行比较普遍，而潮州的畲区或有或无。随着时间的推移，没有推行赋役制度的畲区逐渐减少。嘉靖《惠州府志》载：“其姓为盘、蓝、钟、苟……国初设抚傜土官领之，俾略输山赋，赋论刀为准……久之，稍稍听征调，长枪劲弩时亦效力。”[④] 畲民用山刀进行刀耕火种，“论刀”即按男劳力人数收“山赋”（又称“山粮”）。征收的“山赋”重在政治上的象征意义。据嘉靖《惠州府志》，山赋数量颇少，兴宁县“岁输山粮七石”，长乐县“（岁）输（山）粮五石五斗五升”。[⑤] 道光《广东通志》载：“潮州府畲傜民……籍隶县治，岁纳皮张……前明设官以治之，衔曰畲官。”[⑥] 潮州府仍有一些畲区不供傜赋，或

① 《元史》卷100《兵志三》，中华书局1976年版，第2570页。
② 《元史》卷24《仁宗本纪一》，中华书局1976年版，第554页。
③ 嘉靖《惠州府志》卷14《外志》。
④ 同上。
⑤ 同上。
⑥ 道光《广东通志》卷330《列传六十三・岭蛮》。

有反复。例如："凤凰山诸处畲，遁入山谷中，不供徭赋"，永乐年间，"畲长雷文用等凡百四十九户俱愿复业"；[1]"距（潮）州七十里曰山斜峒，僚人（即畲民——引者注）聚耕，不输赋税"。[2]甚至到了民国末年，粤东仍有5个畲村从未有供徭赋的历史。[3]

总之，明代粤东大部分畲族承担与汉民有别的赋役，属轻徭薄赋。直到清代，在个别偏僻的山地，仍有为数很少的畲民从未供过徭赋。考察畲族赋役的有无，也是大致显示畲族的生计方式，但并不绝对，"略输山赋"、"稍稍听征调"，这说明赋役具有一定的象征性，"赋论刀为准"，说明与此相关的畲民仍行刀耕火种。

三　清代闽西、闽南、赣南畲族社会经济状况

明清两代，是封建政府对畲族实行赋役制度从局部变为全面的转折时期。换言之，直到清代，封建政府才近乎完全将畲族置于封建赋役制度的罗网中。而在明代，粤东畲族大部分承担特殊赋役；闽南（本部分的闽南特指九龙江以南地区）畲族绝大多数是不役不税；闽西畲族基本上也是不役不税，只有少量畲民承赋如汉民；赣南畲族则无服役纳赋的任何迹象。

闽西：如前所述，明弘治（1488—1505）年间，汀州只有少数畲民"承赋"。乾隆《龙岩州志》载："（畲）随山种插，去瘠就腴，编荻架茅为居。善射猎，以毒药涂弓矢，中兽立毙。贸易商贾，刻木大小长短为验，今酋魁亦有辨华文者。山中自称狗王后，各画其像，岁时祝祭。族处喜仇杀，或侵负之，一人讼，则众人同；一山讼，则众山同。明设抚瑶土官，令抚绥之，量纳山赋。其赋论刀若干，出赋若干。"[4]此段文字系抄录顾炎武《天下郡国利病

---

① 光绪《海阳县志》卷46《杂录》。

② 乾隆《潮州府志》卷33《宦绩》。

③ 杨成志等：《广东畲民识别调查》，载《畲族社会历史调查》，福建人民出版社1986年版，第34页。

④ 乾隆《龙岩州志》卷12《杂记志·畲客》，龙岩市地方志编纂委员会1987年标点本，第314页。

书》所录的明代郭造卿《防闽山寇议》，该文是在策论治民剿寇方略时引述粤东的“抚猺”方略。该文道：“（畲）随山种插，去瘠就腴，编荻架茅为居。善射猎，以毒药涂弓矢，中兽立毙。其贸易商贾，刻木大小长短为验，今酋魁亦有辨华文者。山中自称盘瓠后，各画其像，岁时祝祭。族处喜仇杀，一人讼，则众人同；一山讼，则众山同。”“国初设抚猺土官……令抚绥之，量纳山赋，其赋论刀若干，出赋若干。若官府有征调，悉听调用。”[①] 嘉靖《惠州府志》载：“国初设抚徭土官领之。俾略输山赋，赋论刀为准，羁縻而已。”[②] 在福建畲区从未实行过像粤东那样设“抚徭土官”，征收山赋。乾隆《龙岩州志》和民国《龙岩县志》在《杂记志》杂录了有关“抚瑶土官”和“量纳山赋”的文字，这并不意味就是指当地历史上的畲民状况。明代闽西广大畲民无役无赋的情况到了清代才发生了重要变化。即：“有田产者，亦必输粮而给官差。”[③] 乾隆《龙岩州志》亦载：“今畲客固安分，而汉纲亦宽，许其编甲完粮，视土著之民一例。”[④]

闽南（九龙江以南）：该地区为漳州府所辖。自南宋末年以后，开始有少量畲民“为版籍民”，[⑤] 在明代大部分畲民散处偏远山区，无役无税。万历《漳州府志》载：“猺人（畲族——引者注），属邑深山皆有之，俗呼‘畲客’，旧志不载今载之。”[⑥] 该志接着引《防闽山寇议》中所述的粤东情况来说明本地畲民为何无役无赋，但却指出了当时漳州畲族的赋役状况。明代漳州畲族主要集中在诏安、平和二县。康熙《平和县志》载：“今则太平既久，声教日讫，

---

① （清）顾炎武：《天下郡国利病书》卷96《福建六》，广雅书局光绪二十六年刊本。

② 嘉靖《惠州府志》卷14《外志》。

③ 道光《长汀县志》卷35《杂录畲客》。

④ 乾隆《龙岩州志》卷12《杂记志·畲客》，福建省地图出版社1987年版，第314页。

⑤ （宋）刘克庄：《后村先生大全集》卷93《漳州谕畲》，四部丛刊本。

⑥ 万历（元年）《漳州府志》卷12《漳州府四·杂记》。

（平）和邑诸山木拔道通……言语相通，饮食、衣服、起居、往来多与人同，猺獞（畲族——引者注）化为齐民。”[①] 闽南畲区情况应与此相差不大，当然还有少量地处偏僻的畲区情况没有什么变化。乾隆《龙溪县志》载：“穷山之内有蓝雷之族焉，不知其所始，姓蓝、雷，无土著，随山迁徙，而种谷三年，土瘠辄弃之，去则种竹偿之，无征税，无服役。”[②] 到了晚清，闽南再没有畲民无赋役的记载。

赣南：直到明代，赣南的畲族仍未输赋服役。明正德十一年（1516）始任南赣巡抚的王守仁污称畲民为“贼”、“畬贼”，说：“上犹等县横水、左溪、长流、桶冈、关田、鸡湖等处贼巢共八十余处，界乎三县（南康、大余、上犹——引者注）之中，东西南北相去三百余里，号令不及，人迹罕至。”[③] “今各巢奔溃之贼，皆聚横水、桶冈之间……生虽庸劣，无能为役”；[④] “其初畬贼，原系广东流来……不过砍山耕活。……又且潜引万安、龙泉等县避役逃民并百工技艺游食之人杂处于内”。[⑤] 汉族逃民为避役而杂处畲区，这也说明这一带畲区还未实行赋役制度。至于“号令不及，人迹罕至”，必是无赋役之区。明代正德年间赣南畲民起义遭明军残酷镇压，畲民纷纷离散，人口骤减，或隐匿于汉民而较快汉化。到了清代，赣南的畲族在文献记载中几乎消失了，惟有同治《兴国县志》得以管窥。据该志，康熙年间县衙对畲民“编册审丁，广为劝谕”，“削去‘山民’之名，与土著一体”，畲民才开始“蓄积输赋”。[⑥] 据20世纪50年代的民族调查，赣南惟兴国县有畲族，因此，上文

---

① 康熙《平和县志》卷12《杂览志》。

② 乾隆《龙溪县志》卷10《风俗·杂志》。

③ （明）王守仁：《王阳明全集》卷10《别录二·奏疏·横水桶冈捷音疏》，上海古籍出版社1992年版，第342页。

④ （明）王守仁：《王阳明全集》卷27《续编二·与王晋溪司马》，上海古籍出版社1992年版，第1003页。

⑤ （明）王守仁：《王阳明全集》卷10《别录二·奏疏·立崇义县治疏》，上海古籍出版社1992年版，第350页。

⑥ 同治《兴国县志》卷46《杂记》。

只用兴国的材料来说明清代赣南畲族的赋役是可以理解的。

由上可见，在闽粤赣三省交界地区这一畲族原住区，其赋役的历史过程是：南宋末是畲族赋役制从无到有的转折点。元代闽南、闽北部分畲族抗元武装或被元军收编而服兵役，成为乡兵或从事军屯；为数不多的有田产者被遣送回乡，入籍纳赋。明代，粤东畲族基本上承担“略输山赋”的特殊赋役，闽西、闽南畲族基本上仍是不役不税，赣南畲族没有服役纳赋的任何迹象。直到清代，除了粤东个别偏僻山地的少量畲民未供赋役，闽西、闽南、粤东和赣南这一畲族原住区的畲族，才完全被置于封建赋役的罗网中。

第二节　明清至民国畲族移住区社会经济的发展

闽粤赣三省交界地区是畲族的原居地，唐以后，畲民向外迁徙，唐晚期迁徙前锋已至兴化（莆田、仙游）。宋元时迁徙前锋已到达闽东、闽北，明清时期已较多散布于闽东、浙南，小部分进入赣东北，晚清时少量进入皖南。[①] 这样，就形成了新的畲族移居区。《畲族史稿》认为：“明清时期，畲族已经分散居住在福建、浙江、广东、江西和安徽五个省……统治阶级对新迁来的畲民就地采取‘编图隶籍’。”[②] 其实，畲族在移住区“编图隶籍”而承担赋役，始于清代。在畲族的移居区，明代尚无役无赋，清代除了赣东北江浒山仍不役不税和皖南宁国县情况不详外，移住区的畲族开始承担了封建赋役，这意味着到了清末，移住区的畲族完成了游耕到定耕的经济转型。

闽南（九龙江以北）、莆仙地区：地处戴云山东南侧的闽南、莆仙地区，是粤东、闽西畲族向闽东、浙南迁徙的走廊，一些畲民在迁徙过程中在这一走廊地带滞留下来。这一地区的畲民在清代始

---

① 参见施联朱《关于畲族来源与迁徙》，载《畲族研究论文集》，民族出版社 1987 年版，第 49、51 页。

② 蒋炳钊：《畲族史稿》，厦门大学出版社 1988 年版，第 136 页。

有赋役。明万历《永春县志》载：“（邑）又有畲民，巢居崖处，射猎其业，耕山而食，率二三岁一徙……无徭役。”① 到了清代，情况发生了根本的变化。乾隆《永春州志》载：“邑有畲民……今具遵制编保甲，从力役，视平民无异。”② 民国《德化县志》载：“邑有畲民……入清遵制编保甲，从力役，视平民无别。”③ 在莆仙，崇祯《兴化县志》载：“畲人异种，寮居火耕。”④ 处于刀耕火种的畲民通常是无供赋役的。到了清代，情况发生了变化。乾隆《仙游县志》载：“畲民……赁舂佃山，率为服役。”⑤

闽北：该地区的畲民在明代没有赋役，其赋役始于清代。民国《南平县志》载：畲民原“垦土为业，租庸不及焉。……乾隆五年，编图隶笈。亦有入庠者，蒸蒸然染华风矣。”⑥

闽东：明代闽东畲族游徙不定，刀耕火种，也不可能供赋役。明万历进士谢肇淛游太姥山时，路过湖坪，“值畲人纵火焚山，西风急甚，竹木迸爆霹雳。舆者犯烈炎而驰下山，回望十里为灰矣”。途中，他写下“畲人烧草过春分”的诗句。⑦ 闽东各地畲族在清代纳赋时间或早或迟。闽东的畲族主要分布于福宁府。据碑铭等资料，直到乾隆二年（1737），福宁府畲民仍“不编丁甲，免派差徭”。此后，该府各县畲民才陆续对畲民“编图隶籍”、“编甲完粮”。⑧ 例如，霞浦县在乾隆五年（1740）实行；⑨ 福安县在乾隆十七年（1752）实行。⑩ 即使在福宁府最北边的福鼎县的畲民，至晚

---

① 万历《永春县志》卷3《风俗》。

② 乾隆《永春州志》卷7《风土志》。

③ 民国《德化县志》卷3《疆域志·附风俗》。

④ 崇祯《兴化县志》卷8《大洋巡检司碑记》（明万历十九年撰）。

⑤ 乾隆《仙游县志》卷53《摭抚志下·丛谈》。

⑥ 民国《南平县志》卷11《礼俗志·杂俗》。

⑦ （明）谢肇淛：《太姥山志》卷中、下，光绪五年刊本。

⑧ 《福安市畲族志》，福建教育出版社1995年版，第6页。

⑨ 参见俞郁田编纂《霞浦县畲族志》，福建人民出版社1993年版，第2页。

⑩ 《福安市畲族志》，福建教育出版社1995年版，第6页。

在嘉庆年间也已经“输粮纳税”。[1]

赣东北：赣东北的畲族集中于贵溪江浒山（今樟坪）和铅山太源，两处仅一山之隔。两处畲民有双向徙居、相互通婚的传统。赣东北畲民僻处险峻山岭，被蔑称为“野人仔”。[2] 同治《贵溪县志》载：“江浒山无籍民，蓝、雷、盘、钟四姓，……不入版图，无丁赋差役，赁田耕种而纳其租于田之主。暇则植杉、桐等树，或携矰缴、网罟猎禽兽。”[3] 民国时铅山太源畲民始编入保甲。[4]

浙南：浙南畲族由闽东迁去，明清其赋役状况与闽东畲民相差无几，也是在清代才有赋役。浙南畲族主要分布于处州府。同治《景宁县志》载：“畲民……处（州）之松、遂、云、龙诸邑，皆有其人，习畋猎……佃耕以活。……另编保甲，遇差徭县尉票致之，贫不能存，则亡徙以去。”[5] 嘉庆时丽水教谕屠本仁的《畲客三十韵》咏道：“虽未列编氓，久已供赋役。”[6] 所谓“未列编氓”，是将畲民编为另册，“十家为一牌，立一甲保，畲民则编为寮长”。[7] 这里引述的多有畲民“佃耕”的情况，说明这种情况是比较突出的，但“差徭”仍免不了，故有“遇差徭县尉票致之，贫不能存，则亡徙以去”的记载。

皖南：皖南畲族唯在宁国县，少量畲民于光绪年间才移住到这位于皖南边沿的深山峡谷地区，民国以前他们的赋役情况不详，到民国时已编保甲、供赋役。[8]

总之，在畲族的移居区，明代尚无役无赋；到了清代，除了赣东北江浒山仍不役不税和皖南宁国县情况不详外，移住区的畲族都

---

① 道光《重纂福建通志》卷140《国朝宦绩·李殿图》。
② 《畲族社会历史调查》，福建人民出版社1986年版，第196页。
③ 同治《贵溪县志》卷14《杂类轶事》。
④ 《铅山畲族志》，方志出版社1999年版，第23页。
⑤ 同治《景宁县志》卷15《风俗门·畲民》，卷6《武备·兵制和保长》。
⑥ 光绪《处州府志》卷30《艺文志下·诗篇》。
⑦ 同治《景宁县志》卷15《风俗门·畲民》，卷6《武备·兵制和保长》。
⑧ 《畲族社会历史调查》，福建人民出版社1986年版，第243页。

开始承担了封建赋役。

清代是畲族社会经济发展的一个重要时期，其社会经济和当地汉族的差距明显逐渐缩小。这一时期畲族经过长期的动荡和迁徙以后，已定居在闽、浙、粤、赣、皖等省的广大山区，为我国东南山区，特别对新的畲族聚居区浙南、闽东山区的开发做出了重大的贡献。畲族来到新聚居区之前，这里的自然条件较好的平坝地方多为汉人所垦，他们就在自然条件较差的地方，开山辟岭，建造田园。凡山谷冈麓地带，“皆治为陇亩”，有水源之处开为梯田，仰赖天雨的山地，辟为旱田。《处州府志》所说的“处州各县畲民力耕苦作”，是各地畲民劳作的缩影。

畲民在垦荒造田、扩大耕地面积的同时，还广泛学习汉族的先进生产技术，如改良农作物增加品种方面，赣南畲族地区种植的稻谷就有七八种，闽东、闽北、浙南种植稻谷品种也非常之多。特别是各地畲民种植番薯等杂粮，因系高产作物，成为各地畲民不可或缺的主要粮食。他们还根据山区特点，经营各种经济作物，如香菇，为畲民普遍所种植，是畲民的主要经济收入之一。蓝靛：福建山区畲民在各地搭草寮垦荒种菁，被称为“菁寮”。当时的“福建菁”名闻全国，其染色“为天下最”，从侧面反映畲族地区生产蓝靛的盛况。茶叶：这是畲民种植的传统经济作物，几乎无园不种茶，如广东畲民种植的“洪拳茶”、福建畲民种植的“武夷茶”，品质优良，畅销各地，颇负盛名。此外，畲民为解决生计困难和满足商品交换的需要，还从事狩猎、采薪、编制筐篚、养蜂收蜜、饲养家禽家畜等，其产品除自给外，还将剩余的部分提供市场同汉人进行交换，如蓝靛转贩至浙江，香菇远销至粤、赣、川、陕，竹器、蜂蜜及野兽山禽之类作为交换品，家禽也“皆鬻于市”。畲、汉交易，既有货币方式，也有以物易物。

清代，封建制的生产关系在畲族地区已占绝对优势，土地高度集中，大量土地为汉族地主所占有，畲族内部阶级分化进一步扩大，本民族内部出现了地主阶级，广大畲民无地、少地，他们向汉族地主租种土地，成为佃户。闽北“所耕皆汉人业，岁纳田租”，[①] 闽东亦然；浙南畲民多“佃田”[②] 以耕；赣东北畲民，“赁田耕种，而纳其租于田之主”。[③] 还有一部分穷困潦倒的畲民，他们被迫从土地上游离出来，为地主当长工、短工，出卖劳动力。闽、浙到处出现畲族农民“男女时为人佣工”的现象，他们同汉族贫苦农民一样，因“无田可耕，惟仰给于富户雇工”。这些出卖劳动力的佣工，其人身依附关系比佃户要松弛得多，但仍然还是属于封建经济结构的范畴。这些畲族的佃户、长工、短工等，主要是同汉族地主形成封建生产关系。

畲族传统的茶叶生产，在新中国成立后进入规模化生产

畲族人民的生产十分落后，生活非常贫困。帝国主义倾销的洋油、洋烛代替了茶油、桐油，洋纱、洋布代替了土纱、土布，许多小商业、手工业被挤垮，使农村愈来愈破产。封建地主阶级也加强

---

① 道光《建阳县志》卷2《舆地志·附佘民风俗》。

② 光绪《处州府志》卷30《艺文志下·诗篇》。

③ 同治《贵溪县志》卷14《杂类轶事》。

了对农民的剥削，大量兼并土地，约占人总口7%的地主、富农，却占有总面积70%以上的土地。绝大多数的畲族农民无地或少地，中农中绝大多数是佃中农，大都租种汉族地主的土地。据闽东福安、霞浦、福鼎三个县28个村201户的调查，解放前夕仅占总户数0.44%的畲、汉地主，却占有土地总面积的33.5%；占总户数25.54%的中农，占有土地总面积的37%；而占总户数70.9%的贫雇农仅占土地总面积的21%。福建罗源县八井畲村185户畲族贫雇农和中农的耕地中，有80%是向汉族地主租来的。浙江景宁东弄畲村，75%以上的土地是向汉族地主租入的。由于土地兼并的加剧，使畲族地区的中农户数不断下降，贫农户日渐增多，很多中农都租种地主的土地，成为“佃中农”，如上述28个村179户中农中，佃中农就有75户，占42%。地主、富农通过地租、高利贷的剥削，迫使畲族农民陷于倾家荡产的境地。地租分定租制和分租制两种：定租制比较盛行，租额高，一般占收获量的50%—70%，有的高达80%以上。分租制有对半分、四六分（佃户占四成）、三七分（佃户占三成）等几种。宁德县南岗村92户畲族农民中，借高利贷的占总户数的88.1%。地主、富农经常用“贷谷”、“贷款”和“买青苗”等巧取豪夺的方法，敲诈农民的血汗，年利率高达100%。①

在封建土地所有制下，广大畲族人民饱受地租剥削。据《闽东畲族志》中，解放初评定阶级成分，宁德地区大多数畲民为贫农、雇农，地主、富农比例极小。据福安、宁德、福鼎、霞浦的部分统计，在3224户畲民中，地主13户占总户数的0.37%；富农17户，占0.53%；富裕中农15户，占0.47%；中农395户，占12.26%；下中农45户，占1.39%；贫农2599户，占80.64%；雇农129户，占4.0%；其他成分11户，占0.34%。畲族中的地主、富农户数只占0.9%。贫雇农比例明显高于汉族。② 据《浙江省少数民族志》，

① 施联朱：《畲族》，民族出版社1988年版，第33—34页。

② 《闽东畲族志》，福建教育出版社1995年版，第130页。

解放前，浙江畲族绝大多数是农民，大多数是贫农、雇农，地主、富农比例极小。1950年土改时，景宁有畲族2219户，8884人，没有地主，只有3户富农，贫雇农占74%，人均自有耕地0.17亩。丽水县有地主、富农1519户，占农村总户数的5.12%，畲族人口占全县5.7%，只1户地主。温州地区畲族地主、富农只占畲族人口的1%。文成县1949年有畲族4850人，只有地主2户，富农7户，贫雇农占84%，中农占15%。①

第三节 现代畲族社会经济的发展

解放后，畲族人民翻身得解放。据《闽东畲族志》，土地改革后，没收和征收地主、富农多出的土地，各个村庄按实际人口分配土地。据福安、宁德、霞浦三个县统计，畲族人口16081户、55483人，共分得耕地95657亩，户均分得耕地5.95亩，人均1.72亩。据《景宁畲族自治县畲族志》，1950年初，全县有畲民人均0.17亩耕地，土改后畲民人均1.34亩耕地。②

土地改革后，畲族人民分得土地，生产积极性空前高涨。人民政府在救济贫困户，发放贷款扶持农业生产的同时，号召畲民互助互救，组织变工队和互助组。1953年起，互助组开始转办初级社，采取土地与劳力统一经营管理，解决互助组不能解决的问题。1955—1957年组织高级社。1958年开始人民公社化，以大队为单位实行统一分配。1961年国民经济采取“调整、巩固、充实、提高”八字方针后，结合贯彻中共中央《关于农村人民公社当前政策问题的紧急指示信》，人民公社实行“三级所有、（生产）队为基础”，按人口分给社员自留地，允许社员开荒，谁种谁收，允许搞家庭副业。这种划小自主经营单位的做法，有利于畲村休养生息，对较分

---

① 《浙江省少数民族志》，方志出版社1999年版，第167—168页。

② 雷先根主编：《景宁畲族自治县畲族志》，景宁畲族自治县民族事务委员会1991年编印，第39页。

散的畲族生产队尤为适宜。值得注意的是，在实行人民公社体制期间，宁德地区部分畲村自行一套的做法。由于畲族村落分散偏僻，畲族农户中有30%至一半以内仍坚持部分形式的单干。或水田集体，农地单干；或公粮水田集体，口粮田单干；或粮食耕地集体，副业单干；或夏秋稻谷集体，小麦、番薯单干。这在一定程度上削弱了人民公社体制带来的负面影响。①

尽管解放后畲族农村生产体制曾因全国普遍发生的激进而产生了负面效果，但是农田水利设施和生产技术却旧貌换新颜，畲族人民的生活得到显著的改善。党的十一届三中全会以后，农村生产责任制的推行，激发了畲族人民的生产积极性。畲族农村纠正了过去单纯“以粮为纲”的做法，立足畲山的实际，因地制宜发展经济。“靠山、吃山、养山”和多种经营以及大力发展商品经济，成为畲族经济的发展战略，畲族农村在全面建设小康社会的进程中不断地阔步向前迈进。《丽水地区畲族志》所反映的情况可作为解放以来特别是改革开放以来，畲乡巨变的缩影：

1. 农田水利建设。依靠集体力量，兴建小型水库、水塘。如丽水市，共有100余处，库容达百万立方米，扩大灌溉面积6000亩。改良土壤，变薄土田为深土田，变沙田为泥田。

2. 生产工具。虽然仍以锄、犁为主，但1988年以后大多数农户养有耕牛，少数农户还拥有主要用于运输的拖拉机。自20世纪70年代以后，打谷机、喷雾器非常普遍。

3. 改良品种。水稻品种改良尤见成效。1956年推广双季稻，亩产跃升。60年代高秆改矮秆，开始种南特、二九青、奎陆矮等，亩产显著提高。70年代后期开始推广杂交水稻，产量空前提高。

4. 农业技术。提高耕土深度。推广水稻小秧带泥插。麦类改点播为条播和散播。改进选种、催芽技术。肥料由原来单一的割青蒿、施草木灰，增加种绿肥、施氮磷钾化肥，并采用农药防治病

① 《闽东畲族志》，福建教育出版社1995年版，第133页。

虫害。

5. 粮食产量提高。1988 年水稻亩产为 700 多斤，比 1949 年每亩多产 150 斤，增加近 4 倍。1988 年人均口粮为 622 斤，比 1949 年多 101 斤，增加 5 倍。

6. 林果业。林果主要是葡萄、柑橘、板栗、杨梅、桃等。茶叶、油茶、油桐的种植面积大幅度提高。与林业密切相关的香菇、黑木耳的种植规模不断扩大。

7. 工业。随着农业和副业的发展，手工业繁多起来，有木匠、泥水匠、篾工等技术的畲民，农忙农作，农闲外出务工。

8. 商业。一小部分畲民专门从事商品流通、营销。各畲村有畲民开代销店。

9. 产业结构。1988 年丽水地区畲民总收入为 1974 万元，其中农业 1213 万元，林业 346 万元，畜牧业 11 万元，副业 61 万元，乡镇工业 135 万元，商业 65 万元，其他收入 140 万元。

尽管畲族社会经济取得一系列重大进展，但较之当地汉族仍有较大差距，需要探讨的问题很多。科学技术是振兴民族社会经济发展的长期战略。社会科学与自然科学同等重要的思想，促进科学发展观的提出和贯彻、落实。

关于当代畲族社会经济发展的研究，80 年代以前是畲族研究明显薄弱的领域。1997 年施联朱在“全国畲族研究学术讨论会”上指出：“畲族传统文化与现代社会主义市场经济的协调发展问题”，“成了畲族研究领域中最为紧迫的课题之一”。①

当我国进入以经济建设为中心的社会主义现代化建设的新时期，探讨社会经济发展也就成为中国少数民族研究的重中之重，长期对畲族社会经济发展探讨的薄弱环节开始得到加强。1987 年在福州召开闽、浙、粤、赣、皖五省民委干部和学者的“畲族发展经济

---

① 施联朱:《畲族研究的回顾与展望》，载《施联朱民族研究文集》，民族出版社 2003 年版，第 339 页。

研究讨论会”，会后编辑《畲族经济研究文集》。[①] 有些文章提出一些颇有价值的观点，那就是畲族社会经济发展一定要解决这些问题：发展基础教育和职业技术教育，提高人口素质，加强人才培养；改变经营观念，发展多种经营，繁荣商品经济；发展科技，提高企业和农业的技术水平；发展横向经济联系，吸引经济较发达地区的人才、技术和资金。

从文化的视角来探讨畲族经济发展的相关文化因素，是一个值得重视的研究领域。畲族传统文化培育了畲族人民在极其艰难的自然和社会环境中互助友爱、自强不息、乐观进取的精神，但也有滞后的作用。潘宏立《畲族经济的文化人类学考察》[②] 一文认为：畲族社会经济发展有两个瓶颈：一是缺乏计划安排的生计观念，繁缛礼俗的耗费在收入中占有较高的比例，影响维持和扩大再生产的资金积累。二是在封建社会压迫和歧视下形成的文化自我中心意识的历史遗存，这在民族压迫、民族歧视的封建社会对维系处于边缘地位的畲文化具有重要意义，这种强烈排他的文化意识成为与发展社会主义商品经济相对立的自我封闭的心理樊篱。雷弯山《治山是畲族山区经济繁荣的途径》提出：居山应“吃山”，“吃山”要养山，养山在于用山，用山须管山。总的思路是发展林业和多种山地经济作物生产及其加工业。浙江龙泉县民委在《竹垟畲族乡调查报告》中以木炭为原料的乡办活性炭厂为例，提出传统产业与新技术结合的新思路。雷先根《发展商品经生产，繁荣畲乡经济》提出发展本土特色产品优势，形成规模产业。雷弯山、雷先根等人皆为畲族学者，他们对于畲族社会经济发展研究的真知灼见，说明畲族的学者、民族工作者以及业余研究者，他们是畲族研究中不可替代的重要力量。由于他们具有主位研究的天然优势，以及对畲族社情的谙熟于心，他们的意见既有科研的深度，又在一定程度上含有本民族

---

① 《畲族经济研究文集》，福建省民族事务委员会编印，1987 年。

② 潘宏立：《畲族经济的文化人类学考察》，畲族发展经济研究讨论会论文，1987 年 3 月。

的民意，值得特别重视。

传统文化与社会主义建设现代化这两者关系的探讨和实践将是长期的，不仅是探讨整个中华传统文化是这样，就是探讨单一的族别传统文化也是如此。施联朱、宇晓《畲族传统文化与现代化的协调发展》认为："传统文化与现代商品经济之间，既有冲突的存在，也有调适的可能。在看到传统文化对现代商品经济有制约作用的同时，也要看到两者之间存在着衔接点。脱离民族文化传统，机械地搬用别人的模式，最终只能导致经济文化的畸形发展，欲速而不达。在畲族地区要发展作为现代化之必要条件的社会主义商品经济，必须结合传统文化背景和社会实际来进行，做到畲族传统文化与现代商品经济的协调发展。这种协调发展可以从几个方面入手：（1）把新兴产业和畲族地区的传统产业结合起来，使产业结构合理化。（2）把先进生产技术和畲族传统生产经验结合起来，强化生产力。（3）把畲族传统的个体社会化模式与发展现代知识教育结合起来，提高畲区教育水平，从而提高劳动者的素质。（4）把畲族一些优良的精神传统和民族手工艺传统，纳入社会主义商品经济的发展轨道，使之发扬光大。（5）对不够合理的传统消费方式进行引导和调节，以良好的消费结构来促进社会主义商品经济的发展。（6）把历史形成的畲汉共生关系传统与发展社会主义的民族关系结合起来，克服畲族文化心理二重性对经济发展的负面影响，建立畲汉两族之间的良好合作关系。"① 钟发品《畲族传统文化与社会主义市场经济协调发展问题之我见》认为："畲族传统思想文化必须融入社会主义市场经济体制"，"畲族传统文化、民族精神一旦与市场经济结合，将能迅速地推动民族地区的经济发展"。②

龙远蔚、白滨、万红、侯红蕊于1998年在福建省福安市三个畲

---

① 施联朱、宇晓：《畲族传统文化与现代化的协调发展》，载《畲族历史与文化》，中央民族大学出版社1995年版。

② 钟发品：《畲族传统文化与社会主义市场经济协调发展问题之我见》，载《畲族历史与文化》，民族出版社1995年版，第54、58页。

族乡及其三个畲族村，做了以社会经济为主题的深入细致调查，对畲族乡村经济存在的问题进行初步的分析，出版“中国少数民族现状与发展调查研究丛书”的《福安畲族卷》。[①] 龙远蔚又在《关于福安畲族乡村经济发展的思考》[②] 一文提出更清晰的见解。他们所调研的畲族乡尽管有市政府设立的工业新开发区，但都与畲族村经济的关联度不大，畲族经济基本上是一种乡村经济。就畲族乡村的状况来看，特别是考虑到畲族村落分散于山区，不利于办工业，因此在今后一段时期里，主要还是要在农、林、牧、副业下大力气。另外，在乡镇中心一带的畲族村，加快城镇化进程。

福建省民族宗教厅的民族工作者于2002年对探索如何全面奔小康的民族工作，提出一系列的经验概括和新颖思路，引起国家民委民族有关部门的重视。国家民委民族问题研究中心副总干事，对福建民族工作者提出的“新话语”做了充分肯定，他说：“福建民族工作者……用一种新的视野来分析‘全面奔小康’的主题，从而率先为我们提出了一些带重大意义的命题。这正是创新的表现。”这些新命题是：（1）分类指导，即：实事求是，针对不同地方的实际情况，分阶段、多层次、有所侧重地确定奔小康的目标。（2）有序的城镇化。通过经济结构的调整，在农村形成一些物流中心、经济中心、专业市场，促使农村人口部分地转移到非农的经济行业。（3）保护、开放和创新民族文化，特别是推进相关的立法工作以保护民族文化。（4）对民族地区教育采取三个举措：发展人才类型和层次教育；建立民族乡村学习型社会；重视校园的民族传统文化教育。（5）民族工作的进一步法制化。（6）民族工作社会化的进一步拓展与深化。所谓的民族工作社会化指全社会力量对民族地区的社会经济发展的参与。（7）学习型的民族工作。当代和未来的民族工

---

① 中国社会科学院民族研究所编：《中国少数民族现状与发展调查研究丛书·福安市畲族卷》，民族出版社1999年版。

② 龙远蔚：《关于福安畲族乡村经济发展的思考》，载《民族研究》1999年第4期。

作要求民族工作者，成为一种复合型人才。他们掌握的知识越多，认识民族问题的能力越强，服务于民族工作的本领也就越大。①

民族经济问题是我国民族问题的核心，实现各民族共同繁荣发展是全面建设小康社会的重要目标。畲族社会经济发展中层出不穷的新实践和新经验有待我们不断进行总结和研究，而与时俱进的民族学研究成果将为畲族社会经济发展提供更多重要的建言献策。

① 蓝炯熹、郑茜：《福建：探索“全面奔小康”语境下民族工作的新话语》，载《中国民族》2003年第1期。

第四章

经济生活

早期畲族的生产是在丘陵地带刀耕火种，地力尽而他徙。与山地游耕并存的是狩猎及采集。畲族及其先民之所以“好山恶都”,[①]正是缘于这种火耕兼狩猎的生计方式。至迟到宋代出现了定耕。自此，畲族的农作分为游耕和定耕这两种形态。在闽粤赣接合部原住区的畲民的定耕、游耕，此长彼消。迁出原住区的畲民农作采用游耕类型，他们在新的移住区逐渐改游耕为定耕。畲族与汉族的经济共生关系，主要体现在商品交换。畲族的铁制农具、猎具，还有油、盐、酱、醋、火柴等日常生活用品，甚至部分纺织品，都要在汉族市场交易获得。市场需求也刺激耕猎和山货的采集或生产，还有采薪烧炭以及竹器手工业。以物易物还常见，在浙南畲、汉这种物物交换甚至保留至民国时期。畲族分布很广，地方性差别很大。畲族饮食习俗既反映生产类型和对环境食物资源的利用，也体现民族特色。

第一节 生产与交换

从刀耕火种到锄耕、犁耕，从“采实猎毛”到山林种植、畜禽饲养，这是畲族定居后农业、副业的渐进发展。畲族的交换是在畲

---

① “都”，平地之义。“好山恶都”始见于《后汉书·南蛮传》，此习长期延续。畲族世传的《抚徭券牒》（见《畲族社会历史调查》，第255页），其中有“只望青山之中，刀耕火种”的古训。

汉之间进行的，交换是畲汉经济共生关系的主要动力。交换只是自给自足经济的补充，因而就家户而言，交换量是很少的。民国时期，物物交换在浙南仍然有很大的比例，反映了交换只是维持重复性的简单再生产，而不是为扩大再生产储备资金。畲族对于简单再生产的普遍打破，是在新中国成立后，特别是改革开放后才风生水起。

一　农业

（一）农耕技术

畲族人民长期从事“刀耕火种”的原始农业生产。明人谢肇淛游太姥山时描述道：“值畲人纵火焚山，西风甚急，竹木迸爆如霹雳。舆者犯烈炎而驰下山，回望十里为灰矣。”[①] 他还写下“畲人烧草过春分”[②] 的诗句。畲民一般是于每年二三月进行“火耕”，这与“畲人烧草过春分”是吻合的。先砍伐山上的灌木杂草，略干后，从山顶点火往下烧，畲家称为“坐山火”。这种烧法，火势旺而慢，草木灰较不会飞扬，又较容易控制火焰，避免烧及未砍伐的森林而发生火灾。[③] 烧后二三天，地面火气退去，在地面的草木灰上，点播旱稻、小米、高粱等。玉米传入后，也种这种耐旱作物，用木棍戳穴，投播种子。一块地一般只种三年，产量是头年低，二年高，三年下降，第四年因地力不足，一般就不种粮食了，留下间植的林木作为偿还的“山租”。

早期畲民开垦的，是无主山地。明清以后，随着山地多被汉族地主占据或汉族宗族占有，畲民就要与山主签订“承让山契”，约定“种树还山，不交山租”。即：租种一块山地，刀耕火种后，在种植粮食的同时，还套种杉、桐、棕、茶等。数年后，地力不宜耕种时，以所育山林，抵偿山租。也有长期租用。那种关于畲民因刀

① （明）谢肇淛：《太姥山志》卷中《游太姥山记》，光绪五年刊本。

② （明）谢肇淛：《太姥山志》卷下《游太姥道中作》，光绪五年刊本。

③ 《景宁畲族自治县畲族志》，景宁畲族自治县民委 1991 年编印，第 37 页。

耕火种而破坏生态环境的说法，是不了解实际情况的误识。民国《德化县志》引明代旧志云："（畲民）随山种插，去瘠就腴，于深山编茅架木为居，惟了山主赁税耳。"① 一些狡诈山主，在畲民把荒山垦成熟地时，就毁约强行收回。这种情况直至晚清民初仍有所闻。民国早期胡先骕"目见或耳闻"，"畲客多居山中，……彼所垦之地，垦熟即为汉人夺"。②

直至明清时期，许多畲民仍过着"随山散处，刀耕火种，采实猎毛，食尽一山即他徙"③ 的游耕生活。明万历《永春县志》说："畲民巢居崖处，射猎其业，耕山而食，去瘠就腴，率二三岁一徙。"④ 至明清时，许多畲民经过不断迁徙而进入闽东，浙南地区，成了当地的垦荒者。

畲民新开垦的田地，多属生荒地，土质贫瘠，作物产量低。但勤劳、智慧的畲族人民，为了改生荒地为熟地，变瘦田为肥田，采取了种种改良土壤的办法，如利用草木灰、"石粪"（即石灰石）肥田。石粪就是将一种青石，燔成灰，施于田，使"田得其暖"。或烧草木灰肥田，割青蒿为绿肥，此谓"冬灰加柴叶，稻谷最大粒"。此外，也施用猪牛栏的厩肥。

畲族传统的刀耕火种方式，在明清迁入闽东、浙南后，仍然继续沿用或部分沿用，乃至完全放弃。"畲音奢、火种也，民以畲名，其善田者也。……勤播植，傍山结茅，男女均得力穑。"⑤ "火田"多属缺水旱地，所种多为耐旱作物，如种薯、姜、苎、芋、茄等。畲民常用猎物向汉族人民换生产工具，如柴刀、山锄、犁等，开山辟岭，建造田园，发展农业生产。凡山坡地"皆治为垄亩"，有水源的地方开梯田，仰赖天雨的山地则辟为旱地。《遂昌县志》收录

---

① 民国《德化县志》卷3《疆域志·附风俗》。

② 胡先骕：《浙江温州、处州间土民畲客述略》，载《科学》第7卷第3期，1923年，第281页。

③ 嘉靖《惠州府志》卷14《外志·猺蛋》。

④ 万历《永春县志》卷3《风俗》。

⑤ 光绪《龙泉县志》卷11。

邑人周应枚所作《畲民诗》："负耒氓自远方来，相传旧姓有蓝雷。茅居偏向垄头结，佃种无辞荒处开。"[①]《处州府志》收录宋云会的云和杂咏："佃田多是盘瓠种，雨过夫妻尽把犁"，宋云会注曰："夫妇并耕云邑，荒田多赖开垦。"[②] 经过畲民日积月累的辛勤开发，山区的可耕面积迅速扩大。

畲民将荒山野岭辟为良田、茶园之后，山主即收回土地或要畲民交租。1840年鸦片战争后，外国资本主义的经济侵略对畲族地区的经济产生严重影响，畲民生活更加恶化。官僚、军阀、地主、高利贷者大量兼并土地，土地高度集中，畲民的佃户化更为普遍。同治《景宁县志》云："（畲民）佃耕之以活，邑之垄亩，其治者半。"[③]同治《云和县志》载"佃田都是盘瓠种，雨过夫妻尽把犁"；光绪《遂昌县志》云："吾乡佃作黎，强半属畲客"，[④]光绪《处州府志》曰："所谓畲客者，十县皆有之，盖佃作之氓也。"[⑤]

畲族主要从事锄耕或犁耕的农业生产。由于畲民多数住在山腰地带，可耕面积少，他们以顽强的精神，成年累月地辛勤劳动，倚山坡，筑梯田，和汉族人民共同开发东南山区经济，互相交流生产经验。无论是土地利用、农作物种类，还是生产工具、耕作技术都与汉族大致相同或接近汉族。农业生产工具有犁、耙、锄头、山锄、柴刀、草耙、镰刀、地瓜刨、打谷桶、晒谷竹席，以及谷物加工工具，诸如风车、磨、砻，石臼、木杵等，与邻近汉族基本相同。稍有差别主要是由于适于山区使用的缘故，如犁脚比汉区的犁弯一些，因山区梯田面积小，要弯一些才能犁得深；耙比平地的重，有30多斤，耙齿铁制，有十四齿；锄头有几种，比平地小，钢

---

① 光绪《遂昌县志》卷11《风俗·畲民附》。

② 光绪《处州府志》卷30《艺文志下·诗篇》。

③ 同治《景宁县志》卷12《风土·附畲民》。

④ 光绪《遂昌县志》卷2《艺文》。

⑤ 光绪《处州府志》卷29《艺文志中·文篇三》。

质较多，因山地多石头，便于开荒；镰刀较长；铁锸比平地宽五分。种茶工具有锄头和番钉锄，用以开茶地；采茶用竹制茶篮，烘茶用竹筛、茶凳等。铁制工具不会制造，向市场购买或请流动的铁匠打制。竹木器具多自制。畜力有黄牛、水牛。由于土地贫瘠，极少水利建设，很多水田属于“暴雨来时水哗哗，天晴三日干巴巴”的“望天田”，因而解放前作物产量低。[①]

畲族所处，山高水冷，地块零碎，这就造成农作事倍功半。《景宁畲族自治县畲族志》追述解放前畲族的生产环境加重了劳动负荷和减少生产所获：畲村自然条件差，山冈土薄怕旱，山湾水冷阳光不足，梯田耕种费工，种一亩等于平原四五亩的劳动。景宁包凤村，一亩山田有四五十丘，而产量却只有平地好田的一半。畲歌唱道：“山哈住在高山头，种田一亩上百丘。山哈种田真辛苦，不如下老（汉民——引者注）种一丘。”[②] 这说明定耕以后的畲族并不“好山恶都”，他们羡慕居于平地的农业生产，住在“高山头”是被迫而无奈。

畲民在长年累月劳动生产过程中，积累了丰富的生产经验，何时播种，何时施肥除草，莫不心中有数。农事活动按一年二十四节气安排。

（二）种植种类

1. 谷物

明清时，在闽粤赣交界地区，畲族种植的谷物主要是旱稻。这种旱地稻作，早在南宋《舆地纪胜·梅州》就有记载。清初《猺民纪略》记道：“所树艺曰棱米，实大且长，味甘香。”[③] 清《临汀汇考》亦载：“棱米。又称畲米，畲客……掘烧乱草，乘土暖种之，

---

① 施联朱：《畲族风俗志》，中央民族学院出版社 1989 年版，第 23 页。

② 《景宁畲族自治县畲族志》，景宁畲族自治县民委 1991 年编印，第 38—39 页。

③ 乾隆《汀州府志》卷 41《艺文三》，方志出版社 2004 年版，第 876 页。

分黏、不黏二种，四月种，九月收。”[①] 在迁入闽东、浙南后，仍然种些产量低的旱稻，但旱稻显著减少，这与番薯的种植有关，也与水稻种植的推广有关。清代，赣南、闽北等地的畲族也开始种水稻，品种多样化。赣南畲族种植的水稻有光稻、早晚稻、六月黄，八月白、早晚糯、重阳糯等。闽北畲族种植的水稻有师姑早、大早、小早、无芒秫、麻子秫等。除了稻作外，各地畲族还种麦、粟、黍。

玉米自明晚期在福建引种后，很快就在闽东、浙南等畲区推广。据民国时在浙南丽水地区的调查，“（畲民）以番薯为正粮，玉蜀黍次之”，[②] 可见玉米种植不少。玉米耐瘠耐旱，适合于山地种植，甚至在陡坡岩隙点种，也能成活。畲民用“包罗杖”，把种子倒入一支与手杖长短相似而捅掉竹节的竹筒内，底端残留一竹节，穿一玉米种子大小之孔，竹筒下端削尖，无论陡峭岩缝或石堆，杖一戳，种子即掉入土穴。[③] 浙南畲族所种的玉米，仅次番薯、稻谷，另还种大小麦、小米等。[④] 闽东畲族除了种番薯、稻谷外，还种大小麦、高粱、小米、玉米等。[⑤]

2. 薯芋

清代文献记载的“薯蓣”，通常指薯芋，包括番薯、芋头、木薯和狭义的薯蓣。清代以后，番薯逐渐成为畲族的主粮，在闽东、浙南尤其突出。自明晚期番薯从东南亚传入福建后，很快在畲区广为种植。番薯耐瘠耐旱，易种于山地，这极大地增强了畲族对山地环境的适应性。清代畲族在东南山区的广泛分布，特别是在闽东、浙南建立起本民族新的大本营，与番薯引种和普遍种植有着密切的关系。

---

① （清）杨澜：《临汀汇考》卷4《物产考》，光绪四年刊本。

② 《畲民调查记》，载《东方杂志》第21卷第7号，1924年，第57页。

③ 雷弯山主编：《丽水地区畲族志》，电子工业出版社1992年版，第55—56页。

④ 《浙江省少数民族志》，方志出版社1999年版，第324页。

⑤ 《闽东畲族志》，福建教育出版社1995年版，第412页。

芋头可耐旱也可耐涝，屋边田头皆可种，可作粮可当菜，畲民多种植。芋头类中的蕉芋最易种植，产量也高。

木薯也叫树薯，块根茎植物，耐旱耐瘠，畲民多种植。光绪《福安县志》载："禾黍菽麦之属，盈于原隰。其山田硗确，畲者悉种薯蓣，以佐粮食，贫民尤利赖焉。"① "薯蓣"，可解释为番薯和芋头，也包括木薯和藤蔓状的薯蓣。

薯蓣，对叶藤本，块根植物。在清初闽西《猺民纪略》里，名列畲民农产品前茅的"薯蓣"，② 即是此物。

番薯、芋头、木薯、薯蓣，闽东、浙南和粤东畲民多仰赖之，尤其是番薯，简直到了无薯不能存的地步。此外，马铃薯也普遍种植。旧社会，闽东、浙南畲民十户九佃，交了田租，余谷无几，主要依赖番薯。薯芋的茎、叶可作饲料，带动养猪副业。番薯虽是食物，但物寓遗事，与畲族社会文化史特别密切。

3. 豆类

豆类种植十分普遍。早在闽粤赣交界地区就有种植，迁入闽东、浙南，种植更普遍。也有花生种植。

4. 其他

瓜类、蔬菜有南瓜、冬瓜、芥菜、油菜、姜等。此外，畲民有种植毛竹，自然有笋的收成。在未迁入闽东、浙南时，畲民在闽粤赣毗邻地区就有竹、笋经营。毛竹是闽东、浙南畲民一项重要收入。民国浙南畲民中有几个竹木商人，他们就是从其擅长的竹木知识起家的。民国《关于福建延平府周围土人的笔记》记载，南平畲民常背着毛竹到城里去出售，一两根竹值两三毛钱。③ 由毛竹产销可见竹笋的生产。由于生笋可晒成笋干，这就更刺激生笋的产量。

---

① 光绪《福安县志》卷7《物产》。

② （清）范绍质：《猺民纪略》，载乾隆《汀州府志》卷41《艺文三》，方志出版社2004年版，第876页。

③ 《浙江景宁敕木山畲民调查记》附录二，中南民族学院民族研究所1984年编印。

二 副业

（一）手工业

1. 纺织

解放前，畲民的家庭手工业尚未脱离农业而成为独立的生产部门。畲族地区家家都有纺车、木制的织机，每逢农闲或雨天，妇女都从事苎麻纺织，所穿的麻布全依赖之，苎麻纺织成为畲民自给自足的家庭手工业。畲民家户几乎都种苎麻，苎麻加工工具有刮苎刀、纺车、缠线车等；织布工具有梭、经帘和织布机等。梭，木制，用来穿纬，长约一尺，宽和厚均约一寸半。经帘，竹制，一般有350—400个齿，用以张经线。织布机，竹木制成，用以织布。畲女到十多岁便学习纺线织布了，织出来的麻布拿到汉族染坊，染成蓝色或黑色，这种细麻衣服经久耐穿。

浙南畲族妇女中有个别人养蚕织绸，在丽水较多见。沈作乾于1923年秋在括苍（原处州府所属地区，即今丽水地区）了解到，“妇女亦间有蚕织者，惟此等妇女甚少，且亦以农隙为之，其所织之绸，宽约尺余皆蓝色，与市上之小纺相似，色泽较逊，而厚则过之”，货之于市。①

畲族妇女最擅长的就是编织棉质花带。上述调查又道：“以色纱编成花带，宽自半寸至寸余不等，颇为汉人所喜欢，每逢‘集墟’之日，携到市上，向汉人交易。”②

2. 竹器、竹编

竹子制成桌椅，竹篾可编斗笠和各种容器。畲民的这种竹品手工业，多在贸易描述中才得以显露。乾隆《汀州府志》载：“（畲民）入城贸易多竹器、蜂蜜及野兽、山禽之类。”③ 闽东、浙南畲民竹编产品非常精致，20世纪50年代初，福安成立城关竹器小组，

---

① 《畲民调查记》，载《东方杂志》第21卷第7号，1924年，第58页。

② 同上书，第38页。

③ 乾隆《汀州府志》卷45《杂记·丛谈附》，方志出版社2004年版，第1040页。

职工 20 多人，90% 为畲民。[①] 畲民擅长竹编工艺，由此可见一斑。

（二）经济作物生产

1. 药材

畲民常利用农闲采集中草药材。《景宁县志》载道："畲客多居山中……未能卒岁，则掘草药，种茯苓自活。"[②]

2. 茶叶

畲民很早就有植茶习惯，但属自给自足。到了清代，部分畲村的茶业转为商品化生产。清人卞宝第《闽峤輶轩录》有"（畲民）物产茶"。[③] 晚清宁德县猴墩畲村是一个茶叶集散中心，带动了邻近畲区进行茶叶的规模化生产。[④] 闽东霞浦县茶岗畲村，清末仅有茶园 6.5 亩，到了 1958 年增至 195 亩。90 年代，在省民族与宗教事务厅开展的挂钩扶贫举措的推动下，茶园面积猛增，2004 年达 1400 亩。[⑤] 粤东"凤凰茶"种植，据传始于宋代，现在尤以"凤凰单枞茶"为著名。[⑥] 浙南景宁敕木山的惠明茶获得 1915 年巴拿马"万国博览会"金奖。但惠明茶在 70 年代以后才开始进入商品生产。1982 年惠明茶列入全国 30 种名茶之列。[⑦] 现在敕木山一带畲村以惠明茶为拳头产品的茶园种植面积已达 5000 亩。

3. 香菇

香菇，是畲族地区的重要特产，其确凿的种植记录最早见于乾隆《永春州志》："香蕈，本草木生为蕈，地生为菌。香蕈是畲人砍

---

① 《闽东畲族志》，民族出版社 2000 年版，第 178 页。

② 《景宁畲族自治县畲族志》，景宁畲族自治县民委 1991 年编印，第 38 页。

③ （清）卞宝第：《闽峤輶轩录》卷 1《福宁府》，见《畲族社会历史调查》附录一，福建人民出版社 1986 年版，第 363 页。

④ 蓝炯熹：《猴墩茶人》，云南人民出版社 2003 年版，第 11 页。

⑤ 参见《霞浦县畲族志》，福建人民出版社 1993 年版，第 244 页。

⑥ 《广东省志・少数民族志》，广东人民出版社 2000 年版，第 277 页。

⑦ 雷先根：《畲族风俗》，景宁畲族自治县民族宗教局 2004 年编印，第 173—175 页。

倒楠树在地而生。”[①] 更早在清顺治《猺民纪略》里就有畲民产“菰”的记载，这里的“菇”应包括香菇、红菇等。清代浙江景宁和福建兴化、永春、漳平等地的畲民，在深山中砍倒楠树，让雨雪滋润，即生香菇。他们通过汉族商贩，运销广东、江西、四川、陕西等地。香菇是畲民的主要经济收入之一。20 世纪 80 年代后期开始，闽东、浙南畲族大力发展袋装木屑的香菇种植，成为畲民脱贫致富的主要渠道之一。

20 世纪 70 年代，特别是 80 年代以后，食用菌采集和生产颇有传统的畲民，推广种植食用菌新品种，诸如银耳、蘑菇、草菇、黑木耳、凤尾菇、金针菇和竹笋等。食用菌生产已经成为闽东、浙南畲民发展山区优势的支柱产业。

4. 蓝草

蓝草，也叫菁。畲民种菁，由来已久，早在明代，从闽西迁居莆田的畲民因大量种菁，而被称为“菁民”。明中叶以后，又有一批畲民迁到闽东种菁，被称为“菁客”。据写于明崇祯的《南荣集》，在闽北、赣东北、浙南，当地山主租山给来自汀州“颇有资本”的“寮主”，“寮主”雇“菁民”种菁，“菁民，一曰畲民”。[②] 由此可知，畲民是菁民的主体。候鸟式或留鸟式的闽东、浙南畲民，普遍并擅长种菁，所产蓝靛，品质极佳。乾隆《古田县志》载：“畲人深居幽谷，其素艺则开垦荒巅山崖，自耕自食，并有栽靛者。”[③]光绪《永泰乡土志》载：“至若穷山邃谷，从前多漳、泉、延、汀之民，种畲栽菁”，[④] 这些移民包括畲民。晚清以后，价廉质优的洋靛输入后，土靛遭到重挫，种菁者渐稀，乃至绝迹。

---

① 乾隆《永春州志》卷 7《风土志》。

② （明）熊人霖：《平菁寇凯旋叙》，载《南荣集》，崇祯十六年刊本，见《畲族社会历史调查》附录一，福建人民出版社 1986 年版，第 349 页。

③ 乾隆《古田县志》卷 2《风俗 · 畲民附》，古田县方志委整理编印，1987 年，第 92 页。

④ 光绪《永泰乡土志》第五课《风俗》。

5. 苎麻

解放前，畲村普遍种植苎麻，妇女手捻麻线，自织麻布，主要自给。同治《景宁县志》载：“（畲民）无寒暑，皆衣麻。”[①] 光绪《处州府志》录有描写畲民的诗，其中云：即使在“朔风吹壁寒欲冰”时，畲民仍是“麻布单衣著两层”。[②] 直至民国，畲民基本穿麻布衣服。新中国成立后，苎麻主要出售给国家。20 世纪 90 年代以后，不再种植。

6. 其他

解放前畲民就有种植杉树、毛竹、油桐、油茶，解放后开始进行规模化生产。例如：90 年代初期，霞浦县畲族地区的油茶有 5503 亩、毛竹 5000 多亩；[③] 1978—1982 年，赣东北太源畲族乡共造林 2142 亩。90 年代，该乡建成 3 万亩松杉用材林基地，建立 3 万亩笋、竹两用林基地，还发展 2000 亩果园。[④] 畲村多地处山区，发展林业生产具有天然优势，潜力很大，前景看好。

（三）其他副业

薪、炭鬻市是畲民长期从事的一项重要副业。采薪除供自己烧用，大部分提供市场作商品。勤劳的畲民甚至上山耕作，也顺便砍柴而归。民国《古田县志》载：“（畲族）男女赴山耕作……执柴刀采薪以供炊爨。”[⑤] 昔时遂昌县畲族山歌唱道：“挑柴挑到北隅街，财主看见来买柴，一担只卖三管米，黑心财主米管小。”这说明畲民辛辛苦苦在深山砍柴，一二十里甚至三四十里的长途挑柴，劳动成本那么大，而售价却十分低廉。除了木柴，畲民也烧售木炭，但数量与木柴远不可比。民国年间，南平畲民尽管汉化已深，但以

① 同治《景宁县志》卷 12《风土 · 附畲民》。
② 光绪《处州府志》卷 30《艺文志下 · 诗篇》。
③ 《霞浦县畲族志》，福建人民出版 1993 年版，第 238 页。
④ 《铅山畲族志》，方志出版社 1999 年版，第 121 页。
⑤ 民国《古田县志》卷 21《礼俗志 · 畲民附》。

柴、炭为生的传统仍然保留。民国时《关于福建延平府周围土人的笔记》记道："（南平畲民）男人和妇人每天背着木柴、毛竹和木炭（偶尔有箬竹）到城里去出售，换些钱花。一担木炭值四毛钱，一两根竹竿值两三毛钱。"①

（四）饲养业

最早记载畲民的饲养业见于清初《猺民纪略》："所畜有鱼豕鸡鹜。""俗信巫鬼，祷祠祭赛，则刑牲疕具。"②"刑牲"的"牲"，应不止猪，或许还有羊，甚至牛。清嘉庆时任丽水教谕的屠本仁作《畲客三十韵》云："破屋颓垣筑未齐，只有茅棚藏牝犊"，道出了从事犁耕的畲民已经养起耕牛。闽东、浙南不少畲户养羊养兔，养猪更普遍。民国期间福安金斗洋畲村有100多户，养羊40只，养猪户占50%。20世纪50年代，金斗洋畲村养羊6000余只，养兔30余只，几乎户户养猪。民国期间，实际拥有的牛甚少，多替汉族放牧。解放后畲民拥有的牛数大有改观，如1957年福安甘棠山岭乡，平均每5.7户有一头牛。③

牛是畲民的好帮手，乔迁新居，牛也进新屋

① 《浙江景宁敕木山畲民调查记》附录二，中南民族学院民族研究所1984年编印。

② 乾隆《汀州府志》卷41《艺文三》，方志出版社2004年版，第876页。

③ 《闽东畲族志》，民族出版社2000年版，第168—169页。

三　狩猎

长期以来，畲民由于迁徙不定的游耕生产和生活，多居于深山密林中，为了食用和消除兽害，畲族从事狩猎生产的历史悠久。在《高皇歌》中有："凤凰山上鸟兽多，若爱食肉自去猎，开弩药箭来射死，老熊山猪麂更多"，[①] 这正是古时畲民狩猎生活的生动写照。在有的《祖图》中，有猎得虎、鹿、禽的凯旋图。[②]

自畲族及其先民迁徙到闽粤赣毗邻地区后，一直实行耕猎经济。随着生产的进步，以及生态环境变化而造成猎物的逐渐减少，狩猎的比重逐步下降。从明代到清代的文献记载中，可以明显看出，农业与狩猎的一长一消，尽管清代狩猎在畲民生计仍还重要。明嘉靖《惠州府志》载："傜（指畲——引者）……随山散处，刀耕火种，采实猎毛，一山食尽则他徙。"[③] "他徙"，既是去瘠就腴，也是转移猎场。明万历《永春县志》载："（畲民）巢居崖处，射猎其业，耕山而食。"[④] 清初汀州人范绍质《猺民纪略》所记的畲民，居住已经相对稳定在一定地域里，虽然"精射猎"，但没有转移猎场，狩猎的比重相对较小，而相对稳定的居住，必促进农业的发展，而发展起来的农业自然对狩猎产生排挤作用。

明清迁入闽东、浙南的畲族延续着传统擅长狩猎的习惯。明万历年间，"群虎伤人，知县陈良谏祷于神，督畲民用毒矢射杀四虎，患方息"。[⑤] 同治《景宁县志》载："畲民……处（州）之松（阳）、遂（昌）、云（和）、龙（泉）诸邑，皆有其人，习畋猎，……佃耕以活。"[⑥] 清末丽水县永丰赤坑村畲民射杀数虎。[⑦] 用毒矢狩猎是畲民的

---

① 《畲族社会历史调查》，福建人民出版社 1986 年版，第 367 页。

② 雷必贵：《苍南畲族的源流与分布》，中国文史出版社 2006 年版，第 12 页。

③ 嘉靖《惠州府志》卷 14《外志·傜蛋》。

④ 万历《永春县志》卷 3《风俗》。

⑤ 道光《罗源县志》卷 29《祥异》。

⑥ 同治《景宁县志》卷 12《风俗·附畲民》。

⑦ 《丽水地区畲族志》，电子工业出版社 1992 年版，第 56 页。

惯技。早在南宋末年，刘克庄叹谓“畲长技止于机毒”，指的就是“精射猎，以药注弩矢，着禽兽立毙”① 的方法。晚清闽东的方志几无记载畲民狩猎，缺乏记载不意味几乎消失，直到20世纪80年代，闽东还有一些地方的畲民，仍有猎风遗存。据1958年调查，40年代霞浦县盐田乡畲民，平均每年猎取60多只鹿和十多头野猪，小兽飞禽无数。② 就是现在，狩猎也未绝迹，2004年笔者踏访连江县小仓畲族乡，在一个业余狩猎的畲民家里，就看见一张山羊皮绷紧于木板上晾着。同治《景宁县志》载：“惟善猎，畲民犹为习者。”③ 但到了民国，猎风骤消。1929年史图博调查景宁敕木山畲村，发现“（敕木山村）还受到野猪的侵害”，“但敕木山村的畲民中没有一个是猎人，能为乡民们制止这一祸害”。④ 当然，各地的情况有别，如浙南青田县，畲民猎习还较普遍，1949年畲民户均有1.5支鸟枪。⑤

长期的经验形成了一套狩猎方式。畲民充分利用合适的地形和自然物，就地取材，制作捕兽工具，依野兽的种类而采用不同方法和工具。弩矢敷毒药，射击猛虎无不立毙；设陷阱，捕捉野猪、山羊；制作木笼，内设机关，以活物为诱饵，在野兽出没处设捕；或以绳索穿竹筒，一端圈套绕于灵活机关，一端吊于弹弓竹尾，埋入土中，伪装表层，野兽经过脚踩机关，毛竹弹直即拴住，俗称“长脚吊”。通常还采用以火药枪射杀飞禽走兽，烟火熏洞捕捉狐狸、刺猬等方法。

畲民的猎具及猎法如下：

弩箭，是畲民最擅长的传统猎具。畲民把弩放置在野兽经常出没的地方，拉弩上箭，弩上有一根小小的活动针，针上引一根线，畲语称“郎线”。当野兽一碰上这根线，活动针一挥，箭就脱弩而

---

① 乾隆《汀州府志》卷41《艺文三》，方志出版社2004年版，第876页。

② 《霞浦县畲族志》，福建人民出版社1993年版，第257页。

③ 同治《景宁县志》卷6《武备·兵制和保甲》。

④ 《浙江景宁敕木山畲民调查记》，中南民族学院民族研究所1984年编印，第28页。

⑤ 《丽水地区畲族志》，电子工业出版社1992年版，第57页。

发。清代引进火药枪后，弓箭就逐渐淡出。使用火枪后，狩猎的生产水平显著提高。

竹枪，制作比较简单，取四五公分宽的毛竹，将两头削尖九形如一把尖刀，放入油锅里，待其颜色变黄时，即取出冷却。这种竹枪就如钢刀般的锋利坚韧，大多在集体狩猎时使用。

竹吊，即在野兽经常路过的三岔路口或庄稼地里挖一小洞，洞口放置一个活动圈，里边拴一个活动针，洞旁置一根毛竹，将毛竹弯腰拉下，把毛竹尾部吊上一根绳子，绳子另一端缚在活动针上，当野兽踏上活动圈，带动活动针毛竹上的活动圈就弹动起来，把野兽的脚悬空吊起。

笊，即囚笼，捕野兽的一种大型木笼。木笼隔成前后两间，中间有活动踏板，里间置鸡、肉等诱饵，当野兽进笼踩上活动踏板时，笼门自动关闭。

累刀，是专门捕获野猪的工具。累刀就是在木槽上设刀，刀刃朝上，放在野猪经常出没的路口，当野猪奔跑撞在刀刃上，腹部就会被刮破。

陷阱，即在野兽经常出没之处，挖掘陷阱，上面用树枝茅草伪装起来，上放诱饵，当野兽踩踏上，即陷入。

猎犬在狩猎中是不可缺少的。畲民普遍饲养猎犬，好的猎犬训练有素，非常机智勇猛，跟踪追捕野兽。

狩猎的对象有虎、豹、野猪、山狗、刺猬、野牛、山羊、鹿麂、狐獭、獐、麋及山禽等。

畲民保持着集体狩猎、猎获物平均分配的古老习惯。每年从立冬至翌年清明是狩猎季节，每次出猎，三五人或七八人组织成一个临时小组，作好分工，共同前往狩猎地点。在猎物分配上，除第一枪击中野兽的猎手可分得兽头、兽皮，第二枪击中的可获兽颈外，其余的按人数平均分配。如参加猎捕的人多，猎物又小，就把猎物烧好让全村老幼都来吃点，这叫做“散野神”。①

① 以上参见施联朱《畲族风俗志》，中央民族学院出版社1989年版，第27—28页。

狩猎早已不是畲民的主要生产活动，到20世纪后半期，基本遗存为一种业余活动。有些畲村，直至20世纪50年代，狩猎仍很活跃。60年代以后，因山林遭到破坏，猎物稀少，局部尚存的狩猎活动进入尾声。进入21世纪，零星的狩猎依然存续。

四　交换

畲族与汉族的经济共生关系，突出体现在商品交换。清初汀州的畲民，“所树艺曰棱米，实大且长，味甘香；所产姜、薯、菽、豆、菇、笋，品不一；所制竹器有筐篚，所收酿有蜂蜜，所畜有鱼、豕、鸡、鹜，皆鬻于市”。[①] 从他们“入市贸布”[②] 可知，棉布是买进的主要物品之一。此外，铁制工具应也是重要的买入品。

（一）浙南畲族的交换

民国时期，浙南畲族的交换依然沿袭着历史上畲、汉交易方式，而且基本是物物交换。这一时期，浙南畲族开始出现了专业商人，他们还兼营手工业作坊。

畲族以农业生产为主，不能满足生活的全部需要，须出卖农副业产品如木柴、木炭、扫帚、竹子、木材、药材等等，换回盐、米、布、铁农具、烟、纸张、火柴等生活必需品。由于畲族过去专事农业生产，很少现金，因此不能不进行赊欠，汉族商人往往在畲族地区设杂货店，供应畲民所需的日常用品。畲民来店购物可赊欠，一到收成，就要归还，一文不欠。这种社区商业提供许多方便，颇受畲民欢迎。汉商经营这种生意必须懂得畲语，由于畲民对自己的民族语言，往往守秘不授予外族人，故能说畲语的汉人在畲族地区颇有威信。1923年沈作乾记丽水的畲民道：“畲民完全以农业为主，不知商业为何事，平时仅以少数农产，如番薯、柴薪，或

---

① （清）范绍质：《猺民纪略》，载乾隆《汀州府志》卷41《艺文三》，方志出版社2004年版，第876页。

② 同上。

花带等，向汉人易旧衣、旧履而已。”“日用所需，如油、盐、酱、醋……，必购自汉人，但因专事农业，不能得现金……汉人之熟悉该族情形者，因其日用之所需，为之特设商店，以供给之，俟农产登场，而往索焉”。①

民国时，畲民中也有开店、开作坊者。民国十三年（1924），云和县城外15里的雾溪村，有一家畲民开的“蓝记恒泰号”杂货店，除了卖杂货，还兼营油车、曲窑和酒坊，生意兴隆，1949年歇业。民国十八年（1929）畲民蓝文治在元和县城里创办云和县最早的糕饼店“聚芳斋”。抗战时期，浙江省政府迁至云和，杭州、嘉兴、宁波的食品店相继来云和开业，聚芳斋在激烈的竞争中，营业不衰。民国二十年（1931）云和县畲民蓝朗庭、蓝应东等合资，在县城西门外开设“陆同春”木行，业务从云和发展到龙泉县，年经营额3万元（银元）以上。②

（二）闽东畲族的交换

闽东畲族的商业活动远胜于浙南畲族，但低层次的交换活动，浙南有的，在闽东也可见。闽东畲民中从农业转向商业的富户，对于畲族的商业发挥了重要的作用，尤其构建与区域中心市场的销售渠道，极大地拉动了有关产业的规模化商品生产。这种以销促产的经济发展方式早在晚清就已经出现。

像浙南畲汉之间的物物交换在民国时期的闽东也是畲族最经常的交易，但程度上明显比浙南低。同浙南一样，民国时期闽东也有汉族商人深入畲村进行交易，也是物物交换。那种浙南汉商以赊欠方式等畲民收获再收农作物等折算欠款的形式，在闽东也常见。畲民除与汉人交易之外，在本民族内也有交易，主要以物物交换为主。如在民国时闽侯县有商业知识和身体强健的畲民，每年于秋收

① 《畲民调查记》，载《东方杂志》第21卷第7号，1924年，第59页。
② 《丽水地区畲族志》，电子工业出版社1992年版，第59—60页。

后到福州买了许多咸鱼，挑到连江、罗源交界处，与该处畲民进行以咸鱼换鸡鸭的交易。

商业经营有赖于商业资本，畲族中首先经商的是富户，他们将地租转化为商业资本和手工业资本。据《霞浦县畲族志》，解放前，从事商业和手工作坊的多是畲族中少数的地主、富农，他们经营桐油、茶叶、木炭等土特产贸易。山区盛产油茶，用油茶籽榨出食用油，畲民驾轻就熟。民国时霞浦县有畲民办的榨油作坊十多家，以水车为动力，十月至年关为榨油旺季，一个油坊每年一般产油100担以上。[①]

闽东畲族的商品交换具有规模的首推茶叶。畲民很早就有植茶习惯，但属自给自足。到了清代，部分畲村的茶业转为商品化生产。清人卞宝第《闽峤輶轩录》卷一《福宁府·霞浦县》载："（畲民）物产茶。"[②] 据《霞浦县畲族志》，清末，霞浦县茶岗畲村有茶园6.5亩。[③] 交易情况不详，很可能是汉族商人到社村收购。

由畲族商人经营的茶叶贸易最早出现于晚清宁德县猴墩畲村，并持续到民国末年。尤其突出的是，猴墩畲族茶商带动了包括邻县福安的周边一带畲村的茶叶生产，这是畲族商业史上浓墨重彩的篇章。乾隆《宁德县志》叙述道："（宁德）其地山陂，附近民居，旷地遍植茶树……计茶所收，有春夏二季，年获利不让桑麻。"[④] 素有植茶传统的畲民种茶、植茶自然得心应手。猴墩畲村家家广植茶树。该村处于宁德与福安的县际官道上，很快就形成一个茶叶集市。同治十三年（1874），猴墩畲民雷志波与福州的古田茶庄联系，创办"雷振昌号"茶庄（后来他又扶持族亲办了两个茶庄）。雷志波茶庄与周边36个畲村茶农约定口头收购协议，除了收购这36村

---

① 《霞浦县畲族志》，福建人民出版社1993年版，第270、276页。

② （清）卞宝第：《闽峤輶轩录》卷1《福宁府》，见《畲族社会历史调查》附录一，福建人民出版社1986年版，第363页。

③ 参见《霞浦县畲族志》，福建人民出版社1993年版，第244页。

④ 乾隆《宁德县志》卷1《舆地志·物产》。

的茶叶外，也收购汇集到猴墩的茶。雷氏茶庄每年销往福州的成品茶达 4 千担。抗日战争以后，茶叶经营凋敝。抗日战争胜利后，猴墩雷氏宗族几个族亲合资办起新茶庄，专销福州明兴茶行。[①] 民国时宁德县的茶叶生产在闽东一马当先，其中也有猴墩茶叶经营的示范和推动。据《宁德市畲族志》，晚清时，从猴墩村挑到八都岚尾港装船运往福州的成品茶，平均每年有 200 多吨。在猴墩茶商的带动下，宁德漈头村、中前村也分别办起“雷伏保”茶庄、“雷德庚”茶庄。民国二十八年（1939），宁德县有种茶户 17940 户，茶农 83890 人（多数是畲民），茶园（包括间作茶叶）面积有 48800 亩，年产成品茶 1250 吨，产值 1708 万元。[②]

晚清至民国，宁德县猴墩畲族茶业生产和贸易的成功经验是，主动与中心市场对接，以销售带动了邻近畲区进行茶叶的规模化生产。这种产销两旺的山海协同模式，至今对畲族经济的启发依然鲜如带露之花。猴墩茶商传奇人物雷志波，少时好学，走读于距猴墩好远的一个叫余干的举人办的学塾。他是个好读书又爱行路的人，熟悉联通猴墩的霍童溪码头，曾顺着这个内河码头来到宁德的海湾，并乘海船领略了省城福州。满腹翰墨和开阔的眼界，使他不满足于深山小康生活。当他贯通了猴墩到福州的茶叶物流，猴墩及其周边地带的茶叶经营一改微循环旧貌，从而开始跳动起强劲的脉搏。

跟闽东宁德猴墩的以构筑物流渠道拉动茶叶生产的模式交相辉映的是浙南景宁敕木山惠明茶的品牌效应。1915 年景宁县敕木山畲民家制的惠明茶获得巴拿马举办的“万国博览会”金奖，声名鹊起。然而，惠明茶只是畲民自给自足的菜园茶，不作为商品生产，即使在获奖之后。但是名牌效应蕴藏着市场需求的巨大潜力。这种潜力在现在呼唤出敕木山的五千亩茶园。猴墩茶叶经营与敕木山茶叶崛起殊途之同功在于市场的引力，把握住这引力，不仅茶叶，其

---

① 蓝炯熹：《猴墩茶人》，云南大学出版社 2003 年版，第 3、9—12、63、64 页。

② 民国二十八年（1939 年）宁德茶叶的统计材料应不是当年情况，而是对此前材料的汇总。

他商品生产就会有奇妙的经济效应。

上述提到霞浦县茶岗畲村，清末有茶园 6.5 亩，到了 1958 年增至 195 亩。90 年代，在省民族与宗教事务厅开展的挂钩扶贫举措的推动下，茶园面积猛增，2004 年达 1400 亩。[①] 发展畲族经济，新增长点固然可喜，但发掘原有的传统优势，会有高屋建瓴的流畅和快速。至晚在清代畲民以香菇为主的食用菌类生产已成优势传统，现在闽东、浙南畲区，各种食用菌生产发展势头很好，这也是很好的事例。

猴墩畲族茶人的故事尽管已经远去，但历史的经验却是那么亲近。现在，猴墩村的茶园依然碧绿，同邻近的两个村子的茶园连接成片，形成平湖山千亩茶园。平湖山茶叶在猴墩村茶厂粗制后，运到十多华里外的八都镇茶叶精制厂。猴墩的茶好歌也奇，被誉为“中国第一位女指挥家”的郑小瑛，曾于 1958 年在猴墩新楼等村发现了中国传统音乐中极罕见的“双音”。猴墩村的经济与文化交相辉映的现象激发着人们的思考。

第二节　饮食习俗

饮食习俗既反映了生产类型和对环境资源的适应性利用，也反映了文化特色和社会状况。

一　主食

山地农耕的畲族，其主粮多为旱地农作物。除了种菜，也兼采野菜。除了饲养家畜家禽，也猎捕飞禽走兽。

（一）稻谷

明清以前，在未迁出闽粤赣毗邻地区时，畲族种植的谷物是旱

---

① 参见《霞浦县畲族志》，福建人民出版社 1993 年版，第 244 页。

稻，俗称“棱禾”、“畲禾”、“畲稻”。旱稻产量较低，作为口粮远不够，还要以木薯、芋头作杂粮。由于猎物较丰富，食物缺乏的问题似不突出。

迁入闽东、浙南后，畲族仍保留“畲禾”种植。20世纪50年代之前，畲民还保留种旱稻的习惯。这种稻谷产量低无法成为主食，多仅用于年节与接待客人。畲民虽亦佃田种水稻，但因“田土瘠薄，稻谷不敷民食，多储山芋为粮”。[①] 道光《建阳县志》载：“（畲民）所耕田皆汉人业，岁纳租外，得赢余以自给，然未获之先或屡贷于人，则余谷仅足偿逋负。”[②] 这说的是闽北的情况，闽东、浙南亦然。

20世纪50年代土地改革后，畲民分得水田，口粮显著改观，已能达到“番薯米（与大米）对半沤”。80年代农业科技大发展，水稻单产提高，大米成为主粮，番薯逐渐作为饲料。据统计，1993年闽东宁德地区8个畲族乡的水稻产量占粮食作物总产量的75.2%。[③] 90年代畲民用粉碎机将番薯加工成番薯粉，不少用于出售。

（二）番薯

番薯自晚明引种入华后，迅速在各地畲区推广种植，是山区畲民的传统主粮。清光绪《福安县志》载：福福“邑土坟衍，绮脉交错，禾黍菽麦之属，盈于原隰。其山田硗确，畲者悉种薯蓣，以佐粮食，贫民尤利赖焉”。[④]

畲族地区旱地多种番薯。番薯多都做成番薯米贮藏。做好的生番薯米，洗后晒在竹筛上以便晒、吹干。做番薯米最好在农历十

---

① （清）卞宝第：《闽峤輶轩录》卷1《霞浦县》，见《畲族社会历史调查》附录一，福建人民出版社1986年版，第363页。

② 道光《建阳县志》卷2《舆地志·附佘民风俗》。

③ 《闽东畲族志》，民族出版社2000年版，第135页。

④ 光绪《福安县志》卷7《物产》。

月、十一月进行，这时太阳光虽弱，但北风强劲，是番薯米很容易晾干，而且无雨之虞，否则阴雨天在晾的过程中的番薯米易霉变，而且煮不烂。

番薯加工的方法是把冬季收成的薯块刨成丝状，倒入木楻（大木桶）加水洗涤，并捞起摊放竹匾上晾干，也有加水直接将薯丝晾干者。晾干的薯丝俗称为“番薯米”，加水洗涤者又专称“洗楻番薯米”。薯丝洗涤后的浊水，经过一夜沉淀，可得雪白色的淀粉，晒干后称为“番薯粉”。番薯粉可加工成“番薯扣丝”、“番薯粉镜”之类的副食品或直接作为其他食品的作料。清乾隆《福宁府志》载：番薯“或磨为粉，或切为米，或酿为酒，或煮为糖，无不俱宜。则蔬也而进于谷类。虽以登乎谷之属，其亦可也”。[①] 闽东畲谣：“番薯米吃到老”，这种状况一直延续至20世纪80年代初。

解放前，闽东、浙南畲民普遍以番薯丝（又称为“地瓜米”）为主食，也有以番薯掺米炊食，称“番薯丝饭”，或用玉米磨成细粉，加少量食盐，和米炊食，叫做“包罗糊”。闽东一带畲族吃的地瓜米占口粮的70%—80%。[②] 大米薯丝的煮法有稀饭、焖饭、蒸饭三种。蒸饭的做法是，将大米煮到七八成熟时，用笊篱把米粒捞起，去净米汤，倒进饭甑里蒸熟。这也是闽粤赣毗邻地区客家人历来的煮饭方式。景宁畲村有这一习惯：一甑煮三种饭，即白米饭以招待客人，白米薯丝对半掺和，让老人和小孩吃，纯番薯丝供青壮年吃。[③] 农闲时，畲民不用吃瓜菜代粮而能吃上番薯丝掺少量大米煮成的稀饭，就算不错了。

（三）其他

在闽东，畲民的粮食，除了稻米、番薯外，还有小麦、大麦、

---

① 乾隆《福宁府志》卷12《食货志·物产》。

② 施联朱：《畲族风俗志》，中央民族学院出版社1989年版，第41页。

③ 同上。

高粱、小米、玉米。[①] 在浙南，畲民的粮食，玉米仅次于番薯，再次就是小麦、大麦、小米。1924 年在浙南丽水的调查说：“（畲民）的食，以番薯为正粮，玉蜀黍次之，食米的很少。普遍用番薯切丝，糁米炊食，叫做‘番薯丝饭’。或用玉蜀黍磨成细粉，加少许食盐，和米炊食，叫做‘包罗糊’。纯粹的米饭，非到宴客时，是难得见的。”[②]

二　副食品

早期畲族的副食品主要是攫取性而不是生产性的，“采实猎毛”是向自然攫取的生动概括。随着社会生产力的发展，以生产来获得副食品成为主要方式，采集菇、笋、蕨菜等以及猎捕禽兽成为辅助方式。这种辅助方式在解放后成为无足轻重的传统遗存。

（一）佐餐食物

1. 腌菜类

畲谚云：“食最好是咸腌货，穿最好是蓝青色。”用盐腌制蔬菜是畲民的当家菜。把芥菜加盐，搓揉后，腌藏在大缸，即成腌菜，俗称“糟菜”。又有萝卜干，用萝卜切成条状腌制而成。“糟菜”是腌咸菜类最主要的。“糟菜”多加上番薯粉浆，煮成糊状，或加上几块肥肉或一些虾皮一起煮。因咸度较高，煮一大盆，可持续多日用。这种煮食法在闽东、浙南一直延续至今。广东凤凰山区畲民也常食用腌菜，每家都备有一二瓮腌菜或腌萝卜。

2. 腌海产

闽东、浙南畲族，既山居又近海，因此用盐腌制的海产，很容易输入畲族地区。畲民很喜欢以咸鱼虾佐餐。据沈作乾《畲民调查记》，1923 年浙南丽水畲民日常生活菜谱是：“除自种蔬菜外，喜欢

---

① 《闽东畲族志》，民族出版社 2000 年版，第 412 页。

② 《畲民调查记》，载《东方杂志》第 21 卷第 7 号，1924 年，第 57 页。

食虾皮、海带、豆腐等，烹时，加食盐很多，以备久藏。平时不大食肉。”[①] 民国时，虾皮来自温州，味咸价廉，一块银圆可买七八斤。闽东沿海的畲民同汉民一样，爱吃蟛蜞酱。这种酱，用小螃蟹加盐捣成酱，佐餐甚香，十分可口，又不容易变质。蟛蜞酱至今仍很流行，是特色佐餐美食。

除了腌海产，也食不腌制的鱼、螺、蛙、鳖。民国《古田县志》载：“（畲民）男女赴山耕作，每腰系鱼篙，捕鱼、螺以为馔羹，执柴刀采薪以供炊爨。”[②] 夏季，畲民用扎刺的方法捕捉水稻田的小泥鳅。罗源畲村至今仍遗存一种很特别的扁形小水缸，靠近口沿有用于透气的一个个小洞。笔者在霍口畲族乡询问获悉：这是以前用来放置“石蝀”（虎斑蛙）的。抓来的石蝀，除了自己吃也到墟场卖。现在“石蝀”已稀少，且被列为保护动物。

3. 瓜菜、竹笋

畲民饮食习惯不重蔬菜佐餐，所种的蔬菜品种较少，主要有萝卜、南瓜、豆类、丝瓜、洋白菜、空心菜、芥菜等。此外，春天有毛竹笋，夏秋有芦竹笋。据清代《闽峤輶轩录》，畲民“耕山而食”，“田土瘠薄，稻谷不敷民食”。[③] 即使以番薯为主粮，还需“瓜菜半年粮”，即将南瓜、瓠瓜、芋头、芥菜、包菜、番薯叶或萝卜叶，掺杂着米糠、番薯米（番薯丝干）一起煮，聊以果腹。可能因此产生瓜菜亦粮的观念，在有主食时，即有弃瓜菜的下意识。在足食的当今，不重蔬菜佐餐的遗风尚有。改革开放后，特别是90年代以后，畲家菜谱明显丰富，肉类、蛋品、水产时常上桌，各种调味品已不稀见。

畲民还采食野菜，诸如苦车、炊菊、金针、苋菜、山皇后、马齿苋、蕨的嫩芽等。也采食野菇，诸如松菇、红菇、鸡肉菇等。

---

① 《畲民调查记》，载《东方杂志》第21卷第7号，1924年，第57页。

② 民国《古田县志》卷21《礼俗志·畲民附》。

③ （清）卞宝第：《闽峤輶轩录》卷1《福宁府》，见《畲族社会历史调查》附录一，福建人民出版1986年版，第363页。

4. 豆糊

山区盛产黄豆，畲家常吃“豆腐儿”。所谓“豆腐儿”并不点卤凝固，而是将浸胀的黄豆，不加水，磨成浓浆，煮熟热食。笔者以为叫“豆糊”较贴切。民国时史图博在敕木山畲村常食用，他称之为“豆浆”。其实，这种所谓的“豆浆”是很浓稠的，像浓稀饭。闽东、浙南畲族，几乎家家有小型石磨，自磨自制，“豆腐儿”略带甜味，配上辣椒调味，香辣可口。如果用火锅边煮边吃，又热又辣，满头冒汗，十分舒服。[①] 这一传统食品，长盛不衰。

5. 油类

油类是茶油和猪油。山区缺少食油，旧社会平时多吃“没油菜”，便有重以辣椒调味之习。

（二）肉类

畲民长年以自种菜蔬、瓜豆和竹笋佐餐，肉类主要来自猎获。清初闽西畲民似不缺肉食，“豺豹虎兕，间经其境，群相喜谓‘野菜’，操弩矢往，不逾时，手拽以归”。[②] 畲民副食品多取之于山，清代长汀人杨浚诗云：“姜薯蔋豆种山椒，叉木诛茅各打寮。夜半风腥呼‘野菜’，强弩毒矢竞相邀。”[③] 迁入闽东、浙南以后，尽管狩猎没有原先那么频繁，猎物也无闽粤赣交界原居地那么丰富，原本以猎获取得肉类的习惯逐渐改变。至迟到民国，民族志的描述显示：畲民很少吃肉，偶尔逢盛宴，或者过大节，才吃上猪肉。通过猎获而得到的肉食是很次要的。

（三）特色食品

尽管畲民米粮不多，但过节和宴客，能用米加工成各式颇具特色的食品，主要有以下三种：

---

① 《丽水地区畲族志》，电子工业出版社 1992 年版，第 142 页。

② （清）杨澜：《临汀汇考》卷 3《风俗考·畲民附》，光绪四年刊本。

③ 同上。

1. 乌米饭

乌米饭的制作方法是，采乌稔树（乌饭树，杜鹃科）的叶子，置于石臼中捣烂，贮于布袋，放入铁镬里，加水熬汤，释出紫黑色的汤汁。而后拿掉装乌稔叶的袋子，将精选的糯米浸泡在乌稔汤汁里，数时后捞起，放到木甑里蒸熟。乌米饭色泽乌黑，并有光泽，香软可口。乌米饭置于通风或阴凉处，数日不变质。食用时，以猪油炒热，味道更美。吃后可健脾开胃，增进食欲。乌米饭在农历三月初三食用。① 乌米饭是闽东、浙南畲族的节时特色食物，但现时已经式微，有的加以变通，如浙南景宁有些畲村以黑豆米饭为乌饭。

2. 菅叶粽

菅叶粽制作方法是，在裹粽的前数日，砍回一种野生灌木，俗称“黄碱柴”（山矾，山矾科），将其烧灰淋水，过滤成黄色碱水。裹粽的前一天，到山上砍回野生或人工种植的“菅草叶”（五节芒，禾本科），放到铁镬经过沸水烫软以防脆裂。裹粽时，先把精选的糯米泡在黄碱水里，浸数时。取两片又长又宽的菅草叶对折槽状，再取一片菅叶披于槽底，而后舀浸碱糯米数两于叶槽中。装满一捏拳粗约20厘米长，把披底的菅叶折过来，再把折糟的菅叶折过去，裹包好糯米，用棕叶丝缚成五节，即成一条玉米棒子似的菅叶粽，放入铁镬里以猛火蒸煮数时遂成。煮熟的菅叶粽为浅黄色，既黏又不糊口。在糯米中掺少许的花生、玉豆（金甲豆，豆科）、豌豆或嘴须豆，更芳香而不腻。菅叶粽在端阳节和分龙节食用。② 民国《霞浦县志》载：“山乡畲民制粽，横式谓之横巴米，亦糯而咸独佳，故质柔韧较寻常”，这种“横式”粽子应就是菅叶粽。另外，还有“三角式”粽子。民国《霞浦县志》又载：“山乡畲民制粽……三角式者更可口，俗称‘畲婆粽’，亦互相馈送如常仪。”③ 做菅叶粽习俗主要流行于闽东，现时仍盛。

---

① 《中国民族文化大观·畲族篇》，民族出版社1999年版，第116页。

② 同上书，第117页。

③ 民国《霞浦县志》卷22《礼俗》。

3. 糍粑

制作方法是取山泉水浸泡糯米，历时一天，滤干水，糯米放在木甑里蒸熟，趁热倒入石臼，舂成团状，搓成碗面宽的饼状糍粑，即可食用。粘上红糖拌芝麻粉，更香甜可口。素有“冷粽热糍”之说。[①] 在畲族地区，做糍粑仍然普遍流行。在闽粤赣毗邻地区与畲族长期共处的客家人，逢节做糍粑是突出的传统习俗。

4. 黄粿

做黄粿时，选用几种灌木烧成灰，用开水泡出碱水，把浸胀的粳米加灰碱水放在锅里炒成半熟，再放入甑中蒸熟，然后倒入石臼舂成团，再搓成每块一二斤的粿条，凉硬后用灰碱水浸存。腊月做，来年三月不变质。烹饪时，将粿条切成片，黄粿气香质软，拌以青菜、油炸豆腐、猪肉等煮，味更好。用红酒炒黄粿，冷后不硬。正月常以黄粿飨客。[②] 做黄粿主要流行于浙南，近几十年，腊月做黄粿俗渐少。

（四）其他食俗

1. 火锅

畲民喜吃火锅，家常菜蔬喜热吃。浙南这一吃法最盛，家家户户备小火炉，置于桌上，生以炭火，架上小铁锅，边煮边吃。全年约 2/3 时间用火锅。酒席更不可或缺，最兴磨豆做菜。

2. 其他

闽东、浙南不少地方在设喜宴时，备有大肉块，让客人在饭饱酒足散筵时带回，以便其家人分享。

畲家热情好客，畲俗：“入其室不为礼，必进而至其庖厨，始尊为客”。[③] 畲家食物不算丰富，但用量很大，一桌的肉量常要十几斤。沈作乾于 1923 年秋在丽水地区的畲民风俗调查记道：“每遇宴

① 《中国民族文化大观·畲族篇》，民族出版社 1999 年版，第 117 页。

② 《丽水地区畲族志》，电子工业出版社 1992 年版，第 142 页。

③ 民国《龙游县志》卷 2《地理考·风俗》。

客，非宰猪数头不可。”[1] 这必是场面特大的盛筵，不应是平常宴客。

安徽宁国畲族在招待客人时，菜是双数，畲家认为“好事成双”。[2] 畲谚云：“有食大家尝。”平时，畲家对平时饮食有助趣性的特殊用语。如“吃饭”叫“撑船”，“筷子”叫“撑篙”，“喝酒”叫“过水路”，“吃干饭”叫“过燥路”。

畲家饮食禁忌如下：古时忌吃狗肉、蛇肉；吃了牛肉忌吃橄榄；忌用筷子打猫，忌吃猫肉；小孩忌吃鳝、鳗；服了中药，忌吃萝卜、蔬菜；身体长疔疖，忌吃蔓藤类的瓜果，如匏瓜等；酒桌忌空碗；客人未离时，忌把饭桌碗通通收入，至少得留三只碗；上别人家做客吃点心时，忌把碗内食物吃光，应有所剩余；两人同时喝溪水时，忌跑到别人上游喝；吃饭忌不扶饭碗；吃饭忌打人；忌用筷子打小孩；忌用筷子敲打饭碗、饭桌；忌坐在吃饭桌上。[3]

（五）食物与保健医疗

畲族认为，人的疾病分为“本身病”和“鬼病”两种。“本身病”需要医疗，而“鬼病”要靠法师施法祛除（见第十三章第四节第四部分“作法祛病”）。保健和预防是畲族治“本身病”的民间医疗的重要观念。

饮凉茶清热祛毒。入夏，畲民家家均备有青草药以煮凉茶。常用药物有鱼腥草、仙鹤草、车前草、淡竹叶、夏枯草、剑叶耳草、败酱草等。各地凉茶所用药物所有不同，但都有清热解毒、抗菌消炎的效果，对预防和治疗中暑及夏季肠道传染病有一定疗效。

药膳保健。在农忙季节到来之际，畲民普遍用白牛胆、勾儿茶、黄花远志、盐肤木、楤木之类具有滋补作用的青草药来炖兔、鸡、鸭、猪脚等，以强身壮体，预防体质下降而引起的一些疾病。

---

① 《畲民调查记》，载《东方杂志》第21卷第7号，1924年。

② 参见《畲族社会历史调查》，福建人民出版社1986年版，第247—248页。

③ 《中国民族文化大观·畲族篇》，民族出版社1999年版，第120页。

畲民的食物疗法有“九药不如一补”之说，而且有“器官对应滋补”的观念。畲民认为禽畜的器官对人体对应的器官有特殊的补益效果。例如，治疗关节疼痛的药物多配猪脚炖汤，治头风的药物配用猪脑或羊脑，治疗胃肠病的药物则加猪肚。这些食物或与药物一起炖汤，或煎出药汤后，再与食物炖服。①

三　茶酒烟

酒和茶，畲民情有独钟，它们与畲族生活密不可分，甚至发展为富有特色的民族习俗。清代以后，烟才在畲民中流行。烟民比例高于当地汉族。

1. 茶

高山云雾出名茶，畲族地区出产的茶叶具有地理优势和传统优势。在浙南敕木山，闽北武夷山，闽东北太姥山、白云山，粤东凤凰山等处的畲族聚居地，都盛产名茶。茶是畲家主要饮料，畲民喝自制的绿茶，多用大碗沏茶。逢年过节或办红白喜事时还将冰糖捣碎加入盅内，俗称“糖茶”。

畲民饮茶成习。正月出行要饮“新年茶”，祭祀要饮“敬神茶”，婚礼要饮“新妇茶”。畲谚云：“谈天泡牙，腌菜送（下）茶。”畲家议事闲聊都离不开茶。亲友上门做客，以茶相待，一般都喝两道茶或三道茶。畲民俗话说：“一碗苦，二碗补，三碗洗洗肚。”一道茶是无情茶，忌用单只手捧茶招待来宾，客人接过主人的茶，一定要喝了第二道才能走开。青年男女在家里做客，边喝茶边唱《奉茶歌》。

闽东畲家有喝“宝塔茶”的游戏，即在红漆樟木八角托盘上将五大碗茶叠成三层，其中一碗为底，中间三碗，围成梅花状，顶上再压一碗，又称“盖茶盾”。客人自上而下饮干。在畲家新娘过门

① 以上食物与保健疗法，参见邱国珍、姚周辉、赖施虬《畲族民间文化》，商务印书馆 2006 年版，第 243—247 页。

之前，亲家嫂也向接亲的亲家伯敬“宝塔茶”。这时，亲家伯要用牙咬住“宝塔”顶上的一碗茶，以双手挟住中间三碗茶，连同底层的一碗分别递给行郎（挑礼品或抬轿者），自己一口饮干咬着的热茶，这样才算功夫到家，要是茶水溅出或倒了，就会遭到亲家嫂们的奚落。①

2. 酒

畲民爱饮酒，酒量较大。畲谚云：“无灰莫包麦，无酒莫请客。”民国丽水的《畲民调查记》描写畲民风俗道：“畲民不论男女老幼多喜欢饮酒。……如果无力自酿，就向汉人沽酒，非到极穷困的时候，没有不饮酒的。所以我们只要一到畲寮，看他们有酒没酒，或是哪一种酒，就可以知道他们的贫富程度了。”② 畲民饮的水酒多为自家酿制。酿酒多在农历十月，又称“十月酒”。用糯米酿的叫“米酒”，加红曲是“红酒”，加白曲是“白酒”，其酒甜而可口。用小麦酿的叫“麦酒”，其酒淡而寡味。用番薯酿的叫“番薯烧”，其味香而浓烈。畲家小孩爱食“酒酿糟”。每逢喜庆佳节、红白喜事、结婚、生孩子、盖房、乔迁，都要请客喝酒。③

畲家善酿酒还善制酒曲，有一种叫“土莲草”的植物就可以用来做曲药酿酒。

3. 烟

畲族男人嗜烟，烟叶多自种自制。民国《浙江景宁敕木山畲民调查记》说：“畲民最喜爱的嗜好品肯定是烟叶，这是他们自己种的。他们按照汉人的方法烤制烟叶后，切成极细的长丝。这工作主要是由年纪较大的男人干的。他们坐在竹躺椅上——贫苦的人家则坐在脚凳上，点燃着烟袋，一边总是或多或少地聊着天。他们爱用很长的（约 1.5 米长）竹管做的烟筒，烟锅和烟嘴则是金属制的。烟锅是那么小，抽不上五分钟就抽完了，因而吸烟的人经常要放下

① 以上参见《中国民族文化大观》，民族出版社 1999 年版，第 117—118 页。

② 《畲民调查记》，载《东方杂志》第 21 卷第 7 号，1924 年，第 58 页。

③ 施联朱：《畲族风俗志》，中央民族学院出版社 1989 年版，第 40 页。

工作来装烟。人们可以见到，在每户人家的前厅里都放着一个或几个陶制的火盘，里面总是装满微光的灰烬，以供点燃烟筒之用。”①20 世纪 50 年代以后，畲民逐渐改吸香烟。

① 《浙江景宁敕木山畲民调查记》，中南民族学院民族研究所 1984 年编印，第 31 页。

第五章

村落与民居

在闽粤赣接合部的畲族原住区，古代畲族聚落称“峒”，很形象地表现畲族聚落的环境特征。就闽西南来看，宋代的“刀耕火耘，崖栖谷汲，如猱生鼠伏”，[①] 清初的“随山迁徙，去瘠就腴”，“结庐山谷”。[②] 从闽粤赣接合部原住区迁到闽东、浙南后，畲族居住环境和方式仍然是“依山结庐”[③]，“窜居山坳”。[④] 据《霞浦县畲族志》，“畲族居住地，大部分是丘陵”。[⑤] 在平地和山谷盆地的村落，汉族占绝对优势。早在清代，生产水平已和当地汉族没有多少差别的畲族，其住居并没有出现像清代以后闽西畲族与当地客家村落同在山麓的状况和趋势，原因在于在畲族迁入后，平地和山谷盆地已遍布汉族村庄。在闽东、浙南，畲、汉的文化差别显著，民族歧视也较严重，这就产生对畲族的排斥。许多畲民的农耕水平虽已接近汉族，但宁可择远鄙山地，这是对封建政府压迫剥削和汉族地主阶级、特别是地方豪强压榨，以及汉族地痞、恶丐的欺扰，采取“惹不起却躲得起”这种生存策略。

明清时期，粤东实行“抚徭土官—畲总—畲长”行政管理。“畲长”为自然领袖，“畲总”从“畲长”中择选，“抚徭土官”一

---

① （宋）刘克庄：《漳州谕畲》，见《后村先生大全集》卷93，四部丛刊本。

② （清）范绍质：《猺民纪略》，见乾隆《汀州府志》卷41《艺文三》，方志出版社2004年版，第876页。

③ 同治《云和县志》，卷15《风俗门·畲民》。

④ 同治《景宁县志》卷12《风土·附畲民》。

⑤ 《霞浦县畲族志》，福建人民出版社1993年版，第26页。

般是熟悉畲情的汉族豪强。有实行抚徭土官制管理的畲区，包括凤凰山区、罗浮山区以及莲花山北面地区。清代基本袭用明代抚徭土官制。民国时期，各地畲区编入保甲制。保甲制下的畲族社区仍保持固有的社会组织。

畲族大分散、小聚居。所谓的聚居，既指在分散于许多省区的分布格局中，仍有像闽东、浙南等地相对集中的畲族分布区，也指畲族多以村为单位的集中居住。畲族民居经历了从“草寮”到土木结构的“瓦寮”房屋的变迁。民国时期是闽东、浙南畲族民居的“草寮”、“瓦寮”的并存转型期。解放后，特别是改革开放以后，畲族居住条件得到明显的改善，其民居与当地汉族已没什么差别。

第一节　村落的自然环境

畲族主要分布在闽东、浙南，这个地区属于东南丘陵地带。在古代，这个地区是闽越、瓯越的聚居区。境内山峦起伏，丘陵密布。清初畲族学者蓝鼎元《福建全省总图说》曰：“有福宁州、宁德、罗源、连江至省城，皆羊肠鸟道，盘纡陡峻，日行高岭云雾中，登天入渊，上下循环，古称蜀道无以过也。”[①] 闽东海拔在1000米以下的丘陵、山地占90%以上。浙南的丘陵、高山比闽东更为险峻。闽浙地势大致自西北向东南沿海倾斜，山脉都是由东北到西南走向。主要山脉有绵亘于闽、浙交界的仙霞岭，蜿蜒于闽、赣边境交界的杉岭和武夷山。突兀东海之滨的太姥山斜贯于闽、浙两省的沿海地区，苍苍群峰，巍峨竞秀。太姥山最高峰为摩霄峰，又名覆鼎峰，海拔1080米。戴云山雄峙于福建中部。闽东鹫岭山脉，为闽江支流松溪、古田溪与闽东各水系的分水岭。浙南境内的雁荡山和括苍山脉以及洞宫山，海拔均在200—1000米以上。山间重峦叠嶂、

---

① （清）蓝鼎元：《鹿洲全集》卷12，蒋炳钊等点校，厦门大学出版社1995年版，第238页。

溪涧湍急，林竹葱郁。南、北雁荡山峰峦奇特，深谷悬崖。岭壑险绝，自然是风景雄秀，但作为生存环境就异常艰难。

畲族地区到处溪流回绕，河流属山地性河流，受地形和气候的影响，溪水从深山峡谷奔流而出，短而急湍，多纵谷险滩，水量丰富，河水含沙量少，多单独流注入海。最长的闽江，发源于武夷山脉，东流入海。浙南的瓯江次之。其他还有浙南的飞云江、鳌江和闽东的交溪（长溪）、岱江、霍童溪。

畲族地区紧靠北回归线北面，属于亚热带湿润季风气候，温暖湿润，四季分明，年平均温度在 14.6—21.3℃，少下雪。沿海地区受海洋气候影响更大，冬季暖于内陆，夏季凉爽，由于距海近，地面丘陵起伏，造成地形雨的机会多，再加上夏秋之间，台风过境，常常带来大量雨水，所以雨量充沛，全年平均降雨量约在 1200—2200 毫米。①

在闽东，以霞浦来说，畲民一般居住在海拔 300—500 米之间。霞浦县地势西北高、东南低，呈三级阶梯状下降。第一级平均海拔 700 米左右，第二级在海拔 300—500 米之间，第三级在海拔 250 米以下。畲族居住处，大部分在第二级，第三级也有一定比例，第一级甚少。②

在浙南，地形以中等山为主，间有丘陵与小面积的河谷盆地。山势高峻，连绵起伏，海拔 1000 米以上的山峰有 4000 余座。中低山面积占总面积的 90%，其中，中山面积占 78%，有“九山半水半分田”之称。畲族多数居住在中低山的山腰或山麓。③

闽东畲族基本分布在距离海岸线 60 公里以内的沿海地带，这给人们造成一种错觉，好像闽东畲族不是居住在山区地带。在福建，从闽江出海口南至闽南东南隅、乃至韩江出海口的沿海地带，属平原松软土地质区，而从闽江出海口北至闽东东北隅、瓯江出海口的

① 以上参见施联朱《畲族风俗志》，中央民族学院出版社 1989 年版，第 2—4 页。

② 《霞浦县畲族志》，福建人民出版社 1993 年版，第 25 页

③ 《浙江省少数民族志》，方志出版社 1999 年版，第 141 页。

沿海地带，则不是平原松软土地质区，而是沿海丘陵台地。在狭窄的沿海丘陵台地的内侧，是坚硬岩体地质山地。除了霞浦县的一半县境是沿海丘陵台地，福鼎、福安、宁德、罗源、连江诸县市，大部分属坚硬岩体地质山地。[①] 这就是说，闽东畲族地区大部分是坚硬岩体地质山地。浙南畲族地区更是如此。

畲族住区辽阔，山岭层叠，峰峦起伏，江河纵横，梯田绕谷环山，茶园布满山冈，竹木遮天蔽日，到处青山叠翠，畲族村寨掩映在深山密林之中。畲族居址的选择，有着深层的文化心理惯性和生计方式的惯式，这很早就反映在《开山公据》等民间文献里。《开山公据》云："楚平王出敕……放行广东路途。只望青山而去，遇山开产为业。……只望青山，刀耕火种为业。……但远离却庶民田圹一丈三尺之地，乃是徭人火种之山。"《开山公据》还以传说中始祖盘瓠的生活习惯来引导畲族的生活取向，说："我盘瓠公，久住青山幽岩石壁之中，猿鸟啼叫之方，便是居住之所。"[②] 到了清代随着畲族火耕徙居的逐渐结束，《开山公据》所存甚少，但类似的内容在畲族族谱的序言部分非常普见，即使在较早定耕定居的闽西畲族，其部分族谱仍有这些内容。由此可见，《开山公据》所规范的"只望青山，刀耕火种为业。……但远离却庶民田圹"，对畲族生计方式的广泛而深刻的影响。"远离却庶民田圹"正是处于弱势状态和社会边缘的畲族那种"躲得起"的心理表达。"只望青山"、与山为伴的畲族，习惯于择居于山腰、山坡地带。

选择山居的习惯，最早是畲族的生计方式所决定。南宋末年，刘克庄《漳州谕畲》说："二畲（漳浦的'南畲'和龙溪的'西畲'——引者注）皆刀耕火耘，崖栖谷汲。"[③] 明万历《永春县志》说："畲民巢居崖处，射猎其业，耕山而食，去瘠就腴，率二三岁

---

① 参见福建省地方志编纂委员会编《福建省自然地图集》，福建科学技术出版社1998年版，第27页。

② 见《畲族社会历史调查》，福建人民出版社1986年版，第256页。

③ （宋）刘克庄：《漳州谕畲》，见《后村先生大全集》卷93，四部丛刊本。

一徙。”[①] 清人杨澜《临汀汇考》引述永定《三徭曲》中的“竹篱茅瓦白云齐”，[②] 吟咏的就是在山之高处的畲村。乾隆《汀州府志》载：“汀猺人，随山种插，去瘠就腴，多于深山中编荻架茅为居。”[③] 康熙《平和县志》引明代旧志说：“猺性固多悍疾，然居山寂处，自安化外。”[④] 由于畲族居于高处，编荻架茅，就被说成“巢居崖处”。[⑤] 早在畲族先民时期，“盘瓠蛮”就“好山恶都”，“都”指卑下而聚水的平地。这种“好山”的居住习惯缘于其火耕狩猎的生计方式。

然而，当畲族的农业生产技术提高后，居住环境的要求就会发生变化。在闽西畲族比较集中的庐丰畲族乡，早在清代，畲民村落多是山边平地。除了赣东北的铅山、贵溪的畲族，他们仍然居住在旧称“江浒山”的较高山地，赣南的畲族村落多在山麓平地，和客家人别无二致。火田游耕转为定耕，促使山居变为平地居。明清时期，从闽粤赣交界地区迁往闽东、浙南后，畲族的农耕水平已经可以在山地垦熟后定耕定居。然而，汉族地主见畲民将山地垦熟就收回，一些畲民只好继续迁徙，开垦新的山地。这种情况直至晚清民初仍有所闻。民国早期胡先骕撰《浙江温州、处州间土民畲客述略》一文，据作者“目见或耳闻”，“畲客多居山中……彼所垦之地，垦熟即为汉人夺”。[⑥]

“临清溪，栖茂树”，[⑦] 这是清初《猺民纪略》对闽西畲民村落的描写。“栖茂树”容易被误解为树居，其实畲民从未有过树居的记录。“临清溪，栖茂树”是对畲族村落环境特点的描写。水源是

---

① 万历《永春县志》卷3《风俗》。

② （清）杨澜：《临汀汇考》卷3《风俗考·畲民附》，光绪四年刊本。

③ 乾隆《汀州府志》卷45《杂记》，方志出版社2004年版，第1040页。

④ 康熙《平和县志》卷12《杂览》。

⑤ 万历《永春县志》卷3《风俗》。

⑥ 胡先骕：《浙江温州、处州间土民畲客述略》，载《科学》第7卷第3期，1923年，第281页。

⑦ （清）范绍质：《猺民纪略》，见《汀州府志》卷41《艺文三》，方志出版社2004年版，第876页。

生活之本，畲族村落的溪水、泉水多很丰富。笔者在闽东和浙南调查时，见畲民都用竹管将泉水引到住家。畲民历来重视村落周围树木的养护，如果缺乏天然的树木，就会栽培树木。畲民将屋前屋后、村前村后的栽培养护，称作“培荫风水”，实际上，这是固土、育泉、防风、御灾的重要措施。如果不注意育树防止水土流失，下大雨或暴雨，很容易发生山体滑坡、甚至泥石流的灾害。畲族主要分布于东南，风灾频仍。对我国东南沿海威胁较大的热带气旋主要生成于菲律宾以东的洋面上，如果台风绕过台湾岛，风力就不会因经过海岛大山而减弱，到达闽东、浙南的风力就很强劲，即使深入内地，风力仍很大。因此，闽东、浙南山区的畲村普遍育树防风。如果村落朝北，树木就可抵御冬季东北风，对人畜的保护很起作用。

育树以固土、蕴泉、防风。依山而建村落或建房，为了不过多挖土凿坡，畲民常在村前或屋前砌筑挡土墙。畲民还释以风水观念，使得育树观念更深入人心，使育树护树成为一种习惯。福安县甘棠田螺园畲村《雷氏宗谱》载：“同治十二年，合族公议。请匠公派兴工围筑坚石砌造面前堡岸，培荫风水，以为大路通行吉祥如意。家识公同维舟公手栽插面前岸外榕树二株，以为远远世世合族培荫风水。”[①] 对于“来龙”即村子后山，以及“下砂”即风水格局的村前，畲民特别重视树木养护。光泽县司前乡积谷岭村《雷氏族谱》告诫族人说：“来龙山及下砂水口门前石墩，族中培植攸关，不可挖毁以伤地脉，树木必须葑蓄，毋得伐贼，以坏根本。”[②] 为了保护村落“气脉之所关”的林木，积谷岭村雷姓族人还制定《禁后龙条规》，该条规云：“山尤藉木为蔽，譬之人身，山其体也，木其衣冠也。未有衣冠不具，而体有不寒者也。我村后龙本一乡气脉所关。下至水口又一乡，保障之所系。往者，树木丛杂，茂林阴翳，

① （福安）甘棠田螺园《雷氏宗谱》，光绪版，转引自蓝炯熹《畲民家族文化》，福建人民出版社 2002 年版，第 285 页。

② （光泽）司前积谷岭《雷氏族谱》，同治元年重修，转引自蓝炯熹《畲民家族文化》，福建人民出版社 2002 年版，第 286 页。

以故家给人足，户口熙熙。迩来人心不古，取便目前，伐木掘蚓，伤残地脉，揆厥所以，皆我一姓自我摧残噫。本之既坏，末能弗衰？爰合众公议，将后龙山一带，上至山顶，下至山脚，里至起华石嘴，外至李姓隔界山窠，凡四至之内，不论同异姓人等，永不许入山樵采。"①

畲民以自然村为单位，聚族而居。自然村以血缘关系为纽带建立起来，大多是同宗族为一村。若是同村不同姓，不杂居，各成聚落，如浙江云和县雾溪畲族乡平阳岗村，雷姓住雷岗，蓝姓住蓝岗。山腰山岙建村，有较大块平地，各家房屋就比较集中，否则就比较分散。这与平原地带汉族村落的民居比较聚集的村貌形成反差。这种反差越往过去就越大，越往现在就越小，其中一个主要原因就是定居以后人口繁衍，如果没有新的地方另辟新村，村落的民居就越集中。但是就是怎么集中，只要是依山而建，集中仍有相对的分散。同治《景宁县志》很准确地概括了畲村的特点："窜居山坳缚苑以处，不谋萃聚，不杂土著。"② 在很偏僻的高处，几户甚至一二户为一村也不是稀罕的情形。道光《建阳县志》记载畲民"所居在丛菁邃谷，或三四里，或七八里始见一舍，无比屋而居者"。③

沈作乾于1923年在浙南丽水的调查说："畲民的居住，大都在深山穷谷之中，聚族而居，自成村落，和汉人同村的很少。"④ 聚族而居，至今依然。据《丽水地区畲族志》，多数畲村由"同一支（家）族发展成村落"，"也有小部分村落畲汉混居"。⑤ 闽东畲汉杂居的情形多一些。据《宁德市畲族志》，全市畲族人口比例60%以上的畲村有176个（比例60%以下的有畲族居住的村落数不详），

---

① （光泽）司前积谷岭《雷氏族谱·禁后龙条规》，同治元年重修，转引自蓝炯熹《畲民家族文化》，福建人民出版社2002年版，第286页。

② 同治《景宁县志》卷12《风土·附畲民》。

③ 道光《建阳县志》卷2《舆地志·附佘民风俗》。

④ 《畲民调查记》，载《东方杂志》第21卷，1924年第7号，第58页。

⑤ 《丽水地区畲族志》，电子工业出版社1992年版，第22页。

纯畲族村 142 个，占 81%。[①] 据《霞浦县畲族志》，全县畲族聚居的自然村有 501 个，畲族人口占 60% 以上的有 381 个，其中畲族人口占 90% 以上的有 186 个，这些自然村平均 17 户、75 人。纯畲族或近乎纯畲族的村落，是畲族迁居较早的村落；畲汉杂居的村落，是迁居较迟的村落。[②]

清末浮云《畲客风俗》说的是处州（今丽水）畲民风俗。该书说："畲客性喜山林，倚山而处。"[③] 云和县属处州，同治《云和县志》载："（畲民）依山结庐。"《畲客风俗》所说的"倚山而处"，可分为山腰和山麓两种。据《丽水地区畲族志》，景宁、云和畲族多住山腰，其他县畲族多住山麓。[④] 即使在山麓，村落多依山势筑屋如梯状。景宁是畲族从闽东福安经寿宁、泰顺一带迁入浙南的主要集散地，云和与景宁北部接壤，这可能蕴涵这一历史信息：随着畲族农耕技术的提高，传统的择山腰而居逐渐转为择山麓而居。笔者读研究生时在崇儒霞坪、上水做调查实习，霞坪在山麓，从霞坪畲村一路上山走 7 华里到上水畲村。据族谱记载，蓝姓于明崇祯时开基上水，第二世分房下山到霞坪开基，第四世又有族人迁居霞坪。这种情况似也印证着上述的先是择山腰而居、而后逐渐转为择山麓而居的推测。从宋代畲族"厓栖谷汲"，[⑤] 以及明代闽西《三猺曲》所叹谓的"竹篱茅瓦白云齐"，[⑥] 古代畲族必择居山腰的特点就格外清晰。当然，就是后来部分畲民的农耕水平接近或同于汉族，也不见得这样的畲民就会从山腰迁到山麓，因为村落形成后就有相当的稳定性。再则，如果山麓地带资源丰富、可垦空间大，山麓地带也是很好的选择。此外，所谓的山麓与山腰也有一定相对性，在逐步升高的山岭内山的山麓就是整片山岭的山腰地带。在考察畲族

---

① 《宁德市畲族志》，天津古籍出版社 2001 年版，第 64 页。

② 《霞浦县畲族志》，福建人民出版社 1993 年版，第 98 页。

③ （清）浮云：《畲客风俗》，光绪三十一年石印本，第 46 页。

④ 《丽水地区畲族志》，电子工业出版社 1992 年版，第 21 页。

⑤ （宋）刘克庄：《漳州谕畲》，见《后村先生大全集》卷 93，四部丛刊本。

⑥ （清）杨澜：《临汀汇考》卷 3《风俗考·畲民附》，光绪四年刊本。

的聚落地址选择，有两个因素需要特别重视，一是火耕徙居还是定耕定居？一是汉民是否已经开发以及开发的程度如何？事物的面貌、特别是历史过程的面貌总是以参差不齐为其特征，对于特点的概括意在表述其总趋势。

1929 年夏季，德国学者史图博和助手李化民在调查景宁敕木山畲村之前，先在丽水和云和做过考察。他们对敕木山畲村有这样的描述：“（敕木山畲民）居住地的形式和浙江南部（畲村）毫无差别。村内道路和联结各居住地的通道，其类型也和一般常见的相同。道路是陡的峭的，几乎像阶梯那样上升，偶尔形成盘旋的山路。路面规则地铺着大块光滑的鹅卵石”。“在一些房屋附近的一个陡坡上，有块极小的场地。”“那些房屋的四周则长着成丛的美丽的棕榈树。”　“大多数房屋是靠着陡峭的山崖，房屋的分布很不规则。”[①] 畲族民居多建山坡上向阳避风有水源的地方，但居址选择不可能尽如人意。敕木山一带的畲族村落，多朝北，因为敕木山北坡下就是盆地，盆地与山岭的过渡地带，可垦山场较多。而敕木山的南侧则是连绵的峰峦。因此，我们在看到畲族村落、民居的一般类型和一般特点时，还会看到不一样、甚至相反的特殊类型及其特点。这并不构成矛盾，而是反映出完整和丰富的现实。

第二节　村落的社会环境

明清时期以及此前，畲族村落环境和地点的选择，不仅有传统惯式的制约，也有社会心态的左右，而心态反映了阶级压迫和民族歧视。当农耕水平接近汉族的时候，仍然远避于边鄙深山，这主要是封建压迫所驱使。《漳州谕畲》所说的“贵家辟产，稍侵其疆；豪干诛货，稍笼其利；官吏又征求土物蜜蜡、虎革、猿皮之类。畲

---

① 《浙江景宁敕木山畲民调查记》，中南民族学院民族研究所 1984 年编印，第 19 页。

人不堪”,[1] 虽是南宋末年的记述，但封建政府和汉族地主阶级对畲民的压迫和侵夺，延续至封建制度的终结，只是表现形式因时因地而异。已经不再以“刀耕火种”为主要生计的畲民，仍山居野处，是对这个充满民族歧视的封建社会，作一种侧目远观和横眉冷对。

民族压迫和民族歧视主要归因于封建统治阶级，但其表现不仅仅有自上而下的纵向方式，还有表现在基层社会的横向方式，具体就是汉族豪强、地痞和无赖对少数民族的欺压和侵扰。

文化从来就不是单纯存在的状态，它或者受社会环境的推动，或者遭到社会环境的逼迫。据《开山公据》，畲民“望青山而去”，“官兵里甲等，……勿得阻挡，强取徭人财物”，可以透见畲民所受欺扰，由来已久。定居在闽东、浙南的畲民，所受欺扰不时发生。由此很能理解畲族在《高皇歌》唱出的愤懑，很能理解畲族坚持不懈地宣扬盘瓠传说，不仅在维系民族认同，也在构筑抵御侵扰的精神壁垒。“代天征番招有功为驸马”的旗幡（参见十三章第二节第二部分“宗族祭祖”中的“迎祖祭”），“名垂后裔皇孙王子免差徭”的联句，让我们感到历史文化自豪的同时，也体会到少数民族处于社会边缘的遭遇。封建制度压迫下的畲区，不是田园牧歌，而是凄风苦雨。

由于畲族村落分散、人丁较少，平时就有一些地痞流氓寻衅滋事，敲诈勒索。特别在收获季节，更是变本加厉。乡间畲民已经意识到宗族的防御力量已无补于事，能较为有效地维护社会治安，抵御流氓无赖的，要靠县衙的“告示”的王法震慑力。畲民求助于官衙，“乞出示严禁，以儆盗贼而安弱农”。当地官员通常很快批示，发布文告，明令禁止骚扰畲村，并饬令地保、甲长务宜督率村民做好治安巡查，以确保乡村宁靖。畲族乡村将此类政治文书勒石村头。封建政府为了长治久安而对弱势中的少数民族的保护，同对少数民族的压迫剥削纠葛着，反映了民族关系、阶级关系的复杂性。

---

[1] （宋）刘克庄：《漳州谕畲》，见《后村先生大全集》卷93，四部丛刊本。

一　清代闽东畲村的受扰

在闽东，今蕉城区（原宁德县）猴墩村、新楼村、海潮山村、岑田村，霞浦县岭头村、磨石坑村、上水村、半月里村等畲族村还保留着这类石碑。这些“禁示碑”原系清代县衙给畲民的告示，畲民镌刻，以求长期明示。“禁示碑”反映畲村长期遭到的欺扰有：滥派差徭、(藉巡察之名）索要保护费、强乞诈讨、偷砍盗割。

（一）滥派差徭

对畲民滥派差徭来自基层汉族保长。康熙四十一年（1702）福宁知州董鸿勋立石勒碑，禁派畲民差徭。乾隆二年（1337）福建省督抚郝卢具奏，朝廷颁旨，仍准畲民不编丁甲，免派差徭，循例古法，勒石示禁。乾隆五年（1740），清政府开始对畲民陆续实行“编图隶籍”、“编甲完粮”政策。[①]“粮”（田赋）据田亩征，畲民田园很少，田地多佃耕，田赋很少。尽管康熙末年开始，特别是雍正朝在全国陆续推行“摊丁入亩”，丁税（差徭货币化即转为丁税）已免，但具体实施通常走样。并且，鉴于地方财政困难和官府贪渎，苛捐杂税纷呈，差徭复旧。督征派差是基层社会的汉族乡保之责，而乡保常不得称职之人，豪强、土霸、地痞常充之，借此渔利。这类乡保视畲族为可欺，除了派差还会加派，或者借口雇人充差，要畲民出钱作为雇差之费，此即“索贴”。这种情况在霞浦县比较严重，乾隆三十九年（1774）霞浦知县曹鸣谦禁派畲民差徭，勒石出示。碑云：

乾隆三十九年六月二十九日，据畲民钟允成等具呈前事，词称：成等始祖乃高辛皇帝敕居山颠，自食其力，不派差徭，历代相沿，由来已久。迭蒙历朝各宪布化宣仁，案炳日月。迨

① 《霞浦县畲族志》，福建人民出版社1993年版，第2页。

康熙四十一年，又蒙董州主赐立石牌，永禁各都乡保滥派畲民差徭，各县石牌现存可考。各都保遂有滥派尔等差徭、索贴之弊，成等呈恳府宪徐，蒙批侯檄饬严禁，勿许各都滥派尔等差徭并索贴差务，俾使各安生业可也。……据此，为查畲民钟允成等，前蒙本府宪徐檄行出禁在案，兹据前情，除核案批示外，合再示禁。为此，示仰各都乡保人等知悉：嗣后务遵照宪檄，勿得仍前滥派畲民差徭，藉端索贴扰累，并索砍竹木等项，俾得安业。倘敢故违，许受累畲民指名直禀，以凭掌究。各宜凛遵勿违。①

有关畲民免差徭的告示，在仙游也有。以下是雍正五年（1727）优免畲民差徭的县正堂告示，畲民将之刻石，此碑原存于仙游县木兰街畲民会馆，现藏于县博物馆。引仙游的禁示碑的意义，在于说明早在康熙朝闽东禁派畲民差徭的明令对邻近地区的影响。碑文云：

圣王御极，皇仁浩荡，亢民间一切差徭，蒙谕查实豁免。况雷、蓝、盘三姓畲民，原无一定住籍散□，自食其力。沐历代洪恩，载入流烟册内，概免一切差徭，如福州各属畲民现有勒石优免。独兴属□例，动欺孤丁单姓，诸色杂差丛集，畲民是以疾于奔命。

本年五月内，畲民蓝圣时□等永保畲民生聚等事，具呈总督部院大老爷高，蒙批府行县查例。幸蒙本县主正堂加一级萧，照例具详，并饬示禁在案。②

上述碑文说明福州府诸县有勒石优免畲民差徭，这一情形可在

① 转引自《霞浦县畲族志》，福建人民出版社1993年版，第477页。

② 转引自蓝炯熹《畲民家族文化》，福建人民出版社2002年版，第344页。

福鼎《蓝氏宗谱》得到佐证：“（康熙三十六年）闽省连江、罗源、侯官等，俱蒙示禁勒石永革，畲黎得安耕凿。”从康熙到乾隆，福州府和福宁府确注意落实对畲民的免差徭政策，但嘉庆朝以后，特别是晚清各朝，畲民免差徭受到漠视。王朝腐朽垂死，官府愈加贪渎，行政愈加无序，捐税多如牛毛，差徭即使不派，也是以货币形式征收。一个行将就木的政府，对于即使赤贫如洗的畲民，谈何“优免”？

（二）索取保护费

借巡察之名索要保护费，来自汉族村社揽“巡洋”事务的土霸、地痞、无赖。康乾朝之后，社会败象渐显，晚清时民更不聊生，地方不靖，每到庄稼要收成，盗收偷割时有发生。汉族村庄组织“巡洋（队）”本属益事，但“巡洋”事务往往为土霸、地痞、无赖所操纵。他们借口也为“山宅”（畲民村落）“巡洋”，实际上畲民庄稼被盗却不予理会，纯属借“巡洋”之名向畲民强索“保护费”。鉴此，畲民要求自行御盗。宁德县猴墩村《雷氏族谱》刊载了清嘉庆十六年（1811）十月二十一日县衙关于“违例巡洋”的批复布示，原文如下：

> 本年十月十五日，据雷朝元、蓝奶弟、钟文乐等呈称：住居九都猿墩（即猴墩——引者注）地方，安业田园。所有巡洋各人向在平洋（平原——引者注）查看，从无夜间至。元等山宅巡查，田园有被盗时，元等向投不理。凡遇收成，各到山宅额外索取，被盗无赔。迩来并襍粮又要索取。元等理论，反欺畲民，山宅摩拳擦掌，种种被陷。切思巡洋所以御盗，被盗投验赔偿，故得抽送。似此，夜巡不到，被盗投验不理，凡有所收，一切统要额外抽送，且被盗更多，为害不浅焉！用此巡洋为哉？元等合同公议，各人自种自看，不失守望相助之意，无滋抽费，以省事端。……据此，除批示外，合行出示严禁。为

此，示仰该处居民人等知悉：嗣后该处田园，以及䅉粮等项，听雷朝元等自行防守，不许棍徒包揽巡洋，致滋事端。倘有前项匪棍仍前包揽，许即协保禀解赴县，以凭究治，毋得始勤终怠。①

类似县衙批复同意畲村自行巡看田园，“自行防守”，“不许棍徒包揽巡洋，致滋事端”的告示碑刻也见于福宁府各县，原属福州府的罗源县八井畲村也有类似的告示碑刻。

（三）强乞诈讨

强乞诈讨来自汉族恶丐。霞浦县六岭头畲族村的石碑立于清道光年间，碑文题为《禁议示给》，由霞浦县正堂“出示严禁”，时间是道光二十七年（1847）十月二十九日。碑文有：

据二十五都六岭头九境村民钟廷开等具呈称……贼匪、棍徒并恶丐、流乞潜入村户，日则强乞撒赖，夜则横行穿穴趴墙，盗牵牛猪牲畜、衣服，坐地分赃。……每逢秋收之时，呼群蜂拥，私登田园屋宅，恶化掏摸。……村民遭害，苦不胜言。……准给示，以除民害。……地保、甲长务宜督率村民守望相助，日夜巡查……盗贼、恶丐、流乞毋许呼朋强索，并喜事诈讨花彩酒食等……地保、甲长人等，立即扭送赴县，以凭案律，严拿究治，断不姑宽。……地保、村民等亦不妄拿无辜。

从道光到清朝末年，恶丐群入畲村强乞诈讨，愈演愈烈。宁德七都镇海潮山畲村和赤溪镇岑田畲村，仍存有两方光绪年碑刻，碑额均为《奉县告照》，均为宁德县正堂出示。海潮山畲村这方将光绪二十年（1894）九月初三县正堂的“严禁恶丐强乞以靖地方事”

① 转引自蓝炯熹《畲民家族文化》，福建人民出版社2002年版，第346页。

布示加以镌刻的《奉县告照》，内容有：

> 本年八月十九日，据八都等处乡民蓝聚春等公仝呈，切民等地处山僻，务农为生，终年辛苦，往往恶丐结党成群，横行乞食。每至收成之时，丐等聚夥，身怀利刃，环集田园强讨。不遂其欲，甚至持刀吓诈，拦阻打稻，不容收获。稍与计较，则装伤倒诬，鸠集多人拼命记赖，不服理谕。山村家数既稀，来城控告路途又远，惟以无事为安，遂至任其诉索。即非收获之时，每到各家勒乞，不如其意，则鸡豚、农具皆敢窃取。……处此，除批示责成丐首严加管束，合行示禁。为此，求谕该乡民蓝聚春等知悉：自示之后，如有恶丐到村强乞，任意逞刁，倘敢再犯前情，准该乡民等会同地保[illegible]送赴县。①

赤溪镇岑田畲村保存的光绪三十年（1904）八月的《奉县告照》碑云：

> 本年七月二十八日，据十一都岑田村畲民蓝先寿、洋成、同先、春顺、伏成，雷朝子，钟兰邦、清顺，地保傅咸贤、其成等呈补录：寿等岑田上下村、官后门、肥垅村，有二十多家，筑寮散处一隅，均为农业。近因恶丐群居附村，聚赌饮鸦。寿等田园，锥扑蹭蹬，顾已难堪。……如遇登场收获。丐则勒索田粟。若非随索随给，敢则入寮吵扰。遇便鸡只、农具，以及屋前蔬菜、柴薪，晒曝粗衫、短裤，任意搜取。……从前那有一二流丐到门告乞，寿等给其饭米只钱，丐则欣然而去。近来农景愈欠，丐则愈增。……据此，查恶丐强乞，藉端诋扰，实为闾阎之害。据呈前情，除批示外，合行示禁。为此，示该处诸色人等知悉：嗣后遇流丐到门告乞，如实系贫无

① 转引自蓝炯熹《畲民家族文化》，福建人民出版社 2002 年版，第 348 页。

> 聊生者，尔等乃勿吝撮米只钱，随时施给。倘有成群结队，多方强索，甚或乘便搜取物件，及以残疾丐类抬赖滋扰，则是既不畏法，断难稍事姑容，准尔等协同乡保获住，捆送赴县，以凭究办。但不得擅行殴打，滋生事端……①

从现存的禁丐碑刻来看，福宁府诸县禁流丐扰畲民的布告集中在光绪年间。现存有光绪年禁丐碑的畲村有：宁德县猴墩村，霞浦县的磨石坑村和樟坑畲村。

流丐系赤贫所致，归根结底是封建社会地主阶级残酷压榨的产物，既成群，说明社会败乱之象毕露。灾年时，官府麻木，不予赈济，贫民沦为丐流，尤其严重。饥急生恶，或赖诈，或强索。丐流本是弱势底层，却以社会边缘族群的畲民为欺负的对象。这反映了在制度腐朽、社会无序的情况下，各种社会关系愈加错综复杂。

禁丐碑暴露的问题，突出地反映畲民受到阶级和民族的双重压迫。封建制度和封建统治阶级是社会罪恶的根源。作为阶级压迫和民族歧视的总后台，封建政府也扮演调解社会矛盾的角色，因为社会矛盾尖锐、地方不靖，乃至动乱，将危及其统治。在风雨飘摇的封建社会末期，阶级矛盾和民族矛盾的表现更加复杂化，甚至阶级矛盾部分会转化为民族矛盾，阶级压迫会加剧民族歧视和民族压迫。

（四）盗贼盗砍偷割

盗贼盗砍偷割缘于“匪贼恣横”。在上引的“棍徒包揽巡洋”而向畲民索取保护费之事，就披露了从嘉庆年开始，就发生了来自汉族村庄的恶徒偷盗畲民作物的事件。这种偷盗到了光绪年愈加猖獗。“宁德县飞鸾镇园畲村”，至今还保存一方光绪三年（1877）三月二十四日颁发的严禁匪徒盗砍盗割的碑刻。原文如下：

---

① 转引自蓝炯熹《畲民家族文化》，福建人民出版社 2002 年版，第 349 页。

> 本年二月廿三日，据二都长园村钟振德、钟振茂、钟朝扬、钟子如等称：缘德等世居长园村，族众均务农业度活。……（乾隆十八年至嘉庆二十一年）先后承出三号山场之下，族人即在该山，依照四至，内栽插竹木、茶树等物，并开垦园坪，栽种地瓜，历久无异。不期迩来匪贼恣横，名为偷窃，不啻己物。最惨者稻麦、地瓜尚未成熟，农民不忍动手，而盗贼忍心盗割盗掘，半遭偷窃，半遭蹂躏，触目伤心，痛恨奚极。至于桐杉竹木等件，稍长选择盗砍，值此茶季，盗摘不绝，农民遭扰，苦莫言状。……据此，除呈批示外，合行出示严禁。①

文中，“匪贼恣横，名为偷窃，不啻己物”。“稻麦、地瓜尚未成熟，……半遭偷窃，半遭蹂躏”；“桐杉竹木……稍长选择盗砍”；“茶季，盗摘不绝”。畲民遭扰，触目惊心。此等所为，非职业盗贼，而是在贫困底线挣扎的品劣的汉族农民。饥寒交迫，亦可逼良为盗贼。即使同为沦落之人，也会弱肉强食。这种丛林律则，在封建末世尤显，并使阶级关系的恶果转嫁而泛滥于民族关系。

二　清代浙南畲村的受扰

在浙南，虽然畲村所受的欺扰，没有闽东那么严重，主要是“地棍”借端索扰。所谓“地棍”即汉族乡里保长。督征派差是基层社会的汉族乡保之责，而乡保常不得称职之人，豪强、土霸、地痞常充之，借此渔利。这类乡保视畲族为可欺，除了派差还会加派，或者借口雇人充差，要畲民出钱作为雇差之费，此即“索贴”。《平邑勒碑告示》碑，原立于平阳县县衙门口，后失，平阳东湾村蓝氏族谱载有此告示（道光二十四年）。文云：

> 据畲民雷向春、钟子评、雷文锦、蓝士嘉、李子远呈称，

---

① 转引自《闽东畲族志》，民族出版社2002年版，第492页。

身等蒙前代高辛氏赐姓蓝雷钟李四姓，迁居各处，开山为田，以供赋税，各省皆然。现在连江、罗源、宁德、福安、霞浦、福鼎、景宁等县，均各勒石示禁，不许里堡地棍藉端索扰。身祖雷起定于康熙三十七年因地棍叠次扰害，是以会同瑞安蓝文贵呈鸣，督宪郭既道府二宪蒙仰前宪徐，将道宪颁发告示张贴，并将示内事理勒石永革，庶地棍敛迹，身等具各安居，因杨宪重建头门，将碑移开，未蒙重立等，恐地棍乘碑未立，仍然藉端滋扰，呈请修建示禁等情投县。据此，除查案准其修建外，合行出示严禁。①

道光二十三年（1843）《泰邑勒碑告示》碑，原立泰顺县衙门口，后失，泰顺小岭村雷氏族谱载有此碑文，摘要如下：

案查道光二十三年八月十二日奉兼署总督部堂刘批发泰顺畲民雷阿发、蓝汤明、钟承泰、李茂基、蓝式恩、雷学颜、蓝成远等呈称：发等畲民系高辛氏之后，赐姓勒居各处开种纳粮，自食其力，不编丁甲，不派差徭，毋许里堡地棍藉端滋扰，历朝蒙有例禁，各省皆然。现在侯官、福丁［宁］、霞浦、连江、罗源、福安、平阳、景宁各县俱经勒石示禁，……今发等分居泰顺县辖，因未勒碑谕禁，仍有里堡地究［棍］违例，每多藉端索扰，滥派民夫，勒贴夫钱，藉给门派，沿门需索，藉砍竹木集项，稍拂其意，即行捏词控害，以致穷畲迁徙流离，山田荒废，课赋无归。……总之，泰邑未奉示禁，致有差保藉端滋扰，……经本署查……各县畲民不派差徭，已有成规，自应循照一体示禁勒碑……②

---

① 转引自《浙江省少数民族志》，方志出版社1999年版，第293页。

② 同上书，第293—294页。

上引的浙南禁示碑，从“不派差徭……历朝蒙有例禁”，可知所受欺扰是保长派差徭，甚至是滥派差徭，借此索差徭费用，不给就“藉砍竹木集项，稍拂其意，即行捏词控害，以致穷畲迁徙流离”。这点与闽东畲民所受的“滥派……差徭”、“藉端索贴扰累，并索砍竹木”等项的欺扰完全一样。闽东的情况严重得多，更有索要保护费、强乞诈讨、偷砍盗割之欺扰。

上述的各种禁示布告反映了官府既有鱼肉畲民的一面，也有保护畲民的一面。汉民与畲民既有友好相处的一面，也有歧视、欺负畲民的一面。如果不承认后者，那么封建时代的汉族人民都近乎有民族平等觉悟的当代人，这显然不真实，甚至是荒谬的。欺扰畲民的汉民是保长等地棍之流，索要保护费是汉民中豪强、地痞，但偷收稻麦、地瓜，盗摘茶叶，盗砍桐杉竹木，则是汉族村社无赖，以及生活无着的流丐。在上引的九个禁示碑中，有三个即禁丐碑。流丐、恶丐呼朋结群骚扰，每逢灾年愈多，这些来自汉族社会的弱势群体，居然视畲民为欺侮对象，这反映了封建社会中，民族关系与阶级关系纠结在一起的复杂性。县衙前有保护畲民免侵扰碑而无保护汉民免侵扰碑，这足以说明畲民作为弱势族群而备受欺扰。

马克思和恩格斯在《德意志意识形态》中指出：“统治阶级的思想在每一个时代都是占统治地位的思想。……支配着物质生产的阶级，同时也支配着精神生产资料，因此，那些没有精神生产资料的人的思想，一般地是隶属于这个阶级的。”① 大汉族民族主义，即使在满族贵族入主中原后，与汉族地主阶级结成满汉联合统治后，依然盛行。汉族民众不可能超越时代而不受大汉族民族主义的影响。尽管在社会底层，受压迫受剥削的共同遭遇的汉、畲人民也能友好交往，也能同舟共济，特别在历代反抗封建社会的斗争中紧密团结，同赴生死。然而，这些历史的亮丽不能全然覆盖灰暗的色斑。如果不承认民间长期存续的民族歧视，那么封建社会的民族关

① 《马克思恩格斯选集》第1卷，人民出版社1966年版，第98页。

系就尽是“唯阶级论”的想象，其实际效果就是为封建社会文过饰非。中国民族关系史的论述，长期存在着幼稚的忌讳。民族平等，只有在中国共产党领导下的新社会才可能得以实现，并且终将彻底实现。了解旧社会中少数民族所受到包括民间性的民族歧视和民族压迫，各族人民才会更珍惜中国共产党领导的民族平等、共同繁荣进步的新生活。汉族人民也会更理解少数民族曾遭受的心理创伤，更加自觉地尊重他们，特别是尊重他们的风俗习惯和文化感受，避免有意或无意触伤少数民族的文化心理，彻底消除民族误解和纠纷。

大量文献资料显露了畲民所受的民族歧视的境遇。同许多称谓一样，清初《猺民纪略》就将畲民自称的“徭民”称为“猺民”。同不少方志一样，乾隆《古田县志》将非常美观的畲妇头饰蔑称为“其形似狗”。[①] 清初汀州的《猺民纪略》：“（畲民）其性愿悫，其风朴陋，大率畏葸而多惧，望见衣冠人至，其家辄惊窜，入市贸布易丝，率俯首不敢睥睨。”[②] 如果受到尊重和平等对待，何致如此忐忑不安？所谓的“衣冠”者，在这里指的是汉族中有身份有地位的统治阶级和剥削阶级。“衣冠人至”引起的“惊窜”，让我们察觉到阶级关系主导着民族歧视。在浙南，被蔑视和被排挤于社会边缘的畲民，“力田庸工，不敢与本地人抗礼”，[③] 史图博和李化民1929年在景宁敕木山的调查说：“畲民对住在附近的汉人的态度，在好些方面是值得注意的。……他们对汉人总觉得胆怯而且不信任，像见了陌生人一样。当然，由于他们必须向汉族地主缴纳的佃租高得惊人，他们感到深受压迫。住在附近的汉人则把畲民看作外来人，比自己低一等，有时以蔑视的态度对待他们。”[④] 景宁敕木山畲民的心态与《猺民纪略》中的汀州畲民是很相近的。

① 乾隆《古田县志》卷2《风俗·畲民附》。

② 乾隆《汀州府志》卷41《艺文三》，方志出版社2004年版，第876页。

③ 光绪《遂昌县志》卷11《风俗·畲民附》。

④《浙江景宁敕木山畲民调查记》，中南民族学院民族研究所1984年编印，第35页。

旧社会，畲族村民平时保持着警觉的状态，对于汉民来村，皆一问三不知。汉民将此误以为畲民“笨”，讥言“畲客懵”。畲族民居散落山野，村落外设围墙几无可能，但还是有个别的畲村设寨门以防卫。闽南钟姓畲族，其族谱内载有寨规，寨规组织周严，布投周密。寨规认为“寨而不守，犹无寨也，守而不严，犹虚守也”。规定“每晚各门编定十人司更，十人巡视，其司更，每更每门二人，筹鼓鸣锣应互相通闻，更点节次务要明白，不得虚应故事。其巡视析每更每门亦二人，东门巡者东升西降，西门巡者西升东降，互相密巡，不得贪睡，寨里又每门各设壮丁一名，各执军器守望。每晚每垛眼各设灯笼火把，自黄昏直至天明。其铳炮弓矢俱择雄勇习熟之人，一门有警，各门辅之。务为一体”。① 上引虽然未提及寨墙，但从“寨里又每门各设壮丁一名，各执军器守望”，可知有寨门必有寨墙。在闽东福鼎双华畲村，村落用石块垒起的围墙和砌成的拱形寨门，至今仍保存完整。在霞浦溪南半月里畲村，在村子的入口处，粗壮的寨门框架清晰可见。无论是僻处山野的冷漠远视，还是寨墙寨门的森严壁垒，都流露出畲村的表情。

在民族歧视的社会环境中，惹不起却躲得起，这大致是畲民择居“深山穷谷”② 和警觉防卫的心态。尽管躲也不是可以尽躲得了的，但这种空间距离却能产生心理的安全和自在。基于畲族与汉族在经济上的共生方式，畲民的远避必有限度，畲村与墟市的最远距离，一般是白天行走路途的一半。造成畲民村落选址的因素是多重的，以上侧重揭示这种避居山野的心态，意在对以往的忽略做一补充。已经定耕定居的畲民仍居住深山僻野，或被认为纯粹是天然的民族性格使然，这种理解是浪漫和浅薄的。

---

① 漳州浦南《纯嘏堂钟氏族谱》，转引自《中国民族文化大观·畲族篇》，民族出版社 1999 年版，第 218 页。

② 《畲民调查记》（《东方杂志》第 21 卷第 7 号，1924 年）指出：“畲民之居住，大都在深山穷谷之中，……聚族而居，自成村落。”畲民所居乃“深山穷谷”，明清方志多如此或类此说。

第三节　社区组织

社区指在一定地域范围有着某种社会结构的群体。社区范围因考察的角度不同而具有弹性。几个宗支组合为一个宗族，这几个宗支村落就整合为一个社区。宗族社区是小社区，较大的社区还可以指乡镇级社区、县级社区。鉴于畲族大分散、小聚居的特点，对畲族社区的规范可以宽泛一些。例如，若干个宗支（即房族）有共同的祭祖活动，它们就成为宗族，他们的聚落不一定连为一片，而只是共处在一定的地域范围。某种社会结构，特别是政治结构将若干地域群体整合起来，这一地域群体也算是形成为一个社区。像明代粤东抚徭土官制度框架下的畲族地域社会也可以算是一种行政社区；像闽东祭祖祭祀圈里的宗支群体，迎祖祭纽带使同宗异房成为有共同信仰实践的跨地域宗族，也可以算是一种祭祀社区；像宁德猴墩等村落有18个巡洋社组成巡洋总社，就是一个保卫社区。

一　抚徭土官

应当说明的是，明代粤东，为了收税征役，官府在畲族社会的基层设“畲长”，“畲长”是被官府承认的自然领袖，可能就是族长。“畲长”之上又设“畲总”，“畲总”是在若干名“畲长”中择选出。“畲总”之上就是作为总管的官府中的“抚徭土官”。尽管这里考察的是畲族基层社会的社区，但只有以纲举目张的方式才能明了“抚徭土官”之下的社区行政组织。

（一）闽西南无设抚徭土官

明代开始在粤东设“抚徭土官”管理畲民。有些文献称闽西南社区也曾设“抚徭土官”，属误。

中国是文献极其丰富的国度，也很有唯书抄书的传统。辗转传抄，张冠李戴并不鲜见。文献记载的某事，并不意味就是事实。古代编修方志的资料来源，一是采访，一是文献。有些方志在编纂文献时也把非记述本地区情况的文献辑入，又无说明出处，以致贻误后世。就是训练有素的研究者，稍不小心，也会受其误导。晚明至清代闽西、闽南误将粤东畲区"抚徭土官"之事植入本地历史，而闽西、闽南方志所谓"（明初）设抚徭土官"，又被有关畲族史专著引为信史，以讹传讹。[①] 对于这个问题的辨析，最好是逐一鉴别此说所据的资料，以便检查所谓明代闽西南"设抚徭土官"究竟是不是来自藤蔓编造出来的伪史。

龙岩地处闽西，唐开元年间设汀州之后，龙岩隶属汀州，唐大历年间改隶漳州，清雍正时龙岩县升为龙岩州。乾隆《龙岩州志》载：

> 畲客即瑶人，岩属俱呼为畲客。《桂海虞衡志》：瑶本盘瓠之后。范晔《后汉书》：盘瓠，帝喾之畜狗，负少女入南山，止石穴中，生六男六女，因自相夫妻，织绩木皮，染以木实，好五色衣服，制裁皆有尾形。性鸷悍，言语侏离，其后滋蔓，号曰"蛮夷"。盖楚粤为盛，而闽中山溪高深处间有之。在（龙）岩者惟蓝、雷二姓。在（漳）平、宁（洋）者，有蓝、雷、钟三姓。随山种插，去瘠就腴，编荻架茅为居。善射猎，以毒药涂弩矢，中兽立毙。贸易商贾，刻木大小短长为验，其酋魁亦有辨华文者。山中自称狗王后，各画其像，犬首人身，岁时祝祭。族处喜仇杀，或侵负之，一人讼，则众人同；一山讼，则众山讼。明设抚瑶土官，令抚绥之。量纳山赋，其赋论刀若干，出赋若干。或官府有征剿，悉听调用。后抚者不得其人，或索取山兽皮张，遂失赋，官随亦废，往往聚众为患，如元时南胜李志甫之乱，非傜人乎？[②]

---

① 蒋炳钊：《畲族史稿》，厦门大学出版社1988年版，第136页。

② 乾隆《龙岩州志》卷20《杂记志·畲客》，福建省地图出版社1987年版，第314页。

《龙岩州志》这段文字明确称：本州境在明代设抚瑶土官。据查，《龙岩州志》这条“畲客”材料中的前面文字，系照抄清初长汀县人范绍质所写的《猺民纪略》。该文道：

> 汀东南百余里有猺民焉，……《桂海虞衡志》：猺本盘瓠之后。范晔《后汉书》：盘瓠，帝喾之畜狗，负少女入南山，止石穴中，生六男六女，因自相夫妻，织绩木皮，染以木实，好五色衣服，制裁皆有尾形。性鸷悍，言语侏离，其后滋蔓，号曰“蛮夷”。①

《龙岩州志》这段有关“畲客”的文字，接着几乎照抄清初顾炎武编纂的《天下郡国利病书》摘录的明末郭造卿《防闽山寇议》：

> 猺民楚粤为盛，而闽中山溪高深之处间有之。漳猺人与虔、汀、潮、循接壤错处，亦以盘、蓝、雷为姓。随山种插，去瘠就腴，编荻架茅为居。善射猎，以毒药涂弓矢，中兽立毙。其贸易商贾，刻木大小长短为验。今酋魁亦有辨华文者。山中自称狗王后，各画其像，岁时祝祭。族处喜仇杀，或侵负之，一人讼，则众人同；一山讼，则众山同。常称城邑人为“河老”，谓自河南迁来，畏之，繇陈元光将卒始也。国初设抚猺土官，令抚绥之。量纳山赋，其赋论刀若干，出赋若干；若官府有征剿，悉听调用。后抚者不得其人，或索取山兽皮张，遂失赋，官随亦废，往往聚出为患，若往年南胜李志甫辈之乱，非猺人乎?②

---

① （清）范绍质：《猺民纪略》，见乾隆《汀州府志》卷41《艺文三》，方志出版社2004年版，第877页。

② （清）顾炎武：《天下郡国利病书》卷96《福建六》，广雅书局光绪二十六年刊本。

对照上引二文，可以很明显看出《龙岩州志》的“畲客”条的来源。因时值清代，就把所抄之文的“国初”改为“明”。

由于《龙岩州志》这段文字把“漳猺人……”，改为“在（龙）岩者……在（漳）平、宁（洋）者……”，从而抹去了抄录的痕迹，从而更逼真地“建构”本地历史，贻误更甚。这段文字就曾被有的畲族史专著引述来说明清王朝在福建对畲族人民进行反动统治。①

摘录于《天下郡国利病书》的《防闽山寇议》的这段文字，则又是几乎抄自明万历《漳州府志》。万历《漳州府志》载：

> 猺种本出盘瓠，椎髻跣足，以盘、蓝、雷为姓，自相婚姻，随山散处，编荻架茅为居，植粟种豆为粮。言语侏离弗辩，善射猎，以毒药涂弩矢，中兽立毙，以贸易商贾。居深山，光洁则徙焉。自称狗王后，各画其像，犬首人服，岁时祝祭。其与土人交，有所不合，詈殴讼理。一人讼，则众人讼之；一山讼，则众山讼之，土人莫敢与敌。国初设抚猺土官，令抚绥之。量纳山赋，其赋论刀若干，出赋若干；或官府有征剿，悉听调用。后因贪吏索取山兽皮张，遂失其赋。及抚驭失宜，往往聚众出而为患，若往年陈吊眼、李胜之乱，非猺人乎？②

比万历版更早的正德《漳州府志》并无载“抚猺土官”等“猺人”事略。万历《漳州府志》的上述文字在本州府志首次记载“猺人”（即畲民）。该府志在卷首言明修志时参考了正德版和嘉靖版的《漳州府志》，以及《龙溪县志》、《漳浦县志》、《长泰县志》、《平和县志》等明代旧志，在“猺人”条按曰：“属邑深山皆有之，俗

① 蒋炳钊：《畲族史稿》，厦门大学出版社1988年版，第136页。

② 万历《漳州府志》卷12，“猺人”条。

呼‘畲客’，旧志不载，今载之。”[①] 可见，在明万历以前的漳州府及其府属县的志书都没有记载“猺人”。出于对少数民族的歧视，志书对本地区少数民族风情事略不屑于记载的做法是常有的，例如南宋汀州府志书《临汀志》，对当地的“蛮”或“峒蛮”（即畲族）连一字都没记载。

如果有设“抚傜土官”，通常下属还有“傜总”（或称“畲总”）、“傜甲”（或称“畲长”）。“傜人”（即畲民）既已编户入籍，量纳“山赋”，听官征调，那么这样的“傜人”就不再是“化外之人”，方志必不忽略记载。退一步说，假设明初确有“设抚傜土官”，岂有在万历以前的明代漳州府志以及府属县志不载，反而在没设“抚傜土官”的明代晚期才记载？明代广东的瑶区和畲区设“抚傜土官”，有关县区的“抚傜土官”和下属的“抚傜人”，连同“傜首”、“畲长”，皆有不定期朝贡。据《明实录》，从永乐四年（1406）至成化十二年（1476）这一历时70年的“傜人”朝贡频繁的期间，广东傜人（含畲人）共朝贡65次，却从未见有漳州“傜人”（即畲民）朝贡。除了明万历《漳州府志》突然冒出“抚猺土官”的文字，明代福建诸志未载有“抚猺土官”。万历《漳州府志》应无意作伪，只是在“旧志不载”“猺人”、资料阙如的情况下，才援引了其他地区的材料来作为本地区“猺人”的历史背景材料。

对于万历《漳州府志》的这段“猺人”文字，漳州府属的闽南各县的县志颇不以为然，多不予抄载，即使康熙《平和县志》加以抄录，也谨慎地标明是“杂览”而已。[②] 嘉庆《云霄厅志》转载了康熙《平和县志》这段“猺人”文字，文末注明出处是：“（康熙）平和县志书”。[③] 与漳州毗邻、地处闽西的汀州，其明清的《汀州府

---

① 万历《漳州府志》卷12，“猺人”条。

② 康熙《平和县志》卷12《杂览志》。

③ 嘉庆《云霄厅志》卷3《民风·瑶僮》，吴鼎文点校，云霄人大2005年编印，第46页。

志》以及《长汀县志》、《宁化县志》、《上杭县志》、《武平县志》等，对《漳州府志》这段“猺人”的材料，不予理会，更没有“抚猺土官”的任何踪影。对于本地区所谓的“抚猺土官”这历史幻影何以消逝，万历《漳州府志》云：“后因贪吏索取山兽皮张，遂失其赋。”“贪吏（向畲民）索取山兽皮张”，早在南宋就有之。南宋末年谙熟畲情的官员刘克庄撰《漳州谕畲》，就揭露道：“官吏征求土物蜜蜡、虎革、猿皮之类，畲人不堪，诉之郡弗省，遂怙众据险，剽掠省地。”[①] 漳州畲民这次武装起义发生在南宋末的景定三年（1262）十二月，持续到翌年秋后，在官兵既剿且抚之下，漳浦的“南畲三十余所酋长，各籍户三十余家，愿为版籍民”。[②] 既入版籍，即承赋役，而漳州畲民当时还处于“刀耕火耘”[③] 的生产阶段，承担赋役的能力很脆弱，若官吏还额外“征求土物”，入籍纳赋的畲民将愤然脱籍，这就产生“遂失其赋”的结果。这种事情在漳州当发生过，但这与有无设“抚傜土官”无关。

“抚傜土官”之设仅在粤东。至于认为明代闽南也同潮州一样设“抚傜土官”及其管辖下的“畲总”、“畲长”，是简单采信闽南方志等资料而形成的误解。乾隆《龙岩州志》所载的“明设抚瑶土官”，[④] 抄自清初顾炎武编纂的《天下郡国利病书》摘录的明末郭造卿《防闽山寇议》，[⑤] 而《防闽山寇议》的这段文字，则几乎抄自明万历《漳州府志》。[⑥] 万历《漳州府志》所载的“猺人”事略，其中有所谓“国初设抚猺土官”，系引万历之前与闽南近邻的粤东潮州和惠州的方志资料。[⑦] 这样，经修志者的移花接木，潮州和惠

---

① （宋）刘克庄：《漳州谕畲》，载《后村先生大全集》卷93，四部丛刊本。

② 同上。

③ 同上。

④ 乾隆《龙岩州志》卷12《杂记志·畲客》，福建省地图出版社1987年版，第314页。

⑤ （清）顾炎武：《天下郡国利病书》卷96《福建六》，广雅书局光绪二十六年刊本。

⑥ 万历《漳州府志》卷12，“猺人”条。

⑦ 嘉靖《惠州府志》卷14《外志·傜蛋》。

州的有关方志资料就成为明晚期和清代闽南、闽西一些方志或文章记载明初当地设“抚徭土官”的滥觞。闽西、闽南方志所谓“（明初本地）设抚徭土官”，又被有的畲族史专著引为信史，以讹传讹。①

（二）粤东抚徭土官

明代粤东，为了收税征役，官府在畲族社会的基层设“畲长”，“畲长”应就是原本的族长。在潮州，“畲长”由官府称呼并认可，就成为畲族社会管理体制的基层头目，而不仅是原来意义的“长”。“畲长”之上又设“畲总”，“畲总”是在若干名“畲长”中择选出。“畲总”之上就是“抚徭土官”来总管。畲长、畲总是畲民。抚徭土官隶属县衙下属的“抚徭厅”或府衙下属的“抚徭府”。抚徭土官一般是熟悉畲情的汉族豪强，也有的由任“巡检”的低级官员兼任。有实行抚徭土官制管理的畲区，包括凤凰山区、罗浮山区以及莲花山北面地区，莲花山、九连山地区不详。清代基本袭用明代抚徭土官制。民国在凤凰山区实行保甲制，罗浮山畲区虽编保甲，实际上仍由“抚徭土官”管理、收税。

海阳县和潮阳县的畲民分布在凤凰山区。光绪《海阳县志》载：

> 永乐五年冬十一月，畲蛮雷文用等来朝。初，潮州府有称畲长者，即徭类也。卫卒谢辅尝言：海阳县凤凰山诸处畲，遁入山谷中，不供徭赋。乞与耆老陈晚往招之，于是畲长雷文用等凡百四十九户，俱愿复业。②

隆庆《潮阳县志》载：

---

① 郭志超：《闽台民族史辨》，黄山书社2006年版，第163—168页。

② 光绪《海阳县志》卷46《杂录》。

邑之西北山中有曰畲户者，男女皆椎髻箕倨，跣足而行，依山而处，出常挟弩矢，以射猎为生，矢涂毒药，中猛兽无不立毙。旧尝设官以治之，名曰“畲官”，调其弩手，击贼亦至……①

畲民散布的罗浮山区属惠州府。嘉靖《惠州府志》载：

傜本盘瓠种，地介湖蜀溪峒间，即长沙黔中五溪蛮是也。其后滋蔓，绵亘数千里，南粤在在有之，至宋始称蛮。傜在惠者，俱来自别境。椎结跣足，随山散处，……自信为狗王后，家有画像，犬首人服，岁时祝祭。其姓为盘、蓝、雷、钟、苟，自相婚姻……国初设抚傜土官领之，俾略输山赋，赋论刀为准，羁縻而已。稍稍听征调，长枪劲弩时亦效力。②

莲花山区畲族情况不详，从民国时期这里的畲民（“輋民”）还未编户入籍、无实行保甲制的情况看，明以后没有实行“抚傜土官”制度，既无“羁縻”统治，也没有编户入籍的迹象。在莲花山区北面的兴宁县的畲区，在明中期正统七年（1442）也设置“抚傜土官”，但名称叫“巡检司副巡检”，后改称“抚傜老人”。咸丰《兴宁县志》载：

（輋民）随山散处，岁输山粮，事同羁縻而已。正统中，县人彭伯龄能拊辑傜僮，其党悦服，壬戌岁，知县朱孟德忆起事闻，请伯龄为水口巡检司副巡检，专事抚傜，仍俾世袭，从之。伯龄死，子玉袭。成化丁酉，傜党讼玉于上，乃革其职，并罢其制，第取其属一长者董之，号“抚傜老人”。③

---

① 隆庆《潮阳县志》卷8《风俗志》。

② 嘉靖《惠州府志》卷14《外志·傜蛋》。

③ 咸丰《兴宁县志》卷12《外志·傜蛋》。

同是莲花山区北面的长乐（今五华），早在明初就置“抚徭土官”，由畲民担任。道光《长乐县志》载：

> （輋民）其姓盘、蓝、雷、钟、苟，自相婚姻，土人与邻居者，亦不与通婚。徭有长有丁。长乐县自明初以苟姓者为抚徭官领之，俾略输山赋，五石五斗五升，羁縻而已。①

以上史料让我们进一步了解到：（1）抚徭土官一般由汉族豪强担任，这种人谙熟畲情，在畲民中有一定声望。抚徭土官是世袭的，个别经畲民控告，可以罢免。（2）所谓“羁縻”，是实行间接统治，也就是畲民社会内部是自治的，但抚徭土官由汉族豪强当，这种自治就是有限的。而长乐县的抚徭土官是由本民族担任，这在民族内部就是完全自治了。这种情况在粤东少见。《长乐县志》没有详及抚徭土官以下的层级管理，但畲民基层组织应是畲长，而畲长之上是畲总，畲总之上就是抚徭土官。（3）因是羁縻统治，只是缴纳“山赋”，一个县总共五石五斗五升，侧重于象征意义，意在表示“皇恩浩荡”、“蛮夷向化”。另还有临时的兵役任务。

道光《广东通志》载：“潮州府有畲徭民，……前明设官以治之，衔曰‘畲官’，所领又有‘畲总’。”②“畲官”是“抚徭土官”在潮州的称呼。粤东畲民也称“徭”。从广东的方志资料来，有编户录籍的畲民社区设有“徭总”、“徭甲”。潮州的“畲总”、“畲长”就是“徭总”、“徭甲”。道光《广东通志》之所以说“前明设官以治之，衔曰‘畲官’”，言下之意应是清代已不设了，潮州畲民应被认为是“熟徭”，与编户齐民等同而编入汉族社会保甲制。而罗浮山区继续行抚徭土官制。

畲族地区基层政治制度情况并不一致，在粤东尤然。民国时

---

① 道光《长乐县志》卷6。

② 道光《广东通志》卷330《列传六十三・岭蛮》。

期，凤凰山区的畲民继续实行保甲制。而莲花山区的畲民直至解放前夕还没有编户入籍，当然也无保甲制，不纳税不交粮，抽丁也抽不到他们。至于罗浮山区的畲民，明清时受“增（城）、龙（门）、从（化）、博（罗）抚徭府”的“徭官”管理，后因机构太大，改为“抚徭厅”，“徭官”仍由汉民担任、世袭，向畲民收税。民国时罗浮山区有的畲村编入保甲制，有的畲村虽编入保甲制，但仍由“徭官”负责收税。①

二　保甲制

民国时期的30年代推行保甲制，各村每10户为一甲，10甲设一保，保有保长，甲有甲长。畲村的甲长由畲民担任，保长或汉或畲。例如，1934年八井一带开始编入保甲，设竹里和横竹两个保，八井村、牛洋村属竹里保。保长由乡政府指派，甲长轮流担任。竹里保首任保长雷志东（中农），第二任保长雷坤珠（中农）。每户每年要交保甲费（每户每年20—100斤谷）、联保税（每户每月1块银元）；② 浙江景宁东弄村的蓝登成就任过保长；浙江平阳县王神洞畲村分为5甲，皆由畲民担任，该村青街乡第二保，保长由汉民担任。王神洞畲村甲长负责为保长收税派款，在税收不足时，甲长要挨骂挨打。③ 云梯乡是安徽宁国县畲族比较集中的地方，其中在云梯的千秋、白鹿2个保，尤为集中，保长均由汉族地主、富农担任。④

畲族地区基层政治制度情况并不一致，在粤东尤然。凤凰山区的畲民被纳入保甲制，而莲花山区的畲民直至解放前夕还没有编户入籍，也无保甲制，不纳税不交粮，抽丁也抽不到他们。至于罗浮山区的畲民，民国时编入保甲制，但仍由“徭官”管理、

---

① 参见《畲族社会历史调查》，福建人民出版社1986年版，第235页。

② 同上书，第121页。

③ 同上书，第53页。

④ 同上书，第243页。

收税。①

三　公益组织

“巡洋社”就是清代闽东畲村的公益组织。例如，福建宁德猴墩、新楼、半山、大坪、南岗等18个畲村，每社均有“（巡洋）社”的村社保卫组织。18个“（巡洋）社”联合为“（巡洋）总社”，八都狮猴村雷姓任“总社”之长，逢每月十五，诸社聚会，互通村情，农历十二月十五日聚会庆丰收，并商讨翌年所要做的事。保安队与巡洋社同属村落保卫组织。民国十九年（1930），东弄畲村受到土匪的威胁，该村联络邻近的慕洋湖、敕木山、惠明寺、粗滩、周坑、后洋圩等村，组织百余人的保安队。②

村落的公益性团体还有“会”，如“路会”、“桥会”、“谷会”、“禁山会”、“狮灯会”等，这些组织行动目标单纯，即针对某一项目负责组织、捐资、互助和管理等事宜。例如，“谷会”是互助性组织，相当于“标会”。由若干个会友组成，推一人为会首，每年每人交出一定数量的谷子，第一年由会首得，此后依年按顺序交给年度应得的会友。据王逍博士2006年在浙江景宁敕木山调查，惠明寺、东弄、慕洋湖等畲村有一些畲民在晚清至民国时组织过“长阳会”，以额定的稻谷或铜钱入会，会员需要时可借出一定的铜钱，依时偿还。会员可以退会，取回缴纳的谷、钱。

四　祭祀圈

祭祀圈指共同祭祀某一神明的一定范围的社区。在汉族地区，祭祀圈是非常普遍的，而在畲族地区则很少见，以致从未有畲族著述提到祭祀圈。畲族居住分散可能是祭祀圈少见的一个原因。在畲族村落相当集中的浙江景宁敕木山一带，出现了祭祀汤夫人的祭祀圈。

---

① 《畲族社会历史调查》，福建人民出版社1986年版，第235页。

② 同上书，第13页。

据传，南宋绍兴十四年（1144），高宗建都临安后经营宫室，神女汤氏显灵运木，以供国用，木上皆有“敕木”二字。高宗敕封“灵运神女惠泽夫人”。汤夫人“飞升”所在的山，因名敕木山。元朝时，天然和尚开山供奉，募缘开创祠宇。“遇有水旱疾苦，祷焉响应。”敕木山村位于敕木山的山腰，东弄村位于敕木山的东北麓。清末宣统二年（1910）敕木山畲村蓝日通、蓝玉兴和东弄村蓝汤祥作为重修首事，组织敕木山一带的畲民募捐，再造石室于近山顶的原庙址。[①] 修庙的三位首席首事蓝日通，字文成，就是史图博在敕木山村做田野的房东。1926 年蓝日通请了泰顺的石匠为汤夫人立碑，碑旁还为其先父立了一方较小的碑。估计蓝日通之父也曾是汤夫人祭祀的骨干。

敕木山一带的畲村多建有供奉汤夫人的分灵宫庙。在敕木山的北面，隔着河谷平地与敕木山相望的山麓地带汉村的宫庙，供奉的是马仙神。祭祀圈其中的一个要素，即所供奉的神“游境”所致，便是祭祀圈的范围。敕木山一带的畲村并无举行“游境”仪式，但以敕木山村为首的诸畲村对敕木山山顶的汤夫人庙具有祭祀的义务，而且奉祀汤夫人村庙皆从敕木山汤夫人祖庙分灵而建。因此，敕木山一带畲村具有祭祀圈的部分特征。考虑到畲族社会散杂居的特殊性，敕木山畲民供奉汤夫人的活动可以列入祭祀圈范畴，但不是完整意义的祭祀圈。

通常所说的祭祀圈特指神明祭祀，笔者以为只要是祭仪活动具有祭祀圈要素，即使是祭祖活动，也可以采用祭祀圈概念。畲族的“迎祖”祭祀活动可以说是以传说的始祖盘瓠为主祭对象的祭祀圈。鉴于畲民“蛙跳式”的迁居和宗支分蘖，在一定区域，分布着同一宗族的分支。在闽东，有些宗族以“迎祖”祭祀来维系同一宗族的不同宗支的联系。迎祖祭也叫请祖祭。如甲、乙、丙、丁四个宗

---

① 此事附录于敕木山顶汤夫人祖庙碑铭《宋神女传》，郭志超、杨晋涛于 2005 年 1 月登临抄录。

支，共设一“迎祖亭”，迎祖时亭内安放祖牌、祖杖和香炉。按商议所定，甲宗支留祭“迎祖亭”两年后，传给乙宗支；乙宗支留祭二年后，又传给丙宗支。如此循环往复。例如，宁德市猴墩雷姓与本乡镇的新楼、半山以及福安县牛石坂、下白石下赤、金腰带、广门、半岭的雷姓轮流祭祀。又如，宁德市北山漈头、点蓝、新楼、琴田以及福安县的下白石荷屿轮流祭祀。① 迎祖的迎祖游行体现出所奉对象在祭祀圈巡视的特点（详见第十五章第二节祭祖仪式）。

畲族血缘组织见第六章家庭与宗族。

第四节　民居建筑

畲族大分散、小聚居。所谓的聚居，既指在大分散的分布格局中，仍有像闽东、浙南这样相对集中的畲族分布区，也指畲族多以村为单位的集中居住。畲族民居经历了从“草寮”到土木结构的“瓦寮”房屋的变迁。民国时期是畲族民居的“草寮”、“瓦寮”的并存转型期，如浙江省畲族，半数房屋为土木结构的“瓦寮”，半数房屋为茅草或杉树皮为屋顶的简陋土墙房屋。② 解放后，畲族居住条件得到明显的改善，许多方面与当地汉族已无差别。

一　一般民居

畲族是一个主要居住山区的少数民族。早期畲族过着刀耕火种、移徙不定的生活，为了适应游耕农业而经常迁徙，所居是茅草竹木的简易搭盖。明嘉靖《惠州府志》载：“粤人以山林中结竹木障覆居息为輋，故称徭所止曰輋。”③ “輋”实际是“斜”（土音qia，上声）的意思。为什么是“斜”呢？就是两面坡的“竹木障覆”的“屋檐”直接触地。此居式与汉族差别殊异，这一文化特质

---

① 《中国民族文化大观·畲族篇》，民族出版社1999年版，第107页。

② 《浙江省少数民族志》，方志出版社1999年版，第166页。

③ 嘉靖《惠州府志》卷15《杂志·徭蛋》。

成为粤东畲族的族称。而闽西的畲族，被客家以其火耕的文化特质称呼“畲”，土音也是 qia，上声。后来音转为 sha，仍为上声。这与现在畲的普通话读音 she，声调阴平，差别很大。

清初范绍质《猺民纪略》描述，使我们对这种“结竹木障覆”的“畬”，有进一步的认识。《猺民纪略》云：“结庐山谷，诛茅为瓦，编竹为篱，伐荻为户牖。”[①] 这种搭盖，极为简陋的山棚。中间竖起两根顶端有丫杈的立柱，丫上横架着木或竹，两边以若干竹木斜撑，形成构架。然后，在斜木上横置一些细竹或破开的竹条，上端扎于屋顶横着的竹木，下端着地。此谓“编竹为篱”。其上覆盖茅草编扎成的草帘片，以葛藤或竹篾扭扎固定，层层相叠。此谓“诛茅为瓦”。着地的斜面茅屋顶的两侧，以杉皮、荻草或芦苇加固于竹篱，作为屏障，留一进出口，因门开启频繁，宜轻，故以荻草为门扇。此称“伐荻为户牖”。“牖”是窗户，实际上这种构造的茅草房是不会有窗户的。这一不准确是范绍质下意识地以汉族民居用语进行描述所致。

明清之后，畲族逐渐向汉族生产生活方式靠拢，从游耕农业转向定居农业，住房也逐渐向一二层的土木结构过渡。这个过渡是缓慢的，基本完成于晚清，终止于民国。当然，这并不排除局部仍有遗存的情况，就好像畲族在明清、特别是清代，陆续在闽东、浙南定居，但直至晚清，仍有刀耕火种、迁徙不定的个别畲民。

早期的茅草房叫“草棚”、“草寮”，后来改为木结构和土木结构的瓦房，叫“瓦寮”，仍保留“寮”字。“瓦寮”一词，由“寮”和“瓦”的不协调组合，反映了畲族居式的变迁。

草棚的形制是：两端用两根（或 3 根至 5 根）顶端有丫杈的树干为柱，架上横木为梁，两边靠上几根斜木固定，与斜木平行放上木杆、竹竿，“上端用山藤捆扎于栋梁，下端着地”。[②] 两侧也竖插

① 乾隆《汀州府志》卷 41《艺文志 · 猺民纪略》。

② 《浙江省少数民族志》，方志出版社 1999 年版，第 325 页。

木杆、竹竿，上端捆扎于斜木。其中一侧开一门户，门扇用竹片、荻草编成。这种草棚的两面坡的屋檐是着地的，这仍然保持闽粤赣交界原住区“輋”的基本特质。对于闽东、浙南畲族新的迁入地，其最早期居式“草棚”，至今为止，只有《浙江省少数民族志》注意到，并有基本翔实准确的描述。①

草寮与草棚不同的是，同样以竹木为构架，但四周皆为竖立的墙体，即以竹片或芦苇秆为篱墙，有些还涂上泥巴。设前后门，无窗户，没烟囱，大多没有隔间。这种草房一般占地面积只有20平方米左右，寮高约3米，墙高约2米，屋顶坡度在45度以上，檐距离地面约1.5米，出入都要低头弯腰。②

（一）闽东畲族民居

定居后，逐渐采用土木结构，累石为基，筑土为墙，以较粗的木料为支柱，早期多没安放柱石，屋架有的用竹缚框架，有的用梁、桁、椽等构成。所覆盖的草帘片，多以茅草酌加稻草，以绳索固定，层层重叠，厚度达10厘米以上，使用几年，再行翻新。芦苇、杉皮，只用于铺盖畜栏、厕所。

土木结构，四面筑墙，形制分为三种：（1）“个”字形结构。正中立一木柱，屋顶为4个等腰三角形组合。（2）“介”字形结构。竖立两根木柱，顶端安一横梁，横梁的末端，斜放两根木料，一头在立柱，一头在墙角上，这是基本屋架。然后，在屋架上的前后斜放竹木，一头在梁上，一头在墙上；在屋架上的左右横置竹木，用以支撑层层覆盖的茅草片。这样，四坡屋顶就形成两个等腰梯形（正面）和两个等腰三角形（侧面）。（3）中间厅堂的两边各有一个由几根立柱和纵梁构成的支撑横梁的桁架。屋顶是前后两面坡，两侧屋檐伸出墙体，成歇山式屋顶。

---

① 参见《浙江省少数民族志》，方志出版社1999年版，第325页。

② 《霞浦县畲族志》，福建人民出版社1993年版，第121页。

这三种形制，墙体多为夯土墙，少数为竹木材质。如果墙体是竹木材质，在构造屋架时，就要立竖柱、架墙梁。

如果以竹木材质为外墙体的建筑方式，其进一步的变化是“四扇厝”的出现。一个撑梁的立柱桁架，畲语叫“一扇”，一座房子一般有“四扇”木架，故称“四扇厝”。厅堂两侧的“扇架”透空部分，用板材作为隔板，如以竹编，要再涂泥抹灰。外墙的两面“扇架”，也以木板为板墙，如用竹编为衬，再涂泥抹灰。房屋的前后以板材为墙。

如果是由四周为夯土墙发展起来的，那就是厅堂两侧为两面“扇架”，房屋两侧外墙为夯土墙。房屋前后也是夯土墙。这种“墙厝”与上述的“四扇厝”除了外墙有别，没有根本的差别，因此在有流行“四扇厝”的地方，也将这种纵向两扇两墙的房屋泛称为“四扇厝”。因为“扇”主要起抬梁作用，立柱桁架和土墙同为抬梁。

在闽东，这两类“四扇厝”，也就是汉族传统民居的“四架三间”式，即横向“三间”、纵向“四架”。“三间”即中间为厅、两边为房。后来，厅隔为前后厅，房隔为前后房。此谓“明三暗六”。接着，屋顶增高，厅不设楼板，但房设楼板为二层。二层房间一般作储藏间。畲民称“间”为“植”，即使“间”分前后共两间，也仍是一“植”。“架”就是支撑屋梁的多柱桁架。外墙也是桁架的“四扇厝”，当地也叫“板壁厝”或“柴厝”。外为夯土墙、内为桁架的外墙内“扇”厝，当地叫“墙厝”。一般来说，“墙厝”的出现应比“板壁厝”要早。有的著述在介绍闽东、浙南畲族民居时，不介绍民居正面的一间为“一植”，支撑屋梁的木桁架或夯土墙为“扇”，而仅以“植”、“扇”说事，这就将人们借以理解的常识与地方性知识的联系阻隔了。

“墙厝”和“板壁厝”这两种类型的选择，与所处的生态环境密切相关。因地制宜，就地取材，决定着类型的选择。就罗源县来说，“板壁厝”的出现应比“墙厝”的出现要早。在该县八井，老房子普遍为“板壁厝”，现存最早一座老房子就是“板壁厝”，建于乾隆年间。这座“板壁厝”很可能就是罗源现存最早的畲族古民居。同在霞浦县崇儒乡，上水与霞坪相距不超过十里，上水的老房子多是“板壁厝”，霞坪的老房子多是“墙厝”。在宁德市，普遍为“墙厝”。

有些“板壁厝”或“墙厝”进一步增设院墙天井，使开放式成为封闭式居式。如果是“六架五间”式，即“五植”，天井两边还会增建厢房。

到了“四扇厝”，茅草顶就改为瓦片铺盖。以瓦房称完善的土木结构民居，是通俗之名，但并不能准确地体现这种民居的基本构成。房屋两旁建有牛棚、猪圈、厕所，屋顶一般就不会铺瓦，而是用茅草。

牛舍、猪圈、羊栏多设在住房外侧或后部。厕所与住房隔离，粪坑多设在村边，以便于挑肥下地。有的厕所建在屋旁，并以大木楻盛粪。木楻是高一米的大木桶，人上厕所要借小木梯登上木楻。下述的浙南畲族民居也同样有这些附属建筑。

开设前门的正面墙也土筑，墙内系天井。屋后也筑墙，但由于多依山坡而建房，后墙实际上是在山坡凿出一些土方再以砾石筑成挡土墙。浙南畲族地区也是如此。在闽东、浙南，也有不少没有前后围墙的畲族民居。

（二）浙南畲族民居

浙南畲族的民居形制演进出现的样式，与闽东有所差别。早期同样经过“草棚”、“草寮”阶段，此后同样夯土为墙，架梁覆草为顶，但其隔墙采用夯土墙。这种民居俗称“泥间”。这种平房“泥间”很快发展为二层“泥间”，即在外墙和隔墙的中部架上横木，铺上木条竹片，垫上实土，即成二楼地板。“泥间”的二楼作为储藏室，一般不住人。

这种“将把涂泥的竹木墙体”改为夯土墙的“泥间”，至晚在清早期已经出现。清人宋云会于雍正十年（1732）任云和知县，其

“云和杂咏”描写了畲民的生活：“破屋颓垣筑未齐，只有茅棚藏牝犊。”[①]“破屋颓垣筑未齐”，或者说明畲民住居开始夯土墙刚刚起步，因而才有“筑未齐”的情形，或者还说明了畲族“泥间”建筑出现已有相当时日，故有“颓垣”。

“泥间”接续的发展与闽东的“墙厝”形制就基本一样了。即：厅堂两侧为两面作为承重梁的桁架，房屋两侧外墙为夯土墙，房屋前后也是夯土墙。一个明显的差别是：“泥间”的二楼楼板形式，在厅堂的继续保留。在闽东，厅堂几乎都为高敞式，即使厅堂两侧的房间隔以楼板为二层，厅堂仍然可直见房顶的椽、檩。而在浙南、浙西南，厅堂同样与两侧房间一样，铺设楼板。这样，像闽东厅堂隔板两边小门上方设置神龛，在浙南设楼板的厅堂就不可能有了。供奉神明、祖先的香位就设在厅堂隔板前的供桌上，因一般用红纸墨书，供桌只设香炉。或者将香位放在二楼厅堂。

景宁是浙南畲族较集中的县，县城一带是一个盆地，盆地南面是洞宫山脉的敕木山，主峰海拔 1519 米，为县境中部主要山峰。敕木山北坡的山腰缓坡和山麓坡地分布着敕木山、九重洋、惠明寺、惠山头、小坟山、周湖、塔堪、旱峰、东弄、峰头、周坑等人口较集中的畲族村落。除了九重洋外，敕木山村海拔最高，约有 740 米，位于敕木山的北坡中轴线上。1929 年史图博在浙南景宁敕木山畲村调查，描述了这种与闽东“墙厝”同是纵向两桁架两土墙的典型民居。他说：“敕木山村的房屋也和邻近的汉族农民的房屋没有区别。在低矮的、用碎石砌成的基墙上筑起没有窗户的泥墙，它支撑着盖上黑瓦的屋顶。内墙由薄木板构成。天井周围是些黑暗的狭小居室，天井的四周有个盖有屋顶的走道，屋顶由木柱支撑着。”史图博所说的“内墙由薄木板构成”，是描述立柱桁架的隔板，因为薄木板是无法作为承重的内墙的。实际上，敕木山村民居院门里的天

---

① （清）宋云会：《云和杂咏用刘在园太守韵》，载光绪《处州府志》卷 30《艺文志下·诗篇》。

井，两边若是厢房，无论是一层还是二层，都用柱梁支撑屋檐或楼板，形成过道。天井正面的大厅伸出的屋檐也有柱梁支撑，形成厅前走廊。不过，天井两侧有厢房的甚少。他说“天井周围是些黑暗的狭小居室”，实际上，院内的天井多无厢房，更没有所谓的“四周”“居室”。敕木山村的房屋依山而筑，后墙实际是挡土墙，厅后走廊至挡土墙之间是厨房，屋檐直逼挡土墙。

福鼎县双华畲族村寨石砌围墙的入口

史图博还对一座民居做了典型的描述。这座民居正是史图博的房东蓝姓村长的住房。蓝村长家庭殷实，所建的房子规制特别完善。他叙述道：“建筑物的南墙是一堵高墙，大门在墙的中间。人们一进去就看到一个院子，四面围着有屋顶的走道。院子的左右两边是狭长的房间。左边那间已作为一些外地来村干活的泥水匠的住所了。右边那间是装满了废旧物品。紧贴着院子的是一个正方形的有屋顶的大厅。它面向院子，有一板壁把它和后面隔开，靠壁放着一个常见的长栋桌。大厅两边是用板壁隔开的住房，一边是村长家的住房，另一边是他哥哥家和他大侄子的住房。从这个大厅通过长栋桌两旁的两扇门出去，就来到板壁后面另一个有屋顶的厅堂，厅堂的后壁就是山坡。这个厅堂的左右两边都有一个长长的炉灶，每个炉灶都有一个小小的灶神柜。一条小溪在悬崖和厅堂之间沿着厅堂的后边流过，提供家庭用水。有两架狭而陡的木梯从后厅往上通到只有两米高的上层。这里用板壁隔成一排单个的房间，它们主要是用来装谷物和储藏农具。其中一间已收拾好，给我们当客房用。房里面用木板和稻草布置了简陋的床铺。这栋正房的两旁还盖了低矮的外屋，那就是牛栏和猪圈。"①

以上所描述的主体建筑，就是畲族"四架三间"二层民居。进门的天井和两边的厢房，是进一步发展的附属建筑。通常的"四架三间"的内部结构是"明三暗五"。"明三"即正面看是一中厅二边房，厅的板壁位于厅的后缘，没有像闽东隔成前后厅。倒是房间也用板壁隔成前后房，此谓"暗五"中的四房。这只是指平面结构，不包括二层的楼间结构。这种畲族民居主要流行于浙南景宁、泰顺等县，云和、龙泉、丽水、遂昌的部分畲族也采用这种居式。牛棚、猪圈、厕所建在屋旁。

浙南的云和、丽水、龙泉、遂昌等县流行的"四架三间"的主体建筑，中厅分前后厅，隔板置于中柱后 8 尺处，后厅加上厅后走廊才不至于太狭小。这就和闽东的"明三暗六"一样。此外，院内天井建有厢房，还设后天井，天井两边为"火厢"（厨房）。春冬吃饭、会客、闲聊在火厢，夏秋则在后厅。

在浙南，"火塘"最能体现畲族民居的特色。春冬季节，山区气候寒冷，厅堂照壁后有一火塘，火塘的旁边也就是厨房，全家团坐火坑，烤火取暖。客人来时，亦请在火塘围坐取暖，并请饭菜，唱歌。清末《畲客风俗》介绍浙南畲民"烘火"习俗说："畲客最喜烘火。每逢天寒，取薪烧火，四周团坐以烘之。畲客围坐，男女不拘。或坐于地，或坐于石，或坐于木砧之上，或坐于蒲团之中。"

---

① 《浙江景宁敕木山畲民调查记》，中南民族学院民族研究所 1984 年编印，第 19—20 页。

火塘也就是会客之所，汉民“若至其厨房，同坐烘火，彼即欣然，喜与话桑麻，烹茶煮饭，尊为上客”。畲民还有一种长状的“火坑”，设于寝室，是睡觉取暖用的。《畲客风俗》说：“寝室之地，中掘一窟，长与房并，深阔约数寸。春冬夜间燃火御寒，俗曰‘火坑’。”① 沈作乾于1923年在丽水的调查说：“（畲民）屋中必有地窟一处，到了冬季严寒的时候，用柴火烧着，家人围坐坑旁，……晚上就倒在坑旁睡觉。”②

随着畲族社会的变迁，有些畲族地区的“火塘”烘火逐渐改为“暖间”烘火。在厅堂的右厢房靠屋前的房间为“暖间”，中间的方桌下放一火炉，春冬烤火。雷先根《畲族风俗》指出：“（浙江省）畲族烤火有两个特点，一是景宁、文成、泰顺等县的畲村的中堂两边偏间的前一房间设暖间以炭火取暖，二是其他较平原地区的灶边挖火炉塘烧明火烤火。”③ 在景宁、文成、泰顺等县，汉族民居也有“暖间”，而浙南汉族皆无在灶边设火塘烤火。这说明景宁、文成、泰顺等县畲族的“暖间”是后来采借汉族习惯，原本则是在灶边设火塘烤火，即同治《景宁县志》所载：“（畲民）冬则窊地为炉，聚而爇火。”④ 由于这三县多山，且山岭险峻，畲民不是住在山腰也是在山麓依山而居，建房多挖凿后面山坡土方，房屋后的厨房就紧近山墙，而屋檐与山墙之间必有空隙，寒风会从空隙袭入，挡风保暖效果差。随着生活水准的提高和对生活的讲究，才改灶边火塘烤火为“暖间”烤火。在浙南的云和、丽水、龙泉、遂昌多采用前后天井（前天井两厢房、后天井两“火厢”）的居式，“火塘”就设在“火厢”的灶前。

（三）扩展式民居

“四架三间”是畲族民居的基本结构。不仅在闽东、浙南、浙

① （清）浮云：《畲客风俗》，光绪三十一年，石印本第44页。

② 《畲民调查记》，载《东方杂志》第21卷第7号，1924年，第58页。

③ 雷先根：《畲族风俗》，景宁畲族自治县民族宗教局2003年编印，第24页。

④ 同治《景宁县志》卷12《风土·附畲民》。

西是这样，就是闽西、闽南、粤东、赣南等地也是如此。

两侧外墙不用“扇”而采用夯土墙，也叫“四井寮”，或泛称“四扇厝”。若是“六扇”横向扩展式民居，就叫“六扇厝”或“六井寮”。还有更多“扇”的横向扩展式建筑，甚至多至12扇。由于畲族家户一般以小家庭为主，这种横向扩展式民居并不普遍。

畲族土木结构的民居通常为一层，即使有二层楼，但楼上多只存储粮食或杂物。室内一般都是当中厅堂，左右卧室，厅堂又分为前后庭，中有木屏间隔，两旁留两个小门，左门顶上设神明龛（多以红纸墨书神明名号），右门顶上设神主龛。如果是二层，楼板横在厅堂左右门的上方，就不可能设神龛，神明和神主就置于厅堂照壁前，或只用红纸分别墨书神明名号和“（某）姓远近宗亲”，贴于照壁上，前设供桌。后来，也有将此移置于二楼厅堂与楼下照壁同一位置的隔板前。浙南畲族民居常见这种样式。而不架楼板，厅堂高敞，厅堂左右门上设神主龛这种样式，多见于闽东畲族民居。厅堂照壁后的后庭放置日用杂物，如磨、臼等。

在浙南，“五植”房屋，前后天井，前天井两厢房，后天井两火厢，这是一般的格局。闽东霞浦等县也常见这种居式，不只是“五植”房屋，“三植”房屋也采用此式。

在闽东，左右厢房两边，常加建“撇舍”。“撇舍”只有一层，与主屋等长，作为厨房、杂物间或牛舍。

解放后，畲族人民的居住条件得到明显的改善。政府特别重视改善革命老区畲族群众的生活条件。值得提及的是，对于曾遭受国民党反动派“围剿”烧房的苍南县观美镇牛角湾畲村，政府出资建房13间，救助曾遭受不幸和烧房的受害畲民。至今，人们仍将这些房屋叫做“政府楼”。[1] 特别是改革开放以后，变化尤为

---

① 雷必贵：《苍南畲族的源流与分布》，中国文联出版社2006年版，第308页。

显著。霞浦县新建的瓦房占地面积 100—200 平方米，一般以屋架替代“扇”，原“扇壁”用砖砌墙。钢混二层楼一般占地 80 平方米。[①] 福州所辖的闽侯、福清、连江、罗源、永泰等县的 71 个畲族行政村统计，1986 年至 2001 年，共建新房屋 5168 座，其中，砖木结构的 1995 座，钢混二层楼房 3174 座，有 27500 多人住入新居，占畲族农村总人口的 63%。[②] 1994 年开始的由政府实施畲族造福工程，使许多畲村从穷乡僻壤迁移到环境较好的平地，建设新村新居。

（四）屋内陈设

畲族传统日常生活用具包括卧室用具、厨房用具和厅堂用具。以闽东畲族用具为例，卧室用具包括床凳 1 副、床片（床板）5 块或 7 块，床片忌双数。草垫，俗称“草荐”，2 领，草席 1 领，床上的棉被被面为印花苎麻布，少数富裕人家有苎布蚊帐。二屜桌 1 张，或者桌橱 1 张，桌橱除有两个抽屜外下有双门对开的小橱。衣橱 1 个，富裕家庭衣橱也雕刻凤凰牡丹、八仙过海等图案。妇女多备有镜台柜、苎笼和长柄加盖马桶。上述家具多漆上桐油，家具为朱红色或原木色。厨房用具包括饭桌，三个抽屜，一大两小，另备长凳或短凳，俗称“凳头”。灶多土灶，灶上多两个口径相同的铁锅，部分人家另加口小锅，配木制锅盖、木瓢、竹制水勺、洗碗木盆，陶制油瓮、盐瓮和茶壶。1 副水桶，1 个小木桶，俗称“灶头桶”。厅堂用具多为八仙桌 1 张，用于年节祭祖和合家聚餐。少数人家有长几桌 1 张，上备香炉、烛台等，没有几桌的人家，多将香炉烛台置于照壁两侧门上方的神龛上，神龛俗称“神堂”。

畲家建房与定制家具多请当地汉族匠人，本族也有泥木匠师

① 《霞浦县民族志》，福建人民出版社 1993 年版，第 125 页。
② 《福州市畲族志》，海潮摄影艺术出版社 2004 年版，第 109 页。

傅，称建房木匠为“大木师傅”，称制家具木匠为“细（小）木师傅”。畲家泥匠、“大木师傅”多于“细木师傅”。畲家大木师傅建房凭经验绘草图，在家备料，择日进行。

解放前，畲村晚上多数家庭不燃灯，有的用篾片点燃照明。如果用上二三条篾片燃亮，夹在火篾架上亦可见到一丈多远地方。如夜晚外出，则点松明。现在几乎所有的畲村都装上了电灯，早已告别“火篾当灯草”的时代。

（五）建房习俗

畲族盖房子不是一气呵成，而是分期进行，农忙时不干或少干，农闲时多干，因此盖好一座房子往往需要几年时间。畲民盖房子，往往亲友或邻居会来帮忙，大家发扬互助、团结、友爱的精神，有的助木头，有的助砖瓦，有的助人工，齐心协力将房子盖好。来帮工的一般不计报酬，给饭吃就行。但请来的木匠、泥瓦匠要付工钱。木匠、泥瓦匠多为汉族人。

畲家建房最忌在“无风水”地和“无日子”（“日子”指吉日）时动土建房，屋坐向忌朝水源。先是择一黄道吉日定基，即在厅堂位置埋下“七宝”，“七宝”包括谷、麦、豆、茶叶、铜钱、灯芯、竹钉。然后平整房基，大木师傅“架马”，即开始斧劈扇料做立柱桁架，接着“扶扇”，搭成一座房屋的木空架，上披一层薄薄的瓦片。日后完成筑围墙、加板壁、铺楼板等工序。这些工序中存有禁忌：筑墙时忌小孩哭；八月忌筑墙；楼梯忌朝外放；一根木头忌一截造房一截制棺；忌倒用木板；不开正对照壁的后门等。

“扇”或“井”，指像“井”字形的用于抬屋顶横梁的柱梁构架。畲族《建房歌》唱道：“一岚大树在湾上，好好拣条做楼梁，做木师傅截柱料，寻龙先生隔地场。……师傅来看好地场，手掏曲尺就去量，起工架马就扶扇，吉日吉时来上梁。”“井”字形的“横”是连接固定立柱的梁，“井”字形的“竖”容易被误解为只有两根立柱，其实是3、5、7根不等，中间的立柱撑起屋顶中梁，左右立柱撑起抬梁，抬梁支撑屋顶中梁两边的横梁。立柱下部是石础。整座房屋的高度以中柱为准，度量单位为鲁班尺，一尺30厘米，尾数喜“六”，如1丈3尺6寸。

“扶扇”还包括上梁，具体是将支撑横梁的柱梁结构而成的屋架竖起，而后上横梁，这是建房至关重要的步骤，也就有庄重的礼仪。在此之前，栋梁的选择忌用“无子孙苗”的独木，砍栋梁材时忌往下山倒，栋梁材树皮忌烧火。上梁时，木匠要制鲁班神牌挂在横楣的中央，两边各挂1只木槌。而后，搭起香案，摆上猪头1个，熟鸡1只，咸鱼1尾，豆腐、番薯粉丝等供品5碗，再备水酒3杯，茶水2盅，串带子的草鞋1双，木底布鞋1双，雨伞1把，笔墨砚1套，镜子1面，胭脂1盒，头梳1把，绣花线1束，红布条1丈至2丈。上述物品准备就绪后，就鸣炮“请鲁班”，仪式完毕供品全归木匠所有。与此同时，又举行祭大梁仪式。再备上三牲福礼，燃烛点香。主家从老到幼，逐人向大梁行三跪九叩礼。木匠手执酒瓶，口中念念有词，反复给大梁斟酒。斟酒后往大梁两头钉上红布条。上梁时辰一到，鞭炮声不断。众人协力扶起已制好的扇料，木匠挥锤固定扇。上梁时，忌说不吉利的话，也忌小孩哭。竖柱时忌对歌，忌吹唢呐。整座屋的木构件架好后，亲戚、朋友要送上红布和红袋装的谷物放置木梁上，称为“压梁”。东家把亲友送来的红对联贴到柱子上，横楣要备1个竹制米筛，筛内悬剪刀1把、尺子1把、镜子1面、戥秤1把、丝线若干束，此举称“压风水”。接着，备酒席，称为“扶扇酒”，请木匠和帮工的乡亲以及前来祝贺的亲朋等。

畲家砌灶，叫“起灶”。先选择好日子，即按年份择出吉月吉日吉时，并确定灶门朝向，多数灶位是坐东向西，灶门忌朝东。砌灶时，和上述房屋定基仪式一样，要安入“七宝”，“七宝”置于后锅与烟囱接头处，灶未起火时，忌生人入内。起灶时须先给泥匠师傅“红包”，“红包”内钱4元、8元、10元不等。砌完灶再付师傅工钱。①

新屋落成，要择吉日良辰入宅。畲家乔迁新居，为预祝六畜兴旺，必须携带公鸡和狗，如果家有耕牛，牛角上应扎红布。乔迁新居时，户内不论男女老少每人都得执火把或灯笼，象征生活红火。行走途中，最忌灯火熄灭。户主肩挑祖公香炉、“斗灯”和陶钵。“斗灯”结构是红漆圆斗内盛大米，圆斗内沿围以半圈红纸，沿着红纸插上10双分开的筷子，筷子以红线系连，再放剪刀1把、尺子1把、镜子1面、戥秤1把、小油灯1盏。陶钵的边沿抹上泥土，内装燃烧的木炭及油茶渣饼，迁居一路上不断往陶钵内撒食盐，食盐在火内爆出“噼噼啪啪”的声响，象征发丁发财。沿路还燃放鞭炮。乔迁之户依长幼之序列队，所有家具披上红布，各人手携1件家具物品，依次进入新居。凡跨进厅堂、卧室、厨房，户主便念诵吉词，如：“长发其祥啊！”“福寿双全啊！”众人随即齐声应答：“好啊！”“好啊！”进新居后，把祖公香炉、“斗灯”等移到厅堂几桌上，燃上香烛，举家跪拜。朝拜后把祖公香炉放置于神堂。礼毕，举办酒宴，称为“入厝酒”。宴前宴后燃放爆竹。主人备好鸡、鸭、鱼、肉、米酒等，宴请亲友，赴宴的宾客，一般要送礼（钱和花布均可），大家开怀畅饮，尽兴而归。②

二 大型民居

闽东、浙南还有一些罕见的大厝豪宅。例如，福建省霞浦县崇儒乡樟坑村的大屋，屋即是村，村即是屋，是大家族民居。这座房屋始建于道光三十年（1850），于光绪二十六年（1900年）竣工，坐落在海拔400多米山上，俗称“樟坑大厝”。大厝的建筑面积3266平方米，进深6米，面宽52米，由三座大厝横向衔接为一个整体。大厝里有99根柱子，9厅44个房间，外墙上砌有7.5米高

① 以上参见《中国民族大观·畲族篇》，民族出版社1999年版，第127—128页。
② 同上书，第127—129页。

的马鞍形防火墙。在厝内柱子、门窗、神龛上，至今还依稀可见当初精雕细刻的花鸟虫鱼和五彩粉饰。厝内世代居住的是同一家族的蓝姓畲民。厝内人口最旺时有150多人，相当于一个自然村的人数。现在厝内还住着十几户人家，有80多人。这种规模的畲族建筑在闽东、浙南极为罕见。[①] 尽管大厝建筑历时半个世纪，但耗资甚巨，建这样豪宅的家族，必拥有雄厚的经济实力，有这种实力者在畲族中实属凤毛麟角。

笔者在罗源县霍口畲族乡福湖村也见过样式接近樟坑大厝的民居。这座建筑宏大、工艺精致的雷氏府第，横向并列三院落，面阔12间，进深6间，三个院落由整个房屋的外墙围成一个整体。这座大厝的建造者是雷名波，清末曾在顺昌当官，光绪三十一年（1905）家里出了两名贡生（雷钦夫、雷溥荣）。[②] 清代福湖有些畲民从事茶叶生产和营销，较好的经济状况促进了乡村教育。霞浦县溪南镇半月里村三座秀才府第，占地面积一共1300多平方米，高十多米，有柱子126根，大小房间38间，雕梁画栋，气势非凡。厅堂多楹联，联文高雅又有鲜明的本民族文化内涵。雷氏于康熙时开基半月里，三世雷志茂喜文学。好堪舆，为福宁府知府的幕僚。雷志茂延师兴学，后来出了三个文秀才、两个武秀才。上述的这类豪宅在闽东、浙南畲族地区毕竟罕见。

华南汉族的豪宅与华北一样，进深比面阔长。在闽东、浙南，汉族豪宅也是进深长于面阔。依山而居的畲族，一旦建豪宅，受到地形的限制，进深改为阔宽的扩展模式。樟坑蓝氏大厝坐落在地势高峻的鹰嘴岩上，坐北朝南，依山面谷，惟有横向扩展。福湖雷氏府第，坐落在霍口溪南面的山坡上，这座府第所从属的村落民居，也是顺着坡度很自然地依山而筑。半月里雷氏府第，坐落的地场坡度不大，特别是靠近村口龙溪宫的那座，基本是平地。半月里府第

---

① 《中国民族大观·畲族篇》，民族出版社1999年版，第300页。

② 郑工：《文化的界限》，海潮摄影艺术出版社2002年版，第78页。

每座平均400平方米，只及樟坑大厝的1/8，取横取直，相对游刃有余。三座府第，俯视接近方形。

极少数的畲民通过军功或科举进入主流社会的高层，其府第规模和豪华程度绝无汉畲之别。上述的福湖、半月里府第与闽南畲族大官府第相比，便是小巫见大巫了。依山而建的特色，在闽南畲族豪宅的建筑中荡然无存。闽南漳浦的畲族蓝氏家族，在清代的康、雍、乾三朝，就有多人为官。其中蓝理官至陆路提督；蓝廷珍官至水师提督；蓝元枚官至陆路提督；蓝鼎元也曾在台湾为官并多有善举。再如清光绪年间参与编修闽东《雷氏族谱》的雷铭勋，就是举人出身，选用知县。他们发家之后，盖起了与汉人无异的合院建筑。这类建筑虽然不多，但具有一定的代表性。如坐落在漳浦县湖西乡顶坛村的“提督院”蓝廷珍宅，就是一座典型的合院民居。

蓝廷珍（1663—1729），字荆璞，福建漳浦畲族人，历任澎湖副将、南澳总兵，曾出师台湾，为台湾的治理开发做出贡献，清雍正元年（1723）任福建水师提督加左都督衔。蓝宅建于康熙末雍正初年，规模宏大，布局严谨。建筑群面宽50米，进深86米。主体建筑中心为一个三坐落加双佩剑式的中庭型平面格局，主体建筑后面建一座两层楼房，后加一圈三亩三面的护厝，形成纵向五进的平面布局。沿中轴线依次为门厅、正堂、后堂、主楼与后厢房。左右两侧为护厝，以过水廊相连，构成大四合院套小四合院的布局。四周建筑犹如城墙环绕，因此当地称为“新城”。

蓝宅府第大门朝东，第一落七开间。屋顶曲面升起为重脊歇山式，立面中段凹进形成凸字形平面的门廊，入口颇具气派。门厅正面不设屏风，门口可以直望天井及正堂。第二落也是七开间。屋顶同样是为重脊歇山式。正堂居中，前有廊檐，后有屏风，用于接待宾客。正堂与天井通敞，天井两侧是有屋顶的半开敞的连廊。整个空间边界不是简单的方形，而是十字形平面。地面高低不一，天井的地面最低，侧廊及门厅次之，正堂的地面最高。室内空间也是高低不一，正堂最高，而且堂前廊檐带有“翻轩”，围绕天井形成半封闭半开敞的适合举行庆典仪式的大空间。正堂两侧的卧房面对窄长的小院，院中用漏窗隔成一大一小两部分，既保证了私密性，又创造了有层次的庭院空间。第三落是后堂，这里是供奉神佛、祭祀祖宗神位的场所。后堂与天井连通，两侧敞廊和正堂的后廊连成一气，形成全宅最大的室内空间，体现作为全宅中心的统率地位。一至三进围绕两个天井形成两个相互串联的四合院，以对称的布局、变化的空间、超大的尺度表现出提督府的威严。第四落是两层主楼。宽 23 米，进深 10 米，这里是主人卧房，如今内部已毁。主楼外墙仍完整竖立，底层用方整条石砌筑，第二层为三合土夯筑的土墙。土楼只有一个大门，门上石匾书“日接楼”。窗户很小，条石竖棂，显然出于防卫的需要。在府第民居中围着一座土楼，在闽南民居中属孤例，这也正是蓝宅的独特之处。第五落是后厢房。当中一间为敞厅，两端设后门，它与左右厢房护厝连成一圈，围成一个大四合院，土楼居中。楼四周宽敞的庭院用石板和块石铺地。四个过水廊把正堂、后堂两侧窄长的院子分隔成几段，后厢房为族人卧房，左右护厝为附属用房，构成了正堂、后堂完全不同的富有生活气息的内院空间。

整个建筑结构的特点是砖墙、土墙承重的硬山搁檩与木穿斗构架相结合。门厅、正堂、后堂为木穿斗构架，梁柱粗壮。梭柱直径达 40 厘米，上下两端略有收分，显得饱满、刚劲。整个府第的建筑装饰朴素无华。屋面装饰只集中在精美的燕尾式屋脊。木梁架上以“员光”、“托日”、“吊筒”做丰富的雕饰。石柱础为八角莲花座，雕刻也十分精致。建筑台基勒脚为花岗石，外墙面红砖、灰砖与白粉墙交相辉映，构成独特装饰效果，华丽而不花哨。蓝廷珍宅合院相套的格局，显示出官家府第的气度，是闽南畲族现存为数不多的府第式建筑杰作。该宅现列为漳浦县级文物保护单位。[①]

三　宗祠会馆

畲族社会多以血缘相近的聚居于同一村落，共用一个祠堂。祠堂建立以后，其基本组织是不变的。同一近祖分裂出来的若干家庭称为同一房。当某一族人从一地搬到另一地后，如人口繁衍不多或在新地方居住时间不长，一般不另立祠堂，仍然作为一个房的组织迁出，与原迁出地的祠堂保持联系，包括修族谱和祭祖。如果迁出后，人口繁衍到一定程度，在新的地方居住时间也较久，就另建祠堂，另修族谱。这样，同原迁出地的联系也就疏远了。

畲族早期的祠堂至少有一样与汉族的祠堂是不同的，即畲族的祠堂在大厅的柱下不能设柱础。闽东、浙南的畲民有一个流传，说是因为在畲、汉两族的争执中，畲民因为人少总是处于劣势，汉人仗势欺人，规定畲族的祠堂不能设柱础。意思是这地皮是我汉人的，暂时借给你畲人住，我随时可以收回，你畲人不可以有根基的。传说反映的不一定是历史的真实，却一定是心理的真实。在闽东、浙南，直到清代才开始出现土木结构的建筑。此前，闽东、浙南畲族的民居皆采用竹木和茅草为材质的草寮，也未有公共建筑。清代从茅草竹木结构到土木结构，有一个很长的过渡期。在过渡期里，两种结构的建筑此消彼长地并存着。而且，在土木结构出现的早期，柱子仍然采用原本不用柱础的习惯。闽东、浙南土木结构建筑，最早不会早于清代中期。有的学者指出，“无柱这不合理的要求反而成为今日我们辨别是否畲族祠堂的有利证据”。[②] 其实，无柱的祠堂只是存在于历史记忆中，至今未见有无柱的畲族祠堂建筑。

各地祠堂建筑形式大体上一致，不过规模大小有差别。较大型

---

① 戴志坚：《福建畲族民居》，载《福建工程学院学报》第1卷第1期，2003年4月。

② 同上。

的祠堂有前后厅，左右走廊和前后厅各两侧房，中央是天庭。小型祠堂形式也一样，只是前后厅没有房间。根据当代民族学调查，祠堂后厅正中供桌后，陈列着神主牌位，但很少有像汉族祠堂必有的神主龛。除了闽南畲族的祠堂外，祠堂简陋是畲族文化的特点。甚至也可以说，畲族是比较不重视祠堂的。畲族重视的是始祖盘瓠之祭。在还没有祠堂之前，并没有影响其始祖活动。两个装祖图、香炉的竹箱，再一个装有祖杖的红布袋，就可以祭祖了。汉族文人以本文化来理解，笑称竹箱即畲族祠堂。畲族建祠是受汉族的影响。建祠后，原本的始祖祭祀活动有了较适合的场所。在闽东、浙南畲族历史比较悠久的罗源县，畲族维系不建祠而祭祖的传统，其祭祖在祖厝进行。

会馆是旧时同省、同府、同县或同业的人在京城、省城或大商埠设立的机构，主要以馆址的房屋供同乡、同业聚会或寄寓。坐落在福建省霞浦县城关（旧福宁府治）的“福宁山民会馆”则是区域性的民族会馆，与旧时都市中诸多同乡性或同业性的会馆并不相同。畲族是以盘瓠为始祖、四姓（后增为六姓）为同宗的泛宗族认同，来达成民族认同的。因此，福宁山民会馆是以大宗族为体，以区域性民族组织为用。

福宁山民会馆（后改称“三明会馆”）创自清末民初，曾是畲族主要聚居区闽东以及浙南部分地方的畲族民众联合组建的民间社会公益团体。会馆既是公所也是祠堂，具有联宗、联谊、接待、集会、祭祀、议事、诉讼、咨询、救济以及畲歌传播等多种功能。会馆建筑为砖木结构，“火墙包栋”，歇山顶，面阔六扇（五间），前后两进，占地面积近700平方米。大门上横匾写着“福宁三明会馆”。前落大厅作为祭祖及聚会之所，厅顶为八角藻井，厅堂后壁中央设大型神龛，安置着从罗源大坝头祖祠分灵而来的木雕涂金大型神牌（也称“总牌”，俗称“龙头牌”），神牌上阴刻宋体大字：“敕封盘护忠勇王神位”。神龛前置案桌，摆着大香炉、烛台。大厅柱上，悬挂两副金字漆板楹联。其一为：“功建前朝帝喾高辛亲敕赐，名垂后裔皇孙王子免差徭。”大厅两侧壁上，楷书“盘、蓝、雷、钟、李、吴”。前后落及廊庑的其他房间，多作为客房。前后落之间的天井中修有亭子。①

① 郁田：《福宁山民会馆调查报告》，载《畲族历史与文化》，中央民族大学出版社1995年版，第378页。

第六章

家庭与宗族

家庭是基本的社会单元，在大分散、小聚居的畲族，家庭对于个体社会化的作用较为突出。在“随山散处”的漂泊岁月，家庭的作用更为显著。一叶浮萍繁衍出一片，众多浮萍汇聚成群，这就是家庭与宗族的关系。畲民对于本宗族及其宗姓始祖的认同延伸出盘蓝雷钟等诸姓共祖的认同，这种认同鲜活于历史的记忆，蒙眬于凤凰山祖地盘瓠祠的想象里。对于畲民的集体意识，本民族就是一个庞大的宗族。家庭、宗族琐细纷繁的生活和仪式等，正是维系着畲民族这棵参天大树之根的活动形态。

汉族的宗族文化以谱牒为重要渠道，强有力地影响了畲族。朱熹是宗族文化的主要倡导者和设计者，其思想也是畲族宗族伦理的引导者。朱熹的言论也出现在畲族族谱谱头文献里。如《（盘瓠）祠志》开篇即云：“《礼》曰：‘君子将营宫室，宗庙为先。’夫祠堂之设，所以尽报本追远之深心，尊祖敬宗收族之遗意也。”[①]《礼》指《朱子家礼》。这段文字同样常见于汉族族谱的序文里。汉族族谱之首，或有朱熹序文。有的畲族族谱竟出现朱熹专为畲民族谱写的序文。浙南苍南县莒溪垟尾《蓝氏宗谱》中的“后学朱熹拜撰”的序文中提到：“今潮州凤崎高辛时瓠王之苗裔卜迁于闽之蓝奎父子，巍巍绍宗功。余游学至此，奎览家乘，请余予序之。”[②] 此序的

---

① 转引自雷必贵《苍南畲族的源流与分布》，中国文联出版社 2006 年版，第 34 页。

② 转引自蓝炯熹《畲民家族文化》，福建人民出版社 2002 年版，第 113 页。

真实性很可疑。笔者在连江县小仓畲族乡七里村调查时，该村流传着朱熹曾到此授学的传说。畲民对朱熹的敬仰，并以朱子过化之地为荣，反映了畲族对汉族宗族文化的认同和实践。

共同祖先的确认是族群认同的主要基石，山民会馆设置传说中的始祖灵位（“敕赐盘瓠忠勇王神位”），依时祭祀，各地畲族宗姓代表性祖先也附祀于神龛中的盘瓠灵位，俨然是宗祠。可以说，想象的凤凰山盘瓠祠（附祀盘、蓝、雷、钟四姓祖）在山民会馆的前落正厅成为现实。

第一节　家庭

家庭是畲族社会的基本支撑点，在游耕徙居时，家庭的作用尤其突出。即使到了现在，畲族村落一般是几十户，很少逾百户的，过去户数更可想而知。二三户为聚落（自然村雏形），也不足为奇。妇女的家庭地位接近男子，未嫁出女可与兄弟同享遗产权。男嫁女占有明显的比例。一夫一妻的小家庭是畲族家庭的普遍形式。

一　家庭成员角色

畲族家庭成员在家庭中地位有别，分工不同。丈夫为一家之长，他对内管理经济收支，安排农事活动，对外全权代表家庭处理各种社会事务。妻子为“内当家”，负责处理家庭内务以及亲朋好友的迎来送往，她除了负责烧饭、洗衣、砍柴、挑水、饲养家禽家畜，捻苎线织苎布，生儿育女外，还和丈夫一起下地干活。如果夫死子幼，妻子可任家长。畲谚道：“长子阿爷（父亲）职”，长子是父亲农业生产的有力助手，又兼有协助父亲监督教养弟妹的责任。在不曾分家的多兄弟的家庭中，父亲年老，也可由长子任家长，但这种现象在畲村较为少见。畲民家长作风民主，不独断专行，在三代同堂的家庭中，年富力强的当家人对其年迈体衰的父母的意见往往十分尊重。

民国时沈作乾在丽水所做的畲民调查说："畲民家庭的组织，与汉人很不相同，以父母权最重，无论对内对外，都是以父母为主体。男女绝对平等，男女社交完全公开。还有一事，为我们所梦想不到的——现在妇女运动中最主要的'女子承受遗产权'的问题，畲民中已行之很久了！凡女子不嫁的——不必独身，凡不愿离父母的也是一样——得和兄弟平分家产；没有儿子的，赘婿为嗣。"① 关于畲族妇女的角色，沈作乾说："畲民的职业，不论男女，完全以农业为主。其妇女亦间有蚕织者，但甚为少数。……多数妇女，仍专事农作，她们体格很强，虽在娠孕之中，负百余斤，走数十里，一点不觉得费力，攀山越岭，如行平地。无论男女老幼，没有一人坐食者。"②

胡先骕《浙江温州、处州间土民畲客述略》说："女子极耐劳苦"，"女权颇重"。③

畲族妇女在家织麻布

① 《畲民调查记》，载《东方杂志》第21卷第7号，1924年，第60页。

② 《畲民调查记》，载《东方杂志》第21卷，1924年第7号，第58页。

③ 胡先骕：《浙江温州、处州间土民畲客述略》，载《科学》第7卷第3期，1923年，第281页。

畲家妇女的家庭地位比汉族高。“畲妇最勤操作，与男子同。”[①]畲家妇女与男子一样，是家庭主要经济来源的创造者，凡家庭的重大事宜，妇女有权过问，有时可直接参与决断，丈夫虐待妻子之事极少发生。当家的妇女，特别是大家庭中的老年妇女，家中巨细之事，她均有举足轻重的发言权和决定权。有的畲村女子有继承家产的权利。有兄弟的女子留家招婿，兄弟姐妹平等分享家产。过房到叔伯家和其他人家的女子，享有继承权，任何人无权干涉。妇女失偶，她有权支配先夫的财产，并且还有招夫入赘的自主权，先夫家中的公婆叔伯无权干涉。浙南存在做“娘家头”习俗，即女儿出嫁后，受夫家虐待，可回娘家报告。娘家便组织亲房叔伯、母舅等数十人到女婿家论理，直至女婿承认错误并保证不再重犯为止。去做“娘家头”的路费，包括轿资，都由女婿家负责，并且可任意宰杀女婿家的鸡、鸭、鹅、猪等烹食，他人不得干涉，因此，畲族很少发生虐待妇女现象。[②]

但有的畲族社区，在家庭中也存在男女不平等现象，女子不论出嫁与否均无继承权，男性是家庭经济的惟一掌握者。有的宗族受汉族儒家文化的影响所制定的《家规》，对女性作严格的束缚。如闽东钟姓畲族发祥地之一的福安坂中大林村《钟氏族谱》内《家范》篇载，“闺门之内，肃若朝廷，家道清白实始于此……本于正家，正家之道，先于妇人”。[③] 福安溪柄东山《雷氏族谱》内《家训》篇载，要求妇女“出作入息以安本业，并要勤慎治家，及敬奉舅姑”。“然或翁姑不敬，妯娌为仇，牝鸡司晨”者要“重罚其夫”。[④] 福安甘棠田螺园《雷氏族谱》[⑤] 中专辟烈女节妇章，以表彰固守清贫从一而终的畲家女性。清同治江西《贵溪县志》载：“（畲

① 民国《龙游县志》卷2《地理考·风俗》。

② 《畲族社会历史调查》，福建人民出版社1986年版，294页。

③ 《钟氏族谱》，修于清宣统二年（1910）。

④ 《雷氏族谱》，修于清光绪三年（1877）。

⑤ 《雷氏族谱》，修于清光绪三十二年（1906）。

民）子妇待舅姑，谨平时蓬垢，见舅姑不笄不见也。”[①] 有的畲村，“寡妇再嫁，遭到亲房叔伯百般刁难，除陪嫁外，一概不许带走。婴孩带去扶养，成年回家，延接香火。只准后门出，不许大门走；只许夜间走，不准白天走”。[②] 清代福建古田县富达村还为守节妇女立起石牌坊。

畲族妇女的家庭地位还体现在“男嫁女”。这是畲族一种颇有特色的婚姻形式。石奕龙认为：畲族的“男嫁女”就是招赘婚，“这是畲族为了延嗣不得已采取的一种变通办法，而且并不特殊，汉族也有这类现象”。[③] 雷弯山则认为：畲族的“男嫁女”与汉族的“招赘”不同。在汉族地区，入赘之男并不改姓。而畲族的“男嫁女”后却须改为女方的姓，成为继子，死后同样在所在家族中排列位名。“今各地（应指浙南地区——引者注）‘男嫁女’仍达 1/3 强”，不应“用汉族的眼光来看畲族的文化”。[④] 虽然雷弯山所说的“男嫁女”的比例可能偏高些，但其见解大抵正确，畲族男嫁女后为女家之子，汉族招赘男为女家之婿，两种身份大别，不可同日而语。

男嫁女婚俗在浙南最流行，闽东也有此俗，但比较突出的发生在从浙南回迁的畲民中。例如，霞浦县崇儒乡霞坪几个自然村的蓝姓畲民，属于迁入本县的畲族三大支派之一，其先祖由浙南回迁。据 1983 年调查，在 82 对夫妇中，有 19 对属男嫁女婚，占 23%。[⑤] 这在霞浦是较突出的。

无子的家庭，除以婿为子外，还可抱子继嗣，或以叔伯的侄子过继，但以婿为子的现象较多。清末《畲客风俗》说：“（畲客）同

---

① 同治《贵溪县志》卷 14《杂类轶事》。

② 陈元煦、蒋炳钊等：《福建福鼎县畲族情况调查》，载《畲族社会历史调查》，福建人民出版社 1986 年版，第 175 页。

③ 石奕龙：《福建畲族的婚姻状况和收养关系》，载《民族研究》1997 年第 5 期。

④ 雷弯山：《原始婚姻文化在畲族中的保留与内涵的转换》，载《中共福建省委党校学报》2002 年第 3 期。

⑤ 《霞浦县畲族志》，福建人民出版社 1993 年版，第 146 页。

姓之人也可为婚，异姓之人亦可为子。如蓝甲无子，则抚雷乙为嗣；雷乙乏嗣，又抱钟丙为子。”① 抱子为嗣者，一般给原父一定数额的酬金。养子姓氏改从养父。

畲族家庭称谓，部分与当地汉族相似，但也有自己的特点。长辈、平辈称谓中多冠有“阿”字词头，如父为“阿爷”，母为“阿嬢”、“阿奶”，祖父为“阿翁”，祖母为“阿加”，曾祖父为“公帕”，曾祖母为“阿帕”，兄为“阿哥”，嫂为“阿嫂”。丈夫称妻子为“布娘”，妻子称丈夫为“夫郎人”。夫妻在日常生活中习惯的称呼，如畲谚云：“有仔随仔叫，没仔那叫姖（他、她）”，即没有孩子，就称“姖哟”，生了孩子即互称“姖阿爷”（他爸），“姖阿奶”（他妈）。直系亲属中的长辈、平辈的称谓，通常依长幼次序，如“大伯”、“二嫂”、“四哥”、“细妹”等。

二　婚姻与家庭

婚姻是家庭确立的先决条件。自古畲族及其先民就实行本族群内婚。在闽粤赣交界地区，清代和此前的汉族文献记述中，畲族都是本民族内部通婚，其实不然。

由于畲族村落分散，某姓畲民的村落附近若无异姓畲村，同姓远亲的婚姻就容易发生。特别在闽东、浙南这一较新的迁入地，这种情况相对较为多。光绪《遂昌县志》载：“畲民……嫁娶不避同姓。”② 民国时期，何子星《畲民问题》说：“在五服之外，可以同姓结婚。”③ 沈作乾《畲民调查记》说：“同姓结婚，亦所不禁。”④

清代和民国时，畲族本民族内婚的壁垒有所松动，但这是出现在居住时间较长、并发生了一定汉化的畲族地区。在闽北，道光《建阳县志》载：“近惟嘉禾一带佘民，半染华风。欲与汉人为婚，

---

① （清）浮云：《畲客风俗》，光绪三十一年石印本，第 35 页。

② 光绪《遂昌县志》卷 11《风俗·畲民附》。

③ 何子星：《畲民问题》，《东方杂志》第 30 卷第 13 号，1933 年，第 62 页。

④ 《畲民调查记》，载《东方杂志》第 21 卷第 7 号，1924 年，第 62 页。

则先为其幼儿缠足，稍长，令学针黹坐闺中，不与习农事，奁资亦如华人。……妻或无子亦娶妾”。① 在粤东，民国《丰顺县志》载：“村南有钟姓十余户，传其祖为蓝姓外甥，世为婚姻，惟晚近已与四邻族姓通婚，现已同化。”② 据最近研究，这种汉化中的畲族与汉族的通婚，早在晚唐已经萌生，在宋元明渐多发生，清代普遍发生，地点在闽西。③

畲族婚姻有如下几种：

1. 男“嫁”女家

清末记述浙南畲族的《畲客风俗》云：“畲客喜招女婿，即可以婿为子，俗所谓‘畲客人有女即有子也’。如蓝甲无子，仅有一女，乃招雷乙为嗣，以女为媳。”④ 从“畲客喜招女婿”可知，这种男嫁女的比例不算少，甚至成为习见之俗。民国时，浙中金华以北的建德县，也有“畲客则喜招女婿”⑤ 的记载。民国何子星《畲民问题》说：“（畲民）如无子而有女者，则招他人之子为婿（原注：俗所谓畲客有女即有子也）。如无子而又无女者，则养他人之女而赘婿，以其所赘之婿作为己子。被赘者又必改从赘者之姓，而登谱入族，始得女家家律的承认。其在家庭的地位，视同亲子，并得享受财产承继的权利。”⑥

男“嫁”女家，即把儿子“嫁”到女家，男方称为“去当儿”或做“女婿”，女方称为“喊儿”或“招亲”。个别畲民家庭甚至把几个姐妹全部留在家里“喊儿”。“去当儿”的并非家境困难或兄弟多的。有少数人家把女儿留在家里“喊儿”，而自己的儿子反而“去当儿”。男到女家，不受歧视。男“嫁”女方与女嫁男方的婚礼基本相同。《霞浦县畲族志》说：“（男嫁女）赘婿徒步到女家，一

① 道光《建阳县志》卷2《舆地志·附佘民风俗》。
② 民国《丰顺县志》卷16《风俗》。
③ 郭志超：《闽台民族史辨》，黄山书社2006年版，第213—230页。
④ （清）浮云：《畲客风俗》，光绪三十一年石印本，第35页。
⑤ 民国《建德县志》卷3《风俗志》。
⑥ 何子星：《畲民问题》，《东方杂志》第30卷第13号，1933年，第62页。

般没有或很少有陪带‘嫁妆’（倒是女家给男家送一定数量的彩礼）。”①

“嫁”到女方的男子，按传统族规改为女家的姓，与妻子家的兄弟享有同等的“儿子”权利，承担同样义务。也有这种较为特殊的情况：所生儿子两家对分，长子从父姓，次子从母姓。婚后倘若因故，男方不愿在女家，允许出走，但需付双老赡养金。

附此一提的是，瑶族也有男嫁女习俗，有的瑶区甚突出。②

2. “做两头家”

“做两头家”是从妻居婚。夫妻俩要种两家田地，俗称“种两头田”，赡养两方父母。这种婚事无需办嫁妆，双方各办若干桌喜酒，两头都拜堂，婚仪比较简单，先是女方到男家办酒，然后男女双双回女家办酒。“做两头家”所生子女分别从父、母姓，一般长子随母姓，次子随父姓，长大后分住两家，分别继承两家财产。

3. “服务婚”

有的家庭因男孩还小，家庭缺乏劳动力，以长女招婿担负农作，被招者在岳家服务三年，以劳动成果抵作聘金。三年后，携妻回家。这种婚姻，如果中途男女双方不和，允许分离。分手时，如果女方先提出，男方可取得劳动报酬；如果男方先提出，则不计劳动报酬。

4. “回头亲”

母舅享有其子娶外甥女为妻的优先权。外甥女未经母舅许可，不得嫁人。畲民认为亲族之间存在着稳定的姻亲基础，要是缔结姻缘，会亲上加亲。这种婚姻应是畲族古风的遗存。

5. “对婚制”

“对婚制”即多男子之家与多女子之家互相对换，互为婚姻，

---

① 《霞浦县畲族志》，福建人民出版社 1993 年版，第 146 页。

② 奉恒高主编：《瑶族通史》，民族出版社 2007 年版，第 421 页。

一方受女子为媳妇，一方得男子为赘婿。

6. “姑换嫂”

“姑换嫂”是双方互换女儿为自己儿子的媳妇，双方都不收取聘金。

7. “童养媳”

有的家庭无钱娶亲，只好在儿子年少时就向人家抱一女孩抚养，一般只送给对方2斗大米或2块银元。对方因女儿过多，生活拮据，希望减轻人口负担，因此也乐为。到了男女双方成年时，择一吉日，进行“合房”，结为夫妻。童养媳婚无出嫁仪式，但仍要“拜堂”和宴请亲友。①

上述许多婚姻形式，多发生在20世纪50年代之前。自1952年中华人民共和国《婚姻法》颁布后，随着畲族生活水平的提高，上述许多婚姻状况已经绝迹或仅残存于个别偏远和贫困山区。男“嫁”女家至今仍存续。

三　分家

畲谚云：“娶一门媳妇，分一个家。”畲族男女婚后，便和父母分居，另立门户，独立生活。父母除与未嫁娶的儿女同住外，就另起炉灶，自食其力。畲族老人，不论男女，一般都能下地干活，他们不与儿子儿媳同住是为了饮食自由，起居自由，可避免不必要的家庭纠纷。如果父母实在老弱病残，力不从心，则由子女分担赡养，如采取吃派饭，或父母分开，各家侍候一人等。

畲家亲兄弟分家，主要是分配家庭的生产资料，即田园山林。畲家传统的价值取向是固守祖家田产和增置田产。分家时，舅父为“公道人”，即主持分家事宜，并邀请亲族评判。父母健在者，由舅父提出留下部分田产，称为“养老田”，供父母收入，待父母辞世后，再行分配，或留做父母修筑坟墓之资以及每年墓祭开支，俗称

① 以上见《中国民族文化大观·畲族篇》，民族出版社1999年版，第203—204页。

“众田”。同时，划出部分田产作“长子田”，也称“长孙田”，即分配给生有男儿的长子。“长子田”，一般不得超过全部田产的十分之一。要是田产太少，只做适当照顾。余下的田地山林则进行全面评估，由数子平均分配。有时幼子也可多得部分田产，这是作为幼弟长大后娶妻的需要，俗称“老婆本”。

田地山林的分配按土地状况的好坏，搭配适中，分为数股，以拈阄为定。同胞兄弟在中堂香案前燃烛点香祭祀祖先，而后抓阄定股。住房的分配，由舅父主持，他按“左大右小”的惯例，长子分左边前厢房，次子分右边前厢房，口说为凭。其他大小农具及家具，也按质搭配，数股抓阄。拈阄后，即立字据，俗称“阄书”或“分单”，把各自的财产、义务和权利都写清楚，并经各方签字画押为据。日后，如有争执，由舅父按字据仲裁。①

四 舅权

畲家舅父权力很大，在畲族家庭中有特殊的地位。畲家的母系亲属又称“娘娘亲”。甥辈出生要先向舅父报喜，舅父要比其他亲戚多备贺礼，外甥满月，办“满月酒”，舅父未入座，其他人不得先坐。甥辈婚姻舅父有权过问。甥女出嫁前，要先到舅父家做“表姐”；出嫁时，舅母为其穿袄着裙戴凤冠，甥女哭嫁歌中，除哭爹娘外还要哭母舅；上轿时，甥女要由舅父抱上轿。外甥结婚，外甥夫妇要向舅父跪拜；婚礼宴客，舅父之席为“首桌”，舅父坐首位，俗称“坐大位”；酒宴中，新郎新娘一般不向父母敬酒，但一定得敬舅父，而且舅父还要喝双杯酒。夫妻不和，须请舅父调解。外甥分家，舅父有权参与，有时由他主持。外甥犯事，舅父同父母一样，有权管教及体罚，外甥不敢顶撞，只能俯首帖耳，唯命是从。一般叔父、伯父无此权力。外甥忤逆母亲，除向母亲下跪认错外，还得向舅父下跪认错。母亲逝世要火速向舅父报丧，在舅父未赶到

① 《福安畲族志》，福建教育出版社1995年版，第676—677页。

并查明死因之前，不得收殓盖棺。舅父前来吊丧，外甥需下跪迎接。丧事的操办听凭舅父的意见。

五　家庭教育

畲族家庭发挥着文化传递的主要功能。长辈通过言传身教，使小辈学习、接受和适应畲族固有的文化专统。

教唱山歌是重要的言传方式。儿童学语后，父母就教他们唱儿歌。畲歌云："歌言山哈当文章。"随着年龄的增长，畲家孩子跟其父母参与定时定点的节日和时令的歌会，经历本村内亲来戚往的迎客盘歌，聆听红白大事的喜歌丧歌。他们从《高皇歌》中熟悉民族的历史、祖辈的迁徙，从漏夜盘对的"小说歌"中了解社会，从日常生活的"习俗歌"中领会人情世故，从"杂歌"中掌握各种知识。通过传统山歌学文化长知识，把自己锻炼成长为与父辈一样的歌手。

长幼一起参加劳动是畲家主要的身教方式。一般身教的分工是父教子，母教女。子随父上山放牛牧羊，下地耙田耘草，学习农耕技术。女跟母在家里刮苎织布，到户外砍柴采集猪菜。①"攀陟重岩艰，依栖穷谷僻；斫畲刀耕举，烧畲火种蹠。"②从小就跟长辈承受生活的重担，练就吃苦耐劳的意志品质。

家庭教育的效果需要良好的社区氛围，而良好的社区氛围又促进家庭教育。无论是单姓村还是多姓村，畲族村社内部和谐互助。"家人喃喃，妇子嘻嘻，各食其力，亦无阋墙御侮之事"，③这是清初汀州畲民村落社会关系的真实写照，也可以说是各地畲村的普遍情形。

① 以上见《中国民族文化大观·畲族篇》，民族出版社1999年版，第206—207页。

② （清）屠本仁：《畲客三十韵》，载光绪《处州府志》卷30《艺文志下·诗篇》。

③ （清）范绍质：《猺民经略》，载乾隆《汀州府志》卷41《艺文三》，方志出版社2004年版，第876页。

第二节　宗族

畲族“结庐深山，聚族而处”。[①] 畲族村落多以同宗族人聚合而居，或者说单姓村成员通常是该村开基祖的后裔。明清以后，“随山迁徙”[②] 的畲族，一般是以家庭成员为单位，进行小规模的散点移动。迁徙过程中，从无短时间的长途移动，而是徐徐移动，时居时徙，当停止“蛙跳”式的移动而定居下来，单门独户因人口繁衍而成比屋相邻的单姓村。

也有同姓不同宗或不同姓村落。这种形成一般最初是由几个不同家庭先后迁居、繁衍的结果。无论是血缘与地缘扣合，还是由地缘整合着异姓血缘，单姓血缘组织是畲族社会生活的中枢。畲族民谚所说的“山哈山哈，不是共房就是叔伯”，说的就是血缘关系在社会生活的突出特点。较之汉族，畲族的异姓血缘借着盘瓠崇拜而有另一种信仰领域中同一血缘的认同。因此，有的地方的畲民，虽不同宗族的同姓共有一个祠堂，甚至不同姓也共有一个祠堂。在闽东霞浦溪南镇牛胶岭村，蓝、雷二姓祖先就合祀一祠。[③] 在赣东北，甚至“每祭祖，则四姓毕集”。[④] 这里所说祭祖的地点，虽未言明在祠堂，但祠堂的基本功能即祭祖，即使尚未建祠，祭祖地点诸如祖厝，也可以说就是临时的祠堂。畲族文化受汉族影响颇多，尤其在宗族方面，借助汉族宗族社会作为参照系来考察畲族宗族，是有所裨益的。

---

① （清）郑祖庚纂：《侯官县乡土志》，光绪三十二年刊本，海风出版社 2001 年版，第 383 页。

② （明）姚良弼修、杨载鸣纂：《惠州府志》卷 14《外志·猺蛋》，嘉靖三十五年刊本。

③ 《霞浦县畲族志》，福建人民出版社 1993 年版，第 93 页。

④ 同治《贵溪县志》卷 14《杂类轶事》。

一　宗族构成

何谓宗族？这就必须联系家庭、家族的概念。家庭分为二大类：核心家庭和扩展家庭。核心家庭也叫小家庭，指一对夫妻及其未婚子女所组成的家庭。扩展家庭也称扩大家庭，一般分为两个类型：主干家庭，包括一对夫妻及其子女和夫的父母；联合家庭，包括一对夫妻及诸子、甚至诸孙的生育之家。这里指的是父系继嗣家庭。家族是家庭的扩展，宗族是家族的扩展。[①] 按照中国历时两三千年的观念，同一高祖的血缘群体称为家族，也叫“五服之亲”或“五属之亲”。高祖以上某代祖之下的血缘群体称为宗族。[②] 以英语名称而言，family 包括中国的家庭和家族，lineage 指宗族，这是英汉翻译的一般定式。作为汉英翻译，宗族的翻译颇有讲究。虽然宗族指同一宗姓的继嗣群体，但只有以明确的世系和组织、制度维系的宗姓继嗣群体才称为 lineage，而世系不清、关系松散的宗姓继嗣群体则称为 clan（氏族）。中国内地自 20 世纪 50 年代起，宗族制度和组织瓦解了，而作为宗姓继嗣群体仍然存在，但在严格的意义上，只是氏族（clan）或叫姓氏群体，不能称为宗族，因为宗族是制度化和组织化的宗姓继嗣群。现在中国内地的宗族，在学理上，至多只可称为“残缺性宗族”。

宗族制度是中国文化的根基之一，具有十分悠久的传统，考察其历史脉络，大致可以分为三个大的发展阶段：春秋以前的宗法式家族制度，魏晋至唐代的世家大族式宗族制度，明代后期至清代、民国的祠堂宗族制度。血缘性的聚族而居，早在原始社会就已经开始。然而，只是同一宗姓的聚族而居，远不是明后期才出现的组织化和制度化的宗族。明后期以后的组织化和制度化宗族，以祠堂、

---

① 参见郑杭生《社会学概论新编》，中国人民大学出版社 1989 年版，第 73 页。

② 杜正胜：《传统家族试论》，载《家族与社会》，中国大百科全书出版社 2005 年版，第 2 页；李卿：《秦汉魏晋南北朝时期家族、宗族关系研究》，上海人民出版社 2005 年版，第 26—27 页。

族产、谱牒为三大标志。其中，祠堂是首要和根本的特征。如果没有以肇始祖为领的祖先之祀，就无敬宗收族之功能。并且，祠堂是明后期以后新型宗族在组织、制度和管理上的精神凝聚和物质体现。以始祖之祭为特质的祠堂所表征的宗族，有些学者称为“明清时期家族组织”、[①]“近世家族”、[②]“近代封建家族”或“族权式家族”。[③]

从商代，特别是周代开始，即有宗庙之祀，但那是天子、王侯、士大夫的特权。所祀之祖，王侯，不过五代；士大夫，仅三代。这种“礼不下庶人”的规定，一直延续到唐代。唐末杜佑编撰的《通典》有一半的篇幅详述唐和唐以前历代礼制的沿革。《通典》卷四十八的“诸侯、大夫、士宗庙”条下，注明“庶人祭寝”。所谓“庶人祭寝”，即平民祭祀祖先之所，只限于寝室。宋代，随着世族在唐末五代社会动乱中灰飞烟灭，随着商品经济发展所触发的社会阶层的流动，“礼不下庶人”的官、民界线开始在松动。南宋大儒朱熹从哲学的高度阐述理学思想体系，并且将之运用于民间宗族文化的创制。他认为：聚之以族，约之以礼，族睦而国泰。民间文化与国家政治贯通圆融，这就是朱熹的“文化—政治”图式。朱子学既是高度理论化又是具体应用型，他对基层社会的礼制设计细致繁复。他提出：君子之家应在家居之东营建祠堂，而庶民之家也要设祠堂，但只是祭于寝室的神主龛。历来奉祀祖先之所称家庙，惟有一定等级的品官才有这一权力。而朱熹则以“君子之家”融通了“仕”与“士”的官民分隔，从而在理论上为祠堂之设能普及民间打开了一条通道。

朱熹的这一理念及其实施方式终于与重视民间基层组织和民间教化的明王朝的统治意识一拍即合，成为明代国家意识形态的一种主流意识，并延续至清代。明洪武三年（1370）礼书修成，朱元璋

---

① 郑振满：《明清福建家族组织与社会变迁》，湖南教育出版社 1992 年版。

② 杨志刚：《中国礼仪制度研究》，华东师范大学出版社 2001 年版，第 350 页。

③ 徐扬杰：《宋明家族制度史论》，中华书局 1995 年版，第 91 页。

赐名《大明集礼》。其中的祠堂制度深受朱熹《家礼》中祠堂之制的影响，规定：品官可建祠堂，祀四代祖先；庶民祀二代祖先于寝室，后来改为可祀三代祖先。

明代嘉靖朝开始放宽官民祭祖的规定。嘉靖十五年（1536）礼部尚书夏言上疏建议世宗皇帝允许臣民祭始祖，促成“诏天下臣民祭始祖”。① 尽管该诏令允许官民祭始祖不是设木主常祭而是冬至日临时设祭，却引发了更重要的变化。依照新行礼制，冬至日祭始祖，祭时品官在家庙临时设立始祖纸质牌位。品官一旦可以在家庙祭始祖，那么其原本只祭四代的家族性家庙，就开始向宗族祠堂转变。而民间得祭始祖，宗族人口联合祭祖便水到渠成。政府对祭祖礼仪的越制举动并无干预，以致品官家庙临时设置的始祖纸质牌位就变为木质牌位而成常祭，甚至民间宗族对始祖的时祭也转向建宗祠祭始祖。

由上可知，在民间，汉族建祠祭始祖迟至明代后期才开始。当然，在此之前，已出现建祠祭始祖的个例。畲族建祠是受汉族影响，而这影响还要有个过程，因此畲族开始出现建祠不会早于清代，所记录的闽东、浙南的祠堂一般都建于晚清以后。

畲族宗族的象征物同汉族一样，是“祠堂”。宗祠既是畲村，也是畲民宗族观念的物质形态。如上所述，五代以上的姓氏血缘群体即为宗族，如果建有祠堂，同一宗族也称为同一宗祠。由于畲族社会的特殊性，虽未建祠，但有装着祭祖象征物的“祖箱”或“祖担”，以便适时举行祭祖仪式。“祖箱”就是宗族的象征物。汉民称“祖箱”为“祠堂”，倒是很精辟的。

在汉族社会，宗族以共祠为标志，从一个宗族派分出的族人在异地繁衍到一定规模，就会建祠另成为一个宗族。相对于原乡的宗族和宗祠，迁到异地的衍派为宗支，其祠为支祠。

---

① 许重熙：《宪宗外史续编》（上）卷2，第176页；参见常建华《明代宗族研究》，上海人民出版社2006年版，第18页。

然而，畲族不一定建祠，迁到异地发展起来的衍派，只要是五代以上的姓氏血缘群体，并有集体的祭祖活动，也是宗族，但相对于原乡的宗族，在学理上称为宗支。如果未形成宗族组织和举行集体的祭祖活动，在学理上只是姓氏继嗣群体。“房”是以肇基祖的几个儿子的后裔分别组成的宗族支派，肇基祖的每个儿子的后裔所形成的支派为“房支”或“房族”。各房支通常按长幼序列依次称为“长房”、“次房”、“三房”等，同房支的家庭可称为“共房”。理论上，每一代都有若干房，但惟有以开基祖为始的第二代，或建有房祠，或有独立聚落的房族人口，才会被视为有实际功能意义的“房”，而不是仅停留于观念意义的“房”。如果宗族人口较多，“房”之下还有“扇”（亚房）。[①] 理论上，房支的任何一代的家庭聚合都可以称“扇”（亚房），但惟有居住相对独立的亚房支，或者若干个家庭聚合起来的家族才会被视为有实际功能意义的“扇”。闽东、浙南畲族的民居建筑，挑梁的桁架或土墙称“扇”，一个房间要“两扇”，也就是“扇”比房小。以“扇”称亚房，源于民居建筑语词。畲族亚房的观念和名称与汉族有所类似。在泉州，汉族宗族的“房”之下的亚房在观念上是“柱”或“刊”，但亚房惟有建祠或有相对独立的居住地域，才称作“柱”或“刊”。

在同一社区的宗族的某个世代的“房”的族人也建祠，其祠称支祠，但“房”的族人不叫宗族而叫房族。这就是说，宗族的分蘖，只有在异地的衍派才能称宗族。在有的畲族地区，“房”有地方性别称。这类别称都可通约于宗族的房。如果抛开宗族组织术语的规范性，只提地方性别称，除了增加理解的难度，也缺乏科学意义。

一定区域的某个姓氏群体的祖地，其祠就是由此地衍生于各地族人的祖祠。如果该祖祠宗族在各地的宗支共同资建这个祖祠，那么祖祠就是各地宗支参与共立的总祠或大宗祠。闽东福安市坂中乡

① 有称“扇”的，主要在闽东。

大林钟氏宗祠，即是以“音公”为大林开基祖的钟姓公祠。之所以称“公祠”，意在表示各地宗支共有的总祠或大宗祠。大林宗祠钟姓派下不仅覆盖福安全境的大部分钟姓畲村，而且还扩展于临近的霞浦、福鼎等县域的钟姓畲村。

在畲民的心灵世界里，本民族就是一个大宗族。所谓的凤凰山“盘瓠祠”就是盘、蓝、雷、钟四姓的宗祠或总祠。“盘蓝雷钟一家亲”，在畲民的传统观念中，根深蒂固。闽东福安范坑乡洋坑村《汝南蓝氏宗谱》说：“顾我盘蓝雷钟四姓大宗祠肇基于广东凤凰山，与南京一脉相连，建祠之地即吾祖旧址也。”祠内四姓之祖“并列封牌位”。[①] 虽然现在广东潮州凤凰山实际未有总祠，但“总祠”构建在各地畲民的精神家园里。闽南华安官畲村尚存蓝、雷两姓共用的祠堂。江西《贵溪县志》载：“（畲民）每祭祖，则四姓毕集。”[②] 这种“四姓毕集”的合祠，就是凤凰山宗祠的分祠。而各个畲民祠堂也都是统摄在凤凰山总祠的支祠。从畲民称始祖盘瓠为“太公”，也可以体会到异姓畲民有着同宗的血缘亲情，这也是异姓畲民宗族可以共祠的文化依据。凤凰山、盘瓠、总祠，成为各地各姓畲民文化亲和力和认同记忆话语的关键词。畲谚云：“山哈山哈，不是共房就是叔伯”，显示出“家族—宗族—民族”这种畲族层级认同的文化图像。[③]

二　祠堂

祠堂是祭祀祖先之所。在明代晚期嘉靖年以前，只有品官才有特权修建祭祀高祖以下祖先的家庙。嘉靖年以后，祭祀始祖和先祖的祠堂才逐渐普及于天下。除了极少数汉民违制私建祠堂，祭祀始祖以及先祖的祠堂一般不会早于明晚期的。明晚期以后，民间陆续

---

① 《汝南蓝氏宗谱》，清光绪七年（1881）修。

② 同治《贵溪县志》卷14《杂类轶事》。

③ 蓝炯熹：《畲民家族文化》（第6页）说：“畲民的家族话语的逻辑是建立在‘民族—家族—家庭’的法则上的。”

建祠祭祖时，作为一个迁徙的族群，是不可能建立祠堂的。当然，在闽南、闽西定居时间比较长的畲族，则有建祠的。明清时期才迁入闽东、浙南等地的畲族，即使已经开始定居了，他们祭祖仍定期在一个临时的场所进行。畲族迁入浙南比闽东还要晚，建祠也相应迟。

（一）盘瓠祠

在畲族的历史记忆中，在祖地凤凰山曾建有盘瓠祠，而且他们总是念念不忘要加以重建。20 世纪 50 年代在赣东北贵溪发现的《重建盘瓠祠铁书》,[①] 实际上是《重建盘瓠祠序》与《开山公据》的合编，但遗漏了《重建盘瓠祠序》的一些内容。与《重建盘瓠祠序》类似的文本有《广东盘瓠王祠志》、《广东盘瓠祠序》，有关的文本还有《广东盘瓠氏铭志》。盘瓠祠在清代、特别是晚清以后，也叫“忠勇王祠”或“盘蓝雷钟四姓大宗祠”。

据《广东盘瓠氏铭志》，盘瓠受封为“龙麒大将军”，取燕王首级后，与公主成婚，为驸马“忠勇王”，食采潮州。在潮州生育三男一女，高辛帝赐予姓名。“天定十二年六月二十七日因游畋不料命值凶星，追逐猛兽跳过大岩，被树尖伤毙。”“送葬潮州会稽凤凰山七贤洞西南隅。”“乾元二年，开造广东石室，地名与南京一脉相连。”“开宝十三年七月二十日，敕修忠勇王祠。”[②]

《广东盘瓠祠序》称：“凤凰山原有祠址，与南京一脉相连。因世远年湮，祠宇倾废，祖灵未妥。今族众捐修，将凤凰山旧址重建祖祠。其祠址丑山未向，计二十四丈，横一十八丈。前至雷家坊，后至观音顶，左至会稽山，右至七贤洞。四至开具分明，以为盘蓝

① 《畲族社会历史调查》，福建人民出版社 1986 年版，第 24 页。

② 《霞浦县畲族志》附录三《谱牒资料》，福建人民出版社 1993 年版，第 481—482 页。

雷钟四族永远为据。”①

《原祖广东盘瓠祠序》云：“我祖潜至番邦，斩其首，复疆土。帝遂以女招为驸马，而生三子一女。迄今世代年湮，……子孙散处南京、福建、浙江等地者，不能知其数。家谱不修，安知千支百派之所自出哉？兹广东潮州凤凰山重建盘瓠氏总祠，议修家谱。我姓凡为一脉者，期为踊跃开明，以便汇修合刊，流传不替。”②

晚清闽东、浙南畲族族谱常录有《广东盘瓠王祠志》，该志云：“夫祠堂之设，所以尽报本追远之深心，尊祖敬宗收族之遗意也。顾我盘蓝雷钟四姓大宗祠，肇基于广东凤凰山，与南京一脉相连，其基址即吾祖旧居处也。正栋之中仍奉盘护王为始祖，龙杖昭然，公主并列焉。左奉武骑侯，讳自能，为盘公始祖；右奉护国侯，讳光辉，为蓝公始祖；又左奉立国侯，讳巨祐，为雷公始祖；又右奉敌勇侯，讳志深，为钟公始祖。并列敕封牌位，世世享祀不忒。”③

对于流散四方的畲族，在祖地凤凰山建有始祖祠，是历史上畲族的期盼或想象的精神家园。这种梦想久而久之转化为历史记忆。畲民从凤凰山迁往各地，几乎再也没有回归故地，也没有所谓的盘瓠王祠的“重建”。此祠没有建过，谈何“重建”？民间文书所说的“重建”是对精神家园中始祖之祠的重建。“重建”不是完成时而是将来时，或是虚拟语态。

文化是如此神奇，虚拟的文化精神图式产生了强大的精神凝聚作用，并成为社会实践的引领。零散四方的畲族，所建起的祠堂都统摄在凤凰山祖地祖祠的神圣象征之下。距离越远，这个统摄感就越强烈，畲民祠堂的忠勇王神位在浙江就有较高的出现率。景宁敕木山畲村祠堂的“龙凤高辛帝祖敕赐驸马盘瓠妣萧氏蓝光辉妣夏氏

---

① 《原祖广东盘瓠祠序·序三》，转引自《浙江景宁敕木山畲民调查记》，中南民族学院民族研究所1984年编印，第98页。

② 《原祖广东盘瓠祠序·序一》，转引自《浙江景宁敕木山畲民调查记》，中南民族学院民族研究所1984年版，第97页。

③ 苍南青街章山《冯翊郡雷氏族谱》卷1，同治五年（1866）修，转引自雷必贵《苍南畲族的源流与分布》，中国文史出版社2006年版，第34页。

之位”，是本祠与凤凰山盘瓠祠链接的标志。

盘瓠祠就是畲族的大宗祠，盘蓝雷钟四姓之祠是各姓宗祠，聚落性宗族之祠是宗姓宗祠的支祠。盘瓠祠如果是畲族的大宗祠，那么大宗祠之谱牒就是畲族盘蓝雷钟四姓的总谱。“山哈山哈，不是共房就是叔伯”，这里的“叔伯”指与本房支并列的其他同祖房支。这既是说明同一社区同宗族人或跨社区同宗族人的亲密关系，也是说明同一始祖的四姓子孙的亲密关系。

上述的“广东盘瓠王祠”，即“盘蓝雷钟四姓大宗祠”，正中“奉盘护王为始祖，龙杖昭然，公主并列焉”，“左奉武骑侯，讳自能，为盘公始祖；右奉护国侯，讳光辉，为蓝公始祖；又左奉立国侯，讳巨祐，为雷公始祖；又右奉敌勇侯，讳志深，为钟公始祖”。凤凰山“盘瓠祠”正是畲族建构的四姓同宗、共奉始祖盘瓠的虚拟大宗祠。这种宗族认同正是畲族极具特色的民族认同，以同宗共祖的记忆，并转化为栩栩如生的宗祠具象，较之复杂认同理论，畲族的认同实践明快有力。正是这种简捷的认同方式，使畲族分布四方却凝聚一体。

（二）祠堂建置

地方文献记载浙南畲族无祠祭祖较多。直至民国时期，《龙游县志》还有这一记载：“畲民祠堂极可笑，仅以竹箱两只，一置香炉、红布袋，一置画像，即呼为祠堂也。画像为手卷，以自为之，阔约一尺五寸，长约五丈，所图事实，凡数十段，……其红布袋内，相传置一木刻龙首，饰以金箔，髹以丹漆云。”[①] 同样是民国时期的《建德县志》也记载：“畲客之祠以竹箱为之”。[②] 这两部民国县志关于畲民祠堂的记述并不滞后。据《浙江省少数民族志》，浙江省畲族曾建有蓝氏祠堂 30 处、雷氏祠堂 21 处、钟氏祠堂 4 处、

① 民国《龙游县志》卷 2《地理考·风俗》。

② 民国《建德县志》卷 3《风俗志》。

李氏祠堂1处。[①] 这就说明，直至民国时，多数的聚落性宗族尚未有祠堂。所谓聚落性宗族指居住相对比较集中的宗族。还有一种是非聚落性宗族，这种宗族是由若干个分散于不同住区的宗族组成的大宗族，这种大宗族所合建的祠堂叫大宗祠，在畲族地区，大宗祠是非常少见的。闽东畲族祠堂的出现频率，要比浙江畲族祠堂高。

闽东福安坂中乡大林畲村的钟姓宗祠是闽东钟姓的祖祠，始建于康熙五十五年（1716），重建于光绪年间。大林钟姓宗祠可能是闽东最早的祠堂，1991年公布为县级文物保护单位，也是闽地畲族祠堂唯一的文物保护单位。宁德八都乡猴墩雷姓畲村作为闽东畲族茶叶生产和集散地始于同治十三年（1874），村因茶而富，依靠本村茶商的捐助，猴墩雷姓于光绪二年（1876）首修族谱，于民国四年（1915）始建祠堂，翌年竣工。[②]

闽东、浙南畲族的祠堂一般不会早于晚清。据《浙江省少数民族志》列出的全省现存的有初修时间的畲族族谱共有67部，修于光绪年的有19部，修于宣统年的1部，修于民国年以后的37部，其他有7部初修的时间是：雍正十二年（1734）、咸丰二年（1852）、道光三年（1823）、道光三年（1823）、道光六年（1826）、道光二十五年（1845）、道光二十九年（1849），有2部解放后编修，1部解放后重修（初修时间不详）。一般来说，修谱与建祠在时间上比较接近，或者较早。个别较早家族迁移史记录，只是记载世代祖名和迁徙中留居的时间地点，远不是严格意义上的族谱，只能说是与谱牒有关或族谱草创阶段的家族文书。根据修谱与建祠在时间上的关系，可以推断：浙江省畲族祠堂多建于晚清以后，主要在民国年间。

还需注意到，有的地方的畲民，一直保持着不建祠堂的传统，罗源就是典型。罗源是畲族迁入闽东、浙南的集散地，特别是浙南

---

① 《浙江省少数民族志》，方志出版社1999年版，第80页。

② 蓝炯熹：《猴墩茶人》，云南大学出版社2003年版，第30、118页。

畲族，屡屡提到罗源，尤其是大坝头。在闽东、浙南畲族史，罗源和连江的畲族史是较早的。一般来说，迁入闽东、浙南的畲族，其建祠与其迁入并定居的历史的长短大致是成正比的。也就是说，早定居的畲族也较早建祠。然而，罗源畲族恰恰不然。2003 年笔者到罗源调查，向原县方志委主任游文良询问畲族祠堂的情况，他告诉笔者：罗源畲族基本不建祠堂。这令笔者十分诧异。据《福州市畲族志》，罗源畲族祠堂甚少，据 2000 年调查，仅有八井雷氏宗族和塔里蓝姓宗族有祠堂，建祠时间分别是明崇祯年和康熙后期。然而，罗源畲族各宗族普遍建有祖厝。祖厝通常是开基祖所居，后人改建为较大的民居，厅堂作为祭祖的场所。跟祠堂不同的是，祖厝只陈列开基祖和居住本厝族人近祖的牌位，居住宅外的族人的祖先牌位不能入祖厝。这种祖厝是家族性而非宗族性的。惟在祭祖之时，才体现临时宗族祠堂的性质。研究畲族建筑的郑工，曾到罗源著名的福湖畲村考察。他说：“福湖的蓝氏和雷氏都没有独立的祠堂，并不是这里的经济不发达，人口不密集，而是与他们的宗法观念有关。”“他们只崇拜始祖盘瓠，对先祖很淡漠。”[①] 福湖祖厝祖先牌位的放置，与一般畲民家户厅堂别无二致，即厅堂后部隔板左右侧门的上部各设一个神龛，左神右祖。

在未建祠之前，畲民的祭祖特指祭“太公”即祭始祖盘瓠。建祠后，仍延续着这千年惯习。重始祖轻先祖，[②] 这是畲族祖先崇拜的特点。罗源畲族只是表现得特别突出而已。即使是有祠堂的宗族，畲民集体祭祖祭的主要是始祖盘瓠（俗称“太公”）。祭祖时，将平时秘藏于竹箱的祖图挂在正厅墙上，供桌上陈放祖杖。祖图叫“太公图”，祖杖即盘瓠象征，叫“龙首师杖”，“太公”（始祖盘瓠）是祭祀的对象。早代先祖牌位只是在祭始祖有了配祀的意味。如果未建祠堂，早代先祖也同近代祖先一样，由各家户用红纸墨书

---

① 郑工：《文化的界限》，海潮摄影艺术出版社 2002 年，第 76 页。

② 同重始祖轻先祖并存的是重近祖轻远祖。

“历代宗亲香位”，适时祭拜。采用神主牌位是部分畲民接受汉族影响的结果，采用这种形式，闽东多于浙南，闽东之南多于闽东之北。民国时史图博调查的敕木山畲村，家户皆无祖牌，惟有在楼下厅堂或楼上隔板上贴一红纸，上书：“本家奉祀香火汝南郡历代宗亲位。”①

建祠后，供奉祖先的方式采用神主牌或“香火榜”。前者的神主牌众多，中间特别高大的是始祖盘瓠或称忠勇王神牌，显得特别突出。浙南景宁敕木山畲村的蓝氏祠堂，厅堂供桌的中央是最大的祖先牌位，上书：“龙凤高辛帝祖敕赐驸马护骑国（‘护骑国’是传抄之误——引者注）盘瓠妣萧氏蓝光辉妣夏氏之位”。② 霞浦县畲民祠堂的“总牌”文字比较简省：“敕封盘护忠勇王神位”，③ 闽东皆然。祖牌置于祠堂正座的祖龛内，祖牌的制作和进龛都要选择吉日吉时，宗祠始祖灵位，即“总牌”由祠堂众房共同捐资雕制外，各房祖牌的雕制，由各房出资。家户“香火榜”除了红纸墨书外，也采用一尺见方的神牌（俗称“屏风”），“屏风”正面书写（或刻）“某某堂（蓝姓汝南堂，雷姓冯翊堂，钟姓颖川堂）历代远近宗亲香位”。有些“屏风”用两片木板合并插在底座，拆开可见木板内书写着本支开基祖及其后的历代祖先。④

祠堂既是族人的组织实体，又是象征宗族权威的建筑实体，修建祠堂便是对宗族权威的确立。修建祠堂的事宜由族长亲自主持，配以若干名首事主办，祠堂地基和修祠时间的选择都由专人负责。福安县棠坑源里（今名坑门里）村《钟氏家谱》记载钟氏祠堂的建立与功能：“祖祠坐落本村坑源里，坐未向丑加艮坤，光绪三十一年乙巳六月二十四日丙寅日寅时鼎建立正座，宣统元年乙酉十月初三日子时鼎建前座。”又《祠堂引》载：“祠堂之设，原以奉祖牌而

① 《浙江景宁敕木山畲民调查记》，中南民族学院民族研究所1984年版，第56页。
② 同上书，第45页。
③ 同上书，第157页。
④ 同上书，第93页。

妥先灵者也。凡祖龛几案务求其洁，祠前祠后必取乎净，至栋宇墙垣更随时修整，勿使崩坏。除祭祀、公议、演戏之外，如有寄顿杂物及细犀入祠喧哗者，共宜斥之。祠内公项，后人宜蓄积些微，以为宗人登科发甲谒祖需用。”①

畲族祠堂，有少数装修讲究的，圆柱挂着截面弧形的楹联板，方柱挂着平面的楹联板，联文阴刻。最精致的联板，用生漆打底，阴文烫金或烫银。多数祠堂红纸墨书联文，每年更换一次，但内容不变。最普见的联文为：“功建前朝帝喾高辛亲敕赐，名传后裔王子皇孙免差徭。”不少祠堂为简省，联文只刻于放置神主牌的祖龛，以及始祖神主牌的两侧。如李健民所摄的福安某畲村的始祖牌，中央刻着“前朝帝喾高辛敕封忠勇王、妣太夫人香位”，两侧阴刻“功建前朝帝喾高辛亲敕赐，名传后裔皇孙公子免差徭。”《景宁畲族自治县畲族志》记述畲家祠堂也多有这一联文：“功建前朝帝喾高辛亲敕授，名垂后裔皇子王孙免差徭”，② 同前述联文，文字几无差别。设于霞浦县的“福宁山民会馆”的联文是：“功建前朝帝喾高辛亲敕赐，名垂后裔皇孙王子免差徭。”③ 闽东个别祠堂的联文，汉风蔚然，如福建古田县富达畲村蓝氏宗祠内祖龛首联曰：“存忠孝心，行仁义事。”正厅首联日：“今修祠宇其地以唐宋史基之，古肇宗风有堂衍子孙恢廓者。”如果是闽西南等畲族原住区的祠堂联文，类似富达村的就普遍，如漳州市浦南镇松洲村钟姓畲民曾存的祠堂楹联曰：“颍水澄清曲水迎门龙自变，霞山毓秀屏山邑户风能鸣”；“川秀水曲纯澄晶明胜九州，颖悟畲胤拔海挺立似青松”。④ 尽管汉风浓厚，但“颖悟畲胤拔海挺立似青松”崭露了畲民的族群意识和强烈的族群自豪感。

---

① 福安棠坑源里《钟氏宗谱》，民国九年（1920）修。

② 《景宁畲族自治县畲族志》，景宁畲族自治县民委 1991 年编印，第 41 页。

③ 郁田：《福宁山民会馆调查报告》，载施联朱、雷文先主编《畲族历史与文化》，中央民族大学出版社 1995 年版，第 378 页。

④ 蓝炯熹：《畲民家族文化》，福建人民出版社 2002 年版，第 174 页。

没有建筑祠堂的宗族，就用装有始祖盘瓠象征物的“竹箱”作为替代。明清时期迁徙后定居不久的畲民宗族，“竹箱”就是移动的“祠堂”，畲民称竹箱为“祖担”或“游祖”。民国《建德县志》载：“畲客之祠以竹箱为之，内贮祖牌及香炉。”“雷姓之祠有香炉五只，蓝姓之祠有香炉六只，相传雷姓分大、小、百、千、万字为行次，周而复始。蓝姓则分大、小、百、千、万、念为行次，较雷姓多一念字。”[①]《建德县志》除漏掉有关钟姓的解释外，有关解释是正确的。蓝雷钟三姓宗祠的香炉数正是代表各姓字行的字数。畲族郎名的世代顺序“字（行）”一般较规范，尤其在闽东、浙南。蓝姓：大、小、百、千、万、念，共六字；雷姓：大、小、百、千、万，共五字，少“念”字；钟姓：大、小、百、万、念，共五字，缺“千”字。因蓝姓排行比雷、钟两姓多一字，故多一个香炉。但不少地方没有那么严格，雷、钟两姓同样是六个香炉。特别是现在，畲族祠堂香炉一般均为六个。不同姓的香炉名称略有差别。蓝姓香炉分别称为：神仙、祖师、射猎、下座、仙童、战兵；雷姓香炉分别称为：众炉、神仙、祖师、下座、仙童、战兵。[②] 赣东北铅山篁碧雷姓畲村，其祠堂摆着六个香炉，分别称为：众炉、神仙、祖师、下座、仙童、战兵，[③] 与浙南丽水畲族相同。

畲族祠堂有六件宝：祖图、祖杖、族谱、香炉、祖牌、楹联。当然，祖图、祖杖、族谱平时不会放在祠堂，而是密藏起来。有些畲村甚至有密藏方式：由若干有声望者组成收藏班子，每人轮值一年。除收藏成员外，本宗族无人知晓谁藏。这是笔者在罗源调访所知，知此，笔者对畲民历来对祖图秘而不示很有尊重性的理解。未建祠堂者只有四件宝：祖图、祖杖、族谱、香炉，仅缺祖牌、楹联。当然，祖图、祖杖也有不少宗族没有，甚至族谱也有一些宗族没有。

---

① 民国《建德县志》卷3《风俗志》。

② 《丽水地区畲族志》，电子工业出版社1992年版，第224页。

③ 《铅山畲族志》，方志出版社1999年版，第240页。

应当特别强调的是，在一个畲民宗族中，宗族对祖先的崇拜是以家户对祖先的崇拜为根基的，甚至也可以说，一个家户的祖先祭祀终究会衍生为宗族的祖先祭祀。就是宗族的始祖之祭，在家户也可以看出端倪。畲民家户厅堂常贴着一张墨书红纸，称“祖先香位”或“（祖公）香火榜”，[①] 或俗称“祖公图”。[②] 在闽东，“（祖公）香火榜”一般置于在厅堂屏壁右侧边门上方。在浙南，“（祖公）香火榜”一般贴于厅堂楼下或楼上的屏壁前或屏壁后的中央。如果是蓝姓，红纸墨书“蓝姓远近宗亲香位”。畲族祖先，分远祖和近祖。“祭祀远祖的对象是以盘瓠传说和河南传说所构成的神灵系统。”[③] 或者说，远祖可溯至盘瓠始祖。这种溯源在浙南一些畲村的家户的“（祖先）香火榜”显示得十分清楚，榜辞是：“本家夤奉堂上高辛皇氏敕封忠勇王某某郡（蓝姓写汝南郡，雷姓写冯翊郡，钟氏写颍川郡）长生香火祖师历代合炉祖宗之位。”[④]

人殁后做功德毕，死者香炉之灰倒入家中祖先香炉。有神主牌的，在家户祭二三代后，移入宗祠。从这些也可以看出个人—家庭—宗族—民族在以盘瓠为统摄的精神世界的一元化谱系中的联结。

三　族谱编修

在中国历史上，至迟在西周，成文的谱牒已经出现。当时各级贵族实行世卿世禄制度，按照血缘关系的亲疏贵贱来分配财产和权力，使贵族世代享受政治和经济特权。这种在宗族内部实行按照血缘关系来分配财产和权力的制度，自然需要有记载这些贵族的世系

---

① 《浙江省少数民族志》，方志出版社1999年版，第350页。

② “太公图”即祖图，“祖公图”是若干祖先头像组合。但在浙南以及闽东部分畲区，“祖公图”也泛称红纸墨书的“（祖先）香火榜”。《畲族——福建罗源县八井村调查》（第438页）说：“不具体书写姓名的远祖近宗牌位，上书‘冯翊郡雷家堂上历代远近宗亲香位’，这种牌位畲民也称其为‘祖公套’。”“祖公套”应是记音，实为“祖公图”。红纸墨书神明名号，通常也称“香火榜”。

③ 蓝炯熹：《畲民家族文化》，福建人民出版社2002年版，第180页。

④ 《浙江省少数民族志》，方志出版社1999年版，第350页。

和血缘亲疏的文献来保证，以免年代久远而发生血缘混乱，导致纷争。这种文献便是谱牒。到了春秋战国时随着宗法制度的崩溃，与之相表里的谱牒也就凋萎。东汉到唐代，随着世家大族式宗族制度的兴起，反映和维系这种宗族制度的谱牒再次兴起。“魏以降，……谱牒特盛。迄于李唐，犹相崇重。”① 清人朱次琦概述更周：“世禄废，宗法亡，谱学乃旷绝不可考。汉兴，天子奋于草茅，将相出于屠牧，率罔知本系所由来。魏晋至唐，仕宦重门阀，百家之谱上于吏部。维时官之选举必稽簿状，家之婚姻必等门第，而谱学复兴。”② 上述的这类谱牒，皆为官修或私修官认。自魏晋至隋唐，朝廷都设有图谱局，设官修藏。唐末五代，门阀制度彻底崩溃以后，谱牒随之衰绝。精于谱学的苏洵说：“盖自唐衰，谱牒废绝。”③ 应当指出，与这种官修或官管的谱牒主流并行的，还有魏晋以后谱牒私修的细流。④ 宋以后，经过理学家的倡导，谱学有所恢复，但谱牒内容甚简。到了明后期，当一种新型宗族组织，即以祠堂、族田、族谱为特征的组织化宗族逐渐形成和发展起来以后，没有贵贱畛域的谱牒私修也随之逐步发展和完善起来。

宗族的谱牒称族谱，或称家谱、家乘。同一肇始祖的几个宗族的合谱，才叫宗谱。但民间名称不见得循规守则，有的也将族谱称作宗谱。畲村族谱多始修于清代以后，特别是晚清以后。畲民也吸纳汉族传统观念，认为：“三世不修谱，谓之不孝”，“五世不修谱，谓之有罪”。⑤

闽东、浙南畲族族谱绝大多数修于晚清和民国。闽西、闽南、闽北畲族所修族谱的年代早一些，但一般也没有早于清代。目前所

① （明）归有光：《龙游翁氏宗谱序》，载《震川先生集》卷2，光绪元年（1775）刊本。

② 《南海九江朱氏家谱》卷首载朱次琦序，同治年修。

③ （宋）苏洵：《苏氏族谱·谱例》，载《嘉祐集》卷13，北京图书馆出版社2004年影印本。

④ 参见常建华《宗族志》，上海人民出版社1998年版，第236页。

⑤ 参见蓝炯熹《畲民家族文化》，福建人民出版社2002年版，第104页。

知的畲族族谱，最早是宁化《桃源祠雷氏族谱》，修于明嘉靖二十九年（1550）。[①] 较早修谱的还有：浙南云和岩下《蓝氏宗谱》修于明嘉靖四十年（1561）。[②] 永安清水畲族乡百岂丘畲村《颍川钟氏族谱》修于明崇祯年间。[③] 据谱云，浙江兰溪县水亭畲族乡下罗家村民国重修的《蓝氏宗谱》系初修于南宋绍兴二十七年（1157），同乡的丁家岙民国重修的《雷氏宗谱》初修于唐景龙元年（707），[④] 录此备考。

族谱有总谱与支谱之别。只有在有宗族族谱后，再将若干个跨社区的同一血缘的若干个宗族的族谱进行合编，才会形成宗谱与支谱的关系。有些宗族的房支也自己编修族谱，如史图博在敕木山做田野的房东所在的房支，就修有《汝南郡蓝氏房谱》。房族族谱与宗族族谱也就形成房支谱与族谱的关系。若以祠堂级别而分，宗祠之谱牒为族谱，支祠之谱牒为房支谱。在汉族宗族社区，一个宗族聚居历久，人口众多，宗祠之下通常有许多不同级别的支祠，这样，族谱之下相应也有许多不同层级的房支谱。跨社区、甚至跨地区的若干个同血缘的宗族或构成大宗族，这就有各宗支的族谱与总汇的宗谱。畲族同宗社区的人数通常不多，因此族谱之下又有房支族谱也就不多见，跨地区的宗谱更为少见。

畲族采借了汉族的谱牒修纂方式，修谱时，由族内若干人分任董事、总理，主持修纂工作，又配若干当事人分赴各地寻访血缘相近的同姓同宗，由他们提供本宗族人员的生卒年月、子嗣婚嫁状况，以及祠堂、墓葬的建筑时间、方位等内容，这些内容称为“家状”。修谱先生以所提供的“家状”，按血缘亲疏分为“房”、“扇（房的分支）”，形成宗族繁衍世系图。重修宗谱时，将这初修宗谱

---

① 宁化《桃源祠雷氏族谱·历修首事题名》，转引自蓝炯熹《畲民家族文化》，福建人民出版社2002年版，第108页。

② 《浙江省少数民族志》，方志出版社1999年版，第73页。

③ 百岂丘《颍川钟氏族谱》，民国二年（1913）修，见蓝炯熹《畲民家族文化》，福建人民出版社2002年版，第108页。

④ 《浙江省少数民族志》，方志出版社1999年版，第73页。

按“房”、“扇”各系拆开，再由当事人根据原谱提供的线索，补充各“房”、“扇”族人新出现的“家状”。修谱先生按现有“家状”重新编定，同时将初修谱重新装订，并与重修谱一并封藏。①

汉族的宗族文化以谱牒为重要渠道，强有力地影响了畲族。朱熹是宗族文化的主要倡导者和设计者，其思想也是畲族宗族伦理的引导者。朱熹的言论也出现在畲族族谱谱头文献里。如《（盘瓠）祠志》开篇即云：“《礼》曰：‘君子将营宫室，宗庙为先。’夫祠堂之设，所以尽报本追远之深心，尊祖敬宗收族之遗意也。”②《礼》指《朱子家礼》。这段文字同样常见于汉族族谱的序文里。汉族族谱之首，或有朱熹序文。有的畲族族谱竟出现朱熹专为畲民族谱写的序文。浙南苍南县莒溪垟尾《蓝氏宗谱》中的“后学朱熹拜撰”的序文中提到：“今潮州凤崎高辛时瓠王之苗裔卜迁于闽之蓝奎父子，巍巍绍宗功。余游学至此，奎览家乘，请余予序之。”③ 此序的真实性很可疑。笔者在连江县小仓畲族乡七里村调查时，该村流传着朱熹曾到此授学的传说。畲民对朱熹的敬仰，并以朱子过化之地为荣，反映了畲族对汉族宗族文化的认同和实践。

清光绪二十年（1894）闽省钟姓畲族参与倡修总谱，发起人为侯官县四品衔刑部主事钟大焜。他“先以闽省为始，聘请同宗某某负笈遍历抄录，再加修辑，期以一岁蒇事，再以余力，兼及他省”。④ 他联络了福建、广西、湖南、江西等省钟姓官吏同立《章程》，并设想“俟三省纂辑略有头绪，再行刊刻沪报，通知各省族人，请由沪报复示续行议修”。这种大型总谱的修纂，以姓氏做唯一的凭依，包括了汉族钟姓族人。这项浩繁的工作至光绪二十七年（1901）仅修订以福宁府钟姓畲族为主体，有十卷石印本的《颍川

① 《福安市畲族志》，福建教育出版社1995年版，第671页。

② 参见雷必贵《苍南畲族的源流与分布》，中国文史出版社2006年版，第34页。

③ 转引自蓝炯熹《畲民家族文化》，福建人民出版社2002年版，第113页。

④ （清）钟大焜：《颍川钟氏·修辑总谱序》，清光绪二十三年（1897）修，转引自蓝炯熹《畲民家族文化》，第140页。

钟氏支谱》。像十卷石印本的《颍川钟氏支谱》这种大规模的以同姓即同宗族而无明确的血缘传承的总谱修纂，汉族宗族中有一定数量，但畲族仅此一例。但有明确血缘传承关系的跨县、甚至跨省的宗族，有的也进行总谱修纂。霞浦县茶岗雷姓在 1978 年重修《冯翊郡雷氏宗谱》，除了本地个别宗支外，福安、福鼎县，以及分布在浙江泰顺、平阳的宗支，都编入宗谱。①

四 族谱内容构成

畲族修谱采借自汉族，因而了解汉族族谱的情况，既可清楚畲族族谱格式的“蓝本”，也可知道畲族族谱的特点。

直到清代，汉族族谱的体例格式才比较完备，除了序言、体例外，还有这些基本内容：源流、世系、人物、规范、文献、祠墓。

1. 序言与凡例

谱序是每部族谱都不可缺少的内容，它包括本族人和邀请外族人写的序。谱序的内容一般可包含修谱缘由、修谱经过等。凡例又称谱例，主要说明族谱的纂修原则。

2. 源流

先世考有时亦称源流考、迁徙考等，主要考述本姓来源、本族的历史渊源以及始祖、世派的分支迁徙情况。

3. 世系

世系是各宗族血缘传继的直接表述，是族谱的主要内容。世系一般可分为两种方式：一种是世系传录。它详细记载从一世祖开始到修谱时止，宗族所有成员的姓氏名号、生卒年月、简历、妻室子女以及葬地封赠。世系的另一种方式是世系表或世系图，即以图表的形式记载该宗族的血缘传继情况。族谱中的世系图，大多沿用宋代欧阳修的谱图，五世为图，取五服之义，接着六世至十世，以此类推。

---

① 参见蓝炯熹《畲民家族文化》，福建人民出版社 2002 年版，第 139—148 页。

4. 人物

人物传略，包括行状、墓志铭、神道碑以及年谱等多种形式。

5. 规范

（1）家礼。家礼又称凶吉礼，主要记载家族内的祭祖礼仪。

（2）排行。排行又称字辈谱、行第谱，是记载宗族世系人名的排行用语。

（3）族规。族规是宗族制定的约束和教化族人的家族法规。

6. 文献

文献包括艺文（著述诗文），皇帝和官员对宗族成员的封赠，以及族产产权的契据等。

（1）艺文，即族人所撰或与家族有关的各种体裁的诗文。

（2）皇帝和官员对家族成员的封赠，称恩荣录，有诰敕、赐谕、公文等。

（3）族产契据。

7. 祠墓

祠堂和坟墓是宗族进行敬宗祭祀的主要场所，族谱对于祠堂、坟墓的修建历史、建筑规模、地理位置等都有或详或略的记载，甚至配图说明。

畲族族谱的编修以晚清和民国为盛。畲族族谱基本由“谱头”和“世系”两部分组成，上述的汉族族谱的七个内容，除世系外，都编入族谱的“谱头”。而在汉族族谱中，人物部分在畲族族谱罕见，祠和重要的墓地内容出现在文献部分。

畲族族谱一般都有“谱头”，即族谱的开头。“谱头”是常见的《重建盘瓠祠序》、《敕书》、《历朝封赠》、《广东潮州凤凰山总祠记》、《龙首师杖记》等内容，并加配凤凰山总祠图，盘、蓝、雷、钟四姓始祖坟茔地望图等。对盘、蓝、雷、钟四姓的“仕宦”或“敕封”就很完整。

同通见的汉族族谱一样，畲族族谱世系也采用五世为图，取五服之义，接着六世至十世，也是五世一图，以此类推。

五　“河南说”与“中原说”

闽东、浙南蓝姓畲族的族谱，多数则以盘瓠传说为依据，以盘瓠为始祖，以潮州凤凰山为祖地。在盘瓠原生传说基础上进一步发展的衍生传说是：“（盘瓠王）育下三男一女，（高辛皇帝）敕长男姓盘名自能，封为开混武骑侯，分雁门之地；次男姓蓝名光辉，封为护国侯，分汝南之地，即今河南汝宁郡汝阳县；三男姓雷名巨祐，封为柱国侯，分冯翊之地；女名龙郎，适配钟志深，封为敌国侯，分颍川之地。后皆以地为郡之由来也。”① 雁门郡治所在雁门县（今山西代县），冯翊郡治所在冯翊县（今陕西大荔县）。中原地区包括河南、山东西部、河北和山西的南部。汝南、颍川在河南，冯翊、雁门也近邻中原。客家皆自称中原移民后裔。畲族后来在早期盘瓠传说基础上衍生的盘、蓝、雷、钟四姓受封以及封地在中原一带的传说，是部分畲族生活在闽粤赣交界地区，主要是在闽西，受到客家影响的结果。部分畲族的族谱之修，习自客家，受到客家祖地观念的影响，并不偶然。

闽西蓝氏畲族以“昌奇公为蓝姓一世祖，（即）汝南郡火旺公”，并溯至炎帝。“唐中宗天授元年庚寅，一百零八世祖明德公……卜建康家焉。”“唐昭宗光化元年戊午，一百一十五世祖宗训公避朱温茂真之乱，迁濠州之定远县。”“宋徽宗政和七年丁酉一百二十世祖章公又徙勾（句）容”，“宋理宗宝庆元年乙酉，一百二十二世祖吉甫，遇金人兀术之难奔闽，始居福清县五福乡”，“淳祐六年丙午，一百二十三世祖常新徙建宁宗善坊”，“度宗元年乙丑，一百二十四世祖万一郎公避北虏之患，迁汀州宁化石辟（壁），元泰定三年丙寅，一百二十六世祖和二郎公父子携父母金骸迁长汀城下里坪岭水口”，“元顺帝至正二十三年，一百二十七世祖大一郎公迁

---

① 霞浦樟坑《汝南蓝氏宗谱》，同治九年修，转引自《霞浦县畲族志》，福建人民出版社 1993 年，第 483 页。

武平大禾乡”，“一百二十八世祖念一、念二、念三、念四、念五、念六、念七郎公”，“念一郎住旧居，移大坪坑；念二郎移武平大坪；念三郎移武平章丰、吉胡；念四郎移上杭平安里；念五郎移武平大禾上堡；念六郎移武平林坊；念七郎移上杭庐丰”。①

闽南蓝姓畲族世系上承念七郎，念七郎以上的世系也与闽西蓝姓畲族相同以“昌奇公为蓝姓一世祖，（即）汝南郡火旺公”，为蓝昌奇的得姓始祖，并一样远溯炎帝。

闽东、浙南有的蓝姓谱牒，也以昌奇为蓝姓一世祖，但远溯至黄帝。福鼎畲族干部蓝俊德收藏的《蓝氏族谱》，其中《历代迁居》记载：“黄帝有熊氏，姓公孙，名轩辕，生玄嚣，添帝喾高辛……帝喾传十一世榆罔公，迁空桑涿鹿，封子昌奇为蓝夷，一世祖汝南郡火旺公，……一百零八世祖明德公为扬州节度使，宦游金陵，卜建康而居焉。”

像福鼎《蓝氏族谱》所述的以“汝南”为祖地而展开世系和迁徙的追溯，进一步与炎黄世系嫁接，这在闽东、浙南的畲族中，比较少见，多数是以始祖盘瓠征番立功招为高辛帝驸马的盘瓠传说，作为世系之缘起。即使如此，他们所认同的郡望仍然是“汝南”（蓝姓）、“冯翊”（雷姓）、“颍川”（钟姓）。盘、蓝、雷、钟四姓的多代祖多有连续担任高官、包括在中原一带任官的虚拟性“记载”。例如：据丽水《蓝氏宗谱》，盘瓠的次子蓝光辉是蓝姓的始祖，受封为“护国侯”。《仕宦录》载：“一祖盘 金紫光禄大夫，二祖盘汤 南阳刺史，三祖蓝玉 安定太守，四祖蓝华 安定太守，五祖蓝思祖口州刺（原刻本如此，一般写作‘博州刺史’——引者注），六祖蓝春 京卫大夫，七祖蓝种 镇威将军，八祖盘日新 太原太守，九祖蓝向春 长沙都司使，十祖蓝贵 长沙大夫，十一祖盘 江夏郡太守，十二祖蓝 汝南郡太守。”② 丽水《蓝氏宗谱》的《仕宦录》所

---

① 上杭《蓝氏族谱》，上杭城区蓝氏家谱编修理事会 1995 年重修，上杭县文具印刷厂印。

② 丽水《蓝氏宗谱》，民国二年刻本。

列，是闽东、浙南、赣东北畲族谱牒的普见样式，只是不同姓氏，因侧重于本姓“仕宦”而略有差别，或差别很大。有些则不偏重而较完整，从而消除了不同姓氏谱牒的差别。

畲族与瑶族、苗族同源于湘西“五溪蛮”，隋唐时畲族已大量出现于闽粤赣交界地区，尤其是粤东潮州凤凰山一带。蓝姓畲族关于“汝南—（安徽）濠州定远县”而入闽的迁徙路线，是虚拟的，是对客家谱牒的移植。受到客家谱牒文化影响较多的少部分蓝姓，基本保留与闽西蓝姓畲族的姓氏源流类似的记述。而受客家谱牒文化影响较少的蓝姓畲族则没有这一类似的记述，则以盘瓠传说为族源之始。即使这样，其姓氏郡望仍体现出祖地的“河南说”。受客家谱牒文化影响的雷姓、钟姓畲族的郡望也体现出祖地“中原一带说”，反映了历史上畲、客的密切关系以及畲族对华夏民族的认同心理。

与上引的福鼎畲族谱牒所述的溯源至黄帝有异曲同工之妙的是，闽东、浙南有的畲族族谱，在《重建盘瓠祠序》后，还附录《上推始祖自出之（世系）图》，罗列始于“炎帝”终于“盘瓠王”的若干代跳跃式世系，① 以彰显盘瓠出自炎帝一系。这与三公主出自黄帝（帝喾为黄帝后裔）一系合并，更明确表达畲族族源的华夏观。

六　世名、郎名与法名

解放前，畲民除了取世名外，又有“郎名”（女用“娘名”），举行“传法录入”仪式后，还有“法名”。

1. 世名

世名，就是世俗名，也就是生活中的名字，畲族也照汉族的字行命名习惯取名，字行定好后，可用上数百年，用完后，再续上新字行。“郎名”用的也是“字行”，只是用这种字行的命名属“阴

---

①（景宁）敕木山《汝南郡蓝氏房谱》，民国年重修。

名”，也就是死后才用。郎名系列称为“排世”，即通常所谓的“暗行”。将采用汉族的字行习惯的命名称为“排行”，即通常所谓的“明行”。[①]《霞浦畲族志》运用畲汉对比，把这些名词说得很透彻。浙南景宁东弄村蓝姓畲民的“世名”字行是：昆、山、玉、上、宗、孔、承、秉、德、长、文、学、师、傅、久、笃、闻、家、道、昌。[②] 霞浦草岗畲族一世至十五世的“世名”字行是：念、法、应、文、启、振、孔、春、清、明、日、大、开、新、朝。[③] 字行世名，在20世纪50年代以后已消失。

2. 郎名

“郎名”（女用“娘名”）是一种命名形式，其特点是以“大、小、千、百、万、念”为字头，循环排列，周而复始。又以“郎”字为字尾，加上本宗族同辈出生顺序的数字，如“大二郎”、“千三十五郎”、“念二十九郎”等。罗香林认为古代客家人的“郎名”源自畲族。[④] 李默认为是宋元明闽粤赣交界地区畲族与客家人祖先共有的一种习俗。[⑤] 董建辉认为，“郎名”是唐宋中原汉民的一种习俗，以后为客家先祖所传承，最后又被畲族所采纳。[⑥] 董氏的见解应是正确的，“郎名始于唐代中原说”的论证也是可信的。然而，他未举证说明客家人何时出现“郎名”，而只是引江西非客家人的董氏宗族的万历族谱中说：“旧谱称‘郎’，唐宋以‘郎’为尊，如今称‘官’是也。”[⑦] 畲族出现“郎名”，并非董氏所认为的那么迟滞，据上杭《蓝氏族谱》，南宋时蓝姓畲民已有“郎名”（“万一

---

① 参见《霞浦县畲族志》，福建人民出版社1995年版，第96页。

② 施联朱等：《浙江景宁县东弄村畲民情况调查》（1953年），载《畲族社会历史调查》，福建人民出版社1986年版，第17—18页。

③ 《霞浦县畲族志》，福建人民出版社1993年版，第96页。

④ 蓝炯熹：《畲族家族文化》，福建人民出版社2002年版，第130页。

⑤ 李默：《梅州客家人先祖“郎名”、“法名”探索》，载《广东民族研究论丛》，1995年第7辑，第147页。

⑥ 董建辉：《畲、客“郎名”探微》，载《客家文化研究》，海峡文艺出版社2007年版，第176页。

⑦ 同上书，第174页。

郎”），排行是“万、熙、和、大、念、千”。[①] 就目前可见的畲族族谱，元明时期闽西畲族使用“郎名”并不普遍，到了清代就弃用了。

李默列举了客家族谱资料：“松口溪南伍氏：二世，常，法号念七三郎”；“兴宁水口伍氏：开基祖思贵，法号九十七郎”；“梅州曾井叶氏：十三世，偕，度名十九郎；十三世廷试，度名三百八十八郎”；“兴宁袁氏：一世，谷政，名必新，度名三十五郎；三世季忠，度名八十三郎”；“梅县松源袁氏：一世，丹墀，谥念一郎；二世，文生，谥四五郎”。他做出这一归纳：度名，是一种度戒仪式（亦即法事仪式）取的名，死后使用，排序依照度名先后。[②]

明清时期闽东、浙南畲民中，男子出生后即有“郎名”，不用经过仪式而自然获得，“郎”前的数序是同代男丁按出世年月时辰先后依次排列。郎名只有族中长老知道，由他们登记在册。在预备棺木后，由家中亲人向族长索要用红纸密封的郎名。如果夭亡或未备棺木，则临时向族长索取。女子也是出生后即取“娘名”，出嫁后的妇女在50岁开外，多预制棺材，做好后例需请酒。先由该妇女的兄弟向族长说明，取得用红纸密封的排行，而后赴宴。席间，外甥向母舅敬酒后，取得排行密封件。死时才开封，书写在临时的灵牌上。出嫁的中年妇女死时，其子女要到母舅家，通过母舅索得排行。

闽东、浙南畲族的郎名和娘名的世代顺序“字（行）”颇规范。蓝姓：大、小、百、千、万、念，共六字；雷姓：大、小、百、千、万，共五字，少“念”字；钟姓：大、小、百、万、念，共五字，缺“千”字。畲族传统歌谣道：“排行算来你细听，雷姓缺‘念’钟无‘千’，男人无‘一’女无‘二’，蓝姓五六两样生。”所谓“男人无‘一’女无‘二’”，指男性不排“一郎”，而是从

---

① 郭志超：《闽台民族史辨》，黄山书社2006年版，第221—222页。

② 李默：《梅州客家人先祖“郎名”、“法名”探索》，载《广东民族研究论丛》，1995年第7辑，第151—152页。

“二郎”排起；女性不排“二娘”，而是从“一娘”跳到“三娘”。[①] 但在闽西的畲族谱牒中，没有这种忌讳。《广东省志·少数民族志》以丰顺县凤坪村蓝氏长房族谱所载的“一世祖，蓝千七郎；二世祖蓝万七郎”等世系，提出粤东畲族的蓝姓族谱的排行是：千、万、大、小、百。[②] 尽管同客家的郎名一样，粤东、闽西畲族的郎名字行没有闽东、浙南那么规范，但以某房一世祖的字辈为字行的开头，是不正确的。这位“千”字辈的蓝氏长房的一世祖，在本宗族是某个世代，因此其字辈实际是大、小、百、千、万。就好像浙南景宁东弄村蓝姓，其一世祖是“念”，此后世代字头是大、小、百、千、万，[③] 这并不意味其郎名字行是念、大、小、百、千、万，而是大、小、百、千、万、念，因为东弄蓝氏一世在分派前的原宗族是某个世代，接着“万”字辈。

民国浙江《建德县志》载：“雷姓之祠有香炉六只。相传雷姓分大、小、百、千、万字为行次，周而复始、蓝姓则分大、小、百、千、万、念为行次，较雷多一‘念’字。”[④] 该志除了漏提钟姓外，所言符合一般情况。然而，民间文化从来都不会整齐划一，如闽东福鼎市牛埕下畲村的《冯翊雷氏宗谱》的郎名排行是：大、小、百、万、念，[⑤] 不是缺“念”字，而是缺“千”字。又如福安东山《雷氏族谱》的郎名排行是：大、小、百、千、万、添、星，[⑥] “念”是按规范缺，但多了“添、星”。

总之，闽东、浙南畲族的郎名、娘名的行次较规范，并发展出蓝、雷、钟三姓的字行有所差别的形式。

---

① 蓝炯熹：《畲民家族文化》，福建人民出版社 2002 年版，第 129 页。

② 《广东省志·少数民族志》，广东人民出版社 2000 年版，第 286 页。

③ 《浙江景宁县东弄村畲族情况调查》，载《畲族社会历史调查》，福建人民出版社 1986 年版，第 17 页。

④ 民国《建德县志》卷 3《风俗志》。

⑤ 福鼎《冯翊雷氏宗谱·叙明从前排行序》，同治六年（1867），见蓝炯熹《畲民家族文化》，福建人民出版社 2002 年版，第 128 页。

⑥ 福安东山《雷氏族谱》，光绪三年（1877）修，见蓝炯熹《畲民家族文化》，福建人民出版社 2002 年版，第 130 页。

3. 法名

如上所引的粤东客家谱牒资料，“郎名”即举行法事仪式后取得的“法号”，也叫“法名”或“度名”。根据李默的列举，部分粤东客家的“法号”用的是“法某”。如嘉应石坑《曾氏阜山支谱》载：二世，五七郎，生二子，法聪、法仁。阜山淑贞房，六世，传，法号法传；杰，号法正。七世，凤岳，号法盛。同类资料也显示，有“郎名”就无“法某”的法号；反之，有“法某”的法号就无“郎名”。[①] 这是可以理解的，因为“郎名”即法号。相对“郎名”而言，用“法某”的“法号”较少见。李默指出：“从客家人的族谱看，粤东地区郎名有的在明初已没有，大部分是在明中叶以后才没有。而粤北山区与瑶族杂居的客家人族谱，个别的至清康熙初期仍有郎名的记载。”[②]

根据《广东省志·少数民族志》，粤东畲民早先的“法号”也叫“度名”，同客家一样，也是“郎名”。丰顺县东源樟西上下蓝村《蓝氏族谱》有，宗德，生于明洪武三十年（1397），度名千三郎，妣谢氏，生二子：长房真公，妣邓氏；次子聪公，度名万四郎，妣吴氏。和平县《蓝氏族谱》载：“一世祖法行公，生万一郎。万一郎生二子，长子时玉，次子百二郎。”万一郎长子时玉，即“法行”。这里，我们看到“法某”的“度名”与“郎名”的度名，在同一族谱中出现。在粤东畲族地区，“郎名”消失较早，但有些地方“法某”的法名沿用至民国时期。[③]

闽东、浙南畲族的“传法入录”（也称“传师学师”、“醮名”）仪式，即取得“法某”的法名。浙南“醮名”仪式比闽东较盛，故畲民有法名的出现率高于闽东。据施联朱等《浙江景宁县东弄村畲民情况调查》（1953），清末做“醮名”仪式仍普遍，民国时较少。

---

① 李默：《梅州客家人先祖“郎名”、“法名”探索》，载《广东民族研究论丛》，1995年第7辑，第151页。

② 同上书，第150页。

③ 《广东省志·少数民族志》，广东人民出版社2000年版，第288页。

法名不用于俗世，而是写在一红布条，系于祖杖，表示进入盘瓠集团。如蓝登成、蓝培田、蓝朝庚分别取得法名是蓝法成、蓝法田、蓝法绍。①

七　宗族管理

（一）族长

畲村的宗族首领是族长，称为“父老”、“家长公”等。清代以前的汉族社会，族长由宗子担任。宗子的继承，依照长房长子嫡传制。清代以后，逐渐改为公推贤能者为族长。而畲族社会，从未有族长嫡传制。在畲族社会，族长由辈分高、年纪大、办事公正、有威信的老人担任。在浙南，当族长的资格需要经过“传法录入”仪式。此外，还有房长，担任资格类同族长。② 族长的职责有：调解和处理族内外纠纷，对财产权转让进行裁判和公证，组织村落保卫，主持修祠编谱，以及公共建设等族务。

有族必有长。南宋《漳州谕畲》中有：“……入畲招谕……畲长李德纳款。……于是西九畲酋长相继受招。西定，乃并力于南……南畲三十余所酋长，各籍户口三十余家，愿为版籍民。”文中的“酋长”即“畲长”，“三十余家”够得上一个宗族人口的规模。民国丽水地区的调查说：“在畲民较多的村中，必有‘畲长’。”③

族长为公推。关于族长任职资格，福建古田县杉洋西园村《雷氏家谱》载明：“族长关风化，宜尊齿德长。正人先正己，型俗更型方。理以宣衷谕，言须精细详。单身兼恶疾，此任不堪当。”④ 所

---

① 施联朱等：《浙江景宁县东弄村畲民情况调查》（1953 年），载《畲族社会历史调查》，福建人民出版社 1986 年版，第 17—18 页。

② 《霞浦县畲族志》，福建人民出版社 1993 年版，第 95 页；《福安市畲族志》，福建教育出版社 1995 年版，第 669 页。

③ 《畲民调查记》，载《东方杂志》第 21 卷第 7 号，1924 年，第 61 页。

④ 古田西园《雷氏宗谱·族规》，修于清光绪十六年（1890），转引自《中国民族文化大观·畲族篇》，第 210 页。

谓“尊齿德长”，“正人先正己”，“理以宣衷谕，言须精细详”，归纳起来即：辈高年长，公正有德。由于族长要排难解纷，还须善察理而能言。《雷氏家谱》所言的族长条件，比较贴近实际。有些族谱，所载的族长、房长的谱名下，标注“八品官带”，足见房、族长在族中的地位。在浙南，要有“醮名”（见十五章第二节）才能任族长。民国丽水地区的调查说：“欲作畲长，必先醮名。”①

作为一族之长，族长管理宗族事务和执行族规。畲村宗族内，“众听约束，其俗自有纪律，悉听尊长处分，从无庭质。”② 周应枚《畲民诗》云：“人人自有羲皇律，不识官司与法台。”③ 这些说的就是族规的遵守和族长的权威，以及族内违规由族长理断，从不移交官判。这与瑶族颇似，《广西通志》载：“有所争不决，则推其乡高年众所严事者往直之，谓之‘叫老’。老人以为不宜，则罚酒食分飧谢罢，故徭人讼，鲜至官府。”④ 尽管族长有很大权威，但还要尊重族中民意，特别是惩处性质严重的违反族规行为时。何子星《畲民问题》说，“如纠纷难解，则由尊长凭公裁断。”“男子或奸盗，……以致执拗下贱等事者，合族公议，除削行第。”⑤ 这就是说，一般事务和纷争，族长可独断，但族人违规应予严罚时，须经“合族公议”，然后由族长裁断。

由正直公明的族老任族长，原本只是处理常规的族务，晚清以后，特别在民国时期，随着社会环境的复杂与恶化，宗族对外关系也纷繁起来。这样，有些畲村宗族就产生祠长和自然领袖的两个角色。祠长掌管祭祀、解纷和司法事务，自然领袖则主要掌管对外事务。⑥ 由族长分离出这两个角色，不仅在施联朱等调查的浙南景宁

① 《畲民调查记》，载《东方杂志》第21卷第7号，1924年，第61页。

② 光绪《遂昌县志》卷11《风俗·畲民附》。

③ （清）周应枚：《畲民诗》，载光绪《遂昌县志》卷11《风俗·畲民附》。

④ 嘉靖《广西通志》卷278，转引自吴永章《瑶族史》，四川民族出版社1993年版，第598页。

⑤ 何子星：《畲民问题》，《东方杂志》第30卷第13号，1933年，第63页。

⑥ 《畲族社会历史调查》，第13页。

县东弄村有（见前注），在闽西山羊隔一带畲村也有发现。民国时期，山羊隔一带畲村产生“新的领袖人物，起而代替了族长一部分职责”。①

在保甲制的直接统治下的畲族社会，仍保持相当程度的自治。1953年中共福建省委统战部配合中央民族学院工作组在罗源和漳平两县的调查报告，在谈及民国时期族长的作用及其与保甲长的关系时指出：“国民党反动统治阶级为了加紧统治，推行保甲制度……实际上并不能将畲族的社会结构摧毁……畲族保甲长没有什么权力和社会地位，一切都要先征求得族长同意才能实行。畲族内部的社会组织通过‘祠堂’的组织保存下来”，“（祠堂是本村）活动和解决一切问题的机构”。②

（二）族田

在汉族社会，有祠必有产，因为祠堂建立后就有宗族祭祖活动，需要费用，以族田为主的族产主要用于祭祖，有祠无产者罕闻。族田首先是祭田，其次才是学田等。在畲族社会，宗族祭祖，祭的是传说中的始祖和本姓始祖。始祖的象征物是祖图、祖杖，本姓肇始祖的象征物是香炉。祖图、香炉分别放在两个竹箱。即使建了祠堂，祖图、祖杖仍是珍藏于竹箱和红布袋。民国《龙游县志》说：“畲民祠堂极可笑，仅以竹箱两只，一置香炉红布袋，一置画像，即呼为祠堂也。”③ 该县志从汉族角度嘲笑少数民族文化，实属错谬，但精辟地洞察出“竹箱”（“祖担”）的流动祠堂功能。畲民建了祠堂后，合族祭祖主要还是祭祀传说中的始祖和本姓始祖，或者说，祭祀以始祖是其首要，其次是本姓始祖，同时列祖也受到陪祭。每年一定节日，家户分别到祠堂祭祖，此为家户祠祭；或者在

① 《畲族参考资料》，载《福建畲族档案资料选编》，海峡文艺出版社2003年版，第58页。

② 同上。

③ 民国《龙游县志》卷2《地理考·风俗》。

家里祭祀远近祖先。闽东、浙南畲民家户中堂常贴一张红纸，上书“（本姓）远近宗亲香位”；或设本家诸祖先牌位，此谓家祭。一般文献提到的祭祖，指的是挂出祖图、摆上祖杖、陈列香炉这些民族始祖和本姓肇始祖的象征物的宗族祭祀。

根据调查材料，畲民建祠后，部分有族田，[①] 但数量较少，因此许多宗族还要用各种摊派的方式以补祭祖费用之不足。这种情况在闽东、浙南尤其如此。这与汉族宗族有较多的族田形成显著反差。闽东罗源县八井村雷姓，尽管早在明中期就开基于此，至1949年宗族规模有一百多户，约在清中期建祠，也没有族田。浙南景宁县东弄村蓝姓宗族于道光时建祠，族田有十余亩。当时为建祠置产而按份额捐款的只有40户，每年祠堂祭祖会饮，只有这40户后裔的某一长者参加。民国十四年（1925）四世祖上万公这一房的族人合建支祠，但未置祭田，每户每年约出50斤谷（合一块银元），祭祖会饮时每户出一人参加。东弄村的宗祠祭祖显示：只有为建祠置产而捐款的户，其后裔代表才参加祭祖后的会饮；支祠祭祖显示，每年祭祖费用摊派各户，各户派代表参加会饮。祭祖活动是全体成年男子都参加。[②] 当然，也有每户都出一人参加祭祖和会饮，并按户交钱或交谷，如同罗源县八井村那样，“祭祖费用由每家平均负担”。[③] 有些宗祠还通过为捐资者“公立禄位”以鼓励捐资和采用神主牌入祠收费，以及征收结婚、生子的额定“喜钱”等方式，筹措祭祖资金。

（三）家训

家训、族规是宗族的道德伦理为导向的行为准则及其立法，也是载入族谱的重要内容。家训属于礼教的范畴，族规属于法治的范

---

① 《浙江省少数民族志》，方志出版社1999年版，第80页；《霞浦县畲族志》，福建人民出版社1993年版，第94页。

② 《畲族社会历史调查》，福建人民出版社1986年版，第12页。

③ 同上书，第131页。

畴。“礼”治违制之未然，“法”治违制之已然。宗族族政的运行机制，就是礼法互济，以维系宗族社会的正常秩序。家训以北齐颜之推《颜氏家训》最负盛名。“家训”这一名称因历久而俗成，即使是明后期以后汉族社会开始普遍出现的建有祠堂的宗族的训言，也沿用“家训”一名。家训是关于修身齐家的道德伦理倡导，要而不繁。族规是道德伦理的具体规定以及违反规定的惩治方式，目细而详。以礼入法的族规中也有家训的宣教内容。以族长为首的宗族领导层（士绅、房长、耆老）除了主持祭仪和处理例行族务外，礼治和法治也是他们控制宗族社会的两大政治手段。

汉族社会的宗族所制定的家训、族规，千差万别，但是敬宗收族是根本目的，孝悌、敬祖、齐家、睦族是家训、族规的基本内容。畲族的家训也同汉族一样是这四项基本内容。这反映畲族在宗族文化上受汉族的深刻影响。这种影响因畲族族谱多请汉族士人编修，汉族士人很自然会将载于汉族族谱的家训、族规引介入畲族族谱，尽管这种引介需经过畲民宗族族老的首肯。

家训即族训，是宗族要求成员自觉遵守的自律。流传于闽西、闽南的钟姓畲族家谱内都有汀州祖训 12 款，内有“家规当法，家法当守，耕读当务，勤俭当为，族谊当敦，嫁娶当慎，教子当严，贫而无谄，富而无骄，远族当亲，祭扫坟茔，室藏谱牒”。①

闽东宁德市金涵乡麒麟寨《雷氏宗谱》内《家训》篇云：“立国立本在家，家齐而国治。”谱中对本村雷氏家风定下十六条，即：“敦孝悌、笃家族、和乡党、重农桑、尚节俭、隆学校、点异端、讲法律、明礼让、务本业、训子弟、息诬告、诫窝逃、完钱粮、护团结、解仇岔。”② 闽东宁德市猴墩畲村雷姓宗族的《家训十则》是：尊祖宗、孝父母、和兄弟、睦宗族、务农业、崇节俭、善治

---

① 漳州浦南《纯嘏堂钟氏族谱》，转引自蓝炯熹《畲民家族文化》，福建人民出版社 2002 年版，第 48 页。

② 《雷氏宗谱》，民国年修。

家、戒赌博、息争讼、敦人伦。[1] 无论条款多少，家训皆可整合为上述的孝悌、敬祖、齐家、睦族这四项基本内容。孝父母、和兄弟、敦人伦，孝悌也；尊祖宗，敬祖也；务农业、崇节俭、善治家、戒赌博，齐家也；息争讼、睦宗族，睦族也。

（四）族规

族规即族法，是宗族对于宗族成员的他律，是强制实行的民间习惯法。族规是家训的具体化，并申明对违背者的惩处。正如以上指出，族规皆载于族谱，定成文族规也是修谱的内容。

清光绪福安甘棠田螺园村《雷氏宗谱》内载有《族规》，摘录如下：

为人以孝悌忠信为本，不可作忤逆事，倘有人面兽心，灭伦乱行者，谱内削名。

祖坟山上下左右，原系诸房荫山，不许挖掘，附葬其荫木，亦不许盗砍私卖以伤祖，违者革逐治罪。

礼田国课，务须早完，若值祭抗欠，辱及祖宗，合族攻之。

祖宗遗田无地基祀产，不得私行批扎，其祭祀公业须依次轮流，不许越分背典。

族内无嗣，例当亲派继之，若应继无人，方许别承。若应继不继，其嗣父嗣母即择别承，亦合受绍一律。应继者有争业，房族鸣官究治。但受绍当由亲及疏，不可偏任私爱，致干条例。

族中无论支派亲疏，若有家贫而罹患难死丧者，须体祖宗之心，共相资助。

族中虽有亲疏而以祖宗视之，均同一体，纵有忌嫌，应听

① 《闽东畲族志》，民族出版社2000年版，第223页。

族中理处，不许恃强逞凶而致伤讼控，违者攻之。[①]

《丽水地区畲族志》对畲村习惯法做了以下的归纳：

1. 在祠堂内须按辈分称呼，不准呼名字。

2. 不许虐待父母和配偶。违犯（者），情节一般，要认错改正；严重的要杀猪、杀鸡（罚请客）；虐待致死，要跪棺材头，钻棺材底。

3. 强占他人之妻或拐卖儿童、妇女，家中锅灶被掘掉，中堂上瓦片要被敲毁。

4. 禁止偷窃他人财物。但如是饥饿难忍，不予处罚，并给救济，使之不偷；如属贪财，除赔偿外，还要挨打；惯偷，则被赶出村庄不许入界。

5. 田边种树要隔一定距离。烧毁山林要插苗补种，并赔偿经济损失。

6. 赌博要被强制吃狗屎；屡教不改的惯赌要被赶出村，不许入界。[②]

族规是维系宗族的习惯法。施联朱《畲族风俗志》指出："畲民族内，一般均立有族规，强调维护本民族的尊严和团结，培养高尚之德行，不要玷污宗族等内容。"[③] 当一个村子是单姓村时，村规实际上就是宗族的族规。明清历史学家傅衣凌将一村多姓，以及几个单姓村整合的社区，称为乡族。从这个角度说，多姓村的村规也就是乡族的族规。《丽水地区畲族志》所说的村规，主要是单姓宗族的族规，也包括多姓宗族的（乡）族规。

畲民宗族有着亲情、和睦、互助、团结的氛围。清初亲历畲族

① 转引自《中国民族文化大观·畲族篇》，民族书社1999年版，第211页。
② 《丽水地区畲族志》，电子工业出版社1992年版，第225—226页。
③ 施联朱：《畲族风俗志》，中央民族学院出版社1989年版，第53页。

社区的范绍质，赞叹畲民“无阋墙御侮之事，其性愿悫，其风朴陋”。[①]“阋墙御侮”指的是家庭或族亲兄弟失和而发生纷争和争斗，“无阋墙御侮之事”说明畲民宗族社会很和谐。畲民性格确系范氏所说的“性愿（谨慎善良——引者注）悫（诚实——引者注）”。勇寓于忠，忠寓于诚。反之，惯于诡诈，阳刚无存；习于内耗，勇气消弭。何子星《畲民问题》归纳了畲族的道德观念：互助、合群、俭朴、忠厚、信义、谦让、忍耐、和平、勤劳、刻苦。[②] 德国学者史图博注意到畲村的和谐气氛，他说“我们在畲民那里逗留期间，对于他们的性格得到一个极好的印象。他们总是非常好客、亲切、有礼貌，我们从来没有听到过争吵，他们既不纠缠不休，也不好奇，也不惟利是图”，“是一个和平的、谦虚的民族。他们从事艰苦的劳动，过着极端简朴的生活”。[③] 然而，记载在族谱的族规却透露出一种与畲民宗族社会生活很有差别的紧张气氛。

畲民多请汉族士人修谱，尽管载于族谱的族规撰写，事先要经过畲民族老的认定，但修谱者常将汉族族谱中的族规引介进来，甚至照搬有些文字。因此，相对于远比汉族宗族和谐亲睦的畲族宗族社会，所定的族规尽管厉声严语，却有与畲族宗族的祥和氛围有格格不入之嫌。例如，据闽北光泽县司前乡积谷岭村雷姓畲民族谱所载的族规有：族谱分给各房收藏，每年定期检查，“如有一部不到及损坏者，轻则责革，重（则）罚金修过外，鸣官惩究不贷”。[④] 对于严重违反族规者，“鸣官惩究”，这是汉族族规中常见的文字。畲民宗族中违反族规者，无论轻重，皆在族内解决，绝无移送官府。可见，所谓“鸣官惩究不贷”，是照搬汉族族规的

① （清）范绍质：《猺民纪略》，载乾隆《汀州府志》卷41《艺文三》，方志出版社2004年，第876页。

② 何子星：《畲民问题》，《东方杂志》第30卷，1933年第13号，第63页。

③ 《浙江景宁敕木山畲民调查记》，中南民族学院民族研究所1984年编印，第33页。

④ 《积谷岭雷氏族谱》，同治元年（1862）重修，转引自蓝炯熹《畲民家族文化》，福建人民出版社2002年版，第136页。

文字。鉴此，对于畲族族谱所载的族规条例所反映的实际生活，须慎加分析、甄别。

第三节　会馆

历史上畲族会馆有两个，一在仙游，设于木兰街，仙游畲民会馆只是一县畲民的会馆；一在霞浦，称“福宁山民会馆”，是一个闽东、浙南畲民的跨省会馆。山民会馆的创建和运作，标志着在近代民族主义兴起后，畲族民族意识的觉醒。山民会馆为争取畲族民族权益所做的努力，以及以传播畲歌为手段的宣扬畲族民间文学的文化活动，对于畲族的民族凝聚力和民族自觉意识产生了重要的影响。

一　山民会馆的文化基础

共同祖先的确认是族群认同的主要基石。畲族及其先民的祖先认同源远流长。南宋末年刘克庄《漳州谕畲》提到：“余读诸畲款状，有自称盘护孙者。”① 由此可知，刘克庄所阅读的有关畲民的材料，最突出的是盘瓠传说，这才给他强烈的第一印象。毫无疑问，共认是盘瓠裔孙，系畲民首要的族群认同。这一祖先认同在畲族先民，即以武陵蛮为核心的“盘瓠蛮”，早已有之。转述在《后汉书·南蛮传》的东汉应劭《风俗通义》的盘瓠传说，已说明武陵蛮以及长沙蛮具有盘瓠信仰，并且以这一信仰作为“无关梁符传，租税之赋”② 的依据。比《风俗通义》稍后的干宝《晋纪》还记述“武陵蛮”等“盘瓠之后”，“糅杂鱼肉，叩槽而号，以祭盘瓠”的祭祀仪式。③

畲民的族群意识在受到外在压力时会凛然崭露。明代郭造卿

---

① （宋）刘克庄：《漳州谕畲》，《后村先生大全集》卷93，四部丛刊本。

② 《后汉书》卷86《南蛮传》，中华书局1965年版，第2829页。

③ 同上书《南蛮传》注引，第2830页。

《防闽山寇议》说："山中自称盘瓠后，各画其像，岁时祝祭。族处喜仇杀，或侵侮之，一人讼，则众人讼；一山讼，则众山同。常称城邑人为'河老'，谓自河南迁来，畏之，繇陈元光将卒始也。"①在官员郭造卿的眼中，畲民就应该服服帖帖，忍辱受欺，一旦受侵辱而一讼众讼，就说是"喜仇杀"。郭造卿所指应是闽西畲民，也可能包括闽南畲民。我们从这种充满偏见的议论中，依然可以看出畲民的同呼吸、同命运的高度团结，这种凝聚力的核心源于"自称盘瓠后，各画其像，岁时祝祭"的祖先认同和文化实践。

在畲族还处于游耕状态的不定居或迁徙状态下，族群意识不可能转化为族群性组织。而在闽西等地发生客家化的畲民中，他们以家族或宗族散居于客家人地区，畲族族群意识尚且在淡化，更谈不上形成本民族的组织。清代闽东、浙南，是畲族晚近迁入而形成的地域大本营，畲族受到的阶级剥削和民族歧视比较严重，民族性组织处于呼之欲出之势。

二 山民会馆的创建

清光绪二十五年（1899）于福宁府（今福建霞浦）西门外教场头创建"山民会馆"，为闽东、浙南畲族民间公益团体和多职能的公共活动场所。民国初年"山民会馆"又改为"三明会馆"，1919年8月迁址于北门里旗下街。三明会馆内设董事会，闽东、浙南十余县各有一名为董事，浙江云和县毕业于浙江法政学校的蓝文蔚为董事律师，他长年住馆，以代写文书等，酌收"红包钱"。其他董事不定期轮流住馆，义务服务。服务项目，包括族内调解纠纷，族外维护权益，为畲民做主，代写诉状，代打官司。如当时福鼎桐城乡浮柳村畲汉山林纠纷和霞浦南乡畲汉海埕纠纷，因有会馆据理力争，均得妥善解决。三明会馆作为接待处，解决族人往来的膳宿问

① （明）郭造卿：《防闽山寇议》，载顾炎武《天下郡国利病书》卷96《福建六》，广雅书局光绪二十六年刊本。

题，来客按规矩，免费住宿，自办伙食。会馆中设有厨房，备有炊具。三明会馆还作为联谊会，诸县往来畲民可沟通信息商议事务，诸如兴学、建祠、架桥、铺路、赈灾等。馆内经费充裕时还适当救济遇天灾人祸的族人。三明会馆的鼎盛时期凡30余年，1927年后中断活动，至1946年畲民协商重兴会馆，经霞浦县政府呈报，福建省政府核准备案，三明会馆成为官方注册认定的“苗夷民族”之“公益团体组织”。三明会馆于民国时期在闽、浙两省畲民中有广泛深远的影响。[①] 山民会馆的创建标志着畲族人民民族意识的兴起。

三　盘瓠信仰的凝聚力

如上所述，共同祖先的确认是族群认同的主要基石，山民会馆设置传说中的始祖灵位（“敕赐盘瓠忠勇王神位”），各地畲族宗姓代表性祖先也附祀于神龛中的盘瓠灵位。可以说，想象的凤凰山盘瓠祠（附祀盘、蓝、雷、钟四姓祖）在山民会馆的前落正厅成为现实。

诸姓毕集的祭祖，是山民会馆的要事。每年清明、中秋多有举祭，而春节必有大祭。民国九年（1920）是三明会馆迁入新址的第一个春节祭祖，盛况空前，霞浦西乡、南乡、东乡、附城区以及福安、宁德、福鼎、寿宁、罗源、连江、闽侯、泰顺、平阳、云和、景宁等县均派人参加，祭祀活动连日分批举行，由各县董事和各处族长轮流主持，祭祀活动延续十余日。祭祖程序是：张挂祖图，树立祖杖，开启宗谱，安放神主（各自带来的本宗代表性的祖先牌位，祭毕留置龛内），摆上供品，点香烧纸钱，宣读祭文，跪叩礼拜。有的还唱祭祀歌、跳祭祀舞，甚至请法师设坛请神娱神。祭祀后，各处祭拜者相继将写着“某处某氏裔孙叩拜”的红布条，系于祖杖。这样，祖杖重重叠叠系满红布条。[②] 畲民对于本宗族及其宗

---

① 参见郁田《福宁山民会馆调查报告》，载施联朱、雷文先主编《畲族历史与文化》，中央民族大学出版社1995年版，第376—380页。

② 同上书，第378—379页。

姓始祖的认同延伸出盘蓝雷钟等诸姓共祖的认同，这种认同鲜活于历史的记忆，蒙眬于凤凰山祖地盘瓠祠（畲族宗祠）的想象里。畲民“传法录入”将写着法名的红布条系于祖杖，表示“入录”者成为盘瓠集团的正式成员。会馆迁入新址，设立公祠，各处姓氏畲民代表也采用这种“传法入录”形式，标示本宗姓群体“入录”盘瓠集团。这是将传统祭仪引进了加入会馆的仪式，说明传统文化在民族层面上凝聚群体的重要作用，也彰显始祖认同在民族认同的根基作用具有强盛的生命力。将写着某处宗族后裔的红布条系于祖杖的仪式彰显出：在畲民的集体意识里，本民族就是一个庞大的宗族。

20 世纪 20 年代末，山民会馆横遭叛乱兵棍索饷等劫难，后又被平叛军队占据数年，从此一蹶不振。40 年代末期会馆活动有所恢复，解放后终止，但仍有代管的畲民居住。逢年过节，各地仍有些畲民前来拜祖和访问。1966 年红卫兵在“破四旧”中，烧毁“盘瓠忠勇王”等神牌，拆毁神龛、匾额、联板。仍具有畲民公祠性质的会馆遗址成为普通民房。[①] 在重视文化遗产保护的当今，修复和保护山民会馆遗址不应忽视。并且，这一遗址理应作为文物保护单位。

四　山民会馆的文化贡献

山民会馆是畲歌收集、整理的传播中心，对宣传民族文化做出重要贡献。其代表人物是钟学吉。

钟学吉（1856—1924），霞浦县溪南镇白露坑人，七岁入私塾，接受儒家教育。16 岁经过“学师录入”仪式，法名法宁。其先辈最早将汉族章回小说和评话唱本改编为畲歌唱本，白露坑因此成为畲族长连抄本正歌（主要是小说歌）的发祥地。这使钟学吉深受熏陶，其业师、堂伯父钟廷吉对其影响尤大。钟学吉 20 岁设私塾课童，兼任法师。他结合教学，编写许多知识性歌谣，其中的《花名

---

① 《霞浦县畲族志》，福建人民出版社 1993 年版，第 105 页。

歌》、《鸟名歌》、《十贤歌》、《十女歌》、《十字歌》、《起书堂》、《大读书》等，在塾馆内外广为传唱。其改编的本民族传说《高辛氏》在族中亦被视为“祖公歌”。他根据汉族小说、曲艺、故事改编的小说歌，无论是数量还是质量，都超过了前辈。清光绪二十四年（1898）钟学吉参与刑部钟大焜主修的《福建福宁府颍川钟氏宗谱》的编纂。同年参与“山民会馆”的筹建。翌年会馆成立后，钟学吉经常出入会馆，其间创作了小说歌《诸葛亮》、《孟姜女》、《唐伯虎》，开始广泛流传于畲族社区。民国二年（1913）钟学吉被推举为会馆董事，更常来会馆，创作亦多。他将本民族的真人真事编成小说歌《钟良弼》，直接配合和鼓舞当时闽浙畲民反对民族歧视、民族压迫的抗争。小说歌《钟良弼》在畲族民间文学史上，具有划时代的意义。民国八年（1919）会馆由城西迁入新址，年逾花甲的钟学吉经常住馆，搜集大量素材，编写大量歌本，思想性和艺术性达到新的高度，将畲族长篇小说歌的创作推入全盛时期。其中的《末朝歌》在畲族长篇历史歌中占有重要地位。《末朝歌》揭露了清政府的腐败和民国初年军阀统治给人民带来的灾难，以期待“真命天子”的出现这一传统的表达方式呼唤社会弃旧图新。各地来会馆的畲民，利用住馆之便，传抄钟学吉创作的畲歌，使之广泛流传于闽东、浙南。[①]

将汉族小说、曲艺、故事改编为畲族小说歌，促进畲汉文化交流，丰富畲族文化。创作反对民族歧视、民族压迫的小说歌激励畲族人民的民族自觉和奋起抗争。创作揭露社会黑暗和罪恶，又进一步激发畲族人民的阶级觉悟和革命精神。山民会馆的畲歌传播，显著地提升了畲族文化。

---

① 《霞浦县畲族志》，福建人民出版社 1993 年版，第 451—452 页。

第七章

畲族服饰

服饰是民族历史和文化的投影，是民族审美情趣的表达。畲族在历史上的分布一直很分散，但其服饰特色从来不因沧桑而漂白，不因分散而湮灭，这本身就是一种伟大和神奇。畲族服饰在晚清时期历经变动后，在清末民初以后蓄势而起，较醒目的是在闽东出现了若干地方类型。这种文化分蘖能力，与浙南畲族对传统服饰历久弥新的秉持，异曲同工地体现民族文化强盛的生命力。浙南青蓝衣裳和裹红冠顶，犹如莲叶中颖露出尖角；闽东服装，黛色里斑斓着红艳，恰似薪炭里簇发的火焰，体现着畲族服饰的勃勃生机。晚清畲族妇女服饰的凤凰意蕴首先在罗源、连江出现，并完善于20世纪50年代。服饰的凤凰象征，根植于盘瓠传说中三公主的故事，根植于祖地凤凰山的追远，也受到汉文化的激发。罗源、连江妇女服饰的凤凰意蕴扩及闽东其他地区，并在20世纪末期影响浙南。

第一节　清代畲族服饰

文化变迁是社会变迁的投影，晚清到民国是中国社会转型的时期，也是畲族服饰显著变化的时期。尽管清代晚期畲族服饰发生迅速的变化，但旧习与新尚总是既相抵牾而又并行。鉴此，以下陈述清代畲族服饰及其变化也涉及民国。在服饰变迁的速度上，明显是男快女慢。

一　清代畲族男子服饰

（一）清代男子发式

清初闽西畲民，“男不巾帽，椎髻跣足”。[①] 这应也是清代以前闽粤赣原住区畲族男子发式，也就是说，当时迁往闽东、浙南的畲族正是这种发式。与畲族有同源关系的瑶族也是“椎髻跣足”。[②]

在闽东，清代晚期之初及此前，闽东等地畲族男子尚保留椎髻的发式。写于清道光二十四年（1844）的《归田琐记》说：“今之连江、罗源及顺昌诸邑山谷中，有一种村氓，男女皆椎鲁［髻］，力作务农，数姓自相婚姻，谓之畲民。”[③]

在浙南，晚清浙南畲民已改“椎髻”为剃发留辫，民国时保留剃发，剪辫为短发。1929 年浙江景宁敕木山的畲民调查说：“老人还梳着辫子”，“大多数男人把脑袋的前半部剃光，而把后脑勺的头发往后梳”，“村长和他哥哥以及一些在外地工作过的青年，都把头发剪短了”。[④]“老人还梳着辫子”，说明至迟在晚清，畲男同汉民是剃发留辫。晚清浙南畲民改“椎髻”为剃发留辫，闽东应亦然。但《归田琐记》所说的情况，似很特别。

（二）清代男子服饰

清初闽西畲民，“男子短衫阔袖”。[⑤] 这应是清代以前闽粤赣原住区畲族男装特征。也就是说，当时迁往闽东、浙南的畲族正是这

---

① （清）范绍质：《猺民纪略》，载乾隆《汀州府志》卷 41《艺文三》，方志出版社 2004 年版，876 页。

② （清）吴震方：《岭南杂记》（中华书局 1985 年版，第 27 页）云：“粤有猺种，古长沙、黔中五溪之蛮，生齿繁衍，播于粤东西，多槃姓。自云槃瓠之后，言语侏离，椎髻跣足，短衣斑斓，依林而居。”

③ （清）梁章钜：《归田琐记》卷 3，中华书局 1997 年版，第 41 页。

④ 《浙江景宁敕木山畲民调查记》，中南民族学院民族研究所 1984 年编印，第 21—22 页。

⑤ 范绍质：《猺民纪略》，见乾隆《汀州府志》卷 41《艺文三》，方志出版社 2004 年版，876 页。

种服式。

在闽东，从闽粤赣原住区迁居于古田的畲民，到了晚清，“阔袖”没了，惟有“短衫”。光绪《侯官县乡土志》载：“畲之种……男子即短衫徒跣足。”①

在浙南，清代浙南畲族男装，记载不详，例如同治《景宁县志》说：“畲民……无寒暑，皆衣麻。”②“男子短衫阔袖”的特点，到民国时期惟存“短衫”。1929 年浙南敕木山的畲民调查显示，畲族男子穿的是短衫，但“阔袖”特征已消失。《浙江景宁敕木山畲民调查记》说：“畲族男人的衣服……包括普通的短上衣和裤子，此外还常穿草鞋”；“衣料主要是麻丝，是在家里纺的”。③

有的著述说：“据民国以来地方志所载，一般仍是‘男子不巾帽，短衫阔袖，椎髻跣足。”④ 其实，不用说民国，就是在清末，“椎髻”和“阔袖”早已绝迹。

清末民初，闽东畲男服装的汉化速度，应比浙南更迅速，因为闽东畲族一般较早定居。此外，清末钟大焜号召畲民“改装束与众一律”，多少也是一个原因。钟大焜，其祖父因官由赣迁闽，居于侯官，钟大焜为同治年进士，官至四品刑部直隶司主事，光绪时，他有意编纂跨省的钟氏大通谱，闽东畲民钟姓也在通谱之内，缘于因钟及畲，他想叫畲民改装从汉，这样，畲民就可以避免受歧视。他还发文告进行倡导。文告中云：“……刑部主事钟大焜因修谱到福宁所属各县，见有一种山民，纳粮考试，与百姓无异，惟装束不同，群呼为‘畲’、山民不服，时起事端。家主向山民劝改装束与众一律，便可免此称呼，无不踊跃乐从。……自示之后，该山民男

① （清）郑祖庚：《侯官县乡土志》，光绪三十二年刊本，海风出版社 2001 年，第 383 页。

② 同治《景宁县志》卷 12《风土·附畲民》。

③ 《浙江景宁敕木山畲民调查记》，中南民族学院民族研究所 1984 年编印，第 21—22 页。

④ 施联朱：《畲族文化史》，载《施联朱民族研究文集》，民族出版社 2003 年版，第 321 页。

妇人等，务将服式改从民俗，不得稍涉奇裳，所有冠丧婚嫁应遵通礼及朱子家礼为法，均勿稍有僭越，授人口实。百姓亦屏除畛域，等类齐观”。① 没有接续的报道追踪布示后的效果，故实际情况不详。《霞浦县畲族志》说：“该告示虽称当时山民‘无不踊跃乐从’，但实际上霞浦畲族中除了南乡罗浮、赤沙等个别散居村改从民俗外，绝大多数畲乡仍保留其传统服饰。”②

根据记载，民国时闽东畲族男装，民族特点几无痕迹。据1937年《福建省统计年鉴》，连江县“（苗民即畲民，——引者注，下同）男子服装与汉人同”；宁德县“（畲民男子）服装与宁德居民仿佛”；罗源县“（苗民）男装与汉族同”。倒是闽南偏僻山区的畲民男装也还保留一点传统特色。华安县僻处闽南边鄙，该县坪水一带，“男苗衣服和汉人短装，大同小异，不过袖口往往很长（即‘阔袖’——引者注），腰间常喜欢缠一条汗巾，有时用于揩汗，有时用于包物、携物，日久不洗”。③

从晚清之初的《归田琐记》所说的“今之连江、罗源及顺昌诸邑山谷中，有一种村氓，男女皆椎鲁［髻］”，到民国时闽东畲族男装，民族特点已毫无迹象，更不用说椎髻了，可知晚清畲族服式、发式变化是很快的。光绪三十二年（1906）的《侯官县乡土志》在“畲族”一节写道：“（畲族）近数十年，渐与土人同化。”④

晚清畲族服饰的显著变化，固然是社会转型所带动的文化变迁，不过，这种变迁在早已定居并与汉族密切交往的闽南等地就已经出现。康熙《平和县志》记载：“槃瓠子孙……今则太平既久，声教日讫，和邑诸山，木拔道通，……饮食衣服起居往来多与人同，猺獞而化为齐民。”⑤

---

① 福州《华美报》第17号第15页，己亥（光绪二十五年）四月。

② 《霞浦县畲族志》，福建人民出版社1993年版，第111页。

③ 管长墉：《福建之畲民》，《福建文化》第1卷第4期，1941年。

④ （清）郑祖庚：《侯官县乡土志》，光绪三十二年刊本，海风出版社2001年版，第383页。

⑤ 康熙《平和县志》卷12《杂览志》。

清代文献中的畲族男子服饰，给人一种缺乏色彩的印象，其实这是文字粗略所致。《丽水地区畲族志》追溯道："男子旧社会平时着青色大襟长衫，开襟处镶有月白色或红色花边，下摆开叉处绣有花朵，劳动时都穿大襟或直襟短衫"；闽东霞浦"旧时……添上及在相连处刺绣图案或花边"，[①] 等等。这些就是畲族男子衣服的装饰色彩。在浙南，劳动时不论男女都围苎布围裙（俗称"拦腰"），布色或青或蓝，拦腰头镶红布，以妇女自织花带作带。晋人干宝《晋纪》提及"五溪蛮""赤髀横裙"[②] 的"横裙"，应就是"拦腰"的原生形态。前述提到《岭南杂记》说瑶族"椎髻跣足，短衣斑斓"，"斑斓"指的是颜色鲜艳。《后汉书·南蛮传》介绍盘瓠"蛮"的特点时就提到"好五色衣服"，"五色"和"斑斓"都是表达多色彩。"椎髻跣足，短衣斑斓"这一服饰特点，早在畲瑶尚未分流时的先民集团就有了，分流以后，畲、瑶仍有不同程度的保留和变化。

二　清代畲族妇女服饰

（一）清代妇女发饰

畲族妇女服饰是其民族风俗的集中象征，而发式和发饰又是服饰最集中的体现。椎髻垂缨是古代畲妇发饰的基本特点。清初闽西畲族，"女子结草珠，若璎珞蒙髻上"，[③] 乾隆《汀州府志》引"旧志"说："女不笄饰，裹髻以布。"[④] 巫宜耀作《三瑶曲》云："家家新样草珠轻，璎珞妆来别样情。"[⑤] 汇总起来看，清初，闽西畲族妇女的发饰和发式是：椎髻，裹髻以布，用草珠串起来搭在裹髻的布上，如璎珞然。从迁往赣东北、闽北以及闽东、浙南的畲族的妇

---

① 《霞浦县畲族志》，福建人民出版社 1993 年版，第 110 页。

② 见《后汉书·南蛮传》李贤注引，中华书局 1965 年版，第 2830 页。

③ （清）范绍质：《猺民纪略》，见乾隆《汀州府志》卷 41《艺文三》，方志出版社 2004 年版，876 页。

④ 乾隆《汀州府志》卷 45《杂记·丛谈附》。

⑤ （清）杨澜：《临汀汇考》卷 3《风俗考·畲民附》，光绪四年刊本。

女头饰，多有裹着布的短状竹管来看，闽西畲妇“裹髻以布”也应有裹布的竹管，这一以布裹竹之竹，大概是用来固定“璎珞”的，尤其是后来支撑末端垂着璎珞的斜杆，更需要这块裹布之竹。所谓“女不笄饰”，是基于大汉族主义的文化观的误述。把头发绾起而用簪子固定，此称“笄”。根据后来对畲女发饰略详的描述，畲女当然也用簪子固定椎髻。

明清时期从闽粤赣原住区迁居于闽北、赣东北、闽东、浙南等地的畲族，在清代畲女都有“椎髻”、“（珠串）若璎珞蒙髻”的形态，依此可以推证：闽西这种“椎髻”、“（珠串）若璎珞蒙髻”是明清以前闽粤赣原住区畲族妇女的发饰。

赣东北的畲妇发式有所变化，其中作为支撑高髻的竹管改为“麦秆”。同治《贵溪县志》载：“女子即嫁必冠笄，其笄以青色为之，大如掌，用麦秆数十茎著其中，而彩线绣花鸟于顶，又结蚌珠缀四檐。”①

在闽东，畲族妇女椎髻垂缨的发式在清代仍存。清中期《古田县志》载：“（畲民）女子跣足，围裤头，戴冠子，……又以巾覆之，或白石，或蓝石，串络绕缚冠上，或夹垂两鬓。”② 光绪《侯官县乡土志》引旧志云：“畲之种……男子即短衫徒跣足，其妇女则高髻垂缨。”③ 光绪《福安县志》载：“扆深山中，有异种曰畲民，……福郡古田、连江、罗源、福宁、宁德、福安，多有是种，不知始自何时，布散山泽间，亦受民田以耕。谓平民曰百姓。男女杂作，以远近为伍。性多淳朴，短衫跣足。妇女高髻蒙布加饰，如璎珞状”。④

在浙南，晚清时畲族妇女与闽东畲族妇女发式一样仍然保持原

---

① 同治《贵溪县志》卷14《杂类轶事》。

② 乾隆《古田县志》卷2《风俗》，古田县方志委整理编印，1987年，第92页。

③ （清）郑祖庚：《侯官县乡土志》，光绪三十二年刊本，海风出版社2001年版，第383页。

④ 光绪《福安县志》卷38《杂记》。

本的特征。同治《景宁县志》“畲民……厥妇女跣足椎结，断竹为冠，裹以布，布斑斑，饰以珠，珠累累（原注：皆五色椒珠）”。[①]同治《云和县志》“畲民戴布冠，缀石珠”。[②] 从晚清或此前浙南的其他方志资料来看，浙南各地畲妇发饰相当一致。光绪《处州府志》转引屠本仁《畲客三十韵》云：“笏筒绿拥髻，布幅青搭额。”[③] 又转引徐望璋《畲妇》云，“复髻笏筒缀石珠”。[④] 这种头饰也称作“高妆”。[⑤]

据上述，晚清闽东与浙南畲族妇女的发式、发饰没有差别，20世纪50年代以后的调查显示，闽东、浙南两地畲族妇女的发式、发饰差别甚大，就是同在闽东，罗源、福安、霞浦等地，畲族妇女的发式、发饰差别也很明显，这一变化出现于民国时期，萌生于晚清。

（二）清代妇女服饰

清初描述闽西畲民的《猺民纪略》对畲族妇女服饰聚焦于头部，以致忽略了服装。康熙《武平县志》引时人描写象洞的诗有“彩布缠腰僰女奇”。[⑥] 乾隆、嘉庆之际李调元描述粤东畲族的笔记道：“男女椎髻，跣足，衣尚青、蓝色。男子短衫，不巾不帽；妇女高髻垂缨，头戴竹冠蒙布，饰缨珞状。”[⑦]

从晚清以后闽南华安、闽北、闽东、浙南的描述来看，清初闽西畲族妇女的装束应是：青蓝色衣服的衣领、袖口边缘有花边；穿刚过膝的裙子，还有围裙，小腿缚绑腿，除了礼仪场合，一般赤脚。

在闽东，关于古田畲妇服饰，乾隆十七年（1752）傅恒《皇清

---

① 同治《景宁县志》卷12《风土·附畲民》。

② 同治《云和县志》卷5《风俗门·畲民》。

③ （清）屠本仁：《畲客三十韵》，载光绪《处州府志》卷30《艺文志下·诗篇》。

④ （清）徐望璋：《畲妇》，载光绪《处州府志》卷30《艺文志下·诗篇》。

⑤ （清）周应枚：《畲民诗》，载光绪《遂昌县志》卷11《风俗·畲民附》。

⑥ 康熙《武平县志》卷19《艺文志》，武平县方志委整理出版，1986年，第279页。

⑦ （清）李调元：《卍斋琐录》卷3，转引自《施联朱民族研究文集》，民族出版社2003年版，第321页。

职贡图》题记："（古田畲民男女）竹笠草履……妇以蓝布裹发，或戴冠……短衣布带，裙不蔽膝。常荷锄跣足而行，以助力作。"[①] 乾隆《古田县志》载："（畲民）女子跣足，围裤头。"[②] 所谓"围裤头"应指缠腰带。在民国时期的闽东，连江"（畲族）女子上衣不用纽扣，而束之以带，状如袈裟，裤短小，下足绑以腿布"。宁德"（畲族）腰束蓝带，全数跣足"。闽侯"（畲族）衣用花栏杆边。"罗源"（畲族）妇女着大领衣"。[③] 由民国资料大体可以推断，晚清闽东畲族妇女服装特征是：蓝带缠腰，衣不用纽扣而用带子系。

在浙南，晚清畲女穿着刚过膝的裙子，衣青色，不用纽扣而系以布条，缚蓝色绑腿。同治《景宁县志》"畲民……女短裙蔽膝，勿裤勿袜"。[④]

跟汉族接触比较密切的其他畲族地区，传统服饰在清代出现显著的退化。例如，闽北畲族的汉化较快，晚清时其妇女发式的原本特色已不见。道光《建阳县志》载："男子服饰、职业与汉人略同。女子不缠足，不施膏泽，无金银佩饰，服色惟蓝、青与白。"[⑤] 惟蓝、青与白的服色，是传统服饰的遗存。南平处于闽东与闽北的交界地带，一般将之归入闽北。1929 年德国学者史图博及其助手李化民考察了南平畲族，其中提到：畲族妇女衣服的领圈和袖口的滚边"非常绚丽多彩"。[⑥]

据《猺民纪略》，描写畲女："结草珠，若璎珞蒙髻上"。至今，浙南畲女的头饰与此最像。这说明浙南畲女的头饰对于历史传统的保留最多。畲族移民的主流是在明清时期才到达闽东、浙南的，但

① （清）傅恒等撰：《皇清职贡图》卷 3，载《诸蕃志》（外十三种），上海古籍出版社 1993 年版，第 476 页。

② 乾隆《古田县志》卷 2《风俗》，古田县方志委整理编印，第 92 页。

③ 《各县区苗夷民族概况》（1937 年），见《福建畲族档案资料选编》，海峡文艺出版社 2003 年版，第 7—10 页。

④ 同治《景宁县志》卷 12《风土 · 附畲民》。

⑤ 道光《建阳县志》卷 2《舆地志 · 附畲民风俗》。

⑥ 《浙江景宁敕木山畲民调查记》附录二《关于福建延平府周围土人的笔记》，中南民族学院民族研究所 1984 年编印。

早在宋元以后就有一些畲民开始陆续离开闽西、粤东，时停时徙，徐徐北上，最后才到达浙江（另有极少数在清末进入皖南）。鉴于早期畲族原居地风俗的稳定性，可以这么推测：闽西畲女的头饰在宋元明时期大抵就是《猺民纪略》所记，甚至粤东畲女头饰也应与闽西相同，否则徙自闽西、粤东的浙南畲族，其女性头饰不可能同样有“若璎珞蒙髻上”。

值得注意的是，清初的文献显示明代潮州某处畲族妇女发式出现了变化，从椎髻式分化出无椎式。“潮州府畲瑶。民有山輋，曰猺僮。其种有二，曰平鬃，曰崎鬃。其姓有三，曰盘，曰蓝，曰雷。”① 所谓“崎鬃”即椎髻，“平鬃”即无椎之髻。这种“平鬃”发式应是出现在较邻近汉族的地带，是受到汉风影响而发生的变化。据道光《广东通志》，“潮州府畲徭民，有山峰曰径僮，其种有二，曰平鬃，曰崎鬃”，这一情况只是在潮州某山区，一般的情形是：“輋户居山中，男女皆椎髻，跣足而行。”②

第二节 民国畲族服饰

清代，畲族男女衣裤尚青、蓝色，到了民国，浙南仍保持这一传统，而闽东妇女衣裤除了部分仍为青、蓝色，一般转为黑色，而男装仍尚青、蓝色。清代中期，闽东古田有畲妇“裙不蔽膝”的记载，晚清闽东不见畲妇穿裙的记载，民国则已绝迹。在浙南，景宁县畲妇在民国仍普遍穿裙，其他县则改穿裤。民国浙南男女皆裹绑腿，闽东只有罗源、连江妇女裹绑腿。民国时有关畲民的调查资料中，罗源、连江出现“凤鸟髻”，宁德北部则出现截筒形发式。鉴于20世纪50年代初，宁德大部分地区与福安的发式属同一类型，

① （清）顾炎武：《天下郡国利病书》卷103《广东七》，广雅书局光绪二十六年刊本。

② 道光《广东通志》卷330，见《畲族社会历史调查》，福建人民出版社1986年版，第333页。

因此民国时福安妇女发式也是截筒式。

一　民国畲族男子服饰

闽东畲族男子夏天穿青色、蓝色的大襟苎麻布衫；冬天穿青色、蓝色的大襟棉布衫。苎麻衫无领，仅用蓝棉布条镶在领口。领口内两肩另衬一层棉布。棉布衫也是这种样式。衣襟边有五个布纽扣，不论长衫或短衣皆如此。有的老人冬天还加夹袄或棉袄，为中间开襟。夏天穿青色、蓝色的苎麻布或棉布的短裤，冬天穿青色、蓝色的棉布长裤。裤子为直筒式，裤筒大。不论短裤、长裤，裤腰都接上 15 厘米宽的棉布作“裤头”。着装时用条白色带子作腰带，将裤头扎紧。民国时，浙南畲族男和女一样皆裹绑腿，闽东男子则无，甚至此前也未记载。

在浙南，《浙江温州、处州间土民畲客述略》说：“不用棉布，冬夏皆衣麻”，“喜服青衣，阔领小袖。……足膝之下，无论男女，皆裹蓝布”。[①] 丽水地区的《畲民调查记》[②] 说：“畲族男子大多布衣短褐，色尚蓝，质极其粗厚，夏季衣裤，则用蓝苎麻布制成，和汉族农人还没有多大差异。”[③] 部分畲区有少数人仍保留古老服饰的元素：冬天的大襟衣衫，开襟处镶有月白色或红色花边，下摆开叉处绣有花朵。夏天的大襟短衫，袖口镶有花边。[④]

二　民国畲族妇女服饰

清代，畲族妇女“高髻垂缨”，直至清末，《侯官县乡土志》仍

---

① 胡先骕：《浙江温州、处州间土民畲客述略》，《科学》第 7 卷第 3 期，1923 年，第 280 页。

② 《畲民调查记》的地点主要在丽水县，兼及丽水地区各县。沈氏的畲民调查地区指“括苍”，括苍地区指括苍山以南、青田县以西的瓯江流域，也就是明清处州府辖地，即今丽水地区。沈作乾说：“本篇只能将普通的写出，不能将各县各村不同之点写出比较。”可见，这篇调查记不是写丽水一县（古称括苍县），而是写丽水地区。由于沈作乾是丽水县人，因而似可推测本篇内容以丽水县为主。

③ 《畲民调查记》，载《东方杂志》第 21 卷，1924 年第 7 号，第 57 页。

④ 《浙江省少数民族志》，方志出版社 1999 年版，第 326 页。

是这么记载。然而，民国时有关畲民的调查资料中，罗源、连江出现“凤凰髻”，福安和宁德北部出现截筒形发式。清代，畲族男女衣裤尚青、蓝色。到了民国，浙南仍保持这一传统，而闽东妇女衣裤部分仍为青、蓝，一般转为黑色。清代中期，闽东古田有畲妇“裙不蔽膝”的记载，晚清不见畲妇穿裙的记载，民国则已绝迹。在浙南，景宁县畲妇在民国仍普遍穿裙，其他县则改穿裤。

（一）民国妇女发饰

在闽东，连江“（畲民妇女）发梳凤髻，覆于额部”。宁德“（第一二区畲民）妇女发髻束以红巾”，“（三都半山村、港口等处畲民）妇女发间特以三簪，用红布围箍”。三都半山村、港口在宁德北部，宁德中部、北部地区的服饰与福安服饰同，因此“发髻束以红巾”也是福安妇女的发饰。闽侯[①]“（畲民）女人则头戴竹管，长约九寸，缠以红布”。罗源“（畲民妇女）梳凤鸟髻”。[②] 罗源县“（畲民妇女）梳凤鸟髻”，与连江“（畲民妇女）发梳凤髻，覆于额部”是一样的。“凤鸟髻”或“凤髻”的发式名称出现在民国二十五年（1934）的政府调查报告里。一种新发式成为普遍，至少需数十年，因此我们有理由推断，“凤鸟髻”或“凤髻”的发式及其名称，发生在晚清。

闽东妇女发式变化最显著的是罗源、连江。“凤鸟髻”即将头发分成头顶和头后两部分，后部的头发用红色绒线扎成棒状（内套若干段小竹节），然后将这可弯曲的棒状折向头顶，与所留的头发合并，在前额盘旋成螺旋状，再辅扎红绒线加固，这就是“凤鸟髻”。连江的“凤髻”与罗源的“凤鸟髻”完全相同。

变化次显著的是福安。民国福安畲族妇女的发式是：从后枕梳

---

① 1913 年，侯官县和闽县合并为闽侯县，1942 年析县治部分设福州市，1949 年福州市的区划显著扩大，闽侯县所辖变小。

② 《各县区苗夷民族概况》（1937 年），载《福建畲族档案资料选编》，海峡文艺出版社 2003 年版，第 7—10 页。

成瓜瓣状，向上盘旋绕头一周，如截筒帽，发间有数条红绒线成束绕头一周以固定头发。《福安市畲族志》认为这一发式“仍保留原状”。[①] 然而，光绪《福安县志》载：“（畲民）妇女高髻蒙布加饰，如璎珞状”，[②] 可见，截筒形发式不同于晚清样式。不过，光绪《福安县志》所述是引述旧志，因而不准确。

浙南保持传统特点较多。《浙江温州、处州间土民畲客述略》说：“首饰为珠冠。”[③] 根据《浙江景宁敕木山畲民调查记》的描述，并参照所附图片可知，妇女的头饰覆在发髻上。木头用红布包裹，木头长数寸，截面是三角形，裹布木头的前端固定着一根约半尺长的细棒，呈 45 度夹角向后伸出，棒尾悬挂着珠串。裹布木头的前端分出串着小珠的绳子沿发髻结于脑后。同治《景宁县志》所述的“断竹为冠，裹以布，布斑斑，饰以珠，珠累累”，到民国时期仍然延续。丽水妇女的头饰略有简化，以直径寸余，长约二寸之竹筒，斜截其两端，作菱形，外包以红布，覆在头顶的前面，下围以布。压发的簪宽寸余，长约四寸，突出于脑后的右边，其前端缀红色丝绦二组，垂于耳际。[④]

在闽北，1929 年的调查说：“在延平府（原注：即现在的南平县）……妇女的服装和住在附近的汉人有所不同：她们在头上戴一种用红带子组成的首饰……那种特有的发式在最近几年已逐步消失。”[⑤]

应当指出，至迟从民国以后，畲族男女服装皆请专业裁缝制作，早期裁缝皆为汉族，后来畲族裁缝所占的比例逐增。畲族妇女既从事农作又要纺线织（苎）布，耕织兼操，已无精力像汉族妇女那样谙于剪裁、刺绣。不过，畲族妇女仍然在织花带上表现出心灵

---

① 《福安市畲族志》，福建教育出版社 1995 年版，第 651 页。

② 光绪《福安县志》卷 38《杂记》。

③ 胡先骕：《浙江温州、处州间土民畲客述略》，载《科学》第 7 卷，1923 年第 3 期，第 280 页。

④ 《畲民调查记》，载《东方杂志》第 21 卷，1924 年第 7 号，第 57 页。

⑤ 《浙江景宁敕木山畲民调查记》附录二，《关于福建延平府周围土人的笔记》。

手巧。《福建福鼎畲族情况调查》（1958 年）说："畲族妇女的服饰相当讲究，由专门衣匠缝制"，[①] 说的是当时事，却也反映了民国时期闽东、浙南的普遍状况。

（二）民国妇女服饰

民国时，在闽北，顺昌"（畲族）女子穿蓝色或青色之布衫，长及足肘，以红布为边，裙作青布"；南平"（畲族）女装身围裙裾"。[②]

在闽东，连江"（畲族）女子上衣不用纽扣，而束之以带，状如袈裟，裤短小，下足绑以腿布。"宁德"（畲族）腰束蓝带，全数跣足"。闽侯"（畲族）衣用花栏杆边。"罗源"（畲族）妇女着大领衣"。[③] 晚清畲妇仍着裙，但这一习惯在民国文献未见。清代，畲族男女皆衣尚青、蓝色。到了民国，闽东妇女腰带为蓝，衣有花边，服色转而尚黑。这种尚黑新风也影响了与闽东福鼎邻近的苍南、平阳畲区。

在浙南，畲族妇女衣仍尚青蓝，布料皆苎质，领襟用彩线绣边缘，不用纽扣而以布条打结固定，腰系"蓝带"或"花带"，缚蓝色绑腿，惟景宁妇女仍"系青裙"，其他地方皆改穿裤，节日穿青色绣花鞋，平时则草履。1922 年《浙江温州、处州间土民畲客述略》说："不用棉布，冬夏皆衣麻"，"喜服青衣，阔领小袖。妇女之衣，喜领襟用彩线花绣作缘"。"畲妇素不著袴，惟系青裙，今则惟景宁畲妇仍其故习，他邑者皆从汉俗矣。其衣用带不用纽，腰间围以二三寸赭色土丝织成之花带。大足，穿青鞋，鞋端绣以红花，工作则穿草履，居家则穿木屐。足膝之下，无论男女，皆裹蓝

① 《畲族社会历史调查》，福建人民出版社 1986 年版，第 173 页。

② 管长墉：《福建之畲民》，载《福建文化》第 1 卷，1941 年第 4 期，第 49 页。

③ 《各县区苗夷民族概况》（1937 年），载《福建畲族档案资料选编》，海峡文艺出版社 2003 年版，第 7—10 页。

布。”[①] 其中的“他邑者皆从汉俗矣”的“皆从汉俗”仅指穿裙改着裤。1923 年浙南丽水地区畲族的服饰：“妇女的衣服，多系青色，也有少数用蓝色的，镶以白色或月白色的缘，惟年青的妇女，也有用红色做衣缘的。腰围蓝布带一条（原注：间有丝的），裤甚大，不穿裙，惟在最深山之中，间有少数穿裙不穿裤的。富者穿绣履及蓝布袜，贫者多穿草履，或竟跣足。其他如指环，耳环等，多系铜制成。所质不过几个铜板罢了。”[②]《浙江景宁敕木山畲民调查记》有写鞋的文字：“妇女只有在节日才穿上鞋子，……用蓝布做的，并用粗糙的土布做衬里，配上厚厚的布底，结实耐穿。……鞋口和后跟皆缝，都加上了红布镶边，鞋头前面饰有用红布做的流苏，鞋子绣着合于传统风俗的红花。”[③]

对于清末民初以来包括服饰在内的浙南畲族风习，胡先骕说道：“（各地畲客）风俗习尚，亦多变更。”[④] 尽管清末民初以来，浙南畲族妇女服饰有些变化，但固守的是衣尚青蓝的传统。不过没有整齐划一的事物，浙南靠海的平阳县畲族妇女，民国时“衣多黑色”，[⑤] 与南面同是靠海地区的福鼎、霞浦同一服色。另者，从其与福鼎、霞浦有同样的婚用“公主顶”等，[⑥] 可见，浙南温州地区靠海地带的畲族服饰属闽东类型。

畲女穿裙的古俗，在民国时期的闽北也存在，至于传统发式则已消失。1929 年的调查说：“（南平县畲民妇女）头上戴一种用红带子组成的首饰，她们的上衣——旧式剪裁——饰有宽阔的、绣得

---

① 胡先骕：《浙江温州、处州间土民畲客述略》，载《科学》第 7 卷第 3 期，1922 年，第 280 页。

② 《畲民调查记》，载《东方杂志》第 21 卷第 7 号，1924 年，第 57 页。

③ 《浙江景宁敕木山畲民调查记》，中南民族学院民族研究所 1984 年编印，第 22 页。

④ 胡先骕：《浙江温州、处州间土民畲客述略》，载《科学》第 7 卷第 3 期，1923 年，第 280 页。

⑤ 许蟠云、范翰芬、王虞辅：《平阳畲民调查》（1934），见《浙江省少数民族志》，方志出版社 1999 年版，第 679 页。

⑥ 《浙江省少数民族志》，方志出版社 1999 年版，第 679 页。

很美的镶边；她们不穿裤子，只穿裙子，光着脚走路。……那种特有的发式在最近几年已逐步消失。”①

民国时期，浙南畲族妇女服饰相对于晚清，有变化，但不显著，倒是闽东变化则很大。清代基本一致的闽东妇女服饰，在晚清至民国出现了显著的分化，即变异出地方类型。这些新服饰，在20世纪50年代初，尤其是1958年民族调查中得以详细显现。②

对于围裙、花带、绑腿、鞋以及首饰，还需从上述中特别提取出来，以清眉目，并附述当代变化。

围裙。俗称“合手巾”（闽东）、“拦腰”（浙南）。在浙南，劳动时不论男女都围苎布围裙，布色或青或蓝，女用围裙还镶红边，以妇女自织花带作带。闽东围裙，只女用，质料是黑色棉布；在福鼎以及霞浦东部，围裙是水绿色，但内层仍旧是黑色的。

腰带。常称“花带”，盛装时束腰用的，素装用蓝布带。腰带，清代时男女皆用，民国时闽东、浙南，女用男不用。③ 清代腰带的记载几乎都写作“布带”。腰带，民国文献常写作“蓝布带”。若采用“花带”这一俗称，不能囊括不同时期的款式。畲女腰带比畲男腰带较早见载，首次见于康熙《武平县志》，并且是清代文献唯一将腰带记为“彩带”的。康熙三十七年（1698）始任武平县正堂的赵良生，其《象洞》诗有：“彩带缠腰僰女奇，红藤束背偪童坐。焚山烈泽年复年，深岩邃壑还依然。”④ 腰带的第二次记载见于乾隆十七年傅恒《皇清职贡图》题记：“（古田县畲民）竹笠草履……妇

① 《浙江景宁敕木山畲民调查记》附录二，《关于福建延平府周围土人的笔记》。

② “解放后畲族妇女的梳妆皆未改变”，这是1950年代在罗源县八井畲村调查之所识，却是闽东、浙南畲族的缩影。引述见《畲族社会历史调查》，福建人民出版社1986年版，第129页。

③ 民国时，闽南偏远山区的华安县坪水村畲男，腰缠“汗巾”。此见管长墉《福建之畲民》，《福建文化》第1卷，1941年第4期，第49页。

④ 康熙《武平县志》卷10《艺文志》，康熙三十八年刊本，武平县方志委整理编印，1986年，第279页。

以蓝布裹发，或戴冠……短衣布带，裙不蔽膝，常荷锄跣足而行。”[①] 所谓的“短衣布带”的“布带”即腰带。民国时畲女缠腰带的记载比比皆是。1923年浙南丽水地区畲族的服饰：“腰围蓝布带（原注：间有丝质者）。”[②] 1923年胡先骕《浙江温州、处州间土民畲客述略》说：“（畲妇）腰间围以二三寸赭色土丝织成之花带。”[③] 其实，当时花带用土丝织的较少，一般用棉纱（包括有色棉纱）织成。民国时闽东宁德“（畲妇）腰束蓝带”[④] 与浙南丽水“（畲妇）腰围蓝布带”一致，这说明“蓝布带”是腰带中相当定型的一般样式，有文饰的编织花带是用于盛装。民国时的闽东和浙南，待嫁少女本人编织的花带是婚姻缔结的信物，俗称“定亲带”。订婚时，男方送去银手镯等，女方回赠花带一条（也有展示待嫁女手工艺之意）。闽东福州地区的花带长160厘米，宽18厘米，而浙南丽水、松阳、青田的花带最长，宽约20厘米、长达3米。因可反复缠绕，故不忌长，打结一般在前，也有在侧或后。罗源、连江的花带红黑相间，很有特色。花带至今节庆时妇女仍在使用。“凤凰带”是这一花带的新名，最早出现在罗源、连江。

绑腿。《浙江温州、处州间土民畲客述略》（1923年）说：“足膝之下，无论男女，皆裹蓝布”，[⑤] 这种裹小腿的“蓝布”就是绑腿。据《闽东畲族志》和《福州市畲族志》，民国时，绑腿只女用，既可护腿又可保暖，俗称“脚绑”或“脚暖”。在罗源、连江妇女穿的裤子宽短，俗称“半长裤”，下沿只到小腿，故绑腿很受重视。绑腿呈倒梯形，长55厘米、上宽28厘米，上下有用

① （清）傅恒：《皇清职贡图》卷3，载《诸蕃志》（外十三种），上海古籍出版社1993年版，第476页。

② 《畲民调查记》，载《东方杂志》第21卷第7号，1924年，57页。

③ 胡先骕：《浙江温州、处州间土民畲客述略》，载《科学》第7卷第3期，1922年，第280页。

④ 《各县区苗夷民族概况》（1937年），载《福建畲族档案资料选编》，海峡文艺出版社2003年版，第7—10页。

⑤ 胡先骕：《浙江温州、处州间土民畲客述略》，载《科学》第7卷第3期，1923年，第280页。

来系紧的布条。绑腿用黑色棉布缝制，与浙南畲民所裹的“蓝布”，依然呈现闽东尚黑、浙南尚青蓝的样态。直至20世纪50年代，绑腿在罗源、连江还很普遍，而闽东的其他地方，绑腿在50年代已少见。70年代以后，罗源、连江的妇女普遍穿长裤，绑腿才少见，乃至消失。

鞋。畲族妇女原本“跣足”，清初闽西仍如此。乾隆《古田县志》载：“（畲民）女子跣足，围裤头。”① 这说明有时“草履”有时“跣足”。民国时《浙江景宁敕木山畲民调查记》说：“妇女通常赤脚走路……妇女只有在节日才穿上鞋子，这种鞋子不是她们自己做的，而是汉人为他们特制的。这种鞋子的式样和汉人穿的相同，是用蓝布做的，并用粗糙的土布做衬里，配上厚厚的布底，结实耐穿。不同的是，鞋口和后跟皆缝，都加上了红布镶边，鞋头前面饰有用红布做的流苏，鞋子绣着合于传统风俗的红花。”② 民国时闽东畲妇的绣鞋也是这样，所不同的是，浙南是青面白布衬里或青面蓝布衬里，而闽东是黑布面，与服色为浙南青蓝而闽东黑色是一致的。《闽东畲族志》还特别提到，鞋样的男女差别是，鞋面折有一道红色中脊为女式，俗称“单鼻鞋”，一般只在婚礼时穿，入殓时用。折有两道中脊是男式，俗称“双鼻鞋”，比较粗简，一般很少穿，入殓时用。在民国后期至20世纪50年代初，双鼻鞋逐渐少见，乃至罕见。直至80年代，在罗源、连江等福州地区县份，仍有部分妇女结婚穿单鼻鞋。③ 浙南和闽东宁德地区畲民男女在家穿木屐，而福州地区穿布条和稻草编织的拖鞋。

首饰。据1923年的调查，浙南丽水地区畲族的服饰：“耳环、指环，皆以铜质为之，所值不过铜元几枚而已。”④ 1929年史图博在

---

① 乾隆《古田县志》卷2《风俗》，古田县方志委整理编印，1987年，第92页。

② 《浙江景宁敕木山畲民调查记》，中南民族学院民族研究所1984年编印，第22页。

③ 《福州市畲族志》，海潮摄影艺术出版社2003年版，第409页。

④ 《畲民调查记》，载《东方杂志》第21卷第7号，1924年，第57页。

云和县，看到的畲民妇女“头饰就简单得多，很少银器，主要是铜制品”。给史图博当向导的是景宁城关一个专门给畲妇制作银饰的银匠，史图博向他购买一套畲妇头饰的银饰，共计12.84元（银子重4两8钱，合7.68元）。[①]《浙江省少数民族志》将头饰银饰统称“笄”，有笄栏、笄龙、笄管、笄牌、笄柱、笄绊、笄须、笄把、笄帕、笄披等，另外的银首饰是有项圈、项链、耳环、手镯、戒指。据《闽东畲族志》，妇女头饰名是银簪、头花，姑娘紧发用的髻簪。另外的银首饰是耳环（翻转问字号形状）、耳牌（曲钩挂银牌）和手镯。20世纪八九十年代以后，随着传统发式的消退，与发式相配的首饰逐渐式微，市场流行的黄金首饰时兴于青壮年妇女。

第三节　现代畲族妇女服饰

现代指20世纪50年代以后。50年代与民国后期相比，变化不大。20世纪90年代出版的县、市民族志，在介绍服饰时既有民国的也有建国以后的情形，不同时期的内容往往纠结在一起。兹介绍须依据这些民族志资料，纠结不清的，也可能出现在以下的陈述里。至于男子服饰，早在民国时期已与当地汉族基本相同，50年代以后更别无二致。80年代以后，妇女的民族服饰一般只在节庆和做客时穿戴。

现代畲族男子的装束和发式与汉族没有差别。闽东、浙南的畲族妇女仍保存着具有显著民族特色的服饰。1984年浙南景宁畲族自治县民委设计畲族男服，基本采用中央民族学院的畲族男服样式，并参照中南民族学院的。不久，福建省民委也设计畲族男服，式样与景宁的基本类同。这种畲族男服用于必要的场合。[②]

① 《浙江景宁敕木山畲民调查记》，中南民族学院民族研究所1984年编印，第25页。

② 雷先根：《杜鹃声：雷先根研究畲族论文集》，2002年（内书），第49页。

一　现代畲族妇女发饰

如果将20世纪八九十年代浙南畲族妇女发式的照片与在1929年景宁敕木山所照进行对比，就会发现几乎没有什么差别。根据《浙江景宁敕木山畲民调查记》的描述，并参照所附图片可知，妇女的头饰覆在发髻上，裹布木头的前端固定着一根约半尺长的细棒，呈45度夹角向后伸出，棒尾悬挂着珠串。裹布木头的前端分出串着小珠的绳子沿发髻结于脑后，并有珠串在两鬓处下垂。[①] 这基本延续了同治《景宁县志》所述的“断竹为冠，裹以布，布斑斑，饰以珠，珠累累”，而这又传承着“女子结草珠，若璎珞蒙髻上”这一闽粤赣原住区畲族妇女古装的特征。概言之，古代闽粤赣原住区畲族妇女“椎髻垂缨”的特点，在现代浙南得到最明显的保留。在1991年出版的《景宁畲族自治县畲族志》里，将这种发饰称为“凤冠”，此乃节日、做客和结婚的冠式，平时劳动只梳发髻。

闽东畲族妇女的发式分为四种样式：

（一）福鼎式

福鼎畲族妇女梳发，据1958年调查，是将头发梳于脑后成“扁圆髻”，“罩以黑色髻网，插银簪若干”。[②] 据《福鼎畲族志》(2000年)，畲族妇女的梳发是：把头发分成前后两部分，梳好前部分头发后，则把后部分头发抓拢，用红毛线扎成束，先梳成辫子，在脑后结成髻。再取右耳上头发，也编成辫子，从左向右绕脑后鬓发，增大发髻，盘好后，把辫尾塞入髻下，然后套上髻网，用银簪和发夹固定。有的还把前额余下的一些短发，梳直剪平，卷成刘海

① 《浙江景宁敕木山畲民调查记》，中南民族学院民族研究所1984年编印，第23页。

② 《福建福鼎县畲族情况调查》(1958年)，载《畲族社会历史调查》，福建人民出版社1986年版，第173页。

儿覆于额前。[①]

（二）霞浦式

1958年的调查报告说："霞浦畲族妇女装饰可分为两种：西路装束与福安装束基本相同，花纹较多，头发下垂较大；东路装束则与福鼎基本相同。"[②] 所谓"东路"，只是县境东北部一隅，包括牙城、三沙、水门三个乡。除此之外的霞浦县境，就是"西路"。霞浦西部畲女的"盘龙髻"与福安"截筒高帽式"差异极大，1958年的调查不至于视而无睹，而且当时注意到的差异是"（较之福安，西路）头发下垂较大"，可见霞浦（"西路"）"盘龙髻"应是20世纪60年代以后才发展起来的。

据《霞浦县畲族志》（1993年），霞浦畲族妇女的"盘龙髻"，式样复杂，夹以大量假发扎成。梳扎时，先把头发分成前后两部分，后部约占2/3，其间置放一支长约20厘米、直径3厘米裹着黑布的竹箨卷筒，用红线扎紧其中段，然后往上折，呈斜角，使头发蓬松在后脑勺部位，呈瓜瓣形，前端与假发用红绒线扎紧，让假发至前顶呈侧扁形垂下。前部头发分成左右两股，旋成小股，从左往右绕过头顶，至前顶与垂下的发汇合缠扎，随即掺入假发，把整股头发从左往右盘绕于头顶，呈螺旋状，用发夹固定，最后用大银簪横贯发顶中央，形成昂扬屈曲的盘龙状高髻。[③]

（三）福安式

福安以及宁德北部畲族妇女头发，从后脑勺梳起，向上盘旋绕头盖一周，脑后呈瓜瓣状，发间，数条红绒线成束环绕于发间。顶部压一根两指宽的银簪，并插银扒、豪猪簪各一枚。一般将这种发

① 《福鼎畲族志》，福鼎县民宗局1999年编印，第215页。

② 《福建霞浦县畲族情况调查》（1958年），载《畲族社会历史调查》，福建人民出版社1986年版，第180页。

③ 《霞浦县畲族志》，福建人民出版社1993年版，第112页。

式称为“截筒高帽式”。

民国时，宁德“（三都半山村、港口等处畲民）妇女发间特以三簪，用红布围箍”。三都的半山、港口在今八都乡，该乡与福安比邻，发式服饰属福安类型，由此可知民国时期的福安畲女发式就是“用红布围箍”的发型。据1958年的调查，“福安畲女头发向上梳圈，绕头的周围束红线，……发顶中央靠后横插一支银簪”。[①] 发型没有变化，只是“围箍”的红巾改为成束的红绒线。

（四）罗源式

罗源和连江畲族妇女梳“凤鸟髻”。将头发分成头顶和头后两部分，后部的头发用红色绒线扎称棒状（内套若干段小竹节），然后将这可弯曲的棒状折向头顶，与所留的头发合并，在前额顶上盘旋成螺旋状，再辅扎红绒线加固，这就是“凤鸟髻”，状如凤凰的头颈。这种发式出现于民国时期的记录，到50年代仍然存在。大约在六七十年代以后，从脑勺后折向头顶以及在前额顶上盘旋成螺旋状的这部分发束，改为缠绕着满是红绒线的竹管。前额顶上螺旋状的发尾，改为红绒线，红绒线的螺旋状“圆盘”的直径加长，厚度很夸张地隆起。这部分已不再是发束梳成，而是由竹管和绒线组成的头冠。这样，梳发而戴冠，变得很快捷。

以上皆为已婚妇女发式。少女的头发一般是用红色绒线掺在一起编成一条辫子，缠盘在头上，做成圆形状，前留若干刘海儿。

在罗源、连江等地，“凤凰冠”与“凤凰髻”是不同的，“凤凰冠”是婚礼中新娘的发式。冠身为一竹筒，长近20厘米，下端一弧形缺口，上裹红布，外镶银片。银片上铸有各种花纹和神像，正面为变形龙头纹。冠身覆着一红色苎布罩饰，尾部伸出，两旁各饰有两条蓝色琉璃珠串和玻璃珠串与尾部连接。尾部竹片制四齿花

---

① 《福建福安县畲族情况调查》（1958年），载《畲族社会历史调查》，福建人民出版社1986年版，第135页。

髻，外蒙红绸或细苎布，还附上各种银链、银簪及牛骨簪等饰物。冠身戴在发髻顶部，尾部插在发髻后柄上，琉璃珠饰分垂于两肩。作为文化展示，原本用于婚礼的“凤凰冠”也作为节日的盛装。[①]

福安和宁德的“凤冠”，顶边还饰有八组神像，且有遮面银帘。冠正中上还有一精致的银框玻璃镜，内有弯形剪刀、尺子、书和镜子。

霞浦的“凤冠”很特别，外形呈金字塔形的高帽状，用竹笋壳缝制，外蒙黑布，用竹篾编织，蒙以棉布，前方两侧及冠顶后侧各挂一蝶形银饰，上吊五串各式小银片，两端饰琉璃珠串，冠顶有二片牡丹纹三角银片，并饰红璎珞。冠顶三角形三边缝上红布，每边贴上三块方形银片，正面还有大小不一的银片，银片上镶有花卉纹，遮面银饰与福安同。

福鼎的“凤冠”，形状似截顶牛角，冠身用笋壳编成，外蒙黑布，正面镶二块长方形银片，上有乳钉纹及各种花卉文饰。冠身上罩一小块红布和滚着褐、白、红相间的方格纹粗布，两侧做成立耳状，后部成一脊，尾垂二条细飘带。尾部还吊着一块约 10 厘米长的木簪，还挂满各色料珠及三角银片。[②]

“凤凰冠”之名最早见于有关宁德“南山片”的调查文字中。所谓“南山片”即飞鸾乡，这一带是罗源、连江畲族地方文化类型在宁德境内的延伸。“凤凰冠”应是“凤鸟髻”一名催生的。“凤冠”不等于“凤凰冠”，“凤冠”之名采自汉族，惟有出现“凤凰冠”之名，才标示着采借于汉族婚礼“凤冠”之名的意蕴在畲族文化中实现了优美的蜕变。20 世纪上半期，罗源、连江以北个别县份的畲区也出现“凤凰冠”新名。20 世纪下半期，宁德地区各县多称新娘头冠为“凤凰冠”，这应是罗源、连江妇女头饰的凤凰象征意

① 罗源、连江“凤凰冠”描述，参见雷弯山《畲族风情》，福建人民出版社 2002 年，第 75 页。

② 宁德、福安、霞浦、福鼎的“凤冠”描述，参见雷弯山《畲族风情》，福建人民出版社 2002 年，第 75 页。

识向北传播的结果。

罗源式“凤鸟髻”（或“凤髻”）是晚清民国时罗源、连江畲民对当地新发型的俗称。“凤鸟髻”一名的出现，成为后来“凤凰装”名称的基础。也就是说，在一系列美妙的凤凰象征服饰名词里，先有“凤鸟髻”后有“凤凰冠”、“凤凰装”。

闽东畲族妇女的凤凰装

二　现代畲族妇女服饰

浙南畲族的衣装仍保留喜爱青、蓝二色的传统，旧时衣料是自织的麻布、棉布，现在都穿机织布，棉、绸、化纤皆有，色泽愈加鲜艳。不同年龄段的花边服有别，青年花边服大多青色布，胸前右衣襟、领圈镶四色不同花边，袖口镶花边，裤脚用针绣尖牙式数色花纹，中老年花边较简单，花边只单色或双色。花带、围裙仍然使用，花鞋消失。对浙南畲族十分熟悉，对闽东也做过畲族风俗调查的畲族学者雷弯山指出：“80 年代，只有在三月三对歌日、民族运动会、部分民族会议及拍电视、电影时，妇女才着传统服饰。平时闽东少数老年妇女还穿传统服饰外，绝大多数服饰与汉族妇女基本相同。"[①] 这指的应是大致情况。1983 年 9 月笔者经过福安城关，街上有不少结伴而行的畲族中年妇女，她们的截筒形头发扎着红线、身着黑衣裤，领襟镶着红边或绣着红色文饰。

闽东畲族妇女服饰分为福鼎、霞浦、福安、罗源这四种类型：

（一）福鼎式

福鼎畲族妇女的服装比福安讲究得多，上衣大襟上以桃红色为主要色调，加配其他色线，服斗[②]的刺绣花纹面积大，花朵也很大。衣领高 4 厘米，比福安高 2 厘米，衣领两头下端靠领口地方绣有两朵梅花，衣领多用水红、水绿作底色，加绣花纹。袖口缝着有一条红、一条绿或其他颜色的布条。

（二）霞浦式

霞浦畲族妇女的上衣大襟、小襟的尺寸与福鼎、福安的都不一样，尺寸前后一样。为的是便于翻穿，大襟上有服斗，小襟上也连做一个服斗。袖口用蓝色布条缝制，在服斗和花边下端的琵琶带也比较讲究，美观大方。领上多绣自然花纹，与福安只绣几何纹、马牙纹不同，一般有大叶牡丹、小叶牡丹、莲花，还有双龙抢珠，用色绚丽多彩。服斗上的花样有：梅花、梅鹊、凤凰、牡丹、蟠桃、"鹿竹"、"鳌鱼望凉亭"、"曲龙上天"等，颜色有大红、桃红、大绿、水绿、蓝、白、大黄等几种，有的还配有金线，增添艳丽。

（三）福安式

福安和宁德（除飞鸾乡）畲族妇女上衣，花纹比较简单，大襟

---

① 雷先根：《畲族风情》，景宁畲族自治县民族宗教局 2003 年编印，第 81 页。

② 右开襟的右胸襟部叫"服斗"，参见《福鼎畲族志》，第 217 页。

服斗上绣的花纹少，只在衣领（高 2 厘米）上绣有水红、黄、大绿等色的马牙花纹，沿服斗的边缘缝上一条三四分宽的红布边；边的下端靠袖头的地方绣上一块角隅花纹图案。袖口缝一寸多宽的红布边。穿黑色长裤，着方头黑布厚底鞋。围身裙（俗称“合手巾”）长 1 尺，上端有一段 3 寸多的红布横缝在裙身上，裙身上端两角绣有花纹。

（四）罗源式

罗源、连江和宁德南部飞鸾乡的畲族妇女的服装特点较为显著，一般都穿黑色短裤、打绑腿、领长 6 寸、宽 1.5 寸，领上花色由红、黄、绿、红、蓝、红、黑、红、水绿的顺序排列成柳条纹图案。上领的黑底上绣有一条水红、黄色的粗线条的自然花纹。围身裙的图案花纹以大朵的云头纹为其特征，裙边配上柳条纹原色图案花纹，非常醒目。[①] 应特别指出的是，罗源式女服上衣的胸襟是交叉于胸前，而不同于右衽大襟式的以上三式。

《畲族文艺调查》（1958 年）的调查在介绍了上述福安、宁德、福鼎、霞浦、罗源、连江的衣服文饰后指出：“以上几种畲族服装都是用黑布制作的。”[②] 当然，一般概述不能囊括个别，在部分地区仍然有衣青裤蓝或衣青蓝裤黑这类服色。[③]

闽东畲族妇女服装的黑色主调，与浙南畲族妇女服装的青蓝色调，形成强烈对比。清代之前，闽粤赣原住区无畲族男女服色的具体记载，惟闻“斑衣”[④] 而不知其详。然而，从清代闽北、浙

① 以上四类服饰内容，见《畲族文艺调查》（1958 年），《畲族社会历史调查》，福建人民出版社 1986 年版，第 222—223 页，并参见《施联朱民族研究文集》，民族出版社 2003 年版，第 321—322 页。

② 《畲族文艺调查》（1958 年），载《畲族社会历史调查》，福建人民出版社 1986 年版，第 223 页。

③ 例如《福建福安县畲族情况调查》（1958 年）说：“妇女……的服装多穿青、蓝两色。”此见《畲族社会历史调查》，第 135 页。

④ 清人永定巫宜耀《三徭曲》描述汀州畲客风情，有“斑衣竹笋紫姜牙”句，载杨澜《临汀汇考》卷 3《风俗考・畲民附》，光绪四年刊本。

南等地畲女“皆衣青蓝”的记述来看，这应是清代之前闽粤赣原住区畲女的服色，因为闽北、浙南等地畲族迁自闽粤赣原住区。清代《卍斋琐录》所记的“（畲民）男女衣尚青蓝色”[①] 是普遍情况。

这种服色传统在20世纪50年代仍然有所保留，即使在50年代的记载中显著出现衣尚黑色的闽东，也仍存尚青蓝的传统。例如，《福建省少数民族情况介绍》（1953年）说：“畲族妇女……服装多穿青蓝两色，系自织麻布缝缀红边，腰束花带，下着黑色围裙。”[②] 这份报告所说的“多穿青蓝两色”，并不适合闽东的情况。

闽东妇女服色的总体倾向是黑色，夹杂着一些青蓝的色调，尤其在宁德、福安。这是从衣青到衣黑的地域性服色转型的过渡表现。或者也可以说，盛装一袭黑色，素装一袭青蓝或衣青裤黑。

东北部的福鼎、霞浦，主色黑：“（福鼎畲族妇女）上衣……黑色右衽大襟式。”[③]“霞浦畲族妇女上衣……右衽大襟式小袖服……布色纯黑”，“女裤……惟重黑色”，“围裙……色黑”。[④]

中部的宁德（原宁德县）以及北部的福安，色青蓝，或黑色：“（宁德畲族妇女）上衣尚青色棉布、苎布衣”，“女裙裤，多用黑色棉布”。[⑤] 据1958年的调查，“（福安畲族妇女）多穿青、蓝两色”。[⑥]“（福安甘棠乡畲族妇女）穿黑色苎布”。[⑦] 这一地区畲女服色或青蓝或黑色，恰恰透露了闽东畲族妇女服色从清代主青蓝向民

---

① （清）李调元：《卍斋琐录》卷3，转引自《施联朱民族研究文集》，民族出版社2003年版，第321页。

② 《福建省少数民族情况介绍》（1953年），载《福建畲族档案资料选编》，海峡文艺出版社2003年版，第75页。

③ 《福鼎畲族志》，福鼎县民族宗教局1999年编印，第216页。

④ 《霞浦县畲族志》，福建人民出版社1993年版，第106页。

⑤ 《宁德市畲族志》，天津古籍出版社2001年版，第283页。

⑥ 《福建福安县畲族情况调查》（1958年），载《畲族社会历史调查》，福建人民出版社1986年版，第135页。

⑦ 《福建福安甘棠乡山岭联社畲族调查》（1958年），载《畲族社会历史调查》，福建人民出版社1986年版，第152页。

国主黑色的过渡状况。而此后的数十年，这一地区的畲族妇女如果节庆、做客，基本款式是黑布红边，尤其是梳红绒线缠头的截筒发式时。总之，在青蓝和黑色的民族服饰色彩的竞争中，黑布红边成为大趋势。

南部的罗源、连江等福州地区，主色黑："畲族男女服装的颜色多黑（青）、蓝（靛蓝），以黑色为主"，① 这样，闽东畲族妇女服装颜色呈现南北黑、中部间有青蓝的文化地理颜色。然而，中间这一存有青色的地带随着时间的推移，也逐渐趋同于南北的黑色调。

现象总是参差不齐的，尤其在发展变化中，但有总的倾向。在闽东畲族地区，甚至连浙南也包括进来考察，文饰与服色有密切关系，大凡注重红艳色调的文饰时，服色便黑；反之，服色便青蓝。浙南服饰较之闽东，相对淡雅。文饰浓艳度的增加，可能是闽东由晚清衣尚青色转变为民国衣尚黑色的基本原因。对于红艳色彩，黑色作为底色最有表现力。或者说，黑的底色给装饰色彩提供强烈的对比，使以红色为主的装饰色调分外鲜明。并且，在色类的配搭上，以红为主的装饰色彩因黑色的衬托而显得庄重、柔和。郑小瑛等关于闽东畲族歌舞、艺术的长篇调查研究报告《畲族文艺调查》（1958 年）认为："（畲族妇女服装及其装饰）用色……鲜明强烈。这也象征着畲族劳动人民的顽强性格。"②

现代畲族妇女服饰演进过程的一个重要现象是出现"凤凰装"的喻名，这是现代畲族文化变迁中一种值得注意的文化建构现象。如果想当然地以为"凤凰装"之名古已有之，那么就缺乏发现这一文化建构机制的能力。毋庸置疑，"凤凰装"的客观内容较早就有了，但由集体无意识发展到自觉层面的民族文化意识的这一飞越，却是萌生于晚清、基本完善于 20 世纪 50 年代。由类似"凤鸟髻"而"凤凰冠"、"凤凰装"的衍生，也可能在罗源、连江以外的其他

---

① 《福州市畲族志》，海潮摄影艺术出版社 2003 年版，第 408 页。

② 《畲族社会历史调查》，福建人民出版社 1986 年版，第 224 页。

闽东畲区发生，但最早是罗源、连江，显露最清晰的也是罗源、连江。

畲族妇女的服饰别具风格，其中以“凤凰装”最具特色。“凤凰装”名称是在“凤鸟髻”之名出现后的水到渠成。罗源式“凤鸟髻”（或“凤髻”）是晚清、民国时罗源、连江畲民对当地新发型的俗称。既是俗称，它反映的就是这一地域畲民群体的文化意识。这种文化意识起于地方发饰的凤鸟头部形态，还脱颖于悠久的民族传统意识。相传畲家始祖盘瓠王因平番有功，高辛帝招他为驸马，与三公主成亲。在中国古代社会，公主可以使用凤凰这一徽记，因而凤凰就成为畲族“祖婆”三公主的象征。

民国时，敕木山畲村蓝氏祠堂里的始祖神牌上刻着：“龙凤高辛祖敕赐驸马护骑国盘瓠妣肖氏蓝光辉妣夏氏之位。”龙、凤分别是盘瓠与三公主（萧氏）的喻称。畲族婚礼拜祖时，惟有新郎跪拜，新娘只是行纳万福之揖礼，这正是历史传说中三公主身份在新娘身上的文化投影，因而婚礼的冠戴又称“公主顶”。

畲族婚礼新娘戴“凤冠”始于何时呢？据《霞浦畲族志》（1993年），“凤冠”只在婚礼上戴和入殓时用，此谓“死人扮礼身”。由于凤冠银饰多，造价高，一般人结婚均或借或租，而入殓则改用简单的只作为象征性的凤冠，用竹篾做内层，外蒙黑布，其上只缀若干廉价的金属片。“据崇儒等处畲族老人说，先前新媳妇参加劳动仍然戴凤冠，改戴尖顶花斗笠，只是近百年的事。”据此，婚礼“凤冠”至少已有一百多年的历史，也就是说，至晚在晚清就有“凤冠”。婚礼戴的“凤冠”多见于闽东。“凤冠”之名是采自汉俗。汉俗婚礼新娘盛饰所用彩冠称“凤冠”，此俗相沿至清末。畲族在汉风影响下采借了婚礼新娘冠饰之名“凤冠”。而这一借名激发了畲族传统文化的有关三公主身份的崇凤意识。婚礼盛饰的“凤冠”即投射于节庆、做客时妆饰的发式，这可能是“凤鸟髻”之名生成的一个原因。早期婚礼的“凤冠”还只是初步采借汉俗后的移植性文化，惟有出现“公主顶”这一名称后，这一移植性文化才可确证扎根于畲族文化。此外，惟有在“凤鸟髻”之名出现后，标志着头饰的凤凰意识才开始生成于畲族文化，并带动了妇女服饰整体的凤凰意识。“凤凰冠”、“凤凰装”都是“凤凰髻”的衍生。

畲族对于“凤凰”一词耳熟能详。畲族祖地就是凤凰山。潮州的凤凰山最早见载于唐代李吉甫《元和郡县图志》。畲族族谱里多有畲族总祠（“盘瓠祠”）在凤凰山的记载。《高皇歌》里就有盘瓠王开基凤凰山的唱词：“文武朝官都来送，送落凤凰大山中。”闽东霞浦县半月里畲村保存有清代一块刻有“凤山衍庆”匾额，是该村族人、秀才雷世儒所书，与匾上横批相配的楹联镌刻着：“徭咏不忘高帝力，鹏程欲溯凤山踪。”“凤山衍庆”指的是：畲民宗族发衍自凤凰山，他们庆贺这一繁衍的壮大。“鹏程欲溯凤山踪”说的是：即使远走高飞，事业有成，总是回眸从祖地出发的踪迹。凤凰山不仅是祖地崇拜，而且是审美对象，主峰之巅犹如凤冠的传说，使凤凰山犹如翩翩欲飞的凤凰。这种文化审美终究会与服饰审美遇合。这是“凤鸟髻”之名产生的又一原因。

可见，“凤凰装”不是一个新词的偶现，它脱颖于畲族丰厚的文化底层。“凤凰装”应和“凤凰髻”一样，最早生成于罗源、连江，当第一朵花蕾绽放后，同一棵花树也枝枝盛开。这就是闽东各地畲族同称“凤凰装”的原因。

“凤凰装”之名及其意蕴，首先产生于闽东，并在晚近时影响了浙南。在1991年出版的《景宁畲族自治县畲族志》里，将本地畲族妇女“断竹为冠，裹以布”、“饰以珠”的发饰称为“凤冠”。后来在浙江，连同花边衫、花带扎“拦腰”、脚穿花鞋的盛装一起，也称为“凤凰装”。① 这是由学者借鉴闽东“凤凰装”之说而推广的，与“凤凰装”衍生于“凤鸟髻”之名，这种原生于民间的传播方式是不同的。“凤鸟髻”、“凤凰装”名称与内涵的产生与发展，是从传统文化中孕育的，是文化的秉持与发展兼具的绝佳范例。

① 雷先根：《杜鹃声：雷先根研究畲族论文集》，2002年（内书），第47页。

第八章

畲族语言

畲族除了分布在闽、浙、赣、粤、皖外，20 世纪 90 年代在湘、鄂、黔又有一些畲族被识别，但语言情况不详。已有的畲族语言研究成果仅涵盖闽、浙、赣、粤、皖。这五省畲族语言分为讲近乎客家话的、讲当地汉语方言的，以及讲苗瑶语族语言的。据多数学者研究，讲苗瑶语族语言的是否归于畲语有存疑，讲当地汉语方言的暂予忽略讨论，主要是研究讲近乎客家话的这种语言，对此研究成果较多并得到较多赞同的专家，认为这种语言应称为畲语。笔者对畲语没有研究，本章主要介绍持畲语论的最新研究成果，即游文良专著《畲语研究》的主要论述，略介绍其他不同意见，并对畲语论的研究提出一点砥砺性的看法。

第一节　畲语辨说

客家先民迁居闽、粤、赣三省交界地区后，与这里的畲民先民交错杂居，在长期频繁的接触往来中，互相影响，经济文化相互交流，客家文化对畲族文化产生了强烈的影响，尤其是语言上的影响。畲族有自己的民族语言，属汉藏语系。新中国成立后，语言学家对畲语进行了多次的调查研究，认为畲族使用两种语言：居住在广东惠阳、海丰、增城、博罗一带的畲族使用的畲语属于苗瑶语族苗语支（瑶族“布努”语），他们兼通客家话，这一部分畲族约有1000 多人，占畲族总人口的 4‰左右（当时的数据）。其他地区包括福建、浙江、江西、安徽以及广东的畲族，使用接近汉语的客家方言，以及各种当地方言。使用接近汉语的客家方言，在语音上与客家话有一些区别，有些语词与客家话不同，也不是当地的汉语方言借词，跟苗瑶语族和壮侗语族的某些语言相近或相同。各地的畲族基本上是以接近于汉语客家方言的语言为本民族的共同语言。[①]现在倾向于将畲族所操的接近于汉语客家方言的语言称为畲语。

畲族女教师

畲语专家游文良指出："畲语是指占全国畲族总人口99%的畲族所使用的畲语。我们认为，这种畲语是从古代畲语演变发展而来的，它应是畲族的民族语言。""从历时的角度，我们把畲语划分为三个阶段：第一阶段是隋唐时期，我们称这个时期的畲语为古代畲语；第二阶段是宋元时期，我们称这个时期的畲语为近代畲语；第三阶段是明清到现在，我们称这个时期的畲语为现代畲语。"[②]

对于畲族所操语言的系属，有不同的看法。

---

① 参见《施联朱民族研究文集》，民族出版社2005年版，第318页。

② 游文良：《畲族语言》，福建人民出版社2002年版，第15页。

一　畲族的苗瑶语

潮州畲族曾有大别于现代畲语的民族语言。乾隆《潮州府志》卷12《风俗》记载："畬人谓火曰'桃花溜溜'，谓饭曰'拐火农'。"① 民国《丰顺县志》卷16《风俗》记载："（畲民）其旧操土音，俗称为蛇罗语，极难异，今能操此语亦少。"语言学家分析后认为，载于《潮州府志》的这两个古代潮州畲语词的发音，跟下面将要提到的惠东畲语的音义皆合。②

分布在粤东莲花山和罗浮山的惠东、海丰、博罗、增城四县约一千多名自称"活聂"的畲民，使用一种民族语言。这是1956年至1958年全国少数民族语言普查时，毛宗武、蒙朝吉等人组成的调查组发现的。60年代初期，内部刊印的《畲族简史简志合编》初步确定这种语言属于汉藏语系苗瑶语族中接近苗语支者。罗美珍指出："（惠东、海丰、博罗、增城）畲族使用的畲语，属苗瑶语族苗语支。"③《畲族简史》也说："广东的海丰、增城、惠阳（现属惠东——引者注）、博罗等县极少数畲族使用接近瑶族'布努'语（属苗语支）。"④ 毛崇武、蒙朝吉《畲语简志》指出："明弘治以前潮州一带的畲族还没有放弃自己的语言，他们所说的话与现在惠东一带的畲语相同。"他们通过语言学比较分析，得出结论："（这些自称'活聂'的畲族）他们保留着原有的语言。这种语言属汉藏语系苗瑶语族苗语支，跟属苗语支的瑶族布努语炯奈话非常接近。"⑤

陈其光与罗美珍、毛崇武等人的看法有差异，他认为："（自称

① 乾隆《潮州府志》是明弘治始修的《潮州府志》的续修本，所举的"畬人"古语见于弘治本。

② 毛崇武、蒙朝吉：《畲语简志》，民族出版社1986年版，第3页；罗美珍：《从语言上看畲族的族源》，载《畲族研究论文集》，民族出版社1987年版，第65页。

③ 罗美珍：《畲族所说的客家话》，载《中央民族学院学报》1980年第1期。

④ 施联朱等：《畲族简史》，福建人民出版社1980年版，第2页。

⑤ 毛崇武、蒙朝吉：《畲语简志》，民族出版社1986年版，第3—5页。

‘活聂’的畲族所讲的）畲语属汉藏语系苗瑶语族瑶语支。”①

惠东、海丰、博罗、增城四县约一千多名自称“活聂”的畲族所操的语言是否就是畲族的原生型语言？朱洪、姜永兴质疑道：“居住于罗浮山、莲花山地区的畲族，跟粤北南下的瑶族，频仍交融，民族成分上互变共存，以致达到畲瑶不分。”“罗浮山、莲花山的畲语明显受到瑶语的影响，而这种影响延至凤凰山则又消失殆尽。”“这是瑶文化对罗浮山、莲花山畲族的渗透，以及两个民族在粤中的交融关系而致成，故罗浮山、莲花山的畲语是否就是畲族的原生型的语言，值得进一步研究。”②

游文良的看法更有挑战性，他说：“罗浮山区的畲族人历来都认为他们是‘瑶’，而不是‘畲’。”“从民族意识与心理状态看，莲花山、罗浮山地区这支畲族人也倾向于广东瑶族。”“莲花山、罗浮山地区这支畲族人的的确确跟广东瑶族非常接近，因此，我们似乎有理由提出这支畲族人是否就是瑶族人？”③

二　畲族的“客家话”

撇开自称“活聂”的畲民所讲的语言，关于其他畲族所讲语言的系属问题，在20世纪60年代以后，颇有争议，但都共认是跟客家话很接近的语言。

1963年，黄家教、李新魁发表《潮安畲语概述》一文，认为：“现在我们所调查的畲话，其系统十分接近汉语。就是说，它很接近汉语的潮州方言（当然其中也有一些地方是接近客家方言的）”，“但它还保存一些自身的特点，仍然不与汉语完全合一”。④ 1980年，罗美珍《畲族所说的客家话》以闽东福安县甘棠乡畲族内部所

① 陈其光：《畲语和客家话》，载北京语言学会编：《语言学论集》，商务印书馆1985年版，第129页。

② 朱洪、姜永兴：《广东畲族研究》，广东人民出版社1991年版，第30页。

③ 游文良：《论畲语》，载《畲族历史与文化》，中央民族大学1995年版，第118—119页。

④ 黄家教、李新魁：《潮安畲语概述》，载《中山大学学报》1963年1、2期合刊。

讲的语言，同广东梅县客家话、当地闽东方言福安话以及中古汉语进行比较，得出结论："占总人口百分之九十九以上的畲族，使用汉语的客家方言。这种客家方言同现在汉族使用的客家方言不完全相同，同客家方言的分布也不一致，因此可以说畲族所说的这种话是一种超地域而又具有一定特点的客家话。"[①] 毛宗武、蒙朝吉《畲语简志》认为："（惠东等县外的畲族语言）都属于汉语客家话。但是在语音上与现代客家话又稍有差别，有少数语词跟客家话完全不同，却跟惠东、博罗一带的畲语和苗瑶语族某些语言相近或相同。"[②] 游文良在《论畲语》一文中看法有些差别："（除惠东等四县外的畲族人使用的语言）接近汉语客家方言，但它跟现在汉族客家人说的客家话又有所不同，它在语音、词汇、语法等方面尚有一些自身的特点。"[③]

三　畲族所操语言即畲语

对毛宗武等人认为的"（惠东等县外的畲族语言）属于汉语客家话。但是在语音上与现代客家话又稍有差别"这一观点遭到质疑。蓝周根说："客家与畲族杂居，语言上自然相互影响，互相吸收"，"畲族语言与客家方言是兄弟关系"。"畲族作为一个民族，有自己的语言。"[④] 雷先根不同意"畲族放弃自己的语言，改用汉语客家方言交际"的看法，认为："应该说畲族与客家人在互相学习中，古畲语进一步吸收了客家先民带来次古汉语，客家语也进一步吸收了当地的古畲语。""应该把99%以上畲民使用的语言视为畲语，不因它接近广东汉语客家话而不承认是畲语。"[⑤] 这些话有两个要点，

---

① 罗美珍：《畲族所说的客家话》，载《中央民族学院学报》1980年第1期。

② 毛宗武、蒙朝吉：《畲语简志》，民族出版社1986年版，第4页。

③ 游文良：《论畲语》，载《畲族历史与文化》，中央民族大学出版社1995年版，第113页。

④ 蓝周根：《畲族有自己的语言》，载《中央民族学院学报》1980年第1期。

⑤ 雷先根：《畲语刍议》，载《畲族历史与文化》，中央民族大学出版社1995年版，第337、340页。

一是承认所讨论的畲族语言接近客家话，一是畲族作为一个民族，有自己的语言。

如何说明畲族所讲的接近客家话的语言与客家话的差别程度已经达到语言系属上质的差别，这是问题的关键，尽管研究的难度极大，但值得探讨。游文良已经在现代畲语中提取了一定数量的古畲语底层词，且详细地描述畲族语言的历史发展。他认为："占全国畲族总人口99%以上的畲族人使用的是另一种语言，这种语言接近客家方言，但它跟现在汉族客家人说的客家话又有所不同，它在语音、词汇、语法等方面尚有一些自身的特点。这种语言中，除含有客家话成分外，还有一些古畲语的'底层'，以及一些现在畲族居住地的汉语方言成分。"① 其《畲族语言》一著对这一问题进行深入详尽的论述。他指出："（现代）畲语是从古畲语演变发展而来的"，从历时的角度，把畲语划分为三个阶段：古代畲语（隋唐时期聚居在闽粤赣交界地区的畲族先民所使用的语言），近代畲语（宋元时期，古代畲语融合了客家先民的语言成分而形成了近代畲语），现代畲语。宋以后大批畲族从闽粤赣毗邻区迁到闽东、闽北、浙南、赣东各地后，近代畲语分别融合了畲族新居地的汉语方言成分而形成现代畲语。现代畲语仍然包含有古代畲语成分。他筛选出248个语词与今壮侗语族语言、苗瑶语族语言的相关语词作比较。比较的结果是："有近三分之二语词与今壮侗语族语言、苗瑶语族语言可能有同源关系"。② 游文良《畲族语言》对于畲族所操的接近客家话的语言之所以称为畲语的主要说服要点是："现代畲语词汇中与客家话相同或相近说法的词语可能是客家人融入畲语的，也可能是古畲语融入客家话的"，这也是历史上畲语连续性演变而不是因采借客家话而中断的关键性依据。

游文良研究的畲语资料主要是他经过长期、广泛、深入的调

---

① 游文良：《论畲语》，载《畲族历史与文化》，中央民族大学出版社1995年版，第113页。

② 游文良：《畲族语言》，福建人民出版社2002年版，第10、15—28、451页。

查而收集的，分析也非常深入，但对于畲语与客家话的类同现实，通常是转入历史论述。一个面对的问题是：含有一些古畲语成分的接近客家话的畲话，与客家话只有小的不同，不足以显示出两者有质的差异。2003 年 11 月郭志超、钟毅锋、陈赟、王晓萌等厦门大学师生赴宁德参加畲族文化研讨会时，访问金涵畲族乡。钟毅锋是武平客家人，在观音庙，他用客家话与一位看庙的畲族老伯进行了持久的交谈。继而在研讨会上，钟同学以其能以客家话同畲民交流的事实，向游先生提出质疑性的请教。这个问题很值得重视。

现代畲语中筛选出不同于汉语客家话、各畲族居住地汉语方言的词语，古畲语词应是“隐藏”在这一部分词语中。然后拿这些词语逐一与壮侗语族语言、苗瑶语族语言的相关词语比较，寻找音、义的对应，据以分析、判断它们是否有同源关系。这的确是很好的科研技术路线，也是游文良追求的，但现代畲语中的壮侗语和苗瑶语底层词，需要有个数量说明。2007 年在潮州举行学术研讨会，游文良提交的论文《再论畲语》，终于让我们知道这些极其重要的数据：“经笔者初步考证，闽、浙等地畲语中有 45 个语词与壮侗语族语言有同源关系（还有一部分可能有同源关系的语词，正在继续考证）”，“闽、浙等地畲语中与苗瑶语同源的 25 个词中，与瑶（勉）语有同源关系的 10 个，与苗语有同源关系的 15 个”。根据文义，这些古畲语底层词并没有剔除与客家话相同或近同的底层词。另外，这些现在畲语的底层语词，对惠东、海丰、博罗、增城四县约一千多自称“活聂”的畲族所操的语言，不是畲族原生型语言做了清晰的显影。游文良接着说：“（闽、浙等地畲语中与壮侗语族语言有同源关系）这 45 个语词与惠东等 4 县畲语比较，找不到音、义对应的词语”；“（闽、浙等地畲语中与苗瑶语同源的）这 25 个词语中与惠东等 4 县畲语有同源关系的只有 5 个”。①

① 游文良：《再论畲语》，潮州畲族文化研讨会论文，2007 年 12 月，第 9 页。

上述的现代畲语的底层词研究是近二三十年来畲族研究最具有开拓性的成果。一些还在进行比较分析的现代畲语底层词将陆续显现。另有接续的研究是，这些现代畲语底层来源的历史追寻。对于语言溯源研究起方向校正作用的是历史文化分析。此外，借鉴客家研究，也是一个很有效的借力。对于有的研究偏倚也要有所警觉，如客家形成研究侧重于唐末五代以后的汉族移民研究而忽略汉晋、南北朝时期汉族移民研究。

罗香林在《客家研究导论》认为赣闽粤边区客家的源流与汉民三次南下大迁徙有关。这三次迁徙先后兴起于西晋末、唐末、北宋末，他认为：客家形成的主要来源是唐末迁入的汉民。[①] 由于西晋末南迁的人口基本上尚未进入闽粤赣交界地区，其后裔加入了唐末移民潮，因而唐末、北宋末的入赣南而后移闽西、迁粤东的移民潮更被重视。罗香林的客家源流观迄今仍有广泛影响。这种研究视观所造成的一个结果是，忽略闽粤赣交界地区古越语对客家话形成的影响。这种忽略体现在客家研究者在探讨客家的形成，几乎忽略了晋唐时期当地汉人与土著越人融合而成为客家先民群体这一重要事实，而这是客家形成的最早基础。

闽粤赣交界地区原住民是古越人，这是毋庸置疑的。秦汉以后，北方汉民（包括早先南下汉民的后裔）陆续进入这一地区，这也是没有疑问的。就以直至宋代人口尚少的粤东地区来说，也有晋代以后的汉人文化考古遗存。在梅州市已发现多处晋墓和一处南朝墓葬群。[②] 从行政区设置也可以看出梅州地区人口的变化：东晋义熙九年（413）在北方流人南下的主要聚居地新辟义招县（治所今大埔县），南朝南齐时（479—502）置程乡县（治所今梅州市区）。闽西的人口密度要比粤东高，西晋初，始设新罗县（先在上杭境，

---

① 罗香林：《客家研究导论》，希山书藏 1933 年版，上海文艺出版社 1992 年影印本，第 19、41—54 页。

② 房学嘉：《客家源流探奥》，广东高等教育出版社 1994 年版，第 29 页。

后移长汀境），[1] 这表明汉晋时期闽西已有一定数量的汉人。中唐开元二十一年（733）初设汀州，福州长史唐循忠检责得诸州来闽西的“避役百姓三千余户奏置汀州，……管县三：长汀、沙、宁化”。[2] 连同原有的入籍户数，就不止三千余户。而赣南早在汉初高祖六年（前201）就置赣县，西晋初太康三年（282）又设南康郡，这意味着早在汉晋时期赣南就有不算稀少的人口，而且还能成为向闽西、粤东移民的迁出地。

在汉晋以后，闽粤赣交界地区的编户籍民的主体是汉民。这些汉民逐渐融合着当地的越人。客家研究学者一般将唐末五代以后迁入闽粤赣交界地区的南下汉民作为客家先民的主体，对此前的汉民多予以忽略。颇受批评的房学嘉《客家源流探奥》则高度重视隋唐以前的闽粤赣交界地区的人口状况，提出这些人口是最早的客家群体。他指出：南朝末期开始出现客家共同体，它是“南迁的中原人与闽粤赣三角地区的古越族混化以后产生的共同体”。[3] 南朝末期客家是否已经形成？在形成“客家共同体”过程中的越人是否为主体？这值得商榷，但可贵的是房学嘉注意到客家的早期源流，而这一源流对客家及其语言形成的重要作用是不容忽视的。在唐末开始北方移民潮进入闽粤赣之前，闽粤赣因有汉族客家先民群体，他们融合了当地古越人。这个事实是不容忽略的。

这一忽略，不仅有一些客家研究者，也包括畲语研究者。游文良的客家及其语言的大局观是：“唐末至宋，有一批汉人入迁闽、粤、赣交界地区，这批汉人就是以后被称作‘客家’的先民。他们入迁闽、粤、赣交界地区后，与那里的土著民，即畲族先民长期共同生活在同一区域里，彼此错居杂处。为了争夺生存空间，争夺生产、生活资源，他们产生了矛盾、冲突，也曾发生过激烈的斗争；

① 参见朱维干《福建史稿》，福建人民出版社1985年版，第55页。

② （唐）李吉甫撰、贺次君点校：《元和郡县图志》卷29《江南道五》，中华书局1983年版，第723页。

③ 房学嘉：《客家源流探奥》，广东高等教育出版社1994年版，第36页。

但是，彼此间在经济文化上的接触和交流中，又促进了相互的融合和同化。从入迁的客家先民方面说，他们带来的中原文化融合了土著民的畲文化，而形成一种不同于原来自己的文化又别于土著民的畲文化的一种新文化，这就是一些学者认定的'客家文化'；以中原汉语为基础的客家先民的语言融合了古代畲语而形成了既不同于中原汉语又区别于古代畲语的汉语客家方言。"① 这些论述大多是正确的，但明显的缺陷是对汉晋到唐末闽粤赣毗邻区客家先民史的忽略。

在游文良看来，客家人及其先民在与畲族及其先民接触和融合之前，客家人及其先民讲的是基本纯粹的汉语。因而客家话的古壮侗语（古越语）和古苗瑶语的成分，就是来自畲族。他说："畲语和客家话的古畲语词，是从古畲语融入客家话的为数不少，我们过去都把这些语词作为客家话处理。现在，我们应把这些语词划入畲语中的古畲语成分中，恢复它真正的地位。"② 如果游文良对于客家源流的关注，注意到汉晋以后闽粤赣交界地区汉民及其与古越人关系的历史，应该不会认为客家及其先民与畲族及其先民接触和融合之前，客家人及其先民讲的是基本纯粹的汉语。这个误识将使极有学术价值的语词比较分析成果，失落在偏离正确方向的推导里。

长期以来，畲族史的"隋唐之际"上限不仅广泛影响着畲族史研究，也影响畲语的历史研究。隋唐时期已是东南越族的尾声，此时的畲族或称畲族先民就是要与古越人接触和融合也不易找到对象。隋唐以前的"蛮"（畲族先民）"越"关系，仍是一片迷雾。就以目前的研究成果来看，畲语中的古壮侗语成分更可能是主要通过采借客家话而获得。民族间的各种交往的主要动力是经济交往。闽粤赣畲族及其先民与客家及其先民的交往的基础是经济共生关

① 游文良：《畲语研究》，福建人民出版社2002年版，第20页。
② 游文良：《再论畲语》，潮州畲族文化研讨会论文，第5页，2007年12月。

系。缺乏这种关系的民族交往是比较淡漠的，交往的成果也是贫乏的。畲语中的古壮侗语成分从“蛮”“越”关系史中去求索的希望是很有限的。鉴此，房学嘉《客家源流探奥》尽管不完善，但其研究思路对于畲语的历史研究也具有重要的启发意义。

第二节 畲语的变迁

游文良《畲族语言》指出：从历史的角度，畲语可分为三个阶段：第一阶段是隋唐时期的古代畲语，第二阶段是宋元时期的近代畲语；第三阶段是明清到现在的现代畲语。

一 古代畲语

现代畲语包含三个部分：古代畲语的底层成分，汉语客家方言的中层成分，现代畲族居住地汉语方言的表层成分。现代畲语中的汉语客家方言成分是在唐末至宋元时期，后来被称作“客家”的汉人进入闽、粤、赣交界区后才融入畲语中的；现在畲族居住地汉语方言成分是在宋以后大批畲族陆续从闽、粤、赣交界区迁到闽东、浙南等地后才分别融入畲语中的；现代畲语中，排除了汉语客家方言成分和畲族居住地汉语方言成分后，剩下来的就是古代畲语的底层成分了。依据这些“底层”成分跟现代壮侗语族语言和苗瑶语族语言的相关成分作比较（隋唐时期的畲族先民与现在说壮侗语和苗瑶语民族的祖先有渊源关系），寻找现代畲语与壮侗语、苗瑶语的同源关系，借以对古代畲语的概貌做初步的探索。

比较的结果是，现代畲语中的底层成分有三种类：与壮侗语族语言有同源关系；与苗瑶语族语言有同源关系；与壮侗语族语言、苗瑶语族语言都没有同源关系。

现代畲语“底层”中有苗瑶语成分可以证明隋唐时期的畲族先民与现在说苗瑶语民族的祖先有渊源关系。一些学者认为，现在说苗瑶语民族的祖先是秦汉时期居住在湖南五溪一带的“武陵蛮”，其中的一支在汉晋至隋唐时进入闽粤赣交界地区，成为隋唐时期的畲族先民。畲语“底层”中有苗瑶语成分可以证明这一说法是可信的。

二 近代畲语

宋元时期，古代畲语融合了客家先民的语言成分而形成了近代畲语。

唐末至宋，有一批汉人入迁闽、粤、赣交界地区，这批汉人就是以后被称作“客家”的先民。他们入迁闽、粤、赣交界地区后，与那里的土著民，即畲族先民长期共同生活在同一区域里，彼此错居杂处。为了争夺生存空间，争夺生产、生活资源，他们产生了矛盾、冲突，也曾发生过激烈的斗争；但是，彼此间在经济文化上的接触和交流中，又促进了相互的融合和同化。从入迁的客家先民方面说，他们带来的中原文化融合了土著民的畲文化，而形成一种不同于原来自己的文化又别于土著民的畲文化的一种新文化，这就是一些学者认定的“客家文化”；以中原汉语为基础的客家先民的语言融合了古代畲语而形成了既不同于中原汉语又区别于古代畲语的汉语客家方言。从已成为土著民的畲族先民方面说，畲族及其先民与客家及其先民的交往中，原来的畲文化融合了客家先民带来的汉族文化，成为以后畲文化的一部分，使用的古代畲语也融入了大量客家先民的语言成分而形成既不同于古代畲语又有别于汉语客家方言的近代畲语。

入迁闽粤赣交界地区的客家先民人数比畲族先民多，经济文化也比畲族先民先进，因而，在两族文化互动中，客家先民的文化必然起带动作用，客家先民的文化对畲文化的影响必然大于畲文化对客家先民文化的影响。

客家先民语言的词语大量融入古代畲语中后，不仅改变了古代畲语的词汇系统，还导致古代畲语语音系统和语法系统的变化。

于是，第二阶段即宋元时期的近代畲语形成了。游文良特别强调："古代畲语传到宋元时期，只是融入了大量的客家先民的语言成分而演变为近代畲语，并非古代畲语消亡，畲族先民改用汉语客家话。"①

客家先民迁入闽、粤、赣交界地区的后期，客家先民对畲族先民的影响超过了畲族先民对客家先民的影响。这个时期，在畲、客的文化互动中，客文化起了带动作用，客文化对畲文化的影响大于畲文化对客文化的影响，客家先民的语言对古代畲语的影响也大于古代畲语对客家先民语言的影响。

三　现代畲语

宋以后，部分畲族从闽粤赣交界地区陆续迁出，在明代以后畲族移民主要进入闽东、闽北、浙南、赣东北各地。这样，近代畲语分别融合了畲族移住地的汉语方言成分而形成现代畲语。

在移住区，畲族为了生存，必须尽快地适应新的环境，必须与当地汉人打交道，因而，他们必须学习当地的汉语方言。在家里，在本族内部交际时，他们使用从闽粤赣交界地区带来的近代畲语，与当地汉人交往时，就得使用当地的汉语方言。游文良《畲族语言》指出："通过长期的畲、汉交往，近代畲语中逐渐融入了新居地的汉语方言成分，从词汇开始，逐渐波及语音和语法系统。于是，近代畲语分别融入各畲族居住地的汉语方言成分而形成为现代畲语。"② 据笔者所知，畲族迁入移住区以后，除了继续使用畲语，还习得所在地的汉语方言。在民族内部使用畲语，在与汉族交往时使用当地汉语方言。这就是说，所在地的汉语方言被畲族采用，但畲族对内、对外分别使用不同语言。当然，当地汉语方言会影响畲语，到底影响多少？在畲族聚居的闽东、浙南估计影响很有限。据

---

① 游文良：《畲族语言》，福建人民出版社 2002 年版，第 23 页。

② 同上书，第 24 页。

《畲族语言》所述，“福建、浙江的畲族用各自的畲语方言，可以互相听懂对方的意思；福建、浙江畲族与广东或江西的畲族用各自的畲语方言交谈，双方也能逐步听懂对方的意思”。[①] 这意味着现代畲语与近代畲语的差别很小。闽东畲语受闽东方言影响，浙南畲语受浙南吴方言影响，两个汉语方言差别很大，但闽东、浙南畲族用畲语交流，可以相互听懂，说明这两个畲族主要分布地，畲语受所在地汉语方言的影响很小。在这两个畲语方言区中，福安畲语保留的近代畲语最多。说福安畲语是近代畲语与福安汉语方言的“混合”,[②] 有言过其实之嫌。

在现代畲语中，近代畲语成为各地畲语的共性。由于各畲族居住地的汉语方言不一致，故融入各地畲语中的汉语方言成分也有不同程度的差别，于是，现代畲语中各居住地汉语方言成分则成为区别各地畲语的特性。

畲语中融入的畲族各居住地汉语方言成分的深度、广度与各地畲族人口的多少、聚居或散居等条件有密切关系。畲族人口多，聚居点多的地方，畲语中保留的固有成分也多，受当地汉语方言的影响也小；畲族人口少、又多散居的地方，畲语中保留的固有成分也少，受当地汉语方言的影响也大。如福建省福安市，畲族人口多，聚居点多，基本上连成一片，因而，福安畲语中保留的固有成分较多，受汉语闽东方言福安话的影响也略小。而福建省的建瓯、华安以及江西省贵溪、铅山和广东省潮州、丰顺等地，因畲族人口较少，畲族聚居点也少，那里的畲语保留的固有成分也少，受当地汉语方言影响也大，如建瓯畲语，从语音的声母、韵母、声调的调值到基本词汇、语法结构中，都可以找到汉语闽北方言建瓯话的烙印，若不深入调查，几乎会误认为是建瓯话的一个土语。在同一区域里，山区和平原，远离城区和邻近城区，交通闭塞和交通方便

① 游文良：《畲族语言》，福建人民出版社 2002 年版，第 36 页。

② 《福安市畲族志》，福建教育出版社 1995 年版，第 545 页。

等，畲语受当地汉语方言影响的程度也有不同，一般是前者影响小，后者影响大。

随着社会的向前发展，新事物的不断增多，畲、汉两族人民的交往、合作将更加频繁，于是，畲语与当地汉语方言的融合也将进一步深化，当地汉语方言成分乃至汉语普通话成分将更多地融入各地畲语中。一些畲族人口少，又散居在汉族村落的地方，畲语可能消亡。如福建省古田县的畲族，绝大多数已不会讲畲语，他们在本族内部交际时也使用汉语闽东方言古田话；江西省的贵溪、铅山等地的畲族，只有老年人才会熟练地使用畲语交际，中、青年人中已有一部分人不太熟练畲语或已经不使用畲语交际了。[①]

第三节　现代畲语方言

各地畲语方言共性多于差异性，可以说是大同小异。其中，古代畲语成分，各地畲语方言基本一致；近代畲语中的客家话成分，各地畲语方言大部分一致，小部分不一致；现畲族居住地汉语方言成分各地基本上不一致。浙江、福建的畲族用各自的畲语方言交谈，可以互相听懂对方的意思；福建、浙江畲族与广东或江西的畲族用各自的畲语方言交谈，双方都有一些词语听不懂，但交谈一段时间后，双方也能逐渐听懂对方的意思。

现代畲语主要分布于福建、浙江、广东、江西、安徽五省。

福建省：福州市郊区、罗源县、连江县、闽侯县、永泰县、闽清县、宁德市、福安市、福鼎市、霞浦县、周宁县、寿宁县、柘荣县、屏南县、南平市延平区、邵武市、顺昌县、建阳县、建瓯县、光泽县、三明市三元区、永安市、明溪县、宁化县、大田县、泉州市鲤城区、安溪县、永春县、德化县、华安县、漳平县、龙岩市等。

---

① 本节“畲语变迁”，参见游文良《畲族语言》，福建人民出版社 2002 年版，第15—26 页。

浙江省：丽水市、龙泉市、景宁畲族自治县、青田县、云和县、遂昌县、松阳县，兰溪市、金华县、武义县、衢县、常山县、龙游县、平阳县、苍南县、瑞安县、文成县、泰顺县、建德市、桐庐县、高阳县、临安县等。

广东省：潮州市、丰顺等县。

江西省：贵溪县、铅山县。

安徽省：宁国县。

现代畲语方言分区的主要依据是表现在各地畲语方言的语音、词汇、语法的地域性特点，结合各地畲族的历史和社会背景（包括各地畲族的迁移史、现居住地的地理环境和汉语方言等）。

按上述现代畲语方言分区的主要依据，划分现代畲语方言区如下：

1. 闽东区

这是全国最大的现代畲语方言区，也是现代畲语的中心区。本区包括福安、福鼎、霞浦、宁德、寿宁、周宁、柘荣、屏南和罗源、连江、福州郊区、闽侯、闽清、永泰等县（市）的畲语方言。本方言区畲族人口和聚居点皆最多，且基本上连成一片，因而，本区的畲语方言受当地汉语方言的影响比其他方言区小，保留的古代、近代畲语成分比其他方言区多。本方言区是在汉语闽东方言区内，畲语方言主要受汉语闽东方言影响（局部地区受汉语闽南方言影响，如福鼎的前岐、沙埕，霞浦的三沙、水门等镇）。汉语闽东方言分南、北两个片区，本方言区的畲语分别受南、北片汉语闽东方言的不同影响，因而本区畲语方言也分为福安片（汉语闽东方言北片区）和连罗片（汉语闽东方言南片区）两个片区。福安片包括福安、福鼎、宁德、寿宁、周宁、柘荣等县（市）的畲语方言，连罗片包括罗源、连江、屏南、福州郊区、闽侯、闽清、永泰等县（市、区）的畲语方言。

2. 闽北区

本方言区包括南平、建瓯、建阳、邵武、顺昌、光泽等县

（市）的畲语方言。本方言区畲族人口少，居住分散，多分散在汉族村落中，因而本区畲语方言受当地汉语方言的影响比较大。本区畲语方言可分为建瓯片和顺昌片两个片区。建瓯片包括南平、建瓯、建阳等县（市）的畲语方言，本片主要受闽北方言影响。顺昌片包括顺昌、邵武、光泽等县（市）的畲语方言，主要受闽西北汉语方言影响。

3. 闽中区

本方言区包括三明、永安、沙县、宁化等县（市）的畲语方言。本方言区的畲族人口虽少，但三明、永安、沙县的畲语方言受汉语方言的影响比闽北区较小，畲语中保留的古代、近代畲语的成分也比闽北区较多。本方言区中，三明、永安、沙县是汉语闽中方言区，这三县（市）的畲语方言主要受汉语闽中方言影响；宁化县是在汉语闽西客话区内，宁化畲语主要受闽西客话影响。本方言区可以分为三明片和宁化片两个片区。三明片包括三明、永安、沙县的畲语方言，宁化片只有宁化畲语方言。

4. 闽南区

本方言区畲语方言包括泉州市鲤城区、安溪、德化、永春、华安、龙岩、漳平等县（市）的畲语方言。本方言区的畲族人口少，居住也分散，因而，本区方言受当地汉语方言影响也较大。本方言区是在汉语闽南方言区内，本区畲语方言主要受汉语闽南方言影响。本方言区分为泉州片和华漳片两个片区。泉州片包括泉州市鲤城区、安溪、德化、永春等县（区）的畲语方言，华漳片包括华安、漳平和龙岩的畲语方言。

5. 浙南区

这是仅次于闽东区的全国畲语方言的第二大区，包括平阳、苍南、瑞安、文成、泰顺、丽水、景宁、云和、龙泉、松阳、青田和武义等县（市）的畲语方言。本方言区畲族人口多，聚居点也多，且与畲语方言的闽东区毗邻，因而本区畲语方言受汉语方言的影响也较小。保留古代、近代畲语成分也较多。本方言区是在汉语浙江吴方言区和汉语浙南闽南话区内，本区畲语方言分别受汉语浙江吴方言和汉语浙南闽南话的影响。根据浙南畲语方言受汉语方言影响的不同情况，浙南区畲语方言可分为苍南片、景宁片和丽水片三个片区。苍南片包括苍南、平阳、瑞安三个县（市）的畲语方言。本片畲语方言主要受浙南汉语闽南话和浙南“瓯语”的影响，因本方言片紧靠闽东福鼎市，故本片畲语方言也有汉语闽东方言福鼎桐城话的影响成分。景宁片包括景宁、云和、文成、泰顺等县的畲语方言。本片紧邻闽东的寿宁、福鼎、柘荣等县（市），因而本片畲语方言既受汉语浙江吴方言的影响，也受闽东北片区汉语方言的影响。丽水片包括丽水、龙泉、松阳、青田、武义等县（市）的畲语方言。本片畲语方言受汉语浙江吴方言的影响比前两片大，受汉语闽东方言的影响比前两片小。

6. 浙中区

本方言区包括龙游、衢县、兰溪、金华（县）和遂昌等县（市）的畲语方言（安徽宁国县的畲语方言接近本区畲语方言，可附属本方言区）。本方言区畲语方言主要受汉语浙江吴方言影响。本区畲族人口少，居住地也比浙南区分散，故受汉语浙江吴方言的影响比浙南区大，保留的古代、近代畲语成分也比浙南区少。

7. 浙北区

本方言区包括桐庐、建德、临安、富阳和安吉等县（市）的畲语方言。本方言区主要受汉语浙江吴方言影响。本区是浙江省畲族人口最少的畲语方言区，且深入汉语浙江吴方言区腹地，故本区畲语方言受汉语浙江吴方言影响最大，保留的古代、近代畲语成分比前两区少。

8. 粤东区

本方言区包括潮州、丰顺两县（市）的畲语方言。本方言区畲族人口少，又分别在潮州汉语闽南话区和丰顺汉语客家话区内，分别受两种不同的汉语方言影响，但这两地畲族语言共同点不少，形成了一个小区域的特性。

9. 赣东区

本方言区包括贵溪、铅山两县的畲语方言。本方言区畲语方言主要受汉语赣方言影响。因本区畲族人口少，居住较分散，故本区畲语方言受汉语赣方言影响比较严重，在一部分畲族青年中已经不使用畲语交际了。[①]

① 本节“现代畲语方言分布”，参见游文良《畲族语言》，福建人民出版社2002年版，第31—36页。

第九章

音乐舞蹈

畲族的音乐舞蹈，如果上溯至其先民时期，那是非常遥远的。迄今为止，对畲族音乐舞蹈的溯源，仅从当代的现实存在去溯源。由于用近乎客家话的畲语所唱的山歌，是畲族音乐的主体，因而所溯不过是畲族习得客家话以后的音乐史，古畲语时期的音乐史隐藏在历史的迷雾里。在用近乎客家话的畲语所唱的歌谣里，《高皇歌》可能是较古老的，嬲歌唱的“歌头”《黄蜂歌》历史也非常久远。① 据族谱资料，迁入闽东、浙南的畲族，其始发地主要是潮州，尽管迁移直至清代还在进行，但畲族移民至迟在明代，甚至在宋代就离开潮州凤凰山祖地。② 就以浙南而言，畲族迁入的高峰期是明代晚期。一般认为，客家话形成于宋代。并且，客家话在形成中也吸纳了古畲语成分。畲族也形成于宋代，并也在宋代使用汉字。南宋末，刘克庄在接触漳州畲民后，谈起“余读诸畲款状，有自称盘护孙者”。在畲、瑶最早的民间文献《开山公据》和《过山榜》中，皆称始祖为“盘护”，甚至直至晚清、民国，畲、瑶民间文献里也仍保持这一写法。隋唐以后汉族在文献里从不称畲、瑶始祖为“盘护”，而写作“盘瓠”。由此也可佐证刘克庄所读的“诸畲款状”至

---

① 据蓝雪霏《畲族音乐》（第 101 页），德化仅存的一首畲歌是《黄蜂飞来椅子边》，此歌歌词与闽东霞浦的“黄蜂歌”歌词一脉相承。至迟在明代，德化、永春已有从闽西南和粤东迁来居住的畲民。可见德化的“黄蜂歌”至迟出现于明代。

② 有很少量的畲族移民在唐代就开始迁出闽粤赣交界区的原居地，唐末兴化地区才会有“蛮夷”助王审知攻打福州。兴化的山居“蛮夷”应是畲族先民，但还需进一步证实。

少有畲民的民间文献或其内容。这是宋代畲族使用汉语（客家话、闽南话）和汉字的初步证据。这就是说，迄今为止，在理论上所追溯的畲歌历史，至早只至宋代。

畲族音乐的歌词就是畲歌的文学部分，也是畲族文学的主体。畲族的民间文学非常丰富，包括山歌、民族起源等神话传说、民间故事、谚语、谜语、儿歌等，畲族音乐的文学部分基本上都有涵盖。畲歌集中而生动地反映了畲族的历史、政治、经济、文化、生产、生活和乡土风情等情况，是中华民族珍贵的文化遗产。本章介绍极具民族特点的畲族音乐，也在音乐的视野考察其民间文学。

畲族认为，歌言是畲族祖先所造并成为礼俗而代代相传。畲歌唱道："歌是原底祖公礼。"[①]《歌是山哈传家宝》唱道："水连云来云连天，山哈歌言几千年，……祖宗代代无田分，留下歌言分子孙，歌是山客传家宝，千古万年世上传。"[②]《祖公歌》唱道："人莫断祖公礼，一代过了一代唱，……什么人断开祖公礼，疑是番邦野人养。"[③] 类似歌词还有："歌是山哈写文章，大小男女学点唱，谁人不学山哈歌，不是祖先盘瓠生。"[④] 以"祖公礼"为印记的畲歌，成为民族认同的标志。反之，以始祖为符号的民族认同，维系着畲歌成为不竭的长流水。畲族的器乐以及舞蹈，基本上出现在醮仪音乐舞蹈里。传说中的盘瓠王"裹红巾执银铃"，[⑤]"踏罡步斗"，[⑥] 恰似畲族醮仪音乐舞蹈的祖师。始祖崇拜宛如主旋律之魂，穿越于畲族音乐舞蹈史的千年时空。

---

① 《福安市畲族志》，福建教育出版社 1995 年版，第 390 页。

② 《闽东畲族歌谣集成》，海峡文艺出版社 1995 年版，第 3 页。

③ 《福安市畲族志》，福建教育出版社 1995 年版，第 626—627 页。

④ 转引自蓝雪霏《畲族音乐》，福建人民出版社 2002 年版，第 225 页。

⑤ 霞浦樟坑《汝南蓝氏宗谱·蓝氏得氏源流总图》，清同治九年修，转引自《霞浦县畲族志》，第 483 页。

⑥ 霞浦草岗《冯翊郡雷氏宗谱·广东盘瓠氏铭志》，清同治十二年修，转引自《霞浦县畲族志》，第 480 页。

第一节 畲族音乐的地方类型

畲族大分散、小聚居，不同地区常有畲歌曲调。一定地域范围内的畲族一般只用一种民歌的地方音调在歌唱。当然，这种地方音调或可能是本地域所独有，或可能跨过空间，插花似地流播于互不接壤的其他地带，因此也就有少数畲族聚居地流行两种以上的地方音调。不同的地方音调，可以分别划归若干个类近的特性音调，这种类近的特性音调称为畲歌基本音调。反之，各具特色的地方音调，是畲歌基本音调衍生的结果，衍生也就是地方化的结果。

总之，畲歌有若干个基本音调，若干个地方音调归属于一个基本音调。畲歌的诸“殊”与归“一”，在有的区域看得特别明显。在闽东，有六个地方音调，特别是宁德飞鸾以北的福宁、霞浦、福鼎这三个地方音调，对于非专业者，初一听似无差别，仔细一听才能听出某些差别。郑小瑛在 1958 年的调查报告中说：“（我们在 7 个县）发现了 4 个不同的曲调，这四个曲调在调式、节奏、音程进行等方面都有一些共同的，可以称为是畲族山歌调的基本特点，但又因语音音调与各地区的爱好而不同。”①

一 畲族民歌的四大音调

畲族散居于皖、浙、闽、粤、赣等省，其民歌的基本音调因其大分散小聚居的住居格局而呈现出多种不同的分布格局。各地畲族民歌统观起来，主要有四大基本音调：

（一）闽浙调

闽浙调为五声音阶，多商调式，旋律的基本进行为“do、la、

① 郑小瑛等：《畲族文艺调查》，载《畲族社会历史调查》，第 213 页。

sol、mi、re”，节奏节拍的基本特征为一字一音一拍，不规则重音律动、散拍。此调流行于闽东罗源北侧的飞鸾以北的宁德地区；流行于闽北邵武；流行于浙江南部，如丽水、青田、平阳、泰顺、苍南、衢县、遂昌、兰溪、金华、武义、淳安、富阳、桐庐、松阳；流行于赣东贵溪、资溪；残存于闽南诏安“畲歌”和安溪、永春、德化、大田诸县山歌中。

（二）罗连调

罗连调以闽东罗源县和连江县的音调为代表。此调为五声音阶宫调式，旋律的基本进行为“sol、mi、re、do”，节奏节拍虽为一字一音一拍的快速无规律重音散板，但常出现以前半句出现拉长，而后紧煞的变化节奏，且注重商音顿断为特色。此调流行于闽东罗源、连江、福州市郊区及宁德飞鸾乡。

（三）顺文调

顺文调以闽北顺昌和浙南文成的音调为代表。此调为五声音阶，多徵调式，旋律的基本进行为“mi、高音 re、do、中音 la、sol”，有规律性切分节奏，也有均衡快速散板节奏。此调流行于闽北、顺昌、建瓯，闽西永安，浙南文成、云和、瑞安，浙北桐庐，皖南宁国，赣东北资溪等。

（四）闽皖调

以福建和安徽的省名合称之。四声徵调式，旋律的基本进行为“re、do、低音 la、sol”，多切分节奏。此调流行于闽南华安、漳平，闽北建阳、光泽，安徽宁国等。[1]

---

① 以上基本音调，见蓝雪霏《畲族音乐》，福建人民出版社 2002 年版，第 193—194 页。

二 闽东、浙南畲歌的地方音调

（一）闽东畲歌的地方音调

闽东畲族地区有六个地方音调，其中罗连调特点突出，与闽浙调并列为畲歌四大音调中的两大音调。

1. 福鼎调

为五声音阶商调式，音列以“do、re、mi、sol、la”为中心，可分别向高、低音区扩张小三度或再扩张大二度，至“sol、la、do、re、mi、sol、la、do、re”，但通常音域一般为大六度，至多不超过十度。旋律的基本进行为“do、la、sol、mi、re”。曲式为变化重复的平行式双乐句一段体，以一字一音一拍为基础，但习惯在曲首，即第一句歌词的第二字或第四字处作调式主音的上五度羽音的长时值停留，至第一句词末突然收煞，第二句词末才又作长时值拉宽节奏处理，整首歌张弛顿挫，为福鼎县及其毗邻县（如浙江省苍南县、平阳县）畲族所独有。

2. 霞浦调

五声音阶商调式，音列为“do、re、mi、sol、la、do”，旋律的基本进行为“do、la、sol、mi、re”。霞浦畲歌的最大特点在于大量加入特色衬词，从而打破词曲结构的均衡与同步，拆四句歌词于五个变化的单乐句之中。此调主要流行于霞浦（北邻福鼎的牙城、水门、三沙这三个乡除外）。由于加入大量的特色衬词，赛歌场上演唱此调，可以在同样的歌唱时间内少唱2/3的歌词内容而以“乐”取胜。

3. 福宁调

五声音阶商调式，音列为“la、do、re、mi、sol、la、do”，旋律的基本进行为“do、la、sol、mi、do、re”，曲式为起承转合四句一段体或变化重复的双乐句一段体。一字一音一拍，其长音停顿多于一句中的第四字和第七字处，第三句常紧接第四句，并常于低音区徘徊。音域通常为十度。此调流行于福安、宁德，以及闽浙交界地带和闽北邵武。

4. 罗连调

常含有游移的角音的五声音阶宫调式，间列为“do、re、↑mi、sol、la”，旋律的基本进行为“sol、↑mi、re、do”，多级进，小迴绕以及四度、五度跳进，节奏始于拉长、紧煞，再接以均衡的一字一音一拍进行。曲式为变化重复的平行式双乐句或由四个起承转合的短句构成的一段体。此调流行于罗源、连江、宁德东南隅的飞鸾以及福州郊区。

5. 古田调

以三音列“la、do、re”为核心，或向低音区作四度移位，或分别向高、低音区各扩展二度音域。或为羽调式，或为徵调式。以“la、do、re”为核心。

6. 永泰调

五声音阶，或徵调式，或羽调式，音列为“sol、la、do、re、mi、sol”，旋律的基本进行为“do、mi、re、do、低音 la、sol”，一字一音一拍，单乐句变化体。

（二）浙南畲歌的地方音调

浙南畲歌有四个地方音调，并涵盖浙中、浙北。

1. 丽水调

此调为五声音阶商调式，音列为“do、re、mi、sol、la”，旋律的基本进行为“do、la、sol、mi、re”，一字一音一拍的均衡散板节奏，曲式为重复尾部的平行式双乐句一段体。乐句中断分的三个乐节与歌词句分不同步，这是浙江流行最为广泛的畲歌地方音调，流行于浙南的丽水、青田、松阳、泰顺、文成、苍南、平阳，浙中的武义、金华、衢州，浙北的富阳、淳安、桐庐。

2. 景宁调

此调为省略商音的四声角调式，音列为“do、mi、sol、la”，旋律的基本进行为“do、la、sol、mi”一字一音，散板，其单乐句断分的二个至三个乐节均落音于调式的主音角音，第一个乐节往往与第一句歌词相对应，第二、三个乐节与另一句歌词相对应，而且，第二个乐节开始处往往出现“哩”这一衬字长音，曲式为重复尾部的平行式双乐句一段体。此调流行于浙南景宁、云和，以及浙北建德。

3. 龙泉调

此调为“mi、la、微升 do”三声羽调式，旋律的基本进行为“mi、高音微升 do、中音 la、la”，一字一音一拍，二、四句歌词从第三字起每隔一字加一衬字，曲式为重复尾部的平行式双乐句一段体。此调主要流行于龙泉。

4. 文成调

此调为五声音阶徵调式，音列为“mi、sol、la、do、re”，旋律的基本进行为“mi、高音 re、do、中音 la、sol”，一字一音一拍，曲式结构或为四个短句，或为两个不再重复尾部的单乐句和变化平行乐段。此调主要流行于浙南文成、瑞安，浙北桐庐。①

一定地域范围内的畲族一般只用一种地方音调歌唱，也有少数的畲族聚居地流行两种以上的地方音调。② 畲歌的基本音调及其地方音调，反映畲族地域文化及其地方文化的关系。闽东的大部与浙南同属一个基本音调（闽浙调），反映这两个畲族地域文化的密切关系。闽东的畲族主要分布在罗源北侧的飞鸾以北的宁德地区，这一地区服饰与罗源、连江等县以及宁德东南隅的飞鸾乡的服饰有较明显的差异，这两个地区恰恰分别是不同的基本音调区。这两个地区由飞鸾乡北侧的分水岭隔开，这说明地理隔离对于一个地域亚文化形成的明显作用。浙南的瓯江干流及其主要上游支流流域的地方音调是浙江基本音调的典型体现，而僻处于瓯江干流的次要支流流域的景宁，其地方音调与浙南的主流音调格格不入，这主要是地理

① 以上闽东、浙南畲歌地方音调，见蓝雪霏《畲族音乐》，第 92—100 页。

② 蓝雪霏：《畲族音乐》，福建人民出版社 2002 年版，第 89—90 页。

隔离所影响，因为景宁是畲族经由闽东迁移于浙南的中转站，与族源的地域差异无关。在浙江，浙南的地方音调几乎涵盖了浙中、浙北畲区，这说明迁自浙南的浙中和浙北的畲族历史较短，还未有足够的时间进行地方性的分化。此外，这也对浙南畲族文化对浙中、浙北畲族文化具有高度的涵盖性做了明确的提示。

第二节　畲歌的类别

畲族音乐的歌词就是畲歌的文学部分，也是畲族文学的主体。畲族的民间文学非常丰富，包括民族起源等神话传说、民间故事、谚语、谜语、儿歌等，而畲族音乐的文学部分基本上都有涵盖。它集中而生动地反映了畲族的历史、政治、经济、文化、生产、生活和乡土风情等情况，是我们中华民族文化宝库中的珍贵遗产之一。下面介绍的是音乐的文学内容及其分类。有的著述将畲族的历史传说歌、小说歌和时政歌的长篇叙事歌，连同杂歌统称为畲族山歌。[①]准确地说，惟有杂歌才是山歌。长篇叙事歌（或俗称“正歌”）和“杂歌”（即山歌），统称为民歌。

一　长篇叙事歌

（一）历史传说歌

1. 祖公歌

祖公歌与下面的古人歌属于同一类别，但祖公歌，是本民族的史诗，特别是《高皇歌》，在畲歌里居有崇高的地位，因而特别列为一类。祖公歌首推《高皇歌》，另外还有《麟豹王歌》和《封金山》。

《高皇歌》也叫《龙麒王歌》、《金龙歌》、《龙皇歌》、《盘瓠王

---

①　刘春曙、王耀华：《福建民间音乐简论》，上海文艺出版社 1986 年版，第 201 页。

歌》等，各地广为流传的《高皇歌》有十几种本子，内容大同小异，这首长达三、四百句的七言史诗，是畲族的民族史诗。它追溯了畲族的起源和历史，具有强烈的思想性、艺术性和人民性。它深入浅出，感情真挚，言辞朴实，通俗生动。畲族人民虔诚地把它作为本民族的祖歌、史歌，代代传唱。

《高皇歌》分为两个部分，第一部分追述始祖盘瓠王助高辛帝消除边患的英雄业绩，功成隐退，开基凤凰山，后在狩猎时受伤而殁。第二部分叙述盘瓠子孙离开凤凰山向北迁徙到闽东、浙南的历程。最后的“蓝雷三姓好结亲，都是南京一路人”，是高扬的民族认同。最早的《高皇歌》只唱盘瓠传说，也就是说，《高皇歌》的最初版本是不包括迁移内容的，后来的《高皇歌》是将原初的《高皇歌》与《搬迁歌》[①] 合二为一。依此，《高皇歌》出现的年代，至迟在明代。从“南京”这一与瑶族《过山榜》中的“南京”这一同样的古老记忆，可以推测《高皇歌》在宋代就有雏形。

麟豹工即盘瓠王，《麟豹王歌》仅流行于福建罗源县一带，这部史诗突出的别异，是对麟豹王当初弃官以及不要田园而要上山的反思，反映了畲族对于政治权益和“平原田土”的要求。

《封金山》是叙述“三公主”率领儿女们在封金山开荒辟地、建造房屋、饲养家畜、安居乐业、繁衍生息、艰难创业的情景，以及后来因官府的残酷压迫和剥削，被迫举族大迁徙的故事。

畲族有关于人类和民族起源的神话传说，如“盘古王帝开天辟地”、“高辛创造日月和世界万物”、“火烧天火烧地”等，这些都是《高皇歌》衍生性的文学作品。

2. 古人歌

古人歌的内容即历史人物、历史传说、社会历史状况和历史事件，如《汤王坐天》、《桃园三结义》、《洪武帝》、《刘基寻将》、

---

① 《景宁畲族自治县畲族志》，景宁畲族自治县民宗局 1991 年编印，第 197—199 页。

《李闯打天下》、《林则徐》、《明清纪事歌》、《清朝十皇帝》、《末朝歌》、《长毛歌》等。

《末朝歌》是民国初年闽东霞浦县白露坑畲族歌手编的。原诗长达三百多行，开头叙述各个朝代的历史，后面主要叙述清朝封建政府的腐朽和民国初年军阀割据给畲族劳动人民带来的灾难，末尾以“真命天子”“日后见”预示新社会的到来。《末朝歌》崭露了畲族人民空前的政治觉醒。

《长毛歌》是叙述太平天国革命时期太平军三度攻克浙南丽水城时，畲族人民参加斗争的生动情景，歌颂太平军的骁勇善战，揭露官军的腐败无能，控诉封建统治阶级和剥削阶级的残酷压榨。它在开头就对清朝咸丰皇帝为首的封建统治阶级的残酷血腥统治，予以淋漓尽致的揭露。《长毛歌》是清同治年间，由云和县东坑村畲民蓝三满编唱，后在清光绪时由蓝福余记录整理。值得注意的是，民间对于太平军的评价，畲、汉有所差别，因此《长毛歌》对于心态史研究，颇有史料价值。

（二）小说歌

小说歌，又称“全连本”或“戏出”，也叫“大段”，约有100多种。小说歌有栩栩如生的人物，有真挚感人的故事，有离奇曲折的情节，引人入胜。人们认为听了小说歌，不但可知道许多历史上的人物故事和社会常识，并且从中往往可以学到许多历史知识和社会知识。它在畲族人民生活中，具有深刻的影响和重要的地位。特别值得注意的是，有关汉族的历史人物、传说故事等编写的小说歌，增进了畲族对汉族历史文化的了解，对于密切畲、汉民族关系具有重要意义。

1. 有关本民族流传的杰出人物的长篇叙事诗

这类长篇叙事诗是全新的创作，取材于本民族的历史文化，具有很强的思想性和较高的文学价值，如《钟良弼告阻考》（简称《钟良弼》）、《插花娘》、《钟景祺》（亦名《双帕锦香亭》）、《蓝佃玉》(亦名《九节金龙鞭》)等。《钟良弼》叙述清代福鼎县一位畲族童生钟良弼到福宁府考秀才,被当时的主考官赶出考场,不得与考。钟良弼不服上诉,终于打赢了官司,主考官受到了惩处,钟良弼重新参加考试,中了秀才。《钟良弼》表达了畲族人民的民族自信和对民族歧视的愤慨。《插花娘》盛传于浙南,说的是浙江松阳县茅弄村畲姑娘蓝春花,到原宣平县(1958 年撤销并入武义县)马村,给财主当佣工,财主婆多方刁难,但她心灵手巧,样样做得好,财主垂涎其貌,欲娶她做五姨太,蓝春花逃避回家,财主带一帮奴才,赶到村里,把村里父老吊绑起来,胁迫交出春花。为救乡亲,春花佯装愿嫁,当花轿抬到横岚山顶时,她跳崖自尽。送她出嫁的姐妹们十分悲痛,采来洁白的山茶花插在她头上,铺在她身旁。

2. 根据汉族的神话故事、民间传说改编的长篇叙事诗

这类长篇叙事诗,改编自章回小说、评话唱本等。有《白蛇传》、《梁山伯与祝英台》、《天仙配》、《孟姜女》、《陈三五娘》、《白袍》、《乌袍》、《铁弓缘》、《三打白骨精》、《百寿图》、《洛阳桥》、《姜太公钓鱼》和《奶娘传》等。

(三)时政歌

时政歌指现代畲族所经历的政治斗争的叙事长歌。如《景宁山哈打盐霸》、《蓝大嫂打游击》等。

二 杂歌

杂歌,可长可短,数量极多,内容丰富,富有艺术魅力,或是即兴创作,或是即兴创作的精品而流传。畲歌一般七字一句,但在杂歌中,也有在头句是三个字或五个字的。这种头句跳出七字的限制,应是早期畲歌的形态。所说畲歌是“歌言”,但言说受格律限制,未有格律之前的畲歌,才是原始的“歌言”。这大概是宋代以前的“歌言”形态。有了格律的“歌言”就是近乎古体诗,因而畲民又称“盘歌”为“盘诗”。盘诗是复杂的智力活动,格律化的歌

言使畲歌进入诗歌时代，便于歌言创作的保存，因而留下很多经典的文学作品。

杂歌的内容主要是表现爱情，以及劳动和各种日常生活、礼仪等，或议事，或咏物，或抒情，或兼而有之，形式多种多样，语言生动活泼，讲究比兴，山野气息浓郁，情感淳朴真挚，是畲族民歌中的精华部分。估计至少有六七百篇、3万多行。许许多多杂歌已成为教科书式的经典，平时吟唱，盘唱时重在变化。有时哪怕就是变动几个字词，但切合情境，妙趣横生，韵味无穷。腹中满是歌本，用时旧言翻新，这就是畲族杂歌的歌言是“深潭无底坑”，“好比深山大树木，砍了一蔸又会有”的原因。

（一）情歌

情歌在畲族山歌中占有极大的比例。同其他杂歌一样，情歌也有口传的歌言和传抄的歌本。然而，这些多成为用来编歌的材料，即因人、因情、因景对某个局部加以适当，甚至是巧妙的改动。能即兴编唱情歌，是优秀歌手的才能显露。在长篇叙事歌固定，许多杂歌歌言也成定式的情况下，畲歌的推陈出新，主要在情歌。

（二）劳动歌

劳动歌主要是生产经验的积累和对大自然的认识，如《做田歌》、《节气歌》、《牧牛歌》、《砍柴歌》等。

（三）礼俗歌

礼俗歌主要有婚嫁歌和哭丧歌两类。在畲族嫁娶中，无论是嫁女或入赘，都要长夜盘歌。男娶女的婚礼中，迎娶方请来好歌手（亲家伯、赤郎和行郎），与女方歌手对歌。所唱有《敬酒歌》、《对盏歌》、《度亲歌》、《撬蛙歌》、《嫁女歌》、《催嫁歌》、《梳头歌》、《起身歌》、《上轿歌》等。《哭丧歌》是丧事时妇女悼念亡人的歌。

（四）新民歌

除传统的民歌外，尚有大量的新民歌。畲族人民经历了革命的洗礼，编出了不少革命山歌，歌颂共产党和毛主席，目前搜集到的有《十送郎》、《十字歌》、《五把白扇》、《二十三年革命歌》、《十更歌》、《朱毛兵士真真多》、《抓丁苦》、《到我村里当红军》等。有一首颂红军歌谣唱道："穷人救星是红军，红军比娘还要亲。畲家不离亲生娘，支持红军更应当。骑龙不怕龙下海，骑虎不怕虎上山。决心革命不怕死，谋求幸福当红军。"

中华人民共和国成立后，畲族人民结束了苦难生活，唱起新民歌，如"好田无水秧难栽，好花无雨蕊不开，山哈若无共产党，枯竹难望生笋来。树叶连根根连藤，山哈和党心连心。树木靠山山养树，山哈靠党得翻身。"比兴很自然，很生活化，情真意切。

（五）其他

1. 歌探

即谜语歌，以生活中的事物提问，检验对方的知识，如《唱分歌探给郎回》、《十二月盘答》等。

2. 苦情歌

主要有《寡妇怨》、《单身郎子是有愁》、《得个歹郎无奈何》等。

3. 劝世歌

如《劝你阿哥要娶亲》、《劝郎要正经》、《家教歌》、《尊母歌》等。

4. 唱名

有人名，如《十字唱古人》、《十唱古人风流人》。有物名，如《鸟名歌》、《颂花歌》、《中药名谣》等。①

---

① 以上畲歌分类，参见蓝雪霏《畲族音乐》，第72—75页。

第三节　畲歌的唱法和习俗

在畲歌中，最具历史深度，以及空间和体裁类型涵盖广度的，是山歌。从歌俗的角度看，则是嬲歌。嬲歌主要嬲情歌，但也囊括正歌和多数杂歌。以下主要围绕山歌，尤其是以嬲歌来介绍畲歌的曲调、唱法和习俗。

一　畲歌唱法

畲族山歌曲调，朴素单纯，具有高亢、健朗、自由、舒展等山野风格。其曲调虽有地方性差异，但在结构、调式、节奏、旋律等方面都有许多共同点，形成了鲜明的民族风格。畲歌以轻声细语为特色，它追求的不是奔放，而是纤细之美。唱畲歌或用假声，或用真声，或真假声结合。畲歌以对唱为主，还有独唱，很少有齐唱。畲歌有地方音调的变唱，尤以双音为著名。

（一）发音方式

1. 假声唱法

这种唱法最具特色，也是畲歌最普遍的唱法。它的气息支持点在小腹上部，演唱者将后鼻腔软口盖上提，基本上运用头腔、鼻腔共鸣，声音细溜溜的像是从鼻腔哼出。用假声唱的曲调，声音有较明亮的光彩和一定的穿透力，既纤细又较结实，无空洞感，但不够深厚饱满。这种假声在感情色彩的表达上多为抒情性的，在风格上，具有古朴、含蓄、自然之美。①

蓝雪霏认为：畲歌的“假声”是基于汉族音乐观的命名，从畲族的角度，所谓“假声”其实是“真声”。以中性文化观而言，“假

---

① 李健民：《畲族文化简说》，福建省宁德市民族中学2005年编印，第94页。

声”应是高声。同理，畲歌的“真声”（平讲调）是低声。[①]

2. 真声唱法

这种唱法，气息支撑点较浅，比平时讲话时略提高一点，基本使用胸腔、咽腔共鸣，声音从口腔发出。真声唱法实际上是带调的念，叫“平讲调”或“平唱调”，声音低沉，明亮度差，其旋律进行与语言音调较为接近，音区较低，曲调平稳、深沉。适合在讲史叙事、歌谣教学、婚丧礼俗、醮仪道场的场合运用。[②]

3. 真假声结合唱法

这种唱法的难度较大，只有优秀的歌手才能运用自如。歌唱时将头腔共鸣、口腔共鸣、胸腔共鸣混合运用。唱高音时以假声为主，加入真声，与纯假声相比，色彩更加明亮，声音更加结实，不虚不空。唱低音时以真声为主，加入假声，与纯真声相比，声音浓厚且富有弹性。[③]

（二）歌唱方式

畲歌的歌唱方式有独唱、对唱、齐唱。叙事歌一般是独唱，1958 年的调查说：“由于会唱小说全连的人很少，就很少对唱小说，多由一个人唱。”[④] 在小说歌盛行的霞浦，比较特别，在家里的对唱，一般都唱小说歌。杂歌一般要在野外唱。[⑤] 杂歌大多是对唱，对唱双方是异性，并且是不同宗族的。畲歌最主要的歌唱形式是对唱。畲族把这种对唱叫“盘歌”、“对歌”和“嬲歌”。畲民的两人对练“柴槌”（齐眉棍）叫“盘柴槌”，故“盘”有对练、竞技的意思。“嬲歌”的“嬲”，就是玩的意思。主要发生在“落寮会唱”和拦路截唱。没有专门的齐唱，齐唱是在盘歌对唱中有时跟着对歌

---

① 蓝雪霏：《畲族音乐》，福建人民出版社 2002 年版，第 192 页。

② 李健民：《畲族文化简说》，福建省宁德市民族中学 2005 年编印，第 95 页。

③ 同上。

④ 《畲族社会历史调查》，福建人民出版社 1986 年版，第 215 页。

⑤ 《霞浦县畲族志》，福建人民出版社 1993 年版，第 364 页。

的某一方唱的。有的地区，对唱中还会出现二声部重唱（“双音”）。

1. 对唱

尽管说“盘歌”、“嬲歌”都叫“对歌”，也就是对唱，但细细品味，“嬲歌”偏于情，而只要是对歌就是“盘歌”。像男方的“亲家伯”与女方歌手的对歌，宜叫“盘歌”而不宜叫“嬲歌”。另外，“嬲歌”主要发生在“落寮会唱”和拦路截唱。但也有特殊情况，在霞浦，唱情歌等杂歌就是在“落寮会唱”时也不能唱，凡不是在野外而是在家，即使“落寮会唱”也只宜唱“正歌”（长篇叙事歌），特别是小说歌，情歌等“杂歌”只能在野外和歌会时唱。[①]

畲族对唱时虽然也有出现齐唱的情况，即一个人开口唱后，其他人知道他唱的是哪一条，便接进去唱。对唱也会出现一个人独唱，如在“嬲歌”开始时，一方久久不予搭腔，而由另一方屡屡邀唱，也就有一定时间的独唱持续。每逢歌会，歌手众多，盘歌热烈，各寻异性，或单对单，或群对群，各占山头，各领地盘。也有以异性双方群体为“后台”，以其各自代表为“前台”的对唱，歌手们认为这是对歌的最好方式。一个歌手与一群歌手对唱的形式，以“亲家伯”（见第十一章第二节结婚礼仪）来女方迎亲时为典型，由于敢做“亲家伯”肯定是优秀歌手，所以他与众女对歌一般不胆怯。主要流行于霞浦的“做表姐”习俗（见第十一章第二节结婚礼仪），那种对歌则是一娘对众郎，这也是“会歌”。普遍的“会歌”是：村里来了年轻人，本村的异性青年立即活跃起来，当晚就有一场“会歌”。如果客人只一人，那就得以一应众。蓝雪霏《畲族音乐》中的“落寮会唱”对此有长篇幅的生动描写。[②]

以同一首歌进行对唱，双方可以各唱一条，或各唱二条、三条，也可以各唱一句、二句。并且，双方所唱的“条”数，也可由一方的歌手轮流分担，不一定由一个人一唱到底。除了对唱同一首

① 《霞浦县畲族志》，福建人民出版社 1993 年版，第 360 页。

② 蓝雪霏：《畲族音乐》，福建人民出版社 2002 年版，第 70—72 页。

歌外，还可以各唱不同的歌，相互穿插着唱。[1] 这种对唱，所唱的都依据固定的歌本。

2. 音调变唱

对歌的一个特点就在于地方音调的变唱，具体有：

（1）改变节拍、节奏。畲歌以一字一音为基础，至句末作长音停顿。在闽浙边界的霞浦、福鼎等地，畲歌常因衬字自由加入，造成句间歌词字数不平衡，每一乐句之节拍亦随之没有定数，情感在语气表现的直接作用下所造成的句逗停顿的多样化，也使得畲歌的节奏多无重复。

（2）改变曲式结构。畲歌的曲式，多为起承转合四个短句一段体或变化重复的双句一体，然而，霞浦畲民为了在相等的对唱内“少唱”些歌（词），创造了以衬句代入歌词，把“声音拉得长长”的具有固定衬腔的一句式，将四句歌词分成五个乐句唱完，打破了词曲式的同步结构。

3. 双音

双音也是地方音调的一种变唱，因为双音是畲歌极具特色的唱法，故单列介绍。

双音即重唱。畲族称双音为“跟唱”（霞浦县茶岗等村），又称“双重皮”（宁德市猴墩村）。畲歌双音是郑小瑛于 1958 年在宁德北部靠近福安的七都、八都、九都首先发现的，当时还听说福安甘棠也有。双音就是二声部重唱，这在我国少数民族民歌唱法中十分罕见。据说，“由于互相比多、比快，从赛歌中产生了这种唱法”。双音唱法是，一个人先唱，另一个人晚唱 2 个字或 4 个字跟进，如果间隔其他字数都说“唱不来”。有的晚唱 4 个字，唱毕仍保持 4 个字的间隔；有的晚唱 4 个字，后来间隔变为 2 个字，有时干脆变为齐唱。这种双音唱法，后来在霞浦等地也有发现。郑小瑛等人的调查报告注明：“‘双音’（双条落）”，也就是说，“双音”就是“双

① 蓝雪霏：《畲族音乐》，福建人民出版社 2002 年版，第 76 页。

条落”。该调查报告认为双音“是一种带有轮唱性质的二声部”。[①]

畲歌的双音确是存在的，但把双音与“双条落”等义，则很不准确。蓝雪霏在宁德的调查表明：“双条落”与“双音”无关，“双条落”是浓缩歌词而使两条变一条，从而产生倍速效果。比如唱十二月《时节歌》，一般以四句一条唱一个月的时节内容，但优秀歌手可将一月、二月压缩为四句一条，当优秀歌手唱完六条即十二个月时，弱势的一方只唱完六月。[②] 蓝雪霏的调查不仅纠正双音俗称“双条落”的名称错置，而且发现“双条落”的真实唱法。其实，郑小瑛等人当时在调查“双条落”时就听到产生的原因之一是“由于互相比多、比快”。既然是“比多、比快”，就与双音没有关系，因为一方有意慢两字或四字才产生双音，怎么显示快和多呢？蓝雪霏调访所获悉的“双条落”恰恰就是在“比快”，而且快了，就可以多唱。

所谓“一个先唱，另一个人晚唱 2 个字或 4 个字跟进”，这仅仅是双音的一种，而且是最简单的唱法（模仿式复调）。这种双音主要就是轮唱（在某些对应音有轻微变化），即按一定时距，先后唱用一个旋律，两个声部产生追逐的效果，结尾同时收音。其实，畲歌双音还有一些更复杂的双音唱法：

（1）支声式复调

两个声部同步演唱同一旋律及其变体，有共同的终止音，此谓支声式。支声式似可以这样理解：同一旋律为主枝（同），但有时双音会出现不同旋律，这就好像出现二个分支亦即分支（异），但在旋律上，同是主要的，异是次要的。

（2）和声式复调

和声式与支声式复调的两个声部同步演唱，都有相同或相似的节奏，共同的终止音，但和声式的两个声部在旋律上，异为主，同

---

① 郑小瑛等：《畲族文艺调查》，载《畲族社会历史调查》，福建人民出版社 1986 年版，第 217 页。

② 蓝雪霏：《畲族音乐》，福建人民出版社 2002 年版，第 190—191 页。

为次。并且，在旋律进行中，各对应音之间构成多种不同的音程关系。

（3）接应式复调

接应式复调产生于对唱双方之间，一方未了，另一方紧接，相互交接时形成声部重叠。①

畲歌是清唱的。惟有畲族的醮仪音乐，声乐与器乐才时有配合。畲村有器乐演奏，包括管弦乐和打击乐，但纯是为婚丧节庆渲染气氛的器乐演奏。许多畲村有鼓吹班，有本民族传承的，但多从汉族地区传入。曲牌与演奏风格几乎与汉族别无二致。大吹时拥有唢呐和打击乐器锣、鼓、堂锣、钹、板、铃等；小吹时有唢呐、笛子、京胡、二胡与月琴等。鼓吹班由相对稳定的人员和人数组成，多则 8 人以上，俗称“大吹”；少则 4 人，俗称“小吹”。通常每人均会兼吹、打两种以上乐器。所演奏的也有少量是本民族乐曲，如《宫兰花》、《落地花》等。每逢婚嫁喜庆和节日，常邀请鼓吹班吹打弹唱，以增加节日和喜庆的热闹气氛。②

二　𦨣歌习俗

畲族山歌的主流方式是𦨣歌，𦨣歌唱的主要是情歌。“歌为媒”是𦨣歌的原本功能。大约从晚清以后，早婚兼包办婚，将𦨣歌与婚姻缔结隔离了。我们所熟知的民国以后的𦨣歌，其男女之情的交流几乎都是设定在虚构的特定时空（如“落寮会唱”）。这种情况，闽东尤其如此，而浙南尚有“歌为媒”的古俗遗存。

畲歌主要的演唱形式是对歌，对歌也推动畲歌发展的主要动力。具有人数规模的对歌场合，是某些节日的歌会、落寮会唱、拦客截唱和迎亲对唱（亲家伯、赤郎、行郎与女方女歌手的对唱）。

---

① 以上三式复调，参见王耀华、刘春曙《畲族音乐简论》，载《福建省首届畲族歌会文集》，福建省艺术研究所 1988 年编印，第 161—168 页。

② 施联朱：《畲族文化史》，载《施联朱民族研究文集》，第 329 页；《福安市畲族志》，第 431 页。

迎亲对唱主要属于礼俗歌，其歌言基本上是定式的歌言。变化丰富、内容万千的歌言出现在歌会、落寮会唱和拦客截唱。从文化客位的角度，我们通常将盘歌、嬲歌与对歌等义。实际上，只有盘歌可与对歌等义，而歌会、落寮会唱、拦客截唱所唱的盘歌，才是嬲歌。蓝雪霏指出："'嬲歌'，畲语念作［lau］［ko］，'嬲'，即玩的意思。'嬲歌'是畲族关于闲暇或节日期间与外地氏族外异性对歌的原称。"[①] 所谓"吃豆要吃豆子精，情义要交远路郎，做鹞不钓近邻鸟，远路鸟子骨会香"，[②] 说的正是嬲歌对象应是来自外地异性，甚至是不同姓的意思。

为什么嬲歌的对象要限定为不同姓（"氏族外"）呢？原因就在于嬲歌的主题内容是情歌，古代行氏族外婚。当氏族演变为宗族，同姓不婚就是对同宗族结婚的排斥（根据追根原则，同姓亦同宗）。为什么应是外地的呢？畲族认为与外地异性嬲歌才有意思，更深层的原因应是：旧时习惯（最明确的是民国），畲女多在18岁以前出嫁（18岁忌嫁），19岁以后出嫁的很少，而10岁前基本上已通过媒人而由父母包办订婚。因此通过对歌对上对象而结婚的，几乎没有。[③] 然而，在古代，情况不是这样。明代《赤雅》云："徭名峯客，古八蛮之种。……合乐男女跳跃，击云阳为节，以定婚媾。"[④]《赤雅》所记尽管是瑶族以歌舞为媒的习俗，但略可映照出畲族早期习俗的影子。在历史上，以歌为媒曾经是畲族风俗，这是没有问题的。因此，当固有习俗的惯性遭遇早订婚习俗的阻遏时，嬲歌采取的是虚拟情景的角色扮演，也就是虚拟其事，实不当真。既是虚拟角色，是外地客人才不至于尴尬，而能放松自如。

蓝雪霏《畲族音乐》指出：无论是"出行"做客，或参加歌

---

① 蓝雪霏：《畲族音乐》，福建人民出版社2002年版，第66页。

② 同上书，第235页。

③ 据对旧时歌俗调查，畲民说："没有听说对歌对上象的"，"找对象要靠媒人介绍"。此见蓝雪霏《畲族音乐》，第239页。

④ （明）邝露：《赤雅》，中华书局1985年版，第2页。

会，嬲歌有两种不同的发生情形，一为拦路截唱，一为落寮会唱。

（一）拦路截唱

拦路截唱发生的地点在野外，截唱的对象多为人数不一定均等的异性小群体——当“出行”作客或者参加歌会的异性青年在路上相遇，男方远远地就要抢上前拦住女方去路进行盘唱，节日歌场上的嬲歌，也往往从拦路截唱开始，男青年或把守于歌场之村口要道，或占据于歌场之山坡关口，拦住前来赴会的女子。于是，一簇簇，一丛丛，对歌的人群犹如簇开的山花，漫山遍野；歌声亦此起彼伏，不绝于耳。

拦路截唱除了在路遇、歌会中发生以外，还有一种情形则发生于地理位置上为他村人外出的必经之地。这种拦唱往往带有几分“袭击”的色彩。

（二）落寮会唱

畲族十分好客，无论谁家来了客人，全村欢迎，尤其是异性年轻客人的来临，年轻人更是欢腾雀跃，当晚免不了要对歌，此谓“落寮会唱”。①

嬲歌可以长时间连续唱，特别是落寮会唱可以连唱一二夜、二三夜，而且不重复，主要原因在于既有口头传承的歌言又有文字转抄的歌本，这些歌的数量是极为可观的，可以照着唱，也可以加以不同程度的改动，也就是改编。畲歌歌词有：“一条歌子九个头……改头换面与娘（郎）聊。”嬲歌的歌言是一种衍生结构，一生二，二生三、三生更多。俗称“编篱笆”，又曰“扳”。有畲歌云：“你那便唱我便回，便便歌子猛唱来，八角楼台平地起，花篮凭底造上来。”又云：“歌那不扳无几多，田那不耕播无禾，舌那无骨连连转，是人心巧扳来多。”说的就是畲歌乃靠“编”出来、

① 以上落寮会唱和拦路截唱，参见蓝雪霏《畲族音乐》，第68—69页。

“扳”出来的。蓝雪霏钩稽了嬲歌的历史发展：早期，嬲歌是口语式亦即“随意谈话体”的歌唱。后来，记录创作口传畲歌，“非随意谈话体”的歌本“成为嬲歌有‘据’可依，有情可‘发’的基础”。[①] 嬲歌歌言有句式韵脚的要求，对这一要求谙熟后，依然能表达得很随意。这是历史上“随意谈话体”在“非随意谈话体”风靡时期的风韵依存。

从“随意谈话体”转型为“非随意谈话体”的意义是重大的，使得畲歌文学得以积累。“非随意谈话体”在明代，甚至是更早时期就已出现。闽南德化县仅存一首畲歌《黄蜂飞来椅子边》，歌词是：“黄蜂飞来椅子边，大小叫我来起诗，起了个诗团团转，轮大轮小轮到你。”闽东霞浦畲歌也有相似的唱词：“黄蜂来嬲坐厅头，主人交我起歌头，起个歌头团圆转，无论大细都来凑。”[②] 这说明两者一脉相承。由于空间远距数百公里、时间遥隔数百年（明代德化已有畲民），两首黄蜂歌的歌词竟那么相似，我们有理由相信德化黄蜂歌经久未变。德化黄蜂歌中的“大小叫我来起诗”的“诗”告诉我们：历史上德化有黄蜂诗时，嬲歌早已采用诗歌程式了。

第四节　畲歌文学特色

在畲族文学中，畲歌是其主要部分。[③] 它生动地反映了畲族的历史、政治、经济、文化、生产和乡土风情，表达畲族忠勇、诚信、率真、乐观的民族性格。诗、歌一体，诗合乐为歌，畲歌的文学形式即诗。七言四句为一个基本单位（“条”），是畲歌的普遍形式。畲歌的文学特点突出地表现在以多种格式将若干条串联为一个

① 蓝雪霏：《畲族音乐》，福建人民出版社 2002 年版，第 77—88 页。

② 蓝雪霏：《畲族音乐》，福建人民出版社 2002 年版，第 101 页。

③ 施联朱：《畲族文化史》，载《施联朱民族研究文集》，民族出版社 2003 年版，第 324 页。

连绵不断而又有所变化的贯穿主题的整体，这些格式的共同特点是重章叠句。

一 形式特点

（一）体式

畲歌的体式以七言（字）四句为主，每四句一个单位，成为“一条”。实际歌唱时因情景还可以有许多变式，不完全是“七言四句”。除少数七言六句外，主要的变化表现在起句字数上，有三言、五言，甚至一言的。还有用两个三言断句合成六言起句的，如福安畲族的《起头歌》：“叫我唱，我就唱，郎今唱条逗小娘，爱唱麒麟对狮子，爱唱金鸡对凤凰。”

（二）格律

畲歌的基本格律要求每句的一、二、四句尾字押韵。一首由多条组成的畲歌，可以一韵到底，也可以逐条换韵。畲歌的基本格律还要求每条的一、二、四句的尾字是平声，第三句尾字是仄声，这和汉文学的四句一首的诗歌格律要求是一样的。

（三）篇幅

根据条数的多寡，畲歌有散条、短连、长连之分。

散条：短小、零散、自由活泼，多为一二条、三四条，甚至达十来条的抒情山歌。以下的短连、长连皆有固定歌词。而散条既有固定的歌词，更有即时对固定歌词的变化，甚至有局部创作或整体创作，这是畲歌的源头活水。

短连：“连”就是连接的意思，多为数十条组成的杂歌，这数十条都贯穿同一个主题而连成一体。因为有多达百多条，甚至数百条的历史传说歌和小说歌这样的“长连”，因而数十条组成的杂歌就称“短连”。

长连：也称全连，都是长篇叙事，具体是历史传说歌和小说歌，篇幅有百多条，甚至数百条。①

二　艺术特色

歌，谱曲之诗也。畲歌的基本形式是对歌，畲族称“盘歌”，“盘歌”又叫“盘诗”。“盘诗”的“诗”，就把畲歌的主要艺术形态呈现了。既是盘歌，双方都须听清楚对方所唱的歌词并理解含义，因此歌词的往返重复适合“盘歌”的需要。盘歌经常需要即时因情景对固定的歌词加以变化，甚至是创作，这就需要思考，让歌词出现局部重复，既有助于把持主题、逐步推进，又有重复的缓冲能提供思考的时间。并且，诗歌惟有通过一唱三叹，主题才得以渲染和强调，犹如一波波海浪的连续冲击，使浪花在礁石上接续绽放。

（一）赋、比、兴的表现手法

赋就是直接叙事和抒情。比就是打比方。兴就是起兴，即先说别的事物，以引出下面要说的事物。赋、比、兴都是诗人、歌者用以构筑诗歌的艺术形象和意境的方法。一般说来，虽然有些畲歌对这三者有所侧重，但多数情况是交互使用。如《听知娘声就心狂》：“山冈头茅叶黄，想娘生好难回乡。无媒喽鸟难落笼，听知娘声就心狂。”首句以黄茅叶起兴，营造思念心上人的伤感和惆怅；第二句直陈对姑娘的思念，是叙事的赋；第三句比喻自己无媒与心上人结合；结句是抒情的赋。②

（二）重章叠句的结构形式

畲族歌言“深潭无底坑”，“好比深山大树木，砍了一蔸又会有”，说的是畲族歌言的永不衰竭在于原有的深厚积淀。深潭汲水水不竭、大树砍枝枝又生的秘密在于其变化中的衍生。在各种体裁

① 以上的形式特点部分，参见李健民《畲族文化简说》，第91页。

② 李健民：《畲族文化简说》，福建省宁德市民族中学2005年编印，第92—93页。

的歌唱中，尽管“杂歌”这一部分也有不少唱本，但对歌时还需要歌手有所变化。老歌手钟昌尧说：“唱杂歌没有底，随便变才能区别出唱得好不好，死学学不来。”① 其言的精髓在于“变”。这个“变”告诉我们：熟记很多定式歌言才有“变”的基础；腹中的歌言存积，要因情景、随感受而自然进行发挥。有的优秀歌手达到大而化之的境界，他们有时会唱出全新的歌词。有的优秀歌手尽管没有大而化之的能力，但他们极其透彻地领悟了歌言是自然的叙事和谈心的道理，就粗粗糙糙地说事，直白裸露地抒情，对歌本的改动挥洒自如，甚至脱口而出全新的唱词。无论是已成教科书的歌本，还是推陈出新的歌言，其歌言之“条”凭借着重章叠句的结构形式，如藤蔓轻灵地延伸。这种结构的内在机制就是“条变”和条间“勾连”。无论是“变”还是“连”，皆为畲歌衍生结构的机妙所在。

1. 条变

“条变”，包括“双（两）条变”、“三条变”，指全首歌通篇重叠，各条仅对应变化几个字（主要是韵脚字），是一条变两条或三条。如《问路歌》：“我郎来到你娘乡，总算来到枫树洋，枫树岔头三条路，不知哪条透娘乡？我郎来到你娘村，总算来到枫树峰，枫树岔头三条路，不知哪条透娘村？我郎来到你娘家，总算来到枫树岔，枫树岔头三条路，不知哪条透娘家？”② 这种在“同”中不断产生小“变”，轻松地形成近似“克隆”又有变异的衍生形态。

2. 勾连

无论是以一条为一个单位，还是以两条为一个单位，每个单位都有局部相同，这种相同使每个单位内容的“变”因有“同”而产生连续感。“同”的功能就是勾连。如果是固定歌本，“同”可方便记忆；如果是创作，“同”使思路不断。并且，歌词内容因“同”

① 蓝雪霏：《畲族音乐》，福建人民出版社 2002 年版，第 209 页。

② 李健民：《畲族文化简说》，福建省宁德市民族中学 2005 年编印，第 93—94 页。

而有一气呵成的酣畅。

勾连有畲族歌手所说的“单扯连”、“双扯连”：

（1）单扯连，包括单扯头、单扯尾。

单扯头，即一首畲歌中各条的首句相同。如《娘今无双无奈何》：“你今有郎欢喜多，我今无双无奈何，明明要讲也赖讲，明明要做也赖做。你今有郎欢喜多，我今无双无耐烦，田山做式无话讲，锄头棕衣各一方。”① 单扯尾。即以前一条的尾句作为后一条的头句。如：“首番龙犬未成人，要结皇帝女为亲，第三宫女心未愿，深房洞里去变身。深房洞里去变身，单定七日变成人，王帝六日开来看，那是头变未成人。”②

（2）双扯连，即以两条为一个单位，连着变化数次，包括双扯头与双扯尾。

双扯头，即每个单位的开头一、二句都一样，从而使歌词始终保持叙事和抒情的既定的情景。其次，每个单位的第二条首句基本重复并略有变化，这样既保持单条开始的重复特征，又与整个单位（共两条）与前一个单位的内容相协调。例如：“（第一单位：）落郎垌里玩久长，爹娘寄讯转回乡，来时茶树未爆笋，转时茶籽满山乡。娘讲转，紧张张，无五娘食挂心肠，田里种瓜瓜未大，树头橄榄果未黄。（第二单位：）落郎垌里玩久长，爹娘寄讯转回乡，来时甘蔗未爆笋，转时蔗子做成糖。娘讲转，紧暖暖，家堂有米酒未饮，再等三夜出酒仔，拿些娘食解心开。（第三单位：）落郎垌里玩久长，爹娘寄讯转回乡，来时鸭母未生蛋，转时鸭子会泅潭。娘讲转，紧焦焦，我郎着急出来留，新做青衫领未锁，新做衣裙花未修。……”③

双扯尾，第三、四条分别以第一、二条的第三、四句作为头一、二句，第五、六条又分别以第三、四条的第三、四句作为第

① 李健民：《畲族文化简说》，福建省宁德市民族中学2005年编印，第93页。

② 蓝雪霏：《畲族音乐》，福建人民出版社2002年版，第78页。

③ 同上。

一、二句。等等。[①]

此外，还有以每条歌词的第二、三句作为固定不变部分进行歌词衍生。[②] 这大概算是“双扯中”。以上的“双扯”的“双”是两句的意思，“扯”即重复。

重章叠句的结构形式便于记诵，也为歌者提供了即编即唱的回旋空间。从艺术表现形式来说，不但使畲歌在音律和修辞上都收到美的效果，而且便于表达出细致缠绵的思想感情，描摹出丰富多彩的外部世界。[③]

（三）夸张纯真的歌言表达

夸张是畲族山歌突出的艺术手段，夸张使事物特点凸显，使抒情具有爆发力。夸张的动力是想象，想象的发力基于心灵的纯真。正是纯真与夸张的相互激发，使畲歌盘唱宛如清泉涌流，又像涧水大胆跃落而发出响雷那样令人怦然心动。畲族称山歌为“歌言”，唱歌就是把内心的话表达出来。率真的民族性格使歌言无羁无绊，助长文学的夸张形式肆意彰显。

夸张纯真的歌言表达在“落寮会唱”最为崭露。畲族好客成风，无论谁家来了客人，举村欢迎。若是来了年轻客人，本村异性群情激动，当晚免不了要“落寮会唱”。蓝雪霏列举的一段歌，生动地体现了畲族歌言的纯真和夸张：“你郎来到我娘家，娘今见讯就来查，看见郎来大欢喜，三个路坎一下爬。……你郎来到我娘家，姐妹相叫笑哈哈，左手捉着郎包袱，右手端凳又泡茶。”心思单纯助长着想象力，从而使夸张的翅膀任意飞翔。反之，若心思杂而顾忌多就难于夸张。遇到落寮会唱，主人不时会因生活困顿、无力招待好客人而感歉意和自嘲，在坦陈后比拟性的夸张突兀而起：“米舀来暗酒炊暗，你郎来玩嘴淡淡，平时不晓买一件，今晡凑巧

---

① 蓝雪霏：《畲族音乐》，福建人民出版社2002年版，第79页。

② 同上。

③ 李健民：《畲族文化简说》，福建省宁德市民族中学2005年编印，第94页。

无人担。买肉路远又未去，米粉来煮又是粗，我娘忖到杀鸡公，又惊鸡母无丈夫。”会歌时，异性双方会试探对方的婚姻状态以便选择歌言的内容取向，例如男唱：“郎今与妹正会过，便要近前问一问，又惊今娘定有了，抄落棋盘也不符。”女唱：“我爹养我十八岁，胜过洋燕头碗菜，筷子都未撞下揿，表兄爱吃趁早来。”[①] 至纯至真使表白无遮无拦。如果扭扭捏捏，遮遮掩掩，不用说夸张，就是半天也哼不出一句。诗国犹如童话的世界，因为纯真而童言无忌，因为无忌而放飞心灵。有纯洁的翎羽，才能在诗歌的天空轻盈飞翔。

我们常为作一首诗而绞尽脑汁，听说畲族人人会唱、出口成歌，十分不解，原因就在于不了解畲歌即歌言，也就是唱出想说的话。由于曲调是固定的，只要坦坦荡荡、率率真真地表达自己的所见所思，人人皆歌者。畲民从小就生活在山歌环境，耳濡目染，且接受唱歌训练，熟唱许多已经成为经典作品的畲歌，就像“熟读唐诗三百首，不会作诗也会吟”。最根本的是，畲族歌言的夸张纯真源于其民族心性。

第五节　醮仪音乐舞蹈

醮仪，是祈福禳灾的祷神驱邪仪式。从闽粤赣原住区的“由来风俗好呼巫”,[②] 到闽东、浙南的“俗借师巫驱鬼祟”,[③] 畲民驱邪迎祥的醮仪活动一直延续着。醮仪的核心是祷神，而祷神则须娱神、感神，最早的音乐舞蹈的产生可能与祭祷神灵有关，而后形成专门祭祷神灵的音乐舞蹈。畲族的醮仪音乐舞蹈出现在具有浓厚宗教色彩的成丁礼仪式（醮名祭）里。畲族的醮仪就其内容来说，有四类：一是“做福”醮仪，二是祭祖醮仪，三是对亡者的救度醮

① 蓝雪霏：《畲族音乐》，福建人民出版社 2002 年版，第 70—71 页。
② （清）杨澜：《临汀汇考》卷 3《风俗考 · 畲民附》，光绪四年刊本。
③ （清）宋云会：《云和杂咏》，载光绪《处州府志》卷 30《艺文志下 · 诗篇》。

仪，四是奏名传法（醮名）醮仪。畲族要树立某种习俗或仪式的权威性时，总是与始祖崇拜相联系。霞浦县樟坑于清同治九年（1870）修的《汝南蓝氏宗谱》则说盘瓠王初登会稽山时，见“行瘟害民”的“柳氏”二怪，“知化身，不知法咒，于是裹红巾执银铃，驱怪于海隅而戮之”。[①]“裹红巾执银铃”就是一种醮仪形象。

一　醮仪音乐

在整个醮仪演示过程中，音乐是作为科仪中的巫道法术的实施手段之一，与不同醮仪的各种程序的内容融为一体。

（一）醮仪声乐

畲族醮仪的完成是以浩繁的科仪卷本为基础，依醮仪各个不同主题项目的确立而重新加以选择、编排的。科仪本中须用人声加以诠释的是大量的咒、诀、经牒及某些具体法事。从音乐的角度来看，其人声表达伴随着有声乐的念、歌两种。

1. 念诵

畲族科仪本上的“念咒”、“念诀”、“念云”部分便是念诵。醮仪中的“念”与丧葬音乐的“念”特点相似，但醮仪中的“念”在音列的组合上较多样化，旋律的流动性也相对增大。

2. 歌唱

醮仪的歌唱要比念诵多。浙南丽水畲族醮名祭中的《兵歌》、《高皇歌》，其文学部分无论字、词运用或内容表现一般相较念诵生动，富有华彩，其字、句结构亦较规整。蓝雪霏指出：“醮仪的‘歌’的曲调类型有两种，一为当地‘嬲歌’基本音调的变体，这在浙南丽水畲族‘醮名’音乐中可以找到很多实例；另一种则为师传或家传的互不相同的特性音调。”[②]

---

① 转引自《霞浦县畲族志》，福建人民出版社 1993 年版，第 483 页。

② 蓝雪霏：《畲族音乐》，福建人民出版社 2002 年版，第 170 页。

所谓“师传或家传的特性音调”，是做禳灾纳祥的道教科仪的音乐，应有两种传承：一种是当地汉族的道教音乐。在闽粤赣接合部原住区，畲族祭师以巫术作法。在闽东、浙南移住区，畲族祭师习得当地汉族道教的民间派系即三奶教，改用以法术作法，其醮仪音乐也就采用当地所师承的当地汉族道教音乐，这是闽东、浙南畲族醮仪音乐的主体。还可能存在的另一种传承，即畲巫传统。在畲族闽粤赣接合部原住区，畲巫有本民族的醮仪音乐，“由来风俗好呼巫，祭赛刑牲也自娱，好是击铙歌且舞，挑灯直到跃阳乌”，[①] 描述的就是畲巫的既舞且歌，所歌是本民族的。从理论上说，这种流行于原住区的巫歌音调也会随着迁徙，转移到闽东、浙南移住区。不过，畲族法师所从事的禳灾纳祥的道教科仪音乐中有无遗存闽粤接合部原住区的畲巫音乐，至今我们尚不了解。

在歌唱过程中，有时也出现多声部现象。产生的缘由在于一般醮仪均须连做几个昼夜，需要完成的科仪本子多，齐唱时，主持的法师担任主唱，副手们跟唱，亦不时或少念几个字或抢念几个字，就会出现多声部现象。畲族法师认为所念的部分只要大体相同，以大声者算数，其他尾随即可。[②]

以上把念、唱分别介绍是为了内容的眉目清楚，实际操作中，念与唱是交错进行的。

（二）醮仪器乐

醮仪器乐是人与神鬼交流的中介，特别是法号之鸣和锣鼓之声，尤具有通神和摄鬼的功能。醮仪器乐，即在醮仪上用法器演奏的音乐，有关的法器有：

龙角：用弯曲的树材做成。畲歌云：“弯弯路子有人来，曲柴做角有人吹，你乃不相有人相，你乃不爱有人爱。”龙角这一法器

---

① （清）杨澜：《临汀汇考》卷3《风俗考·畲民附》，光绪四年刊本。

② 蓝雪霏：《畲族音乐》，福建人民出版社2002年版，第168—170页。

的材料来源。其做法是：先将取来的曲枝和皮晾干，然后取中线锯成两半，挖去中间木质刮削磨平，做成长柄弯角，再将两片弯角胶合，漆上红色。由于“曲柴”“物尽其用”，故龙角一般没有固定的规格，大致角长50多厘米，筒壁厚约5厘米，筒口呈斜椭圆形。龙角的音高是靠嘴形和气息加以调节的，它吹奏多出现“do、sol、la、do”四个音。

畲族法师手持龙角（法号），盘旋起舞

铃刀：由一刀刃、刀架、刀柄成十字形的刀及其刀柄下端圆形铜线上所串的五个大铜圈或加数个小铜圈构成。以手腕甩动、发出“嚓嚓”声，清脆悦耳，一般多用于武场。

交杯：系在长绳上的两个铜片因相击而发音。文场中，置于地上，“法师”一边念唱，一边有节奏地甩动长绳，使之发音。

三音锣：由三面大小不一的小锣组成。

法铃：铜制，柄的上端有山字状的矛器，摇摆以发音。

此外，还有法鼓，以及型号不同的锣、木鱼、钹等。

在以上这些法器中，仅有龙角能吹奏旋律。龙角音乐一般出现于开场或念唱的间隙、或行使某一法术之时。由于它一般只吹三四个音，旋律上呈纯五度与纯四度的连续跳进，其音色躁硬，音调高亢，在已经营造的神秘诡异的气氛中，平添震慑力。当它与法鼓相合，更能表现紧张激越的杀伐之气。

铃刀、交杯、三音锣、法铃，皆是小型或薄型铜片经敲击而发音，音区高，音色清越。铃刀、法铃在武场的驱鬼中铿锵作响，配合鼓角的杀伐之气，咄咄逼人。交杯、三音锣在文场的请神祈福中叮当作响，为虔诚、祥和的气氛增添愉悦。[①]

二　醮仪舞蹈

畲族舞蹈几乎都与祭祀有关，或者说是祭祀中的巫舞，准确地说，是畲族法师跳的。清代描述闽西畲族祭祀中的巫舞，有诗云："由来风俗好呼巫，祭赛刑牲也自娱，好是击铙歌且舞，挑灯直到跃阳乌。"[②] 这是载歌载舞的巫舞。畲族传统舞蹈是由习俗性舞蹈及祭祀性舞蹈发展演变而来，其基本动作的风格特点是"踏、步、蹲"，即左脚向右脚前侧斜进一步，同时双膝往下弯曲成蹲状，或右脚向右侧斜进一步，左脚踏在右脚后，同时双膝向下弯曲成蹲状。不仅手势、蹲腿、独脚、抖肩、翻滚、旋转等舞技的表演，造型独特，丰富多姿，而且技术精湛，难度较高，具有稳健、庄重、典雅的风格，整个舞姿和谐、优美。[③]

鉴于畲族法师"踏罡步斗"等作法时的舞蹈可能师承自汉族法师，至少师承了大量的汉族道教的舞蹈元素，因此与祭祖有关的舞蹈最可能，甚至有些可以确认是畲族传统祭祀舞蹈的传袭。由此，

---

① 以上醮仪器乐，参见蓝雪霏《畲族音乐》，福建人民出版社 2002 年版，第 185—186 页。

② （清）杨澜：《临汀汇考》卷 3《风俗考·畲民附》，光绪四年刊本。

③ 施联朱：《畲族文化史》，载《施联朱民族研究文集》，民族出版社 2003 年版，第 329 页。

我们看到始祖崇拜对舞蹈的维系和影响。反之，畲族法师将后来学得的“踏罡步斗”附加在始祖的传奇里，说盘瓠“踏罡步斗，驾起云雾，飞腾过海，直至燕王殿前”，[①] 从而产生醮仪舞蹈的权威效果。

（一）祭祖舞蹈

畲族传统舞蹈祭祀舞，与盘瓠图腾崇拜关系密切，集中表现在始祖祭祀活动，尤其是迎祖活动。畲族祭祖一般在祠堂或祖厝大厅，由本族法师设坛祭祀，开祭时跳祭祀舞。参加祭祖的人，咸集祠堂，进祠堂门时，半跪蹲行进。法师在请神安位、开谱和悬挂祖图、请祖安位以及祈求福佑中，都有舞蹈动作。

迎祖，俗称“请龙头公”，是同宗的若干宗支组成祭祖祭祀圈，在进行交接“祖亭”的仪式（参见十三章第二节祭祖仪式）。1958年郑小瑛等位在宁德县雷东、后山、八都、九都访问曾主持或参加迎祖的法师和群众，了解到在甲村的法师或长老要请走龙头杖，而乙村的法师或长老佯装不愿让甲村取走时，有一些又歌又舞的动作。[②]

20世纪50年代以后，经过文化部门的调查、发掘、整理，整理出《捕猎舞》、《婚礼舞》等舞蹈节目。《捕猎舞》原为“踏步舞”，当时是宁德县漳湾镇下雷东村的青年文娱积极分子雷庆为，在福安县下白石乡坑门村找到一位80多岁的老法师，学习这种祭祖时舞蹈的基本动作，整理改编为“踏步舞”，县文化馆的同志认为“有狩猎的意思”，就改称为“捕猎舞”。[③] 迎祖的仪仗有龙伞、龙虎旗等，只是举着行走。1955年连江县有关部门加以借鉴，创作了《龙伞舞》，参加省文艺会演。《婚礼舞》是霞浦县文化馆群众业余

---

① 霞浦樟坑《汝南蓝氏宗谱·蓝氏得氏源流总图》，清同治九年修，转引自《霞浦县畲族志》，第483页。

② 郑小瑛等：《畲族文艺调查》，载《畲族社会历史调查》，第226页。

③ 同上。

文艺创作小组，根据当地婚礼的拜堂、换灯、献茶、敬酒等程序，创作出《婚礼舞》。[1] 实际上，现实的婚礼并无此舞。这些只是文艺节目，并非民间存在。

将祭祖时舞蹈的基本动作，整理改编为“踏步舞”，后改称为“捕猎舞”。改称也就罢了，但有的学者还要进行文化编造，说：“《猎捕舞》亦称《踏步舞》，流行于宁德县漳湾公社雷东村。它的情节来自长卷祖先图《环山昼轴》的一段，是正月祭祖典礼中，由主持仪式的道士——祭师所跳的舞蹈。”“《猎捕舞》表现上古时候，畲族祖先中有一位勇敢猎手，经常带领众猎手巡山狩猎，为民除害，他们捕杀了许多野兽。最后，发现附近又有野兽出现，于是他们吹起螺号，众猎手集合起来，正在包抄猎物之际，突然从背后窜出一头凶猛高大的山羊，在没防备的情况下，勇敢的猎手被山羊的尖角刺穿背部，当场牺牲，猎手们在悲痛之中，抬起他的遗体，一路护送回村。后人为表达对他英勇牺牲精神的崇敬与怀念，编此《猎捕舞》以作纪念。”[2] 文化编造造成的后果是损害文化的尊严，当这类伪造混入文化生态的历史状态和现实状态的描述，就造成文化污染。文化伪造在当代旅游资源的展示中，常为世诟病。

有关文艺部门根据某地巫舞的元素创作了一些舞蹈，但不宜说这些舞蹈流行于某地。例如，《龙头舞》就是创作的舞蹈节目，其情节有三段：第一段俗称《日月舞》，表现盘古开天辟地，造日月照人间的神话传说，男女演员各四人，每人各执日、月模型道具一对；第二段《龙头舞》，表现祖先龙麒帮助高辛帝平息外族侵犯后，被高辛帝招为驸马；第三段《龙抢珠》，表现欢乐庆祝，他们边舞蹈，边唱《盘古歌》，同时敲击锣鼓点伴奏。有的著述说，《龙头舞》“主要流行于宁德市八都、七都、金涵等地”。至于说，“逢年

---

① 郑小瑛等：《畲族文艺调查》，载《畲族社会历史调查》，第225—226页。

② 王耀华、刘春曙：《畲族音乐简论》，载《福建省首届畲族歌会文集》，福建省艺术研究所1988年编印，第143—144页。

节喜庆，或遇天旱举行祈雨仪式时，也有跳《龙头舞》”，[①] 此二说都是很随意的表述。

(二) 行罡舞蹈

“行罡”舞蹈，《中国民族文化大观·畲族篇》称之为“祈福性舞蹈”。法师作法有独特的步法，“行罡”即在三十六颗天罡星组成的星斗上行走，从而产生驱邪纳祥的效果。

有关部门创作的《祈福舞》即来源于这种消灾祈福的“行罡”作法。《祈福舞》系独舞，角色男扮女装，以草席、魔蛇、令牌、龙角、铃刀等法器为道具，行走“罡步”，表现驱鬼、求神、消灾添福的法事过程。舞蹈分三段：一是“打案出厅”，表现驱鬼；二是抽兵马“行罡”，表现求神；三是“行九州出山”，表现奶娘（神明）舍命救民。

畲族祭祀舞蹈一般分文、武科，《祈福舞》属武科，舞姿多采，技艺较高。舞蹈动作刚健有力，以“开步”、“双辗步”、“八字步”为主，手、脚身法变化起伏大，音乐仅以锣鼓伴奏。[②]

(三) 醮名舞蹈

在醮名祭仪式（参见第十三章第二节第三部分）进行中，有单人、双人、四人和包括学师者的传师学师人员 12 人，踏着锣鼓、龙角的节奏，同唱同舞的舞蹈。例如：(1)“造五营寨舞”，是法师跳的第一个四人舞，其意为召来的东、南、西、北、中五方神兵“造五营寨”。由四个法师同时左手执铃刀，右手执龙角，边唱“造五营寨”经文，边舞“造五营寨”动作。造第一层时，四人同蹲“下骑马步”唱舞；造中层时，四人弯腰交错舞蹈，造上层时站立举手高舞。(2)“造老君殿舞”，意为太上老君，砌造宏伟宝殿，由法师

---

① 《中国民族文化大观·畲族篇》，民族出版社 1999 年版，第 286 页。

② 笋鹤：《福建祭祀舞蹈简介》（二），载《福建舞蹈》1990 年第 1 期。

二人，龙腾虎跃，不用道具徒手跳舞。(3)“造水洗坛舞”，意为法师取来五龙神水洗净法坛。教学师的子弟学法，由法师二人边舞铃刀，边吹龙角，跳起有节奏的矮步舞。(4)“过九重山舞”，是在一片野外开阔地上，在不同距离，预先插上九枝枝叶茂盛的小竹，由引坛法师带领一班学师子弟背上草鞋、雨伞，边唱边变换队形和身姿，以示跳着越过九重山险峻山岭的踏步舞。(5)“学师求乞回家舞”，是表现学师子弟模仿祖先，在学得闾山真法后，千里跋涉，因缺少盘缠，求乞回家。舞时，舞者头戴挂着许多破敝的色纸装成的破斗笠，身穿挂满破布条的破衣服，形容憔悴，手持木棍，返归家门，一时与家人互不相识，他跳起八卦舞、棍舞，向家人汇报学法成就，博得家人欢喜。舞姿雄健，情趣盎然。①

① 《中国民族文化大观·畲族篇》，民族出版社 1999 年版，第 288 页。

第十章

岁时节日

畲族岁时节日，根据其内容和性质，可分为传统节日、生产性节日、娱乐性节日和神事节日。这些节日，存在相互交叉、重叠的情况，如传统节日、生产性节日，大多有祭祀的内容。畲族由游耕、狩猎，转为定居农业，其节日便烙上了鲜明的农耕文化特色。所有节日，井然有序地分布于四季，顺应岁时节候的变化，应和着农业生产的节奏。

第一节　传统节日

畲族许多传统节日，在时间和内容上与汉族节日相同。这是畲、汉文化互动和融合的见证。传统节日也称庆贺节日，它以喜庆丰收，祝愿人畜两旺、平安幸福为主题，构成喜庆活动的连续性或系列化，时间上也形成一组节日，具有阶段性特征。

1. 除夕

除夕至正月初五叫“过年”，这是辞旧迎新的时段，实际上是不可分的。

十二月三十日除夕，家家要备熟鸡、熟肉、豆腐等祭品，祭天地、祖先（浙南还祭牛栏神、猪栏神）。晚上合家吃年饭，饭后，门、窗、橱柜、篮篓，以及牛栏、猪栏、鸡笼都贴上红纸条，以兆吉祥。入夜，合家围坐火炉塘烤年火守岁，焚香放爆竹接祖宗神。

夜深入睡前，在炉膛剩余柴火里添上一根粗柴，用炉灰蒙上，至次日大年初一清晨余火不灭，此称埋“隔年火种”，也叫“煨（慢燃）年猪”。浙南的“煨年猪”较讲究，就是在除夕夜，所燃的是粗树根，形似小肥猪。“煨年猪”的象征意义是表示兴旺吉祥，家暖似火，必能养出大肥猪。[①] 闽东福安的“隔年猪”（“煨年猪”）不用树根，而用没有劈开的粗木柴放在灶膛里慢燃。霞浦的“煨年猪”方式与浙南同。[②]

2. 新年

新年即春节，是畲民最盛大的节日，也有祭神祭祖。畲族新年，从初一到初五为节期。

（1）正月初一

在闽东，正月初一凌晨家家户户争先挑“龙头水”、燃放爆竹，点香“接年”。人人着新装，喝糖茶，吃糕点，长寿面。

闽东、浙江畲族新年有“摇毛竹”的习俗。正月初一清早，父母就叫醒孩子，让孩子到住宅旁的竹林去摇竹。孩子走进竹林中，选择一根大毛竹，双脚叉立，双手高举紧捏竹竿，把毛竹用力摇晃。这习俗叫“摇毛竹”，据说，摇过毛竹的孩子，能避邪纳吉，快长快高。[③]

（2）正月初二

这天，霞浦畲村的青壮男子，往往扛火铳、带猎狗，上山“发铳”，报祝猎神，求大发大利。[④]

福安畲民称初二为“白年日”，凡在前一年家里有人亡故的，这一天要备猪头、酒菜，摆香案、烧纸钱，祭奠死去的亲人。这一天，畲民一般不出门，若串门则不受欢迎，也不予接待。[⑤]

此日在浙南，凡前一年死了老人的“孝服之家”，上午要备熟

① 《丽水地区畲族志》，电子工业出版社 1992 年版，第 148 页。

② 《福安市畲族志》，第 687 页；《霞浦县畲族志》，第 155 页。

③ 《中国民族文化大观·畲族篇》，第 187—188 页；邱国珍等：《畲族民间文化》，第 258—260 页。

④ 《霞浦县畲族志》，福建人民出版社 1993 年版，第 150 页。

⑤ 《福安畲族志》，福建教育出版社 1995 年版，第 687 页。

猪头、熟鸡以及海味、素菜等祭品，用大方桌摆在祖宗香炉前，向去年去世的亡灵“拜新年”。死者家中亲属祝拜后，再由同村族亲祝拜。已出嫁外地的子女以及曾参加过丧礼的亲戚，要在这天上午赶来祭奠。本村族亲来祭奠的，只用香烛、纸钱等祭品，外地来的亲戚除带祭品，还要送点礼品。这天中午，主家要备午宴招待祭奠者。[①] 福安的初二“白年日”与浙南类同，由两地的比较可以推断，早先闽东各地畲民皆有初二“白年日”习俗。

（3）正月初五

浙南畲民还有“送年”的习俗。“送年”是一种扫地驱邪仪式。畲族习俗，大年初一至初四，任你家中有多少垃圾，都不准清扫，要等到初五清晨“送年”祭仪后才能清扫。年初五清晨，家长先在祖宗香炉点上三炷香、两支红烛，向祖宗祈告“今年年已过完”，祈祷引起伤风、咳嗽、伤亡的野鬼出走。[②]

闽东畲民正月初五称“开年驾”，实际上与浙南“送年”类同。在霞浦，初五“开年驾”即由族长率族人，在祠堂烧香焚纸，送祖宗“回驾”。初五祭祖，与霞浦祭“公祖”不同，浙南所祭是“私祖”。[③] 宁德（今称蕉城区）的“开年驾”在初四。罗源、连江、古田等福州地区畲族称正月初五为“开假（驾）日”，同样有打扫卫生，但淡化祭祀祖先。[④]

浙南畲族是从闽东或经过闽东迁去的，也就是说，畲族在闽东的历史比在浙南长。单从过年习俗就可以看出，较之浙南，闽东畲族习俗的地方性分化比较明显，初二、初五的节俗差异即是明证。如果推而广及于其他习俗，应也可以看出这种年代久与习俗地方性分化成正比的规律。

---

① 邱国珍、姚周辉、赖施虬：《畲族民间文化》，商务印书馆2006年版，第261页。

② 《中国民族文化大观·畲族篇》，民族出版社1999年版，第187—189页。

③ 《霞浦县畲族志》，福建人民出版社1993年版，第150页。

④ 参见《福州市畲族志》，海潮摄影艺术出版社2004年版，第425页。

3. 端午节

五月初五端午节，是畲族一年中仅次春节的第二大节日。汉族包三角粽，畲族则包长条形的“菅粽”，或叫“竿粽”。汉族五月初四包粽子吃，畲族则五月初四包，初五才吃。村民们用菅粽祭奉祖公后，家人才吃，也馈送亲友。端午节插艾草、悬菖蒲，辟邪祈福之类习俗，畲族和汉族相同。[①]

在浙南，已出嫁的女子、男子、童养媳、童养子等都要回家探望父母。一年所有节日，惟独端午节不祭谢神灵祖宗。[②]

4. 中秋节

农历八月十五日为中秋节。畲民通常在中秋节蒸米糕。据《宁德市畲族志》，宁德畲民重视此节，尽管家贫也要买中秋饼过节，各家吃“中秋暝”。晚餐后，男女老幼都到户外赏月，老人讲“古老”，青少年结伴点燃篝火，手拿竹筒，击着响点，迎“田元帅”。[③]但据《霞浦县畲族志》，本县原无过中秋节惯例，后逐渐受汉族影响才蒸米糕，或以中秋为祭祖日。[④] 由此可以推测，宁德畲民的中秋节俗相对是比较晚近的情形。

在浙南，记述比较严谨的《丽水地区畲族志》叙道：“八月十五是中秋节，又叫‘丰收节’。家家做糯米粑，欢庆丰收。现在也有的吃月饼。过去多数地方在这天祭祖，现只有景宁部分村保留这一活动。”[⑤] 同样是中秋节，不同民族的侧重点有别，祭祖是畲族中秋的重点，畲族传统没有赏月的习俗。

5. 冬至

冬至俗称冬节。冬至前夕，阖家团聚，人人动手搓糯米汤圆。冬至清晨，以煮汤圆，先供神、祖，而后各食一碗，还将汤圆粘于农

---

① 施联朱：《畲族风俗志》，中央民族学院出版社 1989 年版，第 156 页。
② 《浙江省少数民族志》，方志出版社 1999 年版，第 332 页。
③ 《宁德市畲族志》，天津古籍出版社 2001 年版，第 280 页。
④ 《霞浦县畲族志》，福建人民出版社 1993 年版，第 153 页。
⑤ 《丽水地区畲族志》，电子工业出版社 1992 年版，第 148 页。

具、粮仓，在牛的头、身、尾各粘两颗汤圆。用糯米磨粉，和水搓揉成团，分为小块，以萝卜丝、咸肉为馅，捏成半月形的“米饺”。

粤东畲族过冬至，用糯米糍贴在牛的头、背和尾部，这与闽东、浙南习俗类似。

第二节 生产娱乐节日

一 生产性节日

畲族作为一个农耕民族，生产性节日与汉族的“农事节日”相似。农事节日，是以农林渔猎等生产习俗为标志的节日，是农业文明的伴生物。节期选择本身，便是农业社会生产、生活规律的一种表现形式。与春种、夏锄、秋收、冬藏的生产性节律相应，民间节日中，也就有了春祈、秋报、夏伏、冬腊的岁时性节律。

畲族的生产性节日，又有其民族特点。无论是“做福”，还是“尝新”，都与其生产方式有关，与其祈求神灵、预祝丰年的民俗信仰有关。按照时序，畲族的生产性节日有做福、牛歇节、分龙节、尝新节等。

（一）做福

祈福，俗称“做福”，又称“合福”、“吃福”，这是中国东南汉族的民间习俗，在闽粤赣接合部客家地区尤为流行。畲族做福习俗应采自客家。闽东畲族做福，具有鲜明的民族特色，一年四季，春夏秋冬，都有做福。做福要做祈福法事，意在企盼农作顺利，五谷丰登。正月初一至初四为“开正福”，二月初二为“春福”，立夏日为“夏福”，端午节前后（或五月三十日）为“保苗福”，白露日为“白露福”，冬至为“冬福”，十二月二十四日为“完满福”，也称“大年福”。[1] 浙南畲族也有做福，侧重二月初二做福，其他季

① 《中国民族文化大观·畲族篇》，民族出版社1999年版，第197页。

节的福事较忽视，甚至有所省略。

（二）牛歇节

四月初八是畲、汉共有的牛歇节，俗称“牛生日”。闽东、浙南畲区尤重此节。此日不鞭牛，清早就把牛赶到山上吃草，梳洗牛身，做牛栏卫生，还以泥鳅、鸡蛋泡酒，或用米粥、薯米粥等精饲料喂牛。村里有“牛王庙”的，要在这一天供祭。[①] 牛在畲民心目中近乎家庭成员，在畲民的“住寮”岁月，牛是和家人同处一屋的。传统风俗，家境好的畲民以牛为嫁妆，走在婚嫁队伍的最前头。畲民乔迁新居，牛角挂着红布的牛要和主人同时入厅堂。畲民与牛特别深的情感，使得同是牛歇节，畲、汉有所别，汉村较流于形式，节味较淡。

（三）分龙节

畲族的“分龙节”（“封龙节”），曾盛行于闽东地区和浙南部分地区。“分龙”节为夏至后第一个辰日。相传，夏至后逢辰日，是天帝派风、雨、雷、电四位龙王到畲山就位的日子，因为“龙过山”可能会发生雷雨冰雹，会损害庄稼，祸及人畜，畲族便在此日“分龙”，好让龙王平和肃静就位，以祈风调雨顺、五谷丰登。在“分龙节”，畲乡有歇锄免耕的规矩，男不挑粪，女不洗衣，也禁止在屋外晾晒衣物，还禁止动用犁、锄头、柴刀等铁器，怕惊动龙王，造成“惊龙”而暴发山洪，或“走龙”而常年干旱。有些畲乡，禁忌时间较长，待“分龙”后第十天才“定龙”，此后才取消禁忌。[②] 此节今已式微。

（四）尝新节

在闽东畲区，七八月水稻开镰后即过“尝新节”。按畲族传统，

---

① 参见邱国珍等《畲族民间文化》，商务印书馆 2006 年版，第 271 页。

② 邱国珍等：《畲族民间文化》，商务印书馆 2006 年版，第 278—279 页。

开镰收割必须先择吉日。他们把头一趟割下的稻谷碾成米，煮成白米饭，供祭地方神、祖公神和灶神。祭毕，也请亲邻一起品尝新米饭。桌上要请本家长辈先动筷，以示尊敬老人，祝贺老人健康长寿。饭后，还要盛一碗米饭留在桌上，称“剩仓”。[①]

浙南畲区与闽东类似，六月辰日“尝新米”，如果届时新谷未割，得割少量谷穗，脱谷后与陈米一起煮，米汤先喂牛，而后人吃饭，先让老人吃，以敬长辈。[②]

二　娱乐性节日

娱乐性节日的主要内容，是通过歌舞游艺活动进行社交往来。畲族的盘歌（对歌）是本民族这一类节日的特色。畲族人民的活泼性情、浪漫性格，在这娱乐性节日里得到尽情的展现。节日祭神，人神同娱，因此盘歌节与寺庙、游神的联系很自然，有的祭祖会亲也有歌会。会亲节、盘歌节体现畲族的凝聚力，并且维系这种凝聚力。

畲族以歌代言，节日喜庆对歌热烈

① 《闽东畲族志》，民族出版社 2000 年版，第 415 页。

② 《丽水地区畲族志》，电子工业出版社 1992 年版，第 148 页。

（一）会亲节

会亲节流行于闽东个别畲区。由于族支繁衍，分散各地，闽东有的畲村，以每年春耕前的二月二为“会亲节”。福鼎前岐乡双华村的畲族是清初从浙江蒲门甘溪一带迁来的，每逢二月初二，两地畲民会亲于双华，以歌抒情，形成歌会，相沿成习，流传至今。每逢此日歌会，从二月初一到初三，闽浙两省前来参加赛歌的畲家歌手，以及来听歌者，结伴成群从四面八方涌来。除了接待亲友、筹备赛歌外，双华村畲民还在二月初一这天迎神，延请泰顺县蓝姓木偶戏班，娱神助兴。

福安坂中乡后门坪村在二月二这天，凡是后门坪“雷氏祠”支派，以及与该村有亲戚关系的，都会赶来会亲。这一天又是“当境土主”魏公诞日，更加热闹。从霞浦等县来祖地的会亲者，比本村人数还多好几倍。①

盘歌节又是会亲节的甚少，故将兼有歌会的会亲节专列为与一般盘歌会有别的娱乐性节日。

（二）盘歌节

畲族的节日，常有歌声，盘歌节尤其体现畲族喜唱山歌的习俗。盘歌节即某一节日在某一地点举办四方汇集的歌会，此俗盛于闽东。闽东没有统一的盘歌节，这恰恰体现歌会此起彼伏的盛况。在畲歌节的前一天，很多人已提前动身，到歌场附近畲村落脚（歌场是寺庙者，则要争点第一炉香），而歌会结束后很多人又往往再留一宿。通宵达旦之嬲歌，既可解决无床铺无棉被之困顿，又可尽兴。

闽东畲族的歌会往往在节日举行，著名的有：

1. 元宵节歌会

元宵节，闽浙沿海毗邻地区（福鼎、霞浦、福安、平阳、苍

① 《闽东畲族志》，第416页；邱国珍等：《畲族民间文化》，第277—278页。

南）的歌手汇聚于霞浦县水门乡半岭观音亭①这个地方，举行“元宵歌会”，盛时人数达两三千人。② 因此，水门乡畲族有“十五大如年”的说法。这一天又是道教三官大帝中的“上元赐福天官紫微大帝”生日，气氛更加热烈。元宵观音亭歌会已历百年之久。③ 水门乡半岭观音亭位于闽、浙要道，故观音亭又称“官路亭”。这说明交通要道是形成歌会的一个要素。寺庙香火要旺，人流要多，而人流要有交通便利的凭借。因此，寺庙含有交通因素，且节日时寺庙香客多，人众是歌会形成的一个要素。

20 世纪 90 年代从半岭观音亭元宵歌会还分出溪口后畲宫“元宵歌会”。是日，福鼎城关、峡门、白琳、点头以及邻县霞浦的歌手汇聚于磻溪镇溪口后畲宫村，在田间、路边盘歌，连观众多达两三千人。

正月十三日是寿宁县古镇斜滩的墟日，有歌会。这是将元宵节与墟日结合，更有人气。歌会不是在镇上，而是在离古镇斜滩 8 里的天凤畲村举行，人数约有两三百人。据传，天凤畲村的歌会始于明末清初，历史极为悠久。

2. 二月二歌会

二月二土地公诞，畲村普遍做“春福”，一年四季做福，以此为盛。霞浦县东安岛瓮里村的二月二做福在本县最负盛名。是日，人们抬出宫庙里的福德正神、巡海将军、西法灵师公、郑师公、乌江元帅，巡村绕境，热闹非凡，瓮里村的各地亲友也赶来围观。晚上在各家举行盘歌。后来，家中盘歌发展为公众盘歌。这是神事与歌会有着密切关系的例子，也说明歌会的缘起是“落寮会唱”。

---

① 霞浦县水门乡半岭村旁，旧时为要道，在此建亭，以供商旅憩息，后扩建为庙以奉观音，香火、交通使此地人脉兴旺，歌会也因此而生。观音亭周围皆畲村，该亭现为霞浦县惟一的县级畲族文物保护单位。

② 陈国强、钟明华、雷有省主编：《霞浦水门畲族》，中国人类学学会 1999 年编印，第 43 页。

③ 邱国珍等：《畲族民间文化》，商务印书馆 2006 年版，第 277 页。

3. 三月三歌会

宁德市八都镇猴墩、龟山等村的“三月三歌会”也颇有知名度。

4. 牛歇节歌会

四月八牛歇节，福鼎县硖门畲族乡瑞云村有来自周边的歌手来盘歌。著名古刹瑞云寺就位于该村，环境非常优美。寺庙人流多，节日人气旺。此为寺庙与歌会关系之例。

福安市牛池岗“四月八”歌会，福安、周宁县畲民约一两千人参加。

5. 分龙节歌会

分龙节（夏至后第一个“辰”日），福安穆云乡、霞浦、周宁等县畲乡，有庙会和歌会活动。

霞浦县松城镇岔头岭“分龙节”歌会，赴会者有数百或上千人。崇儒乡、盐田乡到城关，必经岔头岭，这也是要道促成歌会之一例。

周宁县方广寺在此日，有来自本县及福安的畲民上千人来寺外参加歌会。

6. 重阳节歌会

九月九重阳节，福安市溪柄、松罗、溪尾一带畲民，分别集中在福安与霞浦交界的松罗山、樟家山登高盘歌，两处歌会人数皆有两三千人。这一天，当地畲村打醮游猎神九帅爷。参加公众歌会者，入夜，或点起篝火彻夜对歌，或到村里“落寮会唱”。

霞浦县南乡在重阳日有“小红山歌会”和“目连山歌会”。目连山的山上和山下各有一座目连寺，目连山下是交通要道，这与半岭观音亭形成歌会的原因一样。

霞浦县溪南镇洪山“九月九”歌会，参加者来自本县及福安、宁德、罗源、福鼎等县畲民，多达一二千人。入夜，盘歌者分散到白露坑、半月里、牛脚岭、大山里等畲村“落寮会唱”。特别是白露坑村，每家一般要接待10位左右的客人，盘歌达旦。

霞浦县州洋乡目连寺在这一天也有福安、宁德、罗源等县歌手前来会亲盘唱。

7. 其他歌会

大年初一至初五，霞浦县崇儒乡古龙岩举行“五日年”歌会。古龙岩山上有古龙岩寺，寺前有坪。参加者除了本乡各畲村的村民，还有邻乡的畲民。20世纪50年代庙毁，歌会亦告终。

六月初一，福安市白云山“六月一”歌会，有来自福安、寿宁、周宁、柘荣等地畲民，人数多达数千。

七月七，福安市社口有歌会，这一带畲族男女青年云集于福安与寿宁交界的白岩仙屿盘歌。

七月七也是福鼎县硖门畲族乡瑞云村的盘歌节。

寿宁县武曲乡白岩山“七月七”歌节，有本县各乡镇及福安市社口乡畲民上千人云集。

七月初九，在福安市松罗山、樟家山、目连山、溪尾里林洋和康厝风洋村有歌会。

八月十五到三月初三，这段时间基本上是农闲，畲族“八月十五开歌门，三月初四封歌门”之说。这段时间走亲戚或上集镇，出行者最多。其时，熟人引生人，一人引多人，青年人纷纷上路，以歌交友寻亲，竞比“肚才”。①

第三节　祭祀节日

在祭祀节日，畲民祭祀神明，祭奠祖先，祈福禳灾，驱恶避瘟。畲族的民俗信仰，在神事节日中得到淋漓尽致的表现。

---

① 以上歌会，主要参见《闽东畲族歌谣集成》，海峡文艺出版社1995年版，第344—352页；另参见邱国珍等《畲族民间文化》，商务印书馆2006年版，第280页；《霞浦县畲族志》，福建人民出版社1993年版，第151页；《福鼎畲族志》，福鼎县民宗局1999年编印，第192页。

一　祭祀祖先节日

在第十三章民间信仰第二节祖先祭祀将有专门介绍，以下简述的是闽东个别地方特别的祭祖节日，以及缅怀始祖的乌饭节。

（一）蓝公节

正月初四，是古田县富达村畲族蓝姓村民的祭祖日。传说蓝应潮之父蓝文卿曾为唐朝节度使，晚年隐居侯官东流境雪峰下，舍家业入雪峰寺，其子蓝应潮迁居古田县富达村，成为该村蓝姓开基祖。该村蓝姓族人每年正月初四抬游、供祭蓝应潮塑像，上演神戏，正月十五将塑像抬回“蓝公殿”祖祠内。①

（二）祖宗福

正月初六，是宁德雷东、丹斗畲族钟姓特有的祭祖祈福日，祭祀先祖“助国尊王”。是日，各家于清晨寅时，在家中厅堂摆荤素供品，祭祀其在汀州的先祖钟友文。雷东、丹斗畲族钟姓祖先是从汀州府武平县迁来的。据传，长汀是钟姓畲族的祖地。作为传说中始祖盘瓠之婿，钟姓后裔另有个祖地传说是耐人寻味的。

（三）乌饭节

三月初三是畲族的乌饭节，原本是祭祖节日。这一天，畲族男女成群结队出门“踏青”，采集乌稔叶子（杜鹊科，乌饭树），捣碎后用布包好放入锅里，加水煮成黑色汤汁，取出布包，放入糯米，蒸成饭，色泽乌黑。乌稔有防腐作用，放在苎麻袋里，挂在阴凉处，数日不馊。食用时，用猪油炒热，香软可口。② 乌饭节至今仍盛于闽东，但已无祭祖形式。在浙南已基本式微，有些畲村改吃带

---

① 《闽东畲族志》，民族出版社 2000 年版，第 416 页；《福安市畲族志》，福建教育出版社 1995 年版，第 378 页。

② 《畲族风俗志》，中央民族学院出版社 1989 年版，第 154 页。

有乌色的芥菜饭、乌豆饭等。[①]

关于乌饭节的来历，在畲民中流传着几种不同的说法，或相传始祖盘瓠王喜吃此饭；或认为吃此饭上山可以避免被蚂蚁咬；还有一种说法是：从前畲族人民在抗击敌人时，米饭常被敌方抢去吃，后来他们想出办法把米饭染黑，敌人怕中毒而不敢吃。诸说，以第一说为确。此说可追溯至盘瓠传说中的“用糁杂鱼肉，扣槽而号，以祭盘瓠”[②]的古俗，“糁”即饭粒，“乌饭”是“糁杂鱼肉”的转变形式，因此乌饭节实为祭祖节日。民国《建德县志》载：“（畲客）三月三日取柴汁和米蒸之，相传其祖盘瓠喜吃此饭也。”[③]清代以来，景宁县是浙南畲族保留传统习俗最突出的畲区，一年几次的祭祖，“尤以三月三为主要，这天要染乌饭祭祖先”。[④]关于乌饭节的各种传说，是乌饭节历史流变的观念反映，景宁乌饭节的形式和内涵相对是较为久远的。如果说乌饭节在绝大多数畲区是隐性的祭祖节，那么在景宁则是显性的祭祖节。乌饭节尽管仍盛于闽东，但原有的文化内涵已经淡化。而乌饭节普遍式微的浙南，却有景宁保留着原生态的孤脉。

二 祭祀神明节日

（一）奶娘节

正月十四日是闽东畲民的“奶娘节”，传说为陈靖姑（即奶娘）生日。供奉奶娘神像的畲民，在这一天致祭，并每隔一两年到古田县临水宫拜祭一次。陈靖姑信仰流行于闽东以及浙南汉族地区。闽东以及浙南畲民对陈靖姑的奉祀最为虔诚，昵称其“奶娘”，畲歌

① 《浙江省少数民族志》，方志出版社1999年版，第332页。

② （晋）干宝撰、汪绍楹校注：《搜神记》，中华书局1985年版，第168页。

③ 民国《建德县志》卷3《风俗志》。

④ 《景宁畲族自治县畲族志》，景宁畲族自治县民族事务委员会1991年编印，第86页。

有“家家奉祀奶娘身”。畲族法师皆奉其为“师公”（所依附的神明）。闽东畲民这一节日，体现畲、汉民俗的交融，在这种交融中，畲族从汉族采纳的习俗还盛于汉族，其意味非常隽永。在闽东，畲族法师仿奶娘的罡步行走等作法，汉民普遍认为其“法力”强于汉族法师。如果允许浪漫地言说，则是奶娘似更眷顾畲民。人们往往将少数民族采纳汉族文化称之为“汉化”，这是简单化的思维和观念。畲族采纳了陈靖姑信仰，恰恰使原本已衰微的巫风在奶娘崇拜里获得生存的空间。更突出的是，奶娘崇拜融入“传师学师”（或叫“传法入录”等）的仪式里，使“传师学师”这一成丁礼所营造的始祖崇拜有了新的助力，进而促进了“传法入录”所体现的盘瓠信仰对于畲民族的重要凝聚作用。

（二）凤凰节

正月十五日为福鼎樟岭一带畲民的凤凰节，每三年举行一次。是日，按户募捐钱、米，由各户派代表到值祭者家中参加供祭聚餐。相传凤凰是神鸟，能载风神雨神征服四方旱魔，使畲村风调雨顺，丰衣足食。①

（三）补天穿

在闽东，正月二十日为补天穿日。这一天，畲民不下田，做糯米糍粑“补天”。用春菊草和糯米一起蒸制的糍粑黏而不腻，据说吃春菊草糍粑能消积化食祛病之功。相传为纪念女娲补天之功，在正月二十日女娲生日这天做糍粑帮助她“补天”。另有一传说：古时每年正月阴雨连绵，影响春耕，是天顶漏雨的缘故。因此，这一天畲民都要做糍粑，祭天取意“补天穿”（破漏处）。

补天穿也叫“天穿节”，又称“补天漏”、“天饥日”，汉族民间这一节日，时间不一，或正月初七，或正月十九、二十日，或二

① 邱国珍等：《畲族民间文化》，商务印书馆2006年版，第275页。

十三、二十四日，以正月二十日居多。内容有两种形式，一是以红线系煎饼放在屋顶上，叫“补天”；一是以煎饼放于庭中，叫“熏天”，为女娲信仰遗风。在福建，该风俗又称“煎饼补天”。在赣南，客家的岁时节日风俗中也有“天穿日”，正月二十日要做米果、糖食祀天，俗称“补天穿”。[①] 然而，汉族补天日的内涵远逊于畲族，畲民中流传的补天传说，以及这天的春菊草糍粑有消积化食祛病之功，传播着浓厚的文化气息和心灵感受。补天日蕴涵着天人合一的观念，至少它参与家园感的营造。希望的田野，应是有家园感觉的田野。若是把这些生命感受的观念都抛去，家园的天即使“科学”得像宇宙太空，文化生命也就消逝了，家园只是自然界的大地。当然，现代人不会虔诚相信“天穿”和“补天”，而是从遗俗感受历史文化和乡土气息。

（四）林公节

林公大王（忠平侯王）是闽东汉民普遍供奉的神明，在闽东畲区也非常有影响，在宁德、福安、霞浦畲村，每年三月十六日普遍过“林公（诞）节”，宁德八都一带尤盛。建有忠平侯王宫庙的畲村，每隔两年过林公节均组织前往宁德杉洋林公祖庙进香。[②] 传说，该神姓林名祖勤，福安、宁德交界处马坑人，壮年时到杉洋做长工，为民除虎，后遭凶神暗算，殁后敕封为“杉洋感应林公忠平侯王”。神明林公生前贫寒、辛劳和打虎的事迹，可能最能引起畲民经历认同的感动，林公是闽东畲村较普遍的“当境土主”。[③] 值得注意的是，供奉当地汉族历史人物的神明，是畲汉民族关系的反映。

---

① 《中国民族文化大观·畲族篇》，第189页；《畲族民间文化》，第275—276页。

② 李健民：《长溪集》，宁（德）新出内书第29号，1999年，第17—20页。

③ “当境”即“挡境”，俗义大抵是村社边境巡守。“当境土主”就是村社保护神，或称“境主”。畲民家中神明香火榜，若有观音，必居正中要位，但观音不可能屈尊为“当境土主”，临水夫人也不可能屈就，因而“当境土主”不是意味级别高，而是适合于保护村社。当然，成为“当境土主”的神明，在香火榜的位置也不可能居于太次要的位置。

（五）猎神节

畲族曾普遍供奉猎神，猎神祭祀随着狩猎生产的衰落而式微。猎神节各地或有或无，有此节者，日期不一。在粤东的凤凰山、莲花山和罗浮山等地畲族的猎神节没有固定日期，而九连山区连平、和平县畲族则在二月春分日大祭猎神，届时族长带领男丁，备三牲供品前往猎神坛前拜祭，点烛焚香，献供品、念祭文，祭仪颇隆。①

在闽东，每逢九月初九，福安松罗一带畲民抬猎神九帅爷神像游村，祈求平安。这种神明功能蜕变在猎神信仰中尚属特殊。其特殊还在于，九帅爷原本似不是正规的猎神，应是“兼职”。闽东畲民普遍崇拜的猎神是车山公、陈六、陈七、陈八，南起连江、北至霞浦，差不多皆然。霞浦畲民似较重陈六而轻车山公。有的畲区猎神无专指，只是泛称“射猎师爷”。

① 《广东省志·少数民族志》，广东人民出版社2000年版，第287页。

第十一章

人 生 礼 仪

上述谈论的岁时节日，是文化对群体时间的刻画。由于这种刻画，时间的自然属性获得了文化属性。一年的时间之流，不仅有着自然的色彩，也有着文化色彩。同样，人的生物性过程，因有文化的赋予而出现画廊式的人生礼仪。它既有人类悲欢离合的感同身受，又有民族文化别致的外在表现和心理表达。近年，我国关于文化保护提出“生态”的新理念。所谓“文化生态”，就是某一项目的文化是与他项目共生的，鲜活并延续于一定文化环境中。文化随着社会进程而变迁。因此，忽略文化的空间和时间而随意的剪接所呈现的便不是真实的状态，尽管其片断是真实的。鉴此，如同在描述岁时节日一样，在陈述人生礼仪仍然须注意其时代和地域。以下介绍以民国时期为主，并溯至晚清及延伸至20世纪五六十年代，地域以闽东为主，兼及浙南，并略以畲族原住区为参照。如果说的不是闽东，会特别说明地域。在强调对比时，也会点明闽东。

第一节　生育礼仪

畲族传统文化一个明显的特征，是对现世的重视，在观念世界里是对始祖的崇信。即使是异地畲民，见面即生亲情，最深层的原因还是始祖崇奉。较之闽东，浙南所吸纳的汉风较少。浙南畲民家中，除了灶君以及土地公外，别无他神。凸显畲族这方面特点的浙南事实表明，在超自然的精神世界里，畲族重视的是始祖。始祖是源，世代繁衍是流。重源意识也会影响到对流的重视。人类感同身受的文化比比皆是，在推介某一民族文化特点时，只是基于相对观。即使两个文化同有某一特点，但程度差异意味着文化差别。清代浙南遂昌县人周应枚《畲民诗》云："九族推重缘祭祖，一家珍重是生孩"，[①] 说的大抵就是畲族关于生命源流的观念。对于一个人口不多又流散的民族，以始祖认同为凝聚，以人口繁衍为支撑，是容易理解的。

一　怀孕

畲族妇女怀孕，称为"带身"、"有喜"。怀孕妇女虽然照常参加劳动，但是人们对她们会倍加尊重和照顾，避免她们干重活。

孕妇有诸多禁忌：忌攀高和提过重的物件，以免"过力"流产；忌在孕妇卧室动土、钉钉子和移动板壁，以免"胎神"受惊，动了胎气；忌看傀儡戏以免胎儿五官不正或四肢"软骨"；忌参加"红白喜事"。有人家举行嫁娶或丧葬仪式都得回避。如夫妻拜堂遇到孕妇，会"冲喜"；孕妇见死人，胎儿会受惊，容易出现怪胎和难产；忌从秤上、扁担上、犁耙上或牛缰绳上跨过；忌触摸"寿木"（棺木），以免胎儿夭折；忌吃兔肉、鳖肉、蛙肉、田螺肉等，以免出现兔唇、驼背等畸形现象；忌参加热闹场面，如祭祀等。

为的是使胎儿发育良好，有孕妇的人家还要到临水宫奶娘神前祈祷许愿。孕妇怀孕七至八个月时，要吃猪肚安胎。这时，娘家通常要送一两个猪肚，为怀孕的女儿安胎。

二　分娩

产妇临盆，习惯"坐盘"生育，即坐在矮板凳上，待婴儿出生后，婆婆或接生婆才近前帮忙。畲民认为"分娩不洁"，会冲撞神明。因此，在孕妇分娩时间，男人，包括亲夫，都不得近前。男人

---

① 光绪《遂昌县志》卷11《风俗·畲民附》。

偶然进入产房，在一个月内，不得去神宫庙观。在孕妇分娩时，要点燃一束干茅草，忽闪忽闪地在产房里的四周比画，意为把藏在房间各个角落的污秽之气驱逐。

断脐时，若是男婴，就把毛笔筒劈成竹片切割；若是女婴，就把吹火管劈成竹片切割。前者以求好文兴业，后者以期理事旺家。断脐后用烟灰止血，麻片缚脐。这种畲村生育旧俗早已摒弃。

婴儿落地后，以松树叶和石菖蒲熬汤给产妇与婴儿洗浴。给婴儿洗浴时，从上而下，先洗双眼、鼻子，再洗嘴，而后洗胸部、四肢、臀部。并把胎盘贮于陶罐，埋在大树下。古俗以泉水洗婴，清初闽西畲家，“生子坠地，浴泉间，不避风日。”① 清代永定《三瑶曲》云：“听取喤喤初泣后，清溪便作洗儿泉。”②

相对汉族，畲族较不重男轻女，但不等于没有。浙南比闽东更不重男轻女。对于头胎，无论男女，同样重视。分娩当日，丈夫带酒、肉、蛋、面条送到岳家报喜，岳家回赠二或四只鸡。亲友也有送鸡的贺习。③

产妇“坐月里”后，就和男人一起下地劳动，日间给婴儿哺乳两次，即上、下午各一次。清代闽北建阳畲妇的哺乳次数更少：“（畲妇）生子逾月，服农事如常，日止哺儿一次。”④ 赣东北贵溪的畲民，“赁田耕种”，狡猾的田主以畲民老实而进行欺诈，“每纳租故纵之，不以时收，收或不足，……来年息偿”。这样，畲民愈加困苦，“（畲妇）生子越三日，即强负至田畔，悬于树，躬耒耜不懈”。⑤ 生育习俗留着封建社会吃人的牙痕，贵溪畲民的生育习俗浸透辛酸，是狡诈的民族欺压和残酷的阶级剥削所致。

① 乾隆《汀州府志》卷41《艺文三》，方志出版社2004年版，第876页。

② （清）杨澜：《临汀汇考》卷3《风俗考·畲民附》，光绪四年刊本。

③ 以上参见《闽东畲族志》，民族出版社2000年版，第418页。

④ 道光《建阳县志》卷2《舆地志·附佘民风俗》。

⑤ 同治《贵溪县志》卷14《杂类轶事》。

三　成长

（一）三旦

婴儿出生三天，接生婆要再为婴儿洗一次澡，俗称“洗三旦”。洗后，要备一碗面上加两个荷包蛋，俗称“蛋面”，以及热酒请接生婆。同时，也要给邻居亲友每户一碗蛋面报喜。各户收到蛋面后，或贺赠鸡蛋，或以大米答谢。古时，有的接生婆在为婴儿“洗三旦”后，还要在婴儿嘴上抹一点黄连汤，说道：“‘三旦’那得黄连苦，以后日日食蜜糖。”

（二）满月

畲家婴儿出生后，男婴 30 天，女婴 29 天，遂称为“满月”。“满月”标志着婴儿已适应了环境，产妇的身体也基本恢复，有关禁忌、约束解除。

婴儿“满月”，请理发师傅剃婴儿的头发，此谓“落胎发”。婴儿满月后，生母要是缺乳，可喂米糊。不久，可喂鱼肉、菜蔬。

（三）周岁

周岁，宴请亲友。庆贺婴儿周岁的畲歌是：“细仔生日又一岁，做糍杀鸡来作晬，去叫母舅来食酒，上好裙衫做过来。”

周岁以后，孩子禁忌是：忌吃鱼卵，否则不善算术；忌坐在屋檐下玩耍，担心瓦片砸头；出麻疹时，忌刮锅，担心“麻根”被刮断，使麻疹出不尽。麻疹后数十天，忌吃芥菜。

（四）成年

16 岁意味成年，[①] 生日这天，设宴请亲朋，做生日者给长辈敬

---

① 据《福建省少数民族情况介绍》（1953 年），“（畲族）男女往往早婚，一般多系十五至十九岁，但忌十八岁结婚”（《福建畲族档案资料选编》，第 75 页）。《福安市畲族志》（第 709 页）说：“畲族姑娘禁忌 18 岁出嫁，据说 18 岁出嫁，要落‘十八难’，因此，多在 16 岁、17 岁出嫁，19 岁以上结婚者少数。”

酒。在浙南，16 岁以后适时做“传师学师”仪式（参见第十三章第二节的“醮名祭祖”部分）。①

第二节 结婚礼仪

关于畲民缔结婚姻关系的形式，浙南与闽东有很大区别。在浙南，旧时畲族成婚既有经过自由恋爱也有经过媒人介绍。民国浙南丽水的《畲民调查记》记道：“男女社交，极端自由，他们婚嫁之权，虽操于父母，但不过名目罢了。”② 即使预先由父母提亲，媒人介绍，也得经男女双方同意，方可成亲。《景宁畲族自治县畲族志》说：“请媒人介绍成亲的占多数”。③ 虽然该志未明确时期，但推测是讲新中国成立前的情况。根据有关资料，该志说的这一情况，比较准确。

在闽东，民国时畲族男女 10 岁左右就订婚，甚至有早至五六岁者。鉴于风俗的稳定性，20 世纪 50 年代的婚嫁风俗情况，可以反映民国时期的情形。《福建罗源县八井村畲族社会情况调查》（1958 年）说：“解放前畲族的婚姻是由父母包办的封建婚姻制度，一般都是早婚，在十四五岁就开始结婚，最迟不过十七八岁，二十岁以上结婚的极个别。女子到八九岁就有媒人来说亲，媒人多半为男人，也有少数是女人。”④ 《福建福安县甘棠乡山岭联社畲族调查》（1958 年）说：“解放前，早婚现象很严重，十五六岁就结婚，甚至十二岁结婚的也有。婚姻是有父母包办、媒妁说合的封建买卖婚，妇女在六七岁时，就被父母包办与人订婚。”⑤ 《福建宁德县畲

---

① 《闽东畲族志》，第 419 页；《中国民族文化大观》，第 166—169 页。

② 《畲民调查记》，载《东方杂志》第 21 卷，1924 年第 7 号，第 60 页。

③ 《景宁畲族自治县畲族志》，景宁县畲族自治县民委 1992 年编印，第 87 页。

④ 《福建罗源县八井村畲族社会情况调查》（1958 年），载《畲族社会历史调查》，福建人民出版社 1986 年版，第 129 页。

⑤ 《福安县甘棠乡山岭联社畲族调查》（1958 年），载《畲族社会历史调查》，福建人民出版社 1986 年版，第 154 页。

族情况调查》(1958 年）说："(解放前）在婚姻方面，是遵从'父母之命、媒妁之言'的包办婚姻，……同时畲族妇女多早婚，其中又以飞鸾南山为最甚，多在十五六岁结婚。"[①]《福建福鼎县畲族情况调查》(1958 年）说："过去，青年男女的婚姻皆取决于'父母之命、媒妁之言'，自己不能做主。"[②]

畲族婚礼的最大特色，犹如彩船漂行在情波歌河里。畲族结婚礼仪繁复起来，应是在清末民初以后。鉴于风俗的区域性差异，以下介绍侧重于闽东，兼涉浙南等地为比照。

一　定亲

中国古代讲究"六礼"，即纳采（说媒)、问名（合八字)、纳吉（正式提亲)、纳征（送彩礼)、请期（择订婚日)、亲迎（娶亲)。据闽东县、市出版的畲族志，畲族的定亲、迎亲倾向于"六礼"，但将纳吉并入订婚。在浙南，没有合婚即问名这个环节，并同闽东将纳吉并入订婚。在浙南，"讨年庚"（"讨八字"）是在订婚时，但不是要看双方八字合否，而是作为择婚日用的。而在闽东，请期前还要再次向女家"讨年庚"(提亲时已要过)。浙南没有合婚这个环节，而这正是闽东在民国以前的情形。

（一）提亲

提亲即说媒。如果是媒人牵线，先由男青年到女家。女方若有意，即在男方离开前煮点心奉上桌，如果不煮点心即暗示不同意。而男方中意即吃下点心，不中意则不吃。如果是自由恋爱，也要请媒人提亲。到了民国，女方多十六七岁就结婚，10 岁之前就订婚的甚普遍，因此说媒和讨八字差不多并合了。据《福安市畲族志》，

---

① 《福建宁德县畲族情况调查》(1958 年)，载《畲族社会历史调查》，福建人民出版社 1986 年版，第 105 页。

② 《福建福鼎县畲族情况调查》(1958 年)，载《畲族社会历史调查》，福建人民出版社 1986 年版，第 174 页。

民国时期，甘棠镇坑门里一带的畲村，男女五六岁时就订婚，过了15岁就结婚（忌讳18岁结婚）。“（福安畲女）多在十六七岁时出嫁，19岁以上结婚者少数”。订婚前，由男家父母或媒人去女家求取“生庚八字”，而后请算命先生看男女方八字合否。偏僻农村找算命先生不易，就把女方八字压在祖宗香炉下，三日内无异常征兆，就算八字合。[①]

（二）订婚

订婚即纳征，俗称“搭定”，也称“拿定头”、“小定”。“搭定”时间多在农历八月。男方送银手镯等，女方回赠“定亲带”[②]一条。在浙南，据民国丽水地区的《畲民调查记》，“聘金普通以十二千五百文为度，相差的很少”。[③] 20世纪80年代后随着生活水平提高，聘金渐增，聘礼渐丰。“搭定”后，姑娘平常两鬓夹着的银笄，取掉一边，以示已许配。

（三）请期

请期俗称“报日”或“送日子”，即男家择定结婚的日期，并通知女家。请期前，还要再次向女家“讨年庚”。[④] 结婚日期一般在冬季。日期一定，男家即请人挑着以红苎布袋套住的礼盒，内放着迎亲日期的红纸帖一封，俗称“日子单”。还有猪肉、鲜鱼、线面、桂圆、红枣、冰糖等，食物的数量都是双数，以兆喜事成双。女方收下“日子单”红帖和一半食物。男家开始布置洞房，准备迎亲，女家则开始裁布、打家具等筹办嫁妆。凡在嫁娶行事的日子里，男女双方的家里人中生肖与出生时辰与办喜事有相冲者都

① 《福安市畲族志》，福建教育出版社1995年版，第707、709页。

② “定亲带”即围腰花带。据清人屈大均《广东新语》卷7，粤北瑶族以衣带定婚媾。

③ 《畲民调查记》，载《东方杂志》第21卷，1924年第7号，第60页。

④ 《福安市畲族志》，福建教育出版社1995年版，第708页。

须回避。

1. 聘礼

一般分两次送聘礼，即“搭定”时为“小聘”，“报日”时为“大聘”。“大聘”时男家要再次向女家“讨年庚”，这时聘礼与女家嫁妆的数量都得协定。否则，女家就不给姑娘的“生辰八字”，以供男家择日。女方家长提出聘礼数目时有专门隐语，他们通过媒人提出，少娘（姑娘）出嫁要多少“领”，多少个“火笼”，多少个“桌面”。“领”是指少娘出嫁，其舅父、姑父要送她衣服，每套为一“领”，男方要按“领”数回送猪肉，一“领”1斤肉。“火笼”指猪腿，男方一般备2个猪腿，其一送岳父，其二送女方长舅，如少娘有姨父，得加送1个猪腿。每个猪腿上要加1双鞋，鞋里放“红包”。“桌面”指酒席，一般不超过10桌，每桌备肉若干斤，酿酒米若干斗。

聘礼固然要议，但较少铜臭味是畲族婚礼的特色。闽东古田县杉洋西园《雷氏家谱》内“族规”之一的“嫁女”条云：“但选贤豪配，休为聘礼牵。所期香玉对，莫结臭铜缘。”①

2. 嫁妆

新娘的嫁妆，一般是：桌子1张、衣橱1个、木箱2个，另加“粗杠”1担，包括木制“大脚桶”、“小脚桶”、“洗脚桶”、“洗脸桶”、“马桶”等；衫衣若干，俗称“行头”，内包括绣花服装、劳作时的“粗衫”等1至2“身”（套），女婿外衣、内衣、鞋袜等1至2“身”；蚊帐、被子各1条，另加斗笠、“火笼”各1个。上述物件通称“三杠头”，“粗杠”不能少，但不计在内。以上嫁妆装入箱笼，贴上“皇封××郡××侯×府”② 字样的红封条。新娘首饰

① 古田杉洋西园《雷氏家谱》，清光绪十六年（1890）修，转引自《中国民族文化大观》，第140页。

② 据《祖图》序的敕文以及《开山公据》等畲族文献，盘瓠王的子婿皆有封号，盘自能，封柱国侯；蓝光辉，封护国侯；雷巨佑，封武骑侯；赘婿钟志深，帝亦封敌勇侯。盘蓝雷钟皆有郡望。

为银耳环 1 副，银手镯 1 副，银戒指 4 只，银簪 1 根。[①]

以农具作为嫁妆是悠久的畲俗。万历《永春县志》载："嫁女以刀斧资送。"[②] 道光《建阳县志》载："嫁赀，稍充裕者予以田器，此外无他物。"[③] 同治《景宁县志》载："其奁具则耒焉耜焉而镃基焉。"[④] 民国《建德县志》载："以犁、耙、蓑衣、刀、锄为嫁妆。"[⑤]

直至民国，浙南丽水畲区，"奁币悉为农具，而服饰甚鲜，如犁、锄、耒、蓑衣、水车等，皆为必需之品，富者盖以牛，贫者缺焉"。[⑥] 与畲族有同源关系的瑶族，也是惯以农具为嫁妆，民国时期广东西北部的连山县瑶族，"凡嫁女娶妇，聘财无过钱三千，聘礼不外鸡牛酒肉，奁具杂以锹锄"。[⑦]

20 世纪 80 年代以后，畲族社会急速转型，但传统婚俗仍有些许保留。在霞浦，与时俱变的陪嫁是各种电器，仍有民族服装、花斗笠，还有农具、牛羊，数量不如往昔，但仅选一两件作为象征。[⑧]

（四）"做表姐"

当年要出嫁的姑娘，母舅家会请她及其母亲去做客，次数不拘。届时，待嫁女盛装来后，晚上村里男青年（"表弟"）要聚集一起，陪她唱歌，此称"做表姐"。如果村中无好歌手也可请其他村子的替代。畲家认为姑娘"做表姐"是对她学歌成绩的一次检验。[⑨] 此俗流行于霞浦以及福鼎、福安。作为闽东、浙南畲歌最发达的

---

① 参见《福安市畲族志》，福建教育出版社 1995 年版，第 709 页。

② 万历《永春县志》卷 3《风俗》。

③ 道光《建阳县志》卷 2《舆地志 · 附佘民风俗》。

④ 同治《景宁县志》卷 12《风土 · 附畲民》。

⑤ 民国《建德县志》卷 3《风俗志》。

⑥ 《畲民调查记》，载《东方杂志》第 21 卷，1924 年第 7 号。

⑦ 民国《连山县志》卷 5《徭俗》，转引自吴永章《瑶族史》，四川民族出版社 1993 年版，第 594 页。

⑧ 《霞浦县畲族志》，福建人民出版社 1993 年版，第 143 页。

⑨ 施联朱：《畲族风俗志》，中央民族学院出版社 1989 年版，第 118—119 页。

"歌县"，霞浦是"做表姐"习俗的主要流行地。

（五）送酒米

婚前1个月，未婚女婿由媒人陪同，挑着糯米到女家，由女家代酿酒，这是日后迎娶时在女家设宴所需。每席酒以10斤糯米计，另加一些作为酿酒者的"点心"。同时，还以鱼肉等分送女家各房亲戚。女方回赠1条围裙，并请未婚女婿吃点心，端点心者一定是他的未婚妻。在浙南，此俗叫"担米酒"或"送日期酒"。

二　迎亲

畲族村落星散于山野，迎亲因路途远和崎岖而感不便，因而出现迎亲者在女家过夜，以及出现新娘徒步往夫家这两个特点。迎娶者小住岳家，就会出现岳家宴婿或婿宴岳家，以及双方互相宴请的习俗。在岳家小住时，畲民的开朗乐观使接触的双方出现友好嬉闹的场面。

清代道光时，闽北《建阳县志》载有"小住"和"徒步"之俗，该志云："先期二、三日，婿来迓略如古亲迎礼。及期，婿前导，新妇裹红帕于首，衣蓝色衣，张雨伞，徒步随之，女父殿其后，若拥护然。"①

突出唱歌"答和"的情景频频出现在清末、民国有关浙南以及浙南以北的文献里。这说明，婚礼唱歌在浙南很时兴。清末、民国，闽东无载婚礼唱歌，但婚礼歌俗却是最盛的。清末浙南云和县人浮云撰《畲客风俗》云："畲女为新人，皆自步行至其夫家，沿途歌唱，亲友互答。新妇出门，与新郎同持一伞遮头上，入门时亦然。途中则否也。"② 民国八年（1919）《建德县志》记道："（畲客结婚）不事肩舆，新娘出阁与新郎同持一伞，步行到乾宅，沿途唱

① 道光《建阳县志》卷2《舆地志·附佘民风俗》。

② （清）浮云：《畲客风俗》，光绪三十一年（1905年）石印本，第37页。

歌取乐。”[①] 民国十四年（1925）《龙游县志》记载：“至期男往迎，与女步行至其家，夫妇且行且歌，亲友往送者，互相答和，出门时夫妇必同持一伞盖之。”[②] 与畲族有同源关系的瑶族也有持伞出嫁习俗，清代陆次云《峒溪纤志》记述瑶族婚俗道：“嫁则荷伞，悬草履，归于夫室。”[③]

新郎迎娶新娘步行而归，俗称“走嫁”。新娘“走嫁”时，都穿自己编织的草鞋，鞋帮用红头绳系着，鞋面串着石珠之类。新娘“走嫁”，一行 8 人，名曰“双喜”。其中女方兄弟或姐妹 1 人，男方接亲者 6 人，包括新郎。婚日凌晨子时起程，天亮前到达夫家。新娘手撑雨伞，“伴人”手提灯笼。“走嫁”新娘为了防止路上碰上陌生人“冲喜”，身上都要带桂圆作为“化解物”，以保吉祥如意。如果这天同村有两个姑娘出嫁，同走一条路时，先后要协商，一般让夫家远者先行。为了避免先行者带走“风水”，后行者都要用 1 头黄牛，角系红布，插上红花，在前面踏路，走嫁者随其后，俗云：牛踏路为新路。富裕人家的嫁妆中还有 1 头踏路牛。今粤东有的畲区仍有“走嫁”习俗。如果新娘家离男方家很远，需隔天步行至距男家一定行程的合适畲村借宿，次日再赴男家。

清末民初以后，闽东、浙南一些畲区时兴花轿迎亲方式，轿式或与当地汉区基本相同，或不同于当地汉区，如浙南许多畲区新娘轿的轿架、坐垫、轿棚、轿杠等全为竹制，称为“靠椅轿”。

以上讲的主要是民国时期以及晚清的婚俗。20 世纪 40 年代以前，时人记录当时畲俗的地点，几乎都是浙南。民国时浙南婚俗并不繁复，1923 年北京大学国学门教学研究人员沈作乾在丽水的调查是最可靠的实证资料。沈作乾提到“调新郎”（新郎宴时歌以“调”物）、新人拜祖和交拜、归途和歌，以及聘礼和嫁妆诸情。他叙道：“（畲民）婚礼很简单，吉期，新郎穿新衣，步行到岳家亲迎，岳家

---

① 民国《建德县志》卷 3《风俗志》。

② 民国《龙游县志》卷 2《地理考·风俗》。

③ 转引自吴永章《瑶族史》，四川民族出版社 1993 年版，第 594 页。

畲族“走嫁”，牛前行踏路

必用酒饭款待，但就席的时候，桌上并没有一点东西，必要等新郎一一指名而歌。如要筷，则唱《筷歌》，要酒，则唱《酒歌》……有一物，则有一物之歌，其歌甚简，仅三数句而已。新郎唱着，司厨的人和着，其那所要的东西就应声而出，叫做‘调新郎’。席毕，新郎和新妇交拜成礼，然后……悬……祖像于堂中，大家围着歌拜。拜毕，辞别舅姑，郎妇步行而归（原注：现在已有数处用轿的，但为数很少）。新郎前行，新娘紧跟着，各人右手拿雨伞一柄，伞半张，将头蒙着，途中，新郎唱结婚歌，新妇和之。到了婿家，谒翁姑，庙见毕，婚礼即算完了。招赘的，不用亲迎，更为简单。奁币最主要的，就是农具，如犁耙、水车、蓑衣等等，是必不可少的。服饰很少。富者（原注：在该族中比较富而言）加牛数头，就大阔特阔了。聘金普通以制钱十二千五百文为度，相差的很少。”①据上述，民国浙南，婿到岳家迎亲，“岳家款以饭”，而且新人在女家还“交拜”，这至少在浙南丽水畲区是这样的，因为沈作乾的《畲民调查记》所指的地区是“括苍”（处州，即今丽水地区）。在浙南，婿到，岳家固然款之，但既有“调新郎”礼仪，这酒席就是“嫁女酒”。表面上“嫁女酒”是岳家款婿，实际上是婿提供。从沈

① 《畲民调查记》，载《东方杂志》第21卷第7号，1924年，第60页。

作乾的描述中，我们还知道，在“嫁女酒”后还有挂祖图而“围着歌拜”的仪式。所述的新郎到女家还要与新娘“交拜成礼”，在有女权遗风的畲族，不必视为意外。后来的民族志没有提起，原因应是受汉族婚仪的影响而在变化中消失了。

民国浙南的迎亲，宴有歌，途中亦歌。据1950年代以后的调查追记，闽东亲迎中歌更盛，此起彼伏的盘歌把婚礼渲染得十分热烈动人。对歌是畲族婚礼的突出特点。畲族婚礼过程恰似一场歌剧，主角是“亲家伯”，因此先介绍“亲家伯”以及“赤郎”，再介绍迎亲的程序或片断。

（一）“亲家伯”、“赤郎”

1. “亲家伯”

在闽东，“亲家伯”是随新郎到女家的男方长辈代表，后来采借汉俗，时兴花轿迎娶，新郎就没去女家迎娶，而由“亲家伯”一人全权代表男方的人去迎娶。在男女结婚日的前一天，男方须选一位能歌善唱的机智男子作为“亲家伯”，带着礼物去女家接亲。[①]“亲家伯”须精通礼仪，应对练达，能言善歌。[②]“行郎”本应是伴郎，负责挑礼担、杠嫁妆的，采用花轿迎娶后，还负责抬轿，人数也相应增多。行郎到在女家也要能对歌。清代，浙南和靠近浙南的闽东一带畲村的婚俗，还有“赤郎”这一角色，“赤郎”是主歌手和名誉厨师，在办“嫁女酒”宴席的烹饪前，要或念或唱来借出各

---

① 据闽东县、市畲族志，除了霞浦迎亲是婚日前两天到女家，其他地方的迎亲者皆在婚日前一天到女家，《福安市畲族志》也是如是说。但据《福安少数民族苗族概况》（1952年）记述，亲家伯等三人到女家迎亲是对歌两夜。可见，福安亲家伯迎亲往女家在婚前一日，是20世纪50年代以后的情况，这可能与畲歌的衰落有关。在福州地区的畲村，畲歌早在民国时期就衰落了，亲家伯迎亲甚至是当天去当天回。此见《福建畲族档案资料选编》，海峡文艺出版社2003年版，第38页。

② 对歌，一般一夜。如果两夜，第一夜唱《上东来望》、《路径歌》和《十条起》等，第二夜唱《嫁女歌》、《字歌》和《柴名花名歌》等。还有许多冷门歌，也为“亲家伯”所掌握。每段歌都由“亲家伯”起头互对，条条歌言的词语采用“顶真”修辞的链式结构，即前条歌言末句或末词与后条首句或首词相同。

种炊具，此谓“借镬礼”。这三个角色只有在浙南娶亲活动中并存（“亲家伯”在浙南叫“亲家”或“大客”）。而在闽东，除了靠近浙南一带畲村的婚俗曾有“赤郎”外，惟有“亲家伯”和“行郎”，这样，“亲家伯”就成为对歌的主角。“亲家伯”的表现是闽东婚俗中最抢眼的角色。

2. “赤郎”

在浙南，跟“亲家”同行的有一个“赤郎”，他是主歌手。他到厨房后，女家把炊具藏起，赤郎借“镬”要又念又唱“借镬”等炊具，每唱一首，借得一物，待借齐了，生火后，才请女方厨师做菜。抗日战争以后，浙南婚礼的赤郎角色基本消失。清代闽东，只有靠近浙南一带的畲村才有“赤郎”这一角色。[①]

闽西漳平山羊隔等畲村（在原称“百家畲峒”山区），与“亲家伯”相类似的角色，称为“娶嫁公”，他带上5至7人，步行到女方家，其中一人能对歌、炒菜的叫“火郎”。[②] 这个“火郎”正是浙南“赤郎”的原型。山羊隔等畲村有“娶嫁公”和能对歌、炒菜者的“火郎”，这说明早在畲族迁入闽东、浙南之前，也就是明清以前，已有类似“亲家伯”和“赤郎”这两个婚仪角色。据此可以推断，浙南“赤郎”的“借镬礼”是从现实变异为象征。这一推断还有口头史料的印证，《景宁畲族自治县畲族志》说：“据说过去是男方带厨师去的，叫‘大赤郎’，大赤郎进行‘借镬’仪式后，自己动手做菜。‘小赤郎’专门对歌。现在二人拼一人。”[③] 由景宁和漳平的材料可知，婚礼中既下厨又唱歌的“赤郎”源于闽粤赣原住区，并且早在明清以前就有了。

（二）“拦路”

畲族有为难男方娶亲的“拦路”习俗。就是在娶亲者将要进村

---

① 《闽东畲族志》，民族出版社2000年版，第420页。

② 《中国民族文化大观·畲族篇》，民族出版社1999年版，第143页。

③ 《景宁畲族自治县畲族志》，景宁畲族自治县民宗局2003年编印，第90页。

的路上用荆棘、松枝做路障，男方歌手须与拦路女歌手对歌并送红包才能过，路障有三，故称“三拦路”。通过后，开始放鞭炮，女方得知娶亲者到，即关紧大门，娶方从门缝塞进红包，门才开。“拦路”习俗普见于闽东、浙南，以及闽西漳平畲区，这说明此俗非常古老。在闽东，“拦路”方式演变为在迎娶队伍出村时，不设荆棘、松枝路障，只在路口摆一张桌子，有村里长老坐镇，交了红包才放行，红包归公做公益事。

闽西漳平山羊隔等畲村（在原称“百家畲峒”山区）迎亲者中，那位能对歌、炒菜的也叫“火郎”，他抵达女家，唱完歌，不能进大厅（隐形的“被拦”），直入厨房生火。这时，亲家母才走出，端上茶水，并站在一旁看“火郎”往灶内生火。点火的意思是，女儿被娶走，但家里火种不灭，仍然兴旺。“火郎”点火技术要好，一点就着，否则要罚酒。①

（三）谢神敬祖

在闽东，迎亲者到女家，由“媒人公”代表男方谢神敬祖，先向天地作揖，再向厅堂祖、神作揖。而后，由亲家伯向女方家长交付聘礼，如果女方长辈看过礼物后，提出要补送猪肉几斤或几包小红包，亲家伯要安排人回去拿，或由亲家伯垫资，尽量随心顺意。

在浙南，娶亲时要专备一份礼品祭谢嫁方祖宗，称“请祖公”。迎亲者一到女家时，女方招呼厅堂中桌左边坐下，迎亲者要谦恭地坐在厅堂中桌右边，接受女家敬奉点心，此称“脱草鞋”。这在闽东也有，但不普遍。

（四）“嫁女酒”及“催嫁妆”

“嫁女酒”也叫“出门酒（席）”，由女家办。但酒肉是男家提供的，前述中的婚前一个月男方的“送酒米”就是让女家代酿。嫁

① 《中国民族文化大观·畲族篇》，民族出版社 1999 年版，第 144 页。

女酒是在新娘往男家的前一天晚上举办。

1. “催嫁妆”

“催嫁妆”在“嫁女酒”之前进行。嫁妆须比新娘提早到男家。在锣鼓、唢呐的催妆曲中，行郎踏进新娘的闺房，搬取嫁妆。新娘的大姨们则要与行郎进行“争夺”。争夺中，大姨们常用扭大腿肉加以阻止。嬉闹后，行郎搬出嫁妆。此为“催嫁妆”仪式。[①] 有的嫁妆“争夺”嬉闹，发生在行郎要把嫁妆先挑回男家（有的行郎还要留下抬轿）时。嫁妆捆扎好，送至村口，大姨和本村的姑娘们戏耍行郎。她们用锅底烟灰涂抹行郎，有的把行郎拉到水田中。姑娘以夺得“送担包”为胜，行郎则极力留包。畲家认为，没人戏耍行郎，村上姑娘没本事。

2. “嫁女酒”

请“嫁女酒”，新娘的舅公、舅舅等入首席。席间，歌手陪伴新娘劝酒，客人掏出红包。被劝者所给的红包，一般一人一包，唯有舅公是一杯酒一包，多杯多包，而且总收的红包若是单数，舅公还得凑上一包，以示“好事成双”。

“亲家伯”是主歌手，“行郎”也必须善对歌，因为请“嫁女酒”时，“行郎”要对歌。亲家伯是闽东畲族婚礼中最具特色的角色，他是男方长辈代表，又是主歌手，因此亲家伯对歌要以一应众，且要成为为难和戏弄的对象。

“嫁女酒”席间，有“抓石冻”这一戏弄亲家伯的仪式性游戏。“石冻”又名“石蛙”，据传，这一宴前的古俗，为的是让亲家伯出洋相，石蛙蹦哪里，亲家伯就追哪里，以抓到石蛙为止。后来发生变化，即：女家一人，一手执火把，一手端托盘，盘内装 1 块豆腐，豆腐上放 2 条红带，她把火把伸进亲家伯胯下，说是“寻石冻”，经过一番周旋、嬉闹，亲家伯将预备的“红包”用豆腐上的红带系住让她带走。如果意犹未尽，就继续向“亲家伯”寻“石冻”，直

① 《宁德市畲族志》，天津古籍出版社 2001 年版，第 292 页。

至把“亲家伯”的喜钱掏光才罢休。此为霞浦畲俗。[①]

即使同在闽东，婚礼的程序和内容也有差异，上述“抓蛙”（实为索红包）古俗在宁德多数畲区，演变为“清龙潭，捉石蛙”的对歌，但男方在这一场合的歌手是“行郎”。“嫁女酒”席间，女家的女眷和女性亲戚（俗称“大姨”，如同新娘的兄嫂、姨母），要利用婚俗的“清龙潭、捉石蛙（虎斑蛙）”这一“歌酒令”，试图灌醉行郎，敲“红包钱”。有经验的行郎则要设法摆脱困境，力保“红包钱”。对歌双方斗歌斗智，把酒宴变成鼎沸的竞歌赛唱。必要时，大姨们点燃草秆火把，用烟雾熏行郎，直至行郎交出红包钱。此后，对歌继续。[②]

浙南在“嫁女酒”宴时，也有“清龙潭，捉石蛙”的对歌，男方的主歌手跟宁德一样，不是“亲家伯”而是“行郎”。

在闽东，亲家伯在女家是一个被戏弄的对象，在友好的戏弄中，喧哗嬉笑场面层出不穷，使婚礼群情鼎沸，畲族的大度、率真、开朗的性格显露无遗。“嫁女酒”酒席散后，就是亲家伯与嫁方女性持久的对歌，如果亲家伯没“肚才”，输了，要罚作牛扛犁，或背猫背狗在厅堂转。作为对迎娶的报复就是戏弄男方，歌如酒能助热闹、陶醉人，因而戏弄、甚至戏谑多发生在对歌场合。霞浦曾是清末民初闽浙畲歌（尤其是小说歌）的传播中心，是闽东、浙南畲歌最兴盛的县份，亲家伯在女家的对歌活动有两夜，这就是说，以亲家伯为首的迎亲者在婚日的前两天抵达女家。做“亲家伯”之俗在霞浦的部分畲村现在还保留，但对歌很少。

在闽东一些地方，男方迎亲者的称谓是“亲家伯”、“行郎”和“赤郎”，“行郎”的角色是协助“亲家伯”的“执事”，“赤郎”的角色是挑担、抬轿的“行郎”。[③]“行郎”（挑礼盘、嫁妆以

---

① 《霞浦县畲族志》，福建人民出版社1993年版，第141页。

② 《宁德市畲族志》，天津古籍出版社2001年版，第292—295页。所述的“赤郎”实际上是“行郎”。

③ 《宁德市畲族志》，天津古籍出版社2001年版，第292—293页。

及抬轿)、“赤郎”（名誉厨师，实为主歌手）之义，有一般的共认，基于从众的原则而表述在多数的民族志里。但有的地方名同实异，或别有异名，因而要注意避免望文生义。例如《宁德市畲族志》中的“赤郎”实际上是“行郎”。严格地说，除了历史上靠近浙南的闽东畲村有“赤郎”，闽东未闻有“赤郎”。闽西漳平山羊隔一带的“火郎”与浙南的“赤郎”属同一类型角色。地方性知识有其通约性，通过这种通约性，可以把握民俗在不同区域的历史联系。

在浙南，可能是为了体现“嫁女酒”由男方置办，煮菜前有“赤郎”的“借镬”仪式。“赤郎”即男家带来的“名誉厨师”，说是“名誉”是赤郎在做了“借镬”仪式后，就让女方厨师下厨，自己退出厨房。赤郎的实际角色是主歌手。赤郎要既念又唱，才能把炊具借出来，这就是浙南著名的“借镬”仪式。

“借镬”过程是这样：女家事先把炊具藏起来。赤郎先念“借镬”开场白，再念借包括镬在内的众多炊具的谜语词。这样，就把炊具借出。① 有的畲区，借镬仪式的难度更大，在念借镬开场白后，要唱借包括镬在内的歌，每件一首，② 同时女方的女歌手与之对唱。唱一件“借”一件，要是对哪一件唱不出歌来，那一件就“借”不出来。炊具一一“借”齐后，赤郎边唱边开始烧火。这时，灶边的柴火全是湿的生不着火，即使生起火，亲家妹还会用口吹灭。机智的赤郎要准备棉花、蜡烛等易燃品来点火，只要火一点着，湿柴即被搬走而换成干柴。赤郎交给女家厨师“厨师包”（帮厨酬劳），即退出厨房。

（五）长夜对歌

“嫁女酒”一结束，就开始对歌。有的对歌在“嫁女酒”中途

---

① 雷先根：《畲族风俗》，景宁畲族自治县民宗局 2003 年编印，第 46—47 页。

② 通常每件炊具一首歌，但开始借的灶、镬（锅）、镬盖是复件组合，只唱一首。歌词是：“四四方方一坪垟，当央两口似龙塘，乌云遮月一对宝，一对鸳鸯水面上。”

就拉开序幕。对歌直至过半夜。长夜对歌，即女家请来善唱的姑娘与“行郎”对歌，有的对歌从酒席中途就开始，边唱边吃，酒席完后接下对唱。唱的歌有《娶亲歌》、《嫁女歌》、《采茶歌》、《结成双》、《恩爱夫妻》等喜歌，有固定的歌言，也有随编随唱。对歌至午夜，客人吃点心。到新娘该准备起行时，要唱《催亲歌》，该歌的最后一条是：

五更鸡啼催天光，劝你主家扮新娘，
子时出门把路赶，卯时夫妻好拜堂。①

（六）新娘出嫁前的仪礼

1. 哭嫁

新娘出嫁前两三天都要以歌代言，哭诉与爹娘等亲人的惜别，以示对娘家的留恋。一般还要“赖床”不出房门，见人进房要边哭边唱哭嫁歌。抬嫁妆时，新娘先是故意把门关上片刻，而后唱《哭嫁妆》歌。《哭嫁歌》内容包括《哭爹娘》、《哭歌嫂》、《姐妹恋》、《哭母舅》等。② 浙南畲女无哭嫁。③ 由此可以推断，闽东哭嫁是采纳汉风之俗。④

---

① 《催亲歌》说明，闽东畲区新娘坐轿往男家是在半夜子时出发，清晨六点以前到达夫家。然而，在介绍传统婚俗时，《霞浦县畲族志》（第143页）说是“（迎娶）在白天”；《福安市畲族志》（第714页）说是“傍晚，新娘花轿到达男家”。这种迎娶在白天不是传统习俗。《宁德市畲族志》说是“提火把四人在路口等候，用唢呐开路迎接新娘”，这说明新娘轿是在黎明以前到达男家。《闽东畲族志》和《福州市畲族志》没有涉及时间。拢总分析，迎亲者和新娘，在凌晨出发，清晨以前到达男家，可能是清代至民国前期的习惯。白天出发傍晚前到达，可能是民国后期以后的习惯。当然，凌晨娶亲到达夫家的习俗，仍然在许多地方延续着。闽东各地的从女家出发到达男家的迎娶时间，在婚俗变迁中会出现地方性的差别。浙南迎娶时间，与《催亲歌》所说的时间比较吻合，例如《景宁畲族自治县畲族志》（第94页）说：“新娘一般要赶在天亮前到夫家。”

② 以上定亲的程序和内容，参见《中国民族文化大观·畲族篇》，第137—141页。

③ 《丽水地区畲族志》、《浙江省少数民族志》以及《景宁畲族自治县畲族志》，均未提到“哭嫁”。

④ 《中国民族文化大观·畲族篇》，第138—141页；《闽东畲族志》，第420—421页；《霞浦县畲族志》，139—141页。

2. 梳妆

男方迎亲花轿进入女家厅堂时，新娘就要哭闹一下，佯装不愿出嫁，谁人替她梳妆，都不顺从。轿夫及媒人催她时，才开始梳妆。梳妆时，要请人解开她头上环妆的姑娘发式，将红绒线发圈梳成已婚妇女的凤凰头。新娘佯作不愿梳妆，这时母舅就让二人抱住新娘，一人专事梳头。梳头者通常是由内亲担当，也可请村内三代同堂的好命妇人。

3. “请祖公”

在宁德地区，一般是在上轿前抓一把“五谷米”（大米、芝麻、黄豆、小麦、茶叶）撒向厅堂，而后“向祖宗跪拜三拜”。① 在福安，新娘出嫁的前夜，要在中厅堂摆起香案，备三牲福礼请祖公，由女家长辈扶着出嫁女在香案前向祖公牌行礼，此称“请祖公”。②

在浙南，出嫁前的敬祖由男方备一份礼物祭谢女方祖宗，此为“请祖公”。新娘“回门”后，新郎、新娘献供品向祖宗作揖，此亦称“请祖公”。③

4. 分饭

有些畲村则行“分饭”仪式，即其兄弟捧上白米饭，先自己吞咽一口再递与新娘，让她含一口，新娘将饭喷到兄弟衣襟上，此后新娘将五谷、竹钉、钱币、扣子、筷子、鲜花等抛撒，一边唱《祝福歌》。“分饭”表示新娘将与兄弟分开吃饭，但有关动作应表示把福气留下。

（七）新娘上路

新娘坐轿上路，各地风俗略有不同。有的畲村轿夫 4 个全是男家人，有的畲村轿夫是男家 2 人，女家 2 人，起轿时，男家人走前，女家人居后。有的畲村嫁妆与花轿同行，嫁妆在前，花轿在后。有

---

① 《宁德市畲族志》，天津古籍出版社 2001 年版，第 297 页。
② 《福安市畲族志》，福建教育出版社 1995 年版，第 709 页。
③ 《浙江省少数民族志》，方志出版社 1999 年版，第 337 页。

的畲村是嫁妆早一天扛回男家。花轿左边红纸上写着“高辛帝晚生良月吉日×封”，“×”为男家姓氏。右边写着“翰林院编修今月今日×封”，“×”为女家姓氏。花轿右上角还挂一猪蹄，有的畲村把猪蹄挂在轿后。

新娘花轿出村，族长在村前路口摆上一张条桌，正面挂着绣花桌帷，桌上摆着三杯酒，意为“拦门拦风水”。花轿要经过，男家必须交过“拦门”红包。红包归公，作为村里公益事业的开支。早在此前，行郎要先行带嫁妆往男家之时，就有一场抢“送担包”和“撬蚧”的游戏，这就是说，娶亲往男家要交两次“买路钱”。

花轿或设吹鼓班，或不设吹鼓班。花轿由新娘未成年的弟弟等陪同上路，轿前有灯一对，或火把二把。[①]

新娘坐花轿是清末民初开始时兴的，20 世纪 90 年代闽东、浙南所编的民族志，多只写“坐轿嫁”，忽略“走嫁”。如《浙江省少数民族志》说：“清代，畲民分迁各地与汉民杂居，受汉文化影响，行嫁改坐轿”。[②] 实际上，“走嫁”和“坐轿嫁”这两种形式并存。在浙南，直到 20 世纪八九十年代，走嫁习俗风气仍有一些存续。1953 年施联朱、黄淑娉等人在浙南景宁东弄村进行深入细致的调查，解放前惟有行走嫁习俗。民国时，闽东畲族较之浙南畲族的走嫁为主、坐轿为次的情况差别很大，到民国晚期闽东“坐轿嫁”十分普遍，走嫁仅存于偏远山地畲区。[③] 20 世纪 50 年代闽东畲族调查报告中有关当时婚俗情形，皆未提及“走嫁”。仅此一俗，仍蕴有这一提示：畲族传统习俗的保留，浙南多于闽东。

---

① 《中国民族文化大观·畲族篇》，第 141—155 页；《闽东畲族志》，第 420—421 页；《宁德市畲族志》，第 290—298 页；《霞浦县畲族志》，第 141—142 页；《浙江省少数民族志》，第 333—341 页。

② 《浙江省少数民族志》，方志出版社 1999 年版，第 337 页。

③ 民国时翁春雪《福建畲民考》主要写闽东畲族，其中谈及当时畲民婚俗有“或步行或坐轿”，此见《福建畲族档案资料选编》，海峡文艺出版社 2003 年版，第 96 页。

三　娶亲

畲族娶亲旧俗行“走嫁”，新郎到女家迎娶，新人徒步同行到夫家。据闽东县、市民族志介绍，从清末民初新娘开始改坐轿子后，新郎就没往女家迎亲，仪式的地域差异也增多。

（一）入门

新娘进村，以鞭炮迎接。花轿至夫家，男家成员要暂时避藏，村中怀孕和服丧者以及属相与新娘相冲者均要回避。闽东霞浦县部分畲村则由一人手执柴片敲击门槛呼喊：“绝人种啦？送人种来啰！”这时家人才口呼“发啦！发啦！”一拥而出。福鼎县则是在新娘到时，男家人躲藏起来，由男家司仪放鞭炮，高喊：“人种来了！人种到了！”闽东连江、罗源、宁德等地风俗，轿到男家，新郎再绕轿一周，并往轿门踢三下，轿门启开，这时，一位父母健在的“接姑”与“送嫁嫂”搀扶新娘下轿。坐轿、踢轿是汉俗，采用坐轿，踢轿也一起接纳。

上述的“避藏”之俗甚古。道光《建阳县志》记载：“至婿家，亲宾已先匿，庭无一人，新妇必先詈之曰：‘汝家绝人种耶！’众始出应之曰：‘正赖汝来接人种耳。’”[①] 闽东部分畲村由一人手执柴片敲击门槛呼喊：“绝人种啦？送人种来啰！”这与建阳畲民古俗是类似的。畲族在闽北与闽东之间没有人口流动关系，惟有在闽粤赣原住区的同源关系，因此闽北、闽东畲民迎娶婚俗有关人种的“绝”与“接”的语言性的模拟巫术展演，应在明清以前就存在于闽粤赣原住区。这一推测还可以得到这一参证：现在闽西漳平，位于旧称“百家畲峒”的山羊隔一带畲村，迎亲人马一进村，女方家人全部躲藏起来，这时迎亲人中的歌手开腔对亲家唱。歌手唱完歌，进了院门，不进厅堂，直入厨房往灶里生火。这时女方家人方才出迎，

---

① 道光《建阳县志》卷2《舆地志·附佘民风俗》。

由亲家母敬茶。[①] 入门时男家成员的“避藏”与迎亲时村口设路障以及女家门紧闭，同属婚嫁回避，这是对原本互无姻亲关系的两个人群的社会边界状态的仪式展示，也是抢婚古俗的遗迹。

（二）拜堂

拜堂仪式是婚礼的核心，核心礼仪因重要而厚重少喧哗。厅堂板壁中间贴着大红双喜字，横楣书：“凤凰到此”，左右联书：“功建前朝帝喾高辛亲敕赐，名传后裔皇孙王子免差役”，或书：“燕尔当思高辛宠，鹏程应念祖公功”。厅堂左右香火堂所祀的神明和祖先的香位红纸要重写刷新，长几供桌上摆着供品，一对喜烛长夜点燃，忌半途熄灭。行“拜堂”时，有的是新娘先进厨房灶前小坐，再转回厅堂行礼。有的是拜堂后，新娘与新郎同进厨房，新娘向灶门添一次火，然后再回新房。先拜堂而后进厨房添火应为闽东的主导方式，浙南也是如此。拜堂时，新郎偕新娘拜天地，继而拜祖先香位，新郎行跪拜礼，新娘只揖纳“万福”，不跪拜，说是“其祖婆为高辛帝三公主，公主不下跪”，[②] 或说：“拜堂时，女的不下跪相传他们祖先是公主招驸马，女的位高于男，故不能下跪”。[③] 民国时，婚礼服装，女着后来称为“凤凰装”的盛装（参见第七章第三节现代妇女服饰），男子婚礼服装是青色长衫、青色布鞋，“官帽”是向本宗族借用。

（三）婚宴

婚宴，称“请大酒”或“讨亲酒”。酒宴设于厅堂，一般中午或晚上举行。以厅左第一桌为首席，俗称“阿舅桌”，专请母舅及

---

① 《中国民族文化大观·畲族篇》，民族出版社1999年版，第143—144页。

② 《中国民族文化大观·畲族篇》，第155—160页；《闽东畲族志》，第420页；《宁德市畲族志》，第298—304页；《霞浦县畲族志》，第143—146页；《福州市畲族志》，第416页。

③ 《福建畲族档案资料选编》，海峡文艺出版社2003年版，第95页。

尊贵宾客，母舅未入席，任何人不得“开筷”。酒过三巡，新娘被搀扶出厅“认客”，自首位开始，敬红枣糖茶，送嫁嫂在后唱《敬茶歌》，每个被敬茶人须把红包放在茶盅里，多少随意，俗称“百家银”。古俗宾客贺婚，“至贺人嫁女，仅以布数尺，贺娶亲亦仅百文，得贺数次，其宴客次数，即以其致贺次数为准”。①

有的畲村受“百家银”不是敬茶而是敬酒。由行郎唱《劝酒歌》敬酒，他手捧托盘，再唱《采花蝴蝶》，各个客人将“红包”放在托盘，这盘称为“采蜜盘”。

当香菇这道菜出来后（还有四道菜），此时转入“闹房”。“闹房”后继续用餐。

（四）闹房

众人拥入“闹房”，进行盘歌猜种。新娘嫁妆中有农作物种子，如蚕豆、花生、向日葵之类，一包包藏到笼箱里，猜中者，送嫁嫂代表新娘开箱送种子。现今，或将炒熟的蚕豆、花生等分赠。

浙南大多数畲村不闹房。闽东闹房应是受汉风影响。

（五）佳期酒

佳期酒，又称“暖房酒”或“新郎酒”。闽东畲村在“讨亲酒”散席后，在厅堂中留下一席。入席者，都是同村父母健在，甚至三代同堂者，共8人，俗称“八仙”。一人为“八仙头”，又称“暖房头”，其余做“子弟官”，又称“暖房脚”。

酒席间，送嫁嫂陪伴新娘下厨房起火、洗碗、“捞饭”。此乃闽东以甑蒸饭的一道工序，即入甑蒸前，以笊篱捞起锅中煮沸且已半熟的大米，称为“捞饭”。客人吃了“新妇饭”，新娘为客人端汤洗脸，接受者要再次给新娘“红包”。翌日下厨，新娘还要切南瓜，称为“开金”，取“多子（籽）”之意。

① 民国《龙游县志》卷2《地理考·风俗》。

（六）漏夜对歌

畲家无法安排亲友的住宿，即以漏夜对歌消除熬夜的疲劳，俗称“打统铺”。①

四　做女婿

“做女婿”，即新婚夫妇第一次回女方家（“转回门”），以及第一个春节回女方家（“头转客”）。

1. “转回门”

在闽东，新婚夫妇一般在结婚的第二天或第三天到女家，小住一两天。去时带礼品敬送岳父，临走前夕，岳父宴婿，亲朋作陪，俗称“女婿酒”。“转回门”也叫“做女婿”。

浙南转回门时，女婿还须备办饼、面、白鲞等礼物，岳家亲房各家一份。新娘回门时有敬祖仪式：“新娘归门时，亦要请祖公，这时新郎、新娘要向祖宗作揖”。②

2. “头转客”

在闽东，婚后第一个春节，新婚夫妇到女家，此称“头转客”或“转头年”。个别地方如福安，“头转客”是在婚后第一个端午节之前。

在浙南，婚后第一个春节新人到女家，女婿会被村里姑娘拦住唱歌，还要经受被抹锅黑的戏耍。闽东东北隅的福鼎县与浙南同此俗。

附带说，跟做女婿类似的是“做表嫂”习俗。“做表嫂”是婚后的第一个春季，新婚夫妇去男方舅家做客，舅村男青年来找新娘对歌。

---

① 以上参见《中国民族文化大观·畲族篇》，第155—160页；《闽东畲族志》，第419—421页；《宁德市畲族志》，第290—306页；《浙江省少数民族志》，第33—342页；《景宁畲族自治县畲族志》，第87—95页。

② 《浙江省少数民族志》，方志出版社1999年版，第337页。

在介绍了上述的畲族婚俗后，有必要补充若干说明。《浙江省少数民族志》（1999年）指出，抗日战争开始后，婚仪时的“赤郎”形式，大部分地区消失了，对歌两夜改为一夜，赤郎“借镬”礼已失传。近时有改夜间走路为日间，不对歌。现时新娘已改坐轿为走路，或坐拖拉机、三轮车。同新娘轿相配的礼仪也随之消失，嫁妆多改为流行电器，送糯米做酒改为送啤酒或瓶装白酒。①

男嫁女在畲族有一定的比例。男嫁女婚礼不同畲区有程度不大的差别。《福州市畲族志》说：“把儿子像女儿一样嫁出去到女方家落户，婚礼与女嫁男大致一样。不同的是，结婚时新郎到新娘家步行的更多，嫁妆较少，多为农具。”② 2005年1月，笔者在浙南景宁敕木山的惠明寺村参加一个男嫁女的婚礼，看不出与女嫁男有什么差别，嫁妆中电器还不少。

诸县、市畲族志在陈述结婚礼仪时，有尽善尽美地做“汇总”意味，所述的繁文缛礼及其耗资，一般畲民家庭难于承担。因此，有关仪式及其花费具有理想状态，这和社区调查报告差异甚大。施联朱等《浙江景宁县东弄村畲民情况调查》（1953年）介绍本村婚礼是这样：（1）“遣媒到女家征求意见，并叙述男方家境情况，女方为慎重起见，总是需考虑的。事后女家就遍访对方的财产家境、家庭关系和女婿的人品等”。（2）若双方有意，“约三个月后男方又遣媒带红糖1斤、面1斤往访，并征求意见”。（3）“女方同意后，过些时候，男家又请媒择吉送红糖、面各1斤到女家”。（4）“媒人第四次到女家须带红糖、面各1包、白鳖1对、银手镯1对、五色花线手帕1条、银元8至16块，女方全部收下，这叫‘送定’”。“女方须请媒人吃饭，舅父、姑姑等至亲都要请来陪客，在席上双方说好聘金数目，普通约18至24块”。（5）“订婚一二年后就可送

---

① 《浙江省少数民族志》，方志出版社1999年版，第342页。

② 《福州市畲族志》，海潮摄影艺术出版社2004年版，第417页。

聘金，普遍都是在婚前一年择日送的。送礼金时，女家须把年庚八字开给男方。以后男家又择日送日期到女家，通知对方何时结婚，女方就与媒人讨论及决定男家须送酒席的猪肉、菜、酒数目，一切都说好，数月之后就可以结婚了”。(6)“婚日前两天，男方派6人去迎新娘，中有代表男方家长的‘妯翁客’、新郎、媒人及1人挑礼物、2个赛歌的人，到女家后，是夜休息并举行赛歌，翌晚夜半12时新娘与其兄弟或姐妹1人，由男家6个人伴送起程，新娘张开雨伞点起灯笼一行8人同走”。“抵家门时，男方放炮欢迎，并派8人在门口迎接，然后由一命较好的（父母、兄弟、姐妹、子女齐全的）妇女送新娘到新房去，放下嫁妆，复出厅堂和新郎同拜‘香火堂’（祖宗），拜毕接着张排酒筵，由新郎到外敬酒陪客，新娘则返新房，新房亦备酒一席，由新郎的姐妹嫂嫂陪同欢饮。至此婚仪过程就算结束了。”“结婚时唱山歌，一则为了凑热闹，一则可以解决客多铺少的困难，唱山歌还要吃点心，故一般贫苦人家客人不多就不一定都唱了。据44对解放前结婚的夫妇进行统计，其中27对唱过山歌，未唱山歌的17对。解放后结婚的4对夫妇中只有1对唱过山歌，……此外，童养媳、续弦等亦不唱山歌，主要还是家境贫苦之故，只好从省办事。”① 编写颇严谨、准确的《霞浦县畲族志》也指出：“霞浦畲族原先的迎娶礼俗，相当简朴。”②

民国是传统婚俗与变化了的婚俗并行的时期。然而，不少民族志往往顾此失彼。应当指出的是，仪式的陈述有完整性，甚至有完美性的追求，但不宜用各地的局部去组成理想的完整。不少介绍实际上是各地婚礼荟萃，尤其有缺陷的是未交代资料来源和主要的流行地域。笔者本人实地调访极少，只能对已有著述中的婚礼民族志描述做必要的甄别和类型学处理。

---

① 《畲族社会历史调查》，福建人民出版社1986年版，第14—15页。

② 《霞浦县畲族志》，福建人民出版社1993年版，第143页。

第三节　丧葬仪式

畲家人凡享年50岁以上的老病而死者，为寿终正寝，称为“老了”、“过山了”。做过“奏名入录”（醮名祭）的人死后称为“亡故仙师”，否则仅称“亡人”。

浙南古俗，已“学师”的老人到50岁时得为自己准备后事，即缝制“赤衫”或“乌兰衫”、头冠，购置8尺红布，死后系于头上的两端垂于小腿，拟好度身二十四牒书，包括过山八牒、过水八牒、过乡八牒，上述物品打成包袱，称为“度身包”，女性则称为“更绿包”。此包每年自己翻晒一次，死后由长子或长女解开。未“学师”者死后仅穿生前留下的较新的衣服。畲家认为学师者死后是骑神马带阴兵上朝，故临终时子孙不得啼哭，要高高兴兴办后事。请本族老人对临终者致辞，意为“亡故仙师××郎（或××娘）吃完动身酒，好好上路”。祭毕，子女将死者净身，整理遗容，并解开“度身包”，戴上头冠穿上寿衣，胸挂红方印，印上刻“日月紫微星太上老君”九字。这时子孙才准哭。未“学师”者死后，床前点香和灯，不祭“动身酒”，子孙拥前恸哭，送他“上路”。畲家丧事仪式如下：

一　丧仪

（一）发丧

1. 报丧

畲族遇家人亡故，须向亲友报死讯。男亡，得告知亲房叔伯；女亡，先得告知娘家亲人，特别要请母舅前来吊唁，以及监察入殓等事宜。报丧者男女皆可，报丧时须反穿衣服，到亲友家不必声张，只将雨伞靠放于厅堂边，人们便知噩耗。故平时做客不能把雨伞放在厅堂，而只能先将雨伞置于门外。

奔丧者至，孝子礼迎。若是母丧，孝子须跪迎母舅。母舅来吊唁时，随带祭礼。祭品经祭奠死者后，部分退还。

畲族每人都有一个讳名行位（郎名、娘名）。男人死后，孝男要向族长讨“大位名”。女人死后，孝男要向母舅讨“位名”。

2. 哭丧

唱哭丧歌者主要是女眷。特别是外嫁的女子，接到讣告时，先是哭悼，开箱取出出嫁时娘家已做好的压于箱底的麻布衫穿上，一路唱哭丧歌赶来。

畲族哭丧歌，源于畲族盘瓠传说。相传盘瓠在凤凰山行猎时，不幸被山羊撞落悬崖，身躯挂在树杈上，鸟儿飞来要啄。盘瓠之妻三公主闻讯赶到，即情景编歌，边歌边哭。其他亲人也赶到现场敲起木梆，吹起螺号，为盘瓠赶鸟，相沿成俗。有些歌词都是代代传承的，有些则是后人即兴编成。父母亡故日，出嫁女子都要带来一只鸡作供品。她们在灵床前，长时间地哭唱。

（二）入殓

在报丧的同时，就要进行殓衣。老人一旦咽气，亲人就向死者嘴里投一粒冰糖或酒少许，并用一块烤熟的鸡蛋塞入其口。死者衣着穿戴，除“亡故先师”寿衣特殊外，一般亡者，不论贫富，首先要较新。

在穿衣前，向水母娘买水洗浴。孝男孝女身着孝服，手撑半开雨伞，并拿陶罐或水桶，领锣鼓队到水井边或水坑边，点燃三支香，烧化纸钱唱《买水歌》。

死者梳洗穿戴完毕，从卧房移到后厅。用两条板凳、四块木板、一张草席，置一张灵床。孝男身着麻衫，孝孙身着白棉布衫。麻衫不锁边，断处不理。孝女孝媳也着麻衫，并把扎头发的红头绳换成麻片或白带子。入殓，男的要经过族长许可，女的要经娘家父兄点头。

入殓即将死者移置棺内，孝子跪于棺旁“辞棺”，亲人环棺向遗体告别，族人、亲戚依次辞别，俗称“拜视殓”。封棺毕，孝男女、孝媳及至亲晚辈，绕灵柩，跪行三匝，俗称“环柴”，然后用米槌敲紧棺盖。在浙南，入殓时，娘家人还念一组词，主要是《高皇歌》中从广东迁到福建、浙江的内容。畲民丧俗最大的特点是以歌哭灵，死者亲人围坐棺旁，边哭边唱，追念死者，直至出殡下葬。

殡葬后，将祭祀死者的香炉的香灰并入本家供奉的历代远近宗亲香炉里。有的畲村有安神主仪式，即丧家屋内只保留三代神位，如下一代有人亡故，就得将家中保留的最高一代祖宗的神位移入祠堂。放置新的神主牌后，每月初一、十五，都要焚香、点油灯、供祭品。在浙南，家中很少有神主牌，因此只需将香灰并入本家人供奉宗亲的香炉。

在浙南，还有挂祖图辞世的方式。祖图不受香火，一般挂在厅堂两侧，或走廊，或大门口。天井竖以竹作幡，称为“朝竹”，上挂牛轭、剪刀、尺、镜、米筛等，还挂一鸡笼，内装一鸡，称为“风水鸡”。[①]

（三）超度

超度，即打醮超度亡灵，这是最隆重的哀悼形式。在畲民的传统观念里，若不行此举，亡魂会停留家中，酿成鬼祟。道光《建阳县志》云：“闻其度亡作斋事，惟率同类系钲鼓于堂，口喃喃不知作何语。所奉神像乃古画一帧……疑即其始祖也。事毕，卷而藏之，秘不示人。”[②] 这是畲民超度仪式最早的明确记载。万历《永春县志》云：“人死刳木纳尸，少年群集而歌，擘木相击为节，主者一人，盘旋四舞”。[③] “盘旋四舞”者应是畲巫。道光《建阳县志》所载的辞世时挂祖图的习俗，在民国浙南仍可见。

超度仪式，闽东畲族称为“殓暝”、“会暝”、“道夜”等。浙南畲族称为“做阴功德”。粤东畲族称为“打斋超度”。超度前先布

---

① 《景宁畲族自治县畲族志》，景宁畲族自治县民委1991年编印，第197页。

② 道光《建阳县志》卷2《舆地志·附佘民风俗》。

③ 万历《永春县志》卷3《风俗》。

置“师爷间”，中堂照壁悬挂“日月紫微星太上老君”图、“十王”图、“普观祖师”像等。有的还悬挂祖图、金鸡、玉兔、凤凰等图像。[①] 在图像前，点香燃烛。摆上茶、酒、五果、五菜以及法师的法器等。并在厅堂右壁下放一张条桌，俗称“灵桌”，桌上放一只香炉，一盏小瓦灯，一个神主牌。神主牌正面写死者讳名，背面写死者生卒时间，桌边放一个陶钵作烧纸之用。

闽东“会暝”时间是停尸在家或出殡下葬后进行，由法师二至三人执行。在浙南，做功德丧仪，由本族七位法师主持，他们分别称为：房赵、度亡、引师、同引、师主和孝度二人。闽东畲村“会暝”程序与汉区大体相同，仅在“辞神”前加唱《师爷歌》。已“奏名”者要做三昼夜的功德，一般亡人只做一昼夜。浙南做功德已学师者二昼夜，一般亡人一昼夜。

在浙南，入棺后不论做功德与否，都得先请法师念经文，经文包括《开路经》、《日光经》、《观音经》等凡 14 种经文。举行过“传师学师”仪式的人，也称作“祭祖者”，未经过“祭祖者”不能作为孝子主丧做功德。民国《龙游县志》载：“人死，如其子未曾祭祖，则不得为孝子，主丧必延曾祭祖者一人代为之。丧中最重做功德，然不用僧道，即以曾祭祖者八人，服青红各色之衣，在灵前念咒语或在祖先前歌舞，如此者一昼夜或二昼夜……做功德时，如其亲友致香楮来吊，则其孝子必跪门外迎之。又做功德时在厨房蒸饭，必须手持竹枝频击其甑。母死则祝之曰：‘阿娘气平平’，父死则曰：‘阿爷气平平’，谓之‘孝子饭’。”[②] 民国《建德县志》所载与《龙游县志》甚似：“畲客乃重做功德，门竖一幡，上书死者姓名，灵前杂列鸡黍，畲妇七八团棺坐哭。用麻干为方格，高阔尺许，外糊以纸，中置纸锭，名之曰‘库’。并持竹鞭甑，且鞭且祝曰：‘阿娘气平平上’，或曰：‘阿爷气平平上。’名曰：‘孝子

---

① 据施联朱等《浙江景宁县东弄村畲民调查》（《畲族社会历史调查》，第 15 页），有“醮名”（做过传师学师仪式）者，死后做功德，才可以张挂祖图和“十皇图”。

② 民国《龙游县志》卷 2《地理考·风俗》。

饭’”。“已祭祖者，死后必做功德，不做，其人不得葬。”[①] 龙游、建德二县在浙南的西北面，反映的是浙江畲族在民国时期的有关情况。[②]

《浙江景宁县东弄村畲民情况调查》介绍本村丧葬习俗说：“人死后，孝子到河边去烧些纸钱，把水取来，这叫‘买水’。回家后就替死者洗脸洗身，穿上新衣，放入棺中，死者若是有醮名就可以穿红袍或青袍；继而请人来‘开路灯’，意即把其灵魂送到祠堂去。‘开路灯’后，家境穷困的就此了事，家境好的就做功德，一两天后就送上山入葬。孝子普遍穿戴上白帽、白衣，出葬后仍戴孝至49天止，但只戴白帽和把鞋子钉上1块白布，在这49天内孝子不能剃胡子、理发、看戏和参加赛歌会，死者家人亦不能参加。”[③]

二　葬式

出殡时，用一根毛竹或杉木棍抬棺材，一声令下，燃放爆竹，迅速扛起灵柩。孝子手执孝杖，身着麻衫，脚穿草鞋，扶棺；孝女、女客披麻戴孝随后哭唱丧歌，一直送到葬地。

清初闽西，“送死棺椁无度，号泣无文，三日而葬，远族皆至，号饮极欢而去”。[④] 所谓“棺椁无度”是从汉人葬俗角度看，认为没有规制。联系到晚明闽南永春县畲民焚棺拾骨土葬（见下），可知明清时期，在闽西、闽南并行着棺椁土葬和焚棺拾骨土葬这两种葬式。

以下是清代以后，闽东、浙南的葬式：

（一）一次土葬

在闽东、浙南，一般在山坡侧挖（“切坡”）水平墓葬洞穴，用

---

① 民国《建德县志》卷3《风俗志》。

② 《浙江省少数民族志》，方志出版社1999年版，第347页。

③ 《畲族社会历史调查》，福建人民出版社1986年版，第15页。

④ （清）范绍质：《猺民纪略》，见乾隆《汀州府志》卷41《艺文志三》，方志出版社2004年版，876页。

两根圆木垫着，推棺入穴，石块封口。少数在平地挖穴入棺，俗称“仰天窟”。今浙南采用一次土葬和拾骨二次葬，以一次土葬为主。[①]

（二）土葬后拾骨二次葬

在闽东、浙南，有土葬后再二次葬，即：土葬若干年后，择清明或冬至日，启穴开棺拾骨放入“金瓮”（长鼓形陶瓮），移置于山崖、岩穴或土洞，以砖石封口，此俗称“补葬”。[②] 今闽东畲民多采用拾骨二次葬。[③]

（三）停棺拾骨土葬

在闽东宁德市蕉城区（原宁德县）八都的畲村行停棺再土葬。在近村山野处建三面墙的屋子，用于停棺，畲语叫“起厂”。停棺数年后再拾骨装陶罐土葬。[④]

《浙江省少数民族志》介绍畲族葬俗说：“清代，要在野外搭棚停棺3年，再捡骨入陶罐安葬。”[⑤] 在浙南松阳县，“（畲民）捡骨葬是将死者抬到野外较偏地方，棺木放在木头垫好的地上（原注：畲语叫‘未落土’），再在棺木四周打上泥墙，屋顶用杉树皮等盖好，过数年待尸体腐朽为遗骨，捡尸骨时按人体结构，从下到上依次置入陶罐，择日埋葬。也有的将认为原先埋入土中场所不利，再开棺捡骨葬之，俗称‘转金’”。[⑥]

《景宁畲族自治县畲族志》认为：“（畲族）葬法有个演变过程，

---

① 《浙江省少数民族志》，第345页；《景宁畲族自治县畲族志》，第109页；《松阳县畲族志》，第179页。

② 参见《霞浦县畲族志》，福建人民出版社1993年版，第149页。

③ 《闽东畲族志》，第421页。

④ 蓝雪霏：《闽东新楼、岭尾宫畲族之葬式》，载《畲族民俗风情》，海峡文艺出版社1997年版，第121页。该文认为：“现在畲族仍旧实行的‘起厂’风干及切坡打洞入棺之葬式，很可能是古葬制悬棺葬之变异”。

⑤ 《浙江省少数民族志》，方志出版社1999年版，第345页。

⑥ 《松阳县畲族志》，松阳县民族宗教局2006年编印，第179页。

最早是悬棺葬，后来改为火葬，再改为土葬或拾骨土葬。”[①] 对于畲族早期曾行悬棺葬，还只是推测，但如果我们同意畲、瑶同源，并可远溯“五溪蛮”，那么上述的停棺三年则与“五溪蛮”行悬棺葬之前的“三年而葬”的习俗有关。唐人张鷟《朝野佥载》云：“五溪蛮父母死，于村外阁其尸，三年而葬。”[②]

停棺拾骨土葬，应是迁入闽东、浙南之前的古俗。据20世纪50年代初调查，南平畲民“人死后三年才能埋葬”，[③] 停棺后可能是捡骨葬，否则停棺三年就匪夷所思。

（四）停棺火化拾骨土葬

在浙南，有火化拾骨土葬这一古老习俗，略有不同的是，多了“停棺”这一环节。在靠近浙南西北部的龙游县，民国《龙游县志》云：“（畲民）其葬者亦须停棺于野数年，然后举火烧化，贮以瓶而埋之。” “不葬者，其棺置室隅，俨同几桌，一切器用皆可庋置云”。[④] 所谓“不葬者”是暂时的，最终还是要“举火烧化，贮以瓶而埋之”。

火化拾骨土葬早在明代闽南的畲民就有之。明万历《永春县志》载：“（畲民）人死刳木纳尸，少年群集而歌，擘木相击为节，主者一人，盘旋四舞，乃焚木拾骨浮葬之，将徙，取以去云”。[⑤] 明清时代畲民迁徙频繁，以火葬焚尸取其骨殖便于搬迁时携带。即使初定居于某处仍沿旧俗。赣东北《贵溪县志》载：“（畲民）遭亲丧，舁棺至山麓火化之，拾其骨，请于主人求隙地葬，不起坟。主人恐其久而诈，平地以为坟地，督之令高，今已隆然起三四尺矣”。[⑥] 贵溪畲族是从闽西迁去的，联系到明代万历永春畲民的火化

---

① 《景宁畲族自治县畲族志》，景宁民族事务委员会1991年编印，第109页。

② （唐）张鷟：《朝野佥载》卷2，中华书局1979年，第40页。

③ 《福建省少数民族情况介绍》，载《福建畲族档案资料选编》，第75页。

④ 民国《龙游县志》卷2《地理考·风俗》。

⑤ 万历《永春县志》卷3《风俗》。

⑥ 同治《贵溪县志》卷14《杂类轶事》。

而后土葬之俗，可以推断，明代及此前，闽粤赣畲族原住区有行火葬习俗，而后兼行土葬，固有焚棺拾骨埋葬这种将火葬和土葬合一的混合型葬俗。据《丽水地区畲族志》，初从福建迁入浙江处州府的畲民，在村中设“亡人台”，叠柴火焚尸，将骨灰装入陶罐埋葬。[①] 但没有交代有无用棺木，如果没用棺木，那就是直接火化拾骨土葬；如果有用棺木，那就是停棺火化拾骨土葬。

火葬、土葬分别与游居、定居相对应，在游居向定居过渡期间，出现火葬兼土葬这种混合型葬式。定居以后，还会在一定时期保留这种混合型葬式，进而变异为停棺火化拾骨土葬和停棺拾骨土葬。

（五）悬棺葬

雷先根主编《景宁畲族自治县畲族志》最早明确提出畲族的葬式“最早是悬棺葬”的推测，[②] 后不断有新的实证资料支持这一观点。

1. 拾骨岩葬

闽东罗源县曾有这种葬俗：将盛有骨殖的陶瓮置于高处岩洞，外叠些乱石遮挡。在罗源县安井村灰瓮岩的某处石洞发现盛着骨灰的 3 个古时陶瓮。[③] 在这种岩葬之前，先在山坡挖掘水平土洞，将棺木置入，洞口用石块和泥巴封堵，过三年或更长些时间取骨（个别还采用焚烧），装于陶瓮，然而移他处岩葬或土葬。其中的陶瓮岩葬就是二次葬的悬棺葬。

2. 棺柩悬棺葬

闽北松溪县花桥乡狮子岩有一个大岩洞，洞内架搁着数百具历

---

① 《丽水地区畲族志》，电子工业出版社 1992 年版，第 161 页。

② 雷先根主编:《景宁畲族自治县畲族志》（第 109 页）说:“（畲族）葬法有个演变过程，最早是悬棺葬，后来改成火葬，再改成土葬或拾骨土葬。”

③ 《福州市畲族志》，海潮摄影艺术出版社 2004 年版，第 419 页。

代棺柩。[①] 据厦门大学历史系连心豪老师指导的松溪籍硕士研究生蓝美芬的实地调查，当地一位雷氏畲族老人家藏的世系本中，记录着其祖上曾有些人葬在石狮岩洞内。例如，“（雷氏二世）斯德寄在狮子岩内，未居葬。德妻严氏未葬，共寄在岩内”；“四世（臻）华妻张氏享阳三十八秋，终于同治三年四月十八日，居寄在岩内。”所记中，“葬”指土葬，“寄”指悬棺葬。

雷先根主编《景宁畲族自治县畲族志》认为：“据畲族群众传说以及祖图介绍，畲族始祖盘瓠是用铁链捆着棺木吊在七贤洞里的，这是悬棺葬法。”[②]《朝野佥载》记载：“五溪蛮父母死，于村外阁其尸，三年而葬。打鼓路歌，亲属饮宴舞戏，一月余日。尽产为棺，余临江高山半肋凿龛以葬之。”[③] 上述闽东罗源的拾骨岩葬，尤其是松溪的悬棺葬，有“五溪蛮”悬棺葬遗风。据吴永章《瑶族史》，清代瑶族“除土葬外，还保留传统的火葬、岩洞葬”。[④]《黔南识略》记瑶族葬俗云：“人死，殓以棺，置洞不葬。”[⑤] 此即“岩洞葬”，亦即悬棺葬，与闽北松溪畲族在狮子岩的岩洞葬一样。

---

① 孟国雄：《狮子岩悬棺葬》，载《松溪文史资料》第 14 辑，1987 年，第 25 页。

② 《景宁畲族自治县畲族志》，景宁民族事务委员会 1991 年编印，第 109 页。

③ （唐）张鷟：《朝野佥载》，中华书局 1979 年版，第 40 页。

④ 吴永章：《瑶族史》，四川民族出版社 1993 年版，第 597 页。

⑤ （清）爱必达：《黔南识略》卷 11，转引自吴永章《瑶族史》，第 597 页。

第十二章

教 育 体 育

教育是增进人们知识、技能的活动。成年之前的社会化过程的教育尤为重要。狭义的教育指学校教育，广义的教育包括在生活中的社会教育。畲族的歌言教育正是极具民族特点的社会教育。学校教育包括旧式学堂教育和新式学校教育。教育包括体育，这里将体育独立出来分述。畲族传统体育可分为游戏和竞技。

第一节　教育

学堂教育的一个重要特点是文字学习，而文字学习在学堂未出现之前早就有了。畲族的《开山公据》和瑶族的《过山榜》，基本内容一致，许多文字完全一样，这说明畲、瑶未分流之前，就有这份传说最早是“楚平王”颁给畲瑶祖先的敕文。这类古文献应是请汉族文人书写的，但此前长期的口头文本已经长期传承。拥有这类古文献的畲族，不至于无人能识。也就是说，畲族文字教育很早就有了，甚至是在畲族的先民时代（宋以前）。南宋刘克庄根据漳州畲族有“知书及土人陷畲者”，认为“（畲民）殆受教于华人”。[①]这种“受教于华（汉）人”的历史情景逐步清晰起来，并且随着畲族知识分子的出现，本族中也有了自己的塾师，被誉为“治台宗匠”的蓝鼎元，清初在闽南漳浦县的县学就学，其祖、父皆以教书

① （宋）刘克庄《后村先生大全集》卷93《漳州谕畲》，四部丛刊本。

为业，甚至到过外乡和县城给汉族子弟当塾师。从受教于汉民到执教于汉民，这要经过一段时期。畲族的学堂教育至晚出现于明代，这指的是闽粤赣交界地区的情况。在闽东、浙南这一清代以后新的畲族大本营，最早的学堂教育出现在清代。民国时期，畲区出现了新式学校，并逐步取代旧式的书塾教育。新中国成立后，书塾消失，新式学校教育遍地开花，硕果累累。

比学堂教育还早的是以歌言教育为特点的社会教育。在未有或缺乏旧式学堂教育和新式学校教育的情况下，歌言教育成为畲民从童年开始人人皆经历的社会化教育。上过学固然是文化程度的主要指标，但在畲族传统社会，歌才即“肚才”，也就是腹中有诗书，这生动地说明，没有被贫穷摧垮教育的畲族，以其特有的民族智慧维系并丰富这一寓教于歌的教育。笔者见过蓝观海等位浙南畲族歌手，他们博闻强记、练达机敏，令本人自叹弗如。一个民族的教育，最重要的是陶冶民族的灵魂。只要了解畲族的歌言教育，就会赞叹不已。刚勇而不失浪漫，吃苦而心泉甘洌，这是一种伟大而优美的民族魂魄，歌言教育也是其塑造的重要因素。

一　歌言教育

畲族民歌在畲民中称“歌言”，就是即兴歌唱，以歌代言。在能即兴歌唱之前，早已经过多年演练口传或手抄的流传歌言。歌言教育是极具民族特色的教育形式。歌言教育即“歌教”，就是以民歌为基本教材的教育活动。

最著名的历史歌是《高皇歌》，聆听和学唱《高皇歌》，就是学习本民族的神话和历史。《钟良弼》、《插花娘》等是小说歌，通过学唱和演唱，学习本民族历史人物或传说人物的事迹。劳动歌有生产知识和气候知识，如《节气歌》，把一年24节气的物候特点和农事活动都归纳其中，相当于农活教本。又如《做田歌》描述了农作技术，抒发劳动的艰辛和快乐。礼俗歌是根据本民族仪礼和风俗习惯的编唱，最主要的有婚嫁歌和丧葬歌。礼俗歌对传承民俗风情、人生礼节和民族心理有着重要的作用。劝世歌就是道德教育。情歌有许多成为范本，学唱犹如读诗，即兴而歌犹如口头习作。歌言教育的内容相当于社会生活的百科全书。学歌、练歌、盘歌成为寓教于乐的活动，而歌本就是识字课本。[①]

像民族历史歌、农事歌等，早时虽有固定歌词，但只是存于记忆。到了清代，口头歌教进入抄本歌教的新阶段。一代歌王钟学吉（1856—1924），清末民初白露坑人，七岁入书塾，读了六年，业师即其堂伯钟廷吉。钟廷吉在课余时间，又教唱畲族传统的歌谣、儿歌等。这说明歌言教育与学堂教育的有机联系。钟学吉20岁时也当起了塾师。他一边教学，一边抽空到周边畲村采集畲歌，编写了大量劳动知识性的歌谣，在私塾内外广为流传。在钟学吉之前，已经有了一些零散的民歌抄本，但首先进行系统性收集和整理的是钟学吉。继而，他取材汉族小说和民间故事，编写数以百首的小说歌，晚年还创作畲族历史人物的小说歌。

钟学吉收集了比较定式化的杂歌，如《二十四节气》、《十二月歌》、《起书堂》、《一字添笔》等杂歌，内容涉及畲族生产、生活、经济、政治和风习等各个方面，是畲族人民珍贵的口头文化遗产的物证。钟学吉的另一个贡献在于创作长篇故事歌，如《末朝纲》、《九节金龙鞭》和《钟良弼》等。[②]

霞浦有个山民会馆，是畲族民间社会公益团体。会馆建立以来，各地畲民不时到此集会，沟通信息。会馆还成为优秀畲歌荟萃和流传的重要场所。担任会馆董事的钟学吉利用会馆的方便条件，收集素材，编写歌本。畲民住馆期间，以歌为乐，传抄歌本。山民会馆成为畲歌传播中心，影响力遍及闽东、浙南畲族社区。

从口头歌教到抄本歌教，从一村一地的抄本歌教到跨省的地域性抄本歌教，钟学吉的歌言教育，浓缩着畲族的歌言教育史。畲族

---

① 参见李健民《畲族的“歌教”》，载《长溪集》，宁新出（99），第23—32页。

② 参见《霞浦县畲族志》，福建人民出版社1993年版，第451—453页。

“歌王”钟学吉出现在白露坑实不偶然，他既是畲族文化的孕育而生，也是学堂教育培养的结果。歌言教育一旦受到学堂教育的推进，就会产生巨大的传播效果。

二　旧式学堂教育

在封建社会，畲族的学堂教育命微如丝，其主要原因是贫穷，而贫穷与封建社会的剥削压迫有关。然而，动辄说是封建统治阶级视畲族为“化外”，实施文化教育的民族歧视政策，那是程式化思考。事实是，封建统治阶级恰恰迫切要对少数民族推行文化教育。这当然不是统治阶级的恩赐，而是推行“天下一统”、“四夷向化”的政治需要。就以台湾原住民族来说，清政府统一台湾后，就在部分平埔人村社推行具有义务教育性质的“番社学”教育，作为“皇恩远泽”的一种标志。

封建社会基层的学堂教育是科举教育的组成部分，科举对教育的牵引作用是巨大的。虽然众多士子科举无名，但可扩充塾师队伍。大分散的分布格局决定畲族社会发展的不平衡，包括学堂教育的诸多差别。在闽粤赣交界地区，未闻有畲民在学堂教育，特别是科举教育遭到歧视的事情，但在闽东、浙南却有这类困扰。为畲族士子科举排忧解难的正是官府。歧视、打压畲民教育的主要来自汉族刁横文人。[①] 据道光《福建通志》，嘉庆七年（1802）“福鼎县书串通生监污指畲民不准与试”，福建巡抚李殿图接福鼎童生钟良弼呈控，驳斥“不准”之谬，准予应试。[②] 此事推动翌年（1803）浙江巡抚关于“（准畲民）一体报考应试”[③] 的明令。闽浙畲族生员因此了却科举的困扰，闽浙畲族的兴学设教之风也乘势逐渐蔚起。霞浦县半月里畲村的学堂教育和科举功名就是突出的例证。

---

① 衙门幕僚，乃受聘的临时职员，不属官衙编制，其中不乏刁横者，下引的福鼎县书即是。

② 道光《重纂福建通志》卷140《国朝宦绩·李殿图》。

③ 光绪《处州府志》卷29《艺文志中》。

半月里开基祖之孙雷志茂，喜文学、好堪舆，师从风水名师黄龙学。雍正二年（1724）雷志茂被福宁知府张良弼聘为幕僚。雍正八年（1730）雷志茂回村建起宅第，还修建了雷氏宗祠和村庙龙溪宫。他重视培育家族的教育事业，激励后辈读书上进。还延师兴学，耕读蔚然成风。从道光三年（1823）起，在短短的60多年间，半月里一连出了5个文、武秀才。半月里的文化教育风气也影响了邻近的畲族村落。根据清代方志记载，当时整个福宁府（包括霞浦、宁德、福安、寿宁、福鼎、周宁、柘荣7县）畲族村落开办了20多所私塾，半月里以及毗邻的白露坑钟姓畲村、牛胶岭蓝姓畲村各有一所，共3所私塾，成为霞浦县、也是当时福宁府学堂教育发展程度最高的畲区。[①]

汉文化教育促进少数民族繁荣的事例在畲族文化史上不胜枚举。近年被誉为闽东畲族文化村的霞浦县溪南镇半月里畲村，错落有致的古民居群落，掩映在几棵参天古榕的绿荫里。从后山俯视，村形如内弯的半月，村子因而得名。当年雷世儒等人修建的三座大型宅第，至今仍然保存完整。特别是雷世儒于道光年间先后动用工匠60余人，历时三年所建的宅第，规模宏大，中梁高十多米，占地面积1300多平方米，柱子126根，共38间房。半月里宅第的厅堂雕梁画栋，悬匾挂联，保存有龙头祖杖、木石雕刻、衣冠首饰，以及碑刻、牌匾、楹联等珍贵文物200多件。半月里畲村还曾保存大量的古籍图书和民间文书。[②]

半月里雷姓族人是以接受汉族文化教育并有较深造诣而实现政治的崛起，与此同时，文化教育极大地推进畲族传统文化的繁荣，使畲族文化得到深刻和丰富的表现。雷氏宅第内那些牌匾和木刻楹联显示雷氏宗族的社会地位和民族文化内涵。其中有：清道光十三年（1833）进士、福宁知府李嗣邺为雷世儒母亲蓝氏50寿辰赠送

---

① 郭志超：《从闽东白露坑看畲族文化遗产保护》，载《民族文化理论与实践》，民族出版社2005年版，第926—927页。

② 同上书，第927页。

的“竹操松筠”匾；有道光二十八年（1848）秋，雷世儒为雷氏宗祠手书的“凤山衍庆”匾额。“凤山衍庆”溯源畲族祖居地“凤凰山”，恰好和厅堂的一对联文相呼应：“徭咏不忘高帝力，鹏程欲溯凤山踪。”这里的“徭”指畲族，“高帝”指传说中畲族女始祖即三公主之父“高辛帝”，“凤山”指畲族祖地——粤东“凤凰山”。另外有三对联文：“冯翊灵钟歌松竹而夸肇建，新庭瑞霭培芝兰以大诒谋”；“庚星辉五秩知岳降崧生冯翊早徵膺上寿，椿树茂千秋万年高德动丰城还见绍芳薇”；“宝婺灿瑶阶星近五云冯翊风和翻彩鹢，高辛荣凤诏堂开三代春庭膝绕舞斑衣”。前两联的“冯翊”即雷姓郡望，亦指畲族雷氏；第三联的“高辛荣凤诏”的“凤诏”指凤凰诏，即当年高辛帝圣旨：高辛帝将三公主嫁给畲族始祖忠勇王，并赐给丹书铁券一事。还有一联：“华堂开瑞霭爰处爰居五色详云腾画阁，胜地毓灵钟允文允武双英彩凤舞瀛洲”，其中“双英”、“允文允武”意指雷世儒父子双双考中文武秀才一事。

私塾或由富户牵头兴办，或由数户联合延师办塾，或塾师在自家设馆。在汉族宗族并不罕见的义学，目前尚未看到有关畲族的记载。宗族义学就是宗族以族田或专以学田收入为经费，延师设馆，让族中子弟免费就读。如果以后发现曾有的话，应只会在闽南、闽西等闽粤赣毗邻地区才可能出现，因为在闽东、浙南这一畲族在明清时期才发展起来的新居住地，宗族的形成时间不长，畲民普遍贫困，有族田的宗族不多，即使有，数量也很少，根本无力支持办义学。

据《霞浦县畲族志》，旧时，霞浦较大的畲村如岚青、一坝、后地、青皎、鲤鱼山、梨平湾、水漕垅、霞坪里、半月里、白露坑、牛胶岭等，均设有私塾。每所私塾有一名塾师，学生少则三五人，多则十几人。塾馆多设在公厅、祠堂、宫庙，或设在塾师家里，课桌椅多由学生自备。教育内容是学汉字，汉文教材有《三字经》、《百家姓》、《千字文》、《论语》、《大学》、《中庸》、《孟子》等，有的还教《五言杂字》以及珠算等实用课，白露坑等处私塾还利用课余教唱一些知识性的畲族歌谣。塾馆供奉“大成至圣先师孔子神位”。教读年限根据学生年龄、接受能力而定，通常是六年结业，但多半中途辍学。学生初入学叫“发蒙”，一两年后进行“串讲”。教读采用注入式个别教学。教学时间，每年正月、二月之际开学，十一月冬至之前结束，其间逢节休息一天，没有其他休息日。塾师，习称“塾书先生”，大多是本民族，学生每年交50—100斤谷子作为贽仪（学费）。由于贫穷等原因，能就学者寥寥无几，女孩一律不准入塾。在教育文化最发达的白露坑、半月里、牛胶岭这片社区，20世纪40年代也只有2所私塾，识字者占总人口的2%。[①]

《闽东畲族志》和《浙江省少数民族志》介绍的有关书塾情况与《霞浦县畲族志》的上述相似。《浙江省少数民族志》提供的新情况是：（1）在民国中期后，有些私塾也兼采用普通小学课本。（2）冬学。龙泉县的一些畲村，从光绪二十六年（1900）起，在冬季开办“冬学”，以识字为主，兼学珠算，一二个月为一期。冬学之办不仅于龙泉。1924年沈作乾在丽水的调查指出：“（畲民）间亦于农隙开冬学，延学究一人，以教儿童。凡来学者，每人纳钱几百文，或米几斗。他们所用的书，为《记帐行用》、《七言杂字》、《五言杂字》及《家常应用》等，皆腐儒所撰之抄本。他如《百家姓》、《六字经》等，亦参用之。”[②]（3）传俗识字。多数畲村历来有以民俗传承识字的习惯，用世代相传的手抄汉文歌本、功德书、传师学师本等，进行学文化、识汉字，这是畲族民间民俗文化能传承至今的重要原因。传俗识字，采用能者为师，上辈传下辈的方法，多数为个别传教，也有在冬闲或夜晚或雨天集体传授的，先教汉字，后学抄写，教者不收任何费用。如遇民俗活动，教者带学者前往，边教边学边实践。[③] 民俗传承识字在闽东等地畲村当然也有，

① 《霞浦县畲族志》，福建人民出版社1993年版，第405—406页。

② 《畲民调查记》，载《东方杂志》第21卷，1924年第7号，第62页。

③ 《浙江省少数民族志》，方志出版社1999年版，第301—302页。

只是缺乏记载。

三　新式学校教育

民国以后，在畲村创办小学，推行新式教育。民国元年（1912）浙南遂昌县后江村创办的明德小学是最早的。接着，浙南的景宁、青田、云和、丽水等县也在畲村办起小学。其中，丽水县陶庄汉村创办一所学制半年的短期小学，免收一切费用，邻近的大元圩等 7 个畲村的儿童也来入学就读，畲民学生占 2/3。民国 23 年（1934）浙江省第三特区行政督察专员编的《平阳畲民调查》记载："畲民在校读书者，不过千分之一。"到 1949 年，畲民受过教育的情况是：丽水县受过初小教育的 400 人，高小毕业生 20 人；泰顺县高小毕业生 19 人；景宁县畲民受过初等教育的只有 40 人。整个丽水地区，小学毕业（含初小）的畲民 2368 人，占全区畲民总人口（31379 人）的 7.54%。①

闽东新式学校的创办比浙南要迟得多，在浙南办起畲村小学 18 年后的民国 19 年（1930）闽东的古田县、霞浦县各办 1 所畲村小学，有教师 7 人，学生 110 人。民国 23 年（1934）霞浦县盐田乡办了 2 所小学。民国 27 年（1938）福安县办了 2 所短期畲村小学。民国 29 年（1940）政府实行"国民教育"，福安县办了 3 所国民小学，福鼎办了 8 所国民小学。到 1949 年，闽东共有畲村小学十余所。②

新中国成立后，民族教育得到很快的发展。在闽东，1950 年春，福安县仙岩畲村办起第一所公办民族初级小学。同年，霞浦县办起 2 所畲村公办小学，福鼎县办了 10 所畲村公办小学。到 1954 年宁德地区专设少数民族小学 46 所，在校生 1445 人。十一届三中全会以后，畲族小学教育发展迅速，1988 年宁德地区共有公办小学

① 《浙江省少数民族志》，方志出版社 1999 年版，第 303—304 页。

② 《闽东畲族志》，民族出版社 2000 年版，第 282 页。

681所，在校畲族学生21079人。民国时期闽东畲乡无中学，到各县中学就读的畲族学生寥寥无几。新中国成立后，蓬勃发展的小学教育推动了中学教育，1958年在福安城关创办全省第一所民族中学。1992年宁德地区共有5所民族中学、1所民族初级中学，在校畲族学生1639人。职业学校也发展起来，1965年宁德县在畲族生源较多的八都创办农业中学。此外从1950年至1990年广泛开展夜校和扫盲班的教育。[1]

在浙南，1952年景宁县创办民族小学18所，1957年遂昌县有民族小学7所。到1985年，丽水地区有畲村小学125所。1997年浙江省少数民族儿童入学率为99.8%。民国时期畲乡没有中学，新中国成立后，民族中学教育焕然一新，到1999年，除了4个民族乡没有民族中学（初中）外，其他14个民族乡都有民族中学（初中）。创办于1986年的景宁畲族自治县民族中学，高中部为职业班。1958年丽水地区将创立于1952年的民族师范学校（初师）改为浙江省少数民族学校（普师），到1998年该校毕业生共2796人，其中畲族2341人，占83.73%。该校还曾举办科技短训班13期。[2]

在介绍旧式学堂教育时，曾提到在民国中期后，有些私塾也兼采用普通小学课本。这一现象让人联想起1929年史图博调查敕木山畲村时，其助手李化民发现该村的小学兼以《高皇歌》作为教材。[3]这两种现象是传统与现代在竞争中的相互借鉴。传统的歌言教育是上述提到的传俗识字的一项内容。敕木山畲村小学的民族文化教学这一脉的继承和创新，在宁德市民族中学发扬光大。21世纪初，该校开设《畲族文化》短课程，并编印本校课程试用读本《畲族文化简说》，还有与读本配套的影像教材。

---

① 《闽东畲族志》，民族出版社2000年版，第282—288页。

② 《浙江省少数民族志》，方志出版社1999年版，第306—309页。

③ 《浙江景宁敕木山畲民调查记》，中南民族学院民族研究所1984年编印，第83页。

第二节　游戏竞技

畲族传统体育可分为游戏和竞技。游戏主要属于少年儿童体育活动，有助于促使少年儿童身心发展，在游戏中，少年儿童的运动器官得到很好的锻炼，他们学习如何使用肌肉，发展视觉和动作的协调能力。通过游戏，少年儿童的各种心理过程能更快、更好地发展起来。在集体游戏中，少年儿童担任各种不同的角色，可以促使他们更好地认识自然和社会，认识自己，锻炼和培养健康的性格品质。游戏也有一定的竞技性质，虽有一定规则，但简单易学，具有很强的娱乐性。竞技有竞赛特点和较高的技术要求，以力量和敏捷为基本特征。竞技的技能需要经过一定的训练才能获得。传统竞技多富有娱乐性特征，促进人们之间的融洽和谐关系。武术是素有忠勇精神的畲族突出的传统竞技运动。

一　游戏

畲族少年儿童的游戏，如：爬树、射竹、摔跤、扳手劲、打弹弓、打竹秋千、老虎吃猪仔、孵小鸭、放纸鸢、扭扁担、弹花毽、打陀螺、跳水牛。

游戏中也不乏竞技因素。如福建宁德畲族的“孵鹅蛋”。孵鹅蛋又称“拾鹅蛋”，是畲村青少年集体游戏之一。一般每场由 6 人组成，择一平坦的院落或草地，作孵蛋的场所。先在地上堆放五个圆石头作鹅蛋，然后抽签，谁抽到短签就由谁先充当母鹅孵蛋。孵蛋者用手脚撑蹬在地上，以身体俯覆着五块石头，不让抢去。孵鹅蛋者为保护住石蛋，可以用左右脚挥动去拦踢偷蛋者。如果偷蛋者身体的任何部位被踢中，就由被踢中者替换孵蛋。如果原孵蛋者始终没有把五个石蛋保护住，被外来者偷抢光，这场“孵蛋”游戏就算孵蛋者输了，得被人用手绢蒙住眼睛，五个石蛋分别由五人藏起来，而后解开蒙眼的手绢，让其寻找回蛋。如果有一个石蛋被找着了，这一石蛋是谁存放的，就由谁来替换孵蛋者去孵蛋。这样就又开始下一场的“孵鹅蛋”游戏。[①]

历史上，狩猎是畲族擅长的生产活动，他们熟悉猎物的习性。模拟动物的游戏，颇具民族特点。以下列举的三种游戏均流行于闽东福安等地。

1. 虎抓羊

10人以上拉手围成圆圈，象征“羊栏”，另选一人在圈内为“羊”，又一人在圈外为“虎”。“羊”可在“栏”内外自由跑动。拉手为圈的人，按节拍一边移动跳跃，一边双手上下摆动，妨碍“虎”入栏抓“羊”。双手上举时，表示“栏”开，“虎”可闯入。“虎”闯入后，“羊”则在“栏”开的一刹那，夺命出逃，而“虎”也在“栏”开时冲出抓羊，“羊”又躲入“栏”内，“虎”又闯入。如此反复，直到“羊”被“虎”逮住。被抓的“羊”要受罚唱山歌。而后，做“围栏”的人按顺序轮流，由两人出来扮“虎”和“羊”。有的畲区称有一种叫“老虎吃猪仔”，疑与“虎抓羊”名异实同。

2. 猴子抢蛋

在地上画一个直径约30厘米的圆圈，圈内放三枚鸭蛋大小的鹅卵石。一人做“母猴”，双手撑在地上，手脚配合护“蛋”（“孵蛋”），两脚前后左右不断移动，以设法触及抢“蛋”者。圈外若干人做“猴仔”，伺机抢“蛋”，“猴仔”抢“蛋”时被“母猴”的脚扫到，被罚当“母猴”。三枚“蛋”被抢走，做“母猴”者算输，罚唱山歌或学某种动物叫。连输三次，做“母猴”者退出游戏。猴子抢蛋游戏的口诀是：猴子看“猴只”，防止来偷你；猴脚踢了着，换你去“孵只”；“猴只”三盘光，猴本就输光；三盘连连输，母猴被逐出。猴子抢蛋游戏与“孵鹅蛋”近似，但没有“藏鹅蛋”部分。

---

① 《宁德市畲族志》，天津古籍出版社2001年版，第274页。

3. 猴子占柱

以较大厅堂的立柱作为标志，参加者每人站在一根柱边，还有两人（甲、乙）没位可站，甲追乙，乙跑避，跑到某一柱位。如跑入丙位，丙即让位出逃。丙如跑入丁的柱位，丁也立即逃避。这样，场上保持一追一的状态，直到甲追到某个人。被追到者更换为追者。如不在厅堂，也可在平地上表明“占位”，进行同样活动。[①]

属于体育活动的儿童游戏，也可以作为成年体育表演项目。1991 年在广西南宁举行的第四届全国少数民族传统体育运动会，福安畲族表演的《猴子抢蛋》获得三等奖。

二　竞技

畲族人民在反抗封建统治的斗争中，能征善战。畲族民间竞技，反映尚武精神和热爱劳动、热爱生活的性格。

（一）传统项目

1. 打尺寸

打尺寸运动，流行于闽东、浙南畲区。畲族人民每年元宵节、二月二、封龙节、重阳节等节假日，或劳动之余，便群集在山野平地上打尺寸。尺寸的打法是：选择一块 30 米至 50 米长的平坦场地，在场地一端，画上一直径约 1.5 米至 2 米左右的圆圈，圈中站立 1 人，左手持 1 根筷子长短的小竹条（叫做“寸”），右手持一根 1 尺多长的小木棍（称为“尺”），其余的人则站立在圆圈之外。圈中者用木棍猛击竹条，使竹条向圈外飞去，圈外者竞相奔跑去承接。如竹条落地，圈外的人捡起竹条回投圈内，圈中者可以用手接住，得到一定的尺寸。也可以用木棍再将竹条击出圈外，圈外者为不使竹条落地又竞相奔跑去承接、回投。如此反复持续。如果接到竹条并投落在圈内者，替换入圈。在规定时间内先达到规定尺寸或尺寸多

① 以上三种游戏，参见《福安市畲族志》，福建教育出版社 1995 年版，第 514 页。

者为胜。

相传古时候，畲族先民在民族首领蓝奉高等人的率领下，群起反抗官军的镇压，多数人善猎，手执弓箭，箭无虚发，官军落败而逃。后来官军大增援兵，义军寡不敌众，退守江边。官军隔河放箭，箭矢如雨，义军用弓，左拨右挡，守住阵地。为了纪念这次战斗，畲族人民世代相沿举行“打尺寸”活动。尺即弓，寸即箭。①

“打尺寸”这一竞技活动，作为畲族特有的体育项目，参加了1991年在广西南宁举行的第四届全国少数民族传统体育运动会，获得三等奖。

2. 操石磜

操石磜是畲族特有的民间竞技活动，就是推石头角力。“操”即“推”，“石磜”为扁圆形的砾石，大者百来斤，小者数十斤。参加比赛的多为少年或青壮年。少年多为两人一组，其中一人双脚稳踩石磜，斜挺腰杆，称“健杆”，另一人则对“健杆”挽臂抱胸，合力共同推动石磜前进。青壮年多三四人一组，其中一人为“健杆”，其他人手抬杠子，让“健杆”仰面斜挺，挺直腰杆，双手紧靠杠子，双脚踩石磜，向前推进。也有不用杠子的，由两人分别握住“健杆”的双手往前拉，推拉着石磜前进。还可以相向而动，让石磜猛烈撞击，叫做“对磜”。如一方的石磜被撞滑到街边，就算输了。② 操石磜主要流行于浙南。

3. 骑“海马”

“海马”亦称“滑溜板”，是居住海边的畲民讨小海的一种生产工具，也是海涂养殖的移动工具，流行于霞浦、福安沿海地带。每当退潮时，人们足踩“海马”，在滩涂上疾行如飞，十分技巧灵活地讨小海。参加者各骑一“海马”，在一定地点出发，用一只脚跪在“海马”的底板上，两手握住“海马”前头的横杆，用另一只脚

---

① 施联朱：《畲族风俗志》，中央民族学院出版社1989年版，第102—103页。

② 《中国民族文化大观·畲族篇》，民族出版社1999年版，第229页。

用力蹬，使“海马”滑溜前进。[①]

4. 扭扁担

扭扁担由两人比试，又一人作裁判员，或众人作裁判。一根扁担，比试者各以左手往身后，反执扁担的一端，使扁担横隔两人腰侧，两人右手相握，掌心扣掌心，拇指各扣对方虎口，其余四指握扣对方的掌背，双方只以肘尖接触扁担，两脚略蹲，呈马步，双方均尽力运用腕力、臂力，使劲将对方的手往下压，压倒对方为胜。扭扁担还有一种竞赛方法：双方各执扁担的一端，扁担成水平状，下令后，各自向左边扭，以扭过 90 度者为胜。[②]

新中国成立后，有些劳动因素和武术因素被整合和发展为体育表演项目，其中，闽东的“打抢担”就是由畲民上山挑柴草劳动转化而来的体育表演项目。1991 年在广西南宁举行的第四届全国少数民族传统体育运动会，福安畲族表演的《打枪担》荣获一等奖。“枪担”，又叫“串担”，即畲民上山砍柴草时，就地砍竹一根，削尖两头，分别插入两捆柴草，而后挑起。演变为表演时，参加者腰佩刀鞘（俗称“割吊”），一手握柴刀，一手持枪担，且敲且舞。以柴刀击枪担、刀鞘，以刀柄、枪担撞地，清脆悦耳，节奏分明，整齐中富于变化。它还吸收了畲拳畲棍中的拔、挑、架、劈等“对打”动作，融体育、武术、舞蹈为一体。表演人数约 16—24 人。[③]通常将之列为畲族传统体育项目。其实，称为畲族传统创新体育表演项目，较准确。

在浙南，有的体育工作者，还从有关民间宗教仪式提取竞技元素，变造为新的民族体育项目。例如：将巫师“治病”的“问凳”改造为“稳凳”这一竞技活动，[④] 也应称为畲族传统创新竞技项目。还有的是动作因素可溯源于民间道教作法动作，但在民间早已发展

---

① 《闽东畲族志》，民族出版社 2000 年版，第 327 页。

② 《霞浦县畲族志》，福建人民出版社 1993 年版，第 446 页。

③ 《闽东畲族志》，民族出版社 2000 年版，第 327 页。

④ 《浙江省少数民族志》，方志出版社 1999 年版，第 319 页。

为传统竞技项目。例如，抄罡是民间道教法师作法时的动作，后在民间转化为两人竞技的“抄杠”。它不受场地和人员的限制，因此，浙南畲族青壮男子在田间劳动休息之际或茶余饭后，以此来比技巧、决毅力。①

分清传统和创新，有利于文化遗产的发掘、整理和保护，避免将现代才出现的创新项目，误认为是过去早已有之。

（二）武术

畲族素有尚武之风，练拳习武至少已历千年，清代最盛。在畲族的武术发展过程中，还习得汉族武术。畲、汉武术交流，最早见于南宋《漳州谕畲》：“汀赣贼入畲者教（畲民）以短兵接战。”②在封建社会，人口分散的畲族，重视练拳习武以自卫保村。明清以后，闽东成为畲族武术的中心。畲族武术有拳术、棍术两大类，畲拳甚著名。

1. 拳术

（1）金斗洋畲家拳

畲家拳主要流行于闽东，以福安的金斗洋最有代表性。传说南少林寺武僧林铁珠，为逃避清朝廷的追杀，几经辗转，只身逃到畲民聚居的金斗洋村。当他看到周围的畲民平日十分喜爱武术，就把他们组织起来教习南少林武功。畲民雷朝宝聪敏好学，本就练有一身祖上流传下来的武功，又得铁珠悉心指教，如虎添翼，闻名遐迩，被誉为“豹子师傅”。铁珠病逝后，雷朝宝广收族人教习武功，并融畲族传统功夫和少林武功于一体，衍化出具有畲族独特风格的“畲族拳”。③

畲家拳的力、硬、快“三绝”，在金斗洋拳中得到鲜明体现。金斗洋拳讲究“（技击）短猛”。所谓“短”，即出拳至技击处的距

---

① 《丽水地区畲族志》，电子工业出版社1992年版，第139页。

② （宋）刘克庄《后村先生大全集》卷93《漳州谕畲》。

③ 施联朱：《畲族风俗志》，中央民族学院出版社1989年版，第107页。

离较短。“短”表现为，出拳时，上臂与胸部成90度，并且上臂与肩部的关节处的肌肉保持适当的紧张，出拳的上、下臂不成直线，而是微有内弯。“猛”表现为：下蹲提臀时，上身成“含胸拔背”姿势，胸肌蓄力而传于拳掌；上身还借助足底、腿部、腰部的协调发力而形成全身发力，并且是在拳掌到位时才瞬间发力。“含胸拔背”不是挺胸，而是像眼镜蛇发怒时略有内弯的挺立。这种姿势，有助于拳、掌、指的出击具有弹射之态，这就因技击迅速而使击打力不是分散于表面，而是向对方体表下纵深。肘部由后侧水平向胸前的旋转式肘尖击打，是“短猛”的一个典型动作。

金斗洋拳有三战、四门、大七步等十几个拳术套路，器械类有棒、铁叉等十多种。三战，是畲家拳的入门基础套路，又称“入门拳”，它练马（步）、练架（体态）、练力，简单易学，但很难达到精湛，练武者常说：“要想功夫好，‘三战’里面找。”四门，是四面遇敌时，有左闪右躲，声东击西，前用手，后用肘的四个方向攻防套路。大七步，是一个轻易不出手的绝招套路，其中如“鲤鱼上滩”是指直插对方的两眼，“仙人举月”是用三指锁喉。“一竹功”是一种练功方法，把一根粗麻竹悬空架起练，练功者在上面，边行走、边打拳。①

畲家拳绝大部分技击动作都在上肢，并且“出技”（“技”指拳、掌、肘、前臂）短促。马步重沉稳，在金斗洋拳中有“落地生根”之说。畲家拳“以气催力”的一特点，突出地体现于金斗洋拳中。“以气催力”即：发力时将积储的气，在瞬间呼出，并伴有“荷”声。“落地生根”和“以气催力”的结合，产生势沉力猛的效果。至今，金斗洋畲村的武术之风依然盛行。

（2）八井畲家拳

闽东罗源县八井村畲族的拳术，也很有知名度。八井拳术的攻防套路有半龙虎、虎装、五虎、七星、十八罗汉等，其中以半龙虎

---

① 参见《畲族风俗志》，中央民族学院出版社1989年版，第108页。

为最基本的一套，一共有 12 个动作，即三箭、挖鞭、三碰、牵基、圆化、赴掌、牵马、掩耳、断桥、三垮、按手、十字等。动作多模仿动物，时而像老鹰展翅，时而如猛虎下山。每一个动作，都有攻有防，攻防结合，连贯自如，节奏分明，步法稳健，简练有力，短促实用。[①] 畲家拳的马步实、“以气催力”和“（技击）短猛”的特点，也同样体现在八井拳中。至今，八井武风仍盛。

（3）双华畲家拳

闽东福鼎县双华畲村的双华拳也有一定名气。套路有：拳母、虎装、龙装、小五路、大五路、六路、七星、八号头等十余套。主要动作有冲、扭、顶、搁、削、托、拨、踢、扫、撕、跳等。还有相对于“拳母”（基本功套路）的“拳花”（几个较有效的攻防动作组合）。[②] 肘击动作在各地畲家拳皆有，而双华拳的肘击在技击中出现的频率可能更高些。处于闽浙交界的近海地带的双华畲村，有一个规模较大的石砌村寨围墙，透露出历史上动荡的社会环境和尚武之风的关系。

（4）蓝技拳

据传，明嘉靖年间粤东大埔县的畲汉义军首领蓝松三创出“蓝技拳”，曾流传于粤东、闽南。拳术套路有四步、削竹、云眉、中拳等 20 多种，特点是马低腰活，脚来手到，能守善攻，硬如钢铁，软如糯糕。“马低”指下蹲较明显，使身体重心下降，以增加稳定性。“脚来手到”指脚步移动刚刚稳定，上肢的技击动作立即做出。“硬如钢铁，软如糯糕”，指动作过渡时筋肉放松，技击快到位时才迅猛发力。蓝技拳已失传。[③]

据研究，闽东畲家拳与泉州南少林武术具有渊源关系，有的认为：畲家拳最初系从泉州南少林习得，又做了本土化的改造，形成

---

① 《畲族风俗志》，中央民族学院出版社 1989 年版，第 106—108 页。

② 《闽东畲族志》，民族出版社 2000 年版，第 329 页。

③ 参见《广东省志·少数民族志》，广东人民出版社 2000 年版，第 279 页。

自己的民族风格。[①] 这种看法已有一定的实证材料。畲家拳的“落地生根”马步和“以气催力”的呼吸特点，以及“发力短猛”的技击形态，也是南少林拳的特点，并且不少技击名称也基本一致。在闽东，有的畲民武术世家奉“下南泉州府白鹤山车山公”为武术师傅（也是猎神），设有神牌香位。

2. 棍术

器械武术的基础是拳术。畲族的器械武术，主要是棍术。粤东畲族除了棍术还有刀术。闽东畲族的棍术，通常使用“齐眉棍”，俗称“柴槌”，长六尺。套路有：双头槌、三步跳、四步半、七步、九步。特色动作有金鸡啄米、牛牿转栏、猴子翻身、天观地测，等等。棍术也可以融入其他器械，如锄头、扁担、耙等生产工具，动作有所变化。

除了用“齐眉棍”，还用“丈二棍”，又叫“长槌”，有十多种套路，每套五节到十节。基本动作有条、戳、劈、拨、撑、架、扫、击、盖、抢、推、背、撩，幅度大而快速，准确有力。就像拳术有对打的套路，“齐眉棍”和“丈二棍”也有对打的套路。[②]

正如畲家拳与南少林拳有渊源关系，畲家棍与南少林棍亦如此。例如：“双头槌”正是南少林棍术的著名套路名；“金鸡啄米”、“天观地测”也是南少林的棍术动作名。

有关畲族拳术的渊源关系，还有民族内部的传播。闽东霞浦县四斗村是本县“拳术之乡”，这里的畲民，在清咸丰年间从罗源迁来后，特地从罗源八井延请拳师传授武术。据《霞浦县畲族志》，这里十几岁以上男女几乎都会拳术。[③] 再看福鼎双华村，仅从拳术套路的名称来看，双华畲家拳的“虎装”、“龙装”与八井畲家拳的“虎装”、“半龙虎”或同或近似，显示着渊源关系。关于浙南的畲

---

① 郭志超：《畲家拳与泉州南少林的渊源关系初探》，载《畲族民俗风情》，第110页。

② 参见《闽东畲族志》，民族出版社2000年版，第329页。

③ 《霞浦县畲族志》，福建人民出版社1993年版，第448—449页。

齐眉棍对练，俗称“盘柴槌”

家拳，雷先根认为：“浙南文成、泰顺、平阳、苍南、景宁、遂昌诸县的畲家拳，就是从福建畲区传入的。”[①] 有的武术因采借新因素而有所变异。景宁郑坑乡叶山头一带流行“连环拳”，据称源于“祖宗大祖师”的拳花、棍花。“拳花”有四门拳、五步拳、七步拳、金子拳、拌子拳。“棍花”有四门棍、双头棍、交子柴、折花棍。[②] 仅从名称上看，“四门”与闽东福安金斗洋拳术的“四门”一样；“双头棍”即“双头槌”，与闽东诸武术乡村皆有的“双头槌”也一样。

畲族武术还蕴藏于祭祀活动中，法师的巫舞中就有砍、劈、斩、刺、撩等武术动作。[③]

畲族武术与医药有着密切的关系。精通武艺者一般也擅长医术，尤其是治疗“风伤跌打”。畲民认为身体部位的疼痛皆“伤”，

① 雷先根：《畲族风俗》，景宁畲族自治县民宗局2003年编印，第159页。

② 《丽水地区畲族志》，电子工业出版社1992年版，第140页。

③ 赵理强：《畲族传统体育探源》，《浙江体育科学》1995年第3期。

通常以药酒涂搽伤处。对于风伤造成的淤血，用粗针点刺伤处皮肉，再挤出。畲民治伤大多采用鲜草药，把鲜草药捣烂，贴敷伤处。最常用的处方是青蛙碗头（车前草头）、地胡椒（石胡荽）、七层塔（七叶一枝花）、酸丝草（酢浆草）、六月乾（凤尾草），将这些草药捣烂如泥，加上适量桐油，调成药膏，敷贴伤处，每日一贴，连用数日，多有良效。如果是旧伤，需要持续使用，数日一疗程后应中断用药两三天。①

畲族武术还与盘瓠信仰和祖先崇拜相联系。在粤东，畲村的祠堂或作为练拳场所，有的称“武馆”。据悉，畲民习拳的目的，是继承远祖盘瓠的法术，荫其裔孙“累朝护国”，健身自卫。河源市东源县新港镇双田村蓝氏祠堂有两副对联：“不用文章朝圣主，全凭武艺报君皇”；“磨利拳头防守己，练成棍器保安身”。这里曾设武馆，据老人介绍，是继承蓝大将的拳艺。② 九连山区畲族，在举行以缅怀盘瓠王的“招兵”仪式的前奏，要举行有武术意味的“开山门”仪礼：由中青年男人戎装打扮，手执刀枪矛兵器，列队站在村寨入口处的两旁，刀枪矛横向交叉锁住山门，待宾客而至，一声令下，刀枪矛闪开，锣鼓鞭炮齐鸣，迎接宾客进村参与招兵活动，此称开山门。③

---

① 参见《闽东畲族志》，民族出版社2000年版，第308页。

② 《广东省志·少数民族志》，广东人民出版社2000年版，第279页。

③ 同上书，第285页。

第十三章

民间信仰

畲族的民间信仰包括遗存的图腾崇拜、自然崇拜，以及祖先崇拜、鬼神崇拜，所崇拜的神明包括道教神明（佛教神明极个别）、本民族特色的神明以及地方俗神。畲族的民间信仰反映了历史上畲族有原始宗教遗存的民间信仰与汉族道教、民间信仰的互动和交融关系。畲族的民间信仰广泛地糅入经济生活、节庆活动、人生礼仪、社区环境以及诸多民俗生活。

第一节　盘瓠传说和崇拜

盘瓠传说在畲家世代相承，广为流传，在闽、浙、粤、赣、皖的传说内容，虽有地域性的差异，但基本情节相同。蒋炳钊《畲族史稿》概括的内容大意如下：

在上古时，高辛皇后耳痛三年，后太医从她的耳中挑出一条形似蚕小虫，育于盘，忽而变成龙犬，毫光显现，遍体锦绣。当时高辛皇帝受番王欺侮，曾下诏求贤，榜示有能平番者，愿将第三公主嫁他为妻。龙犬得知，即揭榜直奔敌国，服侍番王三年。一日，它乘番王酒醉，咬下其头，渡海衔归，献给高辛帝。帝大喜，但不愿将公主下嫁给盘瓠。正在为难时，龙犬忽作人语曰："将我放在金钟内，七天七夜便可变成人。"入钟六天，公主忧其饿死，打开金钟，果已成人形，惟头未变，盘瓠与公主结婚后，入居深山，开山种田为生。生下三男一女，帝赐姓，长子姓盘名自能；次子姓蓝名光辉；三子姓雷名巨佑；女称淑女，配给钟智琛。①

清代以前，畲族称始祖为“盘瓠”、“盘护”、“盘护王”、“盘王”、“盘皇”、“盘瓠公”。清代，除了延续旧称外，闽东、浙南畲族称盘瓠为“龙麒”（或写作“龙期”）、“盘瓠王”、“忠勇王”，皖南畲族和部分浙江畲族称为“龙猛”（或写作“龙孟”），粤东畲族称为“护王”、“盘大护”、“盘古大王”。“盘瓠”的表现形态有龙犬、鱼龙、龙、麒麟等。

畲族收藏的盘瓠传说文本，是置于畲家诸姓谱牒之首端的《敕书》（或写作《敕赐开山公据》）、《重建盘瓠祠序》、《广东盘皇铭志》（或写作《广东盘瓠氏铭志》）。族谱的《历朝封赠》、《会稽山七贤洞记》、《重修潮州凤凰山总祠记》、《龙首师杖记》等，也或详或略记载盘瓠传说。畲族史诗《高皇歌》前半部（后半部是迁徙记忆），传诵的是盘瓠传说。祖图是盘瓠传说的图文形式，祖杖、祖牌是盘瓠的象征。

一　祖图、祖杖、祖牌

（一）祖图

“祖图”又称“长联”、“太公图”。“太公图”与“祖公图”不一样，“祖公图”是本宗支祖先的群像彩绘图。《畲族网》的《太公画》的一张图片的说明是：“这是勇士衡于1934年6月摄的中国浙江省丽水地区祭祖时堂屋陈设之正面，其中上面长条的是祖图，下面的就是太公画”。“祖图是山客人对远古始祖传说的图腾化，盘蓝雷钟以及各支系都是一样的。而太公画则是各支系血脉相承真实

① 蒋炳钊：《畲族史稿》，第274页。钟智琛，或写作“钟智深”；淑女，或写作“龙娘”、“淑玉”。

人物画像。”以上说明文字中的“太公图”应为“祖公图”。闽东、浙南有些畲民也把家中贴在中堂的“本堂远近宗亲”红纸香位称为“祖公图”,[①] 尽管不妥切，但仍说明“祖公图”属于本宗姓祖先范畴，也说明与“太公图”（祖图）有别。

现在闽东、浙南、粤东和闽西南，侥幸留存的祖图，绘制时间皆为清代，年代最早的是“漳平赤水乡雷姓族人藏”的祖图，绘制于康熙四十四年（1705）。祖图是展示盘瓠传说的连环画，质地通常是棉布、细麻布，有的用绢帛，个别用纸质。采用平图勾勒填色，浓墨重彩，以长条状的横幅长卷居多。有的横幅分为前后两幅，有的是直幅多“屏”（幅）组合，也有的是单幅轴卷式。每图的上方配有文字说明。祖图开头是“原序”（或称“敕书”)，接着是连环画，顺序由右向左。祖图的发生地应是粤东，从与畲族具有同源关系的瑶族没有祖图的情况来看，祖图产生的年代应在南宋至明早期。最早提到祖图是明正德十二年（1517）南赣巡抚王守仁，他在奏疏中说：“大贼首谢志珊、蓝天凤各又称盘皇子孙，收有流传宝印画像，蛊惑群贼，悉归约束。”[②] 其中的“画像”应为祖图。明确述及祖图的是明嘉靖《惠州府志》，该志记述畲民道：“自信为盘瓠后，家有画像……岁时祝祭。”[③] 民国《丰顺县志》记载：“（畬民）有祖遗匹绫画像一幅，长三尺许，图其祖……自出生时及狩猎为山羊触死，各情事甚详，盖千百年古画也。止于岁之元日，横挂老屋厅堂中，翌早辄收藏，不欲为外人所见”。[④] 在广东潮安县凤南区山梨畲村，绘于清道光二十年（1840）的《雷氏祖图》长卷

① 石奕龙、张实主编《畲族——福建罗源八井村调查》（云南大学出版社 2005 年版，第 438 页）说：“……不具体书写姓名的远祖近宗牌位，上书‘冯翊郡雷家堂上历代远近宗亲香位’，这种牌位畲民也称其为‘祖宗套’。”文内的“祖宗套”是“祖公图”或“祖宗图”的记音。

② （明）王守仁：《王阳明全集》卷 10《别录二·奏疏·横水桶冈捷音疏》，上海古籍出版社 1992 年版，第 342 页。

③ 嘉靖《惠州府志》卷 14《外志》。

④ 民国《丰顺县志》卷 16《风俗》。

分有34图，组成16个段落：(1) 三皇五帝，(2) 高辛皇，(3) 盘瓠出世，(4) 番兵作乱，(5) 高辛皇出榜招贤，(6) 盘瓠揭榜，(7) 引见辛帝，(8) 智取番王头，(9) 验明正身，(10) 辛帝招驸王，(11) 驸王化身，(12) 驸王成亲，(13) 喜得贵子，(14) 辛帝赐姓，(15) 狩猎遇难，(16) 驸王出殡。[①]

厦门大学人类博物馆于1958年在福建宁德县漈头畲村征集到一幅《雷氏祖图》长卷，是至今所见的内容较完整、详细，绘画较精美的祖图。这幅祖图，白布镶黑布边，宽0.43米、长23米，清道光二十九年（1849年）绘制。共有36图，每图内容都有文字说明，其顺序是：(1) 盘古帝王开分天下；(2) 伏羲画太仪化教；(3) 神农尝百草；(4) 龙马负图；(5) 公输子；(6) 黄妃织机；(7) 黄帝有熊氏姓公孙名轩辕，土德王位一百年；(8) 高辛皇帝；(9) 太医将奇虫献上帝览；(10) 奇虫□□□□□□龙期；(11) 与番兵交战；(12) 帝□□榜招贤；(13) 龙期揭榜朝臣带进金銮殿见驾；(14) 龙期领帝旨过海征番；(15) 番王见龙期来投喜之；(16) 番王饮宴不觉大醉；(17) 番王沉睡床上被龙期咬断头而去；(18) 文武朝臣迎接；(19) 龙期将番王头首复旨；(20) 三公主被龙期识破；(21) 龙期认三公主将裙襟拖住；(22) 已认三公主真身，内臣带进见驾；(23) 龙期伏金钟变化成人；(24) 洞房花烛结良缘；(25) 龙驸马登朝取姓；(26) 龙驸马□□□□；(27) 奉旨荣归；(28) 荣迁会稽山七贤洞；(29) 御赐免朝；(30) 龙驸马传授仙法；(31) 好田猎与民同乐；(32) 跌倒山岩；(33) 安灵建功超度亡魂；(34) 奉忠勇王灵柩卜葬于南京凤凰山；(35) 南京凤凰山忠勇王之墓；(36) 高堂大会。

完整的祖图，都有一篇文字作为开头，称为“原序”，白底墨书，有的与祖图的连环画连在一起，有的不与祖图的连环画相连，独立成幅。祖图《原序》与《开山公据》内容大体相同，不同的

① 朱洪、姜永兴：《广东畲族研究》，广东人民出版社1991年版，第91—95页。

是，祖图的《原序》一开篇即讲盘瓠故事，而《开山公据》先讲“楚平王”给盘瓠子孙颁发“抚徭券牒”，再讲盘瓠故事（详见本节第二部分）。但作为祖图序文的《开山公据》，先谈盘瓠故事，后谈“抚徭券牒”。个别祖图没有序文。

畲族《开山公据》和瑶族《过山榜》，有着惊人的相似：

瑶族《过山榜》的要句是：“楚平王……大隋五年五月十五日……给会稽山七贤洞券牒……付盘王子孙”；“离田一丈三尺”的山地就可以开垦；“无当差杂役，永不纳税”。其中也陈述盘瓠故事。[①]

畲族《开山公据》的要句是：“楚平王……大隋五年五月十五日……给会稽山七贤洞抚徭券牒，付盘瓠子孙”；“远离却庶民田圹一丈三尺之地，乃是徭人火种之山”；“永免差役，不纳粮税”。[②]

在瑶族《过山榜》和畲族《开山公据》里，“券牒”就是“公据”，也叫“公据券牒”。[③]《过山榜》也叫《平王券牒》，《开山公据》也叫《抚徭券牒》，畲瑶两族这两篇孪生文献，篇名近似，内容基本一致。完整的《过山榜》和《开山公据》都有三个内容（敕赐免徭、盘瓠故事、历代封赠）。不仅畲、瑶同源，就是《过山榜》与《开山公据》也是同源的。畲族后来把《开山公据》艺术形象化，这就是祖图的出现。《开山公据》后来一般改名为《原序》，[④]置于祖图之首。

祖图的《原序》与《开山公据》同样有三个内容（盘瓠故事、敕赐免徭、历代封赠）。

---

① 《瑶族〈过山榜〉选编》，湖南人民出版社 1984 年版，第 42 页。

② 《畲族社会历史调查》，福建人民出版社 1986 年版，254 页。

③ 《瑶族〈过山榜〉选编》，湖南人民出版社 1984 年版，第 25、27 页。

④ 年代比较早的，也有无改为《原序》而照旧用《开山公据》的。例如：在闽西漳平县山羊隔一带，“有一幅内容相同的图画，是横画，除了画上同样有上面的那些文字外，在图末附有“盘王开山公券牒据”。文笔苍秀，文理通顺，是有相当汉文修养的人写的。开头页叙述着像图画那样的神话故事，但其中有：‘楚平王□□天承运敕出，大随（隋）五年五月给会稽山七贤洞徭券付盘瓠子孙七祖随代流传……’”此见《漳平县少数民族情况》（1952 年），载《福建畲族档案资料选编》，第 49 页。

应当指出，完整的盘瓠传说应有盘瓠故事和敕赐免徭这两个内容组成。“历代封赠”只是盘瓠传说的附录。

厦门大学人类博物馆所收藏的祖图，是祭祖祭祀圈内各宗支共用的，是用于祭祀圈内的迎祖活动，因此与这幅祖图形成组合的还包括：两面镶黑边、白布墨书“清道”旗（长90厘米、宽86厘米），白布墨书“代天征番招有功为驸马”的旗幡一面（长237厘米、宽46厘米）。该祖图把《原序》拆为《原序》、《敕书》[①]两文，各成一字幅（长107厘米、宽67厘米）。由于这幅祖图是用于祭祀圈迎祖、祭祖用的，为了游行的方便以及成双的仪仗形式，祖图的《原序》一分为二为《原序》和《敕书》。清代、民国时期用于迎祖、祭祖而与清道旗、驸马旗幡[②]组合的祖图，惟存此件。这件祖图的《原序》和《敕书》的文字如下：

原序

高辛皇帝四十五年五月初五日，正宫刘帝后夜梦亢金龙下降投怀托生后惊醒，忽然耳内疼痛。早朝帝召医调治，耳内取出一物，如蚕，希奇秀美，以瓠盛之后，变为龙期，身纹锦绣，灿然可观，即名龙期，号曰盘瓠，时又能言。后将龙期献上，帝览之大悦，随抚宫中。时西番吴将背叛，势甚猖狂。帝闻奏，宣集朝臣，便议西征。诏出：有能退敌者，即将三公主许结丝罗。忽龙期趋到殿前，伏于地，愿去退敌。举朝皆喜。随即遵诏，飘然而往，直至西番。番王瞥见，问所由来。答曰：“我大朝龙期也，高辛无道，我特来投。”番王欣然纳之，未尝或离。一日宴集臣僚，饮酣而卧，至夜分，龙期乘隙入

① 《原序》有的写为《敕书》。厦门大学人类博物馆收藏的《祖图》的序言，将《原序》拆成《原序》和《敕书》两部分。祖图序言有不同的抄件。

② 与祖图组合的，除了清道旗、驸马旗幡，还有“龙伞”（护卫祖亭的黄色凉伞）、“龙虎旗”（分别画着龙、虎的三角旗），此见郑小瑛等《畲族文艺调查》（1958年），载《畲族社会历史调查》，第226页。

寝，不须兵刃，便取首级而逃回呈朝阶。奏曰："此即天道所恶之戎首也。"帝曰："卿诚无负爪牙之任，卿之能，朕之幸，即天下之幸也。"回思悔配，假妆一女赐龙期。期乃知之，竟入深宫，认真三公主，牢将裙襟拖住，立待首肯方松，旋即身伏金钟，即时变化成人，俨然一番面目，容止别有可观。帝并帝后顾其女曰："此时之龙期非复前日之故态也，而今可以有家矣。"招龙期即为龙驸马，爵封忠勇王，诏立驸马于会稽山七贤洞之府居焉。奉旨荣归，群臣置饯，前呼后拥，载路笙歌，畴不曰非驸马之功高于帝室者，曷有此之钦奉焉？于是，适彼乐土，爰得我所焉。今何幸态，熊罴叶梦，致床弄璋，未数载，兰桂联芳，三珠逞秀，登朝面帝赐姓。彼时，长乃捧之于盘，帝即赐姓盘，名自能，封柱国侯；次则一蓝盛，即赐蓝，名光辉，封护国侯；及三子乃怀之御前，适闻雷声，帝即赐姓雷，名巨佑，封武骑侯；后复生一子女，名龙郎，亦与命封，赘婿与钟姓者名志深，帝亦封敌勇侯。适有东夷王宁馨所贡三女，丰姿秀丽，内则夙娴，长奇珍，赐卿长男；次奇圭，赐卿二男；三奇珠，赐卿三男。以续宗祧，螽斯衍庆，万古流芳，麟趾呈祥，千秋济美。旨敕忠勇王后裔子孙，或耕或种，亩无别乎南东，爰处爰居，贡何分乎上下。征徭不役，粮税免输。至于士子，学业精通，无拘贯籍，皆许入闱。特遗世守，炳若日星，相承勿替，长享太平之福也。已粤稽自武骑侯，传及三十六世，缘秦始皇失道，天下纷争，忠勇王三十九世孙盘蓝雷钟，同迁于广西地方栖避秦乱。越楚平王五年五月，封敕赐照身图，付与忠勇王子孙及钟者共数千户口，行广西东路一派而往随遇所处，照前敕存据。朝廷钦差罗章泰带忠勇王所有子孙过省州府县散住地方，不许官胥吏役军民人等骗吓财物。余如有吓骗，就将敕赐先斩后奏，任忠勇王子孙捉拿赴官，依条责问。又付世代，传执为照。

宁邑八都漈头岔路众置

敕书

一世祖金紫光禄大夫盘安慰

二世祖南洋（阳）郡太守蓝惠章

三世祖安定郡太守雷孟初

四世祖欧州刺史雷施震

五世祖簿州刺史蓝芝室

六世祖都统将军雷炳五

七世祖汝南郡太守蓝文山

八世祖在朝宰相蓝色紫

九世祖巡游御史雷金声

十世祖同州刺史蓝大器

十一世祖齐国丞相蓝与楚

十二世祖京卫大夫雷俨誉

十三世祖振武将军盘水鉴

十四世祖户部尚书蓝九思

十五世祖洪州都督雷应春

十六世祖镇国将军蓝万清

十七世武陵御史雷行威

十八世内阁中书雷义

十九世礼部尚书盘钊龙

二十世洪州都督雷起龙

二十一世长沙司使雷刚属

二十二世祖长沙太守盘玉振

二十三世内阁主事雷行伟

二十四世吏部侍郎雷遇震

二十五世江夏太守盘允辅

二十六世状元及第雷焕

二十七世兵部尚书雷四动

二十八世礼部尚书盘光灿

二十九世中卫大夫蓝季榆

三十世右殿圣部郎雷闻誉

三十一世柱国将军盘品三

三十二世工部尚书蓝则艳

三十三世荣禄大夫雷严训

三十四世刑部尚书盘琏

三十五世监察天官雷闲隐

三十六世在朝状元雷渤然

上祖功高，自秦王失道，忠勇王子孙迁于广西地方，栖避秦乱。至楚平王又敕赐加封之后，历朝及今，忠勇王子孙具有加封敕赐在刊书之内，未开载于此。但吾祖巨佑，帝封武骑侯鸿（冯）翊，雷氏子孙迁居散处后，各祖其祖焉。或各据一方，或为官羁留于彼地，及邻省皆有雷姓苗裔之散居处焉。兹余思祖而思图，遂集吾派内公议，同立禄位香亭绘图之事也。

大清道光二十九年岁次己酉巳桂月吉旦各乡府县雷姓裔孙公立

（二）祖杖

祖杖又称“龙首师杖”、“龙首杖”、“法杖”，也写作“师杖”。是始祖的象征物。闽东、浙南的畲族祖杖用连根的树干或树干制成，以带根部树干为材质的形式较古老，制作的关键处是雕出一个含珠的龙头。祖杖有长短两种，长的四尺多，短的二尺余，放在红布袋。《龙首师杖志》载：“盘瓠王降生于帝喾高辛时，至帝尧陶唐氏二十一年六月二十一日，盘瓠王游山伏猎，二十二年正月十四日（此处脱漏‘被山羊角伤其左胁’——引者注），登树岔（杈）而卒，十七日得尸而归。同朝奏上，帝思功臣生既非怀于人胎，死复不归乎中土，命将树砍回，召青州范氏刻盘瓠王颜像，名曰‘师杖’，谥为‘盘护王’。每朔望焚香致祭。四月初八日丑时，赐葬于凤凰山，坐卯向西，立有石人、石马、石麒麟为记。”① 祖图、祖杖是畲家传世之宝，平时秘而不露，惟逢祭祖或与祭祖有关的祭祀仪式才展示。

（三）祖牌

始祖盘瓠的象征物除了祖杖，还有祠堂神龛里居众牌之中央的神主牌（若无神龛，神牌就陈于供桌上）。民国时史图博在浙南景宁敕木山畲村看到供奉在蓝氏祠堂的诸多神牌中央最大的神主牌，牌上的字是：“龙凤高辛祖敕赐驸马护骑国（‘护骑国’乃传抄之误——引者注）盘瓠妣肖氏蓝光辉妣夏氏之位。”② 民国初年在霞浦县城关建的山民会馆，厅堂大型神龛里供奉着始祖的神牌，是特意从罗源大坝头祖祠分灵来的，神主牌高 2 米、宽近 1 米，牌额上雕着似龙非龙之首，亦称“总牌”，俗称“龙头牌”，牌身阴刻宋体大字：“敕封盘护忠勇王神位。”③

用于祭祖祭祀圈迎祖、祭祖的祖牌，放置于“祖亭”（或称“香亭”）内。这种祖牌，木板制成，牌身立于须弥座上，高约 100 厘米、宽约 35 厘米、牌额为龙头浮雕，两侧刻有花纹，牌中央竖刻“敕封盘瓠忠勇王神位”阳文，红色底漆，字和龙首贴金箔。迎祖时，神牌和祖杖、香炉放在祖亭里，祖亭由四个人抬行。祖亭，木制，高 1.7 米，长宽各 1 米，造型与红轿相似，前面留门，后面与两侧饰以木刻花纹，祖亭四角装饰珠坠。④ 迎祖用的这种祖牌，也见于祠堂。

① 霞浦樟坑《汝南蓝氏家谱 · 龙首师杖志》，同治九年修，转引自《霞浦县畲族志 · 附录》，福建人民出版社 1993 年版，第 483 页。

② 《浙江景宁敕木山畲民调查记》，中南民族学院民族研究所 1984 年编印，第 44—45 页。

③ 《福宁山民会馆调查报告》，载《畲族历史与文化》，第 378 页。

④ 《福州市畲族志》，海潮摄影出版社 2004 年版，第 432 页。

二 开山公据

畲族民间流传着一种用汉文书写的文书《开山公据》,[①] 又名《抚徭券牒》，记述楚平王赐给盘瓠子孙免徭免税等特别权益，以及盘瓠故事。《广东盘瓠氏铭志》等文的内容与《开山公据》没有明显差别，因此看是不是《开山公据》，重在内容，不必拘泥于篇名。由盘瓠故事和特别权益组成的盘瓠传说不仅使畲族人民充满民族的自豪感，也体现了历史上畲族的现实诉求，支持他们为赢得民族的权益而抗争。

1982年，施联朱等在江西贵溪县调查时，看到《重建盘瓠祠铁书》，原件为木刻印本，年代应为清代，但此前应为历代传抄本。《重建盘瓠祠铁书》内容包括：序言（蓝、雷、钟三姓各一篇），木刻图像7幅，盘瓠王像，正文就是《开山公据》：

盘王《敕赐开山公据》

楚平王[②]奉天承运出敕。大隋五年[③]五月十五日，给会稽山七贤洞《抚徭券牒》，付盘瓠子孙七祖，随代传流，毋令违失。如有损坏，任将所属州县官司仰治。如无券牒，只设畲人。

大唐[④]皇帝治国为霸。燕王结集英勇，吴将军流党作乱，侵害国界。旨敕招烈士，收伏者分国共治，及赐第三宫女为妻。众臣不敢奉令，惟有盘瓠，游来殿前，……七日不食。帝问何意不食？群臣奏明，奉敕出朝。盘瓠口称："我去必然收伏番

---

① 《开山公据》，或称《盘王开山公券牒据》、《忠勇王开山公据券牒》等。

② 楚平王：春秋楚共王第五子，公元前528—前516年在位。楚国君臣自称是蛮夷，当时居住在长江流域。

③ 大隋五年：疑为隋朝建国以后的第五年，即隋开皇五年（585年）。施联朱《关于畲族来源与迁徙》（《中央民族学院学报》，1983年第1期）："这类文书，可能是畲族被迫南迁时统治者颁给他们的命令。值得注意的大多写明'大隋'，提示我们：可能这是他们一次南迁的时间。"对此，注者无异议。

④ 大唐：这里泛指中国而不是指唐朝。历史上中国人亦被称为"唐人。"《明史·外国真腊传》："唐人者，诸番呼华人之称也。"

王。”群臣口呼“万岁”。有云：“汝能助国安邦，便将朕第三宫女赐为妻。”盘瓠游至殿前，……即辞而去。飞过海洋，七日七夜，随波逐浪，直至燕王殿前，会集百僚欢乐饮宴，迄王沉醉，被盘瓠口咬断燕王头，复奔回本国，呈上皇帝，龙颜大悦。

帝自思曰：“今日万民安乐，盘瓠之功也不小。”愿设（假）饰妆成一女，称为宫女，与盘瓠为妻。盘瓠不愿，直上宫殿前识认，将口咬定第三宫女裙脚，就为婚姻。……

皇帝问曰：“今朕女与盘瓠相配何如？”群臣慨然奏曰：“蛮兵侵界，他七日七夜之功，遂致万民皆安，百官尽乐，宜乎结亲。”众卿又奏曰：“我皇宫女与盘瓠配合，当归何处，共享安乐？”皇上准奏。谕曰：“三公九卿会议，合送诸会稽山七贤洞。幽岩自适之所，巢居鸟宿之方，自供身口。招集军马三千，并锣鼓差点左右。文武官员邓从成等即便送入广东会稽山七贤洞。支备国家钱粮，收买铜瓦遮盖，创立都殿，一同助王治国安民。亲兑三千七百户口，不使纳粮税，应上盘瓠。”

一十八载，以宫女配亲共生三男一女，① 尽皆美貌，端正长大。生死同葬在会稽山七贤洞幽岩石壁之处。永免杂役，抚乐自安。代代不纳粮税，不与庶民②交婚。不耕庶民田土，只望青山之中，刀耕火种，自供口腹，及木弩捕猎为生。

又，仍有异籍名盘瓠，③ 原是帝喾高辛皇帝刘氏一老妇，耳患有疾，请医师调治，取出一虫，如异茧。以瓠盛载，将盘复之，须臾，便化作一龙。身有一百二十斑点，花色，故名盘瓠。忧虑，抛弃殿前。将军外面见得，遂奏皇。旨敕出：令人

① 《后汉书·南蛮传》载：“经三年，生子一十二人，六男六女。”很显然，《铁书》所载：“一十八载，以宫女配亲共生三男一女。”较确切。

② 庶民：指汉人。《衢志》卷八《风俗志》载：“龙南山中有畲客，其妇恒终岁赤足与男子杂居作度日，不与汉族通婚……”

③ 异籍：分开。如：异居。“仍有异籍名盘瓠”，似为瑶族或其他崇拜盘瓠的民族。这段记载很重要。对研究畲、瑶等族渊源关系有参考价值。

收回养育。长大，长一丈二尺八寸，零似剑，[1] 龙鳞火珠，百般花色青黄。……其后燕王作乱，敕令："有人能收伏者，便将第三宫女为妻。"盘瓠既收伏燕王，后遂与宫女结亲，生三男一女。至乾元二年[2]十二月十一日，户部侍郎张令崇，端殿学士彭光照，大学士范荣等奏请，皇旨敕出：赐姓第一男姓盘名自能，封立国侯。第二男姓蓝名光辉，封骑国侯。第三男姓雷名巨祐，封武骑侯。有一女招赘婿，贤婿姓钟名志深，封敌勇侯，[3] 皆封官品。仍赐紫袍玉带，青黄各色帽领，凉伞，旌旗。女带珍珠金髻，凤冠霞帔。陛下敕赐"御书铁券"与盘瓠子孙，都记三姓是畲民，居会稽山七贤洞，永免差役，不纳粮税，永为乐也。皇慈俯垂，谨具于后：

敕封：一祖盘铭金紫光禄大夫

二祖盘汤南阳刺史

三祖蓝玉安定太守

四祖蓝华安定太守

五祖蓝恩祖博州刺史

六祖雷万春欧（瓯）州刺史

七祖雷汝升南郡太守

八祖钟清在朝左丞相

九祖雷义黎州太守

十祖钟高□同州刺史

十一祖钟应齐国使丞相

十二祖蓝春京卫大夫

十三祖蓝有种镇威将军

---

① 零似剑：零，这里指龙角。零似剑，意为龙角似剑。

② 乾元二年：唐肃宗李亨年号，即公元759年。

③ 唐肃宗赐盘瓠后裔姓氏和爵位不见正史。清道光《罗源县志》卷30《杂识》载："畲民祖出于盘瓠之后，即徭人也。隋时有大功，封为王。生三子一女，长赐姓盘名自能，封贰骑侯（应为"武骑侯"——引者注）；次赐姓蓝名光辉，封护国侯；次赐姓雷名巨佑，封立国侯；女赘钟姓名志深者，官三品。"

十四祖雷可敬尚书左仆射

十五祖雷纲洪州都督使

十六祖盘日新太原太守

十七祖钟吕镇威将军

十八祖钟常朝散大夫

十九祖雷建江陵太守

二十祖雷仁中会大夫

二十一祖蓝向春长沙都司使

二十二祖蓝贵长沙太守

二十三祖钟闻长沙都司使

二十四祖雷应春吏部侍郎

二十五祖盘敬江夏郡太守

二十六祖雷荣京兆大夫①

楚平王出敕，钟太后上一十八族，放行广东路途。只望青山而去，遇山开产为业。自带妻子，经州府县、卫所、衙门、巡司、水路、关津、把隘、屯堡，官兵里甲人等，验实放行，毋得阻挡，强取傜人②财物。

敕榜文帖，赴官依条究治施行。先斩后奏，铲草除根，去水平源，一任盘瓠子孙。过关无税，过渡无钱。只望青山，刀耕火种为业。父过子任，但（倘）有富豪军民，不得侵占山场。但远离却庶民田圹一丈三尺之地，乃是傜人火种之山。若有外犯坟茔者，即当醮谢。③ 不许乱砍树木，如违条教，即当

① 盘、蓝、雷、钟四姓二十六世祖宗的“官职”正史无载。何朝何帝赐封无考。但所载官职管辖的地名，可供研究古代畲族迁徙之参考。

② 傜人：似指畲族或部分瑶族。清康熙《漳平县志》卷九《杂事记》：“畲客，一名傜人，盖盘瓠之后也。”《梁书》对瑶族则有“莫傜”的称呼。在古代，畲、瑶两族的民族名称经常混用。

③ 醮谢：醮，一种祷神的祭礼。宋玉《高唐赋》：“醮诸神，礼太一。”后来专指僧道为禳除灾祟而设的道场，名曰“打醮”。畲族认为外人侵犯本族祖坟是对他们最大不敬，故遇外犯坟茔者必当打醮以谢罪。

问罪。不许陵夷。

敕赐盘瓠金精银精大夫，食邑千户，侯封一品。送入会稽山七贤洞，永为乐人。

天定十二年[①]六月二十七日，盘瓠因为游猎，不料皇天降祸命，值凶星，跳过大树，被株尖所伤而终。逮家中知之，寻访不见。幸得闻鸦鸟之声喧闹，遂往此处寻之，得其尸骸。

皇帝宫女旦暮悲哀，具表奏闻。圣上天子悲哀，心怀纷乱。长嗟叹曰："奈何天终[②]！"便集诸臣，具理其事，诸臣皆泣。便令左右将军，随宫女回山，主理丧事。如有殡后，长腰木鼓，长笛短吹，男女同声唱歌，窈窕跳踢，舞弄者不能及。[③]三年以后，方可公之骸骨，葬在七贤洞石孔中，西南向，吾盘家之祖宗也。

敕封公主食邑三千户。萧氏夫人死，葬祈州石羊县，[④] 有石人、石马、石狮、石虎。

乾元二年，开造地名，与百姓以水为界。东至船艄，南至侯浦口，西至蛹源，北至蛹窘蜜。三洞原是玄班师。开宝十三年[⑤]七月二十日敬修。

而我盘瓠公，久住青山幽岩石壁之中，猿鸟啼叫之方，便是居住之所。但（倘）有军民客商杂税人等，不得侵占。如有违旨令者，许盘王子孙捉拿到官，依条责问。仍仰为徭，以至

① 天定十二年：似指皇帝年号。但我国历史纪年无天定十二年（大理段兴智立天定年号仅 3 年，即 1252 年至 1254 年。元末徐寿辉立天定年号仅 2 年，即 1359 年至 1360 年），故确切年代无法考定。

② 天终：疑为"终天"。终天，意为死丧不幸之事。

③ 这里的"唱歌"，"舞弄"为畲族的葬礼习俗。何子星《畲民问题》："虽亡人入殓，不举哀，乃以歌代哭。因畲民的哭有一定腔调，故又名《哭歌》。另据《永春县志》卷 15《礼俗志》载："人死则刳木纳尸。少年集群而歌，擘木相击为节。主者一人盘旋四舞，乃焚木拾骨浮葬之。"

④ 祈州石羊县：历史上无此地名。据《铁书》记载分析，当在今甘肃省石羊河一带。

⑤ 开宝十三年：开宝，为宋太祖赵匡胤年号。但宋开宝年号一共 8 年（968—975 年），故确切年代难考。

其地方。早起，助耕火种。莳薯、姜、苎、芋、茄、菜六种，及时应食。任游山村，捕野禽射豕肉，给家之用，世代相承。不许与庶民争占田圹，切莫为非，刑及身家。准依皇敕，子子孙孙，永承国法，长修苦行。凡尔族人，盘、蓝、雷、钟，俱系一体相关，毋容视为路人，须要保守券牒。

大隋五年五月十五日给：

吏部尚书张敬春送

户部尚书廖尚惠送

礼部尚书夏英懋送

兵部尚书葛尚辉送

刑部尚书熊普瑞送

工部尚书梁志晖送

左殿信承萧国杨送押

右殿状元魏庆送押

上祖高公应效深，盘王之子聚山林。

出语常与唐国别，时人不用休笑嗔。

久住山中仁义浅，猿啼鸟叫客伤心。

自从皇赐恩怜悯，永裔儿孙受及今。

帝赐联曰：

功建前朝帝喾高辛亲敕授，名垂后裔皇子王孙免差徭。①

三　盘瓠传说的地方性差异

盘瓠信仰是畲族民间信仰的核心。盘瓠信仰与盘瓠传说密切相系。漳平畲民藏有一幅《祖图》，该图由上杭庐丰畲族画师蓝某于康熙五十六年所绘。图中的盘瓠是犬，就是与三公主成婚图，仍是人身犬首。这与广东畲民《祖图》相同。但在闽东、浙南畲民《祖

① 见施联朱、张崇根、娜西卡：《江西铅山县太源、贵溪县樟坪畲族情况调查》的附录，载《畲族社会历史调查》，第254页。《重建盘瓠祠铁书》的注释，系施联朱、张崇根、娜西卡调查文引周沐照整理的原注，但作了删节和补充。本著加以个别订正。

图》中的盘瓠，则是麒麟。蓝炯熹《畲民家族文化》辨析盘瓠传说的不同版本，指出不同地区畲民对盘瓠有异的看法。他说："在闽东、浙南、浙西南的广阔山区，是目前大陆畲族人口最多、分布最广泛、民族特点最明显的地区，在封建社会，这个地区的民族歧视较严重，畲民的心理创伤较重，他们对盘瓠很敏感。对畲族的历史与盘瓠传说有自己独特的阐述。""在闽南、闽西、闽中，畲民对盘瓠传说的理解与以上（指闽东、浙南畲民——引者注）的观点有较大的不同，他们对原初态的盘瓠也较不忌讳"，"持一种较为冷静而客观的心态"。① 作为畲族学者，蓝氏的观点颇有见地。如果兼从汉化差异的层面加以分析，见解可能会更深刻、全面。邱国珍对畲族盘瓠形象由犬到龙的转变做历史考察，认为这种转变是畲族汉化历史过程的反映，畲族知识分子从中发挥了重要作用。②

畲族的以盘瓠信仰为核心的民间信仰活动，历来的调查资料皆通过访谈而得，不少描述零散，或语焉不详。朱洪、马建钊《广东省潮安县李工坑畲族"招兵"节活动纪实》则是唯一的一篇通过实地观察写成的调查报告。"招兵"仪式为粤东畲族所特有，流行于潮安、丰顺、海丰、连平、和平等县，清中后期逐渐式微。这种"招兵"仪式结合据传，远祖盘瓠渡海平定番乱，遇险之际得到六丁六甲神兵相助，大获全胜，为国立勋。畲民为纪念这一记忆中历史，并想用招神兵仪式以驱邪恶、保平安，而希冀取得"法名"和"郎名"的畲民也须在"招兵"活动中举行有关的仪式才得以获得名号。报告以细腻的笔触描写"招兵"法事仪式的逐一过程。③

畲族的盘瓠崇拜不仅是原始图腾信仰的遗存，也是祖先崇拜的

---

① 蓝炯熹：《畲民家族文化》，福建人民出版社 2002 年版，第 29—31 页。

② 邱国珍：《畲族"盘瓠"形象的民俗学解读》，载《广西民族学院学报》2003 年第 6 期。

③ 朱洪、马建钊：《广东省潮安县李工坑畲族"招兵"节活动纪实》，载《畲族历史与文化》，中央民族大学出版社 1995 年版。

民间信仰。从1929年史图博、李化民在敕木山畲村的蓝氏祠堂看到供桌上放着香炉和祖宗牌位，放在全部牌位中央的是个最大的，即盘瓠（以及蓝氏始祖妣——引者注）的牌位。牌位上写着："龙凤高辛帝祖敕赐驸马护骑国盘瓠妣肖氏蓝光辉妣夏氏之位。"这种盘瓠牌位是畲族祠堂的核心陈设。这清晰地彰显盘瓠崇拜的祖先崇拜性质。"九族推尊缘祭祖"，说的就是关于盘瓠的祖先崇拜。然而，盘瓠崇拜作为原始宗教的遗存，与转变为祖先崇拜的信仰内容相依存而整合为有一些原始宗教遗存的民间信仰。朱洪、马建钊关于畲族"招兵"节活动纪实，为我们观察有关畲族的盘瓠信仰的这种复合内容，提供宝贵的民族志资料。

畲族崇拜的对象还有凤凰。张崇根认为：盘瓠图腾是鸟与犬二合一的图腾，而不是单一的犬图腾。鸟因素源于卵生传说的东夷。[①]黄向春由此得到启发并将"合一"说改为"并存"说。他说，在畲族的图腾崇拜中，盘瓠与凤凰是共存的。凤凰图腾崇拜在畲族的服饰、礼仪、神话传说等文化事象中有诸多表现。[②]

李健民在探讨盘瓠信仰的道教内容方面做了入微的研究，他指出："（畲民）对道教的理解融合到图腾崇拜之中。浙江畲族珍藏的祖图曾有始祖鸿钧道人传教的记载就是这种融合的明证。"[③]

第二节　祭祖仪式

祭祖在畲族所有祭祀仪式中最隆重。清代浙南遂昌县周应枚《畲民诗》言："九族推尊缘祭祖。"[④] 民国刘锡蕃《岭表纪蛮》载："畲民之祖先盘古，家置画像，祀奉甚虔，每届三年，举族为一大

---

① 张崇根：《畲族族源新证——畲族与东夷关系初探》，载《中南民族学院学报》1986年第4期。

② 黄向春：《畲族的凤凰崇拜及其渊源》，载《广西民族研究》1996年第4期。

③ 李健民：《畲族民间信仰的道教色彩》，载《畲族民俗风情》，海峡文艺出版社1997年版，第90页。

④ 光绪《遂昌县志》卷11《风俗·畲民附》。

祭，与猺之祀同。”[①] 明代邝露《赤雅》载：“时节祀之，刘禹锡诗‘时节祀盘瓠’是也。其乐五合，其旗五方，其衣五彩，是谓五参。奏乐则男左女右，铙鼓胡芦笙，忽雷响云阳，祭毕，合乐男女跳跃，击云阳为节，以定婚媾。侧具大木槽，扣槽群号，先献头一枚，名吴将军首级。”吴将军首级“以桄榔面为之”。“群乐毕作，然后用熊、罴、虎、豹、呦鹿、飞鸟、溪毛，各为九坛，分为七献，七九六十三，取斗数也。七献既陈，焚燎节乐，择其女之夸丽娴巧者劝客，极其绸缪而后已。”[②] 邝露《赤雅》所载乃明代瑶族祭盘瓠的情况，过去常被误以为畲族祭祖习俗。尽管如此，仍可作为畲族祭祖的参照。以下所谈的畲族祭祖，侧重于始祖盘瓠之祭。

一　家户祭祖

畲民家户厅堂常贴着一张墨书红纸，称“（祖公）香火榜”或俗称“祖公图”。在闽东，“（祖公）香火榜”一般置于在厅堂屏壁右侧边门上方。在浙南，“（祖公）香火榜”一般贴于厅堂楼下或楼上的屏壁前或屏壁后的中央。红纸墨书“某某堂（或某某郡）远近宗亲香位”。畲族姓氏“远近宗亲”的“远”，应可溯至盘瓠始祖。这种溯源在浙南一些畲村的家户的“（祖先）香火榜”显示得十分清楚。《浙江少数民族志》叙道：“畲民家家户户都有一个代表历代祖先的香炉，在流离迁徙过程中，其他用品能丢，惟香炉不能丢。定居时，要在住房中堂照壁设香龛安放祖先香炉，称香火桌，中贴壁联，称香火榜，榜辞是：‘本家夤奉堂上高辛皇氏敕封忠勇王某某郡（蓝姓写汝南郡，雷姓写冯翊郡，钟氏写颍川郡）长生香火祖师历代合炉祖宗之位。’”[③] 家户对于近祖—远祖（含始祖）的祖先祭祀，体现了盘瓠在远近祖先的统领地位。但在闽东，畲民家户的

---

① 刘锡蕃：《岭表纪蛮》，民国丛书第三编第 18 册，上海书店 1991 年据商务印书馆 1934 年版影印，第 8 页。

② （明）邝露：《赤雅》卷上《猺人祀典》，中华书局 1985 年版，第 2 页。

③ 《浙江省少数民族志》，方志出版社 1999 年版，第 350 页。

“远近宗亲”香位冠以始祖名号者，未见。闽东畲族，除了宗族祭祖，家中一般是不祭拜始祖的。

在闽东畲区，个人代表家户在祠堂的集体祭祖，包括祭祀始祖，甚至有专门祭祀始祖的（见以下清明节祭祖）。1958 年在罗源县八井畲村所做调查的报告描述道：（祠堂）祭祖由族长或名望最高的人做主祭，“由每户家长一人做陪祭，多为男子，也有个别女子”。妇女为家长的家庭叫“女户”，这里的“个别女子”应当即“女户”家长。报告还谈到，祠堂每月初一、十五要焚香点烛，由值祭负责，全族（雷姓）各户依次轮流值祭。①

祠堂祭祖，既有宗族祭祀也有家户祭祀。闽东福州地区清明节畲族祭祖展现了家户与宗族在祠堂祭祖的分（私祭）与合（公祭）。清明节，畲族传统是拜盘瓠王。节日前，由族长牵头，各户出糯米一筒，用来蒸酒。祭祀之日，各户再凑半斤猪肉。祭时礼仪简洁。祭毕，由各户均分祭品带回家。而后，由各家一一再到祠堂，献供焚香拜祖先。② 在祠堂举行宗族公祭后又进行的家户私祭，所祭的主要是自家的近祖。如果需要进一步明确的话，那就是高祖及其以下祖先，因为高祖以上祖先，一般是由宗族负责祭祀的。一般的宗族祠祭，会一一诵读祭文中的本宗族历代祖先名号，高祖以上的祖先可能被念到，如果没有被列入祭文诵读的祖先，他们在祠堂奉祀已有名分，祠堂祭祖当然包括他们。本宗族祖先多，祭文中的祖先就具有代表作用。在闽东，清明这天，只在祠堂祭祀祖先，不上坟。

在闽东和浙南，畲民家户每逢过年过节，要烧香陈供品祭拜祖先。每月初一、十五，一般上香祭拜即可。家有嫁娶、出生、寿诞等喜事，备供品祭拜祖先。大部分畲民有上坟习俗。每逢清明前后，要上坟祭祀祖先。浙南畲民另外还在正月初八，用白纸“挂祖

① 《福建罗源县八井村畲族社会情况调查》（1958 年），载《畲族社会历史调查》，第 131 页。

② 《福州市畲族志》，海潮摄影艺术出版社 2004 年版，第 426 页。

坟”，称是给祖宗修屋。[①]

年节祭祀祖先最隆重的是过年。在浙南，除夕晚餐前，备熟鸡、熟肉等祭品，先祭天神，后谢土地神，再祭祖先，称“谢年”。晚餐后，又给祖先上香、烧纸钱。正月初一，各家又祭谢祖先，称“祭年”。初五为春节节期的最后一天，早晨给祖先上香点烛。[②] 在闽东，设供品分别祭谢天地和祖先在除夕夜或在初一早进行。初四或初五早上，要给家里供奉的神明、祖先上香。[③]

年节隆重仅次于过年的是端午节。浙南过端午不祭神明、祖先。闽东则相反，据《福州市畲族志》，此日“主要祭祖先和盘瓠王”；[④] 据《闽东畲族志》，此日“用菅粽祭祖公”。[⑤]《霞浦县畲族志》记道：族中或有传说，此日为“盘护忠勇王”诞，故畲家多在厅堂设供祭祖。所敬奉的是“菅粽”，以菅草叶裹制成圆柱形，扎以棕叶丝，通常是五节。或言此似“龙首师杖”，或言此象征先祖“征番”有功所得的皇上赐物。[⑥]

以上介绍的祠祭，有宗族的公祭与家户的私祭。霞浦的七月半中元节的祠祭，实际上是由家户的私祭组成的。《霞浦县畲族志》叙道：此日，各家备办鸡、肉、鱼、米粉、面条、饭、笋、豆等，置于木盆，一起陈列于祠堂祭祀祖先。也有的畲村，在自家厅堂祭祀祖先。[⑦] 将祠祭与家祭这一对关系等同于宗族祭与家户祭，是不准确的。祠祭与家祭，是基于祭祖的场合，宗族祭与家户祭是基于祭祖的主体。在宗祠里，既有宗族公祭，也有家户私祭。

---

① 《浙江省少数民族志》，方志出版社1999年版，第332页。

② 同上书，第331页。

③ 《霞浦县畲族志》，第155页；《宁德市畲族志》，第278页；《福安市畲族志》，第687页；《畲族——福建罗源县八井村调查》，第338页。

④ 《福州市畲族志》，海潮摄影艺术出版社2004年版，第426页。

⑤ 《闽东畲族志》，民族出版社2000年版，第414页。

⑥ 《霞浦县畲族志》，福建人民出版社1993年版，第152—153页。

⑦ 同上书，第153页。

二　宗族祭祖

一个血缘宗姓群体，泛称宗族，若其内部有“房族”，房族就是宗支。这些房族或同处一个聚落，或分散在几个相近聚落。如果房族之间缺乏相近的地缘纽带，就没有拢在宗族的“房”的特征，那就是独立的家族。如果该家族已历高祖以上的代数，即称宗族，但相对于其分蘖而来的宗族，则称宗支。如果一个宗支群体有“祖担”或“竹箱”，[①] 或者独立建祠，就有资格独立祭祖，否则就得派代表去参加早先迁出地的宗族祭祖（因为路途远不能都去）。畲族的血缘宗姓聚落通常较小，因而祭祖一般以若干个地缘相近的家族或房族组成宗族祭祖单位。无论如何，祭祖单位基本上以祠堂或“祖担”为标志。距离远的几个宗支或组成祭祖祭祀圈（见以下的迎祖祭），这就可以克服单独的宗支没有祖图、祖杖的祭祖问题。即使祭祀圈里有的宗支自己也有了祖图、祖杖，但照旧例仍参加祭祀圈的迎祖、祭祖，另也举行与祭祀圈无关的独立祭祖。至于一个家族单独有祠堂或有“祖担”，并且没有与其他家族共用，这种情况未闻，因此略去家族祭祖而统称宗族祭祖。

（一）宗族祭祖

畲族的宗族祭祖日有：春祭（春节期间，特别是初一至初五）、秋祭（八月十五）、大祭（除夕），[②] 七月十一至十五也是较普遍的祭祖日期。除这些祭祖日期外，闽、粤、赣三省各地畲民祭祖日还有：二月十五、三月初三、三月清明节、五月初五端午节、立冬圆冬节、十二月十五。这些是各地汇总的祭祖日，实际上某一宗族的集体祭祖，一年一般仅一两次。早期的宗族祭祖多在除夕或正月初

---

① “竹箱”或“祖担”，皆谓“游祖”，里面有祭祖用的香炉、祖图，以及用红布袋或长木匣装着的祖杖。

② 《中国民族文化大观·畲族篇》，民族出版社1999年版，第198页。

一，以后者为古。宋代广西瑶族也是“岁首祭盘瓠”。[①] 粤东凤凰山区的招兵节这一最隆重的祭祖活动在过年进行，分两天（除夕“招兵”、初四“散兵”）举行仪式。民国《丰顺县志》记道：“（畬民）有祖遗匹绫画像一幅，长三尺许，图其祖……自出生时及狩猎为山羊触死，各情事甚详，盖千百年古画也。止于岁之元日，横挂老屋厅堂中，翌早辄收藏，不欲为外人所见。”[②] 岁首祭始祖也是瑶人俗。[③] 1955 年《广东畲族识别调查》说：“（广东）各地祭祀盘瓠祖先，有共同的节日。多在阴历正月初一举行”。[④] 据民国时沈作乾、凌纯声的调查，浙南畲民除夕挂祖图祭祖。[⑤] 既挂祖图，当然是合族之祭。鉴于闽粤赣毗邻区是畲族最早的居住地，以民国《丰顺县志》为参照，民国浙南畲民除夕挂祖图祭祖，基本保留着传统的祭祖日期。闽东、浙南将除夕的宗族祭祖称为最隆重的“大祭”，具有习俗的历史延续性，但将古俗的正月初一祭祖微调在除夕。

汉族宗族经典的祠堂祭祖，称“春秋时祭”和“冬至祭祖”，春秋时祭一般在春分、秋分，冬至祭祖最隆重。汉族的宗族祭祖日还有岁首、清明、中元、中秋等。尽管合族祭祖日多，但一个宗族一年只有一两次至二三次祭祖。汉族还有宗族、家族对远祖的春秋墓祭（一般在清明，也有在中秋至冬至再次举行）。

畲族的墓祭在清明期间，或在白露又有一次。远祖的墓祭由该祖派下的家户轮值，或派代表参祭。畲族墓祭之风，在闽东、浙南比较微弱，在闽粤赣毗邻地区则较盛。在闽西宁化，有的宗族，某代远祖甚至还设有专门用于祭祀的祭田（包括墓祭的祭田）。墓祭之费出于祭田，这说明墓祭习俗相当发达了。在闽粤赣毗邻地区的

---

① （宋）范成大：《范成大笔记六种》，中华书局 2002 年版，第 142 页。

② 民国《丰顺县志》卷 16《风俗》。

③ 参见吴永章：《瑶族史》，四川民族出版社 1993 年，第 603 页。

④ 杨成志等：《广东畲民识别调查》（1955 年），载《畲族社会历史调查》，第 48 页。

⑤ 沈作乾：《畲民调查记》，载《东方杂志》第 21 卷，1924 年第 7 号；凌纯声：《畲民图腾文化的研究》，载《国立中研院历史语言研究所集刊》第 16 本，1947 年。

畲族，其族谱体现出甚重视远祖坟墓，甚至画有墓图，配有墓图风水歌谣。这种现象在闽东、浙南罕见。中元节，汉族祭鬼兼祭祖，畲族无祭鬼，只祭祖。汉族最重冬至祭祖，畲族无此俗。

畲族的宗族祭祖地点设在祠堂，没祠堂的就在祖厝。各地各宗姓的祭祖日不一，但过年（从除夕至初五，乃至十五元宵日）祭祖应是最传统，并且是最古老的。祭礼由族长主持，陈列祖图、祖杖、族谱、供品，必献全羊。仪式中唱《高皇歌》、诵读祭文。每户由男性家长代表参加，特殊原因可由女性代表。1953 年施联朱等人在浙南景宁县东弄村做调查，报告说：“（祠堂）祭祖时妇女可以观看，但不能参加祭拜”。[①] 这跟 1958 年在闽东罗源县八井村祠堂祭祖的情况基本一样（见下）。有些畲族志所述的宗族祭祖男女不限，应属时间相对晚近时的变化。

某些节日家户到祠堂祭祀，不应划入族祭（宗族集体性祭祀）。1958 年在罗源县八井畲村的调查有祭祖和有关情况的记述：“从七月初一起就开始找人誊写祝文，用为祭祖时诵读。祭祖时由族长或由本族名望最高的人做主祭，由每户家长一人做陪祭，限 20 岁以上成丁，多为男子，也有个别女子。祭祖时有通赞 2 名，引赞 2 名，读祝文者 2 名，司众钱者 1 名、司箔 1 名，都必须是本族有些名望的人当。本村没有祭田，祭祖费用由每家平均负担。有捐出田租 1000 斤作祭祀者，公立禄位，永垂后裔。有捐钱一百两修建祠堂者，也有禄位。结婚要纳喜钱 100 文，生男孩要纳喜钱 60 文，到祭祖时交出，作为祭祖费用，进神主入祠，每人要纳 240 文，无嗣者免。”“祭祖之前要做好充分准备，整理祠堂，陈设器皿，洗涤用具，准备祭品等。祭品可以随时斟酌，不作定例”。“祭祖之日半夜子刻开炮一声，全族人立即起身，盥洗准备；丑刻开炮两声，主祭与陪祭盛服入祠堂；黎明开炮三声，迎族谱入祠，齐集致祭。祭

① 施联朱等：《浙江景宁县东弄村畲民情况调查》（1953 年），载《畲族社会历史调查》，第 12 页。

毕，参加祭祖的人会餐一顿，称为饮祭。”[①] 闽东畲民宗族祠祭，“其仪式挂起‘祖图’，由道士问卜，族长行香，族内群众来听讲解‘祖图’的历史故事”。[②]

还有因“祭谱”举行的祭祖。在闽东，畲民祭谱通常在农历七月十一至十五举行。祭谱是本宗族重修族谱后举行的祠堂族祭，大抵有向列祖列宗汇报之意。上述的罗源八井雷姓宗族祭祖日恰好是一般祭谱日。

基于盘瓠传说的祭祖仪式，对畲族的民族认同和民族凝聚力产生极其重要的作用。并且，盘瓠传说也表达着对主体民族汉族的认同。在盘瓠传说中，盘瓠为高辛帝远征“犬戎”立功为驸马，三公主是畲族的女性始祖。畲族著名的联文：“功建前朝帝喾高辛亲敕授，名垂后裔王子皇孙免差徭”，其中“王子皇孙”（也写作“皇子王孙”或“皇孙王子”），表示也将帝喾高辛（黄帝玄孙）视为始祖，[③] 民国时景宁敕木山村蓝氏祠堂的始祖神牌上的文字，明确地称高辛帝为“祖”，这些文字是：“龙凤高辛帝祖敕赐驸马护骑国（‘护骑国’乃传抄之误——引者注）盘瓠妣肖氏蓝光辉妣夏氏之位。”[④] 这些表达了畲族对汉族的前身华夏族的以血缘关系为表征的认同，并随着以汉族为主体的中华民族的形成而自然延伸着对中华民族的认同。尽管传说不见得具有历史的真实，却具有意识和情感的真实。

（二）迎祖祭

还有一种仪式叫“迎祖祭”，主要见于宁德县（今宁德市蕉城

---

① 蒋炳钊等：《福建罗源县八井村畲族社会情况调查》（1958 年），载《畲族社会历史调查》，第 131 页。

② 《闽东畲族情况调查报告》（1957 年），载《福建畲族档案资料选编》，第 98 页。

③ 闽北南平的畲民“以帝喾氏为祖”，此见《各县区苗夷民族概况》（1937 年），载《福建畲族档案资料选编》，第 9 页。

④ 《浙江景宁敕木山畲民调查记》，中南民族学院民族研究所 1984 年编印，第 45 页。

区），也见于福安、罗源、闽侯三县。这是组成宗族祭祖祭祀圈的同一宗族各宗支之间，在迎请“祖亭”时举行的仪式。祭祀圈一般指某一社区或地域的群体共同组成某一神明的祭祀联盟，在台湾尤为盛行。因祭祖组成的宗族祭祖联盟，惟见于畲族，并且只出现在闽东。诸宗支共有祖牌和祖杖，祭祖仪式在几个宗支之间周而复始进行。乙宗支要祭祖，就要向先前祭祖的甲宗支迎请祖牌、祖杖和香炉，此谓“迎祖”。迎祖即接“祖亭”，亭内设置祖牌、祖杖以及香炉，同一姓氏宗派的畲民宗支设祖亭一座，由各宗支轮流陈列供奉。这种祭祖祭祀圈一般不会超过县境，但如果处于县境周边，就会出现跨县域的祭祀圈。跨县祭祀圈还出现某个宗支既参加县域内的祭祀圈，又参加跨县的另一个祭祀圈。例如：闽东宁德猴墩雷姓与新楼、高山的雷姓组成祭祀圈，又与邻县福安的牛石坂、下白石下赤、金腰带、广门、半岭的雷姓，组成另一个祭祀圈。宁德漈头雷姓与麒麟以及邻县罗源的竹里林、护国林洋的雷姓组成祭祀圈。宁德北山漈头蓝姓与点兰、新楼、琴田，以及福安下白石荷屿的雷姓组成祭祀圈。在祭祀圈里，经商议，按顺序由乙村（“村”是通俗说法，实际是宗支）向暂时陈放祖亭的甲村请回祖亭，置于本村祠堂或祖厝大厅，敬奉两三年后，再由丙村至乙村请祖，以此类推，周而复始。请祖时间为农历正月初三至十五日之间，逾期不请，须待来年。若村里有特殊的天灾人祸，需迎祖禳灾，可不受此限。[①] 个别的迎祖祭，可能只涉及两个宗支。[②] 请祖礼仪由族长主持，法师执行。

迎祖仪式队伍，约一二十人，沿途不断有人加入，前簇后拥，井然有序，热闹隆重。以忠勇王及其子婿封侯名号的旗幡为前导，

---

① 《闽东畲族情况调查报告》（1957 年）称：“（福安）‘迎祖宗’……一是在本乡游行，一是到宁德琴前‘迎祖祈雨’”。此见《福建畲族档案资料选编》，第 98 页。据此可知，迎祖祭除了祭祖，还有祈雨，但具体不详。

② 《闽侯县人民政府关于少数民族情况报告》（1951—1953 年）说：“聚居在九区六都乡的一部分苗民每隔 5 年在正月初十以内择定一日，去罗源县程洋村迎接祖宗”（《福建畲族档案资料选编》，第 22 页）。

又设銮驾仪仗队伍，包括“肃静”、“回避”牌开道，乐队奏乐鸣铳、龙伞护卫祖亭等。请祖队伍路遇畲村，必将驻足以供路祭。①

20 世纪 80 年代，罗源有的畲村恢复迎祖祭祀活动，使我们对这一活动有了具体的了解。俗例规定某一宗族分居不同地方的宗支，每隔两年轮流迎祖。迎祖也叫“接祖”或“请祖”，在正月初十至十四日举行。接祖的宗支族人延请法师，准备牲礼，在接祖日的前一天到上一届接祖的宗支所在的村子，张挂祖图，供奉祖牌、祖杖，法师念咒，族人诵唱《祖宗歌》，活动中午开始，午夜结束。翌日凌晨，接祖族人列队返回。游行队伍的前导是黄底红边的旗幡，上书：高辛加封忠勇王三爵仕武骑侯、大烈侯、护国侯，旗幡左右是红底白边的旗幡，左旗幡书“安邦定国功建前朝高辛帝訾金銮殿上亲敕赐”，右旗幡书“驸马金卿名垂后裔日月回春皇君子孙免差役”，用连尾竹为旗幡竿。旗幡后是大宫灯、水火棒、红凉伞、銮驾仪仗。接着是两块红底黑字的木牌，分布书“肃静”、“回避”；在两块黄底红边黑字的木牌，分布书“高辛世裔”、“封忠勇王”。接着是“旨”、“征番有功”、“天经地义”和绣有龙、虎的旌旗。最后是放置祖牌、祖杖、香炉的祖亭，以及黄凉伞。游行队伍经过的畲村，不论何姓，皆迎候路祭，祭毕后参加游行。这样，出发时就数十人，回到村子时增至成百上千。接祖队伍进村，与迎接者会合，进祠堂或祖厝，将祖牌、祖杖、香炉请出，恭陈于祖宗桌上，各家主妇排队依序上供烧香祭拜，法师念咒，深夜仪式结束。② 中断了约半个世纪的迎祖祭的恢复，估计仪仗比原本的较繁复，色彩也陡增鲜艳，旗幡的字也应有所增益。据 1987 年的这次现场报道，上述的罗源接祖的宗支与位于宁德八都等宗支组成祭祖祭祀圈，极可能就是上述的宁德漈头雷姓与麒麟以及邻县罗源的竹里林、护国林洋的雷姓组成祭祖祭祀圈。厦门大学人类博物馆收藏的迎祖旗幡

① 以上参见《中国民族文化大观·畲族篇》，民族出版社 1999 年版，第 107 页。

② 《福州市畲族志》，海潮摄影艺术出版社 2004 年版，第 434—435 页。

等，颜色和字样与上述颇有差别。

迎祖活动显示散处乡野的畲民在始祖盘瓠旗帜下“四姓毕集”能量的爆发，出发时队伍像涓涓细流，沿途畲民不断加入，犹如百川汇一而形成汹涌澎湃的壮观。始祖盘瓠对于畲民族的凝聚力，在迎祖活动中充分体现出来。

相传在清初的一次畲民迎祖活动曾惊动了衙门知县，那一年，宁德县畲民上千人的迎祖队伍，从宁德县城的街道经过，知县对这突然出现的旗、锣开道，肃静、回避牌警示，异样装束的庞大队伍进城，非常吃惊，赶忙带领所属官员上街迎接，畲民摊开《祖图》序文，知县从序文上看到有前朝高辛帝和历代皇帝敕书等，胆怯心惊，跪下来读序文。[①] 这一传说表达了作为弱势群体的畲民，用传说中祖先显赫的功绩和政治地位来保护自己，并加强了民族自信心。

（三）招兵与抬蓝大将

粤东畲民举行的“招兵”仪式和“抬蓝大将”仪式，是别具一格的祭祖仪式。前者祭民族始祖，后者祭宗姓始祖。

“招兵”仪式是内容纷繁、规模盛大的建醮祭祖活动，盛行于粤东凤凰山区。凤凰山区“招兵”节自20世纪50年代以后长期中断。其中，潮安县李工坑村在1953年冬举办，因受干涉，草草收场。该村于1996年开始恢复这一节日。莲花山区的海丰红罗畲村至20世纪10年代末至20年代初尚举行过“招兵”。[②] 由此可见，“招兵”节在粤东两大山区曾经很有影响。相传当年盘瓠往番邦智取番王头后被番兵追赶，到了海边得神兵神将之助，才得以脱险凯旋。为了纪念始祖和感谢这些兵将，畲民每三五年举行一次“招兵”仪式。大的畲村才有举办。凤凰山区“招兵”仪式全程分两段，第一段：除夕日，请神上表，安井谢灶，请兵安营。第二段：正月初

---

① 肖孝正：《民族舞又一瑰宝——畲族传统舞蹈》，载《舞蹈》1986年第10期。

② 《广东畲民识别调查》（1955年），载《畲族社会历史调查》，福建人民出版社1986年版，第47页。

四，请神、赏兵、祭符、散兵。仪式由族长主持，巫师执行。举行仪式之前，在祖祠大厅搭神坛一座，神龛悬祖图，两侧竖鼠牙旗及五色旗，表示驸马王座帐号令。列祖列宗牌位按辈分序列置于神龛下的横桌上。祖祠大门前，搭一行法高台，高台置木斗型香炉，内盛大米，上插青、白、赤、黑、黄五色旗，代表五营兵马。香炉前另置三牲酒肉、五色米饭、香烛、杯碟等，法师跪拜，恭请驸马王（盘瓠）神灵。法师登高台焚香祭祀，赞颂驸马王功绩。巫师下高台入大厅于神坛诵经，举行砻谷、舂米、发兵粮、油火烧邪等赏兵仪式，犒赏后散兵。清中叶前，畲族男性青年需经招兵法事礼仪考验，获取法名。[①]“招兵”是以建醮为形式的祭祖活动，因此法师主导着仪式的始终。

粤东河源、和平、连平等地蓝姓，世代相沿举行“抬蓝大将”的祭祖活动。同一宗族的各村轮流做东，合族祭祀，抬蓝大将神牌巡游，俗称“抬阿公”。农历四月初九是盘瓠王二子“蓝大将”蓝光辉诞日。村民在村寨中央搭竹木鼓楼一座，楼内置一大木鼓，鼓楼四沿竖蓝大将旗及五色旗、鼠牙旗。初八族长及礼生携三牲赴蓝大将庙祭拜。初九凌晨，村民抬轿牵马入庙，将蓝大将神位抬回村祭拜。祭毕，抬蓝大将巡游村境，礼毕，抬蓝大将牌位归庙。[②]

散杂居是畲族分布的特点，即使在人口相对最集中的闽东、浙南，也是如此。正是有祭祖活动，凝聚着同一宗族的不同宗支，凝聚着同一宗姓的不同宗族，凝聚着同一民族的不同宗姓人群。在迎祖活动中，队伍所至，不论何处，不论何姓，恭行路祭，并且不断加入，蔚为“四姓毕集”的壮观场面。这是畲族居住虽分散而心理却凝聚的生动展现。

三　醮名祭祖

畲族男子成年后举行醮名仪式，这是历史悠久的男性成年礼。

① 《广东省志·少数民族志》，广东人民出版社 2000 年版，第 284—285 页。

② 朱洪、姜永兴：《广东畲族研究》，广东人民出版社 1991 年版，第 111—114 页。

在闽东，醮名也叫“传法入录”、“奏名传法”；在浙南也叫“传师学师”、“做聚头”（也有写作“做树头”）等。醮名仪式与道教的受箓入道的仪式相似，但有祭祖的仪式环节。“学师”者通过这种“度戒”仪式，取得“法名”，从而象征性地加入盘瓠集团。粤东畲民通过“度戒”取得“法名”（也叫“度名”、“法号”）是古老的成丁仪礼。粤东畲族地区“度戒”取“法名”之俗沿用至民国时期。[①] 闽东畲民的“传法入录”已经产生性质的变化。为了泾渭分明，以下先侧重谈浙南的“传师学师”，其中也有作为参照之用的粤东和闽东的资料，而后介绍闽东的“传法奏名”。

民国时期丽水的调查说：“……醮名，……遍邀亲族，于深夜设祖像，相与罗拜。醮毕，男女杂坐，燕饮相贺，答歌为乐。”[②]

始祖盘瓠或称为“师爷”,[③] 祖杖也称“师爷杖”、“师杖”。“学师”有模仿盘瓠当年“学法”的意味。闽东霞浦县草岗等处于清同治十二年（1873）重修的《冯翊郡雷氏宗谱》说盘瓠当年揭榜前往收除燕寇时，就能“踏罡步斗，驾起云雾，飞腾过海，直至燕王殿前”。霞浦县樟坑于清同治九年（1870）修的《汝南蓝氏宗谱》则说盘瓠王初登会稽山时，见“行瘟害民”的“柳氏”二怪，“知化身，不知法咒，于是裹红巾执银铃，驱怪于海隅而戮之”。上述透露了畲族可能有巫术与原始道教融合的巫道之风。上闾山（或茅山）学法，是到“凤凰山上去开基”以后的事，这不仅在各地祖图《高皇歌》中均有所见。浙南“传师学师”仪式上，每每由“引师”带学师弟子演示畲族祖先上闾山学法之艰辛过程。

在浙南“传师学师”仪式里，“学师”者（“弟子”）以象征形

---

① 《广东省志·少数民族志》，广东人民出版社2000年版，第288页。

② 《畲民调查记》，《东方杂志》第21卷，1924年第7号。

③ 《畲族参考资料》（1953年）说：“（畲族）主要信‘师爷’，实是始祖盘瓠的崇拜。”此见《福建畲族档案资料选编》，第59页。

畲民成年“传师学师”后，在红布条书写法名，系于祖杖

式，模仿始祖盘瓠上闾山（或茅山）学习法术以及“行罡作法斩妖魔”[①] 的经历。畲族祖图中，有盘瓠上茅山学“脱头”等法术的画面，这是盘瓠的“学师”。盘瓠“踏罡步斗，驾起云雾，飞腾过海，直至燕王殿前”。[②] 这是学师后的施法实践。因此，“弟子”“学师”的“师”，既指学师仪式所供奉的神明（一般为临水夫人），也指始

① 浙南“传师学师”仪式中唱《太祖出朝》的歌词，见《中国民族文化大观·畲族卷》，第105页。

② 霞浦草岗《冯翊郡雷氏宗谱》，清同治十二年修，见《霞浦县畲族志》附录，第480页。

祖盘瓠。畲族古文献有一篇名叫《龙首师杖志》，“师杖”即“祖杖”，“师”即始祖盘瓠。“学师”即学始祖，表现的形式就是模仿始祖盘瓠上闾山（或茅山）拜师学法。凤凰山区潮安县凤坪村的法师，声称其法术是始祖盘瓠往茅山学法后，代代祖传下来的，但他们家里都供奉一香炉，代表“三奶”（即在经书上所载的福州陈、林、李三奶）。[①] 这参证了“学师”的双重含义。在畲民的心目中，畲族法师身系红裙，头扎红头巾，手执铃刀、龙角的“奶娘”装束，类似远古时始祖盘瓠作法时的形象。当然，这是后来畲民赋予作法中始祖的形象。霞浦县樟坑《汝南蓝氏宗谱》说：“（盘瓠王）裹红巾，执银铃，驱怪于海隅而戮之。”[②]

“学师”者在神明面前受戒和始祖盘瓠的“审视”（仪式中，挂祖图）下得法名，取得初级法师的身份，更重要的是，模仿始祖盘瓠的“学师”而获得加入盘瓠集团的资格。当写着法名的红布条系于祖杖（树头所雕制），正是仪式的指归。因而“传法入录”祭祖通俗而形象地称为“做树头”或“做聚头”。

在浙南，畲族男子成年后举行“传师学师”仪式，俗称“做树头”。清代文献称“醮名”，同治《景宁县志》载：“时而祭祖，则号为醮明，其属相贺，能举祭者得戴巾以为荣。”[③] 其中“醮明”是“醮名”之误写。“醮名”就是通过醮仪取得“法某”的法名。浙南“入录”仪式比闽东较盛，故族谱中畲民有法名的出现率明显高于闽东。据施联朱等于 1953 年在浙江景宁县东弄畲村的调查，清末做“醮名”仪式仍普遍，民国时较少。法名不用于俗世，而是写在一红布条，系于祖杖，表示进入盘瓠集团。如蓝登成、蓝培田、蓝朝庚分别取得法名是蓝法成、蓝法田、蓝法绍。[④] 20 世纪 50 年代以

---

① 《广东畲民识别调查》（1955 年），载《畲族社会历史调查》，第 47 页。

② 霞浦樟坑《汝南蓝氏宗谱·蓝氏得氏源流总图》，同治九年修，见《霞浦县畲族志》附录，第 483 页。

③ 同治《景宁县志》卷 12《风土·附畲民》。

④ 《浙江景宁县东弄村畲民情况调查》（1953 年），载《畲族社会历史调查》，第 17—18 页。

后此俗终结，至80年代仍有人能操办此仪式。

浙南的“传师学师”，限于男性，通过仪式，取得“法名”者称为“红身”，否则称“白身”。学师以传代为荣，没有传代者称为“断头师”。当然，“断头师”的孙辈仍然可以“学师”。“学师”者着红衣，也戏称为“赤老鼠”。[①] 如果其子也已学师，则其人在法事仪式中改着青衣，俗称“乌蓝”，也称“房赵”。在学师中任“西王母”的女性，必须是夫家上代已有人当过“西王母”，并有儿孙者，年龄一般在40岁以上。西王母着绿衣裙。[②]

浙南畲民的“传师学师”中有祖先祭祀的仪礼环节，“归坛祭祖”[③] 就是明证。浙南畲民举行“传师学师”仪式前，学师者挑“游祖”（也叫“祖担”或“竹箱”）回家，“游祖”即两个扁桶或竹箱，内放置祖图、祖杖（祖杖如果较长，另装在红布袋）、香炉、龙角、龙刀、铃钟等。“学师”仪式由12人操办，包括主持仪式的师公（“东道主”）、证坛师、引坛师、度坛师、监坛师、净坛师、征戢师、保举师、保举师妻子（“西王母”）等。传师学师在学师者家中进行。家中天井两边挂日神金鸡、月神玉兔，大门贴左右门神。祖图挂中堂，祖杖竖于中堂香案。传师学师有60道程序，前后三天三夜。[④] 据清末浮云《畲客风俗》记载，浙南畲民“祭祖（此处祭祖特指醮名祭祖——引者注）必三昼三夜。据畲客自言，昔时祭祖，必以三年。后因财力不足，改为三月，厥后又改为半月，至

① 皖南畲族也称“红衣畲巫”为“红老鼠”。

② 据《浙江景宁县东弄村畲民情况调查》（《畲族社会历史调查》，第17页），做“西王母”必须夫家上代有人做过“西王母”、本人有子有孙，并举行过“做西王母”仪式者。“做西王母”仪式远比“做醮名”要简单得多，举行时张挂祖图，“做西王母”穿上红袍。施联朱在《畲族风俗志》（第170页）将“红袍”改为“蓝袍”。据笔者所知，也有穿“绿衣”和“红裙”的，因而施联朱早期报告里“红”色并无确误。仪式中，由一位有“醮名”者将念咒过的“法水”煮饭给她吃，并给她一张印有“西王母”的纸牌。据晚清方志，浙南丽水地区的畲民风俗，景宁县保留的民族传统最多，至今也是如此。既然获得“西王母”身份要有一定的条件，并通过相关的仪式，《丽水地区畲族志》（168页）提到“保举师妻子”可做“西王母”，应属误。

③ 雷弯山主编：《丽水地区畲族志》，电子工业出版社1992年版，第168页。

④ 同上。

于今，乃减为三夜云”。“祭祖时，必将画像悬诸堂上”，夜半，取出祖杖，“置之几上罗拜之。移时，依然世袭珍藏，即所谓祭祖也”。[①] 醮名祭祖时，祖杖是最重要的始祖象征。光绪《遂昌县志》说：“每一姓始祖刻龙头杖为之，子孙祭祖供杖罗拜之。祭有三次者称‘进士’。”[②] 其中，祭三次称“进士”属误述。醮名祭祖一生惟有一次。徐珂《清稗类钞》载：“温（州）、处（州）畲客，极重祭祖，祭坛前，有画幅，长可数丈。”[③] 其中提到的“祭坛”，就是“传师学”营造的神圣空间，有“洗坛”、“归坛”、“坐坛”、“引坛”等仪礼。清代和民国的汉族文献将“传师学师”泛称“祭祖”。

晚清方志以及民国民族志将“传法入录”的祭祖，笼统称为“祭祖”容易与一般的宗族祭祖混淆。所谓“昔时祭祖，必以三年”，应是畲民极重“传师学师”仪式而采用的夸张表达。瑶族的“度戒”取“法名”与畲族相似，历来以三日为期。“度戒”取“法名”在畲瑶分流之前当早已有之，因此三日为期的“度戒”成年礼的应是很古老的惯习。

传师学师仪式依祖传经文《卷头本》规定的程序内容进行。主要内容：一是迎神、拜神、告神，神成为引领“传法入录”仪式的想象的见证人和主持者，这一仪式所营造的神圣，消解了世俗，从而使学师者进入神圣的盘瓠集团。二是主持法师（“东道主”）带领“弟子”（学师者）学法，仪式性地重演盘瓠上闾山学法克服重重困难的故事情节。这一系列象征仪式有：坐龙坛，过九重山、五岳山，最后打仗，求乞返回家园。通过这种对始祖盘瓠艰苦历练的模拟仪式，意味着学师者在始祖经历的体验中，传承了始祖的意志品质。将近结束，有“坐筵唱高皇歌”，即设宴、颂祖、忆祖。“高皇歌”内容与平时所唱有所不同，也称《太祖出朝》，首句是：“三姓

---

① （清）浮云：《畲客风俗》，第30页，光绪三十一年（1905年）石印本。

② 光绪《遂昌县志》卷11《风俗·畲民附》。

③ （清）徐珂《清稗类钞·祭丧类》，中华书局1986年版。

坐落成大营，我唱根源分你听，蓝雷钟姓共太祖，不讲不知太祖名”；结尾是：“白事转录是好多，大纸文书请六曹，子孙转念来受录，闾山学法转来做。闾山学法转来做，千军万马转嘈嘈，十二六曹来教度，行罡作法斩妖魔。十二六曹来学师，要学师男传古记，学师也要归太祖，讲分后代子孙记。”① 传师学师完毕，用红布条写上学师者法名和学师日期，系于祖杖上。因为祖杖是带树根的树头雕制的，故称“做聚头”和“做树头”。

学过师的男子和仪式中任西王母的女子，生前受人尊重，死后做功德，时间长者三天三夜，短者一个昼夜。没有学师的人，死后功德可做可不做。若做，则称为“白身功德”，只能做一天一夜。学师未传代者死后着红色寿服，已传代者死后着青色寿服。②

据《中国民族文化大观·畲族篇》，较之浙南畲族，闽东畲民的“奏名传法”大不相同，对象不分男女，但必须是从事法师、地师、医师、木匠、接生婆等自由职业者。在闽东，畲民住户中上一辈有“奏名”者，下一辈起码也应有一人“奏名”，代代相传。需要“奏名”者要凑足一定人数，一次性完成。这样，一是有规模有气势，二是节省开支。仪式在每年冬至前夕进行。“奏名传法”仪式操办者四人：主奏、护奏、保奏、引师。仪式内容与浙南有所不同，程序比浙南简化得多。奏名传法所依经书主要是《证龙坛》，经文内容是“传法”者即主奏（“本师”）和“代奏（名）”者即“引师”的相互对唱。

又据《中国民族文化大观·畲族篇》，闽东畲民的“奏名传法”仪式，与原本的成年礼毫无关系，也无祭祖内容。举行“奏名传法”时，每个奏名者需填写诰牒，一式两份，一份阳牒，一份阴牒，诰牒签署奏名者的“奏名”，即“法名”、职业及学师时所请的神明。从事法师者奏请临水夫人，从事地师（风水师）职业者奏请

---

① 《中国民族文化大观·畲族篇》，民族出版社 1999 年版，第 104 页。

② 以上参见《丽水地区畲族志》，电子工业出版社 1992 年版，第 167—169 页。

伏羲、文王，从事医师职业者奏请神农氏，从事木匠职业者奏请鲁班神。仪式结束，两份诰牒相连，盖上骑缝章，其中阴牒焚化，阳牒保存，待奏名者去世时，再由法师将阳牒焚化，据说是为了奏名者日后进地府时，将阴阳两牒核对。[①]

闽东、浙南畲民“传法入录”仪式皆要请神，之所以要请神，是有神认可的仪式才能入箓法门，从而获得通鬼神的能力，有了这种能力，“入录”者就可以做“超度”这种初级法事。“学师”即“拜师”，“师”即“师公”，一般就是临水夫人。“法名”即“法号”，这正是“度戒”成为民间道教初级法师[②]的资格证明。盘瓠据说是上过“茅山”、“闾山”而学得道法的，因而“学师”者在精神上加入盘瓠集团，也是加入盘瓠率领的宗教集团。不过，闽东这种请神祭神的“传法入录”，已经从原生的具有浓厚宗教内容的成年礼变异为成为民间道教初级法师的宗教礼仪。

在粤东，畲民“度戒”取“法名”沿用至民国时期，因此闽东取法名的职业限定是传统的变异，而浙南畲民的“传师学师”倒是传承了原在闽粤赣毗邻地区的“度戒”取“法名”这一畲族的成丁礼仪。闽东畲族法师在汉族地区很受欢迎，甚至不少汉民认为畲族法师更专业，效果更好，特别是“武场”作法。在闽东，有“山哈做生，福佬做死”的民谚，这除了说畲民注重做生人的法事、汉民注重做亡者的法事以外，还含有畲族法师善于做生人法事的意思。汉民请畲族法师作法在闽东是常见的，这样，畲族法师的法事市场就格外广阔。当一事物某个局部格外发展时，就容易造成事物的畸变。以“传法奏名”来作为做半职业化法师资格为主要取向，这应是闽东“传法奏名”衰变的主要原因。在闽东，未闻有将法名写在

---

① 以上参见《中国民族文化大观·畲族篇》，民族出版社 1999 年版，第 106—107 页。

② 在浙南，取得“法名”者，只能做超度亡灵这类初级法事。在闽东，地师、医师、木匠、接生婆等自由职业者“奏名”后，同样只能做超度亡灵这类初级法事。要取得真正的法师资格，还要拜师学作法，并经过隆重的“点醮”仪式。详见本节第四部分。

红布条而系于祖杖之说，这意味着以“传法奏名”而加入想象的盘瓠集团这一观念已荡然无存。民国以后的闽东畲民的“传法奏名”已经没有祭祖礼仪，成为纯粹的宗教仪式。

闽东畲民的“奏名传法”习俗在解放后已经消失，浙南景宁等地极个别畲村在20世纪80年代仍有遗存。鉴于闽东、浙南畲族几乎都从粤东等闽粤赣毗邻地区迁来，浙南畲民“入录”为男子成年礼，此与粤东畲民同。民国时闽东畲民的入录对象限于特殊职业者，并且男女不限，这肯定是原本“入录”的变异。

然而，畲族文化的多样性在一个区域也有表现。据《霞浦畲族志》，该县的“奏名传法”与浙南基本没有差别：早先凡年满16岁的男子，均要独立或联合举行“奏名传法”仪式。届时（多择冬季吉日），挑回“祖担”，挂祖图、立祖杖、摆香案、设法坛，供牲具醴，焚香烧纸钱，由“本师”（学过师的前辈）且唱且舞，进行一系列“教度授法”仪式，受醮“弟子”相应进行有关礼仪，应答礼拜，典毕，醮者得法名，并将写有法名、祭期的红布条系于祖杖，谓正式“入录”。在水槽垄、霞潭里、青皎、白露坑等处，畲族妇女还有做“西王母”之俗，祭祀程序与此略同。“奏名传法”在民国时已微。[①]《霞浦畲族志》对《中国民族文化大观·畲族篇》所说的闽东畲民的“奏名传法”仪式与原本的成年礼毫无关系、也无祭祖内容，是纠正性的重要补充。并据此可以确证：浙南畲族的醮名祭祖是闽东畲族原有的习俗。这也反映了浙南畲族的传统习俗的保留多于闽东畲族。

总之，浙南以及闽东霞浦畲民的醮名仪式是祭祖与醮仪的结合，其根本目的是“学师”者取得进入民间道教某一法门的初级资格，并且加入想象的盘瓠世系群体，其标志就是将写着“法名”的红布条系于祖杖上。许许多多聚系在祖杖龙头颈部的红布条如成穗之缨，透露出模拟巫术的信息，这也是浙南畲民称“传法入录”为

① 《霞浦县畲族志》，福建人民出版社1993年版，第159页。

“聚（祖杖龙）头”的缘由。浙南和闽东霞浦畲民的“传法入录”仪式的信仰性质，是图腾崇拜遗存、祖先崇拜和民间道教的糅合。

基于盘瓠传说的个人、家户、宗族的祭祖仪式，对畲族的民族认同和民族凝聚力产生重要的作用。并且，盘瓠传说也表达着对主体民族汉族的认同。在盘瓠传说中，盘瓠为高辛帝远征犬戎立功为驸马，三公主是畲族的女性始祖。民国时景宁敕木山村蓝氏祠堂的始祖神牌的文字，明确地称高辛帝为“祖”，这些文字是：“龙凤高辛帝祖敕赐驸马护骑国盘瓠妣肖氏蓝光辉妣夏氏之位。”[①] 20世纪80年代在罗源迎祖仪仗中的写着“高辛世裔”木牌，[②] 也是认高辛为祖的明证。在这点上，闽东、浙南畲族的民族心理是一致的。

第三节　民间信仰诸神

畲族民间信仰诸神，有自然崇拜的神灵，有颇具民族特点的猎神和神圣化的本族历史和传说人物，有世俗化的佛道诸神，数量最多的是来自汉族的地方性俗神。畲族供奉的神明，多不设神像，只用红纸墨书神明名号，村庙也是如此。自然崇拜的神灵、具有民族早期传统特色的猎神，在闽、粤、赣、浙等省的畲区皆有。不同区域畲区的神明信仰，反映了畲族迁入后的土著化过程。值得注意的是，闽东畲族有些宗族以开基祖或有懿行的先祖为神，其中有的超出本宗族、本宗姓的范围而成为地缘性质的神明，有的影响遍及闽东畲区。众神如云是闽东畲区信仰的景象，奶娘神在众神中一枝独秀，并且成为畲族法师所依附的“法主”（民间道教门派的首领神）。闽东、浙南这两个历史渊源密切、文化近同的畲族地区，在民间信仰或弱或强的差异，反映了畲族文化一体之下的多元结构。

---

① 《浙江景宁敕木山畲民调查记》，中南民族学院民族研究所1984年编印，第45页。

② 《福州市畲族志》，海峡摄影艺术出版社2004年版，第435页。

一 自然崇拜的神灵

畲民信仰山神、石头神、樟树神、河神、水神、风神，有的畲家孩子祈拜石头为“干爷”，有的祈拜太阳、月亮为“公婆”。[①]位于畲村附近的巨型或怪状的岩石或树木常被作为神灵供奉。畲家生儿育女常请这些“石母”、“树神”庇佑，并将自己的子女托付于这些自然神祇，将子女的名字冠以“石”字或“树”字，如“石贵”、“石禄”、“树生”、“树发”等。畲村有人畜患病，或遇自然灾害，也在“石母”或“树神”前焚香跪拜以求禳灾避邪。[②]

畲民自然崇拜的神灵，与农耕生活最为密切的是谷神、谷娘、谷仙子、种子仙、稻秧仙、青稻仙、黄稻仙等。这些神灵只是缥缈于想象世界，没有具体形式。畲民在农业生产活动中，往往祈求神明保佑风调雨顺，五谷丰登。如在浸谷种催芽时，要烧香纸，拜祭“五谷神”；播种时，在田埂上烧香纸再拜“五谷神”，祈求保护秧苗茁壮成长。插秧时，备祭品（一小刀猪肉、一盅黄酒、两个熟鸡蛋），烧香拜祭“五谷神”和“山神土地”。一年中第一次插秧叫“开秧门”，要择良辰吉日祭神。丰收在望时，要择吉日“尝新米”，先谢天地，祭祖宗，再祭“五谷神”、“土地公”。[③]

畲族的原始宗教信仰遗存犹如漂散在道教以及民间宗教这一池水的浮萍。作为一个从唐宋以后，特别是明清以来就与汉族密切互动的散杂居少数民族，畲族受到汉族文化的深刻影响，汉族的宗教信仰大量进入畲族的精神生活。当然，畲族原本的原始宗教信仰并非荡然无存，而是与传入的宗教信仰混杂、交融，或是渗透其中。例如：土地公即道教的福德正神，粤东畲族的土地公祭祀还附着万物有灵的遗存：冬至时首先祭土地公，而后用糯米粿粘在农具、牛以及果树之上。又如：“种子仙”、“稻秧仙”，应是畲族的自然崇拜

① 《福鼎畲族志》，福鼎县民族宗教局1999年编印，第214—215页。

② 《中国民族文化大观·畲族篇》，民族出版社1999年版，第99页。

③ 施联朱：《畲族风俗志》，中央民族学院出版社1989年版，第172页。

在吸收汉族神仙观念后的蜕变式提升。

二　本民族特色的神明

（一）猎神

畲民通常只是用红纸写成“香火榜”，供在住宅大厅的神龛，在闽东，畲民厅堂正中隔板壁的左上方是神明龛，右上方是祖宗龛。或者在厅堂正中隔板壁上，贴着红纸墨书神祇名号的“（神明）香火榜”。村庙普遍小而简陋，极少有塑像，也是采用“香火榜”形式。在闽东，畲民家若有神像，那么出现率很高的当是猎神。在畲族的传统社会，打猎乃司空见惯，猎神因而特受重视。

远古就开始的狩猎生活催生了畲族先民的猎神崇拜。历史上，畲族“只望青山而去”，不仅是火耕的需要，也是“采实猎毛”的需要。猎神崇拜在善狩猎的畲族中甚普遍，粤东称“游山仙子”、“打猎大王”或“猎爷”，闽西称“射猎先师”，赣南称“打猎祖师”，浙南称“射猎师爷”，这些名号的猎神，尚未有人格化形象，一般以香炉、石头为标志。在粤东畲村，可见不到一米高的低矮小庙，仅放置猎神香炉而已。

畲族猎神原为山神，有的畲族祖图中，有“拜山打猎”的文字说明，这是早期猎俗在祖图的历史印记。打猎前拜山神，山神就是最早的猎神。粤东畲民猎神的别号“游山仙子”，是山神在向人格化猎神转化的历史迹象。在闽东，还有奇石具有狩猎能力的传说。这种传说应是早期“拜山打猎”的山神形态遗存的演绎性话语。从猎神的演变，可以透见起于自然崇拜的原始宗教的演变。

在闽东，畲族猎神已发展到人格化的阶段，有“陈六”、“车山公”和“元帅爷”等神明，并塑为神像，但仍有山鸡尾毛这种较初级的象征形态。车山公，一说为“且山公”。或传车山公是陈六的师傅（或传车山公即陈六）。还有陈七、陈八，是陈六的弟弟。据笔者在罗源、连江和宁德考察采访，传说车山公生前专事狩猎，也是武术师傅，被尊为猎神。在宁德金涵畲族乡畲民家中有猎神香位，上书："五门车山公下南泉州府白鹤山陈六、七、八师公坛前香宝座。"[①] 这蕴涵着较早的历史信息，至少说明畲族在未进入闽东时，畲民已信奉猎神车山公、陈六、陈七、陈八。在连江小仓山畲族乡，畲家至今还供奉的猎神，身穿鳞甲衣，右手执杵，左手执印，并配祀一猎狗。神像一般供于大厅的左边，并在其下侧接近地面处设"灵狗将军"香位。[②] 据悉，闽东畲族猎神还有"九帅爷"、"吴三么"、雷万春。[③]

各地畲族猎神一般没有节日，只在狩猎前烧香祷告，获猎后以猎物祭谢。在粤东，唯有九连山区连平、和平二县的畲族将农历二月春分日作为猎神节。届时族长带领男丁，备三牲供品前往猎神坛前祭拜，点烛焚香，献供品，念祭文，甚为隆重。祭文内容有："伏以上大王，上上娘娘，历代始大高曾祖，福佑后节子孙，五谷丰登，不受灾蝗，六畜兴旺，不受病瘟，人口康宁，百姓其昌，早上出去一百个，晚上回来五十双。"[④] 由此可知，猎神的功能已发生转变。据悉，闽东福安松罗一带的元帅爷（猎神）诞日是九月初九，是日畲民抬元帅爷神像游村，以保平安。[⑤] 在闽东，猎神崇拜虽然明显式微，但极少出现类似上述的转变。

（二）神圣化的本族历史和传说人物

神圣化的本族历史和传说人物，或者历史上确有其人，或者为传说的人物，他们曾有过非凡的事迹或故事传说，殁后被奉为神，不仅为本村本姓所膜拜，并为某一地域的畲民所祭祀。

1. 钟熙侯王

福安坂中乡大林村钟姓畲民家中供奉的"香火榜"，由左到右

---

① 郭志超：《畲家拳与泉州南少林的渊源关系初探》，载《畲族民俗风情》，第 109 页。

② 《福州市畲族志》，海潮摄影出版社 2004 年版，第 438 页。

③ 李健民：《畲族民间信仰的道教色彩》，《中南民族学院学报》1996 年第 5 期。

④ 《广东省志·少数民族志》，广东人民出版社 2000 年版，第 287 页。

⑤ 《畲族民间文化》，商务印书馆 2006 年版，第 274—275 页。

为：里沃同坑宫雷法有先生，本县谢、范两位将爷师公，杭州府风火院田公元帅，当境土主里域钟熙侯王，钟法湖、钟法寿、钟法庆，通天圣母位下三尊神，金斗洋雷大三十二师公，本家门灶奉祀福德正神。[①] 其中，“当境土主里域钟熙侯王”的钟熙是闽东钟姓开基祖，在香位排列居中；钟法湖、钟法寿、钟法庆应是坂中钟姓的著名祖先。这说明，祖先崇拜与神灵崇拜混合在一起。其中，有的显赫祖先已升格为神明，如钟熙侯王不仅成为钟姓畲村“土主”，而且也被闽东非钟姓的畲民供为神。“里沃同坑雷大三十二师公”和“金斗洋雷大三十二师公”这两个雷姓所信奉的神明也被坂中的钟姓供为神。本姓祖先的俗神钟熙侯王被其他姓氏畲民所崇奉，这说明：祖先转变为神明后，如果具有影响力，将进一步超越血缘群体而成为地方神明，甚至地域神明。

2. 豹子师傅

闽东福安金斗洋村“雷氏三十二公”雷朝宝，清代康熙年间的畲族武林英雄，时人称为“豹子师傅”。相传他师承南少林武僧铁珠，武艺震慑一方，曾率领村民抵御外族豪强侵扰。殁后，金斗洋村畲民，在村口水尾处立庙塑像，奉其为神。后来，“豹子师傅”演变为闽东畲族的保护神。[②]

3. 插花娘

由浙南插花娘传说而形成的神明。相传插花娘系畲家少女，处州府（今丽水地区）松阳县茅弄村人，因反抗地主强逼婚姻而在松阳与丽水这两县交界的横岚岗跳崖自尽，姐妹们用山花遮其遗体。成神后的“插花娘”，奉祀于庙。今浙南松阳、云和、丽水城关镇等处有插花娘宫庙。祭祀时，以对歌形式进行。由一位男歌手（神童）代表插花娘，另一位男歌手与之对歌。祭祀插花娘在夜深时进行，不许异族人观看，在场者必须讲畲语。[③] 在闽东比邻浙南一带

① 《福安市畲族志》，福建教育出版社 1995 年版，第 739 页。

② 《中国民族文化大观·畲族篇》，民族出版社 1999 年版，第 98 页。

③ 《浙江省少数民族志》，方志出版社 1999 年版，第 352 页。

的畲村，也有插花娘宫庙。笔者曾在福鼎县桐山镇浮柳畲村茂林翠竹处，看到一座庙貌秀丽悦目的插花娘庙。

4. 雷海清、雷万春

他们因姓雷而被虚拟为畲族历史人物和神明。就像汉民族谱常会将同姓的非本宗族祖先尊为祖一样，汉族的雷海清、雷万春也被畲族尊为雷姓畲民祖先和畲族英雄人物。相传雷海清是唐代福建汀州人，又传说是雷万春之兄。传说：雷海清被招入宫廷为乐工，安史之乱时，他组织戏班劳军，殁后尊为神，敕封为“田都元帅”。又传：雷海清的骨殖由福安畲族老乡置于南安十七都坑口。又传：唐军收复长安时，雷海清灵魂也来助战，“雷”字战旗因遮蔽而只现出“田”字，故有“田都元帅”之称。闽东畲族地区建有“田都元帅府”宫庙。雷万春，被尊为畲村保护神，相传他是唐代猎户，力大无比，平叛安禄山时中箭身亡。[①] 雷海清、雷万春被畲民认亲并奉祀，还可能与其忠勇个性同畲族的民族性格有密切关系。

5. 蓝大将

畲族某一姓氏的显要祖先有的会升格为本姓俗神，进而或会被其他姓氏的族人所崇奉。这种现象透露从祖先崇拜与神明崇拜紧密链接的演进。例如：畲族蓝姓的始祖蓝光辉在粤东畲族称为“蓝大将”，供奉在蓝大将庙，[②] 该庙基本上是专祠，但具有一定的神庙性质。蓝大将没有神像，只是一方“蓝大将神位”的石牌。

应当注意的是，盘瓠只是祖先崇拜中的始祖，并非神明。1994年在闽东宁德市郊的金涵畲族乡建起一座气势恢弘的中华畲族宫，宫内的忠勇王殿供奉着忠勇王和三公主，但这仅是当代具有艺术创意的文化展示。图腾崇拜和展示盘瓠传说的祖图具有极强的隐秘性，这使得盘瓠从不显山露水，并且不升格为神明。具有高度权威的图腾崇拜的始祖，囿于祖先崇拜的系统中而未能向神明领域演进。

---

① 《中国民族文化大观·畲族篇》，民族出版社 1999 年版，第 98 页。

② 朱洪、姜永兴：《广东畲族研究》，广东人民出版社 1991 年版，第 112 页。

三　佛道神明和地方俗神

畲民普遍供奉的佛教神明唯有观世音菩萨，供奉的道教神祇有太上老君、玉皇大帝、紫微大帝、三清、三官大帝、真武帝、福德正神等。畲民罕有超村社的地域性寺庙宫观，这些神明仅供于住家和村中小庙，同民间信仰的俗神汇聚，故呈现明显的民间信仰和民俗化特征。地域性神明从兴起地向外扩散，越趋外沿影响力越弱，例如：白马尊王在闽东的南部常见，在闽东中部就基本消失；在闽东中南部很普见的猎神车山公，到闽东北部也消失。地方性神明的传布很有局限，有些只见于弹丸之地，例如：九帅爷只偶见于霞浦等县靠海地带；陈感庄大王只见于连江县小沧畲族乡。

神明信仰的程度是有现象可寻的。闽东畲族民居的大厅通常高敞，屏壁两侧门的上方设有神龛，左神明、右祖宗。如果厅堂不高敞，神、祖就陈于厅堂供桌及其上方，左神右祖。祖先奉祀设一个写着“本堂历代远近宗亲”的木质总牌，神明为红纸墨书诸神名号的“香火榜”，也有将香火榜贴于供桌后面屏壁之上。这些体现闽东畲民在家中是神、祖共奉的。然而，在浙南，甚至整个浙江，畲民在家中只供祖不祀神（唯有灶君，偶见福德正神①）。畲民在厅堂供桌后的屏壁上方贴一张“本堂历代远近宗亲”作为祖先香位。20世纪50年代后，这张祖先香火榜改贴于二楼的正中屏壁上。《浙江少数民族志》明确指出：“畲民家庭只供奉祖先，不供奉其他神灵。”② 而在浙江汉民家户，则是神、祖共奉的。

畲村普遍有村社保护神（“土主”）、土地神（福德正神），户户有灶神、门神。土地神在畲村最广受崇奉。每年农历二月初二这一天，畲民砻谷舂米，宰猪杀羊，家家户户备办“三牲佛礼”，纸钱香烛，延请法师在村中祠堂前广场上摆起三张八仙桌，延请土地

---

① 民国浙南，有的畲村的家户在屏壁上贴着的祖先香位，也包括福德正神香位：“历代宗亲福德正神之位”。《浙江景宁敕木山畲民调查记》（第58页）就有这一情况。

② 《浙江省少数民族志》，方志出版社1999年版，第350页。

爷下凡，认为这一仪式可保五谷丰登，人丁兴旺。[①]

临水夫人陈靖姑在闽东以及浙南有非常广泛的影响，这一地区畲民对陈奶娘（陈靖姑）的奉祀尤为虔诚。陈靖姑是唐末五代时福州下渡人，传说她上闾山学法，拜许真君为师，学得非凡法术，能呼风唤雨，能驱魔镇蛇，救护民众。殁后被闽王封为“临水夫人”，成为汉族驱邪纳福，特别是保护母婴的女神。北宋建庙于古田县临水乡，庙名“顺懿”。畲民迁入闽东、浙南后，很快接受临水夫人信仰。畲歌云：“三斗油麻分天下，家家奉祀奶娘身；州州坐塑奶娘庙，村村坐塑奶娘身。”[②] 可见“奶娘”神在畲民中的影响。畲族法师在法事活动中扮演奶娘，行罡作法，形成风格独特的畲族巫舞。畲族法师还将奶娘生平事迹编成醮仪歌在法事过程中吟唱。[③]

林公大王（忠平侯王）、灵官大帝是闽东汉民普遍供奉的神明，在闽东畲区也非常有影响，尤其在宁德、福安畲村，每年农历三月十六日普遍过“林公节”，建有忠平侯王宫庙的畲村，每隔两年过林公节均组织前往宁德杉洋林公祖庙进香。灵官大帝即五显灵官，又称五显大帝、华光大帝、灵关大圣、五大元帅。宫庙为五显宫、大帝庙、华光庙。福安市甘棠镇外岭村供奉灵官大帝的大帝庙，香火很盛，现存清乾隆年立的碑刻，铭文有“肇自宋世，元明以来代有修葺”的记载。[④]

白马尊王、齐天大圣崇拜在闽东汉族地区并不普遍，但在闽东南部的畲区则较多见，尤以前者为著名。关于白马尊王的起源，或传白马尊王是汉闽越王无诸的嫡孙，或传白马尊王为“开闽王”王审知，但应以后者为确。《南唐书》记载：“王审知为人状貌雄伟，常乘白马，军中号‘白马三郎’。”[⑤] 闽东、浙南畲族族谱或有这一

---

① 施联朱：《畲族风俗志》，中央民族学院出版社 1989 年版，第 171 页。

② 《闽东畲族歌谣集成》，海峡文艺出版社 1995 年版，第 321 页。

③ 李健民：《畲族民俗信仰的道教色彩》，载《中南民族学院学报》1996 年第 5 期。

④ 李健民：《长溪集》，宁（德）新出内书第 29 号，1999 年，第 17—20 页。

⑤ 《南唐书》卷 28《灭国》上，中华书局 1985 年版，第 179 页。

历史口碑：王审知从泉州发兵攻福州时，畲民助之，并以此为契机迁入闽东。“闽王”（王审知）崇拜在福州城及其以北地区还算流行，闽东畲族奉祀白马尊王不是偶然的选择。白马尊王的信仰以福州为依托，越往北影响逐渐减弱。畲族罗源县八井畲村有一座“白马宫”，正殿神龛中供奉黄、红、绿三尊不同脸色的白马尊王，神龛上题：“风调雨顺”。神像的面前有一块神位，上书：“敕封兰溪得胜白马大王香位”，神龛前站着一匹白马与一个马奴最醒目，还有左右将爷，文武判官，还有持“阴阳簿”和“合境平安”的两个文侍。左侧次间的神龛中供奉五显大帝及其配祀神千里眼与万里耳（顺风耳）。右侧次间的神龛中供奉陈、林、李三位奶娘和送子、延寿两位神婆，此外，还有一尊身着红色法衣、头戴法师头冠、手持宝剑的陈夫人。大门边上的左配殿中有一神龛，内供奉土地公，右边的配殿墙上则贴着灶君公和灶君婆的神像。[①] 八井白马宫面积一百多平方米，庙貌壮观，较之闽东、浙南畲村多为低矮小庙，此宫之大、塑像之多，甚少见。

汉族普遍崇奉的关帝神，在畲村中相对明显少见。这说明畲民引入汉族神明是有选择的。对某事物的特别强调可能是现实较缺乏，具有忠勇、信义精神特别充沛的畲民并不稀罕有关的著名神明。

尽管地方俗神几乎都传自汉民，但无论是一乡还是一村，畲村的俗神数量，比汉村多。据《霞浦县畲族志》，该县畲村诸神，“数以百计”，诸如大王、侯王、元帅、将军、先师、师爷、娘娘、夫人、仙娘、婆神，仙公、洞主、童子、童郎等。[②] 在该县崇儒乡畲民所奉的各种神灵中，除了佛教的观音菩萨、道教的神祇，民间信仰的著名神明诸如福德正神、鲁班先师，还有地方著神三夫人奶娘（陈、林、李三夫人，乃陈靖姑的衍生形态），以及自然界的精灵，更多的则是土产的民间神祇，诸如白马明皇、牛王百部将军（看牛

---

① 石奕龙、张实主编：《畲族——福建罗源县八井畲村调查》，云南大学出版社2005年版，第448—449页。

② 《霞浦县畲族志》，福建人民出版社1993年版，第160页。

大王）、杭州府风火院李元帅、三十六元帅（李温清元帅、李春龙元帅、李春锋元帅，九天风火院田公元帅、马元帅、叶大元帅等）、铁扇公主、四十二婆神（元帅的随从）、招财童子、进宝童郎、千里眼、顺风耳。还有郑先锋、谢将爷、潘烈侯王、杨公侯王、八部将军、驸马大将军、射猎师爷、董师爷、杨师爷，等等，数以百计，纷繁杂芜。多数神灵，不明其源，不知形貌。畲民历来以红纸墨书名号作为香位，这些唯有名号的杂神更强化畲民关于书名为香位的形式。[①] 一村之庙诸神中的主祀神为一村保护神，俗称“土主”，也叫“当境土主”、“境主”。

以书写作为“（神明）香火榜”的形式，跟历史上的贫困有关。20 世纪 80 年代以后，有些畲村重修的宫庙，通常有塑神像。据《霞浦县畲族志》，溪南镇牛胶岭村 1985 年所建的“龙顺宫”，奉祀着当地洪山“灵华洞主”李仙娘，以及平水王、柳将军、马将军、镇洞将军、王将军、陈夫人（靖姑）、某婆神、林师公、罗师公等十尊塑像，另附田公元帅、郑二等两尊小像，前列十只香炉（中六，旁各二），集众神于一堂。[②]

这些土生土长的民间神祇，有些名号显赫，实则难符。闽东的畲族多是在明清时期迁入的，对于一个历史上长期迁徙的群体，建宫立庙的习俗晚成，因而畲村宫庙远较周边汉族不普遍。可能是在迁徙过程中，特别是完全定居前在一定地域内的“蛙跳式”移动，造成畲民对于若干个暂时定居时所接触的神明较多，因而一旦立庙，就有众神会集的效果。

汉族地区的道教及其民间信仰传入畲族，不只是单纯的移植，还与畲族的原始宗教信仰交融。这种交融突出表现在对畲民对始祖盘瓠与“三清”（玉清元始天尊、上清灵宝天尊、太清道德天尊即太上老君）关系、尤其是与太上老君关系的理解上。畲民认为三清

---

① 陈国强、蓝孝文主编：《崇儒乡畲族》，福建人民出版社 1995 年版，第 109—112 页。

② 《霞浦县畲族志》，福建人民出版社 1993 年版，第 161 页。

与始祖盘瓠同等尊贵，闽东、浙南的畲族祖图中绘有三清画像。畲民对太上老君特别敬重，将其视为本族保护神。传云：当年盘瓠只身赴敌国取番王首级，归途受敌兵追赶，幸亏“神仙老君来相帮，腾云驾雾游过海”，才顺利凯旋。畲族歌谣还传唱：受到太上老君的庇佑，盘瓠到闾山和茅山学法后才能斩妖除魔，在凤凰山旺出万千子孙。被畲民视为人生最隆重、最重要的“学师”仪式，其中一种效果就是能取得太上老君的庇佑。学过师的男子40岁以后要刻一方“日月紫微太上老君”木印，死后做“功德”时，祈请太上老君下凡，保佑超度仪式顺利进行。[①]

畲族信奉的民间俗神体现出地域特点，如白马尊王、齐天大圣崇拜多见闽东的南部畲村。陈靖姑信仰流行于闽东、浙南，尤以闽东为盛。插花娘信仰在浙南畲族地区较普遍，盛行于浙南的松阳、丽水、云和、青田畲区，靠近浙南的闽东一侧地带的畲村也有。“马氏天仙”崇奉见于浙南景宁、云和、丽水三县，祖庙建于敕木山的“汤夫人”崇奉见于景宁、云和两县。粤东畲民，多信奉“三山国王”、“协天大帝”、“感天大帝”，这些神明是同一地域汉民普遍供奉的。

畲族的世俗化佛道神明信仰，以及自然崇拜神灵和地方俗神的信仰，统属于畲族民间信仰（祖先崇拜见本章第二节）。畲族崇拜的诸神尽管纷繁杂芜，但可以分为佛道教圣神（观音、天公等）和地域性道教俗神（临水夫人、白马尊王）这类，以及乡土性杂神（钟熙侯王、李仙娘以及石神、树神等）这类。陈国强等主编的《崇儒乡畲族》指出：闽东霞浦县崇儒乡畲民，将道教和民间信仰混杂在一起的有本民族的原始宗教神明，如射猎师爷、看牛大王、井神、河神、山神、雷法闾师爷等，畲民将这些神明视为“下界神祇”，而将“八仙”、“六仙”、“九仙”、“二十八星宿”视为“上界

---

① 李健民：《畲族民俗信仰的道教色彩》，载《中南民族学院学报》1996年第5期。

神仙”。[①] 这种关于上、下两界神明的看法，反映了闽东畲族民间信仰神谱的基本分类。

浙南畲民家中只供祖不奉神，与闽东畲民家中神、祖共奉的现象形成强烈的反差。浙南畲族几乎是由闽东迁去的，这说明在闽东畲族后来接受了当地汉民信仰习俗，而浙南畲族仍保留着家中祭祀唯祖无神的传统。这也意味着明代及明以前的闽粤赣毗邻地区的畲族，除了有旷野的山神（猎神的前身是山神）以及树、石的自然崇拜的神灵外，基本上尚未产生人格化的神明。只有在神灵人格化为神明后，才可能与人共处一个屋檐下。在浙南畲族采借了汉族的神明后，就与本民族的神灵信仰形成空间上的并接结构，也就是家中惟祖无神（惟有灶君）与村社的神明奉祀的结合。

历史上，迁入闽东的畲民广泛采借当地汉民流行的神明，促进了畲、汉的地域认同，促进了畲、汉民族关系。现在畲民厅堂仍有神明香火榜，有些村庙翻修而焕然一新。但同汉族地区一样，畲村对神明的信仰有所弱化，尽管外显的现象不然。

第四节 法师与法术

巫术是试图通过象征符号的操弄以影响现实事物，它产生于原始社会，但不属于原始宗教范畴。自野蛮与文明时代之交以后，巫术逐步与“降神驱鬼祛邪”相结合而进入宗教和民间信仰领域。资料显示，古代畲民的巫术与神灵或有些结合或无结合，愈晚近则几近完全结合。明代《五杂俎》在介绍福州、闽清、永福（永泰）的畲民时说：“（畲人）有咒术，能拘山神，取大木箍其中，云：‘为我致兽。’仍设阱其傍，自是每夜必有一物入阱，餍其欲而后已。”[②] 这里，对山神不是祈求，而是“拘”、“箍”而“（令）云”，山神

① 《崇儒乡畲族》，福建人民出版社 1995 年版，第 99 页。

② （明）谢肇淛《五杂俎》卷 6《人部二》，上海书店出版社 2001 年版，第 123 页。

成为巫术操作的象征符号。这是巫术开始与神明结合。当神明被驱使，巫术仍居主导。当巫术附庸于神明，巫术就变异为法术。例如祈雨法术，表面上是法师作法，实际上是祈请奶娘、齐天大圣或龙王来兴风作雨。清代以后，畲民传统的巫术几乎完全依附和求助于神灵而成为法术。与此同时，巫师演变为法师。

一 法师

经过专门训练的主持民间道教仪式或相关仪式者，即法师。在畲区，罕见有专门以此为职业者，法师都从事农业和手工业劳动，行仪作法只是兼职。在闽东、浙南畲区，法师所作的法术，主要传承自闾山三奶派这一民间道教。明清以后，迁入闽东、浙南的畲民受到闾山三奶派这一民间道教的强烈影响，畲族原本的巫术传统逐渐式微，或者融入闾山三奶派民间道教的法术。全国畲族最集中的福安市，1990 年畲族人口 58002 人，而有畲族法师 76 人。法师在福安市畲族人口占有率是 0. 13% 。[①]

（一）民间道教门派

畲族法师有门派之别。一般认为，粤东畲族法师主要受法于茅山派，茅山为道教名山，位于江苏句容县境，茅山上清派是道教的重要派别。闽东、浙南畲族法师则普遍受法于闾山派的三奶派。据粤东、赣东北的祖图，盘瓠乃“茅山学法”。[②] 据闽东、浙南的高皇歌和多数的祖图，盘瓠乃“闾山学法”。[③] 祖图和高皇歌的有关始祖事迹的文字，到底反映了多少历史事实，这需要谨慎探究。值得注意的是，粤东的调查显示出粤东与闽东的畲族民间道教门派是同而

① 李健民：《长溪入海流——福安地域文化研究》，延边大学出版社 2001 年版，第 78 页。

② 朱洪、李筱文编：《广东畲族古籍资料汇编》，封内祖图的原文字说明，中山大学出版社 2001 年版。

③ 《畲族社会历史调查》，福建人民出版社 1986 年版，第 367 页；《浙江省少数民族志》，方志出版社 1999 年版，第 65 页。

不是异的实证材料。例如：凤凰山区潮安县凤坪村的法师，穿戴为红头巾、红长衫、红袄、草鞋等。他们有比较完整的一套法术，声称其法术是始祖盘瓠往茅山学法后，代代传下来的，但他们家里都供奉一香炉，代表“三奶”（即在经书上所载的福州陈、林、李三奶）。[①] 又如：凤凰山区丰顺县凤坪村的畲族法师蓝明概，是家族世袭多代的法师传人，他在1990年代依然保存有《三奶夫人国母娘娘》等世传经书，他不像闽东法师有闾山印和茅山印，而是有太上老君印。[②] 如果说粤东畲族法师受法于茅山派，那也是历史上较早的情况，至晚到清代，至少粤东凤凰山区的畲族法师所奉教主是陈、林、李三奶，其法门也是三奶派。

闽东畲族法师尊临水宫女神陈靖姑为“师公”。相传陈奶娘学法于闾山，拜许真君为师，学得设醮法、斩蛇精、破洞门、缩地腾空、驱瘟祛病、扶胎救童等法术。又传闾山陈奶娘与茅山长坑鬼为敌，闾、茅两派有门户之见。但闽东、浙南畲族法师认为，他们不仅有闾山之术，还兼得茅山之术，即集闾、茅之大成。他们各收藏着两颗仙印，一为茅山印、一为闾山印。在清醮仪式中所吟唱的经文表明这一特征：“承请闾、茅众师公，头戴花冠身着红；行符咒水游天下，杜灾降福纳凡民；请上师公为教主，证明清醮保安康。”[③] 其中的“请上师公为教主”的师公即临水夫人陈奶娘。

从畲族法师的法术来看，他们主要奉行闾山之法，亦兼具茅山法术。闾山之法乃巫法，宋人白玉蟾《海琼白真人语录》卷一有：“昔者，巫人之法有曰盘古法者，又有曰灵山法者，复有闾山法者，其实一巫法也。”闾山法主许九郎，乃东晋道士许逊，传说全家42口拔宅飞升，宋封之为“神功妙济真君”，因其家南昌，古称豫章，

---

① 《广东畲民识别调查》（1955年），载《畲族社会历史调查》，福建人民出版社1986年版，第47页。

② 《广东省志·少数民族志》，广东人民出版社2000年版，第284页。

③ 李健民：《长溪入海流——福安地域文化研究》，延边大学出版社2001年版，第78页。

属江州府，故有闾山在江州府之说。福建汉族将出生于“世巫”且身为“巫家”的陈靖姑信仰纳入闾山教派，使之几与闾山教主平起平坐，成为闽浙道坛上的最高女神。这样，福建的闾山教派又称作“王姥教”、“夫人教”、“妹子教”。[①] 临水夫人陈靖姑后衍生为陈、林、李三夫人，故又有“三奶教”之称。“三奶教”只是闾山法门的一个地方派别，但由于临水夫人声望日隆而俨然成为闾山派的教主，闾山发祥地也由此衍说为在福州台江一带水底。畲族在习得闾山法之前，自身应当有其他派别的道教。如闽东霞浦县草岗等处于清同治十二年（1873）重修的《冯翊郡雷氏宗谱》说盘瓠当年揭榜前往收除燕寇时，就能“踏罡步斗，驾起云雾，飞腾过海，直至燕王殿前。”霞浦县樟坑于清同治九年（1870）修的《汝南蓝氏宗谱》则说盘瓠王初登会稽山时，见“行瘟害民”的“柳氏”二怪，“知化身，不知法咒，于是裹红巾执银铃，驱怪于海隅而戮之。”这些虽是传说，但从中可以推测出畲族可能和许多南方民族一样，早期当有自己的原始道教，而后又采借汉族某一派别的民间道教。据祖图和《高皇歌》，盘瓠到“凤凰山上去开基”以后，上茅山（或闾山）学法，这应是畲族及其先民向汉族采借道教的历史记忆转化为神话传说的情节。

因调研醮仪音乐而对闽东畲族醮仪有着较多亲历经验的蓝雪霏指出：“我们现在所看到的畲族‘尪师’身系红裙，头扎红头巾，手执铃刀、龙角，在草席上作法的‘奶娘’形象，当是畲族在福建境内迁徙中或在闽东定居后直接或间接接受汉族巫道文化的产物。”闽东、浙南畲族的民间道教远不止来自闾山三奶派，畲族在闽粤赣毗邻地区已经拥有道教和巫术传统，巫术当为本民族及其先民所固有，道教除了受当地汉族影响，也应有本民族及其先民的原始道教。清初《猺民纪略》述道：“猺民（畲民——引者注）……俗信巫事鬼，祷祠祭赛，则刑牲庀具，戴树皮冠，歌觋者言，击铙吹

① 参见蓝雪霏《畲族醮仪音乐研究》，载《音乐研究》2001 年 第 3 期。

角，跳舞达旦。”[①] 这虽然是描述清初闽西畲族的祭仪场景，但仍可展现清代以前民间道教的情形，提示畲族迁入闽东、浙南采借三奶民间道教以前，畲族有着自己固有的巫风道韵。它们没有完全消失，而是融入引入的民间宗教里。蓝雪霏认为，畲族法师在醮仪中所使用的占卜、符咒、手诀、踩八卦、起洪楼（搭天梯）、踩炭火、放油火，以及运用法器及法物，透露出古老巫道之风的信息。[②]

闽东畲族民间道教主要受法于闾山，在民间文献中也有反映。福安市穆阳镇雷姓畲民法师所藏的《雷氏巫谱》载：“由太始祖法振公自康熙五十一年（1712）遇闾山传授巫流技艺。……后经八代相传，历时二百余载，叔同侄协共十四人习此艺出外游行。”[③] “遇闾山传授巫流技艺”而习得且传承的这一记述，在闽东畲族法师中具有普遍性。[④]

（二）法师着装、法器和灵坛

在闽东畲区，法师着装有：法衣、神裙、法帽（“水古帽”）、头冠，头红（裹头红布）、还配备龙旗、龙伞等仪仗。法器有：龙角、手香炉、五雷牌、灵尺、香炉、击磬、净盂、三音锣、筶杯、铃刀、天尊、丝鞭、麻蛇（铁链）、令牌、草席（卷则为桥，披则为船）、镜、剪刀等。[⑤] 其中，香炉、铃钟、龙角、铃刀是最重要的。香炉是法师所奉的神明（即“本师公”。闽东法师皆奉临水夫人为“师公”）的象征，铃钟是法师与神明的媒介（摇动铃钟作响以招请神明），龙角（即木制或锡制的号角，号令法师的兵马），铃刀是镇邪驱鬼的首要武器。浙南畲区的法器与闽东几无差别。据1929年史图博在敕木山所见，法师赶鬼用的法器有：鼓、锣、金铃

---

① 乾隆《汀州府志》卷41《艺文三》，方志出版社2004年版，第876页。

② 蓝雪霏：《畲族醮仪音乐研究》，载《音乐研究》2001年第3期。

③ 转引《福安市畲族志》，福建教育出版社1995年版，第743页。

④ 《福安市畲族志》，福建教育出版社1995年版，第743页。

⑤ 《福安市畲族志》，第743页，并参见《霞浦县畲族志》，第396页，以及蓝雪霏《畲族醮仪音乐研究》，载《音乐研究》2001年第3期。

(即铃钟)、戒尺、龙角(法号)、铃刀(33厘米长，环形的把手上挂着五片圆形的白铁皮，用以发出咔嗒咔嗒声)、神针(两根山鸡尾羽)、师棍(两根小而尖的木棍)；师鞭(三根约40厘米的细长且微微弯曲的竹条)、两颗仙印(一颗是闾山印，另一颗是茅山印)。①

法师设醮施法和举行祈祷的场所称“灵坛”(法坛)。灵坛也叫“显应灵坛”或“感应灵坛”。福安《雷氏巫谱》载：“修求尫福，设斋建醮，起土逐凶，禳关祈福，推生救难，和设驱邪，祷祝佑民皆能效验，故曰‘显应灵坛’”。在灵坛，法师常做“步罡踏斗”的步态和动作。灵坛是特设的以供桌及其香烛、法器、符牒、经书和供品等为核心的神圣空间，而不是神明香位。例如：“点醮”仪式的设坛是：搭“三界桌”(三界指天界、中界、下界)，“三界桌”上放着符牒、北斗灯、供品。“三界桌”是“灵坛”的核心部分，跟法师施法活动的周边地带，一起组成“灵坛”。法师在畲民家所设的“灵坛”，一般只是一张供桌，陈列着烛火、香火和有关法器，供桌及其周边地带即“灵坛”。

在闽东畲民厅堂屏壁中央的供桌上方，或在厅堂屏壁右侧边门上方，贴着红纸墨书的诸神名号的香位，俗称“香火榜”，也叫“感应灵台”。《福安畲族志》仿写的两张香火榜，其额所书分别是“感应灵台”和“开应灵台”。② 可见，“灵台”与“灵坛”不同。

法事有“文场”(即“文科”)、“武场”(即“武科”)之别。文科是“防”，即施行法术使之免遭灾难，迎福纳祥；武科是“攻”，即施行法术驱逐鬼邪，解危济困，化险为夷。文、武两科仪的着装和法器也有相应的不同。法师在“文场”着装：闽东法师的发式类似道士发髻，无冠，或戴“水古帽”。③ 身穿蓝色斜襟长衫。

---

① 《浙江景宁敕木山畲民调查记》，中南民族学院民族研究所1984年编印，第54—55页。

② 《福安畲族志》，福建教育出版社1995年版，第739—740页。

③ 无顶帽，帽有两条带，垂在前胸。

浙南法师皆戴“水古帽”，穿蓝色的斜襟长衫。“武场”着装，闽东、浙南基本相同：头戴面目狰狞的兽头法冠，并裹以红色方巾，穿红色神裙，或穿红、蓝的斜襟道袍。粤东“招兵”仪式的法师，头裹红头巾，身穿红长衫。[①]“文场”以唱为主，以筊杯、三音锣、铜铃、鼓合相伴奏，动作幅度小，畲族谓之“软”，即风格柔和。“武场”载歌载舞，龙角嘶鸣，锣鼓大作，法术多端，里外进出。站立时，身体上下起伏，同时做快速旋转。作法的声音和姿态，风格犷厉。尽管畲族法事多为文武兼作，但“武场”部分无疑是最具威慑力，最为引人入胜之部分。[②] 明万历《永春县志》描述畲巫在丧仪中“盘旋四舞”，这种“盘旋”舞姿与闽东、浙南武场畲族法师的“快速旋转”相似，由此可以推断，畲族在迁入闽东、浙南后，其巫道因素融入当地三奶派的民间道教里。闽东汉民一般认为畲族法师的“武场”比汉族法师强，这说明畲族法师的“武场”作法与汉族法师有某些差别，这种差别应是畲族法师作法有着更为粗犷的巫风传统。

法师施行法术时配以不同手势，统称“手诀”，俗称“雷诀”，常见的有38种“藏身诀”、4种“打鬼诀”、2种“吊楼诀”和2种“罗房诀”。各种手诀有不同的法力。罡步是畲族法师基本步法，在行罡布法中以奶娘踩罡最具法术灵威。畲族法师行法时，音乐伴奏，以打击乐为主。法术乐器有龙角（号角）、三音锣、铃刀、法铃、法鼓、木鱼、大钹、小钹等。畲巫行法有时也请汉族法师协助。

他们所做的法事的程序和吟诵的经文虽以道教文化为主，但兼容佛儒文化，还时时突出畲家始祖神灵的地位，如法事过程重现畲族先祖坐龙坛，学法于闾茅二山，练就与鬼邪周旋的本领，为抵御欺侮，越九重山，或穿九州，过五岳，身经百战，一路行乞回家等

---

① 《广东畲民识别调查》（1955年），载《畲族社会历史调查》，福建人民出版社1986年版，第47页。

② 参见蓝雪霏《畲族醮仪音乐研究》，载《音乐研究》2001年第3期。

情节。法事程序中插入念诵畲族史诗《高皇歌》。

据 1990 年在霞浦县崇儒乡的调查，该乡畲民中，共有 7 个法师（当地人也叫“先生”）。他们都是雷姓男子，除一人曾做过乡医院的中医外，都是参加生产劳动的农民。当有人请其去做法事时，他们就去驱鬼、招魂、画符辟邪。法师可以得到一点报酬，报酬多少不定，随人而给，法师也不计较报酬多少。[①]

法师承袭，多为传子继，少数为纳徒承宗。血缘关系传承的，有的甚至还形成家族规模，如福安穆阳法师雷太生的家谱记载：“太祖振公自康熙五十一年遇闾山传授巫流技艺，后经八代相传，历时二百载，叔同侄协共十四人习此艺外出游行。”[②] 做法师的惟男性。[③] 一个人要成法师，需要经过“点醮”的仪式，跟随师傅学法三五年，并获得执照（“毕业文凭”）方可独立做法事。“点醮”仪式所费较大，个人难以承担，多是学做法的人联合起来集中到外地去举行“点醮”仪式。“点醮”仪式的关键环节是掷筊杯。先请师傅搭好“三界桌”（三界指天界、中界、下界），桌上放着符牒、北斗灯。师傅坐在三界桌上，徒弟跪于三界桌下。然后师傅给学徒命堂名，并将堂名写在符牒上。此后，师傅掷筊杯，根据其结果来决定是否可以做法师。获准做法师者，要跟随师傅学法三五年，看“科（仪）书”。毕业时做“度身牒”仪式，获得堂号。传云，殁后烧度身牒，可变成当地土主或神仙。师傅发给学徒“执照”，学徒凭执照可独立施行法术。但遇大的场合如“超三界”，还得请师傅来做堂主，请周围的师兄弟来做帮手。执照在宣纸上用毛笔书写，套封在一长条形的红纸包中。执照内容包括王师法名、居住地方及其年岁；求学之目的（如驱邪斩鬼、行罡布斗、起土退犯、收

① 《崇儒乡畲族》，福建人民出版社 1995 年版，第 113 页。

② 李健民：《长溪入海流——福安地域文化研究》，延边大学出版社 2001 年版，第 78 页。

③ 有一种叫“巫婆”和“神汉”的，他们自称可让某神附在自己身上，作法时焚香请神，求仙水、画神符，妄言可治病祛灾。这种有浓厚的巫术色彩的装神者，没有法门师承专业特点，不属法师范畴。

瘟断毒等）；作法所奉之神，以及所用的武器，所用的科典、法服、军粮马料等。[①]

二　祈福与禳灾

法师作法可分为为集体事的法事和为个人事的法事两类。为集体事作法又分为祈福与禳灾两型。祈福，岁首年初，新春开犁，祈求四季人寿谷丰；禳灾，遇天灾人祸，“俗借巫师驱鬼祟”，[②] 驱邪迎祥。

清醮道场为最隆重的祈福型法事。农历正月，畲巫主持，为保佑村社人物咸安、田园大熟、六畜兴旺。“清醮”的程序是：（1）大发奏，以符使传言奏达，通天府、岳府、水府三界。（2）起三司，恭请本宫当境土主回宫。（3）召奶入夜，演示奶娘闾山学法全程。（4）头时（首时），请神。装山装岳寻龙出水，起五岳洪楼，五岳花台，五国洪门栽花插柳，恭请坛尊教主、三衙教主、三清天尊等；借库，即借上界玉子郎、中界金子郎、下界银子郎等三库。（5）二时，“佳提”。向东、西、南、北、中五海龙王借水，造水，洗污荡秽，起五国洪门、五方结界；跪佛座，持剑挖金井，将邪煞压入金井，封锁在内；穿九州，走九宫；挑灯劝酒。（6）三时，请神。恭请诸界神灵。（7）四时，拜塔。众主事皆拜。（8）五时，祝星。村内男女老幼皆入名，掷筊杯，一户一问，月华星斗合家祈求平安。（9）六时，扫坛。将妖魔鬼怪驱除出境，永不停留。（10）送神。送三界神灵归天，请本宫当境土主手持金牌玉印，把守龙门水口。举办清醮道场，长者历时3昼夜。

这种祈福法事（“做福”），不仅岁首举行，一年也有几次。又出现了许多名目的“福日”。如在福鼎县畲区，有二月初二日为“地主爷福”，拜祭土地神，保佑全族平安。五月初四日为“保苗

---

① 《崇儒乡畲族》，福建人民出版社1995年版，第113—115页。

② 光绪《处州府志》卷30《艺文志下·诗篇》。

福”，祈祷五谷丰登、四季平安；十二月二十四日为“完满福”，欢庆一年丰收，答谢诸神协力庇佑。做福或各房轮流。有公田之宗族，由公田收入开支。无公田之宗族，按人口摊派，祭罢会餐。

宗族祭祖、迎祖也会请法师参与主持。操办集体性法事的法师出现的场所，除了临时的神坛，就是祠堂或祖厝。

在禳灾型法事中，法师注重以“奶娘踩罡”驱鬼镇妖。据《中国民族文化大观·畲族篇》，程序为：(1)“争坛”。(2)“请神”，即去秽净坛，恭请神灵，以便行罡布法。(3)“踩罡”。为法术主体内容，由11种罡步组成，包括八步罡、锁链罡、失亥罡、养身罡、梳头罡、扣缠罡、洗面罡、照镜罡、砻米罡、筛米罡、钩鱼罡等。“八步罡”是道术将天地分为天门、地府、人门、鬼路4个方位，奶娘用八步催赶邪魔，以免鬼魂在人间作祟成祸；“锁链罡”，锁妖链鬼；“失亥罡”，超度亡灵；“养身罡”，指生儿育女后的侍奉疗养；“砻米罡”等是农事活动的演示，暗喻乡村太平田园丰登。[①] 上引的禳灾作法的“争坛”，疑为“净坛”之误。

法师为个人事作法最常见的是做功德，即为超度死者亡灵，但仪式简便，不像汉民那么铺张。这是祈福与禳灾混合型的法事，闽东畲族称为“会暝”或“做阴功德”，这一法事在浙南畲区称为“做阳功德”。名称差异源于畲民做功德的观念：超度死者也是为了生者。非正常死亡者畲家还要举行“拔伤”法事。[②] 除了“会暝”仪式，为个人事作法分为祈福与禳灾两型。个人事祈福主要为“镇邪”：在盖房动土时，请法师画符，立符牌定在土中作为镇神，以期避灾祈福；房子盖完了，又请法师画符。画符时，有简单的施法仪式。符字为笔画屈曲，似字非字的符号，据云可“遣神役鬼”、“镇魔压邪”。此外，法师为个人事作法还有“求嗣”、“许愿”、“还愿”等。法师作法治病见下。

---

① 《中国民族文化大观·畲族篇》，民族出版社1999年版，第110—111页。

② 同上书，第112页。

三 作法祛病

一般认为，医源于巫，在未有医生这一专门职业之前，由最早出现的巫师来治疗人们的疾病，这种巫师也叫巫医。这就是巫术与医疗的渊源关系。巫师认为病是“邪”侵入人体。当巫、医分流后，在巫的观念中，“邪”乃鬼魅作祟。在医的观念中，“邪”是致病的病理因素。

当巫术附庸于神明，巫术变异为法术，巫师也变成法师。在闽东畲村的田野调查表明，畲族法师将病分“本身病”和“鬼病”两种。本身病需找医生治疗，法师的作法无济于事，法师作法只对鬼病起作用。而鬼病只能用跳神祛除。①

（一）过关

在闽东畲区，据传，小孩有病，认为是“犯关煞”，“煞”是较强的邪气。请法师做“过关”仪式，挂起三十六门关煞名称的字条，巫师手拿“法剑”和“法铃”边唱边走，病家抱着病童跟随，在关名下面打圈。每转几圈，就拿起“法剑”削断“关煞”一门（一张字条），先后将所有关煞的字条都被削断。② 据悉，这样，就可祛除灾病，使小孩好养。“过关”在浙南或称“收关煞”。

（二）收魂

在闽东畲区，小儿惊厥，四肢痉挛，眼球上翻，一时知觉丧失，呼吸浅而不匀，俗谓“魂魄跑掉”。法师作法，念诵赶鬼招魂的经文，把小儿的魂魄招回。闽东霞浦畲村中“收魂”俗称“压惊”，在浙南或称“放天吊”，即魂魄被“天吊鬼”（传云是脚不着地的孤魂野鬼，专害儿童）掠去，把魂魄招回叫“放”，意即将魂

---

① 陈国强、钟明华等主编：《霞浦水门畲族》，中国人类学学会 1999 年编印，第 129 页。

② 《福安市畲族志》，福建教育出版社 1995 年版，第 692—693 页。

魄从天吊鬼处放回。

（三）做“半场”

在闽东畲区，人重病卧于床中，本堂主无法救之，需做“半场”，请天兵天将来帮忙。法师卜卦问明何方鬼魅作怪，然而“派天兵天将”驱逐之。

（四）做“全场”

在闽东畲区，比“半场”较繁复的仪式即“全场”。如果经占卜认为对病人需做“全场”，或者病人病重，做“半场”已无能为力，则做“全场”。一般认为这是病人的灵魂已离开身躯，法师“派天兵天将”驱逐鬼魅，并把魂招回。[①]

（五）“送船”

在浙南畲区，久病不起，且发病之时神志不清，时而语无伦次不知所云者，传云是鬼入其宅、扰人灵魂之故，须请师公作法为病人收鬼方能消灾祸。师公将所收之“鬼”，作放置状置于一篾扎纸船之中，然后将此船送出村口烧掉，或放于河中任其漂走。[②]

（六）做“十保”

在闽东畲区，法师对久病不愈者“治病”，“治”30岁以下的病人做“王”，“治”30岁以上的则做“十人保”。做“王”时，法师站在病人床前，念咒作法，驱逐病人身上的鬼魅。所谓“十保”，即10人担保1人，由巫师写好祷神之文，由本乡享有声望的10人签名（病人为男性，签名者皆男；病人是女性，则5男5女签名），然后焚烧。家属病者新缝的长衫挂在门口，袖子装满米，然后置剪

---

① 《崇儒乡畲族》，福建人民出版社1995年版，第114—115页；《畲族——源县八井村调查》，云南大学出版社2005年版，第458页。

② 雷国强：《畲风越韵》，炎黄文化出版社2002年版，第222页。

刀、镜、尺、线、鸡于灵桌上，跪拜神明，呼喊病者姓名及出生年月，取下长衫盖在病者身上，把米煮粥让病人吃。据说这样就能得到神明庇佑而康复。假如医不好死了，那件长衫就让死者穿走。[①]

值得注意的是，这类“治病”法事，同样作法，不同地方有不同名称；同样名称，不同地方作法有差别；或者同样作法且同样名称，有的畲区还有不同的细分。例如：上述为小孩做的“过关”仪式，在浙南或称“收关煞”。[②] 又如：闽东有的畲区做“十保”，如病者年龄逢50、60、70岁，则叫“过关煞”。[③] 再如：据田野调查，罗源、霞浦、福鼎畲区都曾有做“十保”的信仰习俗，上述是福鼎双华一带的做“十保”，霞浦做“十保”则别有一番情形：“十保”，即以十个身体好、与病者熟悉的人的名字，保护病者过关（据说老人逢50岁、60岁、70岁，皆为过关煞，要病一或二三年），使其康复长寿的法事。“十保”的法事一般做一个晚上，其程序有：架洪楼、栽花、请符官、读疏文（念作保人的名字）、变食、送符官、请神，再念疏文、奏星（去恶进善）、送三界神。如果病者为青年人，则要做“打暗”，使之“跳运”。“打暗”是在往病人家的路上点调闾山兵马，一进病房则突然猛敲锣鼓，高声呐喊，而后画井，将鬼收入井中用魔蛇打，用网收，然后拿到外面打掉。治“狐狸病”（癫狂症）时，则须加用茶油和酒火烧房间。“打暗”属于“武场”，其重要法术有踩九州、手持八卦、踩八卦等。霞浦则将这类法事称作“做尪”，共有九个程序，如出厅，即惊房打鬼，病人越是受惊越好，说明鬼已跑远；安坛，即请来菩萨；操军，即操练东南西北中五个军；抢魂，即到村头用篮子（代表“洞”）将魂抢回来；交魂，即将魂交给病人；借天兵，即用梯将天兵接下

---

① 《福鼎县双华片畲族调查报告》（1959年），载《福建畲族档案资料选编》，海峡文艺出版社2003年版，第147页。

② 雷国强：《畲风越韵》，炎黄文化出版社2002年版，第143页。

③ 蓝雪霏：《畲族醮仪音乐研究》，载《音乐研究》2001年第3期。

来；补城楼，以防邪恶进入；破五岳山妖怪；谢神。[①]

法师“逐鬼驱邪”多有问神仪式。“问神”，又称“降神”，在厅堂设“感应灵坛”，法师念咒请神，让神灵附体，代表神灵回答所问。在浙南，有一种占卜方式叫“问凳”。长凳中间有一圆洞，与三脚支架顶端套合，以作旋转。设立神明香案，神明附身的法师与问者分坐凳两头，旋转时进行问答。[②]

法师“逐鬼驱邪”常使用各种符去对付厉鬼，先布“天罗地网”围住，再用“雷符”震之，然后擒而逐之。接着，用灵符烧成灰烬，冲水，给病人服用。

畲族法师作法与汉族法师所有不同，据说畲族法师作法时，掺杂“畲家道”，跳神跳的有盘瓠王闾山学法的过程，而汉族法师跳的是“奶娘”（陈靖姑）罡舞。但有不同意见，或认为：“因畲汉文化交融日甚，（畲、汉法师的法术）差异日益减少”，[③] 或认为：“两者基本没有什么差别。”[④] 2003 年石奕龙主持的罗源八井的调查指出：“不同之处则在于念咒时是用‘畲语’抑或是用‘罗源话’。此外，在八井村，有的人家有时也会请汉族的法师来作仪式，这些都表明现在八井畲民的法术与当地汉族是相通的。”[⑤]

解放前，畲族所处的社会和自然环境恶劣，缺医少药尤其严重，法术比较集中于抵抗疾病。驱邪祛病的法术以祈神为前提，祈神的目的是驱邪逐鬼。1929 年调查而出版的《浙江景宁敕木山畲民调查记》将法师称作“赶鬼先生”，[⑥] 这显示一俗名恰是对纷繁现象的准确化简。驱邪逐鬼能力的根本来源是祈神显灵，例如：“过关”（亦即“收关煞”），如果没有拜“奶娘”，刀削 36 门“关煞”就无效。如果再细究，奶娘手下有 36 宫娥，分别对付 36“关煞”，刀削

① 蓝雪霏：《畲族醮仪音乐研究》，载《音乐研究》2001 年第 3 期。

② 参见《中国民族文化大观・畲族篇》，民族出版社 1999 年版，第 110 页。

③ 《崇儒乡畲族》，福建人民出版社 1993 年版，第 115 页。

④ 《畲族——福建罗源县八井村调查》，云南大学出版社 2005 年版，第 458 页。

⑤ 同上。

⑥ 《浙江景宁敕木山畲民调查记》，第 54 页。

“关煞”的每一刀象征某一宫娥对对应“关煞”的征服。法师表面上的“遣神役鬼”，实质上，法师只是神明的替身，或者说是神明对法师的附体。当然，也有的法术似没有请神而纯施法器或象征符号的操弄，如“送船”：畲俗谓久病不起，认为是鬼入其宅，扰其灵魂，法师将所收的“鬼”放置于纸船，或烧于村口或放于河中。[①]这应是巫术的遗存，但鉴于汉族地区很早就有相似的此俗，“送船”采自汉族的可能性较大。笔者所阅的“送船”仪式的师公作法“收鬼”，记述过于简略，如果师公仍须拜祭神明，那么巫术就成为祭神驱鬼的工具，那么收“鬼”于船而驱逐的操作则为法术。到底哪些法术是畲族传统的巫术遗存，这需要进一步探讨。

至于禁忌，实质是被动性巫术，即：不禁则将依照相似性和接触性原理产生后果，禁则避免。

法师作法“治病”，在一定的文化语境中具有心理治疗的意味。患“鬼病”的人多是医生久治不好，精神上负担重；其次是查不出病，而自己却一直感觉有病的人。实际上，“鬼病”多是精神上的病。因而法师作法客观上是缓解其精神上的紧张程度。上述的闽东霞浦的法师作法“治病”，如果病者为青年人，则要做“打暗”，即在去病人家的路上“点调兵马”，一进病房则突然猛敲锣鼓，高声呐喊，而后画井，将鬼收入井中用魔蛇打，用网收，而后逐之。治“狐狸病”（癫狂症）时，则须加用茶油和酒在房间烧。传云“惊房打鬼”，病人越是受惊越好，据说，这一惊也把纠缠于身上的鬼邪给惊走了。[②]

法师作法“治病”的信仰习俗，随着社会文化变迁已经显著减少。

---

① 雷国强：《畲风越韵》，炎黄文化出版社2002年版，第222页。

② 蓝雪霏：《畲族醮仪音乐研究》，载《音乐研究》2001年第3期。

结　　语

畲族文化发展的历史思考和未来展望

在中华民族多元一体格局中，汉族是主体民族，它融合了众多少数民族并博采了众多少数民族的文化而发展壮大，从而在中华民族的历史中发挥了重要的作用。汉族的前身华夏族也是如此，曾居于华夏族社会核心的商人是东夷，取代商人而建立周朝的周人，有着大量的戎、狄血统。民族间的渗透和融合，自古已然。作为汉文化乃至中华文化，其传统文化的核心是儒家思想，其创立者孔子就是商人的后裔。汉族的族源和文化乃多源多流，少数民族的文化也是多源多流。汉族与少数民族，你中有我，我中有你，这正是中华民族多元而又一体的内在本质和机制。

在汉族作为主体民族和主导民族的中华民族的多元一体格局中，少数民族积极采借汉文化是实现本族文化发展的重要途径。畲族的文化发展，既维系着本民族的文化特质，又采借了汉文化以丰富本民族的文化。这不仅是畲族文化发展史的经验总结，也是今后畲族文化发展的基本方向。本书的文化视野是广义的文化，广义的文化包括经济，为了便于变项分析，下文将经济从大文化中凸显出来。

一　密切同汉族经济的关系以发展本族经济

文化的发展是与经济发展俱进的。中华民族的发展史显示，经济发展和繁荣的阶段也是文化的昌盛时期，原因就在经济发展为文化发展提供基础和动力。

（一）采借汉族经济，改变本族经济的落后状态

畲族在隋唐之际已大量出现于闽粤赣交界地区，以“刀耕火种”为生计。但这种劳动方式并非是原始时代的刀耕火种，因为它已采用了通过与汉族交换得到的铁制工具。畲族的“刀耕火种”，或是“一山过一山”的徙居式游耕，或是在一定地域已经定居或初步定居的定居式游耕。宋代刘克庄《漳州谕畲》中呈现出“愿为版籍民”的畲民，他们就是从事定居的“刀耕火耘”。[①] 宋代，在闽西宁化，还出现了经济生活接近当地汉民的畲族村落，这是较早接受汉族经济文化的部分畲民。[②] 自此，畲族继续沿着这两种生计方式的道路分别发展，并最终转型为定居定耕。

明清时期，留居闽粤赣交界地区的畲族陆续结束游耕而转为定耕农业。明代时，往闽北、赣东北，特别是往闽东、浙南迁徙的畲族，大多仍是走走停停，在类似“蛙跳”式的长途迁徙中从事游耕。到了清代，这些迁入新居地的畲民陆续定居。一旦定居，他们与汉族接触就较频繁，刀耕火种的劳动方式也就最终结束。尽管定居定耕使畲族落入封建赋役的罗网，但就生产水平而言，则与汉族日趋接近。采用汉族生产技术还采借了汉族农作物，特别是番薯。明万历时，番薯由旅居南洋吕宋的漳籍华侨最早引种于漳州，稍后数年，长乐籍华侨也从吕宋引种于家乡，适逢大旱，推广极速。大致在清初后，畲民向汉民采借的薯种和种植方法，因适合山区旱地，很快推广。就这样，迁徙到闽东、浙南山区的畲民，主要依靠在硗确的山园种植番薯以果腹。尽管“番薯丝吃到老”是畲民贫苦的写照，但番薯却是畲民的救命粮，确保畲族在闽东、浙南山区的繁衍生息。

---

① （宋）刘克庄《后村先生大全集》卷93《漳州谕畲》，四部丛刊本。

② 郭志超：《闽台民族史辨》，黄山书社2006年版，第213页。

（二）融入汉族为主导的区域经济，推动本族经济发展

畲族经济发展史贯穿着畲、汉经济互动的民族关系史。其中，畲族茶叶经营的发展过程集中地体现：畲族经济的发展在于主动与汉族结成社会经济关系网络，主动融入汉族为主导的区域经济。

晚清至民国，宁德县猴墩畲村的茶叶经营，通过与福州茶庄结成购销关系，从而极大地刺激了本村的茶叶生产，并带动了邻近畲村进行茶叶的规模化种植，使猴墩畲村成为闽东一个茶叶集散地。

闽东气候、土壤适合植茶，畲民素有植茶与加工绿茶的传统，但产量很少。促使猴墩成为闽东畲族地区最重要的专营茶叶产销的畲村是雷志波，他自少走读于邻近汉村一个余姓举人开办的私塾，年轻时已成为眼界开阔、见多识广的人才。猴墩村距离八都镇的霍童溪码头不到 15 华里，又有陆路官道经过本村。20 多岁时，雷志波在自家住屋办起“震昌”号茶庄，到福州与经营外销茶的茶庄达成购销协议，在鼓动本村畲民开展茶叶生产的同时，带动邻近畲村大力发展茶叶生产。有了一定资金后，震昌茶庄用预付定金的形式，扶持周边畲村以及汉村扩大茶叶种植。这些种茶的畲村包括：七都的漈头、高山，八都的半山、南岗、灵山，九都的九仙、后湖、柴坑、施洋、巫家山、上乌坑，赤溪的社洋、棉头石、尖山等。不远的福安县甘棠、溪潭、穆洋等乡镇的畲村茶叶也流向猴墩村。雷志波发迹后，捐资修建雷氏祠堂、纂修雷氏族谱、绘制祖图，推动本宗族的民族文化建设。①

凭借着与汉族的社会网络，发展畲族的茶叶生产，在浙南景宁县更有一段传奇和闪亮篇章。民国时，敕木山畲族社区的“惠明茶”出了名，20 世纪 70 年代以名茶品牌为引领，开始发展茶叶生产。现在敕木山畲族社区茶园有 5000 多亩，成为景宁畲族自治县畲族经济的支柱产业。这一历史过程开始于畲汉之间的结缘，提示着

① 参见蓝炯熹《猴墩茶人》，云南人民出版社 2003 年版，第 3—29 页。

民族之间的密切关系对于畲族经济融入区域经济的重要作用。

敕木山的半山腰有座古老的惠明寺，僧人植有一小片茶园。明晚期雷姓畲民在敕木山一带游耕，清初在惠明寺旁开基落户，这个村子后来就叫惠明寺村。畲族素有植茶习俗，雷姓畲民引种了寺僧所植之茶。起先，他们只是在菜园边种茶，自给自足。清末民初，惠明寺村有个畲族妇女叫雷成女，是制茶能手。当时景宁和附近的县，有一种习俗，就是大户人家的子女认贫穷的畲民为干爹干娘，据说这样，“命贵”的子女便“好养”。有个汉族女孩认了惠明寺村的雷成女为干娘，她嫁给后来任景宁县参议员的洪骥生后，仍与雷干娘有来往，雷干娘常以自制的茶叶赠送。1914 年浙江省拟参加翌年将在巴拿马举办的“万国博览会”，指示有关县市提供土特产。参与此事的洪骥生想起自己饮过惠明寺村的茶，推荐此茶，他咐雷成女翌年制茶二斤，以便参展。① 1915 年，此茶获得“巴拿马赛会奖品金牌”。②

“惠明茶”自此成名，但在民国时期，并没乘此良机进行商品生产，久而久之竟被淡忘。解放后，以粮为纲，连“菜园茶”也难得一见。1966 年春，惠明寺村唯一的中专生雷石才在本村更高海拔的一个小村落发现有数百年树龄的惠明茶树，开始扦插扩种。1972 年惠明茶种植了 15 亩，1973 年扩种至 20 亩，1977 年又扩种至 140 亩。③ 1973 年他们向省茶叶部门汇报，后经指派，1975 年名茶产地上虞县茶叶专家屠仲高专门到惠明寺村蹲点指导，在惠明寺所在的张村大队开办产业培训班，推广茶叶种植。1982 年惠明寺村和邻近畲村茶叶种植迅增至近千亩。1986 年景宁县民委干部雷先根撰文《发展商品生产，繁荣畲乡经济》，指出：发展商品生产、繁荣畲乡经济的一个重要思路，就是发展优势传统产业，例如惠明寺村，

---

① 王道：《走向市场：一个畲族村落的农作物种植与经济变迁》（博士论文），2007 年，第 51—52 页。

② 艾萍：《惠明茶话》，《景宁文史》第 3 辑（景宁畲族史料专辑），第 69 页。

③ 王克旺：《培育惠明茶的人》，载《民族团结》1980 年第 10 期。

“应采取背水作战的战略，专攻名茶（惠明茶），让他们全村人吃商品粮，成为茶农”。用现在的提法，其献策所含的发展思路就是：发展本土特色产品优势，形成规模产业。后来，惠明寺村和附近一带畲村，果然走上以惠明茶生产为主业的发展道路。2006 年以惠明寺村为龙头的敕木山七个畲族行政村的茶园有 5000 多亩，茶叶生产成为敕木山畲民脱贫致富的支柱产业。

二　密切与汉文化关系，发展本民族文化

（一）密切与汉文化的关系，积极进入主流社会

积极接受汉文化的滋养，进入主流社会，从而作出了显著的贡献。这集中体现于闽南漳浦县赤岭乡的蓝姓畲族先贤。

今漳浦县赤岭畲族乡的蓝姓畲族，历史上名将文人辈出，在康雍乾三朝就出了两个总兵、一个水师提督，还出了个后任知府的“理台宗匠”。蓝理（1649—1720）年轻时走出漳浦赤岭乡，闯荡漳州城，寄宿浦头关帝庙，后从军。他功成念旧而扩建该庙。浦头关帝庙左廊嵌着“清乾隆庚申年（1740）檀越蓝公讳理神位”的石刻一方，并供奉施主蓝理塑像。康熙十三年（1674）靖南王耿精忠叛乱，蓝理在温州破敌立功。康熙二十二年（1683）蓝理从施琅征台，在澎湖海战中充当先锋，中炮肠流仍血战。澎湖海战是统一台湾的关键战役，此役摄降了郑氏政权。蓝理擢升参将后，于康熙三十年（1691）调任定海镇总兵。蓝廷珍生于康熙二年、卒于雍正七年（1663—1729），漳浦湖西人（赤岭蓝姓分支），追随族人蓝理，受器重，后升为南澳总兵。康熙六十一年（1722）蓝廷珍平定台湾后，任台湾总兵，雍正元年（1723）擢福建水师提督。蓝廷珍组织开垦荒地，发展生产，开垦的“蓝兴堡”（今台中县太平乡、大雅乡、乌日乡和台中市区一带），成就了台湾开发史上较早和较大规模的官垦之一。蓝廷珍之子蓝日宠，任铜山营水师参将。蓝廷珍孙蓝元枚袭三等轻车都尉世职，乾隆三十三年（1768）补广东参将，旋擢副将，乾隆三十八年（1773）升台湾总兵。蓝鼎元系赤岭畲族

青年才俊，康熙末年追随族兄蓝廷珍，任其征台幕僚，辅佐蓝廷珍征台和善后。他提出一系列建议：(1) 驳斥将防卫重心从台湾本岛迁至澎湖这一变相弃台的主张，坚持台湾总兵仍驻台湾。(2) 对沿山划界、迁出山地汉民的计划加以制止。(3) 弛渡台之禁，提议让台民家眷赴台。(4) 在台湾扩展县级建制（清政府随后于雍正元年增设彰化县、淡水厅和澎湖厅），以推动台湾开发。蓝鼎元这些建议被蓝廷珍认可，呈报后陆续被清政府采纳。这些建议的基本思想是改消极治台为积极理台。鉴于其远见卓识，蓝鼎元被誉为“理台宗匠”。他平台返回大陆后，先任普宁知县，后升广州知府。著有《鹿洲初集》、《东征集》、《鹿洲公案》、《棉阳学准》和《修史试笔》等。

漳浦赤岭蓝姓畲族之所以能出这些有影响的人物，在于积极进入主流社会。其中，理台策议和思想长时期地影响台湾历史进程的蓝鼎元，是其祖上三代汉学书香熏陶出的学者和政治家。蓝鼎元的曾祖蓝毅叟因游学而迁居外地（一说漳浦县城西门外），颇有文名。祖父蓝继善迁回赤岭。蓝鼎元的祖、父皆以教书为业。蓝鼎元博览群书，有志经世致用，十七岁即泛舟观海于闽浙粤，为今后经理海疆事务做了知识准备。稍后，被聘于福州鳌峰书院，纂订先儒诸书。康熙六十年（1721）成为族兄蓝廷珍的军机幕僚。

被世人与蓝鼎元相提并论的是同为畲民的雷鋐。雷鋐（1696—1759），号翠亭，闽西宁化人，雍正十一年（1733）进士，乾隆元年（1736）为皇子侍读，升通政使，十一年（1746）任浙江学政，后任都察院左副都御史。他精研理学，著有《禅学考》、《阳明禅学考》、《经笥堂文集》，以及《读书偶记》、《励志杂录》等。雷鋐出自宁化城南茜坑村雷姓宗族。据宁化城南茜坑村《雷氏家谱》，[①] 宁化城南茜坑村雷姓祖先于“唐代”开基宁化，其中一支后裔定居下来。据考证，茜坑雷姓祖先入宁化的时间应为宋代。从他们很重视

① 宁化城南茜坑村《雷氏家谱》，芳远堂藏版，民国三年重修。

坟墓风水的情况来看，他们在宋代以后已是接受了不少汉文化的畲民宗族。这支雷姓畲民的风水实践几同客家，显示这支畲民宗族在定居后经济还算殷实，才有余力长期精心营造祖先坟地风水，并有充裕之资以作祭祀祖先之用。正是本宗族浓厚的耕读文化才使得雷氏宗族出现了这么一位进士。

清代畲族出了蓝鼎元（号鹿洲）、雷鋐（号翠亭，亦写作“翠庭”），足以让畲族扬眉吐气。《永春县志》说：“吾闽翠庭、鹿洲，谁敢复以畲民视之?”并感叹：“天之生材，固无畛域微论拓跋呼!”[①] 语中“拓跋”者，鲜卑族拓跋部，因主动接受汉文化，建立强盛的北魏王朝。“固无畛域”说的是，“天之生材”是没有民族界限的。出了人才的畲族，令人刮目相看。

在漳州市华东路岳口街，矗立着蓝理石牌楼，楼匾为康熙帝御书：“勇壮简易”、“所向无前”。匾额两边有青石雕饰的花卉、人物、狮兽等浮雕。这一重要的涉台文物，畲族人民引为自豪，漳州汉族人民也引为荣耀。

（二）采借汉族教育以促进畲族文化发展

南宋刘克庄获悉漳州畲族中有“知书及土人陷畲者”，认为“（畲民）殆受教于华人”。可见，畲族采借汉族教育的历史悠久。在清代，畲民“受教于华（汉）人”，从而促进本文化发展的史实清晰起来。

没有本民族文字的畲族采用了汉字，畲族的神话传说、历史记忆、迁徙历史、世系繁衍就转为丰富的民间文献，这对于畲族的文化传承和民族凝聚力发挥了极其重要的作用。在畲族的主要分布地闽东、浙南，畲族的族谱、祖图等民间文献最早的年代是清代。在古称“百家畲洞”的漳平畲族社区，保存有人们所知的现存较早的畲族祖图，此图由上杭庐丰蓝氏畲族画师于康熙五十六年（1717）

---

① 民国《永春县志》卷15《礼俗志》。

绘制。至晚在南宋，畲族已有本民族的文献。南宋刘克庄在漳州“读诸畲款状，有自称盘护孙者”。博学的刘克庄看到畲民所述的“盘护”传说与范晔《后汉书·南蛮传》的盘瓠传说近同，说：“彼畲曷尝读范史，知其鼻祖之为盘护者，殆受教于华人耳”。其实，此前畲族的口传完全可以传承盘瓠传说，不必受教于汉民而知盘瓠传说。不过，刘克庄也不是凭空怀疑，当时确有“知书及士人陷畲者”。①

畲族的盘瓠传说文献应由畲民口授，而请“知书”的汉民书写，但更可能是当时已经有盘瓠传说的文书，而请汉民转抄。如果是知书汉民抄录自“范史”等汉族文献，就应当写作“盘瓠”或“槃瓠”，而不会写为“盘护”，直到清代，广东畲族书写“盘瓠”依然常写作“盘护”。与畲族有同源关系的瑶族，其世代传承的《过山榜》中的盘瓠也是写作“盘护”。这蕴涵这一信息：畲瑶分流之前，已有传承的汉文字的盘瓠传说文献。

广东的《高皇歌》与闽东、浙南的《高皇歌》，除了后者多了从广东迁徙后的过程外，歌词基本一致。广东的祖图与闽东、浙南的祖图也基本相同。由此可见，当畲族开始从闽粤北迁的宋元时期，特别是较多迁徙的明代，畲族已有《祖图》和《高皇歌》的文献。以盘瓠传说为基本内容的《开山公据》（或称《抚徭券牒》），在粤东、闽西、闽东、浙南和赣东北等地的畲族中，也几无差别。陈述这些，意在说明汉字的采用对于畲族文化传承的重要作用。这些文献对于畲族的民族认同和民族凝聚力产生极其重要的作用。

汉文化教育对于少数民族繁荣的事例在畲族文化史上不胜枚举。近年被誉为闽东畲族文化村的霞浦县溪南镇半月里畲村，青灰的墙瓦，错落有致的古民居群落，掩映在几棵参天古榕的绿荫里。从后山俯视，村形如内弯的半月，村子因而得名。明清时期，半月

① 以上有关刘克庄言论的引文，见（宋）刘克庄《后村先生大全集》卷93《漳州谕畲》，四部丛刊本。

里位于溪南通往霞浦县城的古官道旁，交通甚便。清康熙年间，雷文寿从本县盐田乡长岗山北迁，开基半月里，繁衍成族。其孙雷志茂聪颖好学，喜文学，好堪舆，师从风水名师黄龙学。雍正二年（1724）雷志茂被福宁知府张良弼聘为幕僚。雍正八年（1730）雷志茂回村建起宅第，还修建了雷氏宗祠和村庙龙溪宫。他重视培育家族的教育事业，激励后辈读书上进。此后，雷姓族人除务农经商外，还延师兴学，耕读风气蔚起。道光三年（1823）至光绪十一年（1885），半月里一连出了 5 个秀才。

半月里雷姓族人是以接受汉族文化教育并有较深造诣而实现政治、经济的崛起的，与此同时，文化教育极大地推进畲族传统文化的繁荣，使畲族文化得到深刻和丰富的表现。当年雷世儒等人修建的三座大型宅第，至今仍然保存完整。特别是雷世儒于道光年间先后动用工匠 60 余人，历时三年所建的宅第，规模宏大，中梁高十多米，占地面积 1300 多平方米，柱子 126 根，共 38 间房。半月里宅第的厅堂雕梁画栋，悬匾挂联，保存有龙头祖杖、木石雕刻、衣冠首饰、古籍文献，以及碑刻、牌匾、楹联等珍贵文物 200 多件。

雷氏宅第内那些牌匾和木刻楹联显示雷氏宗族的社会地位和民族文化内涵。其中有：清道光十三年（1833）进士、福宁知府李嗣邺为雷世儒母亲蓝氏五十寿辰赠送的“竹操松筠”匾；有道光二十八年（1848）秋，雷世儒为雷氏宗祠手书的“凤山衍庆”匾额。“凤山衍庆”溯源畲族祖居地“凤凰山”，恰好和厅堂的一对联文相呼应：“徭咏不忘高帝力，鹏程欲溯凤山踪。”这里的“徭”指畲族，“高帝”指传说中畲族女始祖即三公主之父“高辛帝”，“凤山”指畲族祖地——粤东“凤凰山”。这些形式和内容俱佳、蕴涵民族历史文化的匾额联文，生动展示汉文化教育对畲族文化繁荣的显著作用。

清代半月里的文化教育风气也影响了邻近的畲族村落。根据地方志记载，当时整个福宁府（包括霞浦、宁德、福安、寿宁、福鼎、周宁、柘荣7县）畲族村落开办的20多所书塾中，半月里以及比邻的白露坑钟姓畲村、牛胶岭蓝姓畲村各有一所，共3所书塾，成为霞浦县、也是当时福宁府学堂教育发展程度最高的畲族社区。

霞浦有个山民会馆，是畲族民间社会公益团体。会馆建立以来，各地畲民不时到此集会，沟通信息。会馆还成为优秀畲歌荟萃和流传的重要场所。担任会馆董事的钟学吉利用会馆的方便条件，收集素材，编写歌本。畲民住馆期间，以歌为乐，传抄歌本。山民会馆成为畲歌传播中心，影响力遍及闽东、浙南畲族社区。

首先勃兴于这一带畲区的半月里学堂教育，进而影响邻近畲村的历史，可以觉察到汉文化学堂教育与畲族民歌创作的密切关系。歌王钟学吉的出现是半月里、白露坑一带教育和文化繁荣时期畲族文化园地最瑰丽的绽放。歌王及其创作的广泛影响之因，可溯至汉文化教育的渊源。

半月里畲村古民居的物质文化遗产，以及半月里、白露坑畲村畲歌的非物质文化遗产，是畲族文化难得的文化“双遗”社区，堪称最有代表性的闽东畲族文化名村。其文化的积淀和发展历程，昭示着采借汉族教育以促进畲族文化发展的宝贵经验。

（三）采借汉文化以维系和发展畲族文化

不同民族文化的交融促使汉文化和诸少数民族文化的繁荣。必须强调的是，不能将少数民族接受汉文化而以“汉化”一词以蔽之。畲族接受汉文化，恰恰是使本民族的文化更得到传承、维系和发展。上面集中讲述的畲族采借汉族教育，实际上也就是采借汉文化。畲族在汉文化影响下的文化发展是诸多方面的。

汉族的宗族文化以谱牒为重要渠道，强有力地影响畲族社会，是畲族采借汉文化最突出的方面。朱熹是宗族文化的主要倡导者和设计者，其有关思想也引导着畲族宗族文化建设。朱熹的言论也出现在畲族族谱的“谱头”文献里。例如，《（盘瓠）祠志》开篇即云：“《礼》曰：‘君子将营宫室，宗庙为先。’夫祠堂之设，所以尽报本追远之深心，尊祖敬宗收族之遗意也。”[①]《礼》即《朱子家礼》。这段文字同样常见于汉族族谱的序文里。汉族族谱或有朱熹的序文，有的畲族族谱竟有朱熹专为畲民族谱写的序文。浙南苍南县莒溪垟尾《蓝氏宗谱》中的“后学朱熹拜撰”的序文中提到：“今潮州凤崎高辛时瓠王之苗裔卜迁于闽之蓝奎父子，巍巍绍宗功。余游学至此，奎览家乘，请予序之。”[②] 此序的真实性虽很可疑，但却很有意义。笔者在连江县小仓畲族乡七里村调查时，该村流传着朱熹曾到此授学的传说，这虽无信史，但传说的云蒸霞蔚却能使清冷的山色温润起来。畲民对朱熹的敬仰，以朱子过化之地为荣，反映了畲族对汉族宗族文化的体认。

在汉文化影响下的畲族宗族的文化建设，确立了建立在家庭、家族、宗族之上的民族认同。家庭是基本的社会单元，在“随山散处”的漂泊岁月，家庭的作用更为显著。徙居或定居的家户最珍视象征着本姓远近祖宗的香炉；在一定人口规模的情况下，宗族群体就会通过祭祖来聚族。“九族推重缘祭祖”，所祭的是始祖盘瓠王，引起联想的是盘蓝雷钟这始祖的三子一（赘）婿。仿佛是一叶叶浮萍聚为一片，而一片片浮萍汇聚为接天之碧，家庭因有宗族的凝聚而不失散，基于盘瓠传说的宗族“四姓毕集”的共祖而成一民族。这就是借重汉族宗族伦理和实践方式以充实盘瓠传说的畲民族认同方式。在大分散、小聚居的分布格局的情况下，畲族运用宗族方式，建构起星散而一体的民族体系，族谱中普遍提到的凤凰山祖地盘瓠祠（畲族总祠），蕴藉着民族亦（大）宗族的观念。历史上，畲族的宗族文化建设是极为重要的民族文化建设。

采借汉文化并不等于汉化，畲族采借汉族宗族文化恰恰对本民族的维系起着至关重要的作用。闽东凤凰服饰之名及其意蕴的兴起，缘于汉文化的激发，也是采借汉文化以促进本民族文化之

① 转引自雷必贵《苍南畲族的源流与分布》，中国文史出版社 2006 年版，第 34 页。

② 转引自蓝炯熹《畲民家族文化》，福建人民出版社 2002 年版，第 113 页。

例。晚清闽东罗源、连江出现“凤髻”或称“凤鸟髻”的新发式。“凤髻”即：将头发分成头顶和头后两部分，后部的头发用红色绒线扎成棒状（内套若干段小竹节），然后将这可弯曲的棒状折向头顶，与所留的头发合并，在前额处盘旋成螺旋状，再辅扎红绒线加固。

“凤髻”应缘于“凤冠”的激发。清代畲族婚礼戴的“凤冠”见于闽东。“凤冠”之名是采自汉俗。汉俗婚礼新娘盛饰所用彩冠称“凤冠”。清代畲族在汉风影响下采借了婚礼新娘冠饰之名“凤冠”。这一借名激发了发式的联想，激发了传统文化中有关三公主身份的崇凤意识。这样，婚礼盛饰的“凤冠”即投射于节庆、做客时妆饰的发式，这应是“凤髻”之名生成的一个原因。早期婚礼的“凤冠”还只是初步采借汉俗后的移植性文化，唯有在“凤髻”之名出现后，头饰的凤凰意识才开始生成于畲族文化，并带动了妇女服饰整体的凤凰意识。“凤凰装”正是“凤凰髻”的衍生。

“凤髻”、“凤凰髻”不是一个新词的偶现，它根植于畲族丰厚的文化底层，萌生于汉族“凤冠”之名的激发。由“凤凰髻”衍生的“凤凰装”的名称及其意蕴，最早也是出现于罗源、连江，进而很快传播于闽东各地，并在较晚的时候影响了浙江畲族。“凤鸟髻”、“凤凰装”名称与内涵的产生与发展，是文化的秉持与发展兼具的绝佳范例。

三 维系本民族的核心文化特质

民族文化特质是体现民族文化特点的文化要素，这些文化要素根据一定的逻辑组成一个具有功能机制的文化系统。在畲族诸多的文化特质中，盘瓠传说居于核心地位，它像涟漪的漪心，由内而外地推出一个个漪环。个人、家户、宗族这由外而内的祭祖，正是体现个人和群体在信仰世界里向核心的汇聚。

道光《遂昌县志》引录周应枚《畲民诗》，其中“九族推重缘祭祖"[①] 的"九族"有多解，一般指同宗亲族。宗族[②]是畲族社区最普遍的社会组织。祭祖是畲族宗族最重要的仪式活动。宗族祭祖称族祭。畲族祠堂有两种，一种是移动"祠堂"即装有祖图、祖杖、香炉、族谱的小竹箱和红布袋，在祭祖日取出祖图、祖杖、香炉等，举行祭祖仪式；一种是固定的场所，设有祖先牌位，也就是祠堂建筑。即使有祠堂，只有祭祖日才展示珍藏的祖图、祖杖。随着畲族定居过程的深化，移动性"祠堂"逐渐变为固定的建筑性祠堂，祭祖时才出现的始祖象征形式也因有神龛设置而添增神主牌。据民国时史图博的调查，浙江景宁敕木山畲村蓝姓祠堂的供桌上放着香炉和祖宗牌位，中央是盘瓠的牌位，上面的文字是："龙凤高辛帝祖敕赐驸马护骑国盘瓠妣肖氏蓝光辉妣夏氏之位"。[③]

祠堂祭祖还对分散于同一宗族的若干宗支的族人发挥凝聚作用。分布于一定地域的不同宗支，有些还共同举行祭祖，或以代表的形式参与祭祖。很突出的例子是：皖南宁国蓝氏畲民是浙中兰溪蓝氏的分支，民国时修谱时他们分担有关费用，也曾派人远道而来，参加兰溪蓝氏宗祠的祭祖。在闽东宁德、福安、罗源、闽侯，若干个同宗宗支组成一个祭祖祭祀圈，共有"祖亭"，祖亭放置祖牌、祖杖，以"迎祖"形式将祖亭在祭祀圈循环祭祀。迎祖活动显示平时默默无闻的畲民在始祖盘瓠旗帜下"四姓毕集"情感能量的爆发。从一个宗支到另一个宗支，出发时队伍像涓涓细流，沿途同宗、不同宗和不同姓的畲民不断加入，犹如百川汇聚而成汹涌澎湃之势。始祖盘瓠对于畲民族的凝聚力，在迎祖活动中显露得淋漓尽致。

畲民家户厅堂常贴着一张墨书红纸，称"（祖宗）香火榜"，[④]

---

① 光绪《遂昌县志》卷11《风俗·畲民附》。

② 一般认为，同一高祖的若干家户为家族，高祖以上的祖先派下的家户组成宗族。家族是宗族的房支。

③ 《敕木山畲民调查记》，中南民族学院民族研究所1984年编印，第45页。

④ 《浙江省少数民族志》，方志出版社1999年版，第350页。

有的地方俗称“祖公图”。[①] 在闽东，“（祖公）香火榜”一般置于厅堂屏壁右侧边门上方。在浙南，“（祖公）香火榜”一般贴于厅堂楼下或楼上的屏壁前或屏壁后的中央。如果是蓝姓，红纸墨书“蓝姓远近宗亲香位”。畲族姓氏“远近宗亲”的“远”，可溯至盘瓠始祖。这种溯源在浙南一些畲村的家户的“（祖先）香火榜”显示得十分清楚，榜词是：“本家夤奉堂上高辛皇氏敕封忠勇王某某郡（蓝姓写汝南郡，雷姓写冯翊郡，钟氏写颍川郡）长生香火祖师历代合炉祖宗之位。”[②] 家户对于近祖、远祖和宗族始祖的祖先祭祀，体现了盘瓠在祖先系统的统领地位。

“传法入录”祭祖，也叫“传师学师”，是畲族成丁礼。始祖盘瓠或称为“师爷”，[③] 祖杖也称“师爷杖”、“师杖”。“学师”有模仿始祖盘瓠当年“学法”的内容。在司祭人的引导下，学师者进行一系列的象征仪式：坐龙坛，过九重山、五岳山，最后打仗、求乞，返回家园。通过这种模拟仪式，意味着学师者体验了始祖的经历，传承了始祖的意志品质。举行仪式后，“学师”者要取一个法名和这次学师祭祖日期，书于红布条上，而后系于龙首杖（祖杖）上，称“聚头”，即名录聚于祖杖的龙头上。这意味着学师者在信仰的想象世界，加入了盘瓠世系群体。这种红布条系祖杖的形式，后来成为闽东、浙南以某处宗族为单位参与山民会馆的标示。

基于盘瓠传说的个人、家户、宗族的祭祖仪式，对畲族的民族认同和民族凝聚力产生重要的作用。在想象的凤凰山祖地的盘瓠祖祠里，盘瓠成为畲族四姓之祖，诸姓大大小小的宗族群体，在观念上整合在祖祠之下，由宗族认同而民族认同是处于散杂居格局的畲

---

① “太公图”即祖图，而“祖公图”是若干祖先头像组合。但在闽东、浙南，“祖公图”也可以泛称红纸墨书的“（祖先）香火榜”。《畲族——福建罗源县八井村调查》（第438页）说：“不具体书写姓名的远祖近宗牌位，上书‘冯翊郡雷家堂上历代远近宗亲香位’，这种牌位畲民也称其为‘祖公套’。”“祖公套”是记音，实为“祖公图”。

② 《浙江省少数民族志》，方志出版社1999年版，第350页。

③ 《畲族参考资料》（1953年）说：“（畲族）主要信‘师爷’，实是始祖盘瓠的崇拜。”此见《福建畲族档案资料选编》，第59页。

族却有强盛凝聚力的文化奥妙。

共同祖先的确认是族群认同的主要基石，创建于清末的山民会馆设置了传说中的始祖牌位（“敕赐盘瓠忠勇王神位”），各地畲族宗姓代表性祖先也附祀于神龛中的盘瓠灵位，俨然是宗祠。每年清明、中秋多有举祭，而春节必有大祭。民国九年（1920）是山民会馆迁入新址的第一个春节祭祖，盛况空前，霞浦西乡、南乡、东乡、附城区以及福安、宁德、福鼎、寿宁、罗源、连江、闽侯、泰顺、平阳、云和、景宁等县均派人参加，祭祀活动连日分批举行，由各县董事和各处族长轮流主持。祭祀后，各处祭拜者相继将写着“某处某氏裔孙叩拜”的红布条，系于祖杖。这样，祖杖重重叠叠系满红布条。长期以来，想象中的凤凰山盘瓠祠（附祀盘、蓝、雷、钟四姓祖）因山民会馆的建立而成为现实。山民会馆以宗族的形态建构着民族的认同，一种看似落后的宗族组织机制却成为民族意识兴起的凭借。

盘瓠传说也表达着对主体民族汉族的认同。在盘瓠传说中，盘瓠为高辛帝远征犬戎立功为驸马，三公主是畲族的女性始祖。畲族著名的联文：“功建前朝帝喾高辛亲敕赐，名垂后裔王子皇孙免差徭”，其中“皇孙”就表示也将帝喾高辛（黄帝曾孙）视为始祖。民国时景宁敕木山村蓝氏祠堂的始祖神牌的文字，明确地称高辛帝为“祖”，这些文字是：“龙凤高辛帝祖敕赐驸马护骑国盘瓠妣肖氏蓝光辉妣夏氏之位”。20 世纪 80 年代在罗源迎祖仪仗中的写着“高辛世裔”木牌。[①] 这些表达了畲族对汉族的前身华夏族的以血缘关系为表征符号的认同，并随着以汉族为主体的中华民族的形成而延伸着对中华民族的认同。尽管历史传说不见得具有历史的真实，却具有意识和情感的真实。

不仅仅祖先祭祀，历史歌谣、人生礼仪、传统服饰、岁时节庆等，盘瓠的传说和意蕴，比比皆是。就连畲族社会内部的友善亲

---

① 《福州市畲族志》，海潮摄影艺术出版社 2004 年版，第 435 页。

情，也可以感觉到强烈共祖意识而道出的“山哈山哈，不是共房就是叔伯”的温馨话语。正像华夏远古的神话传说，永远在春风化雨，滋润着炎黄子孙的心田，历久弥新的盘瓠传说之于畲族，也是如此。

四　畲族文化的未来发展战略

历史运行的惯性依然存在，历史的经验总结成为走向未来的重要指向。中华民族的发展史生动昭示：多元一体不仅是久已成型的中华民族格局，而且是中华民族各族之间的动态关系。文化交流是民族进步的主要动力之一。民族之间必须互相学习，取长补短，才能更快前进。作为中华民族的主体，汉族及其文化在不断地融合少数民族及其文化的过程中发展和丰富，少数民族及其文化也在吸纳汉族和其他民族及其文化的过程中发展和丰富。作为散杂居的畲族与汉族的关系尤其密切。隋唐以后，畲族及其先民在与汉族的密切互动中积极采借汉文化，从而丰富并更有力地维系本民族文化。畲族早先分布于闽粤赣毗邻地区，而后进一步扩展分布，至清代广布于闽、浙、粤、赣、皖五省。20 世纪 90 年代，又在贵州、湖南、湖北三省识别出数万畲族。一个人口未过百万（2000 年畲族人口 71 万人）、分布八个省区的少数民族，经久仍保持很强的民族认同感和凝聚力，这是与汉文化密切互动而本民族文化又得到丰富和维系的范例。

畲族文化经久不衰、历久弥新的又一个原因，是以盘瓠传说为核心文化特质的文化传承。前文曾引南宋刘克庄在漳州“读诸畲款状，有自称盘护孙者”的记载，“盘护”也是瑶族文书《过山榜》的写法。直到清代，闽、浙、粤畲族文献仍保存这种写法，这说明盘瓠传说的传承在畲族与汉族有各自的流传系统。盘瓠非犬，这在古代畲族文献中就有描述，在现在浙南畲族的历史记忆中，盘瓠是“水中如龙”、“陆上像小豹子”的“龙麒”。当然，在汉族的关于盘瓠传说的流传系统中，盘瓠为“犬”的形态不同程度地影响了畲族，在一些畲族的祖图、族谱中可以看到或多或少的这类文字或形态。本来，作为氏族、部落的图腾，有些又衍生为民族的“图腾”，这是古代世界文化史的常见现象。然而，在中国封建社会，特别到清代，所谓的盘瓠为“犬”被汉族封建文人赋予更多歧视的内容，并泛滥于汉族民间。清代流行于福州的历史小说《闽都别记》里，竟出现了明显丑化的描写。面对这类有关图腾的神话传说的民族歧视，畲族进行必要的文化自我保护，加以重塑和升华。“龙麒”（或写作“龙期”）就是历史重塑，“忠勇王”就是人格化升华，显示了畲族的文化智慧，捍卫了民族的尊严。

新中国成立后，畲族人民翻身做主人，党和政府实行民族平等政策，倡导各民族共同繁荣进步。毋庸讳言，旧社会民族歧视的观念并不会完全绝迹，畲族人民历史的心理创伤也不会完全淡出历史记忆。个别的社会传媒在“犬”字上做文章，必然招致畲族群众的反感，损害民族团结。对此，必须引起高度重视，坚决杜绝此类事情的发生。

然而，如果因噎废食，连盘瓠也要摒除，那就过犹不及了。假如是出自文化的抵御而祛除盘瓠，那恰恰将畲族民间流传系统中的并非“犬”的盘瓠形态的传承阻断，变相地承认盘瓠系“犬”，因而忌讳。这样，使得忠勇王成为没有历史来源的文化英雄，使得大量书写着盘瓠的畲族历史文献处于尴尬的境地，使得畲族文化的核心特质面临着消解而导致一系列连带性的文化丧失。民族事务工作者和民族学研究者应当以审慎的科学态度来帮助保护畲族文化遗产，而不是以明哲保身的轻盈转身，缺乏作为，一任有关盘瓠传说的文化遗产趋于虚无化。在这方面，宁德市有关部门做得最好，他们在进行畲族文化的抢救和保护中，包括在编写、出版畲族文化丛书中，注意尊重历史，客观反映畲族文化原貌。

畲族文化在近 30 年来出现的流失现象，在汉族和其他少数民族中也同样发生。这种社会经济激烈变迁中的民族文化流失，在世界范围内也普遍存在。面临着经济全球化的加速而造成的传统文化流失，人类并非一筹莫展。联合国教科文组织在1972年和2003年，先后颁布两个世界性文化遗产保护公约，推进世界性文化遗产的保护行动。近年来的国际性非物质遗产保护热，方兴未艾。我国的文化遗产保护在各级政府职能部门的领导下，力度大、成绩显。2007年9月，文化部正式提出“文化生态保护”的新思路，即：文化的保护，不是单一型而是复合型的保护，不是古董式而是鲜活性的保护。

目前，畲族文化保护已取得初步成效，尤其在闽东。20世纪90年代中期开始，宁德地区重视畲族文化的保护和弘扬，创建中华畲族宫，意在提示人们对畲族文化的重视，意在通过将要开设博物馆的形式来宣传畲族文化。2003年宁德地区的畲族文化保护，开始有计划、有步骤地开展，并初见成效。[①] 目前，霞浦畲族小说歌和宁德畲族二声部山歌“双音”、闽东畲族歌言等畲族民歌，已列入福建省第一批非物质文化遗产代表作项目名单（2005年）和第一批国家级非物质文化遗产名录（2006年）。潮州地区正在酝酿畲族祖地凤凰山的文化重建，这将对全国畲族文化保护产生另一个示范性的影响。在各地畲族族谱中，几乎都有《重建盘瓠祠序》这一文篇，自1953年就开始踏遍闽、浙、粤、赣、皖畲族地区的施联朱教授在赣东北发现的《重建盘瓠祠铁书》是至今为止最完整的版本。即使在有一定程度客家化的闽西畲族，其部分族谱，仍存有《重建盘瓠祠序》一文，同样配有位于凤凰山的“会稽山七贤洞”一带所建盘瓠祠的图形。凤凰山是基于盘瓠传说的畲族开基祖地。畲族史诗《高皇歌》有：“敕令圣旨送潮州”，“送落凤凰大山中”。以《开山公据》为主文的《重建盘瓠祠铁书》也是以盘瓠传说为根基内容，申明“陛下敕赐‘御书铁券’”给住在潮州“会稽山七贤洞”的“盘瓠子孙”。闽东霞浦县半月里畲村的清代楹联：“徭咏不忘高帝

---

① 郭志超：《从闽东白露坑看畲族文化遗产的保护》，载《民族文化理论与实践》，民族出版社2005年版，第929—932页。

力，鹏程欲溯凤山踪”，高度浓缩“御书铁券”和凤凰山祖地传说的内容。2004 年出版的《福州市畲族志》，第一章第一节就是《盘瓠传说》，显示着畲族的民族文化自信。一个古老的神话，贯穿着民族的历史，鲜活于群体记忆，犹如常青藤那沧桑的盘根，犹如长流水那涓涓的源头。追源的归属感凝聚着民族认同，这是盘瓠传说极其宝贵的文化价值，值得善加保护和珍惜。正如远古华夏族的尧舜禹传说和炎黄传说，成为中华民族核心的凝聚力和宝贵的文化遗产，盘瓠传说的重要作用将会在深度和广度上得到进一步认识。

畲族文化经久不衰、历久弥新的原因，在于畲族在其与汉族的密切互动中积极采借汉文化，进而丰富本民族文化，在于以盘瓠传说为核心文化特质的文化传承。既要维系本民族的文化特质，又要采借汉文化来丰富本民族的文化，简言之，就是保持和增进本族的文化凝聚力与民族之间的文化通融力，从而运用文化的凝聚力和通融力，促进经济社会和文化不断地发展、繁荣，这就是畲族文化的未来发展战略。

主要参考文献

一　史籍、方志、文集、笔记

（汉）班固撰：《汉书》，中华书局1962年版。

（晋）干宝撰、汪绍楹校注：《搜神记》，中华书局1979年版。

（南朝）范晔撰：《后汉书》，中华书局1965年版。

（宋）王象之撰：《舆地纪胜》，中华书局1992年影印本。

（宋）刘克庄撰：《后村先生大全集》，四部丛刊第213册，商务印书馆1926年影印本。

（宋）范成大撰、孔凡礼点校：《范成大笔记六种》，中华书局2002年版。

（明）王守仁撰、吴光等编校：《王阳明全集》，上海古籍出版社1992年版。

（明）黄仲昭修纂：《八闽通志》，弘治三年刊本，福建人民出版社1990年版。

（明）邝露撰：《赤雅》，中华书局1985年版。

（明）姚良弼修、杨载鸣纂：《惠州府志》，嘉靖三十五年刊本。

（明）许兼善修、朱安期纂：《永春县志》，万历四年刊本。

（清）顾炎武撰：《天下郡国利病书》，广雅书局光绪二十六年刊本。

（清）赵良生重纂：《武平县志》，康熙三十八年刊本，武平县方志委整理编印，1986年。

（清）王相修、昌天锦、蓝三祝等纂：《平和县志》，康熙五十八年刊本。
（清）张廷球纂修：《龙岩州志》，乾隆三年刊本，龙岩市方志委整理，福建省地图出版社 1987 年版。
（清）曾日瑛修、李绂纂，王光明、陈立点校：《汀州府志》，乾隆十七年刊本，方志出版社 2004 年版。
（清）辛竟可修：《古田县志》，乾隆十六年刊本，古田县方志委整理，1987 年。
（清）梁舆、李再灏修、江远清纂：《建阳县志》，道光十二年刊本。
（清）黄联珏纂：《贵溪县志》，同治十年刊本。
（清）周杰纂：《景宁县志》，同治十一年刊本。
（清）周荣椿纂：《处州府志》，光绪三年刊本。
（清）杨澜撰：《临汀汇考》，光绪四年刊本。
（清）褚成允纂：《遂昌县志》，光绪二十二年刊本。
（清）周遽然纂：《永泰县志》，光绪末年抄本。
（清）浮云撰：《畲客风俗》，光绪三十一年（1905 年）石印本。
王韧纂：《建德县志》，民国八年（1919 年）刊本。
余绍宋纂：《龙游县志》，民国十四年（1925 年）刊本。

二　民族志

沈作乾：《畲民调查记》，《东方杂志》21 卷第 7 号，1924 年。
史图博、李化民著，张世廉译：《浙江景宁敕木山畲民调查记》，中南民族学院民族研究所编印，1984 年。
中国科学院民族研究所福建少数民族社会历史调查组编：《畲族简史简志合编》（少数民族史志丛书），1963 年（内部出版）。
《过山榜》编辑组：《瑶族〈过山榜〉选编》，湖南人民出版社 1984 年版。
施联朱主编：《畲族社会历史调查》，福建人民出版社 1986 年版。
雷先根主编：《景宁畲族自治县畲族志》，景宁畲族自治县民族事务委员会编印，1991 年。

雷弯山主编:《丽水地区畲族志》，电子工业出版社 1992 年版。

俞郁田编纂:《霞浦县畲族志》，福建人民出版社 1993 年版。

陈国强、蓝孝文主编:《崇儒乡畲族》，福建人民出版社 1993 年版。

黄集良主编:《上杭县畲族志》，厦门大学出版社 1994 年版。

蓝炯熹总纂:《福安市畲族志》，福建教育出版社 1995 年版。

浙江省少数民族志编委会编:《浙江省少数民族志》，方志出版社 1999 年版。

陈国强、钟明华、雷有省主编:《霞浦水门畲族》，中国人类学学会编印，1999 年。

蓝新福主编:《福鼎畲族志》，福鼎民族宗教局编印，1999 年。

铅山县民族宗教事务局编:《铅山畲族志》，方志出版社 1999 年版。

雷恒春主编:《中国民族文化大观 · 畲族篇》，民族出版社 1999 年版。

广东省地方史志编委会编:《广东省志 · 少数民族志》，广东人民出版社 2000 年版。

蓝运全、缪品枚主编:《闽东畲族志》，民族出版社 2000 年版。

蓝纯干主编:《宁德市畲族志》，天津古籍出版社 2001 年版。

蓝炯熹:《猴墩茶人》，云南人民出版社 2003 年版。

陈永成主编:《福建畲族档案资料选编》，海峡文艺出版社 2003 年版。

雷恒春主编:《福州市畲族志》，海潮摄影艺术出版社 2004 年版。

石奕龙、张实主编:《畲族——福建罗源县八井村调查》，云南大学出版社 2005 年版。

雷阵鸣主编:《松阳县畲族志》，松阳县民族宗教局编印，2006 年。

三　专著、论文集

畲族简史编写组:《畲族简史》，福建人民出版社 1980 年版。

王克旺、雷耀铨:《畲族历史概要》，浙江省少数民族师范学校编印，1980 年。

毛宗武、蒙朝吉编著:《畲语简志》,民族出版社 1986 年版。
福建省民族事务委员会等编:《畲族经济研究文集》,1987 年（内部出版）。
施联朱主编:《畲族研究论文集》,民族出版社 1987 年版。
蒋炳钊:《畲族史稿》,厦门大学出版社 1988 年版。
施联朱:《畲族风俗志》,中央民族学院出版社 1989 年版。
肖孝正执编:《闽东畲族故事》,宁德文学集成编委会编印,1990 年。
朱洪、姜永兴:《广东畲族研究》,广东人民出版社 1991 年版。
吴永章:《瑶族史》,四川民族出版社 1993 年版。
房学嘉:《客家源流探奥》,广东高等教育出版社 1994 年版。
肖孝正执编:《闽东畲族歌谣集成》,海峡文艺出版社 1995 年版。
施联朱、雷文先主编:《畲族历史与文化》,中央民族大学出版社 1995 年版。
黄光学、施联朱主编:《中国的民族识别》,民族出版社 1995 年版。
雷弯山:《思维之光》,天津人民出版社 1997 年版。
陈国强主编:《畲族民俗风情》,海峡文艺出版社 1997 年版。
龙远蔚、万红、侯红蕊、白滨:《福安畲族卷》（中国少数民族现状与发展调查研究丛书）,民族出版社 1999 年版。
王克旺:《笔耕集》,1999 年（内部出版）。
李健民:《长溪集》,宁（德）新出（99）内书第 29 号,1999 年。
缪品枚:《宁德风情》,海风出版社 2000 年版。
朱洪、李筱文编:《广东畲族古籍资料汇编——图腾文化及其他》,中山大学出版社 2001 年版。
李健民:《长溪入海流——福安地域文化研究》,延边大学出版社 2001 年版。
雷先根:《杜鹃声:雷先根研究畲族论文集》,2002 年（内部出版）。
雷阵鸣、雷招华主编:《畲族叙事歌集萃》,中国人事出版社 2002

年版。
谢重光：《畲族与客家福佬关系史略》，福建人民出版社 2002 年版。
吴永章：《畲族与苗瑶比较研究》，福建人民出版社 2002 年版。
蓝炯熹：《畲民家族文化》，福建人民出版社 2002 年版。
蓝雪霏：《畲族音乐》，福建人民出版社 2002 年版。
游文良：《畲族语言》，福建人民出版社 2002 年版。
雷弯山：《畲族风情》，福建人民出版社 2002 年版。
施联朱主编：《畲族研究论文集》，民族出版社 2003 年版。
雷先根：《畲族风俗》，景宁畲族自治县民族宗教局编印，2003 年。
施联朱：《施联朱民族研究文集》，民族出版社 2003 年版。
练铭志、马建钊、朱洪：《广东民族关系史》，广东人民出版社 2004 年版。
李健民：《畲族文化简说》，福建省宁德市民族中学编印，2005 年。
邱国珍、姚周辉、赖施虬：《畲族民间文化》，商务印书馆 2006 年版。
雷必贵：《苍南畲族的源流与分布》，中国文联出版社 2006 年版。
郭志超：《闽台民族史辨》，黄山书社 2006 年版。
钟雷兴：《梦里畲乡》，民族出版社 2007 年版。
吕立汉主编：《畲族文化研究论丛》，中央民族大学出版社 2007 年版。
福建省炎黄文化研究会等编：《畲族文化研究》，民族出版社 2007 年版。

后　　记

本书述论的畲族文化，主要指现代畲族传统文化，反映的主要是20世纪20年代至50年代的状况。这种文化面貌的时段性，主要是畲族传统文化保留比较完整，所用调查材料主要产生于20世纪50年代以及民国时期，即使出版于90年代的各地畲族志，其材料也主要是来自80年代末至90年代初的调查，以及此前的文献资料。而80年代末至90年代初的调查所述，也主要是传统文化的追溯性记述。

全国畲族人口709592人（2000年），其中，福建畲族375193人（占畲族总人口的53%），浙江畲族170993人（占畲族总人口的24%），而福建、浙江畲族的主要集中在闽东、浙南，故而闽东、浙南有畲族大本营之称。浙南畲族主要是明清时期经由闽东迁去的，是闽东畲族的扩展；另一方面，闽东畲族有部分是由浙南返迁的。本书的闽东、浙南，沿用施联朱主编《畲族简史》及其专著《畲族风俗志》的提法，属文化区域概念。闽东指今宁德地区和福州地区（闽江以北），相当于清代福宁府和福州府部分辖地。本书的闽东，侧重于宁德地区。浙南指丽水地区和温州地区，相当于清代处州府和温州府辖地，大抵是瓯江流域。本书的浙南，侧重于丽水地区。民国时期，畲族调查基本局限在浙南，闽东畲族调查几乎无人问津。鉴于闽东畲族与浙南畲族文化面貌较接近，因此，民国时浙南畲族的情况可以映照出同期闽东畲族的面貌。至于闽北，特别是闽西、闽南的畲族，其传统文化早在民国时期趋于淡化，适合作为文化变迁的类型研究，但不适宜展示畲族传统文化。本书主要述论的对象是闽东畲族，兼及浙南畲族，略涉粤东、闽西等其他地区畲族，这样既保证了重点，也使具有典型文化意义的闽东畲族在相互映照中更加朗然，也顾及了地域性差异的一体多元的畲族文化的完整性。这就像看清了主峰及其与周边山岭的联系，山脉形貌也就容易把握。

上面谈的是文化的时空问题，这对于一个大分散、小聚居极其突出的畲族，尤为重要。本书中，力求减少“不知天上宫阙，今夕是何年”，以及“日暮乡关何处是”的喟叹。

理清事物的来龙去脉，是了解和理解这一事物的重要方法。因此，探讨文化应以历史研究为基础，这就涉及畲族的来源和在闽粤赣毗邻地区的形成，以及畲族的迁徙。没有这些历史背景，闽东及浙南的畲族文化就渺无渊源。并且，历史与现实的交织是文化的重要特征，已经变迁的现实之河有着历史之流，惟有历史回顾才能明了这种交织关系，才能明了哪些文化具有历史经久性所蕴藏的遗产价值。本书无论是整体还是局部，都注意历史论述的奠基作用，从而使文化论述具有历史的厚重感。

畲族文化遗留着封建时代的伤痕，正因为有创伤的体验，畲族人民特别忠诚而坚定地紧跟共产党。如果抹去封建社会的创伤，就无异让封建社会历史也分享新社会的阳光。如果写少数民族文化的书，看不出封建时代的阶级压迫和民族压迫的迹象，至少是痕迹，那么在客观效果上，就是在弱化少数民族历史记忆所激发的新时代的感恩动力。需要说明的是，在中国封建社会中，少数民族受到歧视，其名往往都被添加反犬旁，南方尤其如此。这种丑陋习惯可溯至春秋时期在追记商代的北方少数民族时。“徭”是畲族的古称，在中国封建社会的主导语境中，“徭”多写作“猺”。今人在整理出版古籍时，遇“猺”几乎改为“徭”，甚至“瑶”（解放后才有的族名），这种出自良好动机的历史篡改，违背古籍整理的存真求实原则，在客观上等于是在为封建统治阶级做清洁工。如果应当如此，那么历史上对农民起义的污称，也要改了。如果早就这样，德国学者史图博当年也难有机会发现畲族的自称“徭”与官方文献所称“猺”的泾渭分明。这一差别蕴涵着封建统治阶级“华夷之辨”的民族观，蕴涵着畲族对于民族歧视的抵制和民族自信。这种自信源于“祖先有功免差徭”的历史记忆。这一记忆因历史上的现实诉求而历久弥坚。古籍中对少数民族的污蔑性称呼，今人不必为封建统治阶级及其附庸的文人文过饰非。基于对文献及其整理者的尊重，对于古籍整理已将“猺”改为“徭”或“瑶”的，或者没改的，本书照样引用。

除了存在对史料的篡改，还存在对文化的篡改，这种篡改隐形于对文化时空的裁剪里。考古遗存标明有两个要点，一是地点，一是年代。离开年代地点，遗物的价值大失。将同一文化系统的不同文化类型的遗物混杂在一起，是无意和乏能造成的错误。这个道理应成为文化描述的借鉴。本人在畲族地区的实地调查和考察极有限，对于有关材料的引介，如果来源不明，地域不清，宁弃勿用。同时，本书也注意材料出处的详细标明。尽管这样，传讹的可能性仍无法消除，但一旦出现错误，却比较容易找出错误的根源。省、市、县、乡的民族志在本书中有很高的引用率，参考文献专列了“民族志”类别。诸民族志编者，或单位或个人，本书引注，重复后一律只用书名，以清眉目。鉴于畲族各处地方文化的趋同和分异，有时介绍某一习俗，引注的民族志较多，采用从简方式，一目了然。

一种文化，特别是一个民族的文化，必有一以贯之的文化精神。缺乏这种文化精神的文化介绍，只是片断的堆砌。这种文化精神不是研究者的生造而赋予的，而是反复见微知著后对文化内蕴的揭示。把握住这一以贯之的精神，文化就有了整体观。这种整体观不仅是一个文化局部相互依存的整体，而且是在历史河流中前后相维的整体。把握了文化的精神和整体观，就会增强对文化的后顾和前瞻的洞察力。这是笔者在本著的研究和成书过程中的取法其上。

科学研究的目的在于增进人们的认知和福祉。科学认识和人文理解是在肯定与否定的辩证运动中向前发展的。一个民族的文化研究也需要其他民族学者的参与。在民族文化的调查研究中，需要采用民族文化的主位观，但最终落实于民族学分析的客位观。研究者应做好民族学客位观与文化主位观的辩证统一，但这种辩证统一不等于同一。和而不同和相互砥砺的科学探讨和文化理解，有助于将民族文化的研究继续不断地引向深入。

初冬叶红恋故枝，感念陈国强老师和蒋炳钊老师引领我步入畲族研究。1983 年秋，厦门大学历史系民族研究室安排研究生调查实习，我跟随二师第一次来到闽东，住进霞浦县崇儒公社那山高林绿的上水村。像回到惠安白奇回族乡田岑小村那样，入睡仿佛有摇篮的温馨。曼妙的畲歌使我平生第一次找到《诗经》“思无邪”的鲜活注脚。畲族人民的坦诚、率真和热情给我留下极为深刻的印象，他们是我学习研究畲族文化的良师益友。许多学术前辈、同仁，特别是蓝炯熹、蓝雪霏等畲族学者，特别是游文良等畲语研究专家，特别是李健民、缪品枚、俞郁田等地方文史学者，他们的调查和研究成果对我多有启蒙和开智。最资深的畲族研究专家施联朱老师告诉我：研究一个民族，要同田野和研究结下不解之缘，更要同这个民族的人民结下深情厚谊。话语春风过，石上留深痕。我常想，正是这种情感使他在长达半个多世纪的畲族调研中充满谦恭之情和人文关怀，即使偶闻误解仍一往情深。他调研畲族的无数故事浓缩着新中国民族学者与畲族人民的深情厚谊，提示着民族研究的工作范式和理想取向。

1983 年秋做霞浦调查，我们到城关后即到乡村。当时畲族妇女服饰变迁已很明显，民族服装和发式，一般只有老年妇女采用，中年妇女只是在节庆、外出做客时才穿戴。因此，我在崇儒乡对畲族服饰印象不深。离开崇儒途经福安县城关，记得那天是星期天，像是赶墟日的街市，数十位畲族妇女三三两两散布于熙熙攘攘的人群里，她们一袭黑衣裤，衣领襟口镶着鲜红的布条或刺绣，截筒发型缠绕着艳丽的红绒线，犹如盛开的杜鹃，也似炉炭里迸发出一簇簇火焰。一个历经千年、人口不多、长期散居在东南汉族地区的少数民族，居然还保持着这么鲜明的民族特色，勃发着强盛的文化生命力，令人啧啧称奇。这种红黑斑斓之服就是凤凰装，据说蕴涵着畲族“祖婆”三公主的故事，据说畲族祖地的圣山也宛如翩翩欲飞的凤凰，据说畲族女服右襟有个文饰是高辛帝所赐的金印。这些都包括在盘瓠传说里，吟诵在《高皇歌》的唱词里，流传在民间故事的讲述里。不仅服饰，其他习俗也贯穿着类似的内容。中华文化的凝聚力主要源于对炎黄祖先的追远，畲族文化的常青藤也根植于始祖传说。一个民族文化必有其遗传基质和文化精神，本书是徒有其表地介绍畲族文化，还是能让畲族文化的展示形神兼具？这应由读者评说。

犹如注视眼前的河流，也会眺望其流向。畲族人民将在建设中国特色社会主义的新时期，在进一步构建团结奋斗、共同繁荣发展的新型民族关系中，在加快发展经济和社会的同时，传承富有凝聚力的文化传统，弘扬优秀的民族文化。而文化传统的维系和弘扬，必将为本民族的生存和进步，为经济和社会的科学发展，提供强劲的文化动力。

书稿完成之际，掩卷而思，眼前幻出这一图景：现在和未来的民族风帆将乘着与时俱新的社会东风而破浪，也将驾驭着绵亘长续的文化海流而远航。

郭志超 于厦门大学

2008 年冬